主编 谭平
副主编 刘燕

中国艺术研究院
CHINESE NATIONAL ACADEMY OF ARTS

界面效应
Becoming
中国当代艺术现状与生态研究 2018

THE CURRENT SITUATION OF CHINESE CONTEMPORARY ART AND ECOLOGICAL RESEARCH 2018

文化藝術出版社
Culture and Art Publishing House

BECOMING

BECOMING

BECOMING

目　录
CONTENTS

前言一

谭平

当我们今天来讨论“抽象艺术”，已不再仅为一个固定的概念、风格或流派，而是游离于各种艺术形式的语言形态和表达方式，其包含了艺术家对历史经验的思索、对当下的分析，以及对未来的预判。无论是站在全球视野或立足中国本土，对抽象问题的研究已从视觉形态的抽象，扩展至不同时代中国艺术家的个体语境和知识结构上的差异和多元。

“中国当代艺术现状与生态研究”是中国艺术研究院中国当代艺术研究中心五年工作计划的主要内容，“界面效应 Becoming”是该工作计划第 3 年的项目成果。“界面效应 Becoming——中国当代艺术现状与生态研究 2018”以对中国抽象艺术的多媒介研究为观察点，通过展览和理论出版物的形式呈现中国当代艺术发展的一个切片，是站在国家文化平台的高度对中国当代艺术，尤其是中国抽象艺术的历史与现状的阶段性总结。

根据中国当代艺术史研究的整体学术脉络，本书在收录 16 位参展艺术家作品及相关理论文献的基础上，扩充关注和研究的范围，共呈现 41 位具有代表性的中国“抽象艺术家”的包括架上绘画、雕塑、装置和数字媒介等多媒介艺术领域的作品及相关访谈、评论文章。与此同时，本书采取艺术家工作方法研究的角度，着重呈现 41 位艺术家的工作方法和工作状态，并通过对参展艺术家工作方法现场对谈的记录，从艺术家的视角呈现其艺术创作的方法和思路，生动反映中国的，尤其是 70 后“抽象艺术家”群体的创作状态。作为学术论证和理论参考，本书收录 5 位展览评议人根据展览生发的评议文章，并精选 13 篇国内外学者的经典理论文献，梳理西方与亚洲抽象艺术的理论生成线索和背景，以此厘清和对照中国抽象艺术生成的基本框架与生态样貌之差异。

通过对中国的“抽象艺术家”群体创作面貌的集体呈现、对艺术家工作方法个案的细致研究，以及对中外艺术批评家、理论研究者关于“抽象”这一语言形态的研究文献的梳理，本书系统地、多维度地呈现了中国抽象多媒介研究视角下的中国当代艺术生态和问题，为探究中国当代艺术发展的历史和现状提供了一条有效的切入途径。

2020 年 6 月

前言二

刘燕

“界”“面”“界面”和“界面效应”是四个可以分开理解的概念。“界”有边界的意思，是众多信息汇聚的地方，是“和而不同”的理论意识；“面”指有限性和相对性，由此而产生规定性。“界面”（Interface）产生于互联网即时通讯来临的时代，是集成了人、事物、现象、技术、空间、时间等要素的文化复合体；而“界面效应”更像是德勒兹所指的“Becoming”，表示文化复合体的交互、持续演变的某种未完成状态。“中国当代艺术现状与生态研究”是中国艺术研究院国家当代艺术研究中心五年工作计划（2016—2021）的主体项目，以“界面效应”来命名和定义第 3 年的工作内容，是在对中国当代艺术现状深入分析的基础上，概括正在发生的当代艺术的复杂状态和动态性。“界面效应”恰似一个中介系统，差异与融合共存，并不断生成新的未知。在全球化浪潮和跨文化视域下的中国当代艺术，正如处于界面效应的动态阶段，难以用具体的词汇来分门别类，也无法以某种理论来概括归纳，而是呈现纷繁多元的面貌和生态。

国家当代艺术研究中心依托于文化和旅游部及中国艺术研究院的学术资源，力图以持续和发展的眼光呈现中国当下的艺术现象和成果，“抽象艺术”在中国当代艺术发展的几十载历程中，作为融合东西方文化最具代表性的视觉形态，其建构和发展面貌很大程度上体现了中国文化的视觉现代性的生成，以及对于传统文化的当代转化的认知。因此，国家当代艺术研究中心将对中国的“抽象艺术”的研究作为重点方向之一，在该工作计划的第 1 本出版物《中国抽象艺术研究展》中甄选 16 位抽象艺术家进行个案研究；第 2 本《抽象以来——中国抽象艺术研究展巡展》则梳理了自 1979 年以来的中国抽象艺术的发展态势和大事件，精选了多篇自 20 世纪 70 年代末至今的与抽象艺术相关的研究文献和主题发言。作为第 3 年的项目成果，本书在展览“界面效应 Becoming”24 位参展艺术家个案和工作方法研究的基础上，邀请 41 位具有代表性的 70 后当代艺术家，并从研究其工作方法的视角切入，回归中国抽象艺术创作者本体的思路，在评议和对谈中剥开抽象艺术语言生成的逻辑。本书选取的研究文献重点展现了西方 20 世纪现当代艺术理论的发展线索，并将在后续的研究型出版物中持续梳理这条理论线索和自身语境的现状，借“他山之石”反观和衔接中国当代艺术内在建构脉络。可以说，整本书涵盖了中国当代抽象艺术家这个群体的创作状态，体现艺术家个体语境和知识结构上的差异和多样性，反映中国的“抽象艺术”现状的基本框架与样貌，为研究中国的当代艺术发展提供了多条理路与大量资料。

此外，在该项目的执行中，国家当代艺术研究中心十分重视对数据和文献的收集、整理和研究，并启动中国当代艺术数据库平台搭建工作。在对研究案例的选择和理论文献的取舍中，重视各类艺术语言、媒介形态的内部逻辑，及其与外部社会建构之间的关联性，注重挖掘中国当代艺术尤其是抽象艺术背后多维度的思想和文化背景，以此发现和深入中国当代艺术的生成内核，在急剧变化的人文背景中建构其内在的逻辑脉络，进一步发挥理论研究在美术生态中的重要作用。

2020 年 6 月

艺术有自己的力量

“中国当代艺术现状与生态研究”项目是中国艺术研究院当代艺术研究中心自 2016 年以来尝试以观察者的视角提供一个研究中国当代艺术生态的切口，通过每年的展览和出版物对艺术家和艺术作品提供一种观察、一种认识。此次入选本书第一章的是 41 位 70 后的艺术家，其中 24 位是展览“界面效应 BECOMING”的参展艺术家。艺术作品作为时代文化的缩影，尤其在全球性当代艺术的主流经验是日益景观化、权力化和资本化的状态中，呈现日益复杂多元的生态结构。这些问题促使我们寻找一种朴素的、抽丝剥茧的视角来决定我们工作的方向，尝试通过一件艺术作品的价值和其他艺术作品之间的关系讨论艺术家的工作过程和工作方法。理解艺术家持续性的艺术实验的内在逻辑才能够提供超越“西方叙事和价值体系”的观察视角和思考空间。所有理论和艺术生产归根到底都是以历史记忆的系统为导向的，这就意味着在文化中，创新其实是一种重估价值的过程。

第1章

CHAPTER **one**

艺术家
ARTISTS

陈锦潮
Chen Jinchao

1988 年生于广东澄海
2011 年毕业于华南师范大学，获学士学位
2014 年毕业于华南师范大学，获硕士学位
现工作、生活于广州

主要个展

2017 年　取相——陈锦潮，游东醌双人作品展，33 当代艺术中心，中国广州
2016 年　基本元素——陈锦潮作品展，ODRADEK Gallery，比利时布鲁塞尔

主要群展

2018 年　艺术深圳，观空间，深圳会展中心 6 号馆，中国深圳
回归本体：广东新时期抽象型艺术溯源，关山月美术馆，中国深圳；广州美术学校美术馆，中国广州
2017 年　思想的形式——第八届新星星艺术奖，德基美术馆，中国南京
抛物线——广东新青年当代艺术邀请展，汇谷艺术空间，中国广州
潜变：南方青年水墨的新视域，广州美术学院美术馆，中国广州；古元美术馆，中国珠海

一种当代的巧妙
以传统思考传统

文题中的两个“传统”各有所指。第一个“传统”意指贯穿艺术家陈锦潮整个创作的材料——“墨”，即一种物质；第二个“传统”意指传统的思维结构，即一种意识。

“墨”是指传统书法书写需要运用到的材料——墨水。综观陈锦潮一系列作品，皆离不开墨水，却又不见墨水。在其作品中，墨水已不具备在传统书法当中的书写功能，也不具备日常为人所熟悉的形态、形状。通过艺术家的实践，墨水呈现墨砾、墨片、墨块、墨轴等各式各样的形态、形状。从艺术史的角度来说，艺术家对待材料的态度从某种程度上决定了其艺术创作的面貌，故问题的关键在于陈锦潮的墨水在从材料成为艺术本体的过程中充当什么角色，以及这种做法对艺术家本人而言意义是什么。

艺术家的创作始于《水·墨》这件作品。《水·墨》由两部分组成，一个装着900毫升水的带计量刻度的玻璃瓶和一块由墨水再造而成的多层折叠的墨块。这件作品是艺术家观念萌发、思考的起点，900毫升水并非任意而为，而是制造墨块时所需墨水相应的蒸发掉的水的计量。蒸发是物质状态改变过程中不可见的物理变化过程，是一个容易被忽略和遗忘的过程。艺术家并没有将蒸发当作一个习以为常的物理现象，并企图通过有形的、透明可见的容器和有体积的、有计量显示、可感受到的水将被忽略的现象重新投注到观者的脑海之中。艺术家当时也许并未想到，此后蒸发这种细微的物理转变将成为令他感受最为深刻的变化过程，因为墨成为其创作的万木之源，而墨水的蒸发则是其每一件作品的必经之路。

《源》是一件用多箱墨水“晒制”而成的大体量作品，艺术家将墨水“晒制”成8条长16米，宽80厘米的如卷轴画一般的墨轴，墨在这件作品中不再是它作为液体墨水时流动而不可塑造的固有状态，也不是它出现在作品《水·墨》中脆弱而不可塑造的状态，墨呈现一种新的状态，柔软且可铺可卷，艺术家赋予材料新的特性。同时，作品的体量使艺术家对材料的探究达到一个量的积累，单就材料的角度而言，艺术家似乎离现代主义又近了一步；对于艺术家本人而言，他对材料的把控能力往前迈了一大步，二者之间相辅相成。把控能力的提升是艺术家不断探索同一种材料的必然结果，同时也为艺术家往后的创作提供更多的可能性。

就其作品而言，艺术家对传统材料“墨”的思考开始从材料本身转向与材料本身相关联的文化和概念，而其作品的呈现则开始有意无意地阻隔观者与传统文化之间固有的关联。如作品《有韵味的运动》，它通过版画这种传统媒介，用墨水直印而成。画面最终呈现的并非传统的版画图案，也非任何可识别、可阅读的汉字，而是重复出现的汉字构成元素——笔画。艺术家这么做并非为了像徐冰一样创造一套属于自己的文字，更多的是希望通过将笔画从汉字中抽离、抽象化，使其独立与重复，造成一种无法阅读的障碍，阻隔观者眼中所见与脑中所想之间的联系，以此打断其固有逻辑和固有处理模式，并通过阻断的方式将观者引入对传统的思考。这个过程想必充满了焦虑与疑问。

艺术家使观者熟悉的、习以为常的元素不以其多年来受到教化的规则进行排列，相反是以一种无序性造成观者的阅读障碍来引发一种陌生感，陌生感使观者焦虑，从而达到潜在逼迫观者思考的目的：部分。习得汉字书写的方法是在重复练习笔画这一中国汉字的重要组成，该过程中通过一笔一画限定着书写者的思维模式。书法通过量化的笔画练习强行灌输一种审美规则，而书写者为了贴近所谓的“美”，每一笔画都在克制执笔之手自由游走于纸面的冲动与快感。基于此，艺术家以阻隔笔画与汉字联系的方式潜在逼迫观者重新看待汉字与书法，以其个人的方式将笔画刻画在木板上，试图与传统审美规则抗衡，同时亦是与所有既定规则抗衡。

由此看来，“墨”绝非陈锦潮艺术创作的本体与最终追求，其创作过程也绝非仅限于材料方面单向度地上升与前进，而是其创作过程中量化的必然结果，诚如此，材料背后隐没了什么？

作品《去不掉的不协调之物》与《解码》似乎能为上述疑问解答。《去不掉的不协调之物》整体由几个小部分组成，如墨轴，不完全贴满但整齐有序地贴着三角形墨片的木板，以木板作为背板、背板中心固定一块墨砾黏制而成的小山，在小山四周贴着的一圈立体自制白纸，以及用立体自制白纸凿洞放置的墨山等。从作品的选材而言，艺术家选择“纸”的考虑与选择“墨”的考虑相同，艺术家将其从特定文化环境抽离出来抽象化，使其独立并二次制造成适用于创作的形态、形状。进一步说，艺术家是有意选择传统的材料，或者说是与传统艺术相关的元素。如果说艺术家之前的作品还仅仅停留在抽象化与阻隔的层面，从这件作品开始，艺术家对传统元素的融会贯通可见其已从材料的探索中抽出身来，对材料特性的熟悉使其游刃有余地解构传统文化传统现象和传统思维，并开始走向重组。

《解码》是一件能使观者在嘈杂与浮躁的环境中迅速安静并沉下心来的作品。这句评价乍看是感性且不真实的，然而艺术本就应该为观者带来感动，我们先为某件艺术作品所感动，而后才会产生思考的冲动。《解码》就是这样一件作品，站在作品前，我会不由地屏住呼吸，弯下腰细细品味每一个细节，而后不禁暗暗地赞叹。作品由 8 个部分组成，在运用木榫原理组装而成的 8 块木框之中对墨条、墨片、墨块、纸等不同的元素进行重组，并挪用中国传统古建筑中的彩画手法，在作品中加入木块并描绘颜色与图案，整件作品对元素重组的节奏把握得极好，带给观者一种如音乐一般的节奏美和韵律美。这是这件作品的魅力，也是艺术本该拥有的力量，它使我们乐于接受，使我们选择主动关注、主动开始思考。力量的汇聚不是偶然，它来自艺术家的不断思考、自我推翻与积淀，我相信这件作品中木榫结构的使用、彩画的出现都不是一种偶然，他源于艺术家对传统元素的关注与研究。

如上所述，陈锦潮用“墨”，非如传统水墨画重视行笔之间的意法，一皴一擦，苦心营运；也非如现代主义践行者将材料视为纯粹艺术的本质，潜心钻研；“墨”与“纸”等元素是艺术家找准的关联，通过解构与传统相关的元素，企图造成观者与固有思维模式的一种断裂，从而引发对新思维模式、新逻辑结构的思考，这也正是艺术家在面对当下与传统关系时，选择与处理的巧妙之处。所以，“墨”不应成为衡量其艺术创作的标杆，更不应该作为艺术家入选某一特定艺术风格的标准，正如亚瑟·丹托所言，当代艺术与历史藩篱的关系，最多只能算得上是艺术家较常使用的符号。并且在现如今混杂而非纯粹，较折衷而非全然，较模糊而非清晰，既有趣而又怪异的大环境下，再企图用一种宏大叙述去界定（一种艺术风格）想必是不准确的。[1] 同时，对艺术家本人及其艺术创作而言，“墨”仅仅是一种材料和工具，就如笔之于作家。艺术家用材料在“书写”，书写其本人所感、所悟、所思、所想。

2017 年 11 月

（原载《画廊杂志》2017 年 12 月刊）

[1] 参见亚瑟·丹托《在艺术终结之后：当代艺术与历史藩篱》，林雅琪、郑惠雯译，台湾麦田出版社 2010 年版，第 38—39 页。

源
墨、木头
尺寸可变
2014

无名帖 · 2016
墨，综合材料
74cm × 20cm × 5
2016

无名帖 · 2016
局部 1

无名帖 · 2016
局部 2

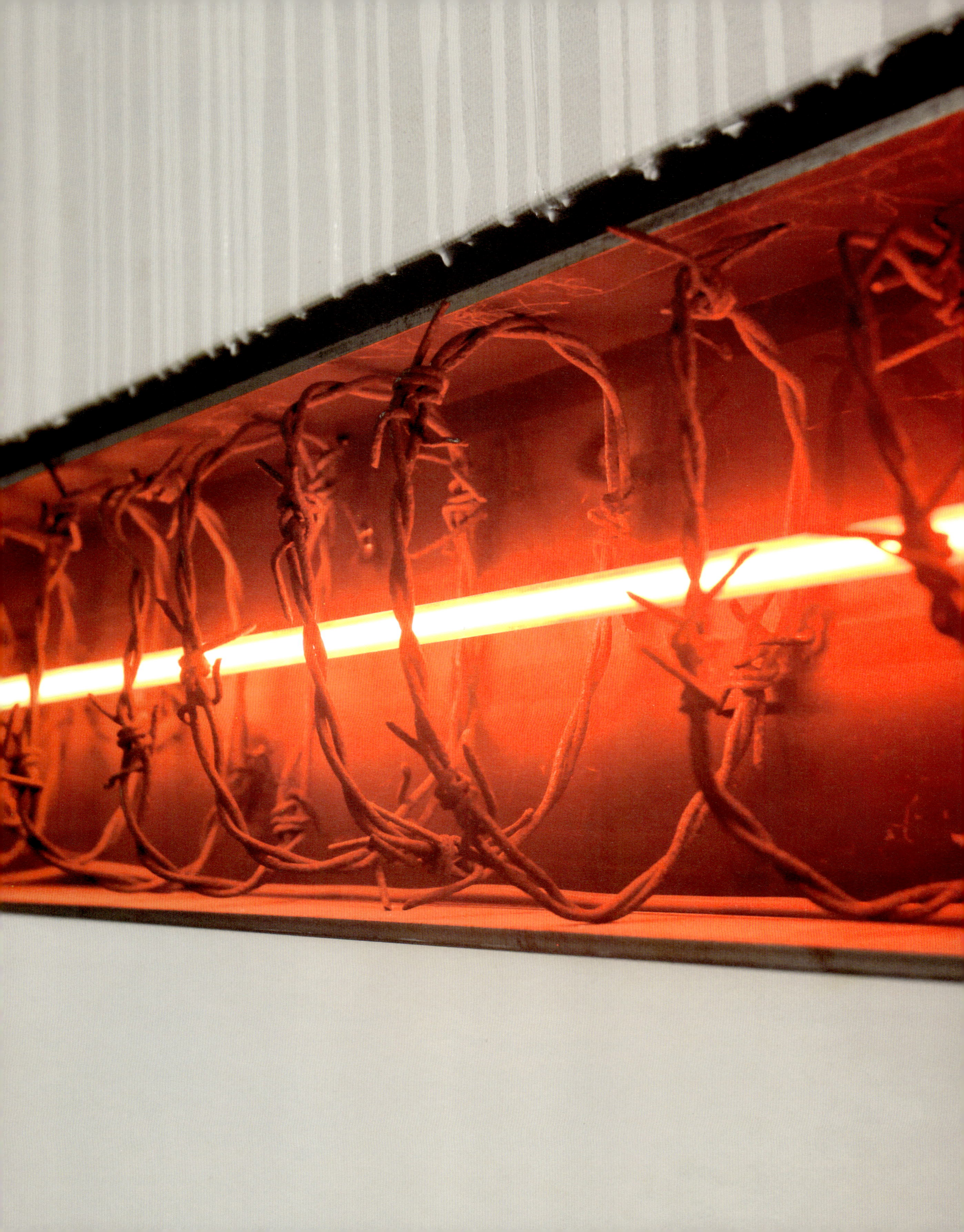

陈彧凡
Chen Yufan

1973 年生于福建莆田
1997 年毕业于福建师范大学艺术学院，获学士学位
2007 年毕业于中国美术学院综合艺术系研究生班
现工作、生活于上海

主要个展

2018 年　理想之所——陈彧凡新作展，AYE 画廊，中国北京
　　　　木兰溪 / 渡——陈彧凡、陈彧君，亚洲艺术中心，中国台北
2017 年　木兰溪一厝丨陈彧凡 & 陈彧君，佩塔提科瓦美术馆，以色列佩塔提科瓦
　　　　滚动的石头，阿拉里奥美术馆，韩国济州
2016 年　陈彧凡同名个展，今格艺术空间，中国北京
　　　　白色——陈彧凡、 陈彧君，当代唐人艺术中心，中国香港
2015 年　陈彧凡，亚洲艺术中心，中国台北
　　　　白色之上，黑色之下——陈彧凡个展，安信信托 · 至美空间，中国上海
　　　　木兰溪丨浮土，德国驻上海总领事馆文化教育处，中国上海
2014 年　空间志 No.1——陈彧凡、陈彧君，AYE 画廊，中国北京
2012 年　木兰溪——不居，Zhong 画廊，德国柏林
　　　　褶曲的时间——2012 陈彧凡新作展，AYE 画廊，中国北京

褶曲的时间
陈彧凡的实验与生成

鲁明军

如果不加细读和（至少略微的）追问，我想没有几人能够相对客观地理清陈彧凡的作品及其生成过程。譬如对于早年《化一》和《庄子》这样的作品，通常不是将其定义为抽象或形式，就是引申至可能的某个观念。时至今日，有关其作品的大多解读似乎还是游移在抽象与观念之间。

有意思的是，在和陈彧凡的沟通中，他反复强调的却是："我的作品既不是抽象，也不是观念。"

我相信陈彧凡没有读过乔纳森·克拉里（Jonathan Crary），也没接触过 T.J. 克拉克（T.J.Clark），更不知道朗西埃（Jacques Rancière）是干什么的。但他认定，对他来说是不是抽象或观念，甚或极简主义，都不重要，他在乎的只是作品的生成本身，及其带给他的内在体验。而这一认知恰恰暗合了克拉里、克拉克及朗西埃的相关理论和思想。克拉里不断重申，正是"现代主义""现代性"诸如此类的概念及其定义束缚并统御着我们对于图像、视觉的感知和理解。在克拉克这里，即便像"17 世纪"这种语词，也是有问题的。除了他俩，还有很多后结构主义者业已通过不同的文本告诉我们，任何平面、形式背后实际上都是一套可变的生产系统和分配机制。朗西埃形象地将其称为"制御"（regime）。显然，在这个意义上其实已经没有了古代、现代和当代之分。而我们通常所谓的抽象、观念也不再作为某种形式或媒介，不再是某个策略或想法。

这样一种预设使得我们很难定义《化一》和《庄子》，也无法概括其作品《屏蔽》《地心引力》《权力背后》等。不过，这并不意味着其不可读、不可解，或根本无法进入。关键是，如何经由其个人实验本身及其真实经验，即以一种"视觉考古"的角度和路径，切入其视觉生成的内部。想必这也是陈彧凡所期待的。

一如既往，陈彧凡始终保持着其独特的节制和审慎。新作中，他虽然延续了早年《化一》《庄子》中的理性与秩序，但看得出来也试图在此基础上有所突破。内敛的气质与拓展性实验原本是相悖的，但在这里却成为艺术家重建自身的起点和入口。除了木材、石头、煤块、水晶之外，此次布面丙烯或油画成为主要语言媒介。如果说在《化一》和《庄子》中更强调媒介的纯粹和形式的自足的话，那么，在新作中，媒材的多样化介入，并没有影响其形式之间的内在对话。除了点的铺排，更多是线的有序叠加，它们所形成的层累和聚集，进一步构成了一个块面整体。这似乎还是早年《化一》与《庄子》中的手法。但我们发现，在《屏蔽》《地心引力》等作品中，纯白（或纯黑）的点或线的叠加只是作为局部，其他部分则是空缺的，于是画面所呈现的是块面之间极具秩序的错落安置与视觉比对。不同块面的质感与层次，形塑了一种可能的空间，避免了生硬的叠加或拼贴。显然，这种块面之间的关系削弱了转向形式"复调"［格林伯格（Clement Greenberg）语］的可能。即便无法回避，也似乎处在图像和形式之间的灰色地带。如在《日常行为》中，画面之外的画框拼置本身就具有消解形式主义的企图，以至于连作品本身所具有的仪式感也似乎被"拆解"了。

不同的是，在《权力背后》《消失的地图》等作品中，我们发现点与线所形塑的整体往往又回到他所预设的某个图像母题或视觉底本。他一方面通过某种形式“抽离”图像，另一方面，形式所重构的“图像”则衍生新的意指。点的铺排看上去是“碎化”了五星，可事实上，它所形成的深具质感的块面反而强化了图像底本即五星本身的纯粹性及其象征性。《消失的地图》亦然。但与《权力背后》不同，《消失的地图》中纯粹性的所指不再是形塑某种（权力或文化的）象征，而是通过形式、色彩的纯化，揭示同质化的当代文化政治现实。

如果说《屏蔽》《地心引力》《权力背后》《消失的地图》等还只是停留在二维层面上的话，那么在《水墨》《无名》《真实的距离》《衍生物》及《山水》中，陈彧凡则试图在空间向度上有所拓展。不过，他并没有放弃画面或绘画性，而是在画面前面或旁边摆放一个装置，或是在某个装置的表面辅以绘画的表层（如《衍生物》《山水》），二者之间由此形成一种极具意味的对话关系。虽然有些反差，但很明显，他还是动了不少“心思”。试想，为什么他选择的多是木材和石头呢？尤其是，木材经过层累聚集和“弯曲折叠”，再配以传统的雕花装饰，又意味着什么呢？可以肯定的是，木材与石头与画布之间的混搭并没有影响各自形式之间的串联。《真实的距离》中，画面上点、线的层累聚集与木板有秩序的叠加便形成了一种互应关系。层累或褶曲被分配在不同的媒材和形式中，并以此将其串联起来。这种秩序、规矩的聚集形成了一种简洁、纯粹的审美形式。而且，除了形式的需要之外，木材和石头材质本身也内含意义。陈彧凡告诉我们，木雕在此是一个蕴含家族记忆的视觉母题。而石头的坚硬、质感与《衍生物》的方正、对称及其可能的“纪念碑性”形成了互应关系。《山水》亦然，只是煤块取代了石头。看似形式上与《衍生物》相类，但其顶部用线悬挂的煤块与天然水晶凸显了一种不确定性和不稳定感，线的秩序感与下半部分立方体四周无序的笔触形成了一种错位与对应关系。而且，煤块与水晶之间色彩和表面质感的差异也潜在地带出些许社会学色彩。至于为什么称其为“山水”，陈彧凡告诉我，他考虑更多的是作为矿物质的煤块、水晶及其自然属性与作品所形成的“山水意象”之间的内在关联。这看似与前者是相悖的，实则不然，因为很多时候创作的预设往往都植根于不自觉的日常经验中。至少可以肯定的是，陈彧凡所理解的“山水”不再是传统的“诗情画意”。

有时候，他还试图通过一些“小动作”打破这种对称，就像《衍生物》《山水》《地心引力》中颜料的溢出和滴洒，包括《无名》中材料的凸起和《水墨》中摇摇摆摆的线型，都是如此。但即便这样，他似乎还是不愿“倾斜”，依然在尝试一种均衡和稳定，如《无名》中的“十字架”和《水墨》旁边的木雕，某种意义上便被赋予了一种制衡的功能。无论如何，至少这些“小动作”和“小心思”使得他的作品不再具有强烈的压迫感。

写到这里，我想当我们仅只面对画面的时候，感知和解释或许只能至此。可对于陈彧凡而言，这其实只是进入其视觉内部的一个角度而已。更重要的是，画面形式或空间的构成中所隐含的时间叙事的展开。

其实，经由时间解释陈彧凡作品并不鲜

见。但以往的解释更多只是限于创作过程本身所具有的自然时间感及其仪式性体验，甚至也可以将其延伸为一种“修行”。过程固然重要，但过程中的变异及其形成的差异才是时间的视觉表征。作品《43200》，表面上我们看不到任何差异，但任何些微的真实差异都意味着它不是纯粹的形式。何况即便是这样一个视觉结果，也不是基于一种审美的需要，而是意在拓展我们对于视觉本身的一种认知和理解。“43200”——画面中点的总数本身便具有时间性意指。至少，它给了我们些许提示：时间是有体量的。这样的暗示在陈彧凡作品中反复出现，包括形式中的层累感本身也是一种时间叠加和压缩的表征。除此，更重要的是形式自觉和空间构成背后，还有一个更深层次的时间之褶曲，即日常经验与生活之道。

时间的褶曲最终成为某个平面，或是某个装置。时间在这里被压缩或褶曲在某个“物”中。表面上这一“物”及其空间感“抽离”了时间，但实际上，不论形式的暗示，还是其艺术实践本身，皆是为了赋予时间某种内在的深度及其可能的量感。纯粹的形式之中蕴藉着丰富的时间流变。毋宁说，褶曲在这些平面或装置中的是个人日常经验及其内在的体认。而对陈彧凡而言，这一体认既源于日常经验，也来自某种淡淡的乡愁，甚至可以将其学术地归结为一种基于礼仪伦理的宗族结构的地方性文化心理和自我认同。对于客居杭州已近10年的他而言，家乡莆田的礼仪传统始终是维系家族共同体的纽带所在。现如今，礼仪与宗族伦理无疑已淡出了他的日常生活和记忆结构。或许正是因此，反而成为其念兹在兹之所在，也成为其实验和创作的内在动因。在这里，日常经验并非拒绝形而上学，而是将其内化在生活的实践中；在这里，形而上学不是悬置于纯粹的形式之上，而是将其内化在视觉中的时间之褶曲。

因此，我们不妨将其视为《木兰溪》的延续。但与之不同的是，陈彧凡在此极尽可能地将其压缩到最为彻底、最为纯粹的状态，以至于我们很难想象背后隐含着如此丰富的所感与所思。一切有关时间的仪式与生命体验都被压缩在纯形式中。与其说这是一种时间的褶曲和压缩，不如说是一种生命的展开和铺陈。在这些“物”和形式中，有关过去、当下和未来的发生或可能被串联在一起。记忆、关照和向往都被“凝滞”在“物”与形式中，并以视觉的方式诉诸褶曲和展开。

正是在这一自然的叙事中，生成了其独特的观看角度和视觉机制。它不是抽象，也不是观念。它是一种褶曲，是一种展开，是一种体验。就像德勒兹（Gilles Deleuze）所说的，“写作是一个生成事件，永远没有结束，永远正在进行中，超越任何可能经历或已经经历的内容。这是一个过程，也就是说，一个穿越未来与过去的生命片段”。对于陈彧凡而言，亦复如此。他的实验不仅是过程，更是生成。

边界
展览现场

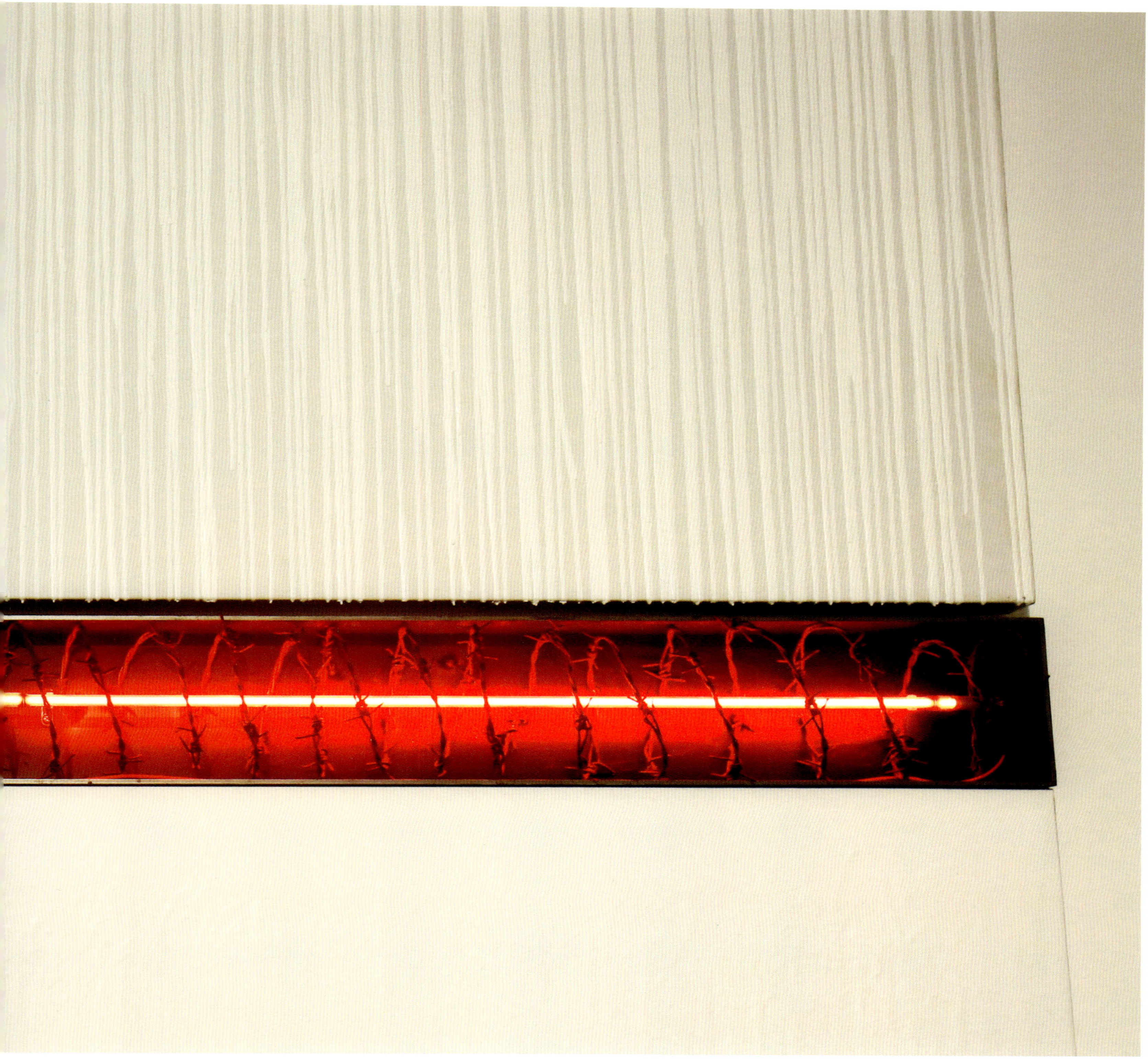

边界
布面丙烯综合技法，厚铁板，铁丝网，工业霓虹灯，木板油画
布面部分 200cm × 150cm × 2，**装置部分** 200cm × 16cm × 6cm
2017—2018

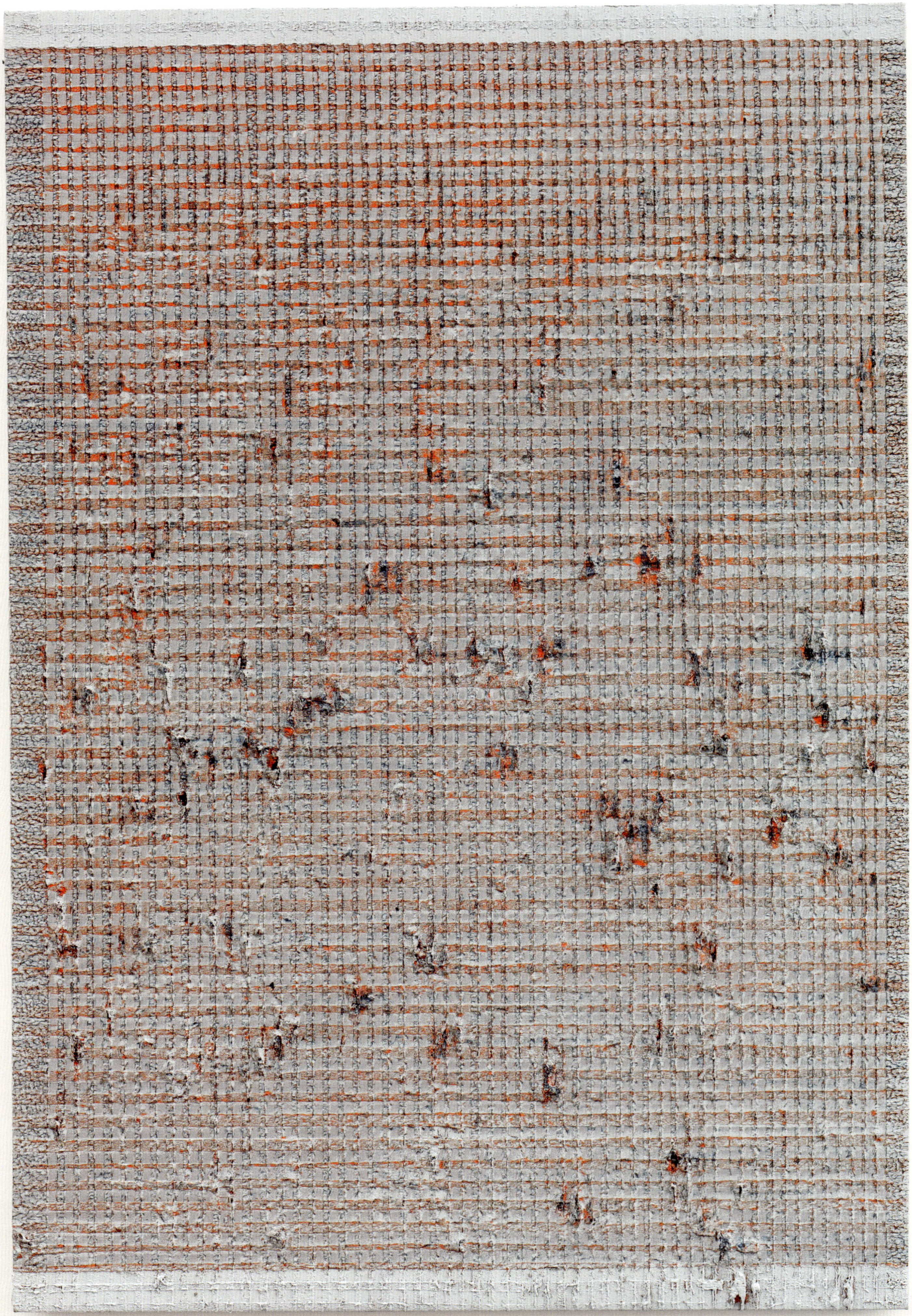

迟群

Chi Qun

1981 年生于山东

2006 年毕业于中央美术学院壁画系，获学士学位

2010 年毕业于中央美术学院壁画系，获硕士学位

现工作、生活于北京

主要个展

2017 年　常在——张哲溢、迟群双个展，波恩当代美术馆，德国波恩

2015 年　迟群，今格空间，中国北京

两种关系，名泰空间，中国北京

2014 年　反光，M50 艺术空间，中国上海

主要群展

2018 年　时间 · 线，10 号赞善里画廊，中国香港

当代中国抽象绘画，Frank Cholarg &Cie 画廊，德国埃森

2017 年　集体个人主义四，周围艺术，中国上海

见藏见长：中央美术学院美术馆藏毕业创作与近作对话展，中央美术学院美术馆，中国北京

向心力——中国青年艺术的四个维度，悉尼大学美术学院美术馆，澳大利亚悉尼

2016 年　集体个人主义 Ⅲ，周围艺术画廊，中国上海

研究室计划（第三回）：运行中的“非形象”，正观美术馆，中国北京

两分一灰橘
布面油画
120cm × 80cm
2018

关系

赵力

迟群是这几年颇受关注的青年艺术家，换句时髦的话来说，即“人气”艺术家，这相较于她从中央美术学院壁画系刚毕业那几年的孤独寂寥真可谓是“天壤之别”。那个时候的迟群最擅长纸本的创作，突出的是理性的秩序和敏感的情感：以长短不一的线条去结构画面，以黑白灰的间隔去组织情感。迟群的创作难度是非常大的，因为“理性”和“感性”本来就是不同的两件事情，而将两者协调起来并非易事。现在来看，这批纸上作品就是迟群创作的重要基础，其意义在将来还会更加明显。实际上从一开始迟群的创作就明显隶属于“抽象”的范围，这与她的老师陈文骥非常相似，然而事实远非如此——正如陈文骥的作品，很多人只是注意到了他的“抽象”，但这毋庸置疑只是艺术家形式语言的浅层外皮，陈文骥一方面宣扬“手工”的技艺来展现生命的经验，一方面又通过作品将空间、色彩、形状、质感等描述为细腻的“具体”。耳濡目染的迟群对此应该并不陌生，于是毕业不久她就转而进入了另一个系列的创作。迟群选择以油画为媒材，因为它具有很强的覆盖性，可以一层一层地覆盖直至形成某种“叠压”，此外艺术家在有层次涂抹覆盖的同时，有意识地突出“手工”的特色以强调“人为”的痕迹，所以在画面上也呈现出“叠压”中的“透明”“厚薄不均”等微妙的变化。在这个系列中，迟群也有意识地减低“结构”“色彩”在画面中的意义——结构尽量简洁、色彩尽量单纯，通过刻意约束令两者相对“低调”。为了延伸“手工”的特征，迟群用细砂纸对画面进行最终的处理，并因砂纸打磨而出人意料地形成了独特的画面“质感”，甚至是某种“光感”。这不仅是对观赏者视觉敏感度的挑战，也是艺术家自我语言建构的开始。

迟群很快认识到，所谓的艺术语言不是一种制作的方法，更不是一种表里不一的炫技，艺术语言就是自我经验，而自我经验往往来源于现实生活的本身。迟群也很快地做出了决定，她将自己的工作室搬到了北京宋庄，认为离群索居式的生活更利于独立且具备日常性的思考，而艺术创作就是思考的延伸或是边研究边落实的过程。迟群经常独坐在自己的工作室里，有时候陷入沉思，有时候则放空自己如同“坐禅”一般。一方面，迟群越来越明确思考本身的意义，它就是自己创作的一部分，并且是所有创作的源头。另一方面，“创作也是另一种形式的思考”，迟群如是说。基于思考的条分缕析之上，迟群对复杂性的把握有了明显提高。艺术家开始把复杂性理解为形形色色的关系，以及这些关系的存在方式。首先是在单色画上的进展，艺术家选择以某个色彩为基调，并尽可能地围绕这一基准形成复杂而微妙的结构关系，在看似平淡无奇中隐含了极大的丰富性。与这种“类似‘同类项’的并存关系”所不同，近两年的迟群实现某种的“跨越”。这仍然是一种工作室的创作，但是其意义更加兼容并包。在创作流程上，迟群似乎延续了对“覆盖”的兴趣，将油彩一遍一遍地涂抹在画面上，之后则是用自己特制的“竹刀”将画面的油彩一次一次地划开，并留下了一条一条清晰可辨的痕迹。相对之前的纸本创作，“线条”的确又回来了，而借助于“线条”的回归我们也可以看到一个不断自信且成熟的迟群。为了创作一些大尺幅的作品，艺术家特制了一个巨大的支架，以便使自己可以潇洒地划出长达 1 米多长的线条。而正是通过这

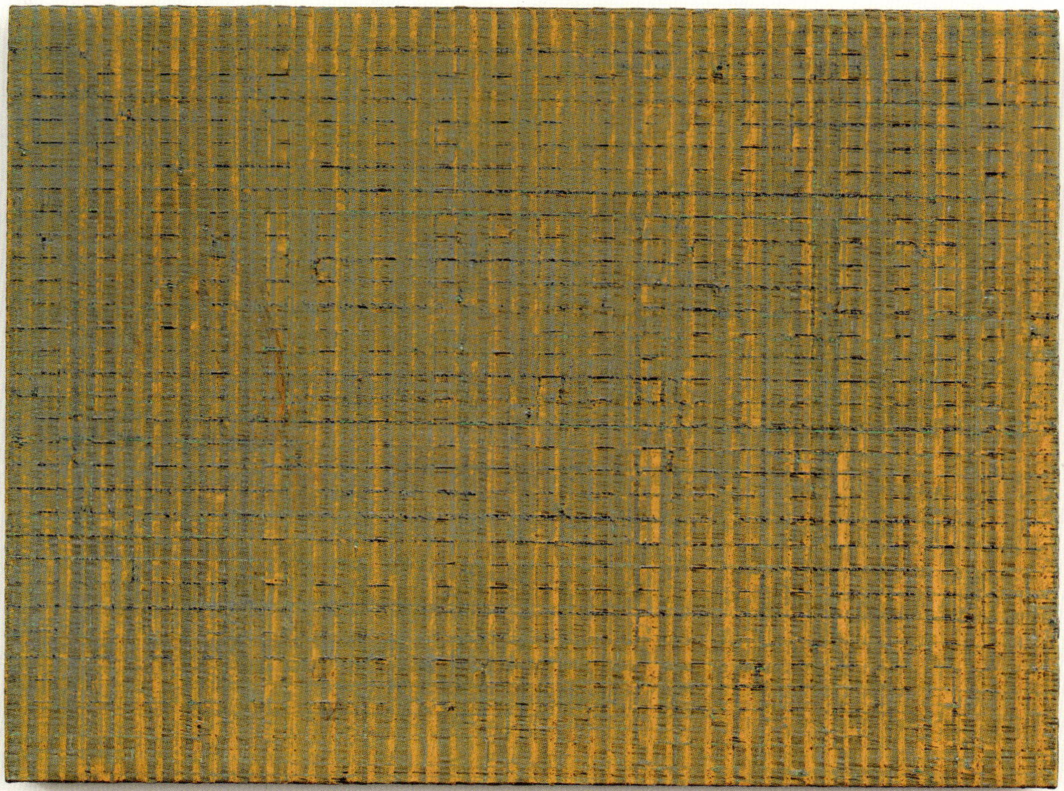

些“线条”，迟群既将心手相应地转化为个性特质的语言，又将创作本身视为自我生命的经验，于是画面上的“线条”不仅是“理性的秩序”的化身，更是敏感的、跳跃的情感的印痕。

由此出发的迟群，不再采用让各种关系“并存”或者“悬置”的过往策略，就像此刻她对“线条”的驾轻就熟一样，迟群更相信自己有能力去控制形形色色的关系。冷静的艺术家总是能够认识到艺术的各种局限性，而睿智的艺术家又总是能够突破这些的局限性。迟群说，“从个人能力而言，我很难一次在画面上划出超过 1 .5 米以上的线条”，于是她以“斜线”或者“交叉线”来分割画面，并自然而然地呈现为画面所谓的“结构”，因此这样的“结构”不是对日常物象的抽象结论，却是个体生命经验的自然流露和具体印痕。事实上，迟群并不在乎自己的艺术是不是“抽象”或者其他，她只在乎创作就是自我生活的全部经历。迟群甚至将自己的生活和自己的创作混为一谈，创作就是真实的生活，生活就是不间断的创作。于是在她的新作中，很多的作品不是被形式的语言、被定型的格套，而是流动的慢板、诗意的吟唱、静静的凝视，以及激情的倾述，迟群甚至希望“自己的作品不是工作室中的作品”，可以和展览空间发生具体关系，并且和观者产生具体互动。艺术家还直接以“两种关系”来命名自己最新的创作系列，在迟群眼中，“关系”已经不再是关乎作品的思考，而是提升至创作法则上的探究。借助于此，艺术家的创作也将进入一个全新的阶段！

黄色的线—绿灰
布面油画
60cm × 80cm
2018

两分—绿灰
布面油画
80cm × 60cm
2018

两条竖线
布面油画
160cm × 100cm
2014

五条线—灰橘绿
布面油画
80cm × 60cm
2017

六边形—浅蓝绿
布面油画
200cm × 140cm
2016

邓悦君
Deng Yuejun

1986 年生于广东云浮
中国美术学院新媒体系学士
中国美术学院跨媒体艺术学院硕士
现工作、生活于杭州

主要个展

2018 年　对不可见的想象——邓悦君，BETWEEN 艺术实验室，中国上海
2017 年　浮动 × 邓悦君，想象力学实验室“茶部”，中国杭州

主要群展

2018 年　未来折叠：今日未来馆，苏州金鸡湖美术馆，中国苏州
在场：青年艺术家邀请展，中国美术学院，中国杭州
2017 年　透明的声音，上海民生现代美术馆，中国上海
三个屋子：青年媒体艺术家国际巡展提名展，新时线媒体艺术中心，中国上海
童年与远方——在未来，北京时代美术馆，中国北京
2016 年　2016 深圳新媒体艺术节 + 南方迭代，G&G 实验室，中国深圳
道 · 同 / 契 · 合——中英当代艺术大展，云艺术中心，中国上海
即将到来的公共空间，上海当代艺术馆，中国上海

绵延的镜像，机器的迷宫

姜宇辉

要召唤一个神秘之物，必先要知道它的名字。因此，一场迷人的展览，也注定要拥有一个隽永的名字。邓悦君此次在BETWEEN艺术实验室的展览“对不可见的想象——邓悦君”，看似只是局促在一个狭小幽暗的空间之中，但实际上却有如一个深藏玄奥的海螺，在每一个可见的角落皆召唤着无限幽邃的回声与共鸣。是的，在“对不可见的想象”这个略显平淡的标题之中，我更愿意体验到的并非仅仅是由“图像”(image)——无论是静态抑或运动、光影抑或机械——所生发的“想象”(imagination)，更是一种实实在在的作用，是肉体的触动、力的交织、场的震荡。更妙不可言的是，这一切如此真实而实在的作用，却始终笼罩在一种空灵缥缈的梦境氛围之中，就恰似在初春的时节，你赤脚踏入尚有寒意的浅滩，在那无比温柔缠绵的海水的触摸之下，同时又周身涌起一阵阵清冷的澄澈。

一种贯穿机制

是对不可见之物的想象，抑或是对不可见之力的触碰？这注定是艺术的一个永恒主题。确实，对不可见之物的呈现，向来是古往今来的艺术杰作的一个终极旨归，无论它指向的是神明、理念、灵魂，抑或是时间、死亡、真理。然而，当我们在美术馆或教堂偶然邂逅一幅伟大的图像并被其深深吸引之际，总是会有相似的体验：它就像是一扇窗户，骤然间在我们面前打开了另外一个更高远的维度，另外一个更深远的世界。迈克尔·弗雷德将这个维度称作“在场性”(presentness)，这当然情真意切，因为作为观者的我们确实在那个地点、那个时刻体会到了“一花一世界，一叶一菩提”式的洞彻，那种真理降临、真实显现、自有限向无限的跃升。有人会在马克·罗斯科的红黑色块前泪如泉涌，想必亦是源自类似的体验——在一幅图像面前洞见整个天地，怎能不令人动容乃至落泪？

然而，这样的感动究竟如何产生？它背后又揭示了艺术与生命之间怎样的内在联系？詹姆斯·埃尔金斯的一本著作的标题——“绘画与眼泪”，恰当地回应了这些艺术无可回避的、根本性的问题。当然，对此问题已然有诸种现成的答案。或许是因为图像本身讲述了一个感人的故事、一个深邃的哲理；或许是因为（如荣格和巴什拉所言）图像本身凝聚了久远宏富的人类集体记忆；又或许是如康定斯基所言，在色彩、线条和精神之间引起了一种神秘的共鸣。概言之，要么是实证性的心理学解释，要么是神秘性的类宗教式体验，要么是去魅化的身体反应，要么是再魅化的精神活动。看似以往的理论反思就这样一次次地将我们抛入自然/文化、物质/精神、身体/心灵的分裂乃至对峙的格局之中，最终也无法给我们提供一个可行的切实的解说。

就此而言，邓悦君一直以来的艺术探索确实给我们隐约敞开了一条可能的“中道”。作为德勒兹和柏格森的热心读者，在他的创作理念之中也多多少少带上了生命哲学的印记。一个最鲜明的动机，恰恰是试图在物质和精神之间建立起一个连续的运动和转化的过程。也就是说，物质和精神不再首先是分裂对立的两极，随后再尝试在其间寻求种种斡旋和维系，而恰恰是有一种根本性的过程和机制始终贯穿着从物质到精神的各个层次和维度。这样一种切实的机制，在邓悦君那里正是“机器”。正是这个要点触发了他此次的展览，乃至迄今为止的创作历程中一个看似明显的对立：一方面，他很明确地想要表达空灵的状态、轻盈的运动、流动变异的生命、缥缈幽邃的梦境；另一方面，所有这些状态又是通过那些冷冰冰的、“僵死”粗拙的机器表达出来。想必有观者或论者会追问，这轻与重的两极、明与暗的两面，真的能够水乳交融、和谐并存？为了实现原初的艺术理念，他难道不应该诉诸那些更为幻化轻灵，更具“非物质性”的媒介？当然，在他最近几次颇有影响力的展览中，光和气这些轻灵的物质形态已然占据瞩目的位置，但它们并未（如光艺术或某些大地艺术那般）成为核心的主题，而始终围绕着机器这个中心所散布展开的手法和材料。

那么，在他的创作之中，机器到底展现出怎样的运作和运动，得以真正贯穿物质和精神，得以真正实现一种趋向于空灵幻化的连续跃变？首先要清除的一个常见误解就是所谓的心理移情。很多观者很喜欢邓悦君那些灵巧、精致、可爱的小型机器，觉得在其中真实感受到了一种精神的对话和沟通。此种体验当然是强烈而真实的，但关键是如何解释。如果你只把这些机器视作艺术家人格的投影，乃至你自己的心理活动的投射，那就远远低估了它们凝聚和释放的能量。在描绘他的作品之时，邓悦君往往偏好使用极为精确的物理和数学的尺度，去具体说明大小、尺寸、材质、刻度等，这正是试图从根本上清除所有那些物我交感的“泛灵论”的陈词滥调。之所以被这些可爱的机器“触动”，并非因为你在其中感受到了种种和你“相似”的心理和生命活动。恰恰相反，不是你向着机器在投射、在移情，反倒是机器在裹挟着你一直触及宇宙时空流变的最深处。借用柏格森在《物质与记忆》中的著名案例：你在这个瞬间、这一秒在眼前看到的这块红色，在微观的物质层面上实际已经完成了4000亿次的振动。这恰恰说明，意识并非内在封闭的精神领域，而应该从根本上纳入整个宇宙之中，作为时空的一个片段、层次和维度。也正因此，邓悦君创制的机器（machine）并非“僵死”冰冷、有着明确分化的部件和功能的机械（mechanism），也并非仅仅是心灵或生命的镜像，而恰恰是以最为强烈且生动的方式展现出时空“绵延”之下错综复杂的晶体样貌和迷宫形态。

造梦机器

如果说他早期尝试的水墨机械还仅仅是稍显生涩的嫁接，那么在“浮动”以来的作品之中，机器这种贯穿物质和精神的生命“绵延”得到了越来越成熟的艺术展现。此次展览中的三件精致的作品从三个不同的角度展现了时空晶体的迷人面向：《绽出》描绘的是机器，《边缘》讲述的是梦境，而《漫衍》探索的则是生命本身。作品《绽出》，看上去它就像是一个裸露的钟表机芯，也可能会令人立即想到“世界作为一部走时准确的钟表”的经典隐喻，但实际上，艺术家一开始就将它展现为一个流动、延展的形象，就像是一滴洇开的墨汁，又像是缓慢张开的花瓣，或者像舒张羽翼的昆虫，但这些只是激发想象和联想的形象，而这个机器真正的“机理”恰恰在于营造时空流变的“肌理”。每一层薄片看似是一个相对独立和分离的时空切片，但彼此之间又紧密联动、互相缠结在一起。正如龚贤以层层积墨的手法来营造幽邃的物质的深度，邓悦君在这里也试图以不断叠加的方式营造时空迷宫的无限衍生的深度。“绽出”这个带有浓重的海德格尔色彩的术语，实际上却是极为生动地讲述了一个柏格森式绵延的哲学寓言。

随后的作品《边缘》就显然灵动很多，因为它得自梦境的灵感。在这里，不断重复叠加的不再是时空的层次，而恰恰是在意识流的旋律线上生生灭灭、起起伏伏的意象与记忆。柏格森曾将人的记忆比拟成一个庞大的倒立锥体，但艺术家在这里给出了一个更为生动恰切的模型：其实记忆更接近于一个不断蔓生的网络，围绕着一些关键形象作为“结点”不断交错编织。“边缘”的英译“threshold”反倒更为精准，因为记忆之所以能够作为醒与梦之间的“阈限”，恰恰是因为它既可凝聚为清晰之“形”，但同时又可弥散为模糊之“网”。小屏幕上变动不居的云的形象恰好道出了这个真相。

无论是时空，还是梦境，最后皆在《漫衍》之中得到了终极的汇聚。这是一片光影交织、幽暗迷离的梦境，但也是一处草长莺飞、生机盎然的园圃。在这里，时空与记忆、物质与生命、影像与声音，皆难解难分地交融在一起，织就一部庞大的造梦机器。邓悦君曾多次聊起他的清醒梦（lucid dream）经历，但其实他所有的作品不都是这样一场贯穿物质和精神、机器与生命的流变历程？叔本华曾说，世界就是一页页散落的书册，连贯起来读就是清醒，散开来读就是梦境。但在邓悦君的眼中，这个世界则似乎更酷似一部巧夺天工的机器，即便我们无暇阅读，但仍然能够真切地感触。

吃语
铁、LED 灯、电机
10cm × 10cm × 10cm × 35 尺寸可变
2015

0
花岗岩、光伏电池、定制芯片、喇叭
12cm × 12cm × 5cm × 100
2016

董大为

Dong Dawei

1981 年生于辽宁大连
2004 年毕业于鲁迅美术学院，获学士学位
2011 年毕业于法国布尔日国立高等艺术学院，获造型艺术学位和国家造型表现学位
现工作、生活于北京

主要个展

2018 年　现成写作——董大为个展，维声初引艺术中心“学院力量”空间，中国深圳
　　　　背面，香港巴塞尔博览会艺术展亚洲视野单元，中国香港

2017 年　可见之光，台北亚洲艺术中心，中国台北
　　　　董大为——尘归尘，哈德里安·达·蒙费朗画廊，中国北京
2016 年　普通读者，杨画廊，中国北京
2015 年　奇点，贝浩登画廊，中国香港
　　　　云的理论，空间站画廊，中国北京

主要群展

2018 年　我不知道风是在哪个方向吹，M艺术空间，中国上海
　　　　微物之神，狮语画廊，中国香港
　　　　思想特征，西安 OCAT 美术馆，中国西安
2017 年　画破狗，泰康空间，中国北京
2015 年　人造仙境——2015 中韩青年艺术展，苏州金鸡湖美术馆，中国苏州

尘归尘今日之三
局部

树不是一棵树

周翊

董大为平常话少，偶尔表达的观点皆是深思熟虑的惊人之语。在让我印象深刻的一次聊天中他说道：“绘画的原作其实没什么好看，印刷品比原作好看得多。比如文艺复兴的壁画，看原作的时候灰扑扑的，又老又旧，还要人挤人，图片多好看，可以拿在手中随时看，缩小了许多，缺陷看不到了，笔触看不到了，颜色也鲜艳许多。”董大为是个视觉纯粹主义者，他不希望被艺术品的过去和光环所影响。

第一次知道董大为的作品是通过艺术家石玩玩的讲述。现在回想，通过目击者添枝加叶的传达来了解他的作品比图片的渠道更完整。石玩玩描述了他两件代表性的作品——《孤单的树》和《色粉笔彩虹》。《孤单的树》是艺术家从网上找到的只有单棵树的风景图片，把很多这样来历不明又看起来相似的图片汇集在一起。《色粉笔彩虹》是他用色粉笔在墙上画的一系列过渡的色块掉落在地上的粉笔末构成一条的完美的彩虹。它们是每个人都见过但从没在意过的那些事物，通过艺术家精心的经营，定格在不可再次错过的一刻。石玩玩的讲述把他的眼光与反思跟作品本身掺杂在一起，让我感受到了同样的触动。董大为的作品具有事件的性质，描述它们像是讲一个故事或者侦破一件案子，给观众以讲述的冲动。

董大为意图创造属于“当时”的触动，瞬间的触动，去掉先入为主的暗示和导向以获得纯粹的视觉。他的兴趣在于不断颠覆主次、甚至自己的意愿。工艺上细小的缺陷在反复改进的过程中被回收利用，甚至放大。画色粉画时掉落的粉笔末成为主角，马克笔的系列画作中，行笔的迟疑，墨水的洇渍发展成作画的技术，甚至画的背面成为展示给观众的一面。我们发现他接受的那些被忽视的部分真的比任何刻意的处理更完美，像新降的雪，尚没有脚印。粉笔末的彩虹和马克笔的绘画中看不到人工的痕迹，艺术家追求的是类似奇迹的巧合，比如说一棵树，一场雪那样不可思议的存在。

树不是一棵树

索尔·勒维特（Sol LeWitt）说：“观念艺术家不是理性主义者，而是神秘主义者，他们一跃到逻辑不可推论的结果。理性的判断将重复理性的判断，而非理性的判断将引出新的经验。”董大为从网上搜集树的图片，梳理这些信息。凡是有单个的树，地平线形态相似的图片都被有序地整理出来。他其实是让毫不相关的地方和场景发生了关联，树不仅不孤单，它们甚至连树都不是，只是树的样子而已，被荒谬地放置在一起，作品中出现的“人情味”完全是观众的情感投射。柏拉图说艺术家应该被逐出“理想国”，董大为这件作品可以列为“罪证”。他编织的“谎言”连孩子也骗不了，但好在有神秘主义者们会欣然接受。

一个墨点是一棵树：

提起树的样子我们脑海里都有张熟悉的儿童画，上面有一条地平线加上侧视的树干和树冠。但树不是符号。观念艺术家加布里埃尔·奥罗斯科（Gabriel Orozco）将树的形状描述为对称的，它的另一半在眼睛看不到的地下。真实的树近似一个球体，种子占据它的中心，枝叶和根系从这个点开始向四周辐射生长。想象这样一棵真实的树，始于它埋在纸下的种子（笔尖），它的墨水穿透

纸面形成一个墨点，朝我们洇开，越来越近，越来越清楚。纸分隔出明和暗两个世界，画家更愿意待在另一边。这些由墨点组成的抽象绘画可以被看成树和林子，也可以被赋予任意的想象。

此次展览上董大为的新作继续主动地寻求限制与戒律，将其作为创作的基本动能。通过个人对限制的适应与变通，发明新的技术手段。他并非先有设想再寻求实现的方式，而是借自我实施的限制起步，通过操作去发现和梳理那些错过的可能。所以他称之为技术的实际是初始的技术，这种技术无用，却是激发想象的手段，带来看待同样事物的奇妙视角。

此次展出的“马克笔”系列作品中，每一笔接触纸张只一次机会。手在静止中密切掌握着墨点洇开的时机，笔移开之后，墨点在目光的注视中继续洇开，直到碰触到前一个墨点后停止。从第一笔开始到最后一笔完成不得松气，最终结果只有观察纸背面的情况才可得知。董大为如同一个狩猎的原始人——弯弓瞄准、等待、放箭、注视箭在空中的飞行直至射中猎物。他执行作品时没有出错的余地，现实的不可预测（缺陷）必须得到回应和改造，一切皆在他的考虑之中。在董大为改造现实的实践中，他自身意图的转向（应变力）才是真正的焦点，而非手头经验的增长。艺术家是位借力高手，他在画作中选择了不现身，他的手与我们看到的画面一纸之隔。现实和虚拟之间，图像与观念之间，意图是那只飞行的箭，越是明晰，射程越远。

尘归尘今日之三
局部

尘归尘今日之三
纸上色粉笔
240cm × 400cm × 100cm
2018

尘归尘 201a
纸上色粉笔，木板
244cm × 122cm × 50cm
2015

尘归尘 201c
纸上色粉笔，木框
尺寸不一
2015

关音夫
Guan Yinfu

1975 年生于黑龙江
2002 年毕业于中央戏剧学院舞台美术系舞台设计专业，获学士学位
现工作、生活于北京

主要个展

2018 年　彩色 · ROLOC，指纹画廊，中国北京
2013 年　关音夫：大于等于物，静画廊，中国北京

主要群展

2018 年　北京当代“艺述”单元，全国农业展览馆，中国北京
　　美狮美高梅艺术收藏展，美狮美高梅美艺大堂，中国澳门
2017 年　绘画的孤儿，一森科恩画廊，美国纽约
　　生生生 Vivivid，指纹画廊，中国北京
2016 年　十夜——BMCA 艺术文件展，草场地国际艺术区，中国北京
2015 年　隐秘的力量，央美术馆，中国北京
2014 年　轻抽象的星丛，尤伦斯艺术商店，中国北京
　　不是之是：一次关于“元绘画”的个人表述，林大艺术中心（北京），中国北京

关音夫：当艺术大于等于物

鲍栋

极盛现代主义绘画通常呈现为一个纯粹的色彩平面，没有空间错觉，没有笔触，没有质感和肌理，当然也没有个人的艺术情感，只剩下被压缩到极致的色彩信息，换句话说，除了色彩性与平面性，为了保证某种只有绘画才能够提供的感觉经验，其余的因素都被剔除了。但就像一个不含一点冗余的完美方程式，其有效性只是建立在假设之上，而极盛现代主义绘画的色彩平面，实际上也是一种假设，或者说，一种暂时性的建构：划定了一条条清晰但刻板的界线，用来区分绘画与雕塑，甚至艺术与非艺术，即艺术品与一般之物。

虽然极少主义宣称艺术品就是物，把艺术的本质主义思路推到了极致，以至于破除了这种本质主义对艺术的限定，但这终究只是一种停留在概念上但缺乏经验生成的思维转换。实际上，弗兰克·斯特拉（Frank Stella）的名言“你看见的是什么就是什么”是需要前提的，只有把使普通物品成为艺术品的一系列条件隐匿起来，这一判断才能够成立。这一系列条件既包括艺术史、艺术理论、艺术制度的论述，也包括具体的艺术空间场所对经验及感性的切分。现代主义绘画的平面性假设就是建立在作品与墙面之间约定俗成的关系上，在这种关系中，墙面及作品四周的空间是不可见的，就像是被排除在方程式之外的存在。

在这个意义上，关音夫所做的是把这个约定俗成的系统中的不可见之处激活，使它们被看见，让它们溢出现代主义的诸种限定。但并不是像极少主义那样急于拆毁这些限定，轻易地把感性替换成观念，而是通过触碰及越过其边界的方式把这些限定变得可感。

与因被概念化而被视而不见的四方形画布不同，作为艺术系统的现成品的包装箱是一个切实可感的存在物，它不是艺术观念的逻辑语言，而是艺术机制之生活形式的一部分。因为其现成品的属性，箱子带来的浅度空间和箱底的平面是具体的，除了具体的材质属性与经验负载之外，更重要的是，它引发了一种随时随地上手的方式，把绘画的仪式性降到了最低，使绘画近乎一种生活形式。

与此相关的是关音夫对色彩的使用，也是把颜料的物性在色彩的直观概念中落实为一种经验特例。在他的这些作品中，色彩有体积和重量，而色块之间的触碰、覆盖、挤压与渗透带来了体积感和重量感上的细微变化，于是色彩成了一个特定的颜料团块。但这些颜料团块，以及它们之间的关系都是非人格化的，但又没有彻底成为一种物的序列，关音夫的作品把绘画性降到了最低，艺术家的身体与精神不再具有掌控地位，而是回撤到某种遵从者的身份。如我们所见，他并不设计色块的形状，而是让颜料自动流淌、凝结，但他会让箱子微微倾斜，稍稍干涉色块自然凝固状态下的形状惰性。他的金属作品则利用光滑表面的磨痕所形成的视错觉来干扰对空间转折的知觉，让体量的因素与视觉的因素产生冲突，使物性的呈现在知觉中变得直观、复杂而有辩论性。

关音夫 2011 年之后的作品离开了表现性，但并不是走到极少主义式的实在主义（literalist）。他的作品虽然基于对物性的尊重，但并不认为艺术就是物，对他来说，艺术作品是一种大于等于物的存在。某物能够成为艺术虽不可避免地与何为艺术的“观念”相关，但更重要的是，艺术家要能够生产出直观某种观念的感性条件。这些感性条件作为经验水准是无法重复且需要不断推进的，因此艺术家要一再地回到对原有观念及制度边界的自觉感知，使其工作在艺术与物之间构成一个感觉张力的系谱。

［原载《飞地》（第四辑）——“争锋与兴替”，海天出版社 2013 年版］

201714
木板丙烯
245cm × 245cm × 11cm
2017

201601#
木板丙烯
150cm × 150cm × 10cm
2016

042017#
不锈钢
直径 120cm
2017

201503#
不锈钢
120cm × 110cm × 8cm
2015

何岸

He An

1970年生于湖北武汉

1996年肄业于湖北美术学院绘画专业

现工作、生活于北京

主要个展

2017年　深紫——何岸个展，没顶画廊，中国上海

　　　　看看大哥能帮帮她吗？，澳大利亚当代艺术中心，澳大利亚墨尔本

2015年　玉枝，和维画廊，中国杭州

　　　　亚美尼亚，当代唐人艺术中心，中国北京

2014年　硬汉不跳舞，没顶画廊，中国上海

　　　　风轻似小偷，坦普隆画廊，布鲁塞尔

　　　　是永远不是，魔金石空间，中国北京

2012年　谁此时此刻孤独就永远孤独，桃浦当代艺术中心，中国上海

2011年　乳房上各有一颗痣，肩头还有一颗，魔金石空间，中国北京

　　　　何岸个展，坦普隆画廊，法国巴黎

　　　　好奇之黄 好奇之蓝，当代唐人艺术中心，中国北京

　　　　风轻似小偷，箭厂空间，中国北京

2010年　我相信有人会带我到那个地方，但那是明天的事，魔金石空间，中国北京

私生子
局部

何岸：文本是我创作的校正器

采访：李宁（ARTYOO）

何岸的作品带有极强的文学成分，在某种程度上作品是他的文学性在情感上的转换。

ARTYOO： 在你早期的作品《是什么让我理解我的知道》《何桃源》《夜晚或者和它拥有的白天》作品中都调用了文字和文本的形态或含义，可以说在个展“硬汉不跳舞”“亚美尼亚”“深紫”中都把文本的意义提升到一个更加重要的位置。其文本并不是一种故事性的引用，它更像是你自身的一种消化或转化的感受，甚至与作品起到了同样在场的阅读作用，那你能谈谈作品与文本之间的关系吗？

何岸： 就拿展览“深紫”来谈，我觉得必须要展开一个通过文字部分带出的不在场的场域，也只有依靠文字才能把观众带到这个不在场的场域。当然有的观众会直接选择看作品，但如果他要看文字的话，我就想利用文字与作品形成一种关系，这种关系有可能让每一件作品的负载方式、解释的角度产生改变。因为当我们看一个东西时，总是在用思维的方式去看，或者用耳朵去听，再返到思维，它还是一种有距离的阅读过程，这就像看文本一样，我最近的作品都很强调这一点。另外一个很重要的原因是我很喜欢历史，恰恰历史特别强调文本之间的关系。我们经常说有一种真历史、假历史，或伪造的历史，然而对于历史来说，这些都很重要。什么叫真实的？什么叫虚拟的？它们都是被归纳出来的，所以我想把作品和文本都放到展览中。

ARTYOO： 我曾在艺术论坛（Artforum）中看到你说过一句话：“很多人比较警惕象征，觉得它过于古典，但在我这里，区别宿命感与否的限度就是作品本身的象征性。”这里所说的象征是否也应对你在个展“深紫”作品《零号机》中两种框架物镶嵌在一起的身体感，与你在序言的文本中形容的观感形成某种关联？类似的文本或文学性的象征感。

何岸： 首先象征主义是属于现象学的一部分，最早普罗斯佩·梅里美（Prosper Merimee）很强调象征主义，后来是波德莱尔（Charles Pierre Baudelaire）。但象征什么并不代表“一对一”的转换，它还是有一种通感：通过一个东西带出你的情绪，而这个情绪在此时此刻对应了某种形而上，实际上这是象征主义的特征。还有一种就是叙述，从法国的20世纪60年代开始有了“叙述学”，它强调原文本性、间性、互文性这几种文本之间的关系。我个人认为，如果把作品当成文字（语言学）的一部分，它必须会牵扯到叙述的领域，这对我好像很重要。但对于今天很多做文本性研究的人来说，他们可能会去掉这种叙述方式。比如像我在今年的卡塞尔文献展（2017）上看到的作品是去叙述文本的，它不强调文本之间间性的关系，更强调文本作为文献的重要性。实际上这不属于叙述学的一部分，我反而是强调“叙述”这一点，所以相对显得有点古典主义。

ARTYOO： 这种叙述性，是否和一种体验有关？比如文本带给我们一种在意识上刺激理解的体验，作品其实也是另外一种语言的体验。

何岸： 对艺术家来说，这种体验性就像药。有的时候你需要观众去参与，殷切地盼望，就像你喜欢一个女孩，当你与她的距离过近之后，你又想办法把她推

开，这就是这种体验性。作品中也许会有一种你与观众的共鸣，或者说一种情境的共识性，但这种东西不能太多，你还是得通过共识性回到作品本身所具有的一种孤独状态。当然我说的这个“孤独”已经具有叙述性，因为这个词本身就有了叙述性，但我个人只能这么想。很多人会强调作品的体验性，我倒不是那么过分地强调，就像当代唐人艺术中心的展览中那个门，但我当时做好了准备：如果没有一个观众愿意进去，那它就只有关门或开门带来的节奏感。所以这两方面都必须要成立，我们才能说这个体验性是不是成立，否则作品单一地强调体验性是不对的。

ARTYOO: 如果延伸这种“体验性”和“叙事性”的关系，那对于“深紫”这个词你是如何理解它的，并且它在文本和作品之间有怎样一种复杂的转译关系？

何岸: 其实“深紫”这样一个颜色的词语，在展览中只是指那个文本和地上那件发热的《深紫》作品：它的旁边有一个管道，还有一个彩钢板制成的形状。实际上这个形状和管道的长度都是完全拷贝了我在福建山区行走的过程中看到的情景。我沿着一条河走，那条河的水很黄，迎面漂过来的都是特别脏的东西（死猪、垃圾等），往前流淌着，那个管道就在它的旁边。当我走到这条路的尽头，拐弯就看见了一个坡，坡上有个石碑写着“南无阿弥陀佛”，我当时一“炸”，觉得这就是“时间之河”，这让你一下能明白很多东西。所以我在《深紫》的作品中一定要设置一条像泪水一样的线穿过这条管道，形成像蛇的关系，让它发热。也许中国人很能理解这种情境下形成的一种氛围。

亚美尼亚——何岸个展
唐人当代艺术中心
2015
中国北京

看看大哥能帮帮她吗?
霓虹灯装置
里昂双年展现场

所以说我叫它“深紫”，实际上它如何紫我并不知道——像乔伊斯的“葡萄紫的海”。这句话实际上来自古希腊的一个特定的指法（酒神才用这个）：指人到迷醉以后的另外一个状态，它有可能与深渊的意思也有点像。

ARTYOO：所以说文字部分和作品是密不可分的，它不是展览的说明，本身也是一个作品，同样成为身体的一部分？

何岸：对，这个文本是作为一种场域笼罩在作品里，在它的空中形成了很多网络关系，以此往前推进，我是这么想。

文本又是我创作的校正器。就像《深紫》一样，其中的文本必须得这么放置才能把天和地之间的关系理顺。比方说，那条线必须是直的，我甩开以后它有一条有畸形；像桥一样的东西中间必须得离开，又卡住一点，这样才能让天和地之间有一种关系。我在做作品的时候会经常面临这种绝境，很多时候作品让你耽搁很长时间，你没有办法去下决定。

ARTYOO：你为什么觉得文本是一个校正器呢？

何岸：因为你没有办法判断。我的知识结构都是网上的或自己看到的，实际上很多都不是自己形成的知识结构，这些知识结构交给我们的目的也就是通过这些知识结构找到自己的一种叙述方式，但你经常是找不到的，需要慢慢地去找，这个过程是很痛苦的。

ARTYOO：仔细观察你这些年作品中对于文本的应用，发现《何桃源》等类似作品是直接运用文本的结构和对残缺语意的“再叙事”，而近期的作品更倾向于一种文本在文学性层面的抽象转化或投射，和作品之间形成一种千丝万缕的交叉关系，那你觉得它们之间有怎样的区别？

何岸：其实它们还是一样，如果文字带来了一个场域，那作品的每一个关系是在场域里连接的，拉出来就是一条线索，但它不是一对一似的象征了什么。

像《深紫》中的管道有可能就是我完全拷贝的东西，当时我沿着这条河行走，在想该怎么办。在行走的过程中你的生命是附着在某种东西上的，你想附着在某一个建筑上面，实际上是虚假的，它只是一个符号，总归这个符号要和你脱离，但你像一个牛皮糖一样粘在它的下面。忽然之间，有一个场域让我不愿意这么简单地粘在下面，这逐渐让我开始去渗透。

ARTYOO: 仔细观察“深紫”的展览中,《零号机》中框架物相交叉的作品，以及在《礼物》中压扁的管道中镶嵌着圆形的球体，与你“亚美尼亚”展览中水泥柱之间的微妙关系很相似，有一种强烈的文学性感受，对此你是如何思考的？这也是创作中极其难把握的东西。

何岸：因为这种东西有可能没有办法被归纳和被叙述，如那些水泥柱和管道有可能是我器官的一部分，但它也有可能是我当时在看的阿拉斯关于“透视原理”的那本书——是透视的切割线的一个部分。这几个部分是综合性地压在一块儿，就要看艺术家是更靠近叙述性一点，还是更靠近文学性一点。我觉得《亚美尼亚》这件作品特别强调平行透视的感觉，因为它到达的距离正好是东方最边缘的一个距离，我在强调这个距离感的过程中，它就是一种文学性。比如我为什么会选亚美尼亚，因为它是西方到亚洲或亚洲到西方的最后地带，它既是起点也是终点。所以你感觉那个透视必须要达到一个距离感，但你确实不知道实际的距离感是在哪儿，你必须要找一个点，就找到了亚美尼亚。我强调的地平线和透视的关系正好要到那。

［原载 ARTYOO 得艺，ARTYOO 专题｜何岸：文本是我创作的校正器，2017 年 8 月 27 日（https://www.trueart.com/news/251083.html）］

看看大哥能帮帮她吗？
霓虹灯装置
尺寸可变
2017

私生子
防火门，自动控制系统
210cm × 80cm × 23
2015

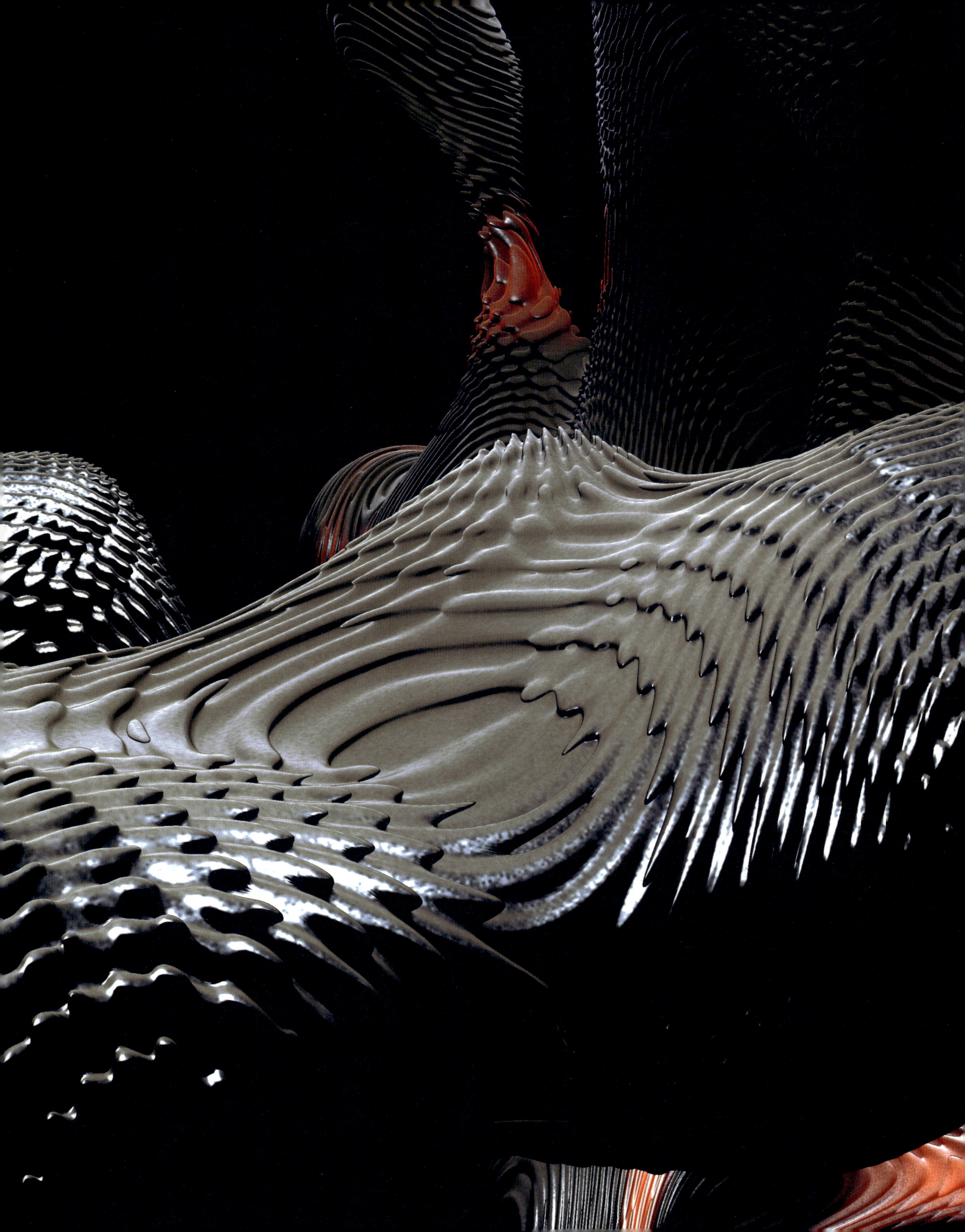

洪启乐

Hong Qile

生于中国福建
电子音乐人、艺术家
现工作、生活于北京

从事音乐、视听艺术、装置艺术等跨媒介交互创作以及相关活动的组织策划
独立 / 合作出版超过 20 余张唱片
参与上百场视听艺术表演现场和国内外媒体艺术展览

感知的黑洞

沉浸式声音视觉装置艺术

AXD & 洪启乐

AXD： 一般情况下，你擅长以声音为作品基本结构，视觉图像配合声音展开，声音成为叙述者，视觉是渲染者，是吗？

洪启乐： 目前对我来说这两者是交替前进的，至于哪个是叙述哪个又是渲染，这得看每个观看者的体验，也许都是，也许都不是。

AXD： 《脑波交流》《引力图》极致流淌的艳丽色彩，是因为你天生敏感还是为了视觉冲击，这很容易联想到对女性的某种暗示和迷思，*Glitch Punk* 里的各类动物翅膀，*Glitch Map* 隐约的山脉，《波普》中国传统山水画，表明你擅长采集各类图像元素，来构建另外一个世界，这些多样的题材也许正如你所说的那样，随性、随机，也就是说拒绝被定义？

洪启乐： 其实并没有拒绝被定义，而是不想去定义。我的一句老话：作品生产出来后就应该保持其独立性，应该允许有不同的定义。如果某个作品的定义是死的，那这个作品就是死的。

不是建构一个体系，而是生产一种可延伸想象的介质。

AXD： 日本《歌姬计划》里 VOCALOID 虚拟偶像歌手初音未来的形象，《太急》里奔跑的男人，*HUMAN VOICE* 里那个像星球大战里面的尤达大师（不确定），在这些视觉素材里放进各种经典形象，是因为你个人爱好，还是他们在作品里承担主角的需要？

洪启乐： 首先 *HUMAN VOICE* 里是美国总统特朗普的形象，在 YouTube 上截取的一段视频，那个时期正是他竞选美国总统的时候，媒体铺天盖地都是他的消息，信息过度饱和，我只好拿来消遣一下。

初音也好，总统也好，都是社会系统的某个表象，也都是想让你看到的表象，更深层的东西我们无法触及，但每个系统背后一定有漏洞，所以我经常用一些 Glitch 的形式去表现这种无处不在的系统内的漏洞。

真正的主角是 BUG。

AXD： 《末梢反馈》《虫洞穿越》分别对应着神经生物学和宏观宇宙学的概念，所以科学领域的基本理论概念也是作品的灵感之一吗？

洪启乐： 不要被名字欺骗了，这两个领域我完全不了解。只是单纯的想象。

AXD： 你说过，作品都没有预设的主题和概念，所以你是根据素材在设定程序语言里的自身逻辑变化来生成作品吗？也就是说你试图取消自己主观的能动行为，只是收集素材，让程序去加工，放弃表达的主动权？而素材本身就是态度，你又想消解这种态度，让作品更模糊从而产生歧义，所以不同的观众就会有不同的反应，也许这是你想要的效果？

洪启乐： 艺术家有两种，一种是在沙滩上捡贝壳的，一种是玩沙子堆城堡的。

我属于前者，我喜欢在未知里去发现，然后去延伸，如果脑子里有特别清晰的蓝图，根本不愿意去实现，懒得去弄，想象里的才是最完美、最美好的。

AXD：视听艺术现场的策划人，Pixel Echo 厂牌的创办人，音乐人，艺术家，哪一个身份是你最认同的？

洪启乐：都喜欢。

AXD：池田亮司对视听艺术装置的艺术家来说意味着什么呢？

洪启乐：另外一个创作者。

以声音和图像说话、写作的洪启乐，试图在人类所有认知之外建立自我的理想国，这里流动着无始无终的波，散落着不规则的贝壳，有风，有烂漫的色彩，有喧嚣的静谧，也有人间变幻的图景。他只想做一个拾贝者。

（原载《AXD 空间艺术》2018 年第 5 期）

鳞 · SCALE—1
数字影像装置作品
尺寸可变
2018

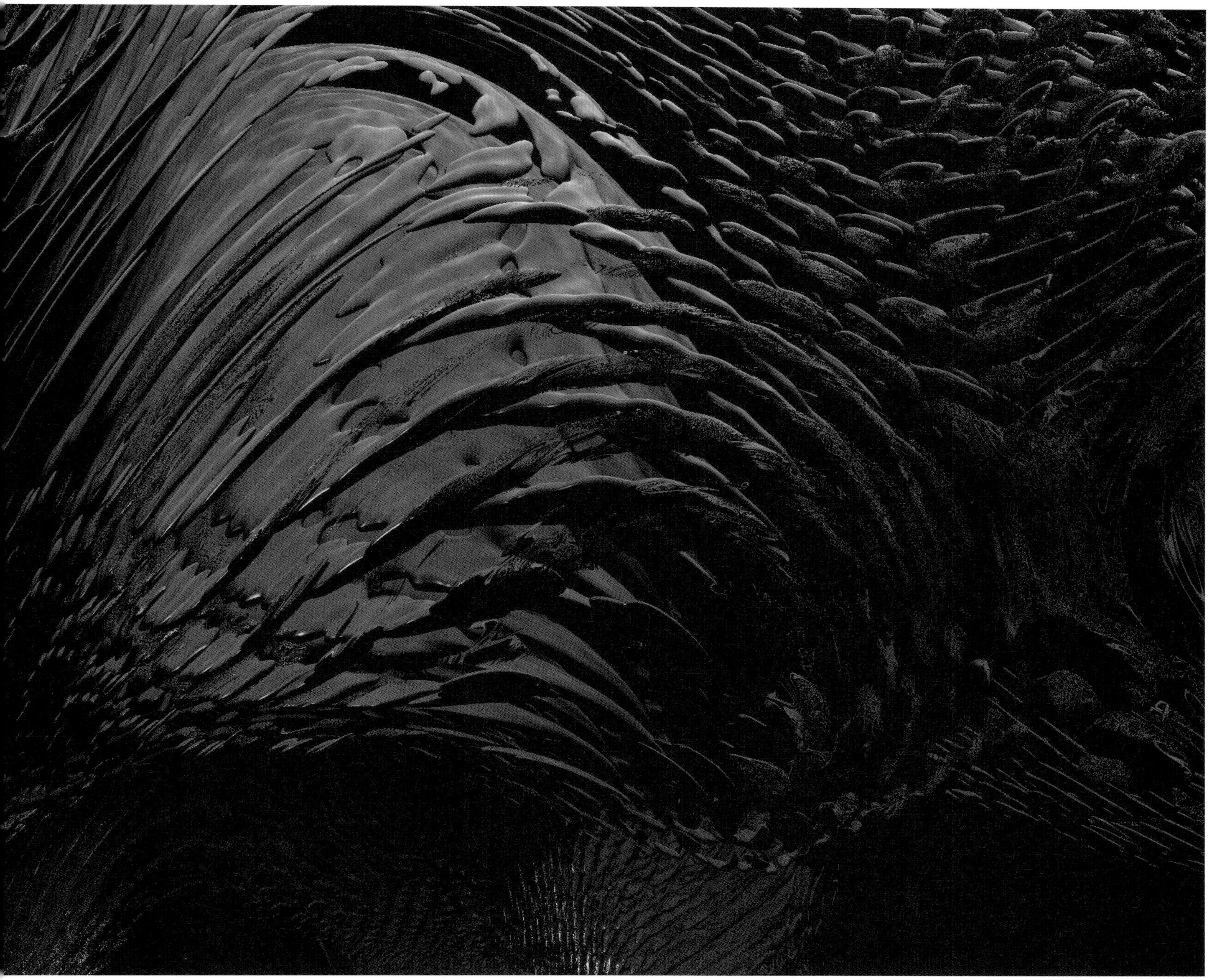

鳞 · SCALE—2
数字影像装置作品
尺寸可变
2018

脑波交流 1—3
数字影像作品
尺寸可变
2017

胡庆雁

Hu Qingyan

1982 年生于山东潍坊

2006 年毕业于广州美术学院雕塑系，获学士学位

2010 年毕业于中央美术学院雕塑系，获硕士学位

现工作、生活于北京

作品被维多利亚国家美术馆（澳大利亚）、卢贝尔家族（美国）、K11 艺术基金会（中国香港）、M+ 希克收藏（中国香港）、今日美术馆（中国北京）、广东美术馆（中国广州）等美术馆及艺术机构收藏

主要个展

2018 年　空洞的，多余的，麦勒画廊北京—卢森，中国北京

2016 年　空壳，麦勒画廊北京—卢森，瑞士卢森

2015 年　永垂不朽，麦勒画廊北京—卢森，中国北京

2013 年　借尸还魂，麦勒画廊北京—卢森，瑞士卢森

2011 年　穿帮，麦勒画廊北京—卢森，中国北京

主要群展

2018 年　相遇亚洲——多元化的青年艺术视觉，四川美术学院美术馆、坦克库·重庆当代艺术中心，中国重庆

2017 年　雕塑四十年·第一回展（2008—2017），深圳当代艺术与城市规划馆，中国深圳

2016 年　另一种选择：第三届今日文献展，今日美术馆，中国北京

中国当代艺术年鉴展 2015，北京民生现代美术馆，中国北京

M+ 希克藏品：中国当代艺术四十年，太古坊 ArtisTree，中国香港

我希望把物质材料、物体都还原成平等的物而不是到人或者其他范畴里去寻找意义

向京 & 胡庆雁

向： 简单讲讲你作品的几条大的线索吧。

胡： 我对这几个问题比较感兴趣。首先是材料的物质性。材料多是默默无闻地作为作品的物质载体，其实除了作为物质载体之外，它也是实实在在的物，物有方方面面的属性，物也有生老病死。物本身的各个方面都可以成为作品切入点。其次是关于身体。呈现身体除了模仿它的表象之外，关于它的空间、体积、隐喻等更是我关心的。再次是形象的暂时性和偶然性。此外，还有和雕塑有直接关系的空间。我们把雕塑看成物体，空间围绕下的物体，其实很多情况下它更是一个空壳。在这次“永垂不朽”个人展览上，“人民”和“空房间”系列其实都是把空气装进了雕塑的内部，而且空气也成为作品的重要材料。在这里我把形象剥离掉让它还原成一个纯粹的空壳，然后看这个空壳本身跟雕塑的关系。

向： 任何一件雕塑当然可以说，就是物本身，这是个和空间概念很有关的物，不知你是不是受到隋建国的一定影响，你有一部分的作品观念有一点“物派”的影子，但好像又不大一样，对你来说是还原物作为其存在的物质性重要，还是在现在的时代里，提示物的精神性更重要？这里面还有一种美学（如果有的话）的意义在哪里？

胡： 任何物都处在时空当中，雕塑更是如此，不仅处在空间中，它本身也是关乎空间之物。不可能把雕塑完全排除在空间之外。我不太关心作品的展示空间，它作为独立的物件，可以在不同的地方展示。比方说，“空房间”“人民”系列与空间的关系更多的是雕塑内部的空间，至于放在哪个空间里区别并不大。

物质的精神性，是我们附加在物之上的主观判断。我试图让物质变得纯粹简单，还原其物质性，这个物质性包括两个方面，一个是我们身体的物质性，另一个是雕塑材质的物质差异性。大理石和铸铜材质的雕塑就不一样，铸铜雕塑是一个空壳，而大理石是沉甸甸的实心物质和体积。

美学除了愉悦视网膜之外，没有任何意义，也不重要。如果我的作品有一定的美感，那是偶然得来的或者是意料之外的，我对美感丝毫不在意。

向： 不管是什么物，在我们的艺术里早已把它放进了文化的语境里去说它，一层意思包括貌似无意义的重复的劳作，一层意思是这些柴火、金元宝、日常物里面所被艺术赋予的“神圣感”——可以这样说吗？我不知道你试图表达的是还原一种朴素的存在感，还是让这种日常性升华为不朽？

胡： 我们对事物对世界的价值判断是以人类自我为中心的，习惯于把事物放到我们所谓的语境和文化判断里去说它，我希望把物质材料、物体都还原成平等的物，而不是到人或者其他范畴里去寻找意义。让人、物、材料统统还原成处在混杂的没有语境的平等状态。柴火、金元宝本身就是日常物，他们的“神圣感”是展厅的空间和灯光等因素塑造出来的。我们预设了“艺术来源于生活，高于生活”，所以就从展厅的物件里看到了神圣感，其实它们就是朴素之物，和其他物品甚至垃圾堆里的丢弃之物并无本质区别。当它放在工作室里，放在

收藏家的家里，或者放在包装箱、仓库里，除了环境外，物本身并没有什么变化。它还是它本身，可能有时以光鲜亮丽的状态出现，有时似乎又回到寻常之物，这些其实都是物的暂时状态，我更关心物本身而不是它的呈现状态。

向：你真的认为作品放在任何空间区别不大吗？比如雕塑放在你的工作室和放在画廊展厅里、放在广场上都没区别吗？我理解你是从创作者的角度去解释你的艺术，但艺术在他人眼里总有被另行解读的可能，你认为艺术的公共意义或者说艺术离开了创作者的意义不属于创作者思考的吗？那么做展览的意义在哪里？

胡：作品放在工作室与展厅或者广场上肯定有区别甚至完全不同，不过我更在乎作品的纯粹的物本身。除画廊、美术馆的展示空间外，它在工作室，或者仓库的遭遇让它成为一个正常之物、普通之物，而不仅仅作为作品的光鲜、高贵之物。

艺术家不论如何自我，作品也终会面对观者。艺术需要观者需要交流，所以作品需要展示出来。观众希望艺术家的创作形成一个相对自我的闭合系统，期待看到格格不入的艺术家和作品，但艺术需要与观众以及当前环境的互动。所以这一点上只能是折中的，艺术家面对大千世界这个公共资源，通过自我生产出一种拧巴的不那么标准的个人化作品。展览就是在公共空间实现交流，如果艺术不需要交流，作品就不用展示出来了，做完放工作室就可以了。

向：我理解你说的还原物质的物质性，那你觉得把柴火堆成整齐的立方体、把金元宝聚成一堆放在一间黑色的屋里让他们闪烁金光，这些预设和行为意图何在？

胡：柴火棍堆成立方体是不得已的选择，因为不论堆成什么形状都显得复杂多余，只有立方体在形式上足够简单，能凸显出一根根柴火棍本身。每一根都有木头的形象却不是现成品，更不是现成物堆成的某个形状的作品。把金元宝聚成一堆放在一间黑色的屋里让它们闪烁金光就是让纸元宝更灿烂，让这个灿烂更虚幻。

向：你的理论和物派有一定相似之处，“朴素之物”大概指的是你赋予它们的“意义”，因为你怎么不去捡垃圾堆里的丢弃之物做艺术？“朴素之物”里包含对劳作本身的定义吗？你认为艺术生产也不过是件普通的劳动？艺术家和普通人没有区别？

胡：“朴素之物”除了你的介入痕迹及其产生的“意义”之外，物本身也参与构建作品，物本身的属性、经历会成为作品的一部分。买来之物与丢弃之物都可以拿来做艺术，我去拆迁现场的废墟里捡过建筑垃圾，也满北京到处找过废旧钢管，这些材料都成为作品的一部分或者直接改造为作品。不论是花钱买来的还是垃圾堆里捡来的，在我手里没有贵贱之分，都是平等的“朴素之物”。

不光艺术生产是普通的劳动，艺术作品也是普通产品，艺术家和电焊工一样都是劳动者，只是工种不同。当然这不是真理，只是我个人看法。

向：关于身体的这部分我不太熟悉，你说的身体也是个“物”的概念吗？它的隐喻是在文化中的隐喻吗？

胡：有几个作品和身体有关，比如《一朵云彩》，人物雕像“一口气”系列及近期的“人民”系列。这些雕塑和我们的身体一样都是物体。关于隐喻，可能是我的作品比较少涉及的。“一口气”系列和《一朵云彩》是关于身体的物的理解和认识，而不是隐喻。比如说“一口气”系列就是将身体内部的不可见的空间通过塑料袋介质用大理石这个实体材料呈现。《一朵云彩》则是我身体的体积，虽有云朵的形象，但本身的体积是对身体的一个转换。与其说对身体的隐喻不如说以另外的方式对身体进行转译。“人民”系列是将废旧钢管截成一段一段，两头密闭焊接成封闭的空间，内部的空气和表面的钢管就形成一个空壳，躺在地上似乎是人的躯壳甚至横七竖八的尸体。这个可能有一些隐喻在里面，但我更感兴趣的是它跟我们的身体形成的一种对接和转译的关系。

向：听说你很多工作都是你父母一起帮你做的，他们会理解你的创作动机吗？还是只是帮忙完成？你怎么考虑艺术的生产力问题？家庭作坊是一种理想的方式吗？

胡：我研究生毕业后在北京待了下来，所以就把父母也接过来了。父母从山东农村来到北京，对高成本生活很不适应，觉得在北京要是没什么他们能做的事的话，反而是增添了孩子的负担。为了让他们待得住，我就慢慢地给他们找一点事情干，让他们参与到我的创作里来，结果他们觉得和干了一辈子的农活完全不一样，很上瘾。就这么自然而然地形

成了家庭作坊式的创作小组，我是组长，领导我的父母。对我的作品他们还是比较理解的，他们经常看报纸杂志，对于艺术是什么也慢慢有些自己的判断，比如我父亲有一次突然说艺术其实就是对已有思维和观念的突破。他们觉得把作品当一般的活来干的话对不起儿子、对不起艺术。所以整个过程非常较真，随时在提问题，我们就一块儿沟通，推进工作。所以他们并不是简单地帮忙来完成制作，而是共同参与构建了作品。可能每个工作起因于我，但是在我们互帮互助、共同努力下完成的。

关于生产力，艺术作品的产生也有很多的生产方式，这两年也有所展现。比如说公司化的生产，我弟弟胡庆泰的创意收买都是非常不同的生产方式，当然顾德新的不做艺术的表态实际上也是一种艺术生产。

家庭作坊的状态对我个人来说是比较理想的，因为我做东西比较慢，要一边做一边想，并不是画完方案图后就尽快实现它。雇佣专门的助手必然就要不断地制作和生产，而家庭作坊可能要自由和悠闲得多。而且和你一块工作的人一定要能够理解你，这很重要。作坊式创作可能在生产上不那么专业，但能将家庭生活与艺术创作相互渗透融合，作品是这个环境下慢慢生长出来的，是生活的一部分，而不是从工厂生产线上走下来的冷冰冰的产品。

向：你是哪年从广州美术学院毕业的？你原来一直是做很写实的雕塑，你的毕业创作做的是博伊斯（Joseph Beuys），你对写实雕塑还有兴趣吗？当初为什么选择？在中央美术学院读研究生给你带来的变化是什么？现在怎么看这类写实的作品？怎么看中国学院式的写实传统？怎么看写实主义传统的教育？

胡：我 2006 年从广州美术学院毕业。2004 年年初和当时在广州美术学院油画系进修的我的学画启蒙老师董增山专门去深圳何香凝美术馆看您和瞿老师的展览，在展厅待了整整一天，看得很兴奋。再就是当时曹晖老师上过我们的几次课，我的泥塑长进不少，所以毕业时的写实雕塑技艺在同龄人当中还是有些优势的。

我们的本科毕业创作要做两件，首先要做一件等人大的写实纪念像，我就针对博伊斯的行为作品《如何向一只死兔子解释艺术》，将博伊斯与兔子的头互换，让兔子对博伊斯讲解艺术。我对写实雕塑一直都有感情也有兴趣，我觉得我的作品一直是基于写实的，只是对写实的理解可能更宽了。只呈现外表的写实有它自身的局限性，很难对这个丰富繁杂的世界的方方面面进行转译，所以后来可能是对体积、空间、材料的物质性等进行的更广义上的写实。它虽然呈现出来的不是写实形象，但我觉得它和写实还是有关系的。

在中央美术学院读研究生更多的是对艺术的思考，而不是修炼技艺。在北京有看不完的展览，而且在读书期间的几年里看隋老师在不停地做作品，你能了解到艺术家是一个什么样的状态，这潜移默化地影响了我对艺术的认识。

写实油画或者写实雕塑作为艺术技巧不会过时，但要对它进行激发、更新和推进。如果把它当作一成不变的万能钥匙就可能显得单薄。我接受的教育尤其是本科阶段基本上都是学院的写实传统，很多人说要把接受的这些学院教育扔掉才能找到自我、找到自己的艺术。我可能不太一样，我身上的学院写实传统的精髓和“毒瘤”都同样成为我做艺术的营养。

向：在对物的定义和认知中，人的位置是什么？你认同你父亲说的“艺术其实就是对已有思维和观念的突破”这个观点吗？那天我还看到你父亲在黑桥捡的很多球，你觉得他这样的行为构成艺术行为吗？他能被称作艺术家吗？

胡：人是万物之一，哪天人类灭绝了，万物还在，世界还在。我特想在人类灭绝以后托生成一只麻雀回来看看那个没有人类干预的世界。从抽象逻辑上说，我认可我父亲说的“艺术其实就是对已有思维和观念的突破”这个观点，但我对艺术进化论持保留态度，更倾向于认为艺术通过异化更新得以发展。艺术无处不在，艺术行为无处不在，捡球的行为在我眼里有艺术的因素，但在我父亲眼里未必有。在我父亲宣布那些球是作品之前我不承认他是艺术家。

（原载《东方艺术》2015 年第 13 期，此处略有改动）

8 版
大理石（以一块石头为模型制作的复制品，由不同的大理石切割而成）
55cm × 33cm × 32cm × 8
2013

从工作室到画廊的风景 No.1
布面影像，影像时长 62’5”
画布幅面 135cm × 240cm
2014

空山
黄色大理石
170cm × 110cm × 95cm
2018

柴火
樟木
200cm × 200cm × 200cm (8m^3)
2012

花形（王志鹏）
Hua Xing (Wang Zhipeng)

1990 年生于辽宁大连
毕业于中国美术学院
现工作、生活于杭州

主要群展

2018 年　未来的异想，南国大家装设计中心，中国武汉
2017 年　视觉的诗：面向真实的时间，贝尔维尤宫，德国卡塞尔
　　.zip：释放未来，今日美术馆，中国北京；3LD 艺术中心，美国纽约；太古里，中国成都
　　想象力工厂，寒山美术馆，中国苏州
2016 年　第一届道滘新媒体艺术界，XI 当代艺术中心，中国东莞
　　我织我在——第二届杭州纤维艺术三年展，浙江美术馆，中国杭州
2015 年　BLAST，K11，中国上海
　　迷因城市：骇进现实——首届媒体艺术节，中国美术学院，中国杭州
2014 年　大地备忘录：首届上海当代艺术博物馆青年策展人计划，上海当代艺术博物馆，中国上海
　　转速@中国声音艺术大展，油罐展场，中国上海

flow void(audio-visual)
现场空间 -2
2013

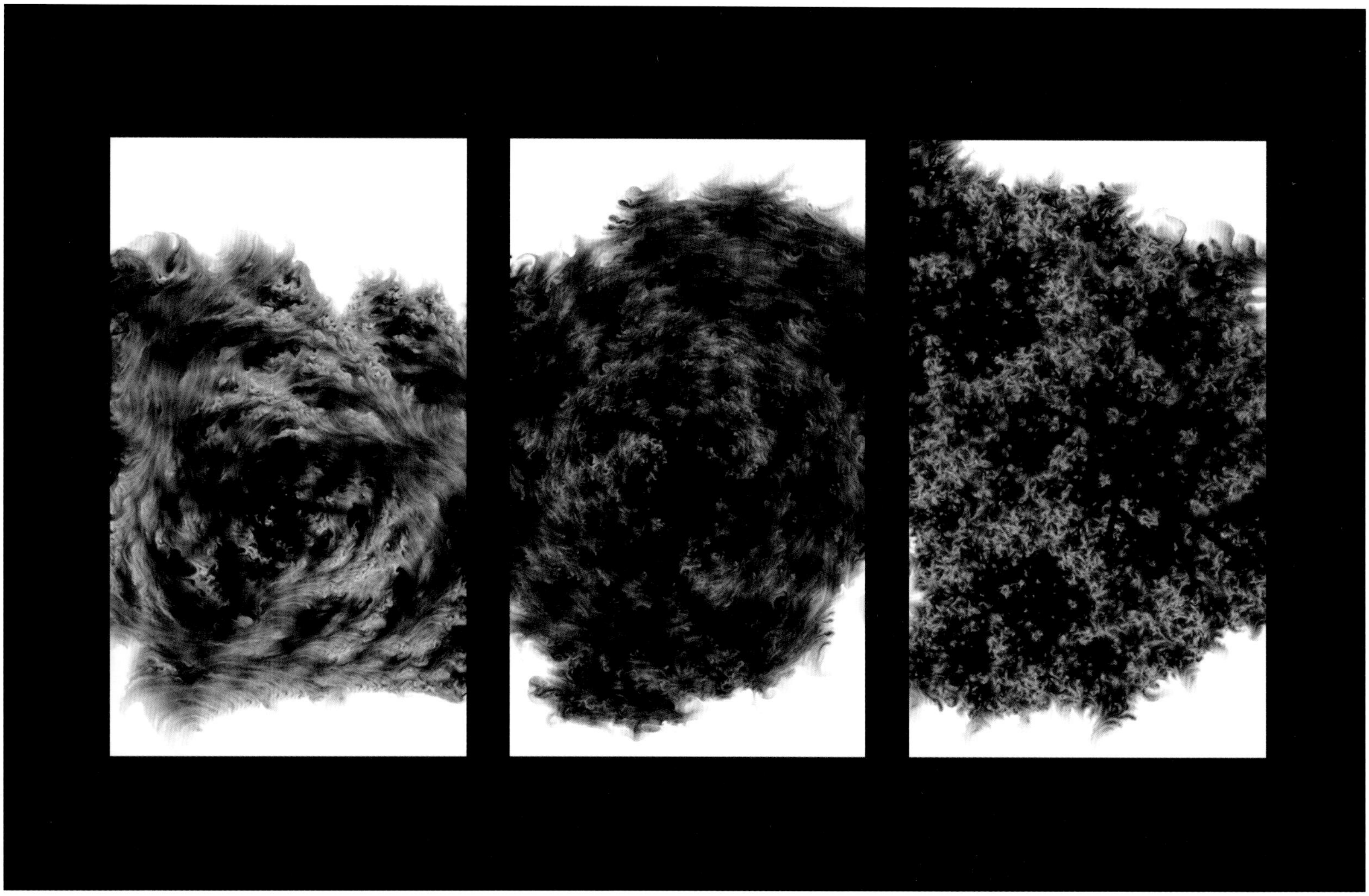

永
影像截图
2012—2013

无为 展览现场
分形算法三屏影像
5 分 12 秒
2013

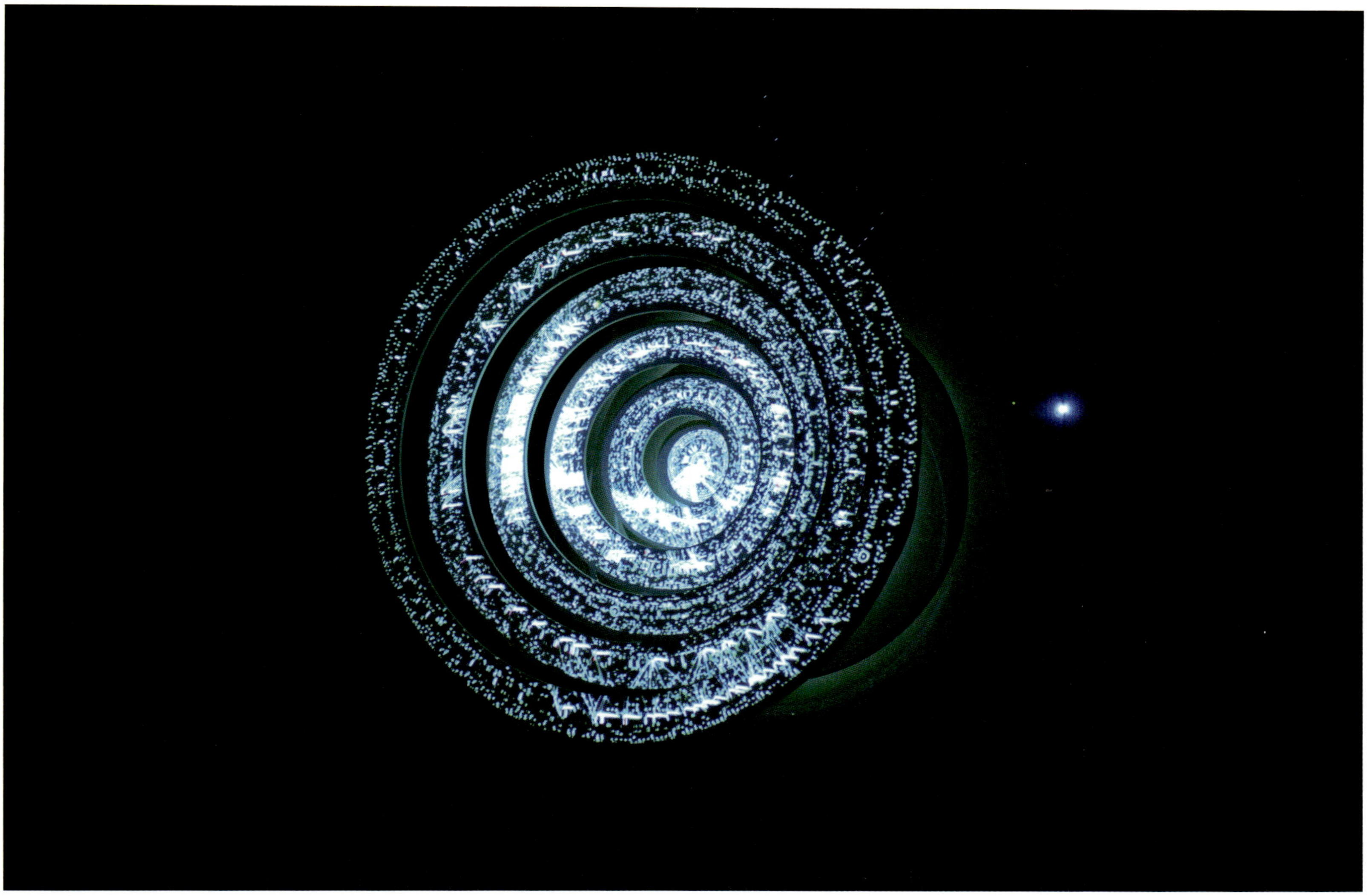

∞
2HD 影像
双声道 Processing MaxMsp 高清投影仪，音箱，mac 电脑高清播放器，
视频信号扩展器，PVC
尺寸可变
2013

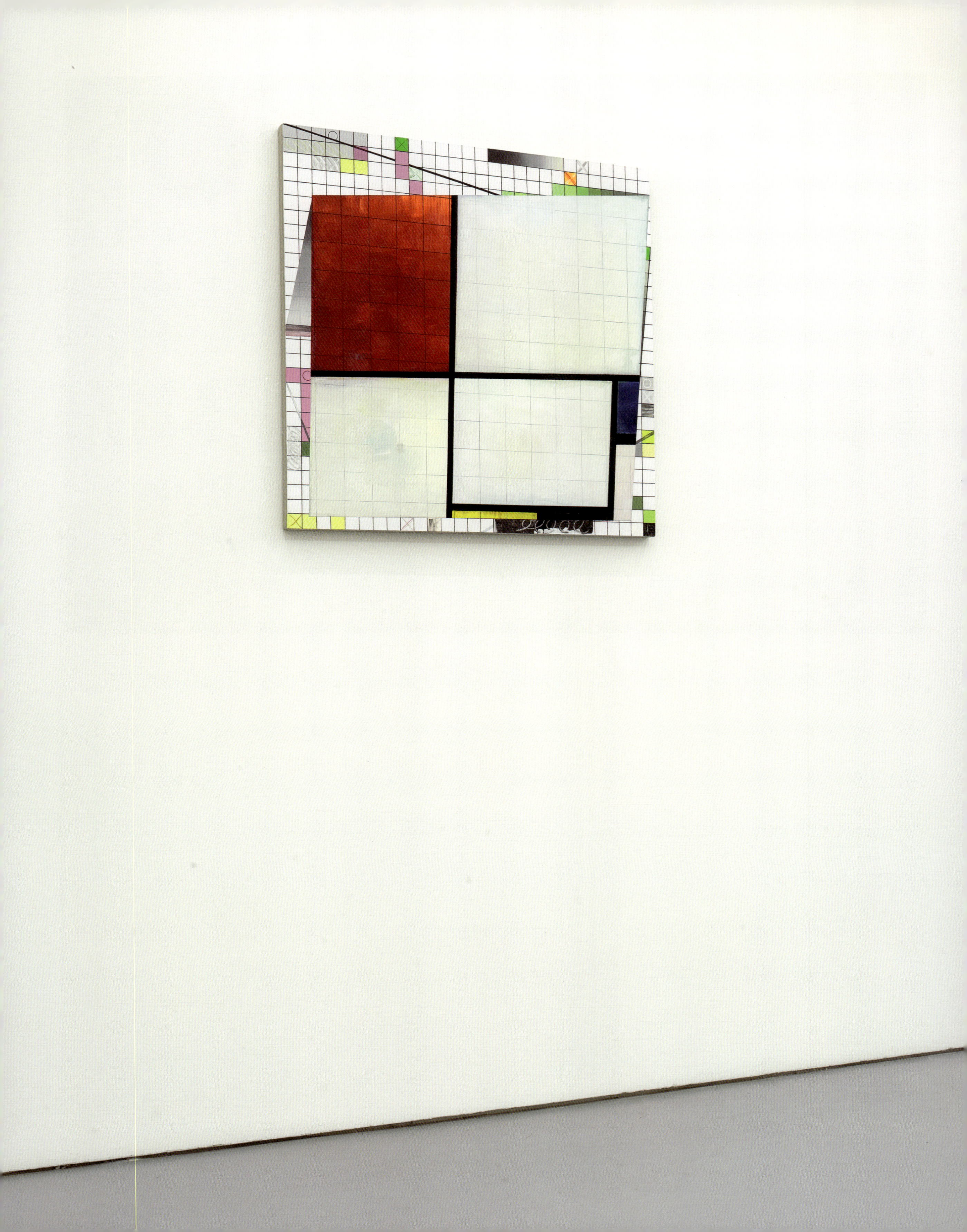

简策
Jian Ce

1984 年生于山东济南
1988 年移居德国
2008 年毕业于柏林艺术大学巴塞利兹、丹尼尔 · 里希特和罗伯特 · 鲁刊达班级，获大师生称号
2009 年毕业于柏林洪堡大学，获硕士学位
2017 年毕业于柏林洪堡大学艺术与图像史专业，获博士学位
现工作、生活于柏林和北京

主要个展

2018 年 舰队（Armada），空白空间，中国北京
On Paper 2 个人项目，Zapbeijing 空间，中国北京
Bannermen，SU: 画廊，韩国首尔
2017 年 穿越欧洲（Transeuropa），简策 & 程昱峥，Whiteconcepts 画廊，德国柏林
验证码（CAPTCHA），Philine Cremer 画廊，德国杜塞尔多夫
2016 年 大幻影，空白空间，北京

主要群展

2018 年 Remixing Ground：Deconstructing Damage，La Chapelle de Clairefontaine，法国
艺术赞助人（Art Patrons），乔空间，中国上海
复星基金会收藏展：一沙艺世界 · 探索社会几何形态，三亚 · 亚特兰帝斯，中国三亚
2017 年 “共同风景”第六届三亚艺术季，华宇艺术中心，中国三亚
On Paper One，Zapbeijing 空间，中国北京
The Second Self，Peres Projects 画廊，德国柏林
Wanted Duchamps 3，Lage Egal 空间，德国柏林
I'm not a robot——简策 & 林科，Philine Cremer 画廊，德国杜塞尔多夫

幻影、绘图术和认知的诞生

贺婧

如果说谈论绘画是一件无法避免追溯历史的事情，更精准地辨识一幅当代绘画与其历史注脚之间若隐若现的链接，就并不仅仅是某种艺术史观之下追根溯源的执念，而更多是在为观者提供一条进入艺术家思考和观看视域的通道。因而，这种辨识的作用并不在于快速地读图示意，而是尝试在庞杂交错的图像与知识网络中去捕捉眼前画面的结构性渊源。

在简策的绘画作品面前，类似的辨识通道显得尤其有效。这当然与她综合了画家和艺术史年轻学者的创作身份有很大的关系，然而更值得追究的是她的创作如何与图像史，以及认识论上某些特定的轨迹发生关系，而这种关系又如何反作用于她的绘画。事实上，同时作为创作者和研究者的简策（于 2017 年获得德国洪堡大学艺术和图像史博士学位）一直醉心于技术、知识、视觉经验和图像创作的交叉区域，包括对透视学、传统绘图术、视觉模型、艺术史经典图式，以及媒体和数字影像的发生机制。如果试着去链接所有这些点所覆盖的网络，就可以比较清晰地牵出一条西方图像史的谱系线索，即从文艺复兴以来，被科学、技术主导的认知体系与图像学传统——通过几何学、透视学、暗箱机制和光学分析等科学主义的方法来实现对客观世界的再现。在这条堪称西方观看与图像史“显学”的光谱中，从达·芬奇到丢勒，从普桑到维米尔，直到摄影术、电影和数字图像的出现，都是借助数学、空间几何学和光学的进步，将现实世界“导入”图像之中。很明显，简策的绘画不管是从创作出发点还是知识背景而言，都是紧密围绕和针对这条谱系的，甚至可以说，这个系统在艺术家的创作中占据必然的主导地位，既是图像参照体系，也是工作方法论。

由此可以进一步确认简策的绘画不是散文式的，或是谋求一种朝向外部的散漫表达，它们始终持有一个在知识配套和反思范围上确切的结构，为的是朝向绘画和观看的内部来展开发问。因此，观者很难在简策的绘画中找到大量直抒胸臆的主观介质，这些图像自始至终都带有一种观察者的视角和客观、疏离的气质。相对于画面元素和风格上的特征，一种带有内省格局的创作在简策这里变得更富有识别度。尤其在 2016 年的“大幻影”系列中，艺术家不仅仅是绘画者，作为一个观看者的位置同样被时时凸显，由此也决定了简策的绘画不太可能是描述性或者描绘性的。即使画面中出现了山、风景或是人物的形象，它们从来都没有真正地被画家“活生生地”描绘过，而不过是更类似于被挑拣或采样的图像标本。以至于从传统的图像学角度来看，简策画面中的这些形象——如果我们可以暂时将其称之为一个“形象”的话，从来都不是完整的，它们在通往“再现”（representation）图像的过程中被拦截下来，同时毫无心理禁忌地展露出其内部更具反思性而非视觉性的“骨架”。

这些“骨架”在简策的绘画中往往以网格、画面的比例性分割，以及某种变形依据而存在，使得画家的观察方法、绘画方法和画面结果被显露在同一个平面上。实际上，艺术家和这些画面“骨架”之间的关系非常微妙：一方面，她坦陈自己的创作必须从某种“结构性”的东西开始，到目前为止的大多数绘画都可以说是“依赖”这样的一个框架、一个依据而被创作出来；另一方面，几乎

导览——蒙德里安
布面丙烯、马克笔、彩铅、蜡
140cm × 140cm
2016

所有画面的出发点又是在反思这个框架和依据本身。比如对于“网格”这一结构在画面中的使用（包括显性的和隐性的），既包含了艺术家对传统的引申和对自文艺复兴直到当下的数字图像都在使用的网格（grid）系统的反思，同时也是她的画面得以依托、展开的具体结构。类似的结构对简策来说，比较像是一种的基础公式、一套演算的前提，就像传统的绘图师在图纸上所做的工作一样，必得有一些可计算、可预测、确切而包含规律的东西。而也正是因为有了这些“骨架”的存在，画家才得以在开始作画的伊始阶段就将图像“拆解”为非形象的东西——几乎没有山、没有战船、没有人物，剩下的只是一块块需要用画笔去“具体”耕耘的区域、体块和颜色，也就于此免去了描绘的负累。

所以很难去判断简策的大多数绘画究竟是具象的还是抽象的，或许对她来说这并不是一种有效的分类法。她可能会从某些具体的画面、形象出发，直到通过绘画过程本身去消解它们，在完成对原先图像或者这个图像背后代表的某种既定机制的反刍的同时，也开始尝试通过进入绘画细节去触碰那些更为抽象和针对绘画本体的问题。这似乎是一个在“具象—抽象”和“具体—本体”问题之间呈螺旋扭转态势的过程。更为有趣的是，在这个过程中，简策的绘画也展现出与它表面所“依存”的原始图像谱系背离的方向：当观念成型、画面“骨架”完备，画家（或者说画面本身）就开始涌现挣脱和逃离这套结构的强烈意愿。根据艺术家自己的说法，当真正开始“画画”的时候，那些理性的、规划性的东西就会被绘画行为本身渐渐释出，但反而是在这样一个被预设的“骨架”具体化了的区域中，她可以“更自由地去画画”。对她来说，这种逃逸和破坏的冲动是绘画行为本身带来的，它的显现和生长方向都不是艺术家设置的观念性系统所控制的。这里面反映出某种类似于精神分裂的东西，艺术家在这个过程中几乎被分裂为两个截然不同的角色：第一个角色是“绘图师”，需要秩序、纪律和结构来开启自己的工作；第二个角色是“画家”，始终在寻求意外、破坏和持续涌现的流动性。这种强烈而微妙的矛盾关系在于，对简策而言，假如没有前期的控制概念，也无所谓进入“自由画画”的可能；但如果缺少危机与破坏力的诱惑，精心搭建的结构本身也不再有成立的必要。所以说，这两个看似无法兼容的系统之间真正的关系实际上是彼此互为刺激。正如艺术家自己所说的那样：“任何一个方向上的单一极限对我来说都是不够的。一方面我很喜欢画面存在控制力，而另一方面，我又很想失去这种控制力。”这也就是为什么，在简策那些看似冷静、平衡和充满算式导出意味的绘画中，总是能探测到某种似乎是从不可名状的外部突袭而来的东西，带有混沌的、难以预测的表现性力量。它们无机地遍布在画面的多个“微观”之处蠢蠢欲动，与图像在整体上稳定、平衡的架构形成抗衡的态势。这种特质从2014年的展览“投射”中就开始被明确地显现出来，无论是《第三眼》（2014）还是《半幅画》（2014），包括到近期的《战船》（2016）、《大象》（2016）等，在简策的绘画中，这种在“制图”与“绘画”之间两相拉扯的矛盾力量越来越富有存在感。从某种意义上可以说，画家最好的状态，可能正是这样一种在不断建构又持续破坏之间颠簸往返的状态，而她最为“有效”的绘画，也正是在这两极的冲突之间持续产生张力的绘画。

也是从这个层面上来讲，作为“画家”（而非绘图师或艺术理论家）的简策仍然是这些画面里更为凸显的那个角色。正如简策反复征引过的意大利人文主义者、艺术家，同时也是建筑和艺术理论家的阿尔伯蒂（Leon Battista Alberti）在他的《论绘画》（*De Pictura*，1435）开篇提到的——“我要求自己的工作并不是作为纯粹的数学家而只是作为一位画家来被接受”。但同时，这并不阻碍一名“画家”去具备相当的反思能力，无论是对于画面本身还是它依存的图像系统。在去年展出的“导览”系列中，简策呈现了一组征引艺术史名作的架上作品，通过严格的变形计算，将这些经典图像转化为只能从特定的透视角度才显现“正常”画面的作品。从传统的正面视图观看，它们变成了被拉伸、扭曲和严重变形的“另一张画”。这组作品以一种不同于网格架构和画面分割的方式，再次体现科学性与艺术性之间的矛盾在简策绘画中引发的冲突：画家一方面通过依赖要求严格计算并熟谙透视学原理的方法“再现”不同时期的名作，在展览中营造一个被近代博物馆学和正统艺术史知识系统严密覆盖的观看空间；另一方面，当观众尝试以“正确的方式”——在正面——观看这些绘画的时候，看到的却是变形、错位和主动逃逸于经典图像的画面。这组绘画实际上是在遵循和抵抗之间，开辟了一条讽刺的通道。另一个更为隐性的例子是简策绘画中一种类似于经典肖像画的图式（在“投射”和“大幻影”系列中尤其明显），这些带有肖像性质的画面总是依据某种严格的程序和设定被表现出来的——包括“正面”肖像的姿态、对称的构图，以及似乎是按照既定比例分割的画面，这一切都彰显出一种正统、科学和严格的意味（这些画面甚至被命名为“维纳斯”“神童”“国王”“新娘”等正面而充满光辉的名字）；但同时我们看到在画面中这些“人物”的真正形象却往往趋向于那些非人、怪人（画家将它们称为“新人”），总之是被积压于一种主流/正统的形象之外的设定（小丑、象人、肥胖者、外星人、机器人……）。在这种强烈的对比之下，画面中的形象显现出更为强烈的挤压感和逃离欲。也正是以这样的方式，艺术家用她所学习和掌握的知识、技术，反证了对各种既成认知体制和系统的怀疑。

由此看来，在简策的绘画里，认识论起点和画面终点之间的一致性是非常明确的。换句话说，她的绘画清晰地反映出她对绘画本身的看法。这种工作方式一方面帮助她和自己的绘画保持距离，同时也得以不断亲身检测其观念和行为之于绘画本体所形成的立论。事实上，处于今天这个时代的“画家们”，无法逃避的是关于绘画作为一个媒介和一种图像本体在当代语境中的合法性问题。由此，一个在我们的时代有可能被评判为“拙劣”的画家并不一定是那些“画得不够好”的人，反而更可能是那些努力耕耘画面“效果”、却在自始至终选择了屏蔽这些本体问题的艺术家。他们固然不必对此作出理论性的建构，却也无法在自己的画面中佯装已经正视过这些问题。而对于简策来说，有能力质疑绘画，并不意味着放弃绘画。重要的是在创作之中与自己使用的媒介保持一定的距离。或者说，在认识论层面上，如果不将绘画看作绘画本身，反而有可能拓宽它的疆界。而在具体的实践操作层面，绘画就是绘画，它不需要被其他任何东西去证明，它早已经存在于那里。在简策不断地去尝试的“知行合一”的绘画系统中，认知和绘画互为交融的流动性为画面形成丰富的“岩层”提供了更多的可能性。正如简策自己所认同的那样，“只有始终对绘画有着危机感的画家才是好画家”。

（原载简策同名画册《简策》，空白空间制作，2018年）

7F6VSL
布面丙烯、喷漆、马克笔、蜡笔
50cm × 65cm
2017

舰队（Armada）（13）
布面丙烯、油漆、马克笔、粉笔、蜡笔
230cm×200cm
2018

鞠婷

Ju Ting

1983 年生于山东
2007 年毕业于中央美术学院版画系，获学士学位
2013 年毕业于中央美术学院版画系，获硕士学位
现工作、生活于北京

主要个展

2018 年　鞠婷个展，瑞士卢塞恩
2017 年　洋葱，OCAT 西安馆，中国西安
　　　　影翕——鞠婷个人项目，Mingo，中国上海
2015 年　应和——鞠婷个展，星空间，中国北京
2013 年　颜色知道答案，艺术 8，中国北京

主要群展

2018 年　恋舞神曲，泰康空间，中国北京
　　　　第 50 个展览——七棵树的 5 年，星空间，中国北京
　　　　忽然一夏，星空间，中国北京
2017 年　曲和直：抽象的逻辑，Hi 艺术中心，中国北京
　　　　On Paper One，Zapbeijing 空间，中国北京
　　　　Extended Ground，麦勒画廊北京—卢森，卢森，瑞士
2016 年　抽象 Q&A，星空间，中国北京
　　　　废墟来的信息，亚洲当代艺术空间，中国台北
　　　　首届中国美术馆收藏青年美术家作品展，中国美术馆，中国北京
　　　　内燃：中国新一代女性艺术家群展，美国密歇根州立大学布罗德美术馆，美国密歇根州

+-042815
木板丙烯
223cm × 183cm
2015

鞠婷：洋葱皮

凯伦 · 史密斯
刘溪 译

乍一看，在鞠婷的“绘画”作品中，是画面表层上那些并列横陈的明亮色面在人眼前创造出了魔力。但事实上，是作品中色调、形式与肌理的总体结合让它们更为有趣，并令人久难忘怀，即便目光已然移开。自 2016 年以来，色面连续地被铺陈，或更精确地说，覆盖，每一层如若厚塑料般的图层，铺满我们熟悉的长方形画框，产生出氛围非凡的视觉混合曲。每一层横陈于另一层之上，在建议下，应首先将其读作简单的扁平色块，它们令人想起设计师“情绪版”上那些织物的样本和某些寻得的碎片材料，从中灵感得以炼金术般发酵、成型。

鞠婷的作品新颖且富有激情，也予人以启示。然而有趣的是，尽管情绪因素是观众观看其作品的重要元素，但这并非她面对这些作品的尾声。她更专注于挖掘艺术的基本语言，并将其视为用基本材料进行创作的某种身体力行，这一过程如同字面意义上的考古发掘。这种对材料亲力亲为的方式，其本质源于 20 世纪对形式主义的关注——显然并不新颖——但在中国现今的艺术语境中则极为有趣。特别是在面对崭新的 21 世纪艺术语境中的千禧一代。这是新媒体、后网络的一代，对待艺术的态度，特别在中国，在“产品”与奇观因素之间徘徊(除此之外，今天的艺术家还能靠什么生存下去博得关注？）。眼下也是图像主宰一切的时代，而大部分图像是由智能手机等技术推动的社交媒体创造、传播并浏览的，这在中国尤甚。那么，艺术家该如何创作绘画、图像平面并进行画面表达呢？如何去处理其所创造出作品的物质特性，在当下观看的即时效果会被无处不在屏幕断然磨平？鞠婷的作品，既在迎合，也在反驳这一现象。它们可能向观众展示了斑斓色彩，并且为了方便智能屏幕观看，给予一些可以被更小屏幕捕捉到的色彩感觉。但在那之外，关于作品的物质或创作的过程，却很少能在那个尺度上被揭示。因此，更好的情况是，站在一件作品面前，去惊叹其结构的简单与大胆，以及对我们的视觉、触觉，以及智力、好奇心的影响程度。

再多说一句，鞠婷并不完全是个画家。她的作品也并不是通常意义上的绘画。“通常”本身，在今天就是一个完全没有意义的概念——但这类作品，使用颜料在二维平面上创作而成，即便它在质疑，或解构其创作过程，乍一看，似乎与绘画的行为一致。鞠婷的“珍珠”“+-”“无题”“平行”系列，有一种清晰的雕塑性的形态与肌理感，因此同样与半浮雕亲近。这也许有一个简单的源头：鞠婷的艺术创作开始于版画。她曾在中央美术学院版画系学习，师从国内最有趣的艺术家之一——谭平。受教于良好的学院传统之中，谭平也鼓励鞠婷要遵从自我思考——谭平自己早就这么做了。

2013 年她毕业之际，在中国处于一个艺术家能够决定“艺术可以是任何一切”的时代，她便开始扮演独立艺术家的角色。作为一个学生，她已经倾向于绘画，但从一开始便远离其传统表达。她的实验开始于其最熟悉的版画语言来进行画面表达；她不雕刻铜板或木板，而是在已经平涂好的厚重涂料层上进行雕刻。她以一个雕刻家的技巧和精确性进行创作：切割开颜料层，将细弦从其表面上拎起，剥离开其中的一部分，从而显露出下一层的内容，并将其继续放置于颜料表面未曾切割的那部分。通过这种方

无题 020217
木板丙烯
145cm × 115cm
2017

式，她抵达一系列完全图案化的浮雕，将之总体冠名为“珍珠”“+-”。鞠婷从一开始就选择了丙烯作为创作材料，其质地的可塑性，让她能够一次性地切割多层颜料，“无题”系列得以成型。

表面看来，“无题”系列作品保留丙烯颜料的浓郁色彩——有时，其最外层光亮润泽得如同那种上过亮漆的名作。一个很好的例子是《无题121817》(2017)，它同时也是一件醒目的冷色调混合作品。在这里，明亮的冷蓝色、粉色及黄色罩于薄薄一层棕黑色下。它具有黑巧克力的所有特质，特别是那种苦涩甜蜜的光泽。

通常这些图层是通过在木板上无数次平涂单一色调的丙烯颜料实现的，现在她用更大的木板铺在地面上来完成。她经常是用制作版画的刮刀或调色板刀作为笔刷的方式来铺陈颜料，等待它们干燥——刚好够干就可以，不能等它彻底变硬。然后就可以对其进行剥离，或与其他图层结合，成为一个新的组合。这种生产韵感的积累过程令人着迷。在很大程度上，它们是非常具有这个时代特性的——将怀旧（鞠婷喜欢象征过去的颜色）与当代的机械构成明晰地结合在一起。这些组合散发的情绪，可能是微妙的，但又有明显的差异。其中的差别表现为并列的各种颜色组合在一起产生的或大或小的情绪。一个非常好的例子是《无题061316》(2016)——由蓝色、绿色、棕色、青色、鸭蛋色和灰海豹色构成的组合曲。另一个不同的例子是《无题110717》(2017)的一层烟绿色——同酸黄色一样，是鞠婷喜好且重复使用的色调，还有黯淡轻微过渡的橙色和变了质般的叶绿素绿色——如同那种被割了两天的杂草——混合。

既然与艺术的相遇往往会促使我们将个人经历投射到我们所“看到”的东西上，很有可能我们的情感状态会笼罩在我们对一件作品的第一印象上。鉴于作品中那些动态感觉的感性能量，人们可能会怀疑，是否还会有其他的第一反应？然而的确有人们无法忽略那种肌理——仿佛奶油与硅胶的结合。丙烯是有密度的，当以这种方式使用时，它会积聚起相当大的重量。随着层的不断叠加，它们几乎看上去太重了，以至于无法承受自身的重量。面对这种多层，鞠婷将她2017年在OCAT西安的首次展览命名为《洋葱》。这种描述令人回味。洋葱的外皮从来不是完整的，剥皮时它非常容易被破坏。同样的情况，也会发生在当鞠婷移除作品表层的过程中。面对这种不完美的境况，反而让她鼓励自身处理创作中的“意外”。她如今学会了将其巧妙地融入作品的表面肌理，成为某种她审美的功能性元素，这令她的作品增加了图像表面的厚度，同时保留一种光亮度，光线得以从表层中穿过——即便每一层已积聚出远远超过它们应有的厚度和重量。

最终的效果非同寻常。这种令人困扰的表面，在作品中变得与其感觉一样引人瞩目，特别是对那些懂得日常生活的“困扰”的人来说。在很多层面，困扰、忧虑已经成为这个时代的关键词。人们可能会立即想到心理学上的“焦虑”，一种对当下世界上任何意义的存在与运作的长期忧虑。它也以我们为自身提供现实消遣的方式存在：为了抵消那种为生活在一个被越来越多的流水线般、高科技的，以及凡事力求完美（这加深我们的焦虑，因为我们要经历无法达到自身期望的挫败感）的世界中自我赋予的压力。这也成了我们如何设计自身生活的方式。到了20世纪90年代，甚至时装也在利用朋克的反时尚态度。随着破旧别致的室内装潢策略成为课程标准，粗犷的工业空间也成了时尚必备。当技术媒体圈子的影响扩大到年轻的“后网络时代”精明、富有创造性和创新的一代时，几乎在任何时间、地点，服装也变得批发似的休闲。布料被撕裂、穿孔，并开出一个难以预料的高价——有人可能会说，鞠婷的艺术跟随着川久保玲这类设计师的步伐。川久保玲的作品通过使用褶皱、磨损的边缘，去解构布料的形状，并重置人体的形态。

同时，艺术也变得更为随意。不仅在装置、挪用及执行的工艺上，也体现在其对外界影响，以及如何被陈列、展示的拥抱上。我们习惯于日常生活中那些不完美的事物被优雅地呈现——常常特别是在艺术中——我们为之感到兴奋，因为它暗示着一种对日益平庸、普遍的全球存在的尖锐挑战。对任何在所有事情上都按照严格秩序和完善制度生活的人来说，“无题”系列中可见的破损、脆弱，以及可确定的、日后更进一步的瓦解，都会对一些藏家或策展人产生影响，也许令其扫兴。然而，对那些欣赏艺术家实践及创作过程中“破损”意义的人来说，鞠婷的作品将会非常有趣，唤起某种情感，甚至令人平静的。它们在挑战你克制试图去触摸那些损坏部分的手指的冲动——一种如同手指划过躯体伤痕般产生的惊悸。作为一个相对年轻艺术家的新起点，这些结构呈现在当下中国的艺术语境中，一个对空间语言令人激动的探索。

无题 090218
木板丙烯
194cm × 200cm
2018

聚集的大多数 56
木板丙烯
182cm × 182cm
2014

珍珠 111014
木板丙烯
183cm × 183cm
2014

冷广敏
Leng Guangmin

1986 年生于山东青州
2009 年毕业于天津美术学院造型学院油画专业第三工作室，获学士学位
2012 年毕业于天津美术学院造型学院油画专业第三工作室，获硕士学位
现工作、生活于北京

主要个展

2018 年　涟漪（Ripples），久保田真中凡画廊，日本东京
2017 年　冷广敏：完美破坏，蜂巢当代艺术中心，中国北京
2014 年　冷广敏，蜂巢当代艺术中心，中国北京
2013 年　蜂巢·生成Ⅱ　看见表象：冷广敏个展，蜂巢当代艺术中心，中国北京

主要群展

2018 年　中国当代艺术年鉴展 2017，北京民生现代美术馆，中国北京
2017 年　屋顶上全是老虎，蜂巢（深圳）当代艺术中心，中国深圳
　　　　零度之维：抽象艺术的理性表达，蜂巢当代艺术中心，中国北京
2016 年　车马之行——蜂巢 2016 年终特展，蜂巢当代艺术中心，中国北京
　　　　作为窄门的绘画：80 后艺术家邀请展，蜂巢当代艺术中心，中国北京

干燥的房间
局部

我对自称“系统”的东西很感兴趣，有时候甚至觉得恐怖

向京 & 冷广敏

抽象的作品重点在方法论，有清晰的逻辑在里面，现在有太多介于抽象和具象之间的作品，存在具象的形象却依赖抽象式的方法系统，我始终不大能理解千变万化的抽象的方法论，所以对这套东西始终也有一定的好奇，其中的一个好奇是：抽象究竟能把我们带到哪里？

冷广敏不承认自己是抽象的，确实他画里的形象太过清晰。可以说他用的是抽象画的方法，同时有一点波普的外壳，甚至还有点现成品的概念（虽然他根本没用现成品），也回避观念或知识的矫情，总之画面简单易于辨识。我理解的还是强调从方法而来的绘画本身，在原创变得越来越不可能的今天，这种独立思考线索还是值得探究的。

向：我时常很吃惊年轻人在艺术语言上的准确和成熟，有的人就好像没幼稚过，一上来起步就很高，你的经历非常简单，你是怎么开始这种半抽象的和日常物品的相关创作的？

冷：其实在本科毕业之前有一年半左右的时间状态比较不错。从那时起便开始有意识地整理自己，养成自省的习惯，并着手准备新材料的实验，但到毕业时作品才算有个完整的面貌，这算是作品的准备阶段。

我挺喜欢波普对现成物的态度，和我的现状多少有点关系。本科毕业作品要做的就是去人工、去绘画，把自己放在作品背后去经营一些东西，使作品表面呈现一种天然的完成感，以及材料特性取代绘画后产生的丰富性。从这批作品里我觉得我对于“简”有需求，对材料有需求，一直以来我都不想把作品完全抽象化，完全抽象在我这里是不成立的。后来就慢慢形成目前的样子。

向：第一眼看你的东西，会和“波普”的特征联系起来，但又觉得不大一样，画里有构成，但也不是抽象，“波普”在欧美是折射流行文化的，你会对反映中国的流行文化感兴趣吗？

冷：受到一点波普的影响，但是我对流行的东西不是太感兴趣。虽然喜欢波普的东西，但也不是流行的那一部分。波普对待现成物品的态度跟我不谋而合，我觉得那种方式比较率性、直接，不去处理而使之成立，其背后的那套逻辑其实和禅宗有些渊源，但是我不想用“禅”来阐释，会很有歧义。

纯抽象的东西背后也有自己完整的逻辑，比如美国的抽象表现主义、西方的极简主义，每个艺术个体都有一套独属的清晰的理论支撑，这套体系是纯西方的，本身在中国的发展空间已经很有限了，所以作为我个人来讲，很难从中生发出更多可能性。因为我学的就是西画，所以接触此类的东西较为广泛，也就知道自己到底能从中获得多少。

就我个人来说，从一开始就是写实绘画，油画语言方向虽然是抽象与表现，但是从来没有进化到一个纯抽象的形式，因为在本质的逻辑没有改变的情况下我就去搞纯抽象，对我来说是一种冒险。随着我对一个作品的标准、绘画方式的理解有所改变之后，作品的面貌自然不一样了，后来呈现的面貌有点抽象，又不是抽象，有点波普的味道，又没有波普中重要的组成部分——流行元素。其实我一直强调的是一个自我逻

辑和方法论的转变问题，这个内在的改变令我比之前获得了更为崭新层面上的自由，当然前提是自己以真诚的态度去面对这个逻辑。

向：为什么画旧的东西？这会给你的作品带来情感因素，而你貌似也在尽可能地控制这一部分。

冷：其实我比较强调发挥材料的属性。我希望作品有一个“物”的厚重感，不希望作品变成一个图案。同时我确实也在控制这一部分，也是我的乐趣所在。这个“旧”的感觉是需要符合某种逻辑的，比如自然的逻辑，这个时候往往需要努力达到一种极致，和超现实的部分形成一个反差，有的时候这也是超现实的一种逻辑，我想做一个真实同时又虚假的东西。

这种“旧”背后并未代入什么情感性的因素，事实上我很排斥在创作过程中加入情感性因素，或者说我在努力把情感性因素压低。最后呈现的面貌可能是一种有着消褪感的“旧”，但我希望它是平淡而不带有感情的。物本身没有情感性，只是看的人会睹物生情，从这个角度来想，我把自己也拿出来，只是理性地建构一种存在状态，在这个状态里去拿捏冲击性、对比性的逻辑依据不是情感，而是现实或者超现实的逻辑。把情感性的因素压低，最终作品的面貌平静、冰冷、热烈都没有问题，重要的是要和

干燥的房间
布面综合材料
150cm × 200cm
2018

人保持距离。

向：为什么第一个展览叫“看见表象”？表象对你来说是什么？你好像“动”了表象？语言也如同表象，都是显露的部分，具有迷惑性，你选择和舍弃的都是什么？或者说你对表象之下的部分也没那么“无动于衷”？

冷：这个名字是我自己起的。回想起来和自己的画面很像，就是一个简单的陈述：看见了什么东西。因为我几乎每件作品都是在看到一个现实的视觉灵感源之后生发出来的。

当时想到表象这个词是因为作品表面上很和谐，但有矛盾的东西隐藏在里面，把观众带入一个和谐的解读之后会发现其中有些很较劲的地方。我希望作品是安静的，又觉得纯粹的安静是无聊的，需要打破一下这种安静。“表象”这个词本身带有一个潜台词就是：并非如此。

其实绘画的一个显性特性就是一览无余，藏不住什么，全都在你看见的那一刻呈现。在此基础上，我希望呈现一个效果：作品非常普通、安静，让人一眼看透，同时又存在别扭的地方让人看不透，把这个“看透”和“看不透”拿捏得自然、不做作就是我要做的，从这个角度来说，迷惑性是必要的。

至于选择和舍弃，我觉得我选择了可以理性支配的表面的东西，舍弃了不可以量化的比如情感性的东西。我觉得我像在写记叙文，平铺直叙，不想把表面修饰华丽，只希望是一个非常朴素的存在。但事实上想要消除情感性的存在是不可能的，我要做的就是不带情感地工作，只考虑逻辑和目的，结果中自然会带有一种情感性，但这是一种非常素淡、毫无修饰的情感。这么理解的话，用道家的“无为”思想来类比更合适些，不去经营只是另一种经营的方式，所以也不能说是无动于衷的。

向：一个聪明人，首先很会“解释”自己的想法，描述自己作品的理性部分，你确实解构了一种很好看很有“风格”的图式。我观察到，新一代的艺术家的图式太丰富了，也许是你们生就在一个图像的时代，我一直很想知道每个人解构的图像背后的原因是什么，比如，你的做旧、你的鲜艳的颜色，只是为了好看吗？画这些家具有情绪（情感）因素吗？还是只是因为对色彩、构成的兴趣？

冷：我当然不愿意说是为了好看。这里面其实有个有意思的问题：我们为什么总会觉得“旧”好看呢？其实新也可以很好看，如崭新的汽车、房子，但是放进画面里却往往是旧的，因为我们觉得全新很无聊。就像一张设计图，没有丰富的变化，这是个很传统的思想，可以说对我影响颇深。读书的时候也喜欢过塔皮埃斯、基弗，但他们背后的逻辑和美学观是骨架。我们迷恋他们的肌理说明这种“旧”的语言有效，所以我更想建立一种内在的逻辑和美学观，给这种“旧”一个逻辑，让它成立，并使它逐渐地生长。如果这个逻辑需要表面上是新的，那就展现出新的表面，新也是一种存在状态，只不过我现在离传统太近了。

具体到我的做旧，很重要的一个原因是为了加强对比，形成一种迷惑性，有轻透与厚重并存的感觉。

类似的问题，为什么鲜艳的颜色就会好看呢？其实按写实的逻辑，尤其是在中国的学院里大家崇尚的是“高级灰”，这个是很有问题的。众人一致认为高级灰很好看、很难调，只是因为“高级灰”的背后存在一个写实的逻辑，无所谓好不好看，难调说明其对准度要求高，这就是一个很具体的逻辑。如果再上升到表现的层面，即个性化比较强烈的“高级灰”，加入了作者的主观性，这个“高级灰”等于有了更高的逻辑和标准，众人对这个标准一旦产生共鸣，就说明这个语言有效。鲜艳的颜色未必就是好看的，可能有些人天生色感就好，但我不愿意相信这个说法，你无法量化这个人色感到底有多好。

后来我想到克莱因，他对颜色的态度让我很兴奋，直接又极致，其实我觉得他的蓝色的确很好看，品质很高，但是他似乎就是以此来告诉观者，什么颜色都无所谓，可以好看也可以难看，重要的是背后的一个肯定的逻辑，所以我的色彩观受到克莱因的启发，厌烦把颜色调来调去，所以往往很鲜艳。可以说我用鲜艳的颜色来抵达一种安静——未经处理的安静。

在这之后我又明晰了一点：颜色鲜艳令物品看起来像是新的，刚好和“旧”或者“破损”形成一种矛盾，我比较关心这个矛盾的度量。“好看”是个很难捉摸的东西，所以我基本不考虑好不好看，而是怎么样用逻辑把不同的元素有效贯穿起来，最终它突然有了生命感，那自然是好看的。

一方面我喜欢家居的结构，那些有机械的美感的细节，这一点可以理解为一种情绪。另一方面我在寻找一个能够合理平面化的静物。这样一来，平面物品会被自然地安置在平面之中。我尽量让作品变得结实可信，越严肃越好。同时也会考虑构图、色彩方面的问题。

向：爱读书吗？阅读通常是人获取知识、推动认知的一种方式，年轻一代爱阅读的人少，但阅读确实帮助构建系统。

冷：阅读是一种学习的方式，也是思考的载体。读书时思考问题令人感觉舒畅，但具体到实践是要付出极大心力的。作品的完成度还是占主导的，我比较不喜欢的是学者型艺术家沾染的文人气，感觉就像画者酷爱炫技一样，如果演变成迷恋，就会忽视基本的东西，俗语说“不接地气”，你不觉得会有这种状况发生吗？

我也对自称“系统”的东西很感兴趣，有时候甚至觉得恐怖。

向：还有个问题，咱们随便聊聊，你对艺术的商业性有看法吗？显然从 80 后开始，对艺术商业化已经不排斥、不纠结，成功学包含了商业时代的教化，包含了某种价值观，你的作品很幸运地卖得不错，有没有想过卖得非常好之后的生活？艺术在商业的影响（裹挟、推动）下的发展？

冷：大部分艺术家都会面对这个问题，这个时候往往想的是怎样保持自己的独立性，不让商业、市场的因素影响自己。这样的想法很容易产生，因为艺术家需要装备充满个性的东西，如果被商业影响过深，就变成了伪装的个性，甚至到后来，连艺术家自己也不知道孰真孰假。艺术家渴求优越的生活环境，即使想法世俗，但本身无可厚非。若因此改变无价的初衷，便也注定了日益贬低的价值。这是无可避免的矛盾：千方百计地实现商业价值，转身却被抛弃，即使故作远离商业的姿态也难掩内心对金钱的诉求。这种结果的根本原因是价值观的问题——能否在追逐商业的同时，保持自己那一块净土？

考研也有过这方面的考虑，为了让自己在面对商业的时候足够坚强，所以选择在学校里多待几年。令我无限感激的是学校期间获得的成长，在这里你被认可不是因为商业价值，而是纯粹的认可，这让我形成了独特的进步方式及单纯的价值观。强迫一个人安分绘画，丝毫不去考虑商业利益是不对的，我们渴望高工资，但工作的时候忘却金钱的投入，带来的结果才会好。艺术也可以理解为单纯的工作，这个工作需要专业精神，闭门修炼，远离商业的态度是不被支持的，但一味地追逐商业也不会在艺术方面有所成就。假使存在一个人在工作室里做着赋予他极大满足感的事，且这满足感就让他根本不再去考虑商业回报的状况，那我们应赞叹其惊人的毅力，但事实是这个状态太过理想化，其真实性令人质疑。

有人说禅是世俗化的产物，艺术不用拒绝商业，不可逃避就坦然接受。这个问题的有趣之处在于“艺术品”的公众属性——其他的商品被交换是其价值的实现途径，但艺术品不同，简单的交换无法说服大众，大家既不愿放弃拥有它又排斥把艺术同商业结合的世俗观，并且堂而皇之为此辩解——世俗了，我们的艺术家还怎么创作？违背了艺术最核心的原则，不知不觉陷入怪圈。所以我认为“光环”是存在问题的，艺术本真是纯朴的，神化它往往会涌现许多与艺术无关的事，艺术家神化它便证明了艺术家有问题，自然会被商业裹挟。所以商业化没有问题，艺术一直存在商业化的现象，艺术家只是其产业链中的一环，我们无法完全摆脱商业这一天生附属。但艺术与商业需要一个健康的关系，这完全是建立在艺术家专业的自觉精神之上的。

（原载《东方艺术》2014 年第 15 期）

温床 1
布面丙烯综合材料
200cm ×300cm
2016

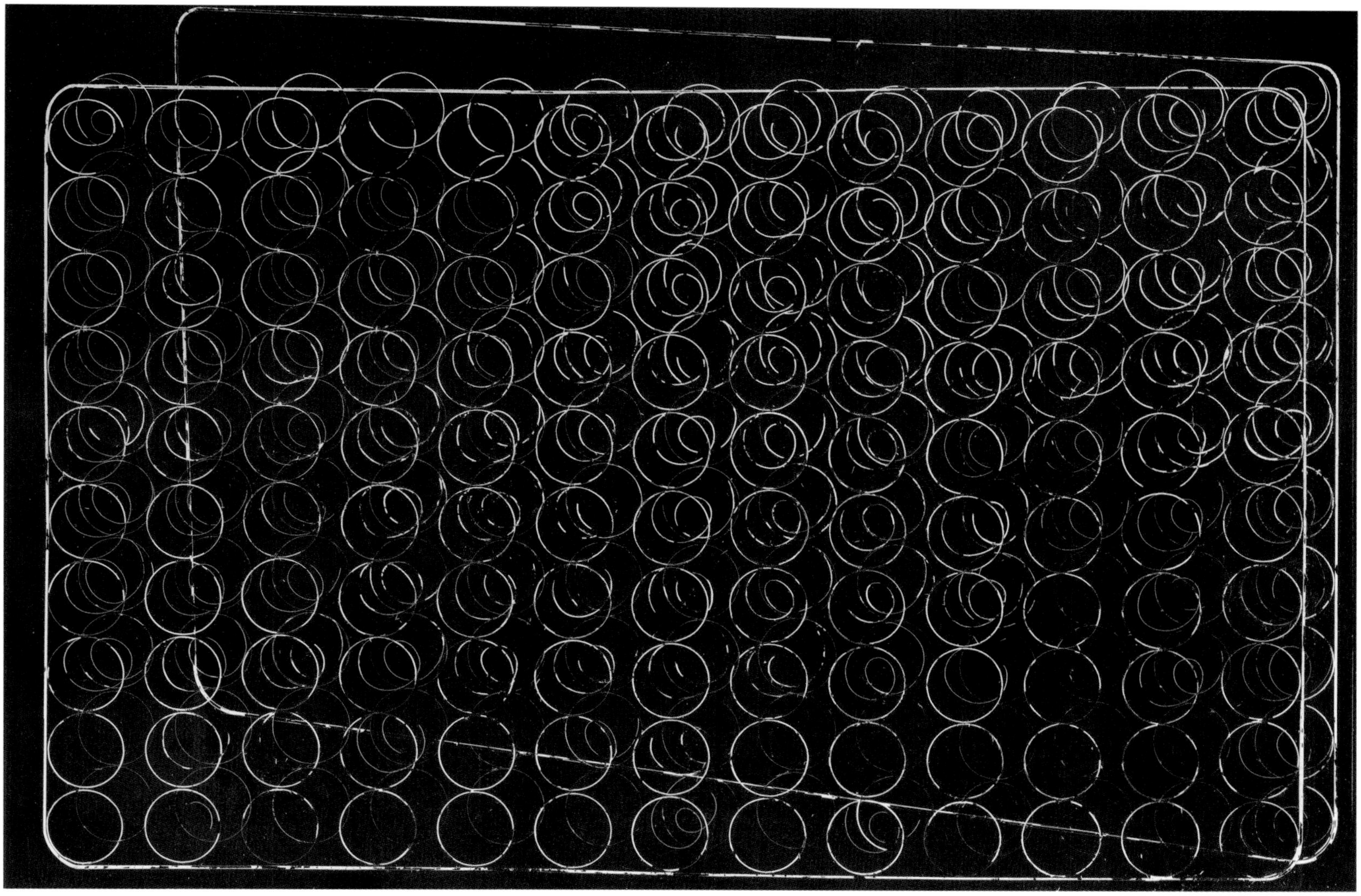

温床 2
布面丙烯综合材料
200cm ×300cm
2016

李涛
Li Tao

1971 年生于河南郑州

1995 年毕业于河南大学，获学士学位

1998 年毕业于湖北美术学院版画专业，获硕士学位

1998—2011 年分别在北京的建筑设计院、高校及广告公司工作

现工作、生活于北京

主要群展

2018 年　历史与现实——宁波当代艺术展，宁波美术馆，中国宁波

2014 年　旋构塔 · 2014 中国青年艺术家推介展，北京时代美术馆，中国北京

2013 年　第六届成都双年展，成都世纪城新国际会展中心，中国成都

　　　　心手相应——中国抽象艺术第六回展，偏锋新艺术空间，中国北京

一种形式主义的时代命相

方志凌

李涛试图还原的不是外在的视觉真实，而是他在这些平凡的日常视像中体悟到的一种生存命相。在这里，那些形式主义的手法最终都被导向了对一种社会存在的表述。

多年来，李涛一直试图用现代主义的形式语言还原自己对日常世界的瞬间视觉体验。尽管我从一开始就意识到这种瞬间视觉的深度不是印象主义的自然抒情的瞬间视觉，而是比美国艺术家霍珀（Edward Hopper）那种凝结着深沉的心理体验的视觉印象更内在、更克制的一种视觉状态。但是，在很长的一段时间里，我都在怀疑他这种固执的努力在当代艺术语境中的有效性。

与大多数运用形形色色的幻想方式自由地表述个人复杂的心理体验和社会观察的同辈艺术家不同，李涛的艺术则是建立在对日常生活情境的视觉感悟上。他用相机随时记录下许多寻常得令人麻木的日常景象，费尽心力地找寻各种复杂的视觉材料（画布、木块、锌板、丙烯颜料等），运用多种复杂的工序（先在电脑中设计出基本图样，然后用丙烯颜料在画布上画出基本效果，然后用木头、锌板、细密的铁丝网等材料切割、拼贴出更复杂的视觉肌理，最后又用丙烯颜料反复涂擦。有些作品还会装上复杂的光控装置）去还原他对那些日常景象的微妙的心理体验。

李涛似乎一直游离于 20 世纪 70 年代前后出生的艺术家身上的某种极为相似的心理趋向之外。表面上，20 世纪 70 年代前后出生的艺术家是最缺乏共性的一拨人，他们往往分属不同的艺术阵营，有着各不相同的艺术趣味，运用各不相同的媒介和艺术观念，关注各不相同的问题，但内在地看，这是一拨最善于强烈、直接地表达自我激烈的内心体验的艺术家。李涛却对任何强烈的情感表达都心怀芥蒂，他更欣赏约翰斯（Jasper Johns）隐含在精美的视觉语言中的庄严气度。我从不怀疑李涛的艺术品位和敏锐的感受力，却常常担心他会陷入在当下已经显得有些过时的形式主义泥潭中。不过，种种疑虑并不妨碍我欣赏他的作品。事实上，我时常惊叹于李涛笔下寻常的景象中渗透出的深沉、恬淡的心理氛围，时常惊叹于他在日常的社会景观中敏锐地揭示时代命相的能力，也时常惊叹于他运用种种复杂的语言材料还原那糅合着敏锐、深沉的心理体验的视觉印象的过人能力。

《早晨》是李涛较早成熟地运用那种复杂、综合的视觉语言创作的作品。这件作于 2007 年的作品由一个异形的外框——他用木框模拟出在仰视中变形的窗户——和一块木头雕刻的窗帘组合而成。斜拉着悬挂在一根钢管上的窗帘几乎遮满整个窗户，只露出左上方一带很小的角落，窗框和窗帘上都用塞尚的笔法塑造出微妙的光色变化。作品的背面装有灯管，打开开关，亮光会从窗框与窗帘间的缝隙中透过来，极为生动地营造出清晨偶然一瞥的单纯且清新的视觉印象，可以感受到一种敏感、质朴而又私密的日常心理体验。《早晨》充分体现了李涛驾驭各种视觉材料的能力，显示出他在对日常经验敏感微妙的掌控能力，但这种过于悠闲地飘然于当代社会情境之外的个人体验却常常会让人怀疑作品的“当代性”。

李涛 2008 年创作的一组以《记忆》为

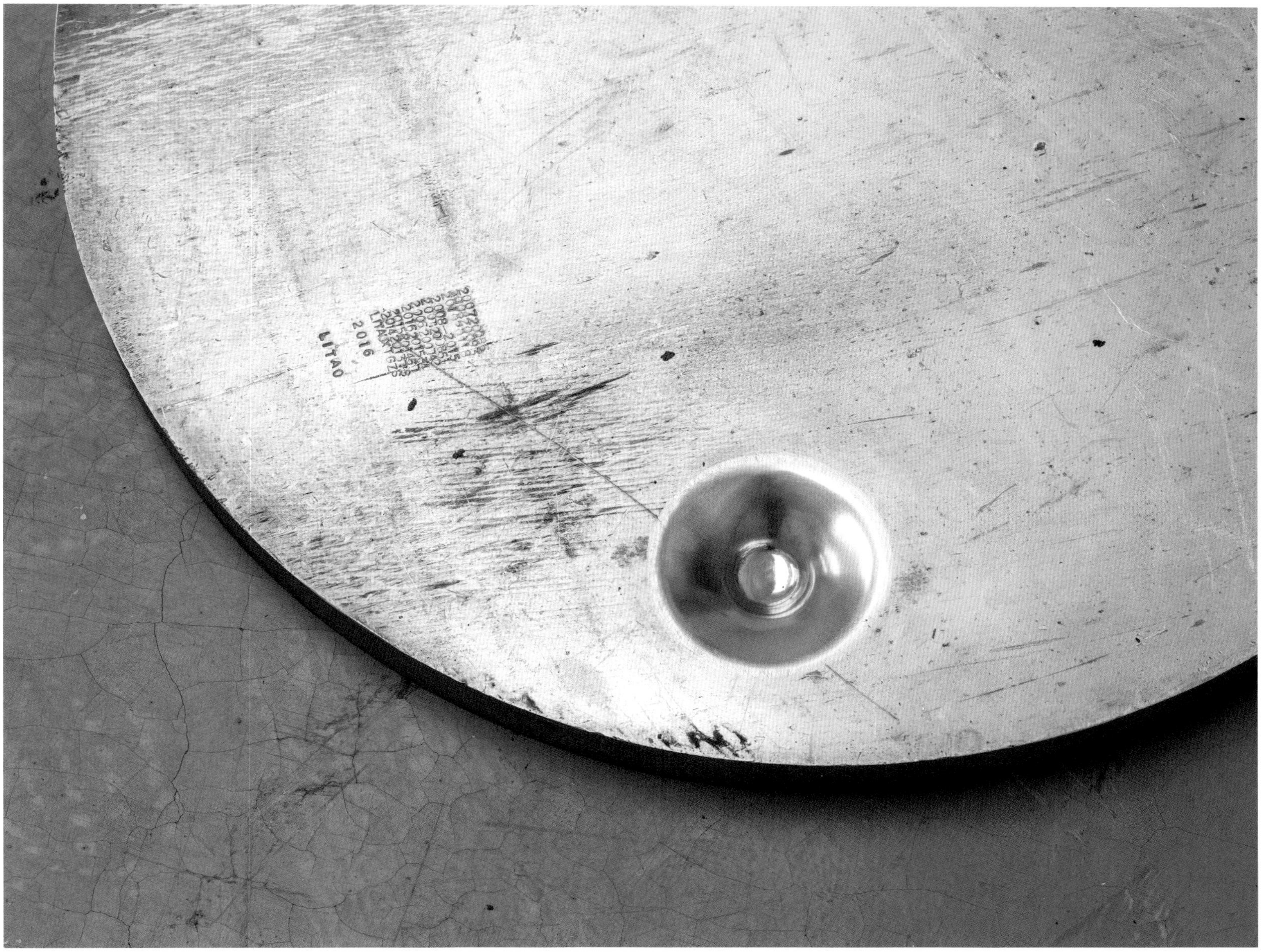

酉长
局部

题的作品具有更强烈的形式主义特征。他为作品设定了一个相对明显的社会主题——关注普通人，尤其是毕业前后处于重压下的大学生的生存命相。同样是复杂的视觉材料的组合，同样取材寻常的日常情境，不同的是，这些表现学生们试讲、答辩和面试的场景没有像《早晨》那样尽力还原客观的视觉状态，而是用现代主义的几何风格对人物和场景都进行了一番形式主义改编：过于激烈的透视关系，拗折交错的形体，人物拙直生硬的轮廓，粗粝的刻痕，厚实、富于韵致却又显得异常纠结的视觉肌理等。显然，李涛试图还原的不是外在的视觉真实，而是他在这些平凡的日常视像中体悟到的一种生存命相。在这里，那些形式主义的手法最终都被导向了一种对社会存在的表述。

然而，最终让我打消对李涛艺术方式的疑虑的却是他最近的一批风景作品。那其实还是一批并未最后完成的作品，描绘的也是那些偶然间触动他的日常景物，但在更简易，更几何化的视觉结构中，风景在扭曲——就像那些有强烈的几何抽象兴趣的画家利用交错、扭曲的形象结构表现一种肤浅的抒情氛围的扭曲风景——这批风景作品的过人之处在于对那种透露着一个时代独特的暴发户式的拙劣与荒诞的日常景观的选择，在于木板、缎面、光滑的有机玻璃、尖利锈蚀的铁板，以及形形色色轻盈的、富于韵致的色彩的奇妙组合，在于隐现在简约的几何结构中的难以言说的激烈情绪，更在于所有这些因素综合在一起时体现出的社会悲情。

在这批作品中，最令人震撼的是一件风景装置作品——这是一件由巨大的锈蚀钢板、工业化的塑料块、木块等不同材料构成的立体风景。灰色的几何化的钢丝网悬浮着，构成一种具有强烈解构特征的异质天空——它以强烈的扩张感充斥在一个巨大的、八面玲珑的展厅中。在这里，平凡的现实视像被各种异质的工业材料转化为一种亦真亦幻的异质景观，在它形式主义的面具下，不动声色而又激情满怀地呈现出我们置身其中、无法选择、也无法逃避的一种时代命相。无论李涛此前对形式主义的沉迷是否出于对敏感、宏大的社会体验的视觉追寻，是否出于揭示复杂、纠结、荒诞的时代命相的深沉愿望，也无论这些作品最终是否能完美地实现预想的效果，可以肯定的是，他的确寻找到了一种激活隐藏在平凡得让人麻木的日常情境背后真实时代命相的独特表述途径。

[原载艺术中国，2010年10月11日(art.china.cn/zixun/2010-10/11/content_3762447.htm)，此处略有改动]

酋长
铝、氧化铝、刨花板、纤维板、ABS 塑料、
丙烯颜料、氟碳漆、不锈钢
1755cm × 326cm × 9cm
2016—2017

AECHIMEDES

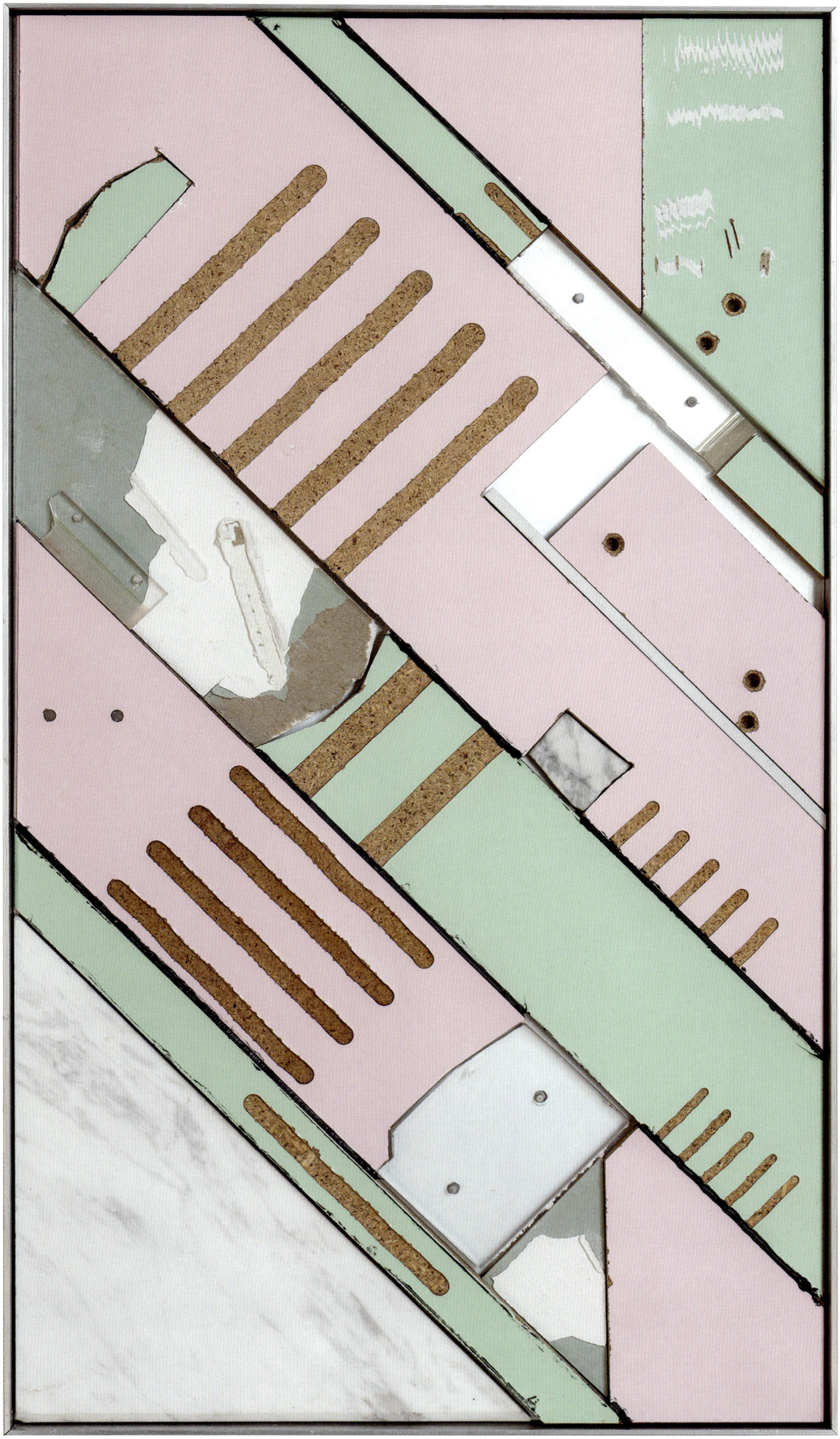

阿基米德的烦恼—2
铝、铁、刨花板、纤维板、ABS 塑料、
氟碳漆、丙烯颜料、橡胶、不锈钢
805cm × 805cm × 35cm
2017

阿基米德的日课—6
铝、刨花板、纤维板、ABS 塑料、
亚克力、石膏、大理石、不锈钢
214cm × 121cm × 9cm
2017

李消非
Li Xiaofei

1973 年生于湖南
1998 年毕业于广州美术学院
2013 年获新西兰亚洲基金会和惠灵顿市政府联合举办的亚洲驻地交流项目奖助金
现工作、生活于上海、纽约

主要个展

2018 年　李消非：马尾辫，广州时代美术馆，中国广州
2017 年　油盐酱醋——流水线项目，OCAT 西安馆，中国西安
　　　　外环之外——李消非个展，新桥美术馆，中国上海
　　　　流水线，艺术 100　1891 项目空间（Art 100 1891 Project Space），美国纽约
　　　　无声的号子——刘声、李消非，本来画廊，中国广州
2014 年　一只螃蟹和一块巧克力——李消非个展，OV 画廊，中国上海

主要群展

2018 年　现场边，ST PAUL St 画廊，新西兰奥克兰
　　　　一包盐，Videokunst 画廊，瑞士伯尔尼；Juraplatz 画廊，瑞士比尔
2017 年　城市共生——2017 深港城市 / 建筑双城双年展，南投古城，中国深圳
2014 年　社会工厂——第 10 届上海双年展，上海当代博物馆，中国上海
　　　　多重宇宙，上海 21 世纪民生美术馆，中国上海
　　　　上海手势，GDM 画廊，法国巴黎

李消非：一个人（复数）

宫林林

一个艺术家

“我发现最有力量的还是我一个人工作的那部分。”时隔 5 年再度聊起“流水线”项目，李消非这样向我解释为何没有将“流水线项目工作室”做下去，这句话其实也是我对他多年工作的基本判断。

“流水线”项目恰好开始于我与李消非初识之际，在此之前，他堪称已经从艺多年，创作过不少作品，参加过大小展览，也运营过艺术机构，但似乎直到“流水线”他才找到了一个完全认定的方向，并且一坚持就是许多年。

学油画出身的李消非曾经说起，他在广州美院的毕业创作主题就是工业机器，他一直喜欢机器体现出的冰冷而有序的美感，不过，找到更为深入其中的艺术创作方式则花费了不少时间。他首先发现了录像这种比绘画更适合他表达的媒介，其次在 2010 年，为一个艺术项目拍摄作品的机会让他结识了一个印刷工人，他拿着摄影机走进了那家印刷厂。在这样一个如此直观、如此动态的现场，李消非对机器的兴趣被再次激活，他也终于意识到这里正是那个“对了”的立足点，工厂将串联起他对社会运行机制的持续观察和反思。

这七八年里，李消非走进过（以长三角和珠三角为主的）数以百计的国内工厂拍摄，也记录过远至新西兰、北欧的流水线作业场景。工厂一般位置偏远，这意味着经常需要长途跋涉。工厂通常是封闭的工作环境，这说明进入其中并非易事，需要动用各种社会关系才能敲开那些大门，而被允许拍摄定然少不了软磨硬泡的沟通和三番五次的尝试，不得其门而入也是必须接受的挫折。李消非几乎是凭借一己之力做成了这些事情，在他那张不断添加的“流水线项目调研情况表”上，密密麻麻的工厂名称、日期、联系人，数据化地集中呈现人际关系网、行走的距离、耗费的时间。更难得的是，他需要跟工厂中的人真实地相处，平和地与他们聊天，真诚地体会他们的处境，获取他们的信任。为了拍摄作品，李消非与形形色色的人打过交道，听过世态炎凉的故事，所谓共情、同理心也就随着与工人交往的深入愈发地强烈起来，于是“一个印刷工人”“一个车间主任”这样的作品标题渐渐过渡到“我的动作”“我的脸”……李消非越是理解他们，便与他们靠得越近，“突然有一天，我发现自己好像是‘他们’之一了……好像成了真正的自己”。

“流水线项目工作室”是李消非将艺术项目扩大化、团队化的尝试，在他的设想中，不同学科背景的人可以加入项目，衍生类型多样的活动，丰富“流水线”的内容和视角。同时，将工作分摊给“同事”也能减轻他一人身兼拍摄、剪辑、杂物、行政等多重角色的重担。这个尝试在持续一年多后中止，最大的原因正如李消非自己的解释。但不知他是否也这样想过，一个人工作的部分最有力量，不仅在于单独行动灵活、方便，对工厂里的人干扰最低，同样在于，在资本主义框架下流行起来的所谓团队，作为一种劳动机制，注重的是分工、妥协、整合、效率，抗拒个体性和差异化，恰恰与他拍摄的冷漠的工业流水线同构。一个人行动既是试验之后总结出的最具可行性的方案，大概也是一种自发的抵抗策略吧。

李消非回到了一个人工作的状态，依然

风尘仆仆地进出工厂车间，自然地融入流水线前的人群。当坐到电脑前对拍摄的海量素材进行剪辑、编排的时候，他才回归艺术家的身份。此时的他终于可以梳理那些感性的体验、理性的思考，将它们拆分、打乱、重组，让感受力、想象力和创造力从影像的碰撞中迸发。这些“属于艺术的时间”是对之前奔走劳碌的回馈，也是支撑他再次回到流水线的动力。

一个工人

在“流水线”系列的录像中，“一个个运转不停的机器零件，在运动中呈现出排列、秩序，以及力量的美感”往往最先为我们的视觉捕获，机器的画面是新奇的、陌生的，甚至有震慑力的。或许我们第二眼才注意到与机器一起出现的人，他们其实才是所有这些作品的主角。从“一个……”系列的个人访谈，到《一车煤》中在镜头前沉默着不适的煤矿工人，再到《马尾辫》等最新作品中情态各异的女工，“流水线”中的人从个体肖像慢慢汇聚成群像。这个与流水线相伴的群体，社会学者吕途将他们定义为“新工人”：他们工作在工业生产第一线，却不再享有从前国企工人有编制的福利待遇；他们是改革开放后加速发展的城市化和工业化的产物。“工人”延续了历史赋予的主体性，“新”是面向未来的进步诉求。

未知体
雕塑
水泥、钢筋、清漆、玻璃钢、丙烯、铁粉、黄铜粉、铝粉、氧化铁粉、石英砂
140cm × 140cm × 140cm × 6

李消非拍摄这个群体的原因并非出于社会学的抱负，也不打算做出道德上的呼吁，除了工作机会制造了一些偶遇机会，他自己的家庭成员中不乏这样的新工人，比如他的三姐。家庭背景帮助他与工人迅速建立起认同感，让他在情感上、经验上自觉地成为“他们”的一员。但是对于城市中的许多人来说，有别于外卖员、快递员这类日常生活的参与者，工厂工人群体似乎与我们的生活常识、城市经验相隔绝。李消非在谈起《崇明岛》的拍摄时提及，工厂位于崇明岛，在行政区划上那里也是上海，但是工人们的“生活方式和精神状态与上海（市区）有 10—20 年的时间差”。岛屿、时间差，恰好勾勒出这个庞大人群的尴尬境地，一头是需要他们的劳力却无意接纳他们的城市，一头是难以返回的面目全非的故乡。他们在李消非形容的“好像被遗忘的地方”工作和生活，游离于我们的感知。

李消非用镜头让他们以有血有肉的个体形象出现，将他们“描述为迷失在自我反省的人类——带点羞涩、渴求或者往往是一种强颜欢笑”。[林白丽（Rebecca Catching）] 如果说“流水线”早期作品中的受访者容易被看作某个工种的代表，那么在近期作品中，越来越多的细节刻画让我们很难再将那些工人，特别是女性工人符号化看待。“马尾辫”指代了女工在上工时常见的发型和状态，让我们不自觉地将注意力放到她们的头发上，仿佛第一次发觉她们的头发有黑有黄，马尾辫的位置有高有低。于是乎，时髦的丸子头、修过的眉毛、身上的首饰，甚至衣着、体形都比以往更醒目地映在了我们的视网膜上，她们的个性、爱好、心中的旁骛随之浮现。流水化的工业生产异化人类，造就“单向度的人”，这些理论我们并不陌生，可是我们真的能被轻易异化吗？“十年饮冰，难凉热血”。在科幻小说中，区分人与机器人的最后指标是情感。李消非没有将手上的摄影机作为揭露或批判现实的工具，也无意通过机器与肉身的反差展开生命政治的寓言，他只想用两对眼睛向她们投去“平视”的目光：一边用肉眼观察她们“临近与流水线同化”却“带着愉悦和享受的节奏”，一边让摄影机保持开机 / 注视，捕捉她们举手投足间紧张与懈怠、焦虑与专注的交织。

在早期作品中，李消非更多时候是在观察工作中的人，随着创作的不断推进，他开始关注这些人在工作之外的状况，于是我们随着李消非的镜头来到流水线的“周边”，下班时的工厂出口，打工者居住的临时宿舍，还有工人在工作时存放个人物品的柜子。其实在过去的作品中，摆满水杯的格子柜已经出现过，并成为李消非一本画册的扉页图。不过在《我的柜子》中，他用 11 分钟的时长拍摄了不计其数的柜子，那些小方格外面贴着主人的名字，里面摆放的仍多是水杯，呼应着流水线一成不变的单调，但是你会时不时看见水果、辣酱、零食、护肤品，在那些无生命的柜子里透露出生命的信息。

在拍摄工作画面时，李消非会尝试在不同的角度和光线下反复拍摄同一个人，他指着海报上的照片对我说，我是把这些工人当成明星去拍的。也许，那种心疼其辛苦却又做不了什么的心情、那种不到现场不足以体验的感动促成了这种明星照式的拍摄方式，这是一个艺术家能够表达的最大敬意，也是借给观众一

流水线—第 29 号
彩色高清视频
2013

流水线—第 35 号
彩色高清视频
2014

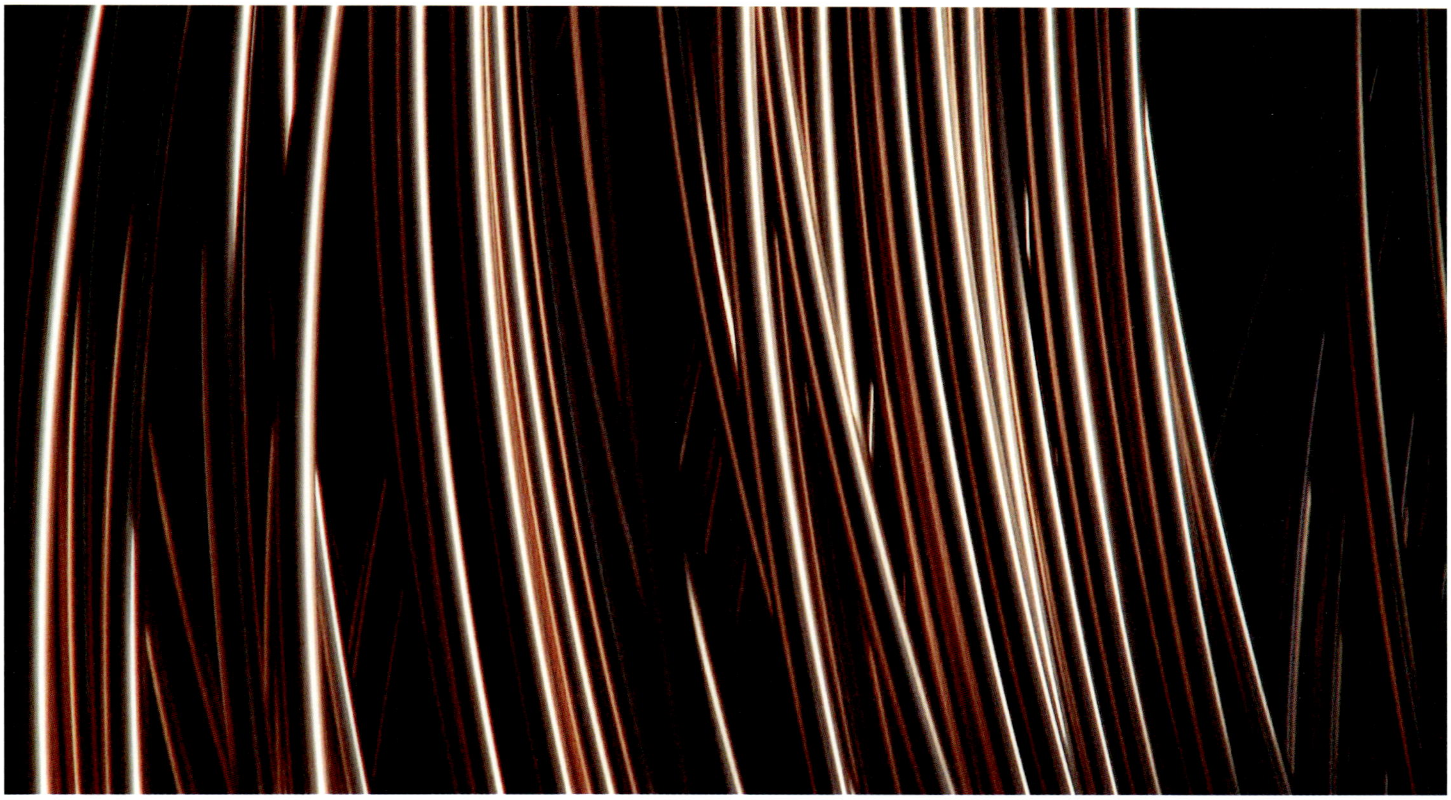

流水线—第 2 号
彩色高清视频
2012

个观看明星的视角，避免思维定式带来的“偏见”。

一个观众

“流水线”系列作品通常会以多屏录像的方式呈现于展览空间，一个观众往往面对着巨大的、复数的屏幕，机器部件、流水线作业、人物特写令人目不暇接。李消非坚持多屏的编排方式并不是为了追求视觉上的震撼效果，而是在运用影像的“句式”。比如在一件作品中将机器的画面与人像并置是字与字的排列，在一个展厅里 2 屏 +3 屏 +2 屏的组合则是在连词成句，一个展览则成了句子的集合，它们不构成一篇规整的“文章”，而是让我想到了一位年轻作家自创的日常写作体裁——句群。这种构筑情境而不制造意义的影像“句群”，让那些从取材层面全然现实主义的画面与纪录片区分开来，也让具有一定时长和叙事维度的独立片段有别于故事电影。

“组合”是李消非作品的一个关键特质，甚至是结构上的必须。组合是灵活的，每个影像素材都可以被挪用至另一部影片，每个单屏影像都可以进入另一种数量与位置的关系，影像“在不断的切片、重组、转换中重建一种虚幻的真实”。因此，若干多屏录像组合而成的个展可能才是“流水线”的最佳观看方式，它让艺术家有充分的空间遣词造句，摸索“影像的语感”，做出针对当下时间与特定空间的完整表达。正如个展“李消非：马尾辫”，不仅是艺术家对近期创作的整理，也是针对时代美术馆的空间特性，甚至美术馆窗外的工地景象专门进行的书写。

组合并不限于影像作品，李消非曾将工厂中的工业半成品搬入展厅，进行脱离原来语境的全新组织。在 2014 年的上海双年展上，李消非选择展出的是一组用于防波堤外面的水泥预制件，它们个个体量巨大，独特的形状来自功能上的需要，又与艺术品有着若有似无的暧昧联系。然而由于场地所限，最终这组工业产品被分散摆放在展厅的各处，不仅没有组合出艺术家设想的厚重与力度，甚至让观众觉得有点莫名其妙。李消非也感到那次的展览效果颇不理想。在展览“李消非：马尾辫”上，这些庞然大物再度出现，这一次它们作为“句群”的组成部分、一个铿锵的词语，与现场的其他词语组织出新的段落，而展出这件作品，最早是策展人梁健华的选择。在梁健华看来，这件名为《未知体》的作品将起到“定调空间”的作用，也是“李消非创作的某个象征物”。为了这次展览，梁健华做了长达一年的准备，看作品、读文献，还专程前往崇明岛见证艺术家的现场工作。因此，这个展览也包含策展人作为一个特别观众对李消非创作的理解。

就像“流水线”中的作品受邀参加过不同主题的群展，李消非从不拒绝对其作品的任何一种解读，因为那是一些“自带不确定性的影像”，拥有无限的阐释空间，使每一种诠释都显得恰如其分。人与机器画面的并置让人想到工业化的冷酷运转，自然风光与工厂景象的对照提示了全球化的破坏性后果；工人专注的表情和富于节奏感的动作让车间散发“集体浪漫主义”的气息，而产业工人多方面的诉求或隐没于无声（“无声”系列），或淹没于机器的轰鸣；一个惯于被忽视的群体得以借助艺术展览向更多人展示他们的鲜活，一个被都市生活的惯性所宰制的人在他们身上照见了自己……

我有幸从一开始便成为“流水线”项目的长期观众，作为朋友近距离地了解李消非的创作和想法，伴随项目的进展，我更新着对于艺术创作的认识，也由于处在人生的不同阶段而注意到了不同的问题。2013 年与李消非做访谈时，他说“流水线到最后就是没有选择”，我忘记问他是不是至今仍然保持这个不免悲观的看法，但至少，艺术项目“流水线”提供了很多选择。

（原载一点资讯，《生产｜李消非：一个人（复数）》，广东时代美术馆，2018 年 9 月 28 日）

梁远苇
Liang Yuanwei

1977 年生于陕西西安
1999 年毕业于中央美术学院，获学士学位
2004 年毕业于中央美术学院，获硕士学位
现工作、生活于北京

主要个展

2017 年　勘玉钏，皮萨尼宫—威尼斯音乐学院，意大利威尼斯
2014 年　弓象之间，佩斯伦敦，英国伦敦
2013 年　石榴，北京公社，中国北京

主要群展

2018 年　一包盐，Videokunst，瑞士伯尔尼；Juraplatz，瑞士比尔
　　　　中国私语，瑞士伯尔尼美术馆，瑞士伯尔尼
2016 年　FUNDAMENTAL——第 5 届波茨南双年展，波茨南国家博物馆，波兰波茨南
　　　　Urban Touch，浮士德艺术馆，德国汉诺威
　　　　Sexing the City，莱顿民族学博物馆，荷兰莱顿
2015 年　秩序的边界，蜂巢当代艺术中心，中国北京
　　　　相望：艺术不需要文本，今日美术馆，中国北京
2012 年　ON ｜ OFF：中国年轻艺术家的观念和实践，UCCA 尤伦斯当代艺术中心，中国北京

2017.18
亚麻布上油画
250cm × 200cm
2017

梁远苇：自律与重复

吴建儒

“在今天，绘画是什么？”当我们在观看梁远苇的作品时，这不是第一个浮现在脑海中的问题，我们往往更多地被她画面中闪烁的花朵、笔触或规律的渐变色块牵引着观看，如果从一种形式主义的角度出发，作品与作品之间既显得独立，又散发耐人寻味的关联。然而，对艺术家来说，开篇的问题是她终日劳作的出发点。

对绘画本体的思考让梁远苇选择了简化画面的再现性和叙事性，在极简主义基础上发展接近科学实验的工作方法，她通常把个展的所有作品视为一件创作，过程和结果的并置让抽象的叙事有了新的推进——从第一张到最后一张，语言间含蓄的变化与组合让人产生了愉悦的阅读体验，并不得不伴随着艺术家思考这些看似的寻常图案笔触间的变化及微妙的图底关系是如何一步步产生，作为被重复描绘的花布的审美主体性是如何被解构。在这些华丽的“花布”背后隐含着巨大的工作量和劳动时间，结合梁远苇的实验方法，感知和视觉的合法性正在走向一个未知的惊人的平衡。

最新的展览“椭圆”即显示这种视觉的平衡感，画家在当代的语境和工作方法中找到了回应传统的方式。16 张新作品按照时间编码，方法没有什么意外：先在一张 30cm × 40cm 的小画中实验，然后将这种经验投入更大的画幅中，在大画幅中推敲下一个满意的局部并提取，如此往复。尽管动作和格式是重复的，但过程充满了未知，在不设底稿的状况下，画家必须全神贯注，落笔准确才能衔接上下两个局部，期待着下一个画面闪光点的出现。展览前几张的效果很容易想象，变化出现在《2015.05》这张小画上，碎花的笔触开始变薄，并且有了走向，底也没有之前那么厚重，与其说这是一块花布的再现（模仿），不如说它更像一个中国画的局部。画家用这种经验又尝试了几张，底变得越来越薄，《2015.14》这件作品甚至出现了颜料流淌的效果，花纹更加轻松地和底色融合在一起，仿佛是一件写生作品。在编号为 16 的作品中，梁远苇标志性的渐变底色几乎被瓦解，面前是一幅整体的酣畅画作，一气呵成，丝毫没有刻意制作的痕迹，若隐若现的花朵介乎于“形似”与“不似”之间，画面的右下角出现了局部的空间感，这部分的碎花似乎跃然纸上——这些效果都是在始料不及的炼金术般的状态下发生。16 号作品同样适合远观，140cm × 120cm 的形状恰好是艺术家的身体伸展开来可以控制的范围——画家在一年内几乎每天都在画面上消耗 8 个小时以上，它们和身体的关系如此密切。

第 16 号之所以重要，是因为它几乎凝结了画家前面所有的经验，艺术家不厌其烦地在 10 年内反复描绘花布，这样近乎机械般的动作迫使我们不得不去关注绘画这个具体的行为在梁远苇作品中的意义。梁远苇出身于一个严谨的科学世家，成为一名艺术家并不是家人对她的期待，在艺术院校接受平面设计专业教育看起来是一种抗争后的折中选择，而对于有逻辑和循序渐进的工作方法的要求似乎早已存在于基因之中。关于渐变的色块作为绘画的底，在上面描绘花纹这种固定的格式来源，梁远苇曾经这样描述：“一开始我画花卉和几何图案，经过挣扎之后我选择了花卉，因为我想知道我能把一件最没有意义的事情怎样往下做。看似没有意义的事也许最有意

义，因为其中有很多误读，如果能把这种误读、无意义翻转过来，就等于给了它一个新的定义。”

“椭圆”展览中一张名为《2005 实验 2》的作品停留在作品半成品的状态，同时作为艺术家工作方法的早期样本在展览中被标记。作品看上去也是《2005 实验 1》的经验延续，但那些蓝色色块之间的衔接失败了，上面的花纹也杂乱无章，艺术家就在此停了下来，她似乎不知道要继续描绘那些花朵还是去弥补色块的衔接。展览中另一件旧作品《生活的片段16》（2008）就成功地再现了花布的质地——一种类似绸缎表面的光感，梁远苇从来没有从超级写实主义的角度去再现一块花布，她希望剔除花布背后附带的各种意识形态。而花布的质感和编织物本身独有的秩序感才是她想紧紧抓住的经验。

从 2006—2008 年的“生活的片段”系列开始，梁远苇从生活中选取某些局部进行细致的刻画，她的设计师的背景让人很容易联想到这是不是由电脑设计出来的碎花和几何图案，实际上，这是她以自律的方式对抗当时观念艺术盛行的潮流。在梁远苇的早期作品中，大部分物件都来自她的周围，烟盒、石膏、球鞋、一道光线、一块布料，她曾经也迷失在如何把日常物件的感知转化为作品的思考。梁远苇曾每天在一节卫生纸上打“umustbestrong”44 遍，直至打满

双幅绘画 2010—1 （小稿）
亚麻布上油画
40cm × 50cm
2009

2005 实验 1
亚麻布上油画
120cm × 140cm
2005

两卷。这种宣言一样的行为，让自己保持对观念潮流、语言形式的警醒。从“椭圆”个展回看“生活的片段”，艺术家一直表现出对观念滥用的克制。在当代艺术语境下日常物的转换过程中，梁远苇刻意采用了一种重复的劳动，投入密集的时间及平和的心态来进行创作，这一时期的创作更接近对现成物的模仿。10 年前与第 16 号创作之间的差异表明，艺术家正在努力弥合以现成品为材料的当代艺术和古老的绘画之间的鸿沟。

从观念到形式的双重磨合并非易事，不管使用何种媒介，梁远苇的作品始终关注艺术中语言与形式之间的思辨，《一件绘画》（2011）是一张剥去外壳的席梦思床垫，在“椭圆”的展览中赤裸裸地悬挂在墙上，这件作品似乎终于在梁远苇的实践中找到了一个合适的位置，它提示着观众，艺术家费心描绘的花布和所有的寻常物一样，在母题的选择上不具备审美和文化上的指向，如同被去掉外衣的床垫骨架，建构艺术本身并不是作为原型的编织物，而是画家描绘的方式和过程。

艺术家通常不是一开始就走到了对艺术问题的终极探索上，“金色笔记”系列（2010.11）被认为是梁远苇饱受争议的一组作品，她在非常局限的色域中制造了绚丽而极致的观看，形式主义和视觉消费成为对作品的方便解读。“从 2009 年开始，梁远苇尝试创作了一些双幅和三联画，让她发生兴趣的，是通过这种方法，颜色间的相互影响可以造成一个‘色域’，两张画的背景色顶部颜色非常不同，而底部的颜色则完全一致，她使用了大量的补色关系，颜色纯度提高，笔触小，近看鲜艳，远看时又有一层浮动的金色雾气笼罩在上面。”这种效果很好解释，以梁远苇对色彩与形式的研究，制造出漂亮的视觉效果似乎顺理成章。但在紧接着的“早春图”系列（2010.12），艺术家的注意力再次回到对寻常物的感知，那些来自普通家庭和路边摊的折叠桌椅，表面被涂上简易的色彩，置于空间，仿佛是辛勤劳作的艺术家在工作之余信手拈来之物——效果却意外地清新。经由画家点亮的普通物件，观众同时感受到了桌椅的表面色彩涂抹的痕迹，以及形状本身带来的质朴。“金色笔记”与“早春图”标志着梁远苇在语言研究中的两种极端复杂的制作与轻巧的挪用，这两条线索在后来都没有被艺术家延续，因为前者难以逃脱欧普艺术的框架，而后者早已在杜尚那里得到了答案。

在面对“绘画是什么”这个问题的同代画家中，不少选择现实主义的叙事方式来回溯历史或者透析当下，比如同是 N12 的其他成员。实际上，在梁远苇的新作品中饱含着丰富的艺术史脚注，她的笔触也许来自某个元代画家、图底关系的处理也许来自意大利湿壁画，画面的结构可能在戏仿马丁·基彭贝尔格……梁远苇对艺术史的兴趣同时是知识分子式的，例如她对元代画家钱选的敬佩和吸收，更像是在学习文人画家如何面对动荡的社会；她在吕克·图伊曼斯那里看到的是画家如何用绘画处理摄影术为基础的图像。如今，梁远苇已经有足够的自信与经验去处理与西方当代艺术之间的文化差异，其作品不再被绑定在关于抽象语言的讨论上，也开始从容地面对中国绘画历史上的文化断层，她甚至在重复艰涩的工作过程中重新定义了什么是绘画。对于梁远苇而言，尤其紧迫的是如何在画面和历史中产生更多的智性对话，绘画始终是一种态度、过程、行动而不是静止的当代图像。

（原载《艺术界》2016 年第 3 期）

展览现场图

梁远苇：创作是概念、情感与人文历史的表现

梁远苇在脆弱的卫生纸打上“umustbestrong”，整整两年，日日如是，每日打足 44 遍。重复的语句，重复的行为，逐渐变成了一种自我说服的咒语。*umustbestrong* 反映了梁远苇 2000 年左右的创作方向——那时她受 20 世纪六七十年代风行于欧美的“概念艺术”（Conceptual Art）影响，重视的是创作动机和实践经过而非实体成品的表现形式和美感，所以打字机和卫生纸的展示，意义在于其记录了行为的实践过程。十多年间，梁远苇的创作一直演变，现时则以绘画为主。亚麻布上不断扩展的图案演绎了她对生活片段和物件的感知和反复思考，也承载着在画作成形时浮现的情感。

于梁远苇而言，创作行为本身是构成艺术作品整体的重要元素，是追忆过去、探索人性情感的过程。2015 年，她画下一系列共 16 幅彷如花布的绘画——童年记忆中一条纱裙摩挲时产生的纹理和声音在她脑海中浮现，填满布面的花卉图案和细腻笔触，隐含她从绘画第 1—16 幅画时对这些微妙感觉的捕捉。感觉总是一瞬即逝，而梁远苇的创作方式讲求精准的时间掌握。她把亚麻布面分成多个部分去完成，每个部分的背景颜色干透之前她都要集中精神快速工作，因为干了以后就不能再做改动——这跟在文艺复兴时期盛行的湿壁画（fresco）的技法非常相似，且意味着她每天工作时间之长，以及身体、心境与作品关系之亲密。画布的每个部分都是时间和时间、情感和情感的连接，每幅画都是上一幅的延续和推进，而系列中所有画作须当作一个整体、一个过程来观看。

这种感觉表现不但在她今年创作的绘画系列继续推进，而且与她近年因自己的绘画方式和湿壁画技法相似而做的研究，以及其他艺术形式给她的启发交互。这系列的起点是早期文艺复兴画家马萨乔（Masaccio）的一幅湿壁画的局部，细看它，令梁远苇忆起 1984 年某个暴雨初歇的傍晚：她的父亲穿着布鞋，溅过柏油路上的一摊积水，水面倒映着房屋和蓝天。清脆的车铃响起，他的同事从对面骑车过来，与他寒暄了两句。威尼斯个展中文名字的出处来自一出民国时期的京剧剧目——《勘玉钏》。《勘玉钏》关于爱欲、诡计、尊严的连环故事深深打动着梁远苇，而京剧的舞台布景方式也和她的作品构成方法有着共通之处。例如艺术家在 2010 年的《早春图（一桌四凳及九桌九凳）》即借鉴了京剧舞台上一桌两凳这简约但暗藏深意的范式。而对范式的使用也存在于中国绘画、建筑等整个艺术的传统中。梁远苇绘画中的历史脚注，使它们与古今的艺术作品建立了互文性，成为人文历史脉络中的一环。

记忆和外界事物触发的联想、感官感受和象征意义，以及绘画在人文艺术历史上的发展进程，决定和影响了梁远苇的创作实践。《勘玉钏》的最终目的，是向观众揭示作品中超乎物质性的情感意涵，还有她研究中国和西方艺术传统的领悟。这种“揭示”的意味也反映在展览的英文和意大利文名字——“Behind the Curtain”和“Dietro le quinte”意指舞台布幕拉开时，观众看到幕后光景的一刻。梁远苇每天像修行般严谨的工作，她的实践使概念、绘画形式和传统能够反复磨合，而她自己也因作品的丰富内涵被认定为中国年轻一辈艺术家中重要的绘画实践者之一。

（原载微信公众号 K11 Art Foundation，《〈梁远苇威尼斯个展“勘玉钏”观展导读〉创作是概念、情感与人文历史的表现》，2017 年 5 月 5 日）

2017.11
亚麻布上油画
100cm × 80cm
2017

刘文涛

Liu Wentao

1973 年生于山东青岛

1997 年毕业于中央美术学院版画系，获学士学位

2005 年毕业于麻省州立大学自由绘画系，获硕士学位

现工作、生活于北京

主要个展

2018 年　刘文涛 | 元，空白空间，中国北京

刘文涛个展，艺术门 H Queen's 画廊，中国香港

2015 年　刘文涛作品展，赞一美术馆，中国青岛

2014 年　刘文涛 | 玄，空白空间，中国北京

2012 年　光与影，上海美术馆，中国上海

无限，其他画廊，中国上海

主要群展

2018 年　TIME LINE, ABSTRACT ART FROM CHINA，十号赞善里画廊，中国香港

2016 年　世界是你们的，也是我们的，白立方画廊，英国伦敦

2015 年　24' 艺术计划：Naissance，今日美术馆，中国北京

2014 年　2014 首届中国版画大展，中国版画博物馆，中国深圳

抽象艺术新一代，寺上美术馆，中国北京

无题
布面铅笔
直径 200 cm
2017

刘文涛：
“歧路”的品质

孙冬冬

简单地说，刘文涛绝大多数画作的表面，都是铅笔沿着尺子画下的一道道线构成的，然后再将画布绷在画框之上。画框有的是常规的矩形，有的则是圆形或是椭圆形，甚至其中有些还具有或凹或凸的空间结构。通过异形画框，改变绘画的基底形状，刘文涛所做的确实令人联想起弗兰克·斯特拉做过的相关实践，加之共有的几何式的形式主义风格，作为来自中国的后来者，刘文涛的绘画实践不可避免地显现出一些“影响的焦虑”［哈罗德·布鲁姆（Harold Bloom）］。事实上，这种焦虑与其说是刘文涛与弗兰克·斯特拉个体实践之间的谱系渊源，不如说，它是我们中国现代化过程中一种并不陌生的、历史性的焦虑。亦如刘文涛，从中央美术学院版画系毕业后，转去美国的艺术学院继续深造，此种向西求学的路线图，在民国时期徐悲鸿的青年时代就已开始，虽时代更转、议题变化，但西方仍是我们判断自身实践价值的重要参照之一，有时甚至是“唯一”的参照。所以，在面对刘文涛的画作时，我们会第一时间将其嵌入西方晚期资本主义的形式主义谱系中，着眼于彼此的相似性，从彼之理论话语中找到艺术家实践的合法性。然而，我们论述一个艺术家实践的目的只是为了让观众相信这是艺术吗？迈克尔·弗雷德（Michael Fried）曾对格林伯格（Clement Greenberg）的现代主义还原论有过如此评论，格林伯格确立的现代绘画的平面性及平面性的边界原则，只是某种类似某物之被视为一幅画的最起码条件的东西。同样的，我们在看到了刘文涛画作中那些所谓的条件后，是否也应该像弗雷德那样发出疑问，到底是什么决定了一个艺术家作品的品质？

品质在弗雷德的眼中是一个包含历史性的评述，他在讨论西方现代主义时，关注新艺术与过去艺术之间的系统惯例联系，即新艺术既要赋予过去艺术以新的价值，同时也让我们看到之前艺术所隐含的，或者说有待挖掘的新价值的可能性。虽然，我们无法套用弗雷德的理论去分析刘文涛的绘画，但弗雷德的历史性视角作为一种提示，却可以融入我们对于刘文涛绘画的观看中。也正因如此，我们首先必须承认，刘文涛的绘画是两种现代性经验的一个交集，或者说，它是两个不同价值系统相互作用的结果，一个是1949年之后贯彻在中国现代美术教育系统内部的现实主义原则，一个则是他在美国所看到的终结的西方现代形式主义谱系。从实践者的角度而言，如何认知两种系统的经验既与及物的具体实践相关，又相系于生命对自我的主体性的确认，而当艺术内部的动力机制失效后，生命的主体性成为艺术家实践最直接的动力。在我看来，刘文涛之所以选择铅笔作为自己绘画的工具，可以视为画家本人对自我主体性的一次确认，而由铅笔牵引出的素描经验，直接决定了他绘画的品质。

版画在既有的关于刘文涛绘画的评论中是被经常提及的媒介经验，除了与他在中央美术学院的专业相关，更为重要的原因是版画媒介的平面性经验，与现代主义的平面性议题接近，而刘文涛画中的铅笔痕迹看上去也与铜版刻痕很相似。只是，这种建立在近距离观察的逆向推导，并不能覆盖我们观看刘文涛绘画的所有时刻。而当面对刘文涛绘画的时候，我们会发现要么是其绘画表面石墨的物质性，要么是其结构感的图像在吸引我们上前的脚步，与之对应的，是

无题
布面铅笔
直径 200cm
2018

实在的画框形状也在反向参与建构视觉上的凹凸感，常常与画框所构建的真实空间相反。所以，我们的判断也不得不在“是一幅画”和“经验上是”一幅画之间来回移动。这是否意味着我们看到了两个刘文涛呢？表面上似乎如此，但从艺术内部的逻辑来看，刘文涛绘画所遵循的仍是一种基于三维空间的再现与塑造。而这正是刘文涛在进入中央美术学院之前与之后，花费大量时间练习的一套视觉机制，从几何形体、石膏像再到人体写生，通过长期的基础性的素描训练，锻炼自己观察与再现客观性空间的能力。徐悲鸿曾说，素描是一切绘画的基础，排除其话语中以科学启蒙的历史情境，他为中国的现代美术学院确立的教学范式，则是中国艺术系统本土的现代惯例之一，而刘文涛重拾的素描经验，无疑已触及这一惯例的原则。

面对艺术的惯例，是决裂否定，还是衍变繁殖，则是西方两种截然不同的关于现代性进程的总体性描述。即便是同样的画家在不同的框架之下，也会有两种面貌，如格林伯格与劳森伯格（Robert Rauschenberg）笔下的杰克逊·波洛克。反观刘文涛所面对的惯例，从时间轴上看，在西方则是现代主义早期的艺术问题，绘画对抗雕塑，色彩取代素描，现代绘画的律令及后来的形式主义议题都滥觞于此，与之对比，刘文涛的绘画不仅在时间上错位，甚至都不能说是严格的形式主义绘画。然而，当我们跳脱既定的西方的，或者说美国艺术的形式主义惯例，会发现刘文涛绘画在艺术观念时间轴上所显现的迂回性，他的实践实际上绕开了一整套线性的形式主义推导逻辑，直接将极简主义的实在性与自己既有的素描经验连接在一起，铅笔表面的物质性，异形的画框形状，既是在场的物，也是一种对空间性的情境描述，并且素描基于单色的明暗关系，在视觉上更加明确地指向了这一点。有趣的是，迈克尔·弗雷德在《艺术与物性》中曾对极简主义艺术家的实在主义倾向做过批判，认为以贾德为首的艺术家，通过那些貌似理性的结构物，实际上只是在与观众建立一种空洞的剧场感，而这种感性并不具备现代主义艺术所拥有的反身性。刘文涛的绘画却让我们看到了另一条现代主义之路的品质。尽管在许多人看来，它只是现代主义的一条歧路。

无题
布面铅笔
直径 200cm
2017

无题
布面铅笔
230cm × 43cm
2018

无题
布面铅笔
230cm × 43cm
2018

马秋莎

Ma Qiusha

1982 年生于北京
2005 年毕业于中央美术学院数码媒体工作室，获学士学位
2008 年毕业于美国阿尔弗雷德大学电子综合艺术专业，获硕士学位
现工作、生活于北京

主要个展

2018 年　路，OCAT，中国西安
　　　　马秋莎，MIMA，英国米德尔斯堡
2016 年　马秋莎：沃德兰，北京公社，中国北京
2015 年　BKMQ: 贝蒂娜 · 克里格 & 马秋莎，SMAC 画廊，德国柏林
2014 年　马秋莎：纸上作品，北京公社，中国北京
2013 年　马秋莎，华人艺术中心，英国曼彻斯特
　　　　马秋莎：Raw，北京公社，中国北京

主要群展

2018 年　相遇亚洲——多元化的青年艺术视觉，四川美术学院美术馆、坦克库 · 重庆当代艺术中心，中国重庆
　　　　影像上海：洞见，上海展览中心，中国上海
　　　　无尽的排练，魔方 MOCUBE，中国北京
2017 年　复相 · 叠影——广州影像三年展 2017，广东美术馆，中国广州
2016 年　转向：2000 后中国当代艺术趋势，上海民生现代美术馆，中国上海

沃德兰
水泥板、尼龙袜、多层板、木板、树脂、铁
615cm × 980cm
2016

马秋莎：沃德兰

李佳

艺术家马秋莎最新个展的名字“沃德兰”其实是北京昌平20世纪90年代开始兴建的巨型游乐园的名字，也是英文单词“Wonderland”的汉语音译。这个外来词用它乍看无意义的陌生外观推迟了我们对它内涵的理解、判断和情感投注，直到真正的意义被公布。值得注意的是，这种延宕感在展览的多数作品中似乎都得到了某种印证或呼应，而这在马秋莎早期的创作中并不是一个明显的趋势。那时，她的作品给予观者一种平实、直接的诚恳态度，伴之以毫无掩饰或保留的亲切感，虽然这种认可也部分地同她的女性气质、性别反省和一种建基在身份（既包括性别认同，也包括时空意识）之上的解读相关。“牛奶身体”系列、《从平渊里4号到天桥北里4号》、《我所有的锐气源于你的坚硬》等作品具备平实的叙述与敏锐的感知力，低调的性别叙事主要通过有节制的情感来推进，这里面没有任何人为制造的距离、陌生感和“包袱”。而本次展览的录像作品则或多或少走上了相反的方向，各自呈现为一种有意为之的间离，从而延宕观众的认知、释读和情感共鸣。其中最典型也是走得最远的一件作品《火星》（2016），以探测器非人的视角描绘非人迹能及之处的风景。影片的所有素材均来自互联网上的片段，马秋莎以这种方式彻底否认了（至少在形式上）艺术家作为创作主体的存在，这种否认之果决，甚至到排除一切人类形迹和活动的地步，并且拉开了与她之前一切录像作品的反差。影片模拟了国家地理杂志纪录片的表现手法，即制造了客观而足堪信服之影像证据，但仍保留配乐和镜头的节奏，只不过这种情感的流动是非具名性的，没有人可以从中指认任何能够同日常生活对应的线索。由此，《火星》切断了辨识作者身份的可能，因为它只是对一种风格和范式的不动声色的模拟。与之相应的，更具日常外观的《化身》（2016）同样隐

沃德兰
局部

蔽了马秋莎此前特有的细腻而平实的影像语言，相反，艺术家邀请商业摄影师担任作品的拍摄，从风格上再一次制造了逆转。对女孩儿皮肤肌理的表现，各个细节的浪漫处理，这些高度商业化和程式化，因此也极具“物”之吸引力的表现，或许可以算作一次对“艺术性 / 作者性”的清算。

这两则新的录像同此前为艺术家赢得声誉的作品之间存在一道鸿沟：它们分隔了私密的童年回忆和超个体的宇宙图景，拉开了通常被认为是女性所固有的敏感关切的观察视角和一种不带情感投注、极端样式主义的表达之间的反差。更重要的是，新的作品不再期待意义的即时读解所带来的观众的情感共鸣，在某种程度上，这些阻止了对作品的解读滑向一种习惯性的、表浅的性别叙事。但先前的经验并没有被彻底地判为失效，它们在展览同名的装置作品——一块巨大的、由肉色丝袜包裹的水泥碎块所拼接的平板当中得到了充分的体现。从艺术家的访谈中，我们知道她曾经经历了生育之后的性别困惑，而最终将解决的可能性放在母亲及上一代人所代表的、更久远的生命历程之中。在这里，女性意味的东西超越了单个个体所需要承担的思考和行动，而扩展到一个由共同的经验、情感、困窘、挑战构成的整体。在这里，知识通过某种身体的、情感的、经验性的智慧在代际传递，而情感在这共同体中所扮演的角色至关重要，但这种力量曾经因为性别的权力配置而长期被忽视及被标签化。通过包裹着每一块碎裂的坚硬水泥的肉色丝袜，马秋莎重新召唤了情感的力量，一个属于女性的共同体的力量。虽然这同两则录像作品所制造的非人感和距离感形成了抵牾，但这个疑惑其实在我们自己的文化中就早已埋下了答案：只要女性的视角依然作为域外、情感化的“清新”之物存在，体现在女性作者身上的分裂和挣扎就永远不会消失。

［原载北京公社【ARTFORUM】展评《马秋莎：沃德兰》，2016年8月3日（https://www.trueart.com/news/289272.html）］

Avatar 化身
三频录像
4分00秒
2016

沃德兰·舍宾内
水泥板、尼龙袜、木板、树脂、铁
123cm × 245cm × 5.5cm
2016

Avatar 化身
三频录像
4分00秒
2015

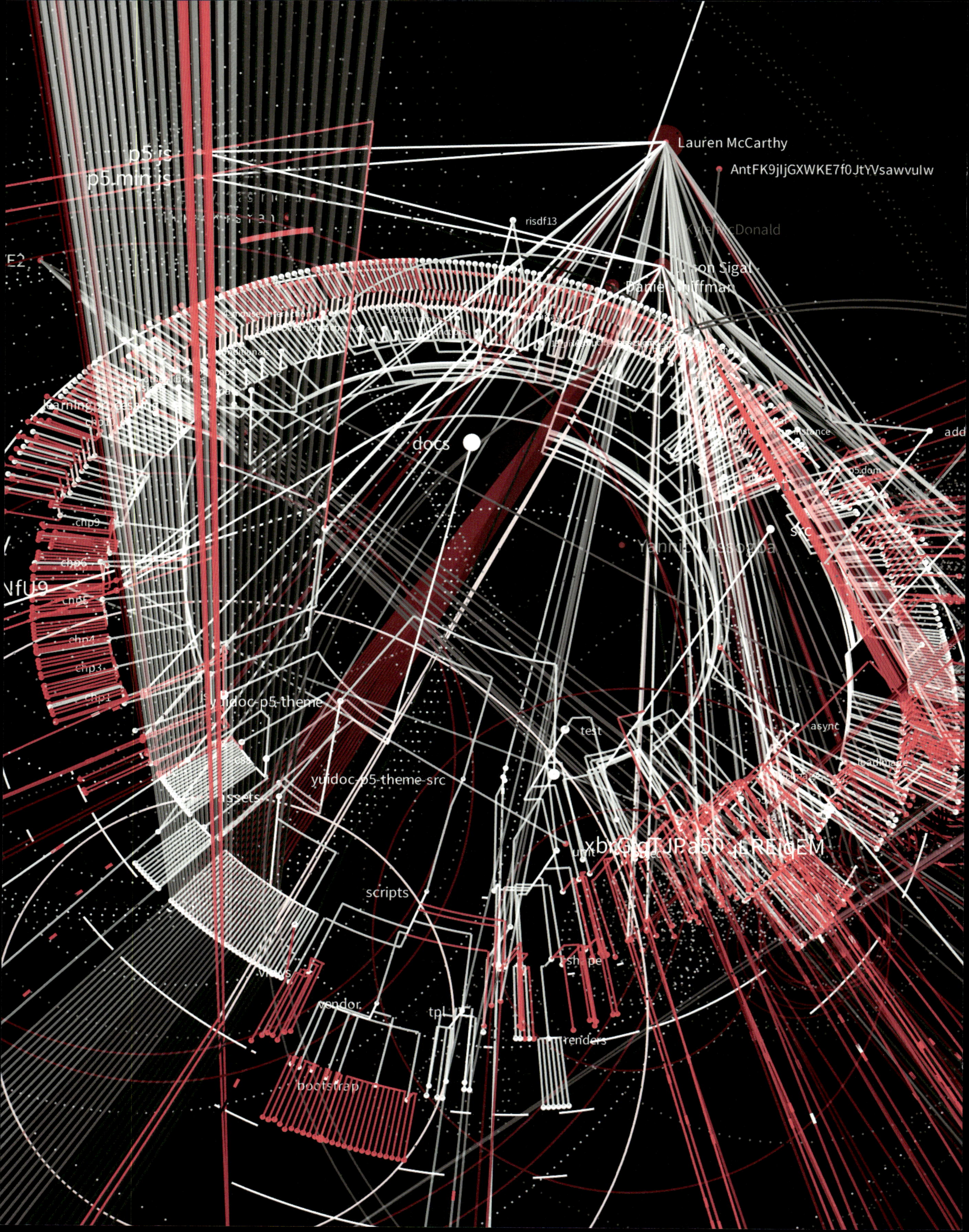
Lauren McCarthy
AntFK9jIjGXWKE7f0JtYVsawvulw
p5.js
p5.min.js
risdf13
docs
yuidoc-p5-theme
yuidoc-p5-theme-src
test
async
scripts
vendor
tpl
bootstrap
renders
p5.dom
add
src
chp9
chp6
chp4
chp3
chp1

任远

Ren Yuan

艺术家、设计师、程序员

曾任 VINCI 智能头机艺术顾问、财新传媒"数据可视化"实验室执行总监、中央美术学院数码媒体工作室讲师

现为任远工作室创始人

曾出版书籍《Processing 互动编程》

热衷于生成艺术、数据可视化、人工智能、复杂性科学等领域的探索和研究

主要个展

2017 年　SPEED，Nike+ Run Club，Labelhood，中国上海

2016 年　以科技诠释艺术：任远，Apple Store，中国上海

2015 年　任远 | Human = Science，ART DATA LAB，中国北京

主要群展

2017 年　在路上 · 2017：中国青年艺术家（媒体艺术）作品提名展，关山月美术馆，中国深圳

中国可视化与可视分析大会（ChinaVis 2017），中国青岛

时代渐强音：2017 王式廓奖暨今日中国当代艺术家提名展，今日美术馆，中国北京

童年与远方——在未来，时代美术馆，中国北京

2016 年　设计之链：温州国际设计双年展，昊美术馆，中国温州

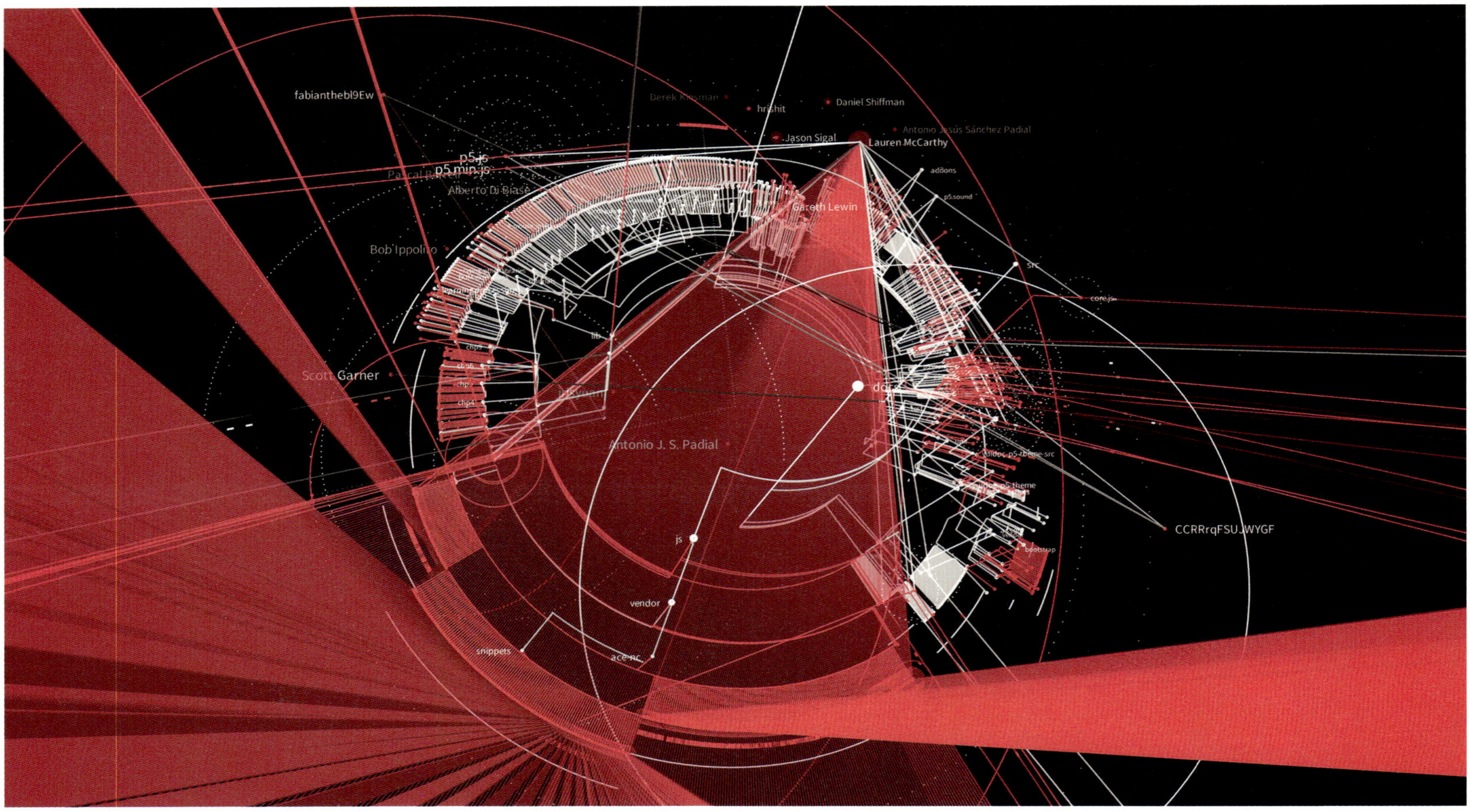
fabianthebl9Ew
Daniel Shiffman
Antonio Jesús Sánchez Padial
Jason Sigal
Lauren McCarthy
p5.js
p5.min.js
Alberto Di Biase
Gareth Lewin
Bob Ippolito
Scott Garner
Antonio J. S. Padial
CCRRrqFSUJWYGF
js
vendor
snippets
addons
src
core.js
bootstrap

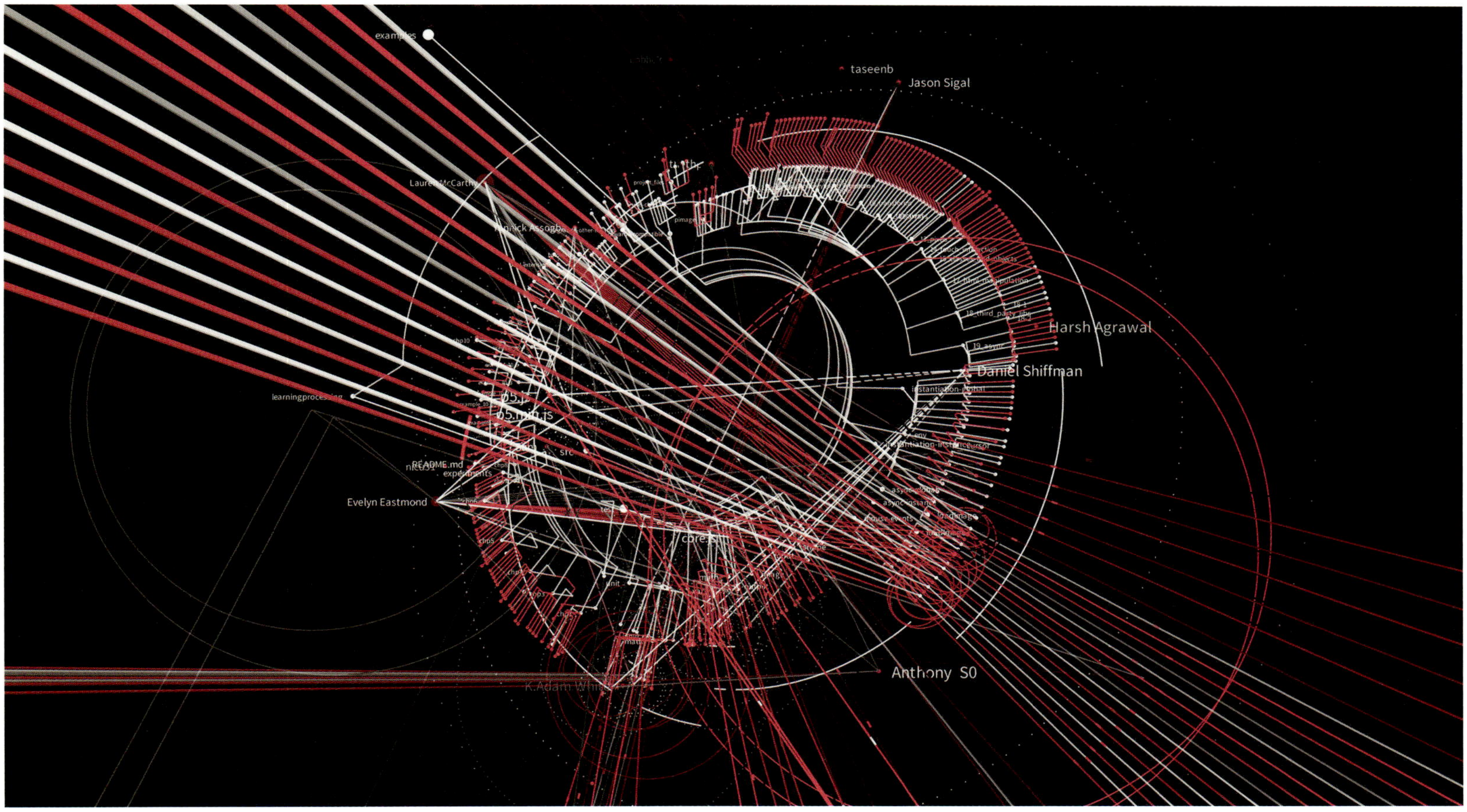

COMMIT
数字影像
1 分 16 秒
尺寸可变
2018

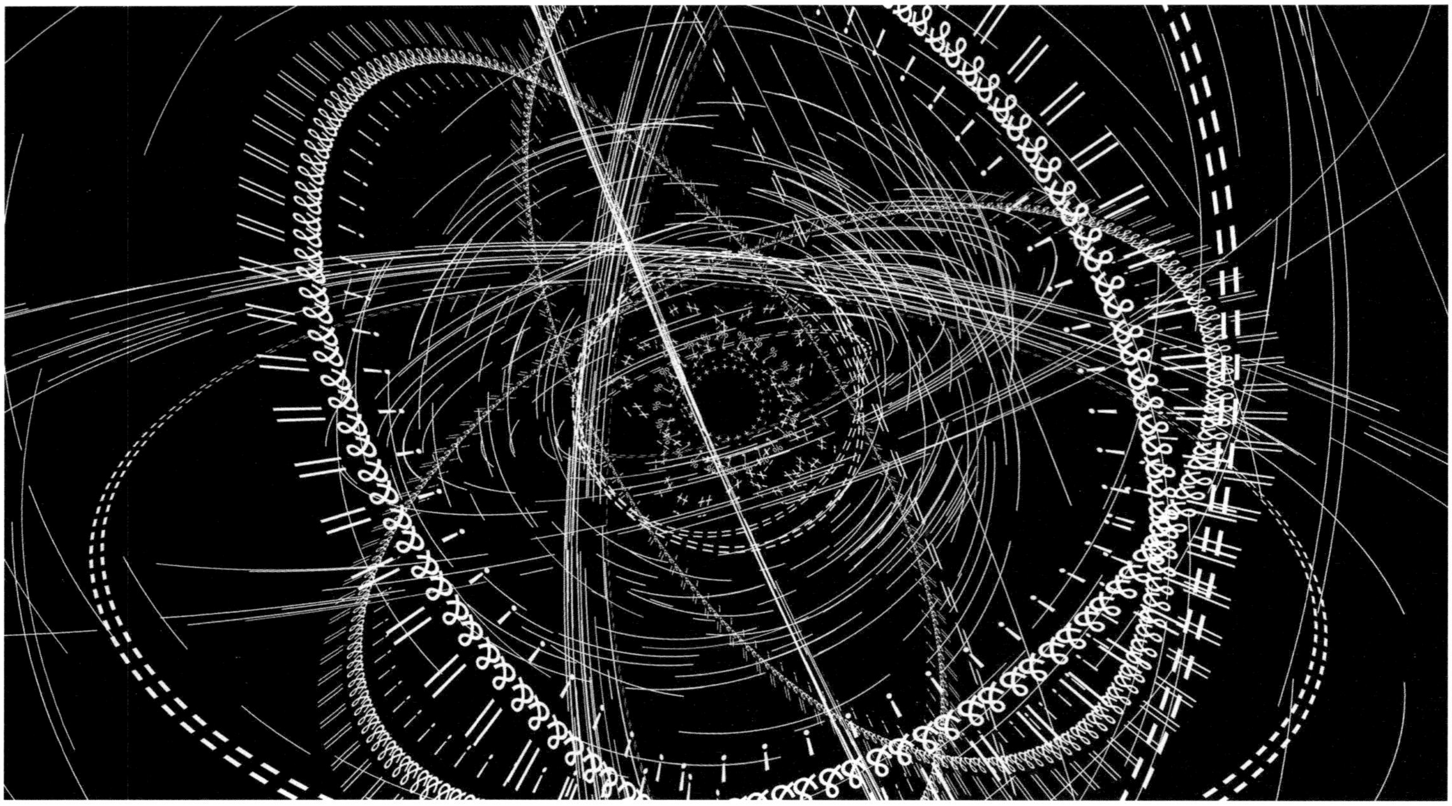

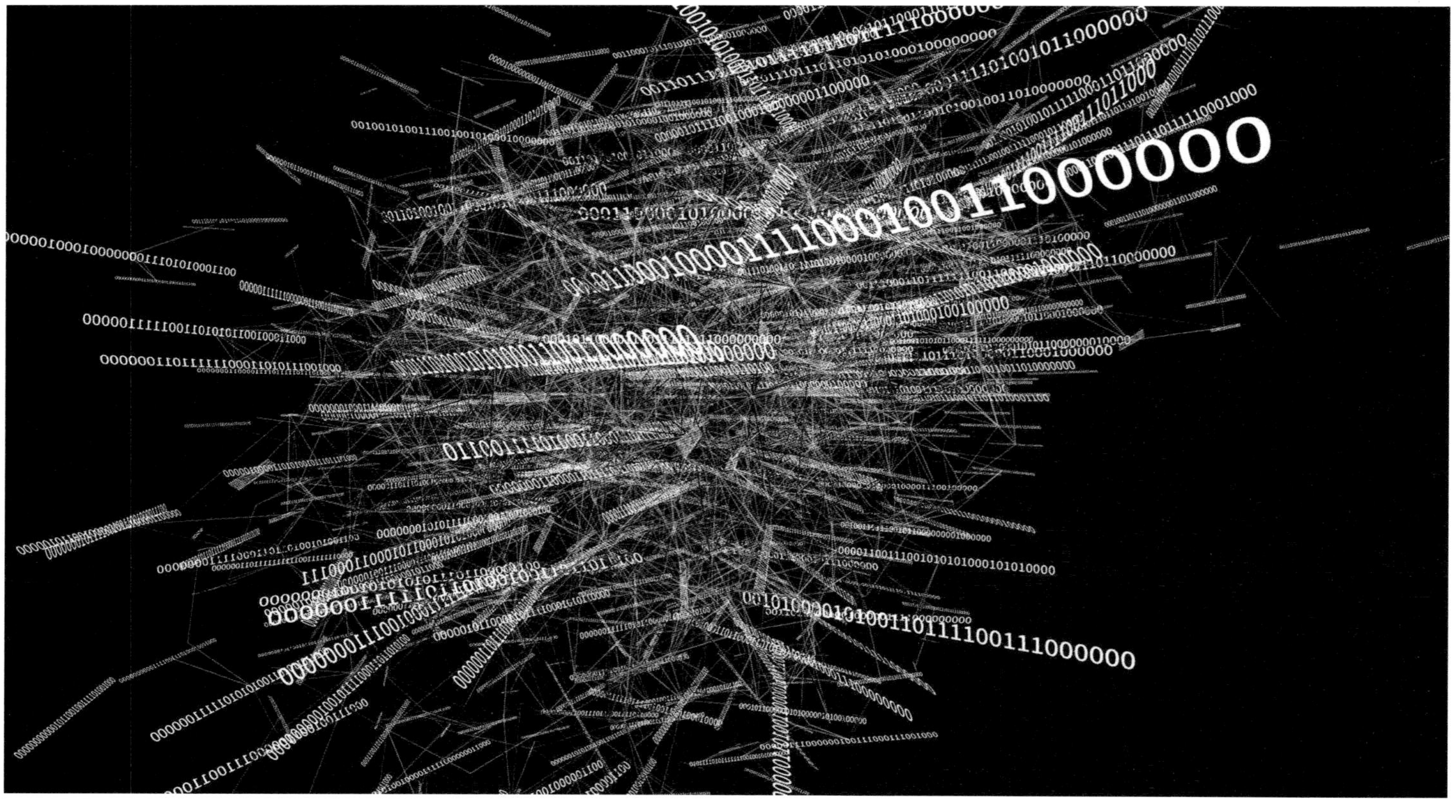

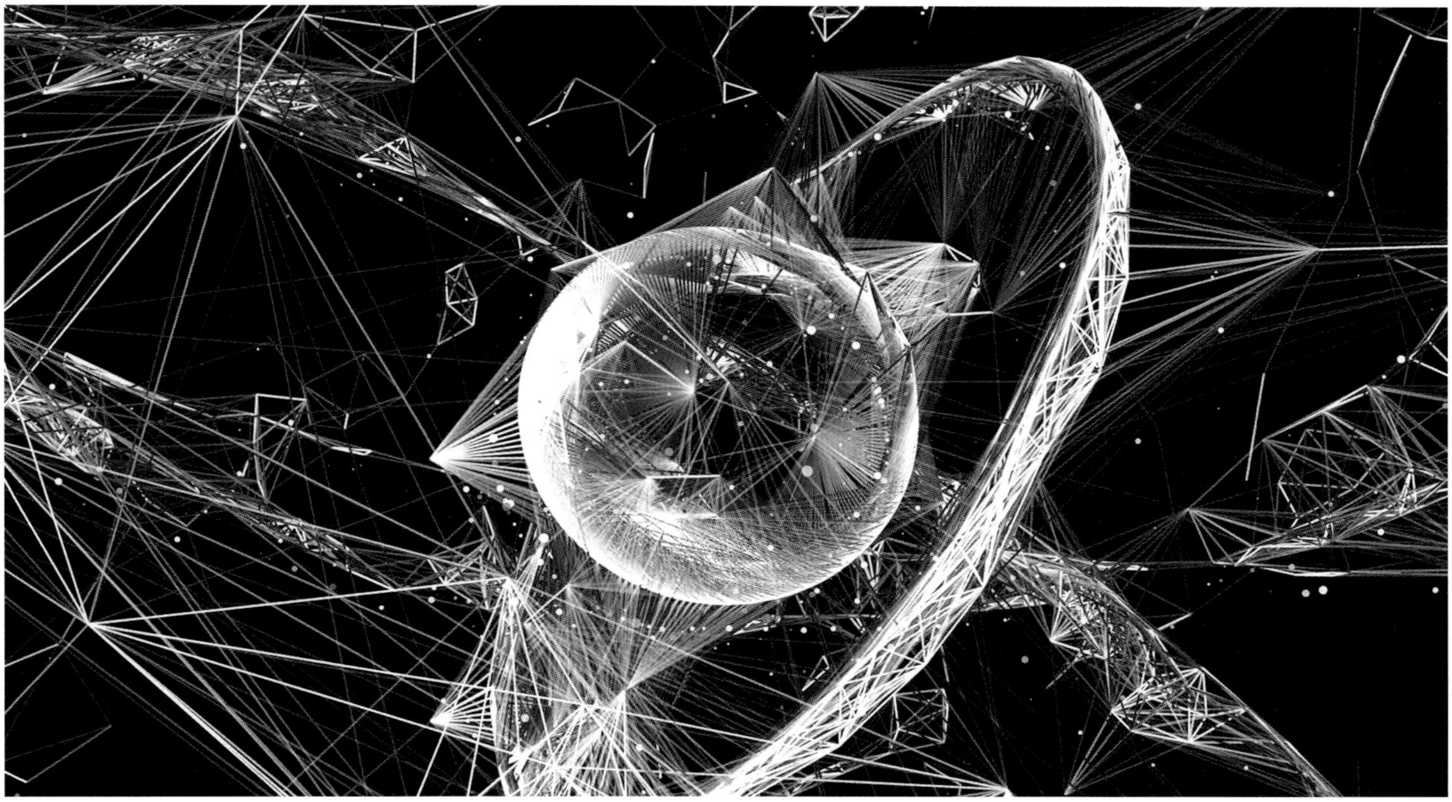

VINCE
数字影像
2分5秒
尺寸可变
2017

PLAY
数字影像
2 分 14 秒
尺寸可变
2016

孙策
Sun Ce

1982 年生于沈阳
2005 年毕业于鲁迅美术学院油画系，获学士学位
2009 年毕业于中央美术学院油画系，获硕士学位
现工作、生活于北京

主要个展

2017 年　沉默，问象艺术空间，中国南京
2016 年　空白，国美艺术基金会，中国北京
2015 年　从移动山水到空白，Isgo 画廊，中国上海
　　　　　移动山水，今日美术馆，中国北京
　　　　　山水即空，Isgo 画廊，中国香港

主要群展

2017 年　亮相，Artand 空间，中国北京
　　　　　黑桥一代，Hi 艺术中心，中国北京
　　　　　80 后的现代主义 Ⅱ：东方书写，索卡画廊，中国北京
2016 年　纸上隐喻，三为艺术，中国北京
　　　　　自然的虚托邦——中国当代风景绘画研究展，悦 · 美术馆，中国北京
2015 年　无限触摸，Isgo 画廊，中国上海
2014 年　第五届 1912 新星星艺术节，今日美术馆，中国北京
　　　　　浪间之静，布睿克艺术空间，意大利拖迪

空白 216 号
局部

孙策的新绘画：倾听存在枝条上的空音

夏可君

中国绘画的秘密在于留白，这是公开的秘密，如果有着中国式绘画，那就是重新进入这公开的秘密之中，让这秘密发出新的灵韵。但古典山水画的留白方式有两种：或者是留出不去画，暗示天地之无尽；或者是让空白以丘壑的形式空出，结合烟云让这空白活化，满纸烟云的“气韵生动”由此无尽生发。当代绘画对于留白的处理：要么是满幅式的整体上虚白化，以极多的重复激发空白的视觉残留感，如同邱世华的虚白隐色绘画和梁铨拼贴的虚薄方式；要么是中间很小的局部形象，周边则大量留白，如同李禹焕式的韩国单色绘画。

在油画上，还有着其他的留白方式吗？我们有幸看到孙策也发明了他自己的《空白》与《空色》绘画，给出自己的回答，这是由音乐般的倾听回响与现成品的自然触发带来的。

孙策之前的《移动山水》已经深入到中国古典山水画的核心，他与倪瓒持续了几年的对话，以油画的方式来诠释“一河两岸”；抽象式的涂抹刮擦，这是与里希特的对话，留下的仅仅是余痕，是笔触的颤栗与时间损伤的余留。艺术家深刻认识到山水画在当代的只能以余象的方式呈现，因为文化已经是残山剩水，自然风景在现代性的灾变经验中只能以废墟的诗学来接受。在减少之后，如此的处理乃是一次现代性的洗礼，但如何由此获得新的诗意与余外的丰富性？

孙策从 2015 年开始新的突破，他画出了“空白”系列，依然还是刮擦的笔痕，但大块的笔触经过刮擦后，留下了底面的暗影，如同时间风化很久的壁画，但其实经过了精心与精致的处理，一切都被冲洗过了，一切都处于消逝之中，现代性的审美就是要传达不可止息的流逝，画面下行流淌的笔痕就是时间性冲刷的见证，但是横向的笔触却有着自己的宽度，边缘线还保留着，有着自己的抵抗或挽留，在如此下行与横向的对比中，笔触被撕开，留下无数纷纭的痕迹，这痕迹又暗示自然隐约的形象，看似山水其实只是笔痕，看似树木坡岸其实只是暗示性的迹象。把一切还原为迹象与余象，而且具有极简主义的简化魅力，这是当代艺术的转化方式。

孙策把中国传统“似与不似之间”的美学在当下充分发挥，全然不似，但又隐约相似，触发无尽的自然意象的联想，但仅仅是暗示性的触发，还保留了传统水墨淋漓的气息，整个画面的营造看似抽象，却又不是抽象画，而是有着无数隐含的意象在其中移动、涌动与生成。但这打破了抽象与具象的区分，而是经过抽象之后，经过颜料的冲洗之后，在反复的遮掩与显露的游戏之中生成的“余象”，而这正是传统古典“余韵”或“余意”美学的重现！但这全然不是古典的方式，却又有着古雅的韵味。

孙策的“空白”系列把《移动山水》更为彻底地转移到笔触的里面，在可见性与不可见之间的游戏，打开了平面绘画的“间域”，一切都在平面上，但平面本身获得了间域的厚度，获得了间性的音乐节律：颜色处于不止息的呼吸流动之中，看似灰白、青绿、暗红或粉红的单色基调，都有不同的颜色隐含其间，浑然一体；笔触处于富有节律的张力之中，下行流淌与平刷横向的笔触之间有着对比，而且还隐含内在的色差，横向的宽度与竖形的点状短线之间，隐含痉

空白 216 号
布面油画
170cm × 170cm
2018

空白 90 号
布面油画
203cm × 169cm
2016

挛、颤栗与诗意的疼痛，而且还点缀着少许花枝、蝴蝶或蜻蜓，增加了画面遥想的诗意与甜蜜的梦幻，尽管画家并不刻意走向文学性的联想，而宁可保持抽象不确定的拟似性。

在形象的生成上，表面重复的抽象痕迹与里面隐含的山水余象之间，在显与隐之间相互触发，浑然无间，混芒浩渺，妙不可言，那些花枝与蝴蝶停留于画面空白或发光之处带来的诗意，让人完全被画面迷住，渴望进入，化为一只蝴蝶，这是当代的庄周梦蝶，整个画面似乎被蒙上了一层薄纱，孙策自觉地试图去重现唐代那“六层纱衣见红痣”的透明美感，因此他利用了半透明材料强化对于空间距离的切分，整个画面因而具有层层叠嶂的体感空间，具有内在虚化的厚度！有着内在褶层的虚薄气息，比如《空白》系列的 68 与 28，47 与 75 上，如此薄透的层层叠印，也让一种钻石一般的时间感，或中国传统的包浆色，积淀时间丰润质感的气息，从画面内部不断渗透出来。

在《空白》之 17 与 18、25，31 与 35，42 与 43、52 等作品上，蝴蝶、花枝、蜻蜓等诗意的形象，都有意无意停留在块状笔触的连接处，似乎它们在弹奏这些笔触，似乎这些间域打开了内在隐秘回响的空间，空白的空蒙之感是通过颜色与形状内在的张力触发的，在一片空茫的画面上，蝴蝶与蜻蜓的触角触动了世界无边的空寂与孤寂，也让这孤寂与空寂更为幽秘，更令人充满惆怅，有时如同哀歌与挽歌，有时如同童谣与无词歌，“空白”系列传达的是此空寂的孤寂感，是一个少年老成的心事，是古意的时间性充满。因此，绘画似乎就不是来观看的，而是来倾听的！画面借用色彩的细线与点状，产生了闪烁斑斓、波光无尽的绵延效应，似乎一切还在生成，还在晕化，这是宇宙玄音的隐秘回响，绘画成为天地之大美的敏感和优美的振动记录仪！

当然，孙策的作品上还大量使用“鱼”这个意象，似乎这是与八大山人的对话，当然这里的鱼，如同庄子的逍遥游之鱼，画面上并没有画出水，但波纹线或者笔触的震荡暗示了水纹的无处不在，这是软化线条幻化水纹的诗意，鱼在画面上空荡的轻轻游动，只是渺小的个体面对世界的那种空寂感，是为了更好地打开画面本身的内在隐喻空间。

不仅如此，孙策还继续做出“空色”的现成品绘画系列，他把自然界的树枝，一些梅枝与梅花，直接缝在画布上，画面整体上是白色的，汉语的“空白”与“白色”压着内韵，但这需要从整体气息上建构出来，这就是画面的冷感，冷白与冷静是感觉上的通感，一片空寒的意境孕育了当代的冷感美学，来平衡现代性的燥热，似乎古典的梅花诗意再次显灵。当代中国绘画就是让自然再次来临，让自然的枝条来到画面上，残枝败叶却获得了肯定性的存在，画家还隐约地画出这些枝条，但隐含在背景之中，形成现成品与绘画的含蓄对比，当然比西方的现成品利用废弃人造物更为诗意，因为这是自然物，当然其中并不缺乏枯枝的刺痛感，这是现代性内在痛感的诗意表现，但又含蓄地被颜料的虚薄气息所遮盖。

这里就萌发了当代中国艺术的救赎机制：现代性并不回避个体的痛感，反而保留此更为内在的隐痛，只是对这痛感的治愈，不是直接性的，而是让自然来为，让苍古的自然意境来平衡个体的苦涩与愤怒，让自然的残肢得到更好地呵护，所谓的“色即是空”，就是画面上的冷感与虚白色，所谓的“空即是色”，就是这些无意义的枝条再次获得了雕塑一般的尊严。

作为一名已过不惑之年的艺术家，孙策的作品这几年来经过了几个阶段的发展：从《移动山水》开始自觉与传统进行内在的对话，以抽象笔触来涂抹传统的构图，到“空白”系列进入内在深度触感上的对话，以七重纱的美妙褶层，重现了梦幻的深度空间；再到“空色”系列与现成品化的概念艺术对话，但此现成品绘画又重现了古雅空寒的诗意。如此几个步骤的内在感觉逻辑的转化，既有着艺术家自己独特的语言推进，又有着艺术家与中国传统和西方艺术双重对话的巧妙融合，这让我们对孙策的作品充满了更多的期待，体现了这一代年轻艺术家从艺术本体语言上进行的真实探索与丰硕成果！

孙策的作品，在空寂与孤寂之间，在遮掩与守护之间，在疼痛的诗意与含蓄的生长之间，在流逝与挽留之间，在现成品与绘画之间，在自然与艺术之间，让绘画获得了新的诗意。这来自艺术家对艺术本体持久的追问，对于生命智慧的追思，对于当下生存状态的反思，蝴蝶的空蒙之梦已然在召唤着他，我们相信，孙策已经开启了一次了不起的行程。

（原载锦都艺术【锦都展区】《Nothing On Canvas｜孙策个展》，2018 年 7 月 4 日）

空白 119 号
布面油画
250cm × 200cm
2016

空白 96 号
布面油画
206cm × 159cm
2016

谭天
Tan Tian

1988 年　生于北京
2012 年　毕业于英国伦敦金斯顿大学自由艺术专业，获学士学位
现就读于纽约亨特学院自由艺术专业，工作、生活于纽约、北京

主要个展

2016 年　欢迎光临，空白空间，中国北京
2015 年　第二个个展，空白空间，中国北京

主要群展

2018 年　相遇亚洲——多元化的青年艺术视觉，四川美术学院，中国重庆
中国平遥国际雕塑节，中国平遥
On paper 2，空白空间，中国北京
闲散者的广场，蜂巢（北京）当代艺术中心，中国北京
The Reconfigured Selfhood, Hunter Lallage 205 画廊，美国纽约
Modern Expressions of Traditions，大都会馆，美国纽约
2017 年　路边野餐，前波画廊，美国纽约
Film Screening and Symposium in Conjunction with Judith Hopf，纽约大学美术学院，美国纽约
天天向上 · 筑中美术馆 2017 年度名师提名展，筑中美术馆，中国北京
破折号——"青年艺术 100"北京启动展，今日美术馆，中国北京
破折号——中国青年艺术展，四川美术学院美术馆，中国重庆

Thea Djordjadze+Mona Hatoum+Franz West
被子、枕头、锁链、夹子
230cm × 110cm × 100cm
2014

谭天：惯例下的操演

黄碧赫

“我是如何成为一个当代艺术家的”是谭天的一个长期项目。这句看似颇直白的标题其实颇有玩味。当代艺术家是什么？要回答这个棘手的问题自然绕不过什么是当代艺术。与谭天的聊天中我发现这些本质论问题在他那里并不重要。就像他在标题中所说，他关心的不是“是什么”，而是“如何”。重要的不是作为个体的艺术家，而是他在艺术体制中所扮演的角色，及其与艺术网络中其他重要角色的协作关系。由此，内涵消解，外延扩张。在这个项目中，谭天所要做的就是充当“当代艺术家”这个角色，找准其位置，履行其职能。

画廊的工作经历使谭天有机会深入艺术世界内部运作流程，也因此推倒了他对于艺术家这一形象的既定认识。事实上，谭天心目中那类生前遗世独立、身后四海名扬的孤独者与局外人，又何尝不是浪漫主义天才论乃至现代主义创造论建构的艺术家神话的产物。玩世不恭的浪荡子、桀骜不驯的叛逆者、孤僻怪诞的精神病人这些经过反复演绎的经典艺术家形象，最后也不过陷入了一种根植于刻板印象的角色扮演。20 世纪 70 年代，乔治·迪基（George Dickie）在其颇具影响的“艺术惯例论”中就曾指出，没有人能够外在于艺术体制。在这个由艺术家、艺术评论家、画商、博物馆馆长、报刊记者、艺术史家、观众等角色组成的艺术世界的庞大网络中，各种职能互助协作，保证艺术生产与消费实践在既定的惯例和常规下有条不紊地进行。更何况艺术体制绝非新近发明，年轻的毕加索（Pablo Picasso）为批评家阿波利奈尔（Guillaume Apollinaire）、收藏家斯坦因（Marc Aurel Stein）等人绘制肖像恐怕与打开事业局面的意图不无关系，而彻底颠覆艺术家神圣形象的安迪·沃霍尔（Andy Warhol）说过，为什么人们认为艺术家很特别？这只是另一个工作而已。

谭天的这个项目可以看作是一位初出茅庐的艺术家对于艺术界惯例性实践的实战演习。收集和整理大量一线艺术家资料，总结当代艺术家的工作职能，并一一付诸实践。一件由公认的艺术家制造的作品被放置在画廊展出，被公众当作当代艺术作品欣赏，被评论家在艺术杂志上当作艺术品头论足，最后被藏家当作艺术品收藏，所有这一切都依赖于艺术界惯例的资格认证，而谭天所作的，就是有计划地将这一心照不宣、却时常半遮半掩的隐性存在进行一次程序化的操演。请注意，仅仅是操演。这就使他与那种早已不觉新鲜，甚至从一开始就已经体制化的体制批判区别开来。毕竟即便是体制批判的艺术，也只能在艺术体制中产生和发生作用，任何试图逃离体制的努力反过来会导致艺术体制的进一步扩张。用安德烈·弗雷泽（Andrea Fraser）的话说，艺术体制内在于人。问题不在于反对体制，因为，我们就是体制。而谭天操演的艺术家，就是这一艺术体制中的核心角色。

谭天为这一项目构筑的庞大体系大致围绕“生产”与“消费”两块展开，运用艺术家资料库生产作品，通过市场（market）、美术馆（museum）和媒体（media），所谓艺术场“三 M”进行推广和消费。首先在资料库中排列组合一线艺术家的创作元素和方法，制作出“像”当代艺术作品的东西。如果把当下正在发生的艺术看作一种文化传统的话，谭天无疑是一位不折不扣的传统

研习者和践行者。长时间浸淫其中获得的直觉，使其能够轻易把握“像”与“不像”的边界，也即阿瑟·丹托（Arthur C.Danto）所说的“艺术界的氛围”。而其作为画廊艺术家的身份足以授予这些制造物以艺术品的地位，艺术体制关系网上的各个节点的相互作用则进一步保证了艺术品的资格认定。总之，一切的一切都在惯例下进行。值得注意的是谭天为藏家设计的收藏方案。他为每件作品制作一张展览证明，其中包含作品历次亮相美术馆和画廊展的现场图，随作品附送藏家，或亦可将作品销毁，仅以一纸为凭。如同书画著录一般，每一次展览都是在艺术界框架之内对艺术品合法身份的一次再确认。而展览证明本身则像依照法律认证程序颁发的资格证书，又一次凸显了作为艺术体制核心角色的艺术家所拥有的授予权，甚至包括了对于脱离物质载体对象的纯粹指定。

我扔给他们一个小便池，他们却称其很美丽。历史前卫主义非但没有摧毁艺术体制，而是变成对体制无限整合力量的最高确认。在这个关于惯例与体制的项目中，谭天始终回避自己的态度。对抗或是共谋，已经不重要。体制就在人们心中，而人却不能超越自身。不过可以肯定的是，如此细致而诚实的操演本身，如同镜子一般，至少抛给人们一个审视自身的契机，使那些暧昧不明的权宜之计与自我审查一一浮出水面，一种在体制化的体制评判之后，建立批判的体制的可能。

你当然可以坐了
水性漆、沙发、地毯
82cm × 300cm × 210cm
2016

Marianna Uutinen + Pat Steir + Jitish Kallat
布面丙烯、石头、缠绕膜
215cm × 300cm × 38cm
2014

吐出来就好了 NO.4
发泡胶、箱子、木板、铁棍
195cm × 132cm × 110cm
2013

吐出来就好了 NO.5
发泡胶、毛线、床架、门把手
245cm × 105cm × 110cm
2013

唐骁
Tang Xiao

1976 年生于湖北武汉
2006 年毕业于德国慕尼黑造型艺术学院
现工作、生活于武汉

主要个展

2017 年　湖，汤湖美术馆，中国武汉
2016 年　刺 /Spine，魔方 MOCUBE，中国北京
2015 年　用绘画建筑，合美术馆，中国武汉

主要群展

2017 年　光环、花园和湖——朗雪波、陈波、唐骁作品展，汤湖美术馆，中国武汉
自在 · 自为，艺元空间，中国武汉
互补与契合——中国留学德国艺术家作品展，上海德国路德维希美术馆，中国上海
直见色彩，成当代艺术中心，中国北京
2016 年　分界线，上海盈艺术中心，中国上海
2015 年　韵律和方法 · 第二回展，艺术家画廊，德国慕尼黑
德国：艺术之域，武汉美术馆，中国武汉
2014 年　西言东语——当代艺术邀请展，合美术馆，中国武汉
2013 年　韵律与方法：中德当代绘画艺术交流展，湖北美术馆，中国武汉

铁四方锥
铁、锌板、丙烯酸溶液、漆
50cm × 50cm × 100cm
2016

从极限处开始

李建春

大约从 2005 年开始，唐骁就开始画他的一律名为《无题》的“圈圈”作品了。像日全蚀，光盘，圈套，靶标，指环，宏大叙事的句点，或圣像头上反复黯淡、失落的光环……这些同心圆，像石子击入湖面，又像在黑暗的楼梯间击掌的效果，给观者的感觉荡起轻微的涟漪，又奇怪地不知所终……唐骁的作品常给人庄重的、灰烬的感觉，在色域和材料的选定上，品位颇高。这些千变万化、但万变不离其宗的物质的涟漪，流露出某种兴奋……又总被同一个自闭的句号所终结，什么都没说，又什么都说了。

贾斯伯·琼斯（Jasper Johns）曾有著名的“靶标”系列（综合材料作品），靶标作为“凝视的对象”，被艺术家用于改变对日常物品和身体的视觉习惯，这种挑战、创新的激情，堪称 20 世纪中叶美国艺术在上升时期的代表。唐骁的“靶标”，树立于一个同样有活力但又极暧昧的当代中国，由于凝视的对象未明（没有附加物暗示），颇像发生于艺术家和观众之间的“对视”。这些勉强像靶标的有歧义的“制成品”，与其作为服务于某一类主题的视觉修辞，不如说是由颜料和材质造成的一个个微型剧场。至于“剧”的内容，不妨设想为自我与他者或心物等严肃关系“波动的痕迹”，因“上演”的方式与结果皆未确定，所以未命名。在这位沉稳地激进着的艺术家眼里，故事性主题、写实的图像或观念，甚至某种“绘画性”，似乎不过是一厢情愿而已。

艺术家成熟的起点，始于被果断地确定的终点——传统美学的极限，一个夸张地画出的句号或圈套。而艺术意蕴的终点，又同样落在这被放大、细察的“起点”本身——其实是作者克制自己停下来，鼓励敏感的读者在充满细节和活力的“面”上继续前行（唐骁认为抽象绘画就是“色彩所覆盖的一个面……追求一种平面空间的创造和纯视觉表达，它是视觉的、物质的”）。他的抽象艺术宣称了绘画确已死亡。格林伯格曾借用沃尔夫林（Heinrich Wolfflin）描述巴洛克区别于古典艺术时用的“绘画性”一词命名了“后绘画性抽象”，以表示脱离了抽象表现主义范畴的“色域绘画”“硬边绘画”（其他批评家的命名），比如纽曼（Barnett Newman）和斯特拉（Frank Stella），都是拒绝表现性笔触、激动的个性和三度空间幻觉，强调材质的真实性和画面的平坦，此类的抽象，往往与环境相融，给人以扩张的视觉感受。我在不同的场合欣赏过唐骁的作品，这些《无题》作品在墙面上造成一个个莫名的旋涡，挂在他旁边的作品，不管你多么有名或尺幅多大，都有点相形失色，仿佛被吸过去了。他的艺术向环境延伸的方式，是表现出一种不动声色的攻击性。这个性质让我着迷，并且思考着：是怎么回事儿？

我的结论是，这位年轻的艺术家有一种强烈的、未曾明说的意志。且略举一下他的艺术历程。唐骁出国留学多年。在他的风格形成之前，有几组不错的习作。一组是练习抽象表现的，大刷子快速地涂上色块，颇有层次感，不过我觉得，主要是颜料往下淌的效果让人很不安（唐骁已开始“过分”了）。有一幅画鸽子的作品，从基本造型往外冲的运笔，使得鸽子的形象趋于解体，他“观念性地”画了一只被污染的鸽子。另有几幅完全放弃视幻效果的习作也比较成功。唐骁的家族从祖辈到父兄辈，都是中国著名的油画家、壁画家和美术教育家——而在写实主义学院派的家学影响下的唐骁，转向了如此彻底的抽象，需要具备一般人难以想象的精神能量（他背叛了写实主义，但没有丢掉学院气质）。

唐骁的色调偏灰偏冷，这使得他的封闭性几何造型缺乏一种向外的快乐的因素。刀笔的动作，边线微妙的擦痕或浸渍效果，辅助色的准确谨慎，对复合板纹理或有机玻璃质地的巧妙运用等等，这些纯粹视知觉的探索，几乎耗费了艺术家的全部热情。但是细赏过后，一种被清空和瞄准的感觉让观者“升华”的愿望备受挫折。我认为不是什么喜欢画成圆的、或许阶段性的习惯，而恰好是这个缺乏“升华”的特质最值得注意。艺术家已造成了一种让期望落空的效果，受到冒犯的趣味可不仅是大众的。在这年头的沉闷无趣中，当代艺术开始把反叛视为一种责任。“反叛”固然像是撒娇，“保守”期待人理睬的方式更让人难堪。唐骁不大可能以喜剧的方式出场，也默默地拒绝了不同的阵营对艺术的某些共同的诉求。我不想过分激励艺术家现阶段的图形乐趣和冷感趋向，只是想提示一下，在这个当代中国的语境中，一位“纯语言”艺术家的想法或精神内涵，绝不会少于“观念”。因其单纯，所以更复杂。这种让虚热冷却下来的纯粹视觉甚至触觉，与其说是一种自我表达，不如说是走向未名的“别处”，以唤起读画人自己的生命感觉为美学目标。

2009 年 11 月，武昌昙华林

展览现场

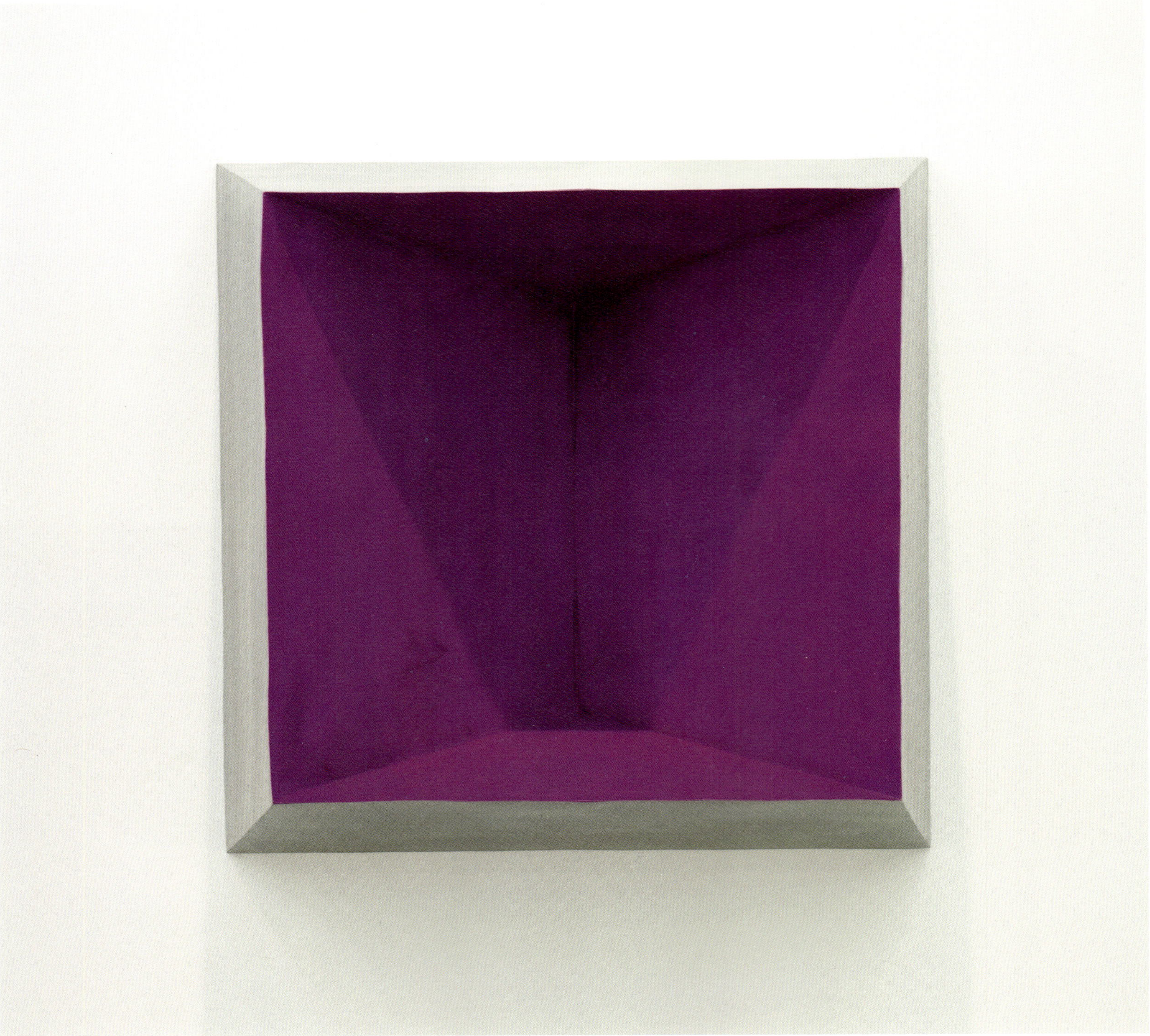

紫色的切口
铁、锌板、丙烯酸溶液、漆
100cm × 100cm × 51cm
2016

铁瘤
铁、锌板、丙烯酸溶液、漆
100cm × 100cm × 51cm
2016

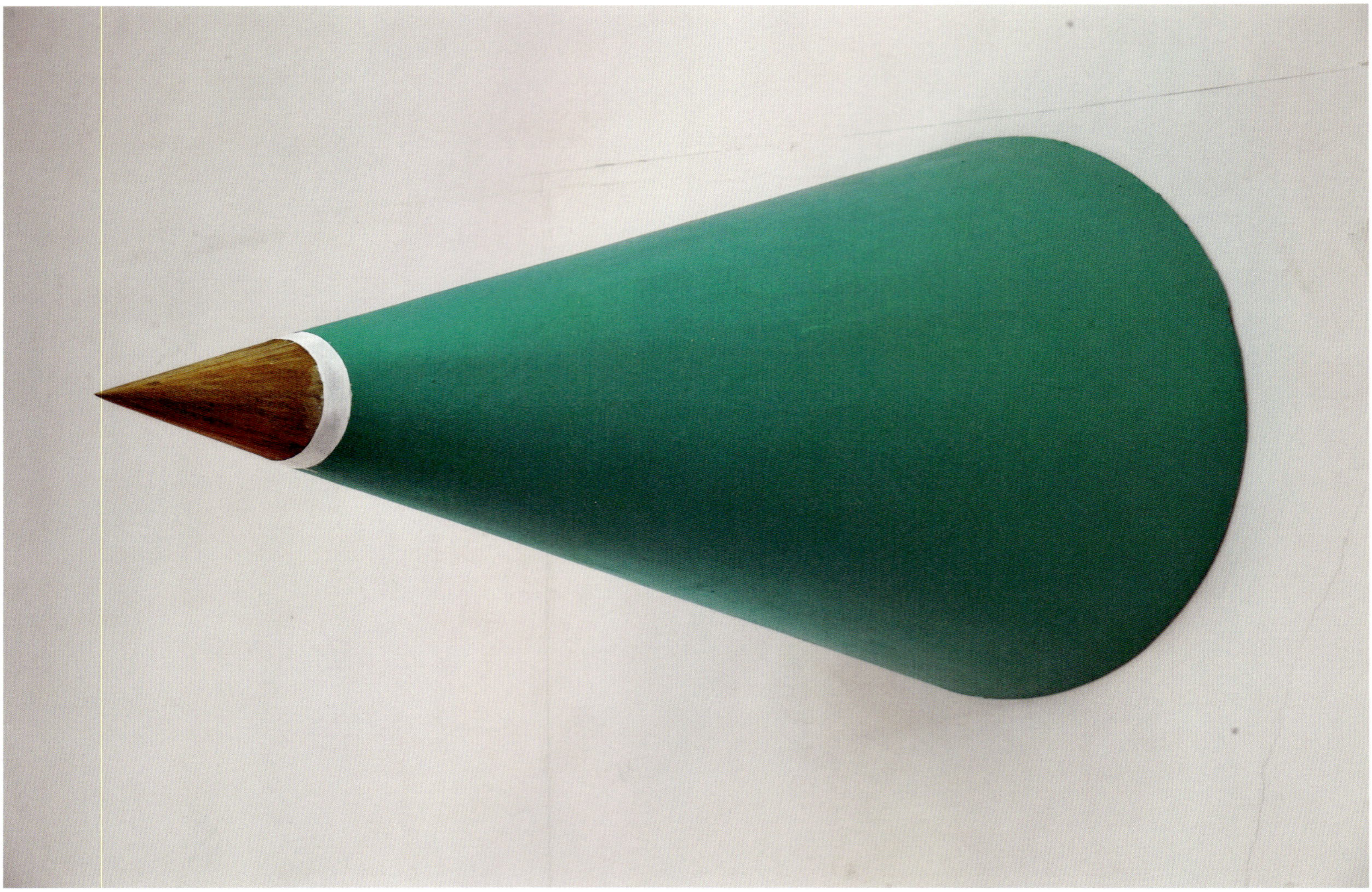

松石绿的刺
松木、纤维板、亚麻布、丙烯
50cm × 50cm × 100cm
2016

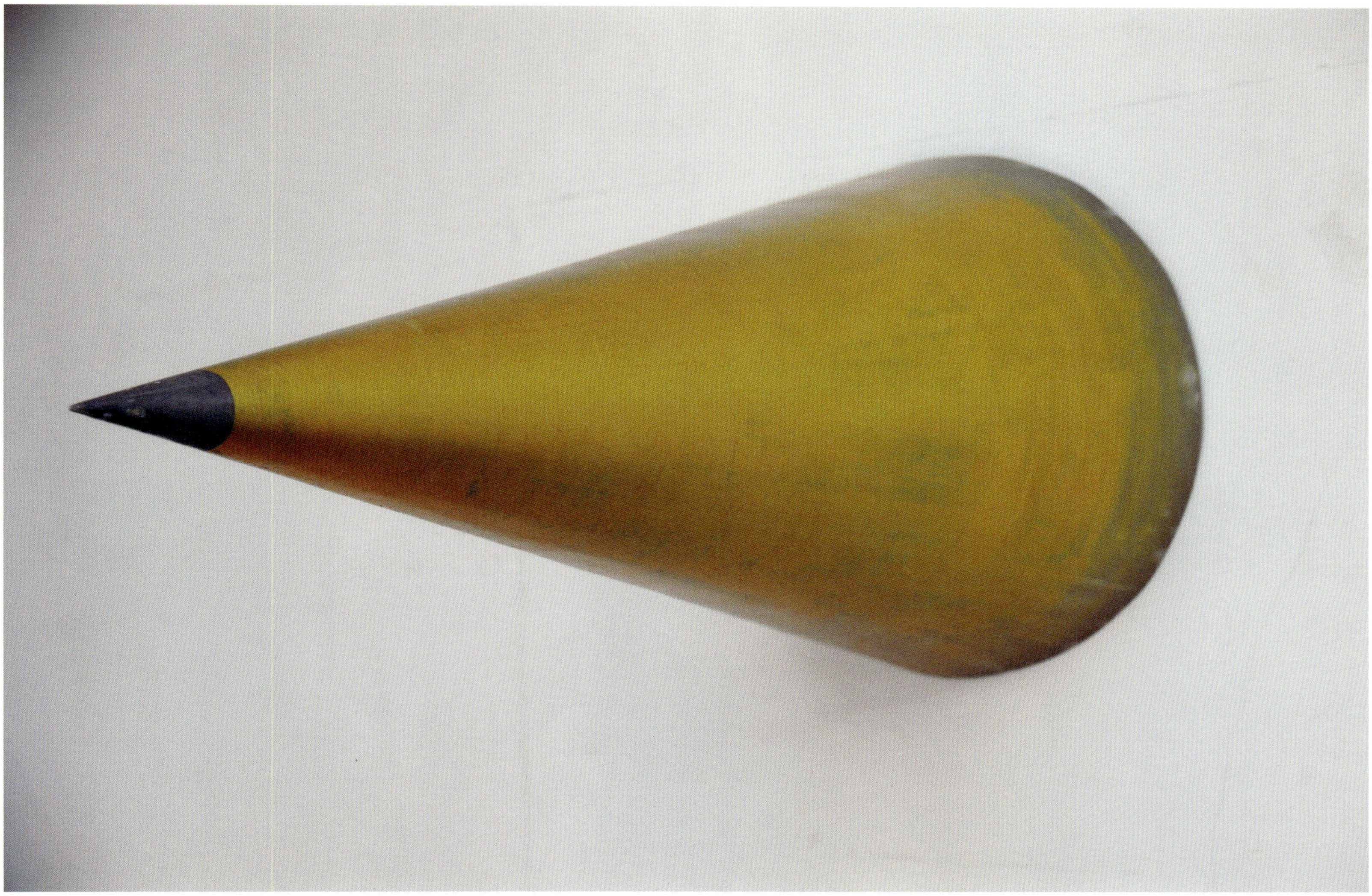

金色的刺
铁、锌板、丙烯、漆
50cm × 50cm × 100cm
2016

陶都罕

Tao Duhan

1979 年生于内蒙古呼和浩特
2007 年毕业于中央美术学院雕塑系，获学士学位
2016 年毕业于中央美术学院雕塑系，获硕士学位
现工作、生活于北京

主要个展

2016 年　分形体，菊儿空间，中国北京
2014 年　大工作间日记，中央美术学院雕塑系，中国北京

主要群展

2015 年　新态 · 2015 太原国际雕塑双年展，太原美术馆，中国太原
上海第一届青年艺术博览会，上海国际展览中心，中国上海
暂住证：当代艺术邀请展，独角兽艺术空间，中国北京
2014 年　旋构塔 · 2014 中国青年艺术家推介展，北京时代美术馆，中国北京
地下实验场：10cm × 1cm × ∞，北京元典美术馆，中国北京
2012 年　交流 · 印证 · 畅享——首届中国当代抽象雕塑展，陕西科技大学，中国西安

斐波纳契坛城 -4
铝合金、3D 打印 、LED 灯、红外线感应、沙子
尺寸不一
2018

菊儿空间
对话陶都罕

Q: 为什么偏好这种软性材料？跟性别有关么？

A: 跟性别没有直接关系，最初就是从材料的可能性出发的，但是针织材料的使用确实有女性的感觉。但我还是希望在柔软的表面之下，结构上还是“硬朗”的。“包裹样式”的偏好，更多原因还是因为针织布料本身的特性，有弹性可以扯拽也可以往里面装东西，而且这种材料很普通、很日常，适合表达我自己想表达的语言，比较简练没有什么废话。

Q: 像很多受古典艺术训练出身的艺术家一样，您也在后来的创作中选择了更加“当代”和“抽象”的方向，怎么看自己作品元素中这些现成品和布料的组合？

A: 是的，我是受过学院长期的写实训练，但是后来我喜欢更自由地表达自己。我是个直性子，经常先干后想，手边的现成物拿来就用，布袋里一装一挤打个结就完事儿了，就是一步能解决的问题绝不想分解成两步。但是这个过程也让我很直接地感受到雕塑是什么？就是一种实在感。当我很直接地使用手里的材料，材料的可能性就会直接地反馈给我，然后我又去看它还能做什么。但实际在创作的过程中，我会想很多细节，比如要这块形大一点还是小一点，这里是打个结还是用绳子捆，或者结束的地方怎么能刚好结束……

Q: 那么这也能看成一种“延宕”对么？有时创作灵感突然迸发，但是实现它的过程被各种收集材料、反复制作的过程而导致无限延长，时间有时让作品更加厚实，有时那些新鲜的东西就流失在其间了，有时你忘了自己在干什么。

A: 所以我才会尽量直接快速地完成一件作品，在相对短的周期内加大戏剧性的冲突，快速地捕捉感受，不在反复推敲中忘掉自己最开始的初衷。不过也不是绝对的，有时候也放一放，过一段时间再看看，未完待续的感觉，但是有时结束会很突然，感觉到了就这么结束了。这个原因是开始的时候并没有预设结果，并不是为一个目标去创作。

Q: 这些现成物的包裹作品有着很强的偶发性，这次的作品中包裹的形式似乎褪淡了，那么偶发性如何被不一样地体现？

A: 我布展的时间大概一周，相当于在菊儿空间里驻地创作，因地制宜、依形就势，而且在这个过程中我对作品的感觉也会发生变化。在菊儿空间里，它是一个交错复杂的网状物，但之前的展览上它摊在地上像血管一样。这次的偶发性体现在布展过程中，具体会呈现什么感觉，是在过程中寻找的。

Q: 展览空间的“高大空”和作品本身的体量巨大，是营造“崇高感”的当代艺术的一种常见的范式和手段。这次为什么选择 JU ER SPACE 这样的小空间？

A: 小空间有小空间的感觉，小空间让观众和作品没办法有距离感，观众就身处作品中，这种感觉也挺有意思的。最初对菊儿空间的印象是空间左右两个几乎对称的结构，像个双胞胎，这个空间的特点给我很多想法，不过正好我也有一对网，所以最后定了现在这个形式。

Q: 我觉得很有意思，你的作品材质是很女性化的，但是你的创作过程却是非常“男性化”的——直接干脆。怎么看这种感觉？

A: 挺矛盾的，但也挺像我，理性和感性的纠结，很明显地感觉到精神上的分裂，有点儿像这件分形体在空间里扯着的那种状态。要不极速，要不静置，此消彼长或者势均力敌。也许我的行动很快，但头脑中一直有根弦拽着，就是实实在在地找根据，这也许是我的一种解决问题的办法吧。谈不上好坏，其实内心深处我应该还是享受这种过程的。

Q: 隋建国的作品本身有着明显的对“时间性”和“空间性”的着迷，作为他的学生，你怎么看你俩在这种“时空关系”表现方式上的异同?

A: 我记得隋老师有一次讲座提道：“雕塑是什么？”他在很早的时候就开始反思雕塑的本质问题了。雕塑的空间性很好理解，但雕塑的时间性是对以往雕塑认识的一次深入，他像在搭框架。对我来讲，在我过去的概念中雕塑是静止的，是瞬间的永恒。但是当我把日常的行为融入作品，过程就是雕塑，留下的痕迹就是记录，这个时空的感觉是开放和自由的，对我来讲这很重要。

Q: 如何看待“胡同里的游客”这种偶然路过的观众？相比“798类型”和“CAFA类”的观众，给你怎样不同的感觉？

A: 在布展过程中不时会有游客路过，很多人说：“这是什么啊？看不懂！装修呢吧？”胡同里的游客和去798的人有一点不一样，去798的人有心理准备，他就是去找奇奇怪怪的东西的，在胡同里的有些人是没有预设的，他们的反应更真实。

（原载微信公众号juerspace，居菊矩聚：《Ju Er Space 对话都罕》，2016年2月30日）

斐波纳契坛城
展览现场

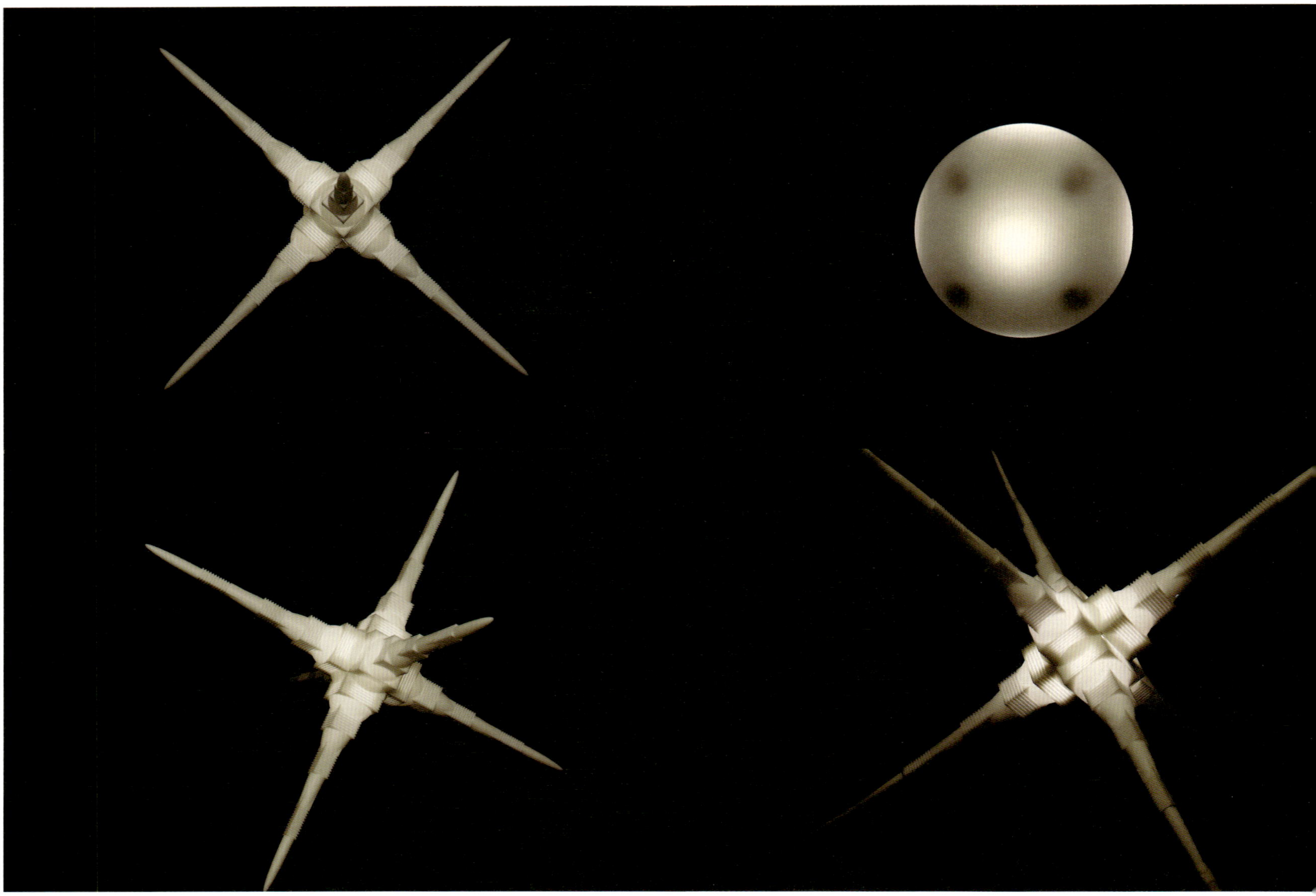

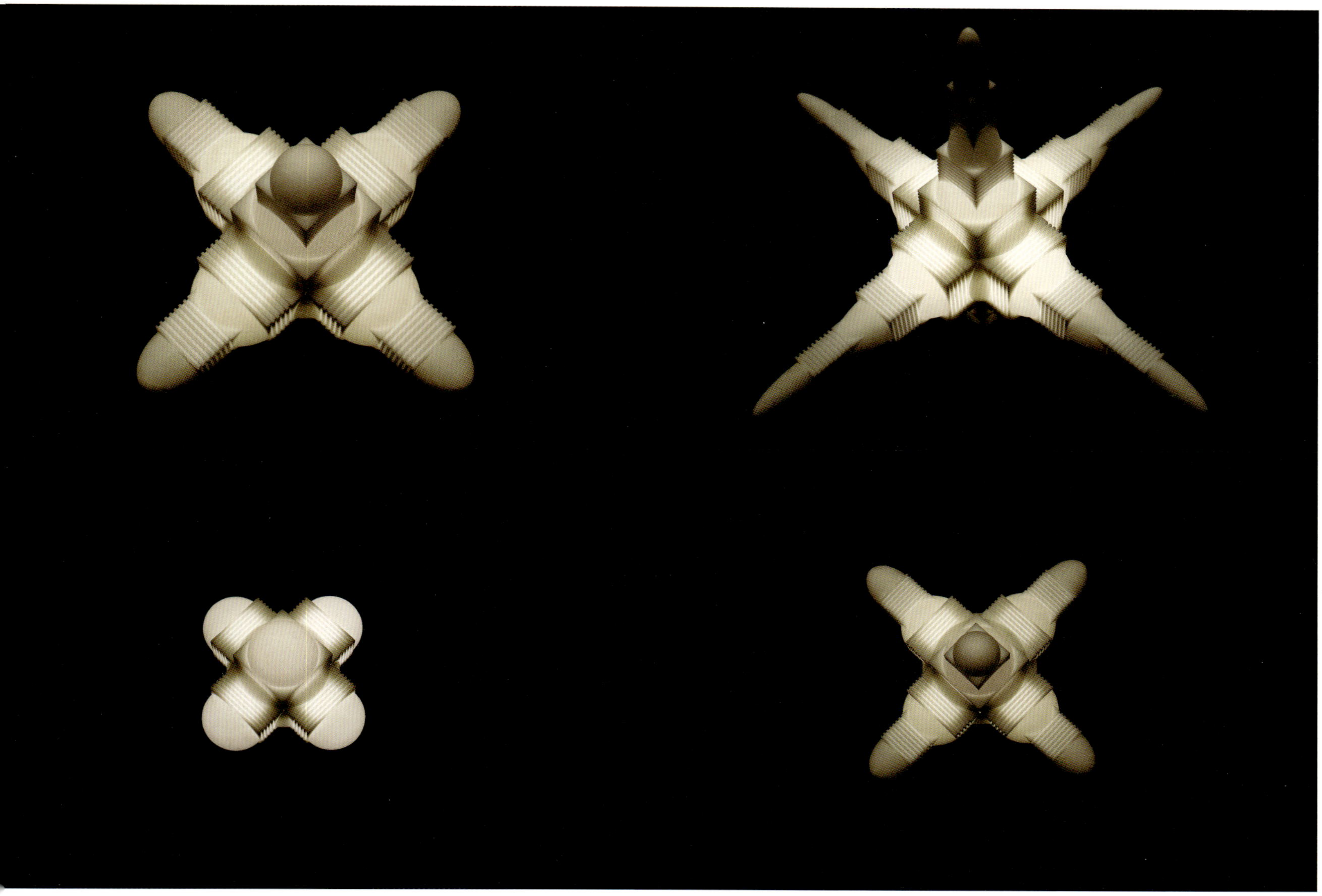

斐波纳契坛城 系列
铝合金、3D 打印、LED 灯、红外线感应、沙子
尺寸不一
2018

电子坛城
非定型装置
行为装置
2018

分形体——红色
空间装置
针织品 现成品
2014

分形体——蓝色
空间装置
针织品 现成品
2015

田卫
Tian Wei

1973 年生于北京
1996 年毕业于首都师范大学，获学士学位
2001 年毕业于中央美术学院研修班
现工作、生活于北京

主要个展

2018 年　田卫个展，秋水空间，中国上海
　　　　南田玉色 · 南溪与田卫的新现代主义水墨绘画双个展，人可艺术中心，中国杭州
2017 年　动静之间 · 田卫个展，东京画廊 +BTAP，中国北京
2016 年　胡勤武、田卫双个展，梵耘艺术空间，中国杭州
2015 年　境象灵光——桑火尧、田卫双个展，玉衡艺术中心，中国上海
2014 年　心念的灵光——田卫水墨作品展，朱屺瞻艺术馆，中国上海；今日美术馆，中国北京
2012 年　因退返果 · 田卫当代水墨艺术展，熙丰视觉空间，中国北京
2011 年　精神的累积 · 田卫当代艺术展，风眠艺术园，中国广州
　　　　清水留痕 · 田卫当代水墨艺术展，四九画廊，中国北京

紫金山之一
局部

天桥山之二
宣纸水墨、矿物质色、水彩
177cm × 45cm
2018

梅花山之三
宣纸水墨、矿物质色、水彩
177cm × 45cm
2018

丹霞山之二
宣纸水墨、矿物质色、水彩
237cm × 89cm
2017

屠宏涛
Tu Hongtao

1976 年生于四川成都
1999 年毕业于中国美术学院油画系
现工作、生活于成都、北京

主要个展

2018 年　屠宏涛个尾：时间的旅行者，龙美术馆（西岸馆），中国上海
2017 年　欲望的熔点，蜂巢当代艺术中心，中国北京
2016 年　风景，Yeo 工作坊，新加坡
2014 年　旁白：屠宏涛个展，蜂巢当代艺术中心，中国北京
2013 年　心远忘言，蜂巢当代艺术中心，中国北京

主要群展

2018 年　既视感：作为符指艺术的绘画，蜂巢当代艺术中心，中国北京
可惜无声，Tabula Rasa 画廊，中国北京
2017 年　水墨中国 · 叙事中国——香港回归二十周年艺术展，香港会议展览中心，中国香港
声东击西——东亚水墨艺术的当代再造，银川当代美术馆，中国银川，
2016 年　Cross Thinking，艺 · 凯旋艺术空间，中国北京

风景系列—黑暗—我的老友
局部

屠宏涛：穿越时间的适时之旅

芭芭拉·波洛克（Barbara Pollack）

周末进山徒步，为了适应小径两侧树林投下的光影，总该先给眼睛留点儿时间。进山的人越深入自然，也就越远离城市生活。车辆的嘈杂声和霓虹灯炫目的光，在这统统都消失了。沿着小路前行，也在经历着蜕变——渐渐地被森林的美景与天籁的寂静包围，沉浸在自然中。到达瀑布时，心境已焕然，既有刚才美景的兴奋，又有因水流冲入深潭的恒定韵律而逐渐归于平和的变化。

屠宏涛凭借他最新的绘画作品达到了这种极致状态，他一定经历了一番类似的旅程。在真实或者想象的风景之中，他从早期的新波普风格迈向了目前的近抽象风格。他经过了瀑布、水池和溪流，在博物馆里徘徊、在艺术史中徜徉，他从中国和西方大师那里汲取了关于自然、关于过去的种种经验。他的目标、他要到达的"瀑布"，不再只是表达对时间流逝的体验，而是要整合之前艺术家描绘时间和空间的种种方式，创造应对挑战的独特方法。

沿着这样的脉络，我们可以发现屠宏涛受到的各种影响：从顾恺之、赵孟頫、董其昌到保罗·塞尚（Paul Cézanne）、布赖斯·马登（Brice Marden）、大卫·霍克尼（David Hockney）。这是一段从东晋延续到21世纪的旅程，从容不迫、不疾不徐。他以观者的角度调研了之前的所有画作，品味其中的微妙差异。即使他自己的观众没能领会到这样的艺术脉络，但作品本身依然表现了艺术家对时间流逝的感受，体现了艺术家世界观的变化及其对作品的影响。

屠宏涛1976年生于成都，他并不是一直都对周遭的世界充满兴趣，也不是一

七贤
布面油画
210cm × 640cm
2013—2018

洛神
布面油画
180cm × 560cm
2016—2018

直都关注他与中国画的渊源。他早先就读于四川美术学院附中，之后又去了中国美术学院，那时他始终浸淫在西方艺术当中。他凭借着早期那些颇为令人不安的画作引起了关注，那些画作生动地描绘了高度城市化的场景中成堆的“性感玩偶”，可以说是对中国大城市生活的批判。2008 年他突然醒悟，开始把注意力转向家乡，如成都郊外他工作室周围的动植物。这刚好与他对中国风景画渊源的调查一致，之前他只是把这种调查当作一种嗜好，但投入了极大的热情。现在他的工作室里到处都是中国文人的重要著作，当他开始创作新作品的时候往往会参考以前的名作，研究传统卷轴的架构，虽然他现在主要是画油画。

参观屠宏涛位于成都蓝顶艺术区的工作室就像上历史课。他创作大型绘画《洛神》（2018）的灵感来自东晋顾恺之的《洛神赋图》。《洛神赋图》的原画已经遗失了，我们只能通过现藏于北京故宫博物院、伦敦大英博物馆、华盛顿特区弗利尔美术馆和辽宁省博物馆的宋代摹本一窥究竟。这幅横卷是根据汉代诗人曹植所写的令人心碎的浪漫神话故事创作的。顾恺之创造性地把人物置于各个意义暧昧的场景之中，并且精心设置了场景之间的过渡分隔，成功地表现了时间的顺序和生动场景的重要性。《洛神赋图》的年代比西方文艺复兴要早数百年，没有运用线性透视，而是采用了别的方法表现空间关系。

屠宏涛凭借想象创作了古代画卷的当代版本，他采用了多个透视角度，以配色唤起对水景的想象。他并没有细致地描绘洛神，而是以暗绿色背景上的一道粉色为象征，周围配合青色、金色和黑色的色块。画面最左边的瀑布与艺术家在距离成都一个半小时车程的碧峰峡看到的瀑布颇为相似。在画面的顶端，有一块黄色把光芒洒向了下方的景物。作品中没有单一的地平线，因此我们可以在各种透视空间中进进出出，而大片的色彩则好比是穿越之旅的暂歇之处。如果熟悉顾恺之的原作，那么就可以更好地解读这件当代绘画作品。然而，了解屠宏涛与塞尚的关联也同等重要。塞尚终其一生都在不断地运用分析法描绘圣维克多山。屠宏涛像塞尚那样，把自然分解为违反经典透视的各种形式，为观众提供了融入特定风景的多重方式。

万物一马
布面油画
210cm × 320cm
2014—2018

风景系列—黑暗—我的老友
布面油画
210cm × 320cm
2013

王 刚
Wang Gang

1970 年生于山东烟台
《人民艺术家》杂志社常务副社长、主编
中国美术家协会实验艺术委员会委员，第十二、十三届全国美展评委
作品曾多次被收录于《美术》《美术研究》《世界美术》《美术大观》等专业艺术类期刊
现工作、生活于北京

主要个展

2017 年　绵延——王刚作品展，苏州金鸡湖美术馆，中国苏州
2015 年　镜像——王刚油画展，798 艺缘社第零空间，中国北京
2015 年　凡事 Everything——王刚个展，1618 艺术空间，中国深圳

主要群展

2018 年　中国精神——第四届中国油画邀请展 & 进京展，中国美术馆，中国北京；中国油画院美术馆，中国北京
一带一路（中东欧）中国美术巡展项目——历史与现实：中国当代艺术展，保加利亚国家美术馆，保加利亚索菲亚
2017 年　中国精神：第四届中国油画展（第三区段）抽象——当代中国非具象油画艺术展，山东省美术馆，中国济南；北京今日美术馆，中国北京；西安美术馆，中国西安；鲁迅美术学院美术馆，中国沈阳
2016 年　中国美术家协会水彩画艺术委员会年度提名展（2016），莞城美术馆，中国深圳
2015 年　江南如画——中国油画作品展（2015），苏州美术馆，中国苏州

YH—009 痛觉
局部

与自己保持距离

刘燕

“凡事”（Everything），指涉日常生活中所有事物的经历、转化与融合过程，包含艺术家在日常行为中经历的所有事物的集合感知，更包含着画面中时间因素在物质性的积累中发生的酵素作用，这两种认识和感受是互相转化的共时关系。在这个艺术家自己提出的展览名中，已经表达了他个人对生命、自我和艺术创作的一种思维方法和哲学性的思考。在他的认识中，日常行为为他提供了对身体在场经验的反思，也揭示了艺术家对一切广义的文化语境的认识过程。王刚成长于一个非常重视传统文化的家庭，他的父亲早年师从李可染、黄胄等名家，创建鲁东大学美术学院，捐赠了毕生重要收藏，建立以他的名字命名的美术馆。父亲的交友及艺术创作对王刚处世态度、“看”的感知方式和“述”的语言方式的形成产生极大的影响。20 世纪 90 年代大学毕业的他，原本可以借助家世而选择舒适的生活，却因高考前的“美院”学习经历而再次选择了“漂在北京”。“美院”是他判断力形成的重要因素，是他始终迂回在精神结构中反观的镜像关系。这个“镜像”[1]不断地促使他和自己保持着某种距离，无论社会身份和生活条件的“像”如何改变，这个“镜”都一直在提示他保持内观自己的某种“内在距离”[2]。

20 世纪 90 年代的中国面临着市场经济的快速变革，中国的当代艺术和艺术家也如火如荼地经历着重大的文化挑战。而 30 岁出头的王刚在这个时段已经经历了人生的种种变化，获得了社会身份的逐步成功，他开始重新思考人生的定位，思考艺术与自我、社会和历史的对应关系。2005 年以后，他开始更加主动明确地把画画作为日常行为中最重要的一件事。他开始艰难地寻找自己的方法论，不断地尝试画面语言的可能性。时值本次展览，这个寻找的过程经历了 10 年，这个 10 年是他逐步建构自己的关键 10 年。在这 10 年的艺术创作中，他经历了三个阶段：符号、意象到抽象。应该说从高考前的基础培训起，美院已经和他发生了无法消解的“认识”关联，对他而言社会身份虽然不是“艺术家”，但是他在艺术创作的思维方法上依然长期自觉地保留着学院派的纯粹性。艺术家最初的创作停滞在找寻“城市符号”的语义关系中，在这套关系里，来自家学中意象的“自然”与符号化的“城市”形成了一种矛盾关系。这个时期作品中是一种挪用的叙事，艺术家在画面的“行动”过程中释放自己，一种身体物质性的纯粹挥发。他很快意识到这种挪用的叙事无法与作为主体的他发生真正的对话和磨砺关系，艺术家需要在创作中寻找自己的方法论。只有真正实现了语言的转化，他在绘画中的“行为”才能获得自由，属于他自己的叙事关系才能真正显现，每前行一步都是反观“镜”中自我的一次艰难否定。

2000 年以后，随着批评界的研究和有关抽象艺术展览的增多，中国的抽象艺术是继 20 世纪 80 年代以来被主流艺术边缘化的一次重要反思和梳理。中国的抽象艺术在西方和东方的上下文关系中形成相互参照系，涌现了一批重要的艺术家和批评家思想讨论的热潮。王刚与这场热潮中大多数艺术家和批评家都非常熟悉，他很自然地用旁观者的姿态参与其中，并积极地投射到对自己艺术问题的思考当中。对艺术家而言，不断为自己设置问题的过程是建立自我方法论的过程，是艺术家自己在画面中建立判

[1]“镜像理论”由雅克·拉康（Jacques Lacan，1901—1981）于 1936 年提出。这是他在弗洛伊德（Sigmund Freud）的精神分析中面对后者主张的心理发生和人格历史建构逻辑所提出的颠覆性观点。

[2] 出自路易·皮埃尔·阿尔都塞（Louis Pierre Althusser）1977 年的著述《论卢西奥·方迪》。“内在的距离”是阿尔都塞关于艺术与意识形态关系的核心论点：“承载着意识形态的形象决不会让人看到自己原本出自形象中的意识形态。必须对它加工，以便在其中制造这种细微的、内在的距离，使它失去平衡，得到识别和揭露。”

断力的来源。而所谓的方法论是建立在对艺术史和艺术理论的认识与反思中，并以艺术家的创作实践为存在的方式，是否能够在这个过程中磨砺一种新的语言或新的问题，决定了艺术家判断力的基础和在这个语境关系中的价值。中国传统绘画体系中包含着充分的抽象性因素，但是却不能等同于西方文化体系的抽象主义，这两者之间的中间地带包含着最具有中国文化特性的意象和具有表现主义特征的语言方式。对于中国艺术家，尤其是从事抽象艺术创作的艺术家，恐怕很难抽离在这个文化参照系中两难的境遇。如果说不可回避地需要面对西方抽象艺术的学习，在作品风格和形式的语言修辞系统中理性拣选自己的原创造性。那么，具有文化和艺术深刻责任感的艺术家们就不得不直面这样的时空错位，并在超越西方抽象艺术的质疑和反思中，找到中国的抽象艺术的发展路径并形成对话关系。

行至此处，画画对于王刚早已不再是简单的日常行为和身体在场，他选择了在痛苦中不断磨砺自己。他的社会身份决定了他的认识路径，也决定了他每天投入艺术创作的绝对时间。这个阶段的作品中能够看到画面中对自我的排斥而形成的覆盖，这种覆盖形成画面中时间和空间的叠加，并逐步转化为王刚创作中的一种主动因素，调动他对所有日常经验和社会经验的再认识，并以创作中身体在场的经验，来调动两者之间的关联和活生生的情绪的表达。只有真正实现了语言上的转化和独立，才能获得艺术主体的自由。表面上看到的覆盖具有某种无序的结构，但是隐含着艺术家从思维方法到身体参与的改变和重建。此次展览中“印记”系列（2013）、“线的集合”系列（2012）、《桃花》（2012）等都属于这个阶段早期的作品。与2013年之后的作品相比，这个时期的覆盖还没有从纯粹的身体经验中完全自觉出来，他的作品具有意象和表现主义特点，充满着一种扑面而来的生命力，这种生命力来源于他潜藏在日常生活和社会经验的体悟之中。作为艺术家，判断力和逻辑感的生成不能完全替代鲜活的生命体验，甚至可以说对艺术家而言，绘画体验中的感知方式比知识的逻辑思考更为重要。这个部分取决于艺术家怎样介入当下生活，并通过作品呈现自觉思考、自主判断的独立理解。这个部分中蕴含的意象取决于东西方文化背景，包括对待事物的态度，并最终决定了艺术中最具有魅力和最打动人的部分。

如果说画面的物质化是一种分离、重建和转化的抽象语言系统，那么在王刚的理解中更强调在时间酵素作用中建立的经历、转化与融合，这是个东方性的哲学观，包含着对意象的理解和表达。尽管这或许并不是他初始的创作动机，但是他对主观表现的追求却因此找到了越来越清晰的语言体系。《春》《夏》《秋》《冬》（2014）这组作品开始自觉地在画面中强调时间性和书写性的共时关系，通过“书写”不断重复和叠加身体在场的状态，延续形式表达的时间因素。创作的过程成为“我”与心中的自然“物”、与画面材料的“物”不断对话的过程。他开始逐步梳理个人符号的图像叙事与内在情感的表述关系，有意识地追求身体介入过程和

YH—009 痛觉
布面油画
140cm × 180cm
2015

画面语言系统中表达的一致观念性。有意识的自觉是智性思考的过程，是把过程观念化的基础，他重视时间和偶发性的触感，反过来又作用于画面的语言系统中。这个阶段他的画面语言正处于抽丝剥茧的转化中，是他自己追问自己的过程。

王刚在 2008 年之前就获得过两次“德国红点视觉传达设计奖”，参与策划和执行大型社会化综合体项目，这些更加宏观性的社会事务，让他在自我反观的“镜像”关系中具有更明确的自我驱动力。中国抽象是反修辞的，它意图在于给人一个内在的和精神的状态。中国抽象艺术的时间和空间意识不仅仅是物理的，同时存在于画面之中和画面之外。没有对画外生活时间和空间的深入理解，就不会真正获得对画面物理时间和空间的真正理解。同时这种时间和空间是一种关系，总是处于运动和变化之中，这就赋予了时间和空间的无限边界，成为画面形式语言的扩张和延续。在新作“痛觉”系列（2015）、《触》（2015）、《知》（2015）、《度数》（2015）等作品中，他就在反复地探索时间与空间的边界，延伸到更深远的画面以外，与他对生命和事物更宏观的价值思考联系起来。艺术家从日常化的生活中来寻求一种个体经验的表达，艺术家的个体性、观念性和创作性是一种不断交融、转化的时空关系。这个时空关系对于王刚更具特殊意义，不只是交融和转化，更重要的是重建意识，追求另一个维度中精神的高度。

奥利瓦说：“艺术家的力量在于他有能力创造一种形式的风景。”[3] 这种形式风景并不企图以自己的转化和现实的视

冬天的雪
布面油画
240cm × 360cm
2019

觉符码做对比。他并未对周围的事物不满，相反他以不可或缺的全部的感受武装起来，以艺术创造为工具建造一个区别于客观事物本身的自足的宇宙。奥利瓦触及了东方和西方对抽象认识的本质区别，前者是内容抽象，精神性的；后者是形式抽象，逻辑性的。人类精神将在对它的客观对应物的不断认识中获得新的本质，对于抽象艺术，这个部分是艺术家转化画面语言的核心，而这种“抽象”形式又并不仅仅是重在对绘画形式的物质性的再现。谭平先生评价王刚在创作中的成长是一个“纤夫般行进”痛苦迂回的过程，这是对艺术家创作状态的理解，同时更是对抽象艺术本身思考所面对的问题。对于艺术家们而言，艺术创作不止于智慧的执着，更是长久的意志的执着。王刚的此次个展仅仅是一个起点，让他在 10 年的坚持当中暂时停下来，严肃地回望自己。

2015 年 8 月 28 日于沁园

[3] 语出 2010 年阿基莱 · 伯尼托 · 奥利瓦（Achille Bonito Oliva）在中国美术馆策划的展览《大象无形——抽象艺术 15 人展》中的研讨会发言。

相
布面油画
140cm × 180cm
2018

再现
纸本水彩
60cm × 78cm
2016
中国美术馆藏

和声
纸本水彩
60cm × 78cm
2015

王光乐
Wang Guangle

1976 年生于福建松溪
2000 年毕业于中央美术学院油画系一画室
现工作、生活于北京

主要个展

2016 年　黄色，佩斯伦敦，英国伦敦
2015 年　王光乐：六块颜色，北京公社，中国北京
2014 年　王光乐，佩斯纽约切尔西画廊，美国纽约

主要群展

2017 年　八位艺术家纸上作品艺术项目，望远镜艺术家工作室＆北京艺门画廊，中国北京
2016 年　中国当代艺术年鉴展 · 2015，北京民生现代美术馆，中国北京
时代的记忆：民生二十周年行庆藏品展，北京民生现代美术馆，中国北京
2015 年　形式乌托邦，艺 · 凯旋艺术空间，中国北京
破图集——中国当代艺术家处理图像的方法，寺上美术馆，中国北京
2014 年　世界砼，拾萬空间，中国北京
HAMMER HAMMER 砰！，A 座 307 空间，中国北京

无题 121101
布面丙烯
280cm × 180cm
2012

物、时间与目光，或王光乐的绘画剧场

鲍栋

尽管艺术家本人并不太认同“抽象”这个概念，但在很多时候，王光乐依然被视为是中国当代抽象艺术的年轻代表。在中国，“抽象”通常被理解成一种艺术风格，与“写实”“表现”“观念”等特定的艺术理论术语一同降格成为某种易识的艺术类型标签。因此，在讨论中国当代艺术的语境中，“如果不对‘抽象’这个概念做进一步解释的话，它带来的将会是一种认知上的惰性，并会使自身蜕变为一种新的流行符号”[1]。

作为艺术流派的抽象主义是一种从西方现代主义中发展出来，有着特定艺术史背景与复杂脉络支系的观念与实践，而并不是一种仅从外观就能做出判断的风格类型。而王光乐的部分作品虽然在外观上类似于抽象艺术，但是其艺术实践的缘起与经过、思考与方法都很难被狭义的抽象主义所定义。至多，我们可以把他放到一个漫无边际的泛抽象化的理解框架中，但在这个框架中，甚至蒙德里安（Piet Cornelies Mondrian）、克利（Paul Klee）、波洛克（Jackson Pollock）、苏拉热（Pierre Soulages）、罗斯科（Mark Rothko）与斯特拉都被当作了一回事，这导致我们无法对王光乐的艺术做出更确切的判断。总之，他与现代主义中的抽象艺术并没有直接的关联。

在中国，现代主义只在 20 世纪二三十年代，以及 20 世纪 80 年代初期有过短暂的活跃，“抽象”这个词在 20 世纪 80 年代初一度也成为热点，但是艺术家们随后则迅速地转向了叫作“85 新潮”的前卫艺术运动。换句话说，现代主义的一些基本立场和原则，如艺术自律、媒介的纯粹化等，并没有来得及在中国建立起来，就被强调反自律及社会介入的前卫艺术所替代了。在这个特殊的背景下，很多艺术家，如丁乙的作品看似有着抽象主义的外表，但其作品背后的出发点和思维方式却是反现代主义的，或许我们可以把他划分到一种反现代主义的抽象艺术阵营中去，在这个意义上，或许丁乙更接近于极少主义的斯特拉。

简言之，中国的当代艺术的历程，并没有按照西方曾经的线索从写实主义到现代主义与前卫艺术，再到后现代主义或当代艺术，这些西方的文化及艺术观念参差不齐甚至互相错位地同时出现在了中国，摆在中国艺术家的面前，这使得他们不可能按照西方既定的艺术史上下文去思考及工作。在这个情境下，要讨论一个具体的艺术家，得首先把他当作一个独特而孤立的个案，然后才能够厘清其背后来自不同艺术话语的影响。

就王光乐而言，他的艺术在不同侧面上与各种已经被中国本土了的西方艺术话语的相关，包括 20 世纪初期延续了 100 年至今的写实主义，20 世纪 80 年代初至今的 30 多年的前卫艺术，当然，也包括几乎延续了数千年的中国民间文化传统。

他是从严格的写实主义中发展出他的“水磨石”主题的，在他的大学毕业时期的作品“午后”系列中，水磨石只是写实绘画的背景因素（作为光斑与水渍的承载物），之后才逐渐形成了满幅的、正面的水磨石画面。然而即使是在他今天的“水磨石”作品中，写实主义观念的影响依然存在，很多作品中都隐约存在的光影变化，画面的中心被光线照亮，而四周与边角则处在较暗的色调中，这种对光影法的运用显然是从“午后”

[1] Bao Dong, “Farewell to an Idea: Abstract Art”, *LEAP*, December 2011, pp. 122-129.

系列中延续下来的。但写实技法却被王光乐从现实主义的艺术观念中剥离了出来，被有意强化到了极致，如他几乎平均地描绘每一颗石子，这种极度无机化的写实完全不同于现实主义绘画对整体性的侧重，因此，这个系列中的很多作品具有一种照相写实主义的风格。但王光乐也同时发展了一种对笔触及描绘过程的偏执，在这类作品中，水磨石与其说是绘画对象，还不如说是使笔触得以出场的某种中介物，换句话说，王光乐呈现了一种对绘画本体的自觉意识。

然而在王光乐这里，这种绘画本体意识并不是像现代主义那样以某种纯粹形式或审美经验为旨归的，而是混杂了对物性（objecthood）与时间性的把握，以及对作品和环境及观众之间关系的控制，即一种对剧场性（theatricality）的追求。在“寿漆”系列中，颜料无数次叠加产生了微妙的隆起，并悄悄改变了正方性画布的标准形体，而绘画的边框四周也因反复的涂刷而产生了丰富的颜料淋挂，这些细节都说明王光乐对颜料与画布、画框之物性的兴趣。对时间性的呈现也包含其中，如颜料的覆盖渐次地在时间中推移，其时间序列清晰地以色带的方式保留在画布上。王光乐以“寿漆”来命名这系列作品，则把他的工作与一种地方性文化经验联系起来，这种态度及色彩选择的随机性原则都说明了，他对形式的理解不仅是经验性的，更是观念性的。

水磨石 2009
布面油画
114cm × 146cm
2009

实际上，时间性不仅仅体现在“寿漆”系列，早在2004年的《水磨石墙》中，时间性就已是王光乐的一个重要的主题。他花了一个多月的时间在一个即将被拆毁的工作室墙面上画满了水磨石，随后，这面墙与建筑一起在拆迁中消失——整个过程更像是一件关于时间体验的观念性行为艺术。

“寿漆”系列的源头之一就是这种对时间性的有意把握，另一个源头则是对物性的自觉意识。也是在2004年，他的“N罐”系列即是尝试着把绘画工作限定在定量的绘画材料上，他从画布的四边开始向画面中心渐次收缩地涂刷颜料或各种油漆，直到一开始就设定好的若干罐绘画材料被用完。值得讨论的是，在这个案例中，物性实际上是借助于观念性出场的，王光乐对罐装颜料的使用包含着某种现成品的意味，也就是说，他使用的不仅仅是纯粹的物，还包括物的上下文。

这种上下文意识更典型地表现在王光乐对艺术作品展示及观看环境的考虑中。他为自己的作品设定了某种理想的观看方式，如对于“寿漆”系列，观众最好贴近着从绘画的一侧开始扫视——正如画册中作品图片的拍摄角度所展示的那样——这样能够看见画框侧边的颜料曲翘和淋挂，目光也能更好地跟随画面上的横向运笔。而对于从“N罐”系列中发展出来的“无题”系列，最佳的观看方式则是在较远的位置凝视画面的中心，再靠近画面去分辨那些由颜料渐次覆盖形成的时间刻度。相较于其他的作品，“无题”系列显然更强调一种剧场性的视觉，画面上明度与色相的渐变形成了很强的空间感和光感错觉，使观众更容易沉浸其中，而不是知性审视。他2011年的个展作品《20110423》（王光乐的大部分作品都以作品完成时间为标题）则体现出了一种空间的剧场性，在展墙事先做好的椭圆凸起上，王光乐沿着等高线逐渐刷上涂料，在呈现着时间的沉积的同时，更强化了视觉上的体积感。

通过上文的描述，可以说“水磨石”“寿漆”“无题”王光乐的这三个作品系列在内部是互相关联、互相生成的。他从最初的学院写实主义中发展出了绘画本体意识，再形成了一种观念性的形式实践系统。虽然内在地借助于各种资源，但这个系统在很大程度上是自足的，并不承载即时性的当下社会内容。这正是21世纪以来的中国当代艺术实践与之前以“政治波普”为代表的艺术潮流最重要的不同点，中国的当代艺术家逐渐形成了一种自反性的思考方式，对“何为当代性”的问题采取了更具冒险精神的个人化回应。

这也意味着，西方的评论者既不再能够简单地以文化政治集体身份的角度对中国正在发生的当代艺术实践做出判断，也不能把他们视为西方艺术史在中国的重演。

虽然目前还无法脱离一系列西方的艺术史术语——正如本文所采用的那些——来讨论当代中国艺术家的工作，但这类讨论只能被理解为通过摸索那些正在变化的思想、观念、经验，以期待从中生长出更贴切且更具生产性的理论概念。

［原载《飞地》（第九辑）——“远游”，海天出版社2015年版］

水磨石 2016
布上油画
180cm × 140cm
2016

寿漆 131115
布面丙烯
116cm × 114cm
2013

寿漆 131127
布面丙烯
116cm×114cm
2013

王思顺

Wang Sishun

1979 年生于湖北武汉

2005 年毕业于湖北美术学院雕塑系，获学士学位

2008 年毕业于中央美术学院雕塑系，获硕士学位

现工作、生活于北京

主要个展

2018 年　真理，Salomon 当代艺术基金会，法国安纳西

2015 年　真理，New Galerie，法国巴黎

　　　　深渊，剩余空间，中国武汉

2014 年　真理，没顶画廊，中国上海

　　　　不但……而且……，义乌空间，中国北京

2013 年　不确定的无限制者，歌德开放空间，中国上海

主要群展

2018 年　泰国双年展，泰国甲米

　　　　大地艺术节——越后妻有三年展，日本越后妻有

　　　　银川双年展，中国银川

　　　　无序之美，卡斯雕塑基金会，英国西萨塞克斯郡

　　　　现在 NOW，制造文化空间，中国深圳

2017 年　疆域——地缘的拓扑，OCTA 上海馆，中国上海

　　　　星群——今日中国的当代艺术，格鲁吉亚国家博物馆，格鲁吉亚第比利斯

2016 年　真实的假像，上海二十一世纪民生美术馆，中国上海

2015 年　不法营造，剩余空间，湖北武汉

2014 年　无聊就是行动的开始……，那特画廊，中国成都

启示
在全世界收集像人物肖像的石头 -1
2016 至今

石头之于艺术的普遍启示

周雪松

王思顺在长征空间的个展“启示”，展出了他近一年在世界各地收集来的各种石头。展览海报将一座山的摄影图像侧立起来，形成了一个人脸的侧影。艺术家试图通过这个海报告诉观众：在这里展出的石头，也都像是人的脸。

展览主题“启示”似乎是对基督教《圣经》中普遍启示的借用。“启示”的原意是揭开或者把遮盖物挪去。在基督信仰中，启示是指神向人显明自己，使人可以认识他。

大到天空海洋，小到一个人或一粒石子，造物之间常常带有一些联系。因此当王思顺将他从世界各地收集来的形状各异的石头组合在展场的时候，带来一种众生相一般的景象——世界各地的石头和人一样，受到不同地域的自然风土影响，产生了各自不同的样貌。

在王思顺设定的“石头即是肖像”的规则之下，观众被导引进入了这样的想象。大部分时候这是容易的，这和人类的视觉联想规律有关，当人们面对一个抽象的图像时，人脑的优先选择即是将图像识别为人脸。这些像人脸的石头被王思顺挨个设定了编号，成为此次展览的作品，这与作品主题相关的神造论再度发生了有趣的关联。

“神说：‘我们要照着我们的形象，按着我们的样式造人，使他们管理海里的鱼、空中的鸟、地上的牲畜和全地，并地上所爬的一切昆虫。’”（《创世纪》1章26节）在古代世界，人相信人和物的本质，包含在代表他的形象之内。在很多其他的宗教中，偶像之所以能够用作崇拜的对象，是因为崇拜偶像的人认为它包含了神祇的本质，神祇的工作就是通过偶像成就的。与此相对应的，在禁忌偶像的基督教中，神的统治工作则被视作是借着人类来成就的。作为神的形象的人，拥有神的本质，也作神的代表，他更像神，亦如神一般做事。[1]

如此，对于王思顺的作品“启示”而言，虽然我们看不到他对于作品任何施与力的结果，这些“像人脸”的石头，在“启示”的导引下却生发出了作为艺术作品的意义。这种意义和现成品概念或石头爱好者的收藏行为有关联，也有不同——通常认为的现成品艺术是利用人工制成的日常设计品作为艺术，在自然中由“神造”的石头是否可被视为“已造好的”（ready-made，现成品）存在争议；和普通的石头收藏爱好者相比，他的收藏标准完全在自我的设定当中，显然不符合收藏圈的石头品鉴标准——艺术家被看作展览场域中的“造物主”，王思顺即是按照自己的形象和样式择选一些石头带入展厅，其行为本身也成为一种“启示”。这种启示亦可扩展到该展览之外更广泛的艺术展览现场。只是王思顺在这里的“创造”，毋宁说是借用，借用“神造”的石头成为自己的作品。他真正的创造，只是将“神造”论的概念移植到自己的作品当中，并将“人脸”作为观念的提示，引导观众进入想象。

遗憾的是，并非所有石头都那么像人脸，王思顺对这一质疑也坦然接受，并且宣称：“如果太像人脸也会感觉很假，我觉得只要石头有肖像的特征，或者有肖像的部分含义，就可以了。”这些石头当中还有一些是他买回来、经过人工加工的石头，对此他的解释是：“只要它

[1] [美]华尔顿、麦修斯、夏瓦拉斯：《旧约圣经背景注释》“神的形象”，李永明、徐成德、黄枫皓译，中央编译出版社 2013 年版，第 10 页。

带有石头的属性，便可以被我选择进入我的收藏。”这似乎又与“启示”相关的“神造”论有一定矛盾。包括展厅后半部，以石头原型翻制成的铜雕，以及将石头切割成的极薄的石片，虽然有着鲜明的“作品感”，也成为整个“启示”作品之内美丽却多余的瑕疵，并未对其“启示”的主题和艺术观念提供任何有力的支持。种种冲突令他制造的关于“人脸”“启示”的导引成了一个被架空的理想观念。当艺术家设定的观念在创作中被自我消解的时候，看似创造了左右逢源的机会，实则令作品观念本身的力量大大消减。

（原载微信公众号randian，《Ran Dian展评 | 石头之于艺术的普遍启示》，2016年8月3日）

启示
在全世界收集像人物肖像的石头 -2
2016— 持续

启示
在全世界收集像人物肖像的石头 -3
2016 — 持续

真理 15 9 15
铁、油漆
42cm × 19cm × 3cm
2015

真理 7 25
装置
火、不锈钢、玻璃、油
10cm × 10cm × 19cm
2014

不确定资本 4
硬币
尺寸可变
2009 至今

不确定资本 8
综合材料
尺寸可变
2015

王智一
Wang Zhiyi

1991 年生于中国湖北
2014 年毕业于湖北美术学院壁画与综合材料绘画系
现工作、生活于湖北

主要个展

2018 年　意义，胶囊上海，中国上海
2016 年　兴绘——马天戈、王智一双个展，西五艺术中心，中国北京

主要群展

2017 年　再聚焦——美术文献艺术中心新馆开幕展，美术文献艺术中心，中国武汉
　　　　首届三亚沙滩艺术博览会，亚龙湾瑞吉度假酒店，中国三亚
2016 年　抽象 Q&A，星空间，中国北京
　　　　随机森林，时代新世界艺术中心，中国武汉
　　　　初，香蕉酱空间，中国深圳
　　　　中艺博国际画廊博览会，国家会议中心，中国北京
　　　　暗示之轮：隐喻的年代，华侨城欢乐海岸盒子艺术空间，中国深圳
2015 年　秩序的边界，蜂巢当代艺术中心，中国北京
2014 年　轻抽象的星丛，尤伦斯艺术商店，中国北京

解释
关于王智一个展“意义”

沈乾石

“天下学问，惟夜航船中最难对付”

这本薄册“勿使僧人伸脚则亦已矣”的目的略显可笑。互不关联的名词被逐一解释、分类、集录，张岱借此浸透其对世界存在意义的追问，流传至今成为我们在脑海中抽象明代的参照。闲下来的艺术家在展厅踱步，察觉有件雕塑需左移 10 厘米。这无从解释的 10 厘米汇入艺术家主观的潜流，也作为他者在脑海中抽象艺术家创作动机的参照，供一条船上的三五人卧谈。

散碎的感官经验迫使艺术家制定标准，约束自身。王智一习惯平放画框，画面作为正负零，始终面对三维展开工作。我看到的是：色块从画布背面开始，循着侧边的厚度前进，转折 90 度抵达画面，随后在长宽不等的平面被艺术家分形（fractal）。而长久工作塑造出的惯性动作，再次成为其怀疑自身感官经验结果的根源。他试图逐渐遗忘创作动机，将诸多被时间剥离语境的词语及人名，附着于他蔓延离散的思路中，用分形后的色块将其重新定义。这些行动更像幼童无意识地翻动彩色的积木、老人颤抖着折出的千纸鹤。他察觉自己已经坠入了“无底棋盘上的游戏”。

肌肉惯性、工具精度、亢奋与疲倦，人力导致的施工公差，让胶囊上海的空间变化比肉眼看起来更丰富。第一门厚度 45 厘米、第二门厚度 46 厘米，第三门厚度 70 厘米、宽度各不相同。敏感的艺术家注意到这些潜在的细微差别，修正了门洞的大小，提示观者身体与空间的敏感关系。猫的胡须与它的身体等宽，我们的观看习惯也被身体尺度影响，艺术家同样被工作室的墙面干预。王智一搬过 4 次工作室，外框的尺寸和分形产生的轮廓线的斜度也因此产生了不同风貌：当他坐在最初使用的工作室，看着被窗户夹角后折射出的光线，巡着夕阳的轨迹一寸寸掠过画面时，他调整画框让光影均匀切开这个画框。

“自然的人，重塑自身以适应抽象空间的模子”

折纸游戏提供的克制力与分寸感，让他能够更明确地在既定框架下完成工作，也成为展开工作前自我调适的习惯。笛卡尔（René Descartes）认为物质为无灵而占有空间的实体，灵魂则为有灵而不占空间的实体。这两种空间相互干预产生的流动性（fluidity）促使其创作在世界中的进一步变化。他能够像工蜂一样作业，在胶囊上海艺术空间的草坪上种植出一方金属草；像土木工程师，制作模型研究其雕塑作品的重心，用一张金属板弯折出了一件状若萨拉热窝冬奥会纪念碑的铝制作品；也像教堂里虔诚的修士，在窗户上贴平彩色的异形透光膜，小心翼翼地制造室内光的变化。我突然记起博尔赫斯小说里，一位乌尔巴尔的祭师说：“镜子和交媾都是污秽的，因为它们同样使人口数目增加。”他使用镜子，将壁画折角，并延伸至无限远的空间。若干种以空间细节为药引，激发的炼金术式的创作方式，以及随之而来显影遁形的仪式感，都在对空间中的既有存在进行拆解、替换后，以获准恣意重建的企图。

就像我们制作椅子，椅子命令人坐下，我们如何诠释对方？

格劳克斯
立体装置，光与影
尺寸可变
2018

前言

俄耳甫斯
高保真数字音频、场域特定现场
LED 光源
2018

奇迹　CMYK
墙面丙烯、亚克力胶带、金属、
浮法玻璃银镜等
尺寸可变
2016

悖论 ABC
布面丙烯
80cm × 40cm × 3
2015

文豪
Wen Hao

1982 年生于甘肃天水
2010 年毕业于四川音乐学院成都美术学院雕塑系，获文学学士学位
现工作、生活于成都

主要个展

2015 年　同在——陈伟才、文豪双个展，艺术蜥蜴，中国成都
2014 年　今日艺术橱窗，今日美术馆，中国北京
2013 年　写，中国雕塑学会沙龙，中国北京
　　　　锐度——陈伟才、文豪双个展，501 序空间，中国重庆

主要群展

2015 年　圣灵的歌，上海喜马拉雅美术馆，中国上海
　　　　隐秘的力量，央美术馆，中国北京
　　　　无常之常——东方经验与当代艺术，成都当代美术馆，中国成都
　　　　日常之名——中国当代艺术中的日常话语与观念生成，蓝顶美术馆，中国成都
2014 年　找朋友——发现青年雕塑艺术家，今日美术馆，中国北京
　　　　第十二届美展实验艺术展区，今日美术馆，中国北京
　　　　苏醒的中国直觉——第一回展，悦·美术馆，中国北京

砍木头 5
木
尺寸不等
2018

存在与虚无

文豪不一样的艺术世界

刘思

世界万物都是真实存在的，却并非永恒的。在艺术世界里，需要艺术家打破既定的规则，为观者呈现一个不一样的艺术世界。作为年轻的雕塑艺术家，文豪的作品超出了一般人对于“雕塑”的定义。一直以来，我们对于雕塑的认识都在于塑形，让它能久远、坚硬、抗衡时间，文豪则将其转换为易碎的、脆弱的形态。他的作品存在时间极为有限，但却展现了一种我们尚未探寻的不一样的艺术语言，文豪自己表示，他就是在努力挖掘材料的可能性，在与材料的对话中去发现雕塑语言。

文豪的作品并不局限于雕塑作品的本体，更加着重于将雕塑的形式、材料、时空作为表现元素，探寻一种全新的不同于传统的雕塑语言，将它们转化为艺术的载体，透过它们融入艺术家的思想与观念，强调自我的体验，让艺术家的个人生活经历、个人思想与雕塑材料碰撞出灵感，继而呈现一种有意味的视觉效果背后所承载的意识形态。这种新的创作方式重新构造了雕塑的认知和理论。这便是文豪作品所展现出的独特的个性魅力，而这种个性恰恰也是近年来许多青年雕塑家所追求的创作趋势。

在文豪的作品中会发现他一直都是运用最天然、最简单的材料表达最细腻、最关乎生命的问题，他选择的材料都具有单一性、随意性，一堆石膏粉、数卷卫生纸、瓦楞纸在他的手中都能呈现纯净而又震撼心灵的东西。如作品《幻相》，他用模具将干石膏粉挤压成型，置于地面上，作品的形状是简单而生活化的，融入艺术家对存在与消逝的理解后，作品的寓意便是意味深长的。作品的产生是从无到有，然而随着作品展出时间的流逝，这些干石膏粉会逐渐散落消弭，就像世间万物最终归于沉寂。从有形归于无形，从生归于死，从存在归于虚无，这种轮回与无常性就像是佛教中对于生死的诠释。而文豪则以让观者见证的形式让观者直面这种消失，在静谧的环境中以前后的视觉反差引发人们对于人生的感悟，警醒而深刻。对于文豪，北京画院美术馆馆长吴洪亮曾赞美道：“他作品中的纯净、安然、淡泊好像来自很久远，甚至很遥远的时空。栖息于他内心的那些细微的诗意不知是从何而来，如何流淌而出，撩拨着观者的心。文豪自身的异质和灵性，仿佛让自己的作品沉浸在浮华与质朴的思想角落，去聆听，去唤醒沉寂角落里的余声。”

除了以独特的雕塑视角对生死、对存在与虚无进行探索外，文豪的艺术还反映了他个人的状态和深度的思考，如作品《轻轻地合上眼睛，我感受到了她的存在》，同样不拘泥于传统材料，用红色砖粉堆积出来的极具意味的作品，材料来源于生活，但作品意境在融入艺术家的个人情感后超越了生活，使得观者通过视觉图像能感受艺术家所想要呈现的思维意识，抽象的表达方式打破了时间和空间，材料是单纯的、转瞬即逝的，作品效果上却有一种绵延的永恒性，这种单一和无穷的相融让作品本身产生了一种哲学的思辨性，是文豪在哲学思考上的探索，亦是他在艺术表现上的诉求。

纵观文豪的作品不难发现，他的创作并非完全的主观意识的体现，文豪有着自

己与众不同的材料选择方式，在开始创作前他与不同的材料接触、交流，用手带动眼睛去思考和感受，而不是确定某一种材料后直接使用。每种材料都能引起人们的特殊感受，艺术家对材料的加工更多是一种艺术实验，在加工过程中对创作作品的精神内涵进行深入的推敲探索，融入个人情感与感悟，让原本没有生命力的材料产生思想和活力，最终以所选材料为媒介释放出作品精髓。如文豪自己所说："材料被选择的瞬间，'直觉中'的'物'在大脑中显现，过程中随着材料不断反弹的信息，未知的'物'在思维建构中得以释放成型并为之召唤。"在文豪的创作中，他通过手中的材料，在过程中建立起人和自然的某种联系，让人、材料、思想产生深层次的互动，发掘装置艺术中材料之美给观者带来的视觉感受，力求赋予其新的活力。正是由于材料承载着艺术家的创作思想，在文豪的创作过程中会尽量保留制作的痕迹，即创作的过程感，如此才能与观者产生共鸣，为观者呈现艺术家创作时的思考方式和观看角度。

中国艺术发展和传承了数千年，如何打破常规思维、走出前人构建的固定框架进而推陈出新、破而后立是当代艺术的趋势，在文豪的艺术世界里，这位青年艺术家以自己的独特视角发掘了雕塑的无限可能性，开辟了艺术创作道路上的一个未知视域，这个视域是真实与虚无共存的，正是这种未知性与可能性让他在艺术创作的道路上得以不断追逐并升华。

砍木头 8
木
尺寸不等
2018

磨
砂纸、红色土块
23cm × 2.5cm × 32cm
2014

黑色维度
纸箱、黑色胶带
145cm × 134cm × 35cm
158cm × 145cm × 38cm
2015

吴鼎
Wu Ding

2006 年毕业于上海师范大学美术学院雕塑系，获学士学位
2017 年毕业于中国美术学院跨媒体学院当代影像创作与研究，获硕士学位
现工作、生活于上海

主要个展

2017 年　极限的节奏 II，东画廊，中国上海
2016 年　极限的节奏 I，上海民生现代美术馆，中国上海
　　　　极限的节奏（序），那特画廊，中国成都
2015 年　实在的维度 III，M50 艺术空间，中国上海
2014 年　实在的维度 I vs II，那特画廊，中国成都
2013 年　实在的维度 I（太阳），视觉艺术中心，中国上海

主要群展

2018 年　寂静的裂缝，M 艺术空间，中国上海
　　　　关于一个博物馆的想象，J：GALLERY，中国上海
2017 年　2017 集美 · 阿尔勒国际摄影季，中国厦门
　　　　安仁双年展，中国成都
　　　　上海影像艺术博览会—“洞见”特展，上海展览中心，中国上海

Only when people are ignorant
about the reality can they reach him as infinitely close as possible No3
局部

Only when people are ignorant
about the reality can they reach him as infinitely close as possible No1
影像 14分57秒
2016

Only when people are ignorant
about the reality can they reach him as infinitely close as possible No3
影像 14分57秒
2016

吴梦诗
Wu Mengshi

1986 生于浙江
2010 毕业于中央美术学院版画系，获学士学位
2013 毕业于中央美术学院版画系，获硕士学位

主要群展

2018 年　介质转换，成当代艺术中心，中国北京
2016 年　内燃：中国新一代女性艺术家，美国密歇根州立大学布罗德美术馆，美国密歇根州
2015 年　隐秘的力量，央美术馆，中国北京
　　　　新感知：中国新一代女性艺术邀请展，艺术门画廊，中国上海
2013 年　不期而遇——ART SANYA 国际当代艺术展，亚龙湾华宇度假酒店，中国三亚
　　　　水墨的味道，艾米李画廊，中国北京

吴梦诗访谈

问：“人工智能”和“网络时代”是如何影响你“看”世界的？吸引我们感官的东西太多，你的“注意力”如何形成？

答：人工智能是用庞大的数据实现最优化的决策。我们生活在信息流爆发的时代，如何把这么多资讯融入我的观念、我的艺术？我经常考虑科技的发展与人类的认识方式，以及艺术表现形式之间的关系。网络时代其实就是缩短物理距离，或者另外一种理解就是我们人类感官功能的无限延伸。时间、空间（距离）都打破了我们原有的设定。人们的意识和行为又将获得怎样的解放？科技的发展为我提供了更多去了解世界和学习的机会。我在观看世界的同时，觉察自己是用什么心态去观看的，背后支撑观看行为的观念是什么，观看后又形成或强化了哪种观念。比如当我面对强大的信息流而感觉到焦虑时，我会询问自己是不是在用一种“局限的自我论证”或者比较的心理，企图掌控各种变化的心理在观看？当承认自己内心确实是如此时，这些心理就像小孩干坏事被大人发现一样，立马就停止了动作。当内心没了预设和干扰，再去观看世界就多了份清净，才能更加客观地去了解它的丰富（我们的感官系统就像是镜片的颜色，有污垢或是擦得明亮，都影响风景在我们视网膜中的呈现）。我越来越有感触的是，不同的观看方式，所看见的世界是不一样的。我们有什么样的认识，就会看见什么样的世界。

问：为什么选择“抽象的语言”来表达？在“语言”本体的线索中看到哪些问题？

答：抽象的形态源自我认为生命的最小单位是意识，意识无形、无相，却又能生成各种各样的具体形态。对我而言，运用抽象形态时，它的背后需要很清晰的思维逻辑、生命哲学来支撑，否则创造出来的形态会很无力，不值得被信任。

问：作为20世纪70年代以后的一代人，拥有了1979—1989年所谓的中国“现代主义”的普遍经验（这代人并没有经历，而是有所经验），“后现代”对你意味着什么？

答：我看见艺术行业的前辈们通过一代一代的努力使中国的现当代艺术开始走向国际化，他们一直艰难地做着东西方的对话，有他们迈出的第一步，作为晚辈的我们就幸运多了。这也提醒我，我们这代人的努力，能为下一代的亚洲艺术家继续争取更多平等交流的机会。

问：你的创作过程中，最为关注的问题是如何形成的？

答：艺术创作的动力来源，是我最近正在关注的问题。学生时代，动力来自要聚拢各种能量，要寻求作品展示形式的创新、出众，作品是否体现职业性，是否被肯定，是否吸引观众的目光等外在因素，当然动力还包括那灵光一现的愉悦。然而慢慢地这些因素越来越不足以支撑我的马达继续疯狂地运转。最近我思考最多的是我为什么要努力做艺术？

思考的收获是，我排除了其他外在因素，发现自己也许可以在“灵感一现的愉悦”中找答案。我开始分析它，什么构成了我的那种愉悦？然后我的结论是“生理和心理的感动”，用艺术家的话来说，就是类似宗教或者性吸引力的“审美寒颤”。这种“发麻的感动”，我生活中时常经历，所以我深深相信，“审美寒颤”是真实存在并通过努力可以保持相续不断的。所以，我不希望我费尽心力制作的东西成为艺术作品，而我每天鲜活的生命却成为流水线下的一件工业产品。我的师长也提醒我，必须打破生活和艺术和宗教的界限。虽然我的智慧还很不够，但我在努力。

问：你着重研究过的艺术家是谁？如何看他 / 她？

答：比尔 · 维奥拉（Bill Viola），他认为艺术需与生活为伍，成为来自生存质量的一种实践，一种让思想往深处去，一种让制作者精神成长的事物，而不再是看一件作品本身有什么样的优点。艺术应当做更重要的事，然后才有其他的附属产物。他认为艺术的训练不应该移到社会群体之外，移到一个受保护的专业领域（这把原是现实世界中传授的方式，变成了一个在类似实验室环境中的理论观察）。现今的艺术家仍旧要把“实践”这个词提升到真正鲜活的层面上来。他的看法给我很大的启发和鼓舞。

问：近 5 年你都读哪些书？这些使你的思维方法有哪些改变？

答：[法] 皮埃尔 · 卡巴纳：《杜尚访谈录》，王瑞芸译，广西师范大学出版社 2013 年版。

[美] 杰奎琳 · 巴斯、[美] 玛丽 · 简 · 雅各布：《当代艺术中的佛陀思想》，加利福尼亚出版社 2004 年版。（Jacquelynn Baas and Mary Jane Jacob, *Buddha Mind in Contemporary Art*, University of California Press，2004）

左手
侧视图
动态装置 铝 金属丝
240cm × 120cm × 10cm
2018

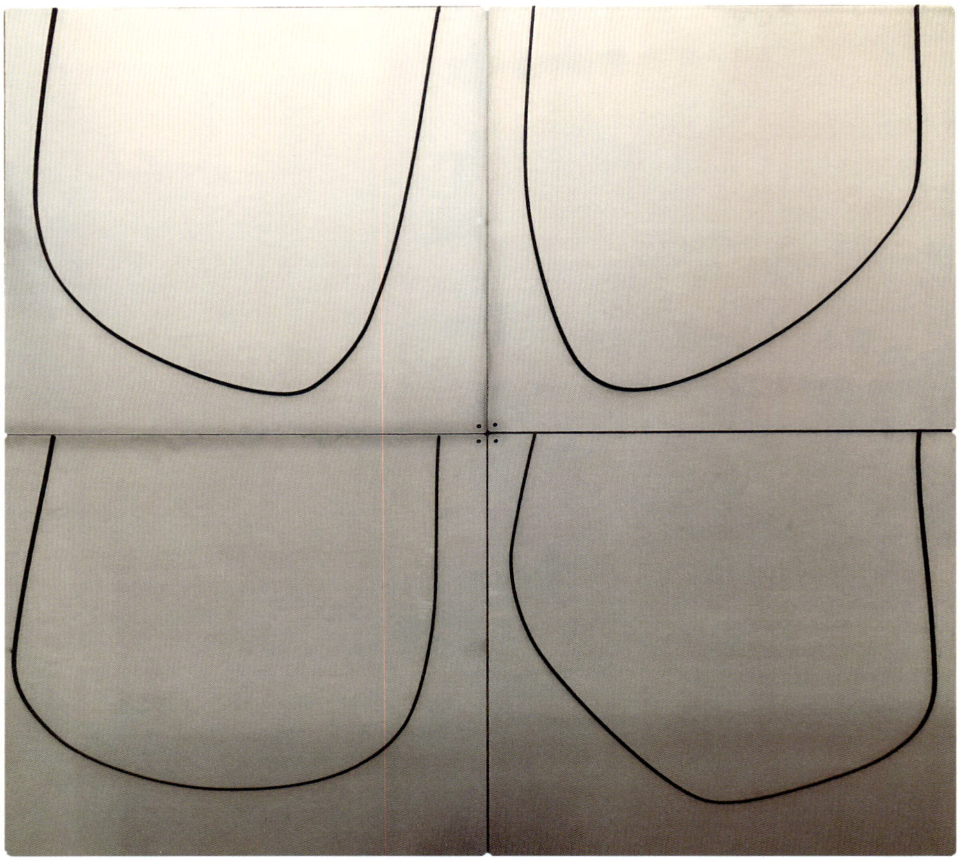

袋子
动态装置 铝 弹簧
120cm × 120cm × 10cm
2018

我原本认为，艺术就是艺术作品，就是那个物质本身。艺术观念就是艺术家的观念，就是我这个个体的观念。所以我往常都花很大的力气在作品的材料、外观上，并且坚信我的作品的观念、想法，必须由我一个人来主宰把控。但这两本书让我了解艺术既不存在于艺术家的头脑中（别把“我”看得那么重要），也不存在于艺术品中（别把“我的东西”看得那么重要），而是存在于观众的头脑中，艺术是等待着被填补的那道鸿沟。正如葡萄酒的风味既不在酿造者处，也不存于酒瓶中，而是因为饮者品尝而存在。

问：研究生阶段学习的“平面设计”要借助“程序”来实现，这对后来创作中的表达有影响吗？

答：在研究生阶段，我们经常和设计系的同学一起上课，几年相处下来，有一些点引起了我的关注和思考。“程序”，我理解为预设、方法。最有感触的是设计系同学们在完成一个项目时的出发点，和我很不一样。设计师首先想到的不是我想表达什么，而是根据项目，做客观的调查研究。“我”这个概念，在他们来说并不是那么重要的。我的导师曾经告诉我们，他觉得设计师对自我的定位，比艺术家要准确。这一点对我有很大的启发，杜尚说“艺术存在于观众的心中”。曾经和几位艺术家谈到过艺术创作是否考虑观众的问题。我想艺术创作是要考虑观众的，只是如果将观众局限为艺术家、批评家、收藏家等业内人士，就会显得很局限，再带着人们羞于谈论的“功利性”，为了避嫌，最后只能以看似真诚的自我视角继续埋头苦干。然而，消除已有的设定，如果“观众”意味着所有的生命体，所有物质，当然也包括敏感的艺术家自己，艺术从这样一种无限的视角出发，是否会成为创作行为积极、宽阔又更无副作用的艺术源泉？这种视角的转换，对现阶段的我来说是迫切的。然而找到具体的抓手点，而不会显得太空旷，需要一段时间的过渡，但我相信方向是对的。

问：如何看“物质与物性”？

答：谈到物质，物性，我更倾向于认同年老的物派艺术家菅木志雄的观点：他认为物体存在，必然伴随着某种状态，也就是“周围”的概念。任何事物通过其相互依存的关系而获得其应有的位置。

我也时常提醒自己，不要设定自己或外在事物的任何一种单一的存在方式，事物因其复杂的关系而呈现多变的形式，其中并没有一个固定不变的存在，只有变化本身。儿时的身体和现在的身体，究竟哪一个代表我的存在？其实每一天的身体，都不是同一个事物，而是细胞生灭更替的聚合物。总是想要伸手去抓住一个绝对存在的事物，是徒劳的。我们只能去理解其中的关系，并时时调整。

问：在你看来“传统”是什么？这个部分与你当下生活的经验如何连接？

答：传统对我来说不是传统艺术形式，如国画、塑像、陶瓷和民间工艺等。透过传统艺术，我关注的点，仍旧是人的心理。几千年来，人心要超越的都是那几个相似的问题，从古至今，科技发展到能听到、看到外太空的程度，但是人心仍旧变化不大。我曾经在清初“四僧”的画展中看到髡残在画中题词，抱怨说因自己怎么画都达不到黄公望的“笔墨三昧”而深感无奈。我理解的意思就是他苦恼自己怎么都达不到“无所求”，就是不求结果，不求好坏或者说不求其他具体的目的，这么一个超然自在无任何羁绊的创作状态。我想细心而真诚的艺术家都会觉察到自己不管在艺术领域里如何愉悦与自由，都很难超出一种即成的自我设定，实际上这来自生命的终极困惑。对于四大终极问题（我是谁？生从何来，死往何去？什么是命运？活着为什么？）现代人常常避而不谈，生怕给虚幻而美好的生活自寻烦恼，想出精神问题来。我也曾经有这样的担忧。但这些问题不关注、不面对，生命就会滋生没来由的恐慌感、基本的内在不安全感，然后演变成物欲、情欲，当这些欲望满足不了，零零碎碎的烦恼就消耗着我们每一天的生命，我们就得不到真正的自由。所以我觉得我们最应该继承的传统，是勇于探索生命问题的精神，东方文化中可以学习的前辈太多了。

子
一次性 PVC 手套、五金标准件、
机械装置
210cm × 150cm × 30cm
2013

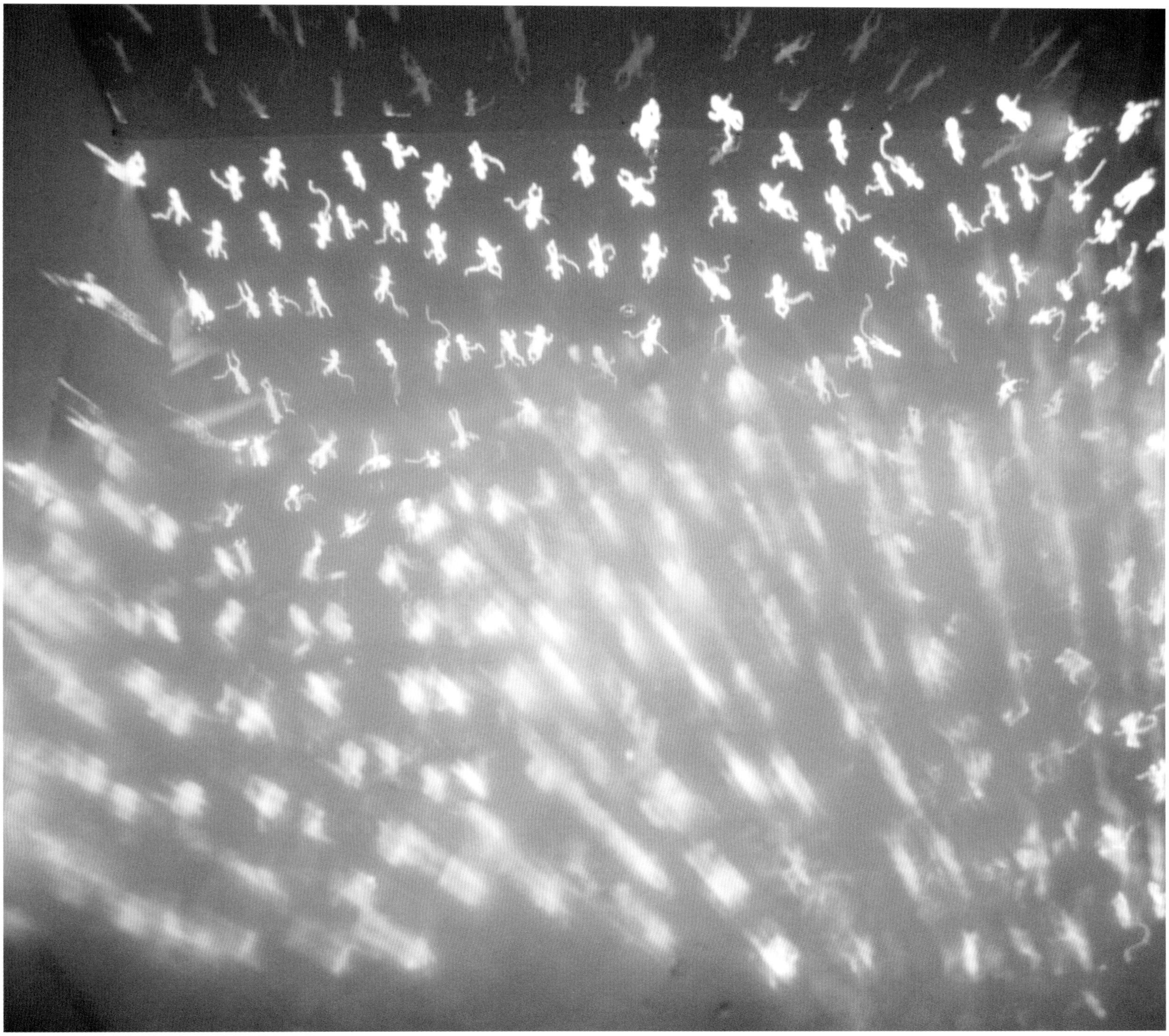

溺
雾气生发装置、投影、风扇、水
80cm × 80cm × 70cm
2010

2015

谢南星
Xie Nanxing

1970 年生于重庆
1996 年毕业于四川美术学院版画系，获硕士学位
现工作、生活于北京

主要个展

2018 年　谢南星：香料，尤伦斯当代艺术中心，中国北京
2015 年　谢南星——无题三种，麦勒画廊北京—卢森，中国北京

主要群展

2017 年　西南行迹，龙美术馆（重庆馆），中国重庆
2016 年　永远的抽象：消逝的整体与一种现代形式的显现，红砖美术馆，中国北京
　　HISTORICODE：萧条与供给——第三届南京国际美术展，百家湖美术馆，中国南京
　　单行道：李文栋 | 魏兴业收藏展，OCAT 西安馆，中国西安
　　新资本论——黄予收藏展，成都当代美术馆，中国成都
2015 年　非形象——叙事的运动，上海二十一世纪民生美术馆，中国上海
　　破图集——中国当代艺术家处理图像的方法，寺上美术馆，中国北京
2014 年　新作展，OCT 当代艺术中心（OCAT），中国深圳

明星片 No.8
布面油画
220cm × 150cm
2015

态度与自律

关于谢南星的绘画伦理

鲁斯·诺克

我在以前的一篇关于谢南星作品的文章中曾试图以一个学者，同时又是一个个体观众的角度对《无题(No. 1)》(2006)进行阐述。我本想像一位受过良好训练的艺术史学家一样对它进行一本正经的分析，但我马上认识到我无法用一贯的方法来看待这幅画作。无论我如何深入作品对它进行细读，这种方法都会让我误入歧途并分散我的注意力。经历了起初的失控和挣扎，随着写作慢慢推进，我明白了这幅作品的主题之一便是反抗观者带有控制欲的凝视。

就我而言，写作一直意味着面对满满的画布和空空的笔记本时漫长的凝视。这不是一种悠闲的练习，我其实在忙着调解一个事实，那就是要将那些漫无边际的思绪、反复无常的观察和稍纵即逝的领悟赋之于语言，唯有我的才智能引领我穿越这一痛苦的过程。它们或有或无地骚动着我的大脑，谁也不知道那燃烧着的神经元的混合物到底意味着什么，直到我们将它真实地写在纸上。

命题一：当一个坦诚的观者或者一个认真想要理解作品的观者站在谢南星的作品前，他/她很可能会面临一次观看行为的危机。观看行为，更确切地说是其危机，正是我之前思考的核心。在不同艺术实践中汲取灵感，从早期浪漫主义哲学家、诗人诺瓦利斯(Novalis)到米开朗基罗·安东尼奥尼(Michelangelo Antonioni)的电影《放大》(*Blow-Up*，1966)，谢南星并非唯一一个在观众身上唤起不安的艺术家。实际上，我们必须把他的作品放在一个更宽泛的艺术家传统——处理媒介最基本问题中去考虑。他们尝试并一直寻求着利用媒介的潜力去挑战该媒介所再现的对象。正如诺瓦利斯(Novalis)的预言所说："有形皆寄于无形。"[1]

总有些人比我们聪明，也有些人比我们愚笨。有时候，我比我自己还笨。看过批评界与策展界写作中大量的繁文缛节，我在写作时希望能尽量避免使用行业术语。鉴于此，让我们来重新审视这其中的核心问题：任何形式的沟通都附身于一种媒介，而任何一种媒介都有其局限，也许是结构性的，也许是源于某种文化语境之下的使用和阐释方式。理论上，我们知道，我们每说一句话，同时必然是会遗漏一些东西的，要么是被遮盖掉了，要么是没能被表达。但是通常而言，我们只关注沟通的内容，而忘却了没有被表达的东西。此外，我们还会否认一个事实，那就是所有的再现都隐含着一个使之有形和使之无形的双重过程。

命题二：谢南星的画作引起观看行为的危机并非因为艺术家是一个虐待狂或要故意扰乱他的观众，他只不过忙于处理绘画的问题罢了。他的态度是因为他在精神上和事实上都集中于一项艰难的任务。虽然艺术家为他的观众考虑，曾想要"在绘画中创造一个仿佛让人感觉是可以走进去的空间"[2]。但我可以断言，观者只不过是艺术家事后才会考虑的因素。但是通过阐述存在于绘画本身当中的媒介性的矛盾——如制造具象与抽象之间的张力，谢南星剥夺了观者对无代价的华美意义所抱有的幻想。

在我之前的文章中，曾得出这样一个结论：为了能衍生一种无形的存在，谢南星去除了关于视觉化诸项传统的错误想法。我将那个衍生而来的存在定义为一种

[1] Novalis, "Das philosophisch-theoretische *Werk*", Hans-Joachim Mähl、Richard Samuel, Werke, 2002.

[2]《谢南星与艾未未的谈话》，载《谢南星作品：1992—2008》，timezone8 2008年版，第89页。

观看形式："我们如何学会用自己的方式去看，如何能使我们的想象力和欲望同'看'这个行为结合在一起，如何学会注视内心去唤起我们的灵魂——这些问题都在谢南星的绘画中得到探究。"[3]

7年后，我又一次坐在了艺术家的工作室，准备着关于他的一篇新文章。7年是相当长的一段时间，即使对于像他这么慢的画家而言："太多的绘画会把我稀释"，他在和李振华的一次采访中曾这样说道。[4]这点与他的许多能快速生产、制作并以加速度的步伐适应新环境的中国同辈形成惊人的反差。在他的工作室外面，世界的面貌已经悄然改变，但工作室里，时间却好像静止了。是的，他已经创作了新的绘画系列，但是却并没有改变他的绘画模式和思维。的确，他已开启崭新的绘画和观念试验。2014年他开始创作了"无题"系列（*untitled* nos. 1—6），该系列由6幅大小不同的绘画组成，在风格上与2006年的《无题No.1》有相似之处。相似之处之一是虽然谢南星坚持"绘画目标是具象绘画"，他仍然采用一种非常复杂的图像生成方法，而这种方法是不太会产生"具象绘画"这一结果的（这大概也是他起初要坚持具象的原因）。拿2014年的《无题No.1》为例，其原始参照是他母亲拍摄的一张照片，照片上有一瓶花。谢南星根据照片画了一小幅油画，给它打上强光，于是受光的画布背面便产生了一个全新的图像。紧接着谢南星用一架摄像机捕捉了画布背面的这个图像，再将其输入电视机，最后再用相机拍摄下录像的截图，这幅照片就是谢南星这幅画的草图。录像机的屏幕在谢南星拍摄时变成了一面镜子，只要多注视一会，我们就能看到投射在画布上的手持三脚架的艺术家幽灵般的身影。

延续以往作品的另一点是，"无题"系列中的绘画作品否认了一个我们可以全面解密作品的正确观看位置的存在。我们需要一定的距离才能看到全景，才能看出任何貌似"形态"的东西，但是由于画布表层被不同的颜料和画笔加以处理过，画布的一些局部对光的反射使得我们无法看清画本身的样子。如果我们想看到这些局部，必须走得很近去研读画布表面，但与此同时我们也丢失了画的全景。

命题三：既然《无题No.1》基于的照片有一个私人性的背景，那么我们把视角由关于知觉的美学问题（即观看的愉悦与烦恼）转移到艺术家的个人实践上也顺理成章。我认为谢南星的绘画中含有关于存在主义的元素，这一点与一种纯粹基于媒介的分析或唯独以知觉为中心的美学思考是相矛盾的。"我不认为我有什么大进步。"谢南星曾在10年前与一个同人的对话中说道。讽刺的是，他当时非常高产，而且作品明显地呈现出不亚于"进步"的发展。今天，他已经步入了艺术事业的"退场"阶段，这是他还是一个年轻艺术家的时候就许下的心愿。但就谢南星的案例而言，获得对自己作品更深层次的理解比赢得更广泛的观众对他更有意义：作为一个艺术家，我到底在做什么？我的创作需求和欲望是什么？我有哪些弱点和不足？而我又该怎样在我的绘画实践中去阐述这些问题？由于已经建立了足够的自信，谢南星才会坦言："我的工作源于我的怀疑。"这一评论明显指向近来中国的艺术教育，他深感困于服从各种预先设定的方向之中，这种怀疑同时也是向内

[3] 鲁斯·诺克，Alles Sichtbare haftet am Unsichtbaren- 有形皆寄于无形，载《谢南星作品：1992—2008》，timezone8 2008年版，第31页。

[4] 李振华：《李振华与谢南星的访谈》，2014年。

的，指向艺术家的自身创作。

我和谢南星一直坐在他的工作室，看着 2014 年的《无题 No.1》，已经许久了。它黄绿色的色调并不雅致。他管这叫“病”，并解释道这幅作品是名副其实的“招魂”。为了悼念他的母亲，当她在几年前过世时，他找到了这幅山茶花的照片作为一个新系列的起点。他的投影出现在承载着记忆的回响的画布中这一点更反衬了母亲的缺失。所有人都要在我们生命的某个时刻进行回忆的工作，虽然我们都很清楚它的无力。某些缺失是绝对的。过了一段时间，我意识到，要停止在这幅画布上工作，一定需要相当的勇气和自律。因为，要结束一种追忆的行为意味着接受了我们想挽留的那些确实已离我们而去的事实。当然，一个艺术家可以任意宣称一部作品完成的时间，或者用一种正式或官方的认可去认定一个艺术家结束作品的时间也是可以的。图像生成的方法及媒介本身有助于人们做出决定。所以继续添加一层又一层的颜料是毫无意义的，谢南星的风格也只能容纳这么多。然而，在一幅作品上花费的时间是可以有一定弹性的。一个画家若想永无休止地在一幅作品上工作，也没有谁会去阻止。据说连 19 世纪前的绘画大师们都做过类似的事。在《无题 No.1》中，我们能察觉出背后的挣扎，大多是为了达到颜色的平衡：要让绿色、黄色和蓝色共存于一个画面并非易事。但是谢南星做到了。不仅如此，他还完成了这件画作。《无题 No.2》（2014）作为对第一幅作品的一次重述，总结了艺术家在第一幅作品中学到的经验教训。艺术家好像想要证实，在哀悼的心理学之外，他那些历经艰难才获得的经验是可以幸存并延续下去的，毕竟这种心理学是一种极为私人的创造驱动力，不该也不能被开发成一种生产力的工具。

当谢南星开始着手第三幅作品时，他已经完全开始游刃有余地驾驭记忆这一驱动力。这一次，作品同样是基于一幅母亲的照片，但是《无题 No.3》（2014）是一个新的开始，它正式提出了一个问题，同样是关于具象和抽象之间的平衡与制衡。这幅作品构建于几层可被解码的意义之上（如果使用图像考古学的方法），但它们同时又基于构图得以糅合在一起。上面的最后一句话听上去相当晦涩难懂。我意识到，我可以写出关于这些作品的林林总总、方方面面，也没有多少人能驳斥我，原因极为简单：如果读者没有机会亲自看到画作，那么便缺乏必要的工具来反驳我的诠释。拍摄这些画作也不容易，所以作品的照片也同样是晦涩难懂的。如果读者记得，这些作品难解的问题之一是一个观者需要将从不同观看位置看到的东西拼凑在一起，而它们又彼此排斥。很明显，架在一个固定点的相机是无法捕捉其精髓的。此外，这些画作有着非常丰富的细节，但由于它们缺乏图解，所以难以在脑海中持续，只沦为一座海市蜃楼。

命题四：任何对谢南星 2014 年的“无题”系列进行解读的尝试都必须在作品在场

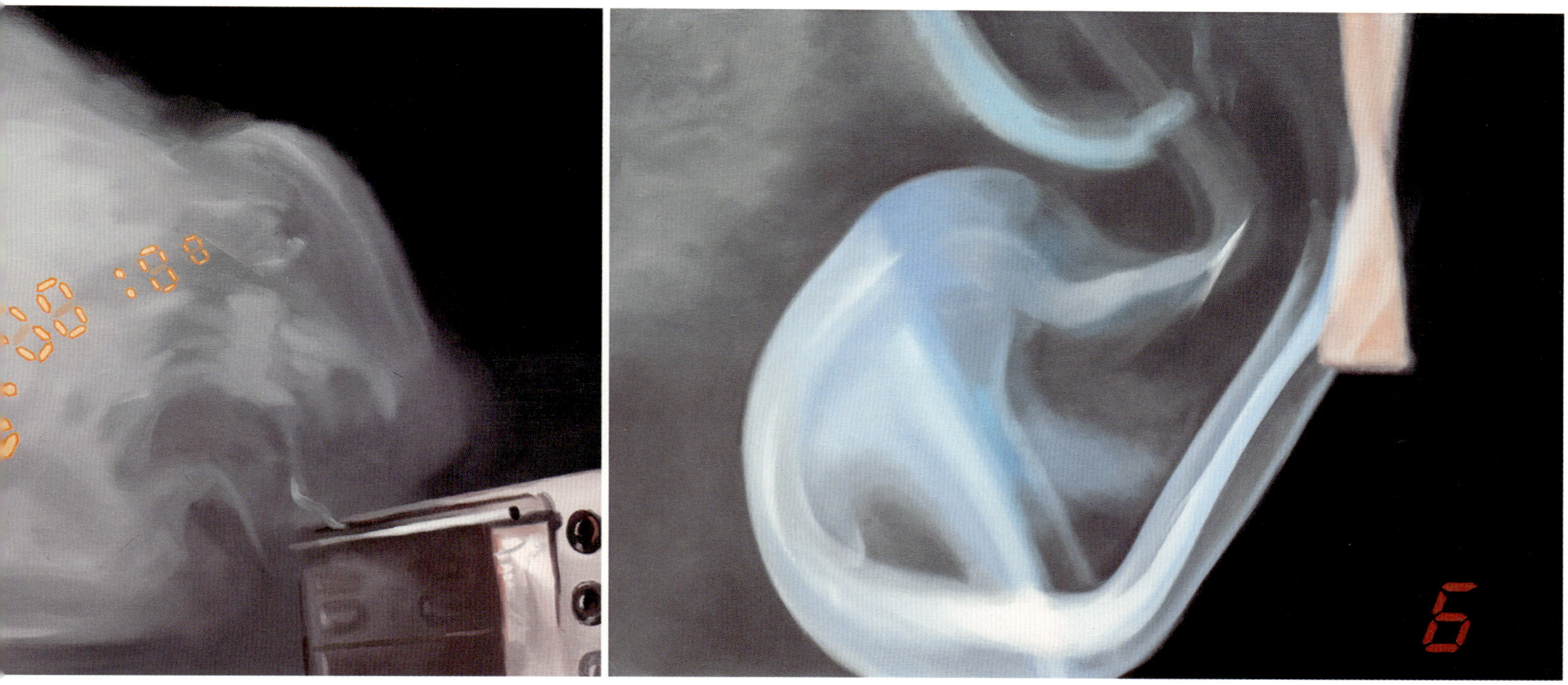

时进行。我不知道这是否构成一个收藏这些画作的有力动机——它们呼唤着被拥有，嘲笑着紧紧抓住视觉幽灵不放的观者们。我甚至都不知道此刻我对这些作品的描述是否有意义，也许我更应该向未来的观者提议：去亲自看看那些画吧！

相对应的，作品的图像持续在躲避着我们，这一体验突出了它几乎诡异的面貌。奇怪的是，这并不是因为画的物质性特点。如果画家事先将重点放在绘画本身，并因此对画布表面进行某种处理或直接指向了框上画布的物质性，那么从物质性的角度去解读也无妨。但事实是，我们知道这幅画就在那里，但它在那里并非为了让我们能以任何有限的方法去观察它，这一点赋予了它一种存在上的独立性，独立于我们，或者更确切地说，就在我们身边。

谢南星回避了任何描述性的，也许能给我们指明方向的标题。他宣称标题是无意义的，“因为我已经在我的作品里清楚地表达了我自己”。

换言之，当谈论他的绘画到底在探讨什么时，他唯一会提及的便是这些作品本身。这一点凸显了作品的物质存在。然而，与其他所有会把赋予意义的权力留给画作本身的画家相比，谢南星的作品异常的无趣。我之前几次提到过具象与抽象之间那模糊的张力，但是这里我们要面对一种新的不确定性，一种更复杂的不确定性。这些作品显示了艺术创作的绘画性模式和概念性模式之间的暧昧关系。

在西方当代艺术史中，我们通常会区分那些追求美学性的实物艺术和那些对此拒绝而偏好去物质化观念的艺术。尤其是那些既有兴趣，又有能力去操控绘画的物质语言的画家，他们通常都被划归到第一个阵营之中，甚至被亲切地称为“画家猪”（Malerschweine, painter-pigs）。其他那些追随观念性观点的艺术家则被认为是在尽力追求根除绘画中的个体姿势和物质性。

稀薄的文学
布面油画（三联画）
80cm×100cm 80cm×110cm 80cm×110cm
2018

命题五：谢南星的绘画不能被放在审美化的实物艺术或观念性的去物质化的框架中考量，而是坚定地在两者之间盘旋。就我而言，这种不明确性在《无题No.4》（2014）中体现得最为充分。其成功也许要归功于它的原始参照图像不是一张照片，而是谢南星自己创作的一幅画，画的是工作室院子里一个小花盆里的一棵小树。我猜想他每天都会路过这一隅平淡的自然，也就有了充分的机会去研究它。

我在谢南星的工作室里看他的这个新系列看了好几个小时，离开的时候，阳光耀眼，空气干燥。这一场景充满理想的气味，可其实这个小花园相当平常，真的是这景色打动了我吗？更有可能，是工作室里那幅画给我留下的视觉后像影响了我。在我看来，那幅画呼应了一些中国水墨画的知性。这里必须要说明我绝不是指那种将水墨变成油彩的恶俗方法，遗憾的是这种方法在三流中国当代艺术中相当流行。恰恰相反，扁平却错列的风景构图、画作仿佛向下滑动并脱离中轴的姿态，和微微着色的背景上蜡染印花似的棕色，这一切协力制造出一个效果，捕捉了在某个特定时刻意味着永恒的场景。它是几乎令人痛苦地在场着，又几近完美地缺席着。

如果《无题 No.4》（2014）算得上一件杰作，那么紧随其后抛开一切的《无题 No.5》（2014）则是对谢南星自律的见证。他的自律推动着他在每幅新作品中挑战自己，而伦理则督促他带着真正怀疑的眼光质疑他达到的成就。又是一朵花做了主角，这一次，艺术家让他的一个学生提供了一幅原始作品给他参照，同样，图像经历了从一种媒介到另一种媒介的多次转换的复杂过程，之后才被置于大幅的画布之上。在整个系列之中，《无题No.5》（2014）大概是最坚决和断然的。

但是我却钟爱《无题 No.6》（2015），另一件以画家自己画的一幅花为原图的小幅作品。这好像是艺术家特意为他自己创作的。他已经完全驾驭了他要表达的主题，以及那些仿佛在画布表面进行颜色演出的湿答答的大块斑迹。他甚至允许画面出现厚重粘稠的颜料，如果这意味着什么的话，它可能会被解释为“过剩”。但艺术家自己评论道：“我想画点什么，但又什么都不是。”我想，这些大块斑迹可以被看作是画家自身对于表达性的需求的场所，和在没有具象或内容的情况下一种表达意义的形式。它们同时意味着有待发掘的一条路径。因此，这最后一幅作品也成为一个全新开端的完美驱动力。我多愁善感的内心告诉我，谢南星的母亲会喜欢这幅画。

直到最后，我也不清楚到底那粘厚、带有斑迹、象征着绘画过剩的部分是否是这幅画的初衷，还是它只不过是谢南星艺术态度和规范的一个副产品罢了。但是我不会问他这个问题，不知何故，窥探这个问题显得那么低俗。

命题六：如果我们采用哲学家彼得·奥斯本（Peter Osborne）的主张，也就是所有当代艺术都是后观念艺术，其定义为:

1. 承认艺术的批评性遗产，比如艺术有一个不可消灭的美学维度（因为它要求某种形式的物质化）的事实。
2. 接受以反美学的方式使用美学材料的必要性，那么我们就必须承认谢南星是一位最真正意义上的当代艺术家。

香料 No.7
布面油画
220cm × 300cm
2017

闫博
Yan Bo

1970 年生于北京
1996 年毕业于天津美术学院，获学士学位
2002 年结业于中央美术学院油画材料与表现硕士研究生课程班
现工作、生活于北京

主要个展

2017 年　无题——闫博个展，鸿坤美术馆，中国北京
　　　　一念之差丨闫博个展，狮语画廊，中国香港
2016 年　焕象——闫博个展，央美术馆，中国北京
2015 年　焕象—闫博，长宜空间（北京）L Gallery，中国北京
2013 年　蜻蜓——闫博个展，东站画廊，中国北京
2012 年　园丁——闫博个展，东站画廊，中国香港

无题 1
木板裱亚麻布
122cm × 242cm
2017

无题 2
木板裱亚麻布
122cm × 242cm
2017

“无题”系列展场图

画画就像造肉

顾灵

对于抽象绘画，有种危险性，评论家杰瑞·萨尔茨（Jerry Saltz）曾撰文《墙上的“僵尸”：为什么许多新抽象主义作品看起来如此类似？》讽刺了抽象绘画创作的相似性，以及它们受藏家欢迎的原因很大程度是“装饰性”，沦为了现代化公寓的室内装饰品。如何避免抽象画的“僵尸化”，闫博给出了答案。

简洁是一种美德，尤其是包括了复杂的简洁。闫博的画和看闫博的画，都是简洁的。这些如果允许我称为天真烂漫的作品，散发着马蒂斯（Henri Matisse）的乐观，马蒂斯被闫博称为一个俏皮的实在人。在绘画的历史与观看图像的历史被当下无所不在的视觉所多少消解的时候，闫博是一个轻松对待绘画、懂历史却不背负它的人，这也可以从他的画看出来，看这些画让人轻松愉快。

这些既没有标题，也没有具体内容的多样形状与颜色的画，你可以称之为抽象的，同时也是物件。画板上堆叠了厚厚的好几层颜料，这些颜料被打磨过，表面有光泽，是类似蜡笔的质感，评论家殷双喜还将此比作“包浆”。画板的形状不一，既像小儿稚拙的随手圈画，又仍能隐约呼应日常的事物；比如一幅用了拼接色的长条形的画，有点像飞机，又有点像袜子。这些不指向特定形象的形状，让形状的边界模糊起来，打开了可能性。

这些形状用于画作，在今天让我们得以像闫博一样轻松地回顾艺术和观看的早期历史。无论是阿尔哈曾（Alhazen）提出的体验，即大脑只能看到早先已“确认”的外观，还是亚里士多德（Aristotle）和达·芬奇（Leonardo da Vinci）都写到的关于在墙上的斑痕中看到动物或人物形象及场景的观察，或是弗拉维乌斯·菲罗斯特拉图斯（Flavius Philostratus）关于在云层中看到各种形象的说法，再到如今当代艺术似乎越来越把观念和观看分离开来；只要视觉仍是大多数人最主要的感官，在面对艺术时，我们就仍须考虑并应对观看和识别。亚里士多德说：“我们之所以乐于观看图画，就在于当我们进行观看时，我们试图认知并推断每种事物究竟是什么，如‘这就是某某事物’（that is that）。”在《雕塑论》（*De Statua*）中所说的：“可能偶尔在树干、泥块或其他无机物中看到了某种形状……通过不断矫正和改善表现特殊物体所需要的线条和表面，他们（指艺术家）实现了自己的意图，与此同时，他们还从中获得了乐趣。”

闫博曾说：“如此，以我眼睛识别的能力来看，依次是：色彩、造型和材料的质感。以与我的心灵的默契来说，是质感、色彩和造型。我看任何东西包括一幅画，也都是在这个视觉距离和心理距离之间，因此，我画画一般也遵从这个规律。”这种对待绘画的平和态度，以及把绘画作为艺术形式的合法性视作天然的态度，和他画画的态度一致，似乎是不合时宜的反焦虑的；如果有人认为这只是传统的或装饰性的，他大概也会不以为然。

闫博在学习绘画之前学的是平面设计、装潢，这或许让他在工作逻辑与方法上同其他人不太一样，包括求学的时候就接触了视觉心理学。艺术的技术，如果掌握了这样的技术的人被称为艺术家，那么他们是否也就是思考并研究视觉的本质以及我们和世界的关系的科学家？闫博画了 30 年，中间有过鲜明固定的风格，然而因其限制了可能性而停了一段时间。他认为每一件作品都要有属于它的性格、结构、材质、颜色。从 2001 年入学央美后，他做了大量材料实验，仅颜料就包括坦培拉、丙烯、矿物质和树脂等。随后，他针对材质的发色方式做了大量实验，通过画很多层再打磨，达到由光的折射造成的不同的透明度。与其说实验的对象是材质，莫如说是眼睛。神经生物学家玛格丽特·利文斯通（Margaret Livingstone）就在著作中专门研究我们的眼睛和大脑如何将不同波长的光翻译成色彩和形式，以及艺术家如何利用他们发现的技巧创造出独特的色彩效果与空间错觉。

闫博的方法则是试错，做很多遍，“每一遍做的时候都知道这东西不是”。画很多遍，画面的效果是经由时间和材料共同叠加并消磨的过程，在透明和不透明之间寻找一个可显现的点，不能比它透，也不能比它厚。“还有一个，不能太玻璃化；我需要它能有抵抗时空的感觉，像石头、玉、陶瓷。”闫博清楚地认识到不同材料所对应的不同的心理属性，如石头天然的花纹或上好陶瓷的胎体。“用反复刮白打磨的方法，让画面感觉更丰富，打磨的时候能留下前面几十遍做过的东西，但又能透出下面那么多层的色，这种发色方式是色层叠加。还有一种色彩空间混合的方式，色点和其他色点形成空间的混合，就像点彩那种。于是总体上光在折射反射很丰富的层次。”

闫博是北京人，父亲闫振铎也是一名油画家，父子俩也经常谈论绘画，不过终究绘画是一个人的创作。看王宝强主演的《士兵突击》时，他用剧里的台词“不抛弃、不放弃”自勉。这是一个我们熟悉的艺术家的形象：在工作室中，独自一人，被各色颜料、工具与画布包围，长时间地埋头苦干，直至遇到千分之一的“对”的机遇。闫博说自己动用了能找到的多种行业的工具，牙科、雕刻、食品加工、织物等。相较上述实验的严谨繁复，画面形状的产生则相对随性。画板是闫博交给工人做的，给工人的画板形状经常是现场随手勾的轮廓。他笑说每隔一阵运来一车画板“都是对手”。

如果上述实验更多是手工活儿，那么画什么则更多是心灵活儿，最终，画画是心手合一，“把很多很矛盾的东西混合在一起……我想去把自然的质朴和人的质朴相结合，把飘逸的东西和沉稳的东西相结合”。或者，对这些画来说，内容和形式也是合一的，因为闫博追求表现的是那种让看的人感觉相对永恒的东西，他试图通过画把瞬间的东西永恒化。这并不是因为画能把东西永恒化，而是因为他认为人们想看让自己产生永恒感的东西。他对画的材质效果的追求，恰恰是对塑造这种永恒感的观感印象的追求，让他的画变成一块有光泽、有痕迹、敏锐而富有吸引力的“肉”，而他则得以“小小地体会一番造物的快感”。

（原载《周末画报》2017 年第 8 期）

无题
木板裱亚麻布
122cm × 242cm
2018

无题
木板裱亚麻布
222cm × 362cm
2018

杨熹
Yang Xi

出生于上海
2011 年毕业于复旦大学上海视觉艺术学院，获学士学位
2013 年毕业于伦敦大学金史密斯学院，获硕士学位
现工作、生活于上海

主要个展

2014 年　不设计，芥菜籽艺术空间，中国上海

主要群展

2015 年　离岸，M 艺术空间，中国上海
2014 年　七日，M 艺术空间，中国上海
2013 年　My Future Legacy，Hoxton 画廊，英国伦敦；上海设计双年展，上海 K11 艺术画廊，中国上海
2010 年　视觉言说——复旦大学上海视觉艺术学院建校五周年展，视界艺术中心，中国上海
视觉 · 叙事，M50 创意园，中国上海

无题
纺织物、钢管
100cm × 35cm × 35cm
2017

怀疑和矛盾提供了更多的张力

丁乙 & 杨熹

丁乙：你的作品让我感受到很多非现实性的语言，这不是今天现实世界所能直接对应上的形态，更像是面向未来的，你是怎么思考作品中那些让人觉得与现实没关系的形态？

杨熹：这可能与我的创作方式有关，从个人感受切入而非现实的角度出发，那些形态是我个人的感受转变形成的，而感受又是我个人对生活的体验。如：去过的地方、做过的事情、某人某句话给我的影响等。

丁乙：也就是说，虽然这些形态是抽象的、非现实的，而你的作品来源是现实的？

杨熹：可以这么说，也许这些现实中发生的人事物给了我灵感。

丁乙：你能具体说一下哪件作品是从现实的背景里获得的灵感？

杨熹：很难具体说哪件作品，可能这类型的作品都是在表达一种感觉，如总会觉得自己被困着走不出去，或者是特别伤心的一种情绪等。这些可以说是潜意识里的某一种。

丁乙：所以本身它的来源是形而上的，可能与现实有些关联，但又并不直接来源于现实，更多的还是来自你的意念、状态。

杨熹：对，我试图抛弃对作品的具体规划，更想去选择尊重自己最初的感受。那些感受是我每天必须产生的情绪上的新陈代谢。

丁乙：所以，能否描述一下你是怎么工作的？你的工作程序是什么样的？

杨熹：我以前尝试从想法出发去做作品，而那些作品就变得特别生硬，缺少自己的气质。现在我会找到放空的一种状态，先勾画一些草图，然后将画作为灵感转换成装置作品。

丁乙：那你是怎么让一个阶段的作品与作品之间产生关联与连续性的？这种作品趋向你是怎么把控的？因为你的创作是随意的，不受任何限制的。你近一年的作品里面还是呈现了几组具有明显倾向性的作品，那么你的无意识又怎么能够让这些工作具有某种方向性？

杨熹：首先，是从无意识出发，但是做作品又必须是非常现实地去思考问题，如所需归类的主题、材质、颜色、具体形态、大小等。所以做作品是从模糊到清晰的一个过程。而对这个过程的把控是需要不断磨炼与积累的。这些经验，也许来自一系列作品慢慢完成的过程之中不断的提炼、感悟，有时失败的作品也可能成为下个作品的修正或者补充的起始。

丁乙：一个阶段总是要有一种风格、调性、形态的关联。所以你这些作品里面还是有几个点，那是你要追求本性的东西？

杨熹：对，从本性或者原点出发去创作是我一直以来想要追求的。希望可以抛弃那些外界的信息干扰，去发现自己对艺术的最初意愿，把本性作为作品的线索不断研究下去。

丁乙：我们现在来谈谈材质与颜色。我

觉得你的作品的材质与别的年轻艺术家很不一样，比如说你会把纺织的面料运用到作品里，这些材质选择的维度也比较宽。有薄的、厚的、透明的、非透明的，都充满质感。你在选择材料的时候会怎么思考？

杨熹：比如我会选择黑色网格材料是因为更能表达我对于压迫感、紧张感等主题的阐述。其实我选择材料是比较感性的，一旦设想好要做一些具有倾向性的装置，就会大致去找一些合适的材料。在具体工作中不同材质的应用往往会带着个人化经验。从选择材料到形成作品，其实更多还是穿插着进行的。适用性与整体性之间的关系会是我考虑得比较多的因素。

丁乙：你觉得什么样的面料适合做什么样的造型？它和形态密切相关吗？还是你要用的面料就想比较限定的要反映未来感？

杨熹：我从来没想过要表现未来感。可能是我选择的材料质感，比如：塑料的、光滑的、反光的、透明的、薄纱面料等等以及比较单纯的颜色（银、白、黑、蓝等）导致了观看者会有未来感的体验。对我来说这些质感的材料其实是很当下的，与生活的环境有关。我每天路过市中心，感受到整个城市气息就是如此。

丁乙：在你的作品里面，色调很节制，你为什么会选这些颜色？为什么要克制色彩，将颜色限制在三四种？

杨熹：没有特意去限制颜色，只是这批作品我不想让它们互相之间的颜色关系杂乱。觉得形态、材质、颜色之间的关系很重要，会互相影响。所以会尽量关注于作品间的协调性。

丁乙：我非常明显地感觉到你的作品形态有几个类型，有的像笼子，好像能把什么东西关在里面，或者是方形的让我感觉又像鸟笼，又像抓苍蝇的器具。

杨熹：笼子像是一个隐蔽的、虚拟的、源于心理上的“捕鼠器”，它具有外表诸多的形式美感；立方体、半圆形等，完美的形状令人向往但又暗含杀机，这一切演绎着一种人与物之间的不信任和焦虑感。对于作品中紧张感及其暗示的

“无题”系列展览现场

一系列尝试让我获得语言表达的宽度，怀疑、矛盾提供了更多作品的张力。

丁乙：另外一种形态，让我怀疑你是女权主义者，有比较锐利的形态，但又是比较软性的材料，类似这样的形态，你是想要表达什么？

杨熹：这样的形态其实是一种很难描述的感受。比如那件会颤抖的、钉子形态的作品，你可以把它看作是一个动物的躯壳，或者是一堆钉子。它们常常被设置为人们普遍经验认知的两极；锐利与柔软，不可名状的造型让它们并没有具体的指涉，是抽象的，但是这些形象在我们头脑中或许曾经涌现过，在我们的心里或许曾经经历过。当我在考虑材料与形态的时候，放大它们之间的矛盾与冲突，可以激发作品中不安、惶恐、荒诞之类的因素。

丁乙：在你的作品里面，看到有很多生长形态，比如说条状物，或者在平整的造型中突然有一些洞，而填充物形态又有类似男性生殖器官，让我想起“阴”“阳”关系。在你潜意识里面是否有性的隐喻？

杨熹：性的隐喻其实我并不在意。而我对生长概念有着浓厚的兴趣，它们充满活力和生机。生长充满着持续性，像是源源不断涌入的能量，它们可以被不断复制，也可以持久延续，当这些形态被集聚和综合时会有力量。

丁乙：生长与孕育有关，可能会暗示女性的视野？在你的作品表现里有没有什么说法？你希望别人把你当作女性主义艺术家吗？

杨熹：不希望，我虽然是女性，但不一定要被归类。我觉得性别平等或者模糊些会更好。

丁乙：还有的一种形态是在表现“观看”，观看的经验，或是观看被遮挡、遮蔽。所以我不知道在你所有的作品里面，观看对你意味着什么？

杨熹：观看与被观看，是每个人每天在经历的事实，有时内心渴望，但又很恐惧被别人观看。这种矛盾也正是我作品想要传达的。视点的提供对作品而言至关重要，虽然作品整体形态是判断作品的前提，但如果在细节上设置更多观看的入口，观看会变得更为曲折和丰富，也可能会从某种程度上激发观众观看的心理，包括我想引导给观众的观看体验，以及相互之间的观看与被观看的对立关系。

丁乙：另外一种因素在你作品里，是有关“动”的，如随风而“动”，会颤抖的“动”，或者吊挂着的。从感受上来说，是具有不确定性。你的作品让人感觉是非稳定的，你如何思考这个问题？

杨熹：我希望作品让人感觉是突如其来的“不明物”，而且是比较轻质的、模棱两可的东西。这种不确定性、不可定义性对我有着很强的吸引力，我也会对此比较敏感。希望观众在观看这类作品的时候会提出疑问和更宽泛的联想，被更深层次意味的东西所打动。

丁乙：我看到你近期的作品，有填充物，像实体，让我感觉更像是雕塑。我更愿意把这个作品看作是雕塑。可以这样理解吗？

杨熹：我希望作品是有生命力的，你可以把这个作品看作心脏或者人体内部的一种器官，又或者一块石头。它们都是实体的，只是体积、质量、重力不同而已。

丁乙：人类的历史很长，在人类各个历史时期，你更喜欢哪个时期？

杨熹：我更向往未来，未来是具有不确定性的，而这种不确定性让我着迷。但历史发生过的任何时期，只能从有限的文献资料上获取，而这种信息又不一定正确的。这两者都存在着幻想成分，像两个不同时空的梦。

丁乙：你看过很多艺术作品，有什么样的作品，或者形式，最会打动你。

杨熹：没有理由的作品，而它的存在又可以把观众吸引住。伟大的作品总带有一种人类内心深处的共鸣，这些作品往往是有魅力的、有精神力量的。

无题
纺织物
95cm×70cm×60cm
2017

无题
纺织物
80cm × 40cm × 100cm
2017

无题
纺织物、钢管
60cm × 40cm × 100cm
2017

杨心广
Yang Xinguang

1980 年 生于湖南
2007 年 毕业于中央美术学院雕塑系，获学士学位
现生活、工作于北京。

主要个展

2018 坏土——杨心广个展，北京公社，中国北京
2017 杨心广：不知林深，北京公社，中国北京
2015 杨心广，北京公社，中国北京

主要群展

2016 同曦 · 第三届中国国际装置艺术学术论坛暨中国国际装置艺术展，今日美术馆，中国北京
2015 编辑景观：媒介化之后的个体与工作方式，蜂巢当代艺术中心，中国北京
2014 第三种批判：艺术语言的批判性，北京时代美术馆，中国北京
2012 首届 CAFAM 未来展：亚现象 · 中国青年艺术生态报告，中央美术学院美术馆，中国北京
首届蒙得维的亚双年展，乌拉圭蒙得维的亚
第 9 届上海双年展，上海当代艺术博物馆，中国上海
2011 超有机：中央美术学院美术馆双年展，中央美术学院美术馆，中国北京

坏土 2 号展场图
综合材料
120cm × 240cm × 3cm
2018

物，物的身份与表情
杨心广作品中的物性与经验

鲍栋

虽然在诸多方面，如结构形式、材料倾向及场域意识上，杨心广的很多作品与“物派”有着类似的地方，他也确实受到了物派的诸多影响，但他的艺术实践的生发点和内部方向却是始终不同于“物派”的。“物派”包含了以禅宗等东方美学思想与现象学、存在主义等反思现代性理论去对抗西方现代主义艺术叙事的强势话语，以生成日本当代文化主体性的出发点。因此，作为一个虽无明确界定，但却有具体思想资源的艺术群体，“物派”总体上形成了一个美学风格，在作品中强调保持物的自然状态，使用自然的、未加工的材料，强调物与物、物与环境之间的关系，并始终处在一种思辨、内省的哲学氛围里，也延续了“寂”“俭”的日本传统趣味。

杨心广的艺术实践并没有处于任何一场运动或派别中，在他进入艺术生涯的21世纪之初，搞运动的氛围在中国早已消失多年，仅剩的或许有艺术市场的趣味潮流，但却是类似于动漫风格的东西。他受到物派的影响也是出于个人旨趣，虽然中国的政府与民间一直强调文化的民族主体性，但很少涉及真正意义上的当代性问题，因此从来没有成为过当代艺术圈的核心关注。换言之，他一开始就具有个人化的自由随意色彩，而不在意是否与何种集体动向有连接。

在他最初使用石、木、竹、土等自然材料的作品中，在顺应、凸显材料客体特性的同时，也始终投入着一种主观的情感，甚至形象的想象。如把削尖的一截树丫想象成“死鸟”，以及把整根树砍凿成骨头形状的“瘦”；再如把土堆成似乎会蠕动的形状。这些意象化的因素正是他一开始就不同于“物派”的地方，在他这里，物性与心性始终相关联。实际上，他选择这些自然材料，也并不是像“物派”那样为了强调物的自性，而只是因为它们便宜、易得，加工也方便，不需耗费太多成本。换句话说，他对材料的选择本身即是具有社会性的，因为现实中的物，不管是自然的还是人工的，都已染上了某种无法被还原的经验属性，如他所选择的物的价格。

杨心广的物是社会性的物，社会性的物包含了“物性”，但又不只是物性，还负载着形形色色的经验，有身份、有表情。而“物派”中的“物”（Mono）虽然涵盖了“物体”“材料”“物品”等宽阔的含义，但终究是一个抽象的存在。杨心广作品中的物常常是具体的、形象化，以及社会性、象征性、符号化的，总之是不纯粹的、不透明的，有点混杂和拖泥带水，正如经验本身。他使用或呈现的不是作为哲学形式的“物”，而是作为生活世界本身的物。它们可以是自然材料，如上文提及的那些，也可以是人工制品，如木工板、钢球、铝板、毛毡、彩钢。他从来不拒绝物上的个人情感、社会身份，以及物的指示性，如具象雕塑与模型的现成品，而在他最近几年的作品中，经常出现文字、图像、影像，这说明他也可以完全离开物性。

金色铝板是他近年常用的基础材料，在这种“土豪金”式的鄙俗、炫耀的底色上，他把粗粝的钢筋焊成文字，焊条溅射的痕迹分布在文字的周围，文字的内容是“傲慢”，整面泛着金光的铝板被安装在一个钢材框架上，摆在地上。在这件作品中，物的纯粹材料性、文化经

验性与文字符号含义串联在一起，露出了一个戏剧化的表情。这种戏剧化经常在他的作品中出现，有时是暗藏不露的幽默，有时是急中生智的滑稽，有时也包含着一丝对媚俗的戏谑。如他最近的一件作品，在高高架起的圆形金色铝板上焊着一个看起来像行星的圆圈形状，右下方出现了一个♥形，位置与网上热传的冥王星图片看起来一致。在这件作品中，金色材料的豪华土气、图像的小清新趣味与一种简易直接甚至显得笨拙的工艺产生了一种修辞活力，把这个时代泛滥、矫作的“天真”表演了出来，激发了观众对今日中国社会审美趣味的真切感受。

他的东西做得“拙”“笨”“土”，既是性格使然，也是精心控制的结果，其间包含着对来自文人审美但已降格为市井趣味的“古拙怪奇”的利用，但更多的是来自对这个时代社会的感受力。值得讨论的是，今天中国的艺术家，尤其是新一代，早已发生了内部分化，表现出不同的美学及价值认同，其原因不可避免地有着阶层的因素。在杨心广来这里，“拙”“笨”“土”或许是对自身乡村平民来历的认同，但“幽默”“滑稽”“戏谑”又呈现了文化人追求智识性快乐的一面，或许，正是这种张力让他始终保持着一种“弄拙成巧”的活力。基本上，当杨心广在艺术中努力调整这种张力的时候，作品就能够获得更丰富的东西，而一旦失去对这种张力的敏感，则往往会落入展厅里温驯的形式主义，或者狡黠的观念主义。

对于本土经验之土气的把握，不止出现在杨心广这里，亦有不少艺术家都在面对这一属己的独特经验，尤其是在绘画领域。但这种“土”与早已符号化的传统是不同的，反而是一种活生生的存在。“土”并不是指纯粹的民间乡土，实际上，当人们去一处完全没有现代化痕迹的乡村是不会觉得土的，“土”本质上是一种现代性冲击 / 回应的产物，因此“土”与“洋”在中国是一对不可分的概念。而艺术语言或风格中的“土”并不是保守守旧，反而意味着一种主动区别于“洋”，即那种最为表层的国际化的东西，把种种生硬、粗糙、不搭，即形形色色的未定性暴露出来。在这个意义上，“土”其实是一种自下而上的激进立场，一种敏感而又真实面对自身经验的态度。

[原载《飞地》（第十四辑）——“隐秘的动机”，海天出版社 2016 年版，第 120—125 页]

“剩余体积”系列展览现场

剩余体积 1 号
木
尺寸可变
2014

剩余体积 8 号
木
尺寸可变
2014

坏土一号
土，铁
740cm × 910cm × 3cm 520cm × 820cm × 3cm
2018

张帆
Zhang Fan

1975 年生于山东青岛

1998 年毕业于中央美术学院版画系，获学士学位

2002 年毕业于中央美术学院版画系，获硕士学位

现工作、生活于北京

主要个展

2018 年　张帆，今格空间，中国北京

2013 年　品——张帆 2013，今日美术馆，中国北京

2012 年　重读《笔法记》——张帆 2009—2012，元典美术馆，中国北京

2006 年　垂直，一月当代，中国北京

2003 年　自造，纸造——张帆纸上作品展，世方艺术中心，中国北京

主要群展

2018 年　自·沧浪亭：当代艺术展，金鸡湖美术馆，中国苏州

抽象+ Abstract Plus——抽象绘画在中国的新可能性，原美术馆，中国重庆

2016 年　联合·6 个展——张帆：逻辑创造感性，合美术馆，中国武汉

王式廓奖暨今日中国当代青年艺术家提名展，今日美术馆，中国北京

2015 年　时空书写：抽象艺术在中国，上海当代艺术博物馆，中国上海

无常之常：东方经验与当代艺术，萨拉贡博物馆，法国普罗旺斯

安格里纳美术馆，奥地利威尔斯；成都当代美术馆，中国成都

急就章第七组之一
布面丙烯
200cm × 160cm
2017

基座的重置

朱朱

张帆的“急就章”系列是一组对现在说“不”的作品，这个“不”的核心，在于他认为现在的抽象画依赖劳作量赋予意义，或者把劳作量置换成一种观念，“靠巨大的劳作量和劳作时间来完成一张作品的这种方式属于奇观式的绘画”，“理论上说，这种绘画任何人都可以完成，只需要对一个物体反复进行一种简单机械的操作就可以成就一种奇观”，这些奇观企图掩盖这样一个事实：精神性逐渐丧失，抽象画已沦为平面构成和工业设计的玩物。

仔细想一想我们身边的状况，似乎恰如他反对的那样，几乎每天都有大量的抽象作品被生产出来，它们拥有称得上精耕细作的外观和质感，特定的个人符号和图式，即使在后一方面不那么突出，但通过长期的经营，终得以在某个阶段固执地占据了我们的记忆，当那一天到来的时候，这个画家就宣告成立了——这种方法论不止在我们身边生效，也在国际通行；“僵尸形式主义”这个术语的出现，正是对那些“把基于过程的抽象画搞得如此让人难以忍受的”艺术家的明确反讽。[1]

不过，仅仅说“不”是容易的，也是危险的，危险在于：当你置身于一种对立性的逻辑中，自我有可能随对立面一起缩减。将这种危险阐释得更具体一些：在你锐化社会学或艺术现象学的某些命题的同时，你的思维和表达很容易被圈禁其中，这是一种反向的禁锢，但仍然是禁锢，它提供了对抗的激情，但并不保证一个主体进行真正的自我建构——幸而，他不只是对现在说“不”，也是在对过去的自己说“不”，并且，他赖以说“不”的基座是我们渴望赎回的传统。

对于抽象艺术，张帆曾经抱有某种现代主义式的骄傲，他早期的“格子”系列耽留于那种经典框架内，以追随巴尼特·纽曼（Barnett Newman）、罗斯科等人的方式，通过垂直的结构和优良的质地，来体现他“对庄重，崇高，含蓄的绘画追求”。设想他如果一直循沿这种做法，纵然会错过一两次抽象在中国的热潮，也可以缓慢地占据一席之地，成为重要展览或收藏拼图的一角，但是当他的认知产生变化之后，他几乎是另起炉灶，这并非缺乏耐心的表现，也不应该被视为一幕针对他人成功的复仇剧，原因只有一个：基座的重置——他想要在中国画传统中发掘抽象的可能。

“溪山林泉”和“水图”系列展示了他如何摒弃愉悦视觉的装饰感，向古典回溯，而“自叙帖”系列的出现，则表明他放弃了图像性的暗示，更进一步地接近北宋苏轼倡导的“书法性的表现主义”[2]。简单地说，在最近的七八年间，他以自我训练的方式缓慢地重演古典艺术史，对此他有过清楚的表述：

> 我曾经说过我在作品与宋画之间是一种半推半就的关系，我的初衷是消除形式。“溪山林泉”和“水图”这两个系列是我依照我的绘画逻辑发展出来的结果，从早期纵横交错的格子，到只有垂直结构的坚硬质感，再到我彻底消灭了画面中几何意义上的秩序，以一种被几个层次依次覆盖并留白的物理秩序来建立另一种抽象绘画的结构，通过这几个阶段的发展，当一切直观上带有视觉符号意味的形式消失，唯一可被感受到的就只有气息，这种气息隐约浮现和弥漫出一种五代、

北宋的绘画气质，所以我用了“溪山林泉”这个标题来进行代指。由于这个系列朴素的、描绘性的绘画方式还是无法尽情地言志达意，而我希望可以把所有的信息凝聚到一时一刻，把身体状态和情感状态精确地用一瞬间表达出来，所以“水图”系列开始有一点点书写的方式存在。到了《采薇》和《自叙帖》，则完全是主动地使用这种书写性的绘画方式了，这个过程与中国绘画发展的逻辑也是相似的。[3]

这个过程慢慢地归结到“气息”（类似气韵说）和“笔墨就是一切”上来，可谓观念性的复古。当书写性成为他的阶段性命题之后，他早期作品中整饬、华丽、工笔式的描画感和设计性消失了，代之以焦灼、粗放的写意性笔触，这在“采薇”系列和“自叙帖”系列中有着明显的体现，如果说在经历变化的整个过程中，成为一幅画的意识仍然盘踞在他的大脑中，“急就章”系列则是“溢而为书”[4]，要成为一张帖，这个系列的创作过程如题所示，速度极快，一张 4 米 ×2 米的大画在短短一个小时之内画完，横贯画面的成排线条模拟了古代行草的走势，线条虽不具字形，但有着连绵起伏、一气呵成的意味，他的设想就在于线条“相互之间协调的节奏感、细节、质感、情绪、律动等元素，这些元素都是在书写的过程中瞬间迸发出来的”。

在这样的工作方式中，劳作量被驱逐到画面之外，它不再能充当价值交换的堂皇说辞，而是恢复成应有的地位：蜷伏在画室角落里有待清除的成百上千张废品里——它属于日常的“渐修”，而被视为完成的作品则属于某种意义上的“顿悟”和“到达”系列。当然，我会试图多理解“急就章”系列一些，就这些被视为完成的作品而言，它们仍然属于一种高度理想化的模拟，因为与废品相比落差固然存在，但说到底它们还是假设了自我的更高境界，而非真的从笔墨、技艺和境界的意义上达到了某个绝对的高度，所以，它们似乎始终透出那么一种顽劣劲儿——并非真的很牢固地占据了古典主义的基座，但无疑像一种令人不安的箭头，冒着形式主义和仿生学的嫌疑，指示传统中那些接近完美的创造物及其转化的可能。

2018 年 3 月

[1] Nicholas Chittenden Morgan《僵尸形式主义，1970—2016》，2016 年 12 月 7 日，Artforum 中文网（http://www.artforum.com.cn/picks/10177）

[2] 参见［美］毕嘉珍（Maggie Bickford）《墨梅》（*Ink Plum*）第六章，陆敏珍译，江苏人民出版社 2012 年版。

[3] 参见“艺术汇”与张帆的访谈内容，载微信公众号 789 艺术《张帆　废画三千丨艺术汇 ART FRONTIER 专访》，2018 年 3 月 27 日。

[4]［宋］苏轼:《文与可画墨竹屏风赞》。

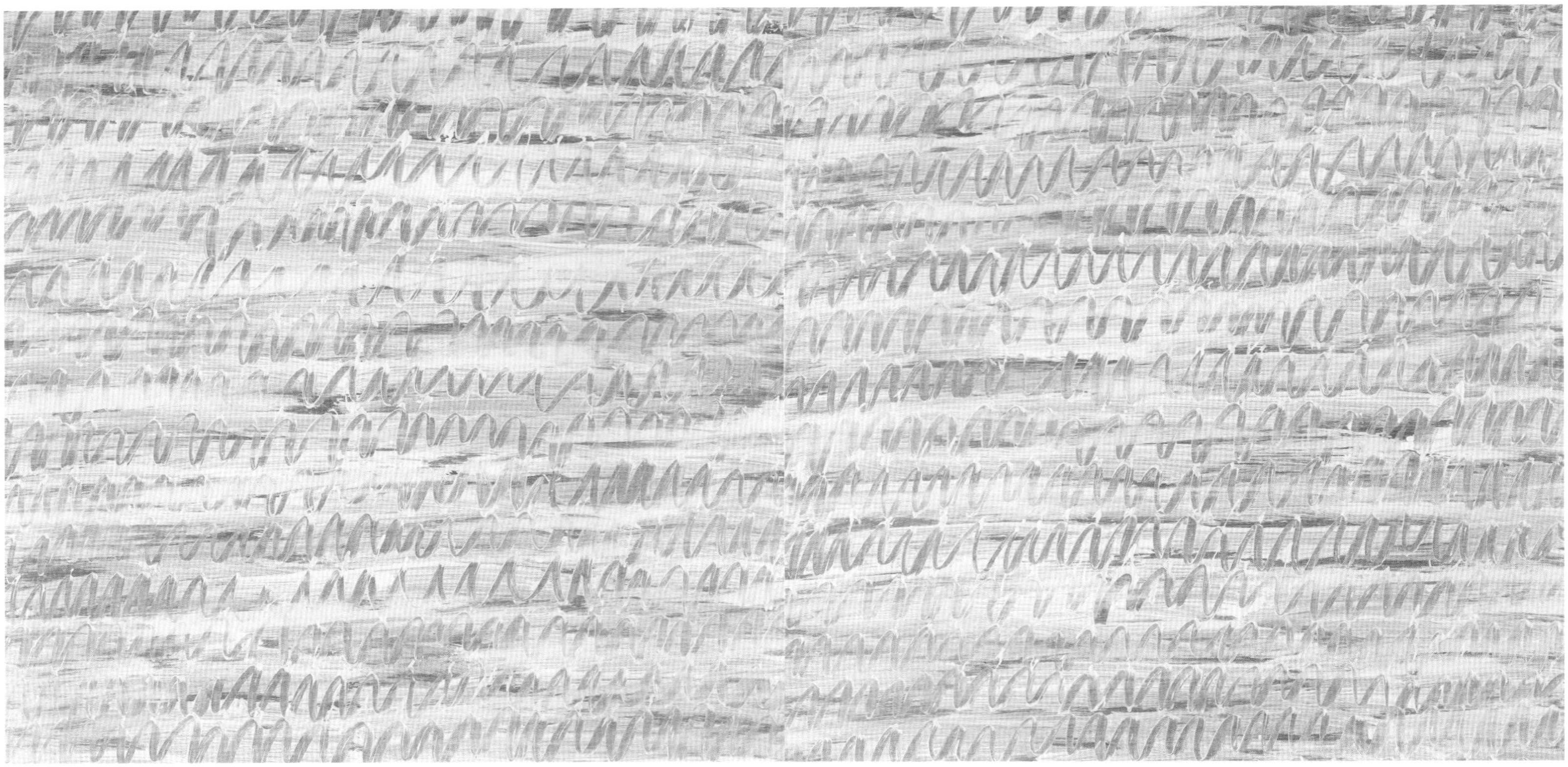

急就章第五组之二
布面丙烯
200cm × 400cm
2016

急就章第五组之三
布面丙烯
200cm × 400cm
2016

急就章第五组之四
布面丙烯
200cm × 400cm
2016

张增增
Zhang Zengzeng

1987 年生于安徽
2010 年毕业于四川美术学院雕塑系，获学士学位
2013 年毕业于四川美术学院雕塑系，获硕士学位
现工作、生活于重庆

主要个展

2017 年 城市之光 · 声之形，新媒介艺术展，成都银泰中心艺术中心，中国成都
2014 年 天堂，张增增 & 季平，中国重庆

主要群展

2018 年 2018 中国青年艺术家赴意大利佛罗伦萨驻留计划，LeMurate 当代艺术中心，意大利佛罗伦萨
山 · 水 · 江 · 湖——新媒体艺术展，四川美术学院美术馆，中国重庆
2017 年 时代质感——四川美术学院作品展，中国美术馆，中国北京
2017 中国 · 西安数字雕塑作品展，西安美术学院，中国西安
雕塑四十年 · 第一回展（2008—2017），深圳市当代艺术与城市规划馆，中国深圳
2016 年 在路上 · 2016：中国青年艺术家作品提名展暨青年批评家论坛，关山月美术馆，中国深圳
无界——第二届德中青年艺术家发展基金联展，Sans Titre 美术馆，德国波茨坦

造物
脑电波意念控制器、屏幕、摄像头、墙体、玻璃钢
尺寸可变
2015

雕塑的破壁者——张增增

程艾

青年艺术家张增增毕业于川美雕塑系，本科至硕士8年的专业训练使他的作品常常带有理性的学术思考。从“瞬间的永恒”到“梦想成真计划”，再到“CAFAM未来展”作品《无形之形》，他一直在探索雕塑的更多可能性，曾经尝试用废墟、肥皂泡沫，乃至空气作为雕塑的材料。之后在机缘下，遇到了多媒体技术，有了技术的支持，他利用手机、AR、VR技术、脑电波、声音等创造了许多有意思的作品。

起初引起我关注的是在他的代表作品《无形之形》，张增增借助“AR增强现实”技术，呈现了形体空间的外延和作为参与者的人和场域的关系，通过二维码扫描和手机拍摄，让作品借助互联网和报纸媒介传播和展示，极高的参与度成为作品令人惊讶的部分。这件作品无处不在，甚至出现在上海东方明珠塔旁和香港维多利亚港。

2017年5月，张增增带着他的作品《声之形1.0》来到成都，开幕式现场，我被头顶上千盏灯光组成的矩阵所吸引，参与互动。观众们的声音通过麦克风与灯光共振，无形之声在这里转换成可视的光，形成了一个光与声沟通交汇的现场。他将声音与现场1001个灯泡产生联系，整个作品炫酷且梦幻，仿佛是一个奇幻的梦境。在现场的采访中，张增增告诉我，他希望这个作品是具有互动性和生长性的。现场的电子音乐里混合了他在不同城市收集的参与者的声音，包括在网上征集的人声录音。他即时地把现场观众的声音与之收录在一起，通过程序自动组合成相应的电子音，再将这些声音与灯泡的闪烁关联并产生互动。他希望现场的观众可以在这里留下声音，让作品不断生长，让作品的视觉效果由大家的声音来组成，观众不仅是观者还是作者。

谈及这些年的创作思路，张增增说：“我是做雕塑出身的，说起雕塑，就会提到雕塑的5个元素：空间、体积、材料、身体和时间。这几个元素已经化为我做作品的本能反应，是我创作的出发点。”2013年的“肥皂泡沫”系列，他想突破空间中实体的限制，运用材料自身的特殊属性，制作的一个短暂会消逝的东西：它在空间里只是暂时存在，最终化为无形。紧接着他就开始思考：“既然雕塑在空间中已经化为无形，那么怎么能在无形中再造一个形出来？”随后便有了他做的虚拟雕塑作品——《无形之形》。

之后他又在思考艺术怎样生产关系，能不能把人思考的过程本身在空间中形成作品，之后便有了作品《造物》：使用脑电波意识控制器，读取人的脑波，三维成像并用3D打印机制作属于观众自己的思维雕塑作品，我们可以称它为“意识的形状”。最近，他与西南大学动物科学院的生物学科的专家合作的微生物的作品《回信》刚刚完成。一路走来，张增增从物质实体出走，经过虚拟创作体验质问实体的意义，又重新回到物质形态的再创造这个过程。

有人说：一个人有多不正经，他就有多正经。看似抒情的一句话，但却十分适合张增增。他的作品带有明显的学院派特色，严谨、创作思路清晰，探索研究领域的边界，并且有着良好的专业素养。他说这离不开川美的8年的专业学习，导师谢彬和焦兴涛老师的指导，以及毕

业后在川美的教学经历。我觉得他严肃而认真，可是私下的接触，却大相径庭，幽默、氛围的制造者、酒司令……率真且正直、严谨而较真、热诚且柔情是我对他感受。他直言不讳关于自己作品之中的遗憾和缺陷；对于自己不赞同的采访，直接亲自操刀自问自答，讨厌矫揉造作，煽情包装；关于自己的创作历程，他毫不避讳自己其中的机缘和巧合；对于行业的期许及学生的教导，他直言雕塑创作的不容易，天赋、生活阅历、价值观、资源整合能力 、问题的转化能力往往决定着创作的职业生涯……而所谓柔情，除了热心地与周遭相处之外，当我看到他关于作品《回信》的自述，我想张增增实际有一颗钢铁包裹下柔软的内心。

“我与父亲的关系比较疏远，平时沟通很少，电话里也说不了几句。多年来在我们无法交流时，父亲还会用他那个时代最正式和深情的方式——写信寄给我，这些年越攒越多，但是我从未拆开读过。在此，我把他们全部搅碎通过微生物发酵，酿成一壶酒取名‘绝情’。我把信上的细菌用培养基扩大培养，再用接种环接种到美术馆的墙上，组成一句我对他说的最让我后悔的话——‘明年我再也不回来了’。随着时间推移，细菌在墙上滋生成长，逐渐显现出来。我在父亲衣服上发现了几根胡茬，就把它弄碎，放在显微镜下，用极细的针挑拨，组成一个词‘SORRY’。”当谈及作品《回信》，他说：“这件作品在我的作品体系中是一个实验性的体验，尝试了一把物质的身份和转化的实验。”

在张增增的自述《做个球》中，他真实地讲述了他创作《无形之形》的整个经历。

“造物”展览现场

语言风趣，那才是生活中的张增增。

2014 年 12 月至上海，季平（上海零屿数码的 CEO）开车带着我穿梭在水泥森林里，两边耸立云霄的高楼实在抢眼，这是人类工业文明成果的见证，上海就是这工业革命进程中的排头兵。车至外滩，对岸巨大的东方明珠塔占据着天空，格外刺眼。心情激动，点了支烟，我扭头说：“哥，咱能不能做个大铁放明珠塔旁边，观众站在外滩拿手机观看，个头要比东方明珠塔要高，不要高多，就高 100 米。”他说：“这个有意思，可以试试，可能会有难度。”“没事，玩得就是刺激，在这个工业文明到极致的城市里，咱就来一个工业技术到极限都无法制造出来的，巨大尺度实心大铁球。这两个‘极’放在一起有点意思！这钢筋混凝土的城市空间才应该是这件作品真正适合的‘展厅’！它应该出现在这里，不！是马上出现在这里。

张增增直言与季平的合作是在策展人孙鹏策划的展览上的机缘巧合。能够将雕塑与科技结合，并且做出大家认可的作品，多少也有一些运气。从肥皂泡到做一个碑，立在空间里，它逐渐消失在空气中一个小时后消失殆尽，他的雕塑已经消失了，没有了。当不知道该怎么进行下去的时候？当思考什么是自己的材料语言、视觉符号的时候？当迷茫在自己的语言系统里的时候？与科技的结合，为他开启了新的世界。

虽然与科技结合创造之初，遇见了很多问题，隔行如隔山。技术是公司开发的，艺术家注重最终效果的一个展现。这一路走来举步维艰，一切的尝试都是未知的，他一直与泥巴等各种材料打交道，都能熟悉并掌握，最后的结果也不会太意外，而这次与科学技术的结合，是全新的体验，其中艺术与科技之间分寸的把握很考验功力。但张增增却很喜欢这种未知，别人没有尝试过的事情让他兴奋，调动了他所有的精力投入其中。他与领屿数码来自两个不同学科，之间的沟通和理解至关重要，虽对彼此专业知之甚少，但都有心于跨界合作取长补短，在隔着彼此的大山中打通一条连接艺术与科技的宽阔隧道。张增增和我说，他记得徐冰说过，杜尚只是一个拿枪的人，他第一个使用了枪，在他之前只是弓箭，在他之后的人只是在比谁打得更准、更好，环数更高。至此他感觉和零屿数码这回玩了把激光炮，管他什么靶子，扳机一扣，对面那座山都不存在了，实在过瘾！

至此经过两年多的合作，张增增与零屿数码之间已经具有相当的默契。各种技术的特点怎么转化成合适的表现语言？各项设备和技术的局限值在哪？几种技术相互协作的可能性在哪里？提出一个作品方案怎么与程序员交流？作品方案需要在整个制作流程的哪个时间段完全确定下来？张增增逐渐对这些问题有了清晰的认识，零屿数码也逐渐对艺术家要表现的效果有了更深入的理解。这些跨界的经验都在每一件作品的落地实施中得到积累。

在学术上，在焦兴涛老师的带领下，川美雕塑系的创作氛围极好，师生们可以自由地按照自己擅长的方式去创作，无拘无束。焦兴涛鼓励着张增增尝试不同的方式跨界合作追问雕塑的边界，并且总能一针见血地指出作品的问题、给出相应的指教。张增增说：“我很幸运是这里的一分子，在这里我时刻充满激情。”

一切还在进行中，张增增是科技与艺术探索中的实践者，是游走在雕塑的边界的冒险者，学术的素养和深入的思考就像风筝线一般牵引着他，不停地探索这个边界而又不远离雕塑。科技与艺术摩擦的方式还有什么？科技参与艺术中是否有更多的可能性？实体雕塑与虚拟雕塑之间的内核关系是怎样的？对雕塑和空间的新思考……要知道科技与艺术结合的目的不是为了博取大众玩乐式的参与，这是一个极其复杂且不确定的“剧场”在真实与假象之间，留下鲜活。

无形之形
尺寸可变，以展馆最高度为依据
手机
2014

无形之形
尺寸可变，以展馆最高度为依据
手机
2014

郑达
Zheng Da

1979 年生于湖北恩施

2003 年毕业于湖北美术学院设计系，获学士学位

2006 年毕业于武汉理工大学数码艺术专业，获硕士学位

现工作、生活于武汉

主要个展

2018 年　上传者 _ 后人类的副本，湖北美术馆，中国武汉

2014 年　入侵计划——郑达，南京艺术学院美术馆，中国南京

主要群展

2018 年　机器不孤单——机器三部曲，上海新时线媒体艺术中心，中国上海

相遇亚洲——多元化的青年艺术视觉，四川美术学院美术馆、坦克库 · 重庆当代艺术中心，中国重庆

刷屏 / 劳作——2018 AMNUA 国际摄影展，南京艺术学院美术馆，中国南京

2017 年　流明矩阵——国际新媒体艺术展，今日美术馆，中国北京

.zip 未来的狂想 | 小米 · 今日未来馆，今日美术馆，中国北京

2014 年　第三届美术文献展，湖北美术馆，中国武汉

METAMORPHOSIS OF THE VIRTUAL 5+5，chi K11 艺术空间，中国上海

捕食器的函数
机械装置、数据控制系统、互动系统、布带
180cm × 50cm × 65cm　200cm × 50cm × 85cm
原型设计：陈德智
2018

数字媒体语境中的“碎片”

杨贤宗

新媒体艺术作为一种崭新的艺术形态，发端于 20 世纪初期。近半个世纪以来，随着技术（尤其是计算机和互联网技术）的快速进步，新媒体艺术获得了长足的发展，在当代艺术领域显示着愈加强盛的生命力，呈现纷繁复杂的态势。郑达多年来致力于新媒体艺术的创作与研究，在一定程度上反映了这一地区当下新媒体艺术的总体水平与发展趋势。

在数字电视、网络媒体等各种新型媒介充斥社会生活的背景下，媒介的“碎片化”在某种程度上反映了个体对后现代社会传媒类型化、整体化的一种排斥。近来在新媒体范畴内两种基于网络平台和现代通信平台的新艺术逐渐形成并逐步活跃起来，即生成艺术和软件艺术。在当今数字化语境下，生成艺术和软件艺术已成为新兴艺术范式实现介入社会生活的一种有效手段，郑达即是这一领域的重要代表。数年来，其一系列作品为我们呈现了生成艺术和软件艺术二者在当下数字时代的艺术形态和发展趋势。菲利普·加兰特（Philip Galanter）曾这样界定生成艺术：“生成艺术是指所有和系统相关的艺术，这些系统包括了自然言语规则、计算机程序、机械，以及其他的介入程序，他们在完成艺术品的过程中发挥着一定的作用，生成艺术作品和过程有关，通常是根据艺术家实现编排好的程序和规则，计算机独立生成和自我组织的过程。”不难发现，其定义同样适于对郑达新媒体艺术的界定。

悉心品味郑达的作品，我们不难发现其作品的两大特征，作品形式层面的交互“碎片化”与其思想内涵中的“存在”观念化。无论是其以往的作品如《多物种 E》，还是近两年的系列作品“后机器”等，都明显地体现出以上特点。

与此同时，在新媒体艺术特有的这种交互式情境之中，郑达以一种“碎片化”的处理模式，呈现自身的艺术观念。在他的作品中，观众不再是单向的欣赏者和接受者，而是被巧妙地纳入了作品的创作过程中，成为这一系统不可或缺的组成要素。碎片化的视觉和欣赏者自身的反省为个体心灵提供了认知材料，心灵在此材料上加工，从而构成了复杂的观念。观念的清晰明确因其作品指向的模糊性，造成了观念语言传达的碎片化与不确定性。在这一过程中，观众在交互式情景之中，通过个体经验去追寻与之对应的“实体观念”，在一定程度上导致了经验性的空白。正如美国著名哲学家阿诺德·贝林特（Arnold Berleant）所言：“采取静观的态度之时，对于环境的经验就获得了一种遥不可及甚至与观察世界相疏离的旁观者形式。”英国著名经验主义哲学家洛克（John Locke）也曾说道：“实体的观念是复杂的，是由心灵把简单的观念结合在一起构成的。某一个实体复杂的观念由许多性质的概念组合而成，可以说是代表了一个独特的、个别的事物。同时，也是这种性质的支持者或者负荷者的含糊概念。”正是这种思想观念与现实经验文本的“碎片化”模式，赋予了观众在类型化传媒中的一种独特体验，切断了与现实文本的距离，在一个无叙事却充满观念思维的虚拟交互式语境中去感受这种多媒体“低科技艺术”的魅力。

交互式的“碎片化”及观念的哲学化，使得郑达作品，以一种简单的“样态观

（原载艺术档案：（南京）入侵计划——郑达低科技艺术计划，2014 年 3 月 9 日）

念”和更加理性、冷静的方式，去面对纷繁的对象，更多地是以一种看似“游戏”的态度去传达个人的观念。艺术的观念化亦是郑达作品的一个显著特征。观念艺术是西方艺术进入 20 世纪六七十年代以后的产物，20 世纪 90 年代以来逐渐在我国盛行。当然，对于“观念”的借用，我们更多地界定为一种作品呈现的思想指向。“观念”对于艺术创作的介入、渗透及其运用和外显在新媒体艺术中是一种历史的进步，标志着新一代艺术家在技术和艺术的结合、创作，以及表现艺术的方式等方面发生了变化。用美国著名艺术史家拉塞尔的话说：“艺术不仅仅存在于所理解的事物之中，而且还存在于我们对它的认识方法中。”因此，当我们在欣赏郑达的作品时，不只是对作品的理解，还是对创作者自身创作观念的建构，以及对自我本体认识的重新构建，甚至在某些时候可以是一种颠覆性的认识。

此外，郑达的新媒体艺术外显的观念化还隐含着个体对“存在对象”的反思，在这一过程中群体性思考逐步消解，取而代之的是个体的、多元的、反思的诠释方式。如其在“CAFAM 未来展”中的作品，巨大的信息显示屏与观众在交互式情境中完成了这件作品的构建。这件作品的原理、展现方式和内容构成机制看似平面化、简单化，实则反映了一种“存在”的思想观念。当观众以一种疏离的态度对待这件作品时，它以一种“此在”的形式呈现在观众面前，而当观众介入这一体系中成为交互模式的主体元素时，作品便以一种“存在者”的形式与观众产生关系。在这种新媒体特有的互动模式和情境下，观众既是欣赏者，亦是创作者。通过人机交互，“物”从静置“此在者”完成了与欣赏主体相对照的“存在者”。亦如海德格尔（Martin Heidegger）所认为：“艺术品的真理和美的显现是通过‘建立一个世界’达到的，这种建立世界的活动是一个艺术的创作过程。它是动态的，因为存在只是在时间中存在，时间性是存在的基本特征。”海德格尔理论中所谓的世界，反映在郑达的作品中，即是人机交互的“碎片化情境”。同样，时间作为新媒体艺术的一个重要因素，在郑达的作品中也得到了充分的诠释。作品的生成与时间的有限性得到了完美的契合，欣赏者则成为触动这一机制的关键因素。

郑达的新媒体艺术，既是技术与艺术的完美结合，亦是数字化“小时代”下多元“碎片”的个体写照。文明的进程在某种程度上就是人的不断异化过程，从工业文明初期人对机器的排斥与疏离，到电子时代人与物的密切交融，都是其表征。郑达的艺术顺应了历史的潮流，或许也预示了一种方向。

捕食器的函数
机械装置、数据控制系统、互动系统、布带
180cm×50cm×65cm　200cm×50cm×85cm
原型设计：陈德智
2018

DATA POOL 展览现场

周钦珊

Zhou Qinshan

广州美术学院学士、硕士
中山大学在读哲学博士
现为广州美术学院教师

主要群展

2018 年　回归本体——广东新时期抽象型艺术溯源，岭南美术馆、广州美术学院美术馆，中国广州

2017 年　聚焦——当代艺术中的社会，岭南画派纪念馆，中国广州

2016 年　内燃：中国新一代女性艺术家，美国密歇根州立大学布罗德美术馆，美国密歇根州

2015 年　复调 3——广东珠三角艺术生态调查群展，南京艺术学院美术馆，中国南京
机构生产——广州青年当代艺术生态考察展，广东美术馆，中国广州

2014 年　未来的回归：来自中国的当代艺术，美国密歇根州立大学布罗德美术馆，美国密歇根州
积极空间，广东时代美术馆，中国广州

我触摸到声音的骨头 -0016
胶片
38.5cm × 28cm
2018

“一万句”和“一句”

刘礼宾

刘震云的作品《一句顶一万句》讲述了一个中国版的“百年孤独”的故事。在这本小说中，所有人物的聚散离合、爱恨情仇，都与人和人能不能对话，对话能不能触及心灵、提供温暖有关。刘震云提示我们，“对话”一旦成为人与人唯一沟通的东西，寻找和孤独便伴随一生：吴摩西为了寻找能够“说得上话”的养女，走出延津，他的“杨百顺—杨摩西—吴摩西—罗长礼”这种名字的变迁，象征性地预示了人类寻找的无望，最终只能借助“喊丧”来结束这孤独的命运。吴摩西养女的儿子牛建国，同样为了寻找“说得上话”的朋友，走向延津。走出走进，延宕百年。在刘震云的小说中，寻找“说得上话”宛如指示命运的谶语，一直弥漫于小说的人物之中，亦在现实中的你我之间。

尽管刘震云的这篇小说写的是河南民间，但它提示的是当代人的精神处境问题。如果说因为时间延宕较长和空间相对弥漫，小说中人物的精神困境表现得较为缓和，那么对于生活于时空局促的现代都市中的你我来讲，这一困境则表现得更为突出。在极尽繁华、人流如织的城市空间，个人的孤独感并非减弱了，而是加强了。都市人一方面拼命地工作，另一方面拼命地排解，在过度劳累、放纵休闲中，体验着“存在”的真实感。现代都市不但把他人平面化了，也把自己工具化了。孤独便成了时刻萦绕都市人周围的咒语。

艺术创作基于对不合理现状的质疑，通过艺术创作表现自己及一代人的精神状态，或者期望发现解决的途径。在这个角度上，我充分肯定周钦珊最近的艺术创作。

在她的作品《求一根线的心理距离》中，成千上万正形的短促的小线条排挤出一条负形的线形空白。画面上正形的线可以用尺子和笔直接画出来，距离是确定的；线形的空白是把画面上多余的空间填充或排除掉后剩下的，距离是不确定的，它随着时间的演进和填充物排列秩序的改变而改变。基于这种方法，周钦珊把实际的距离转化为心理上的距离。这根“线形的空白”是周钦珊对人与人之间的“心理距离”的物化呈现。在她看来，“心理距离”是无法精确丈量的，但又确实存在。于是她通过一条极其艰难，但又让她着迷的方式去探究这一“距离”。她的创作立即让我想到“一万句”和“一句”的对峙——在考验身心承受力的，对成千上万条笔触(“一万句”)的描画过程中，一条看似真实，但其实不存在的线形的空白（“一句”）呈现。

刘震云笔下的人物在找寻能说得上一句话的对象，周钦珊则在求一根线的距离。刘震云笔下的人物把“找寻”的过程日常化了，周钦珊把“求”的过程变成了创作的过程。相通之处在于，周钦珊的创作过程也具有日常行为的痕迹：一件作品画一个月，每天对着画布“唠叨”，从早晨 8 点到晚上 5 点，日复一日。她说“每次面对一张空白的画布，则是一次新的实验的开始”。在我看来，她每次面对一张空白的画布，则是一个交流过程的开始，不过她没有把希望寄托在“人”身上。

毋庸置疑，周钦珊以她感性的创作给时下理性、观念化的抽象艺术创作注入了更多个人色彩和感性因素，提示了抽象艺术触及时下现实的可能性。

求一根线的心理距离
布面丙烯铅笔
200cm × 150cm
2009

宣言 NO.200803
布面丙烯铅笔
200cm × 130cm
2008

如果不被周钦珊魔咒似的“唠叨”所幻惑，抽身出来看她的创作，则会反问：周钦珊貌似疯狂的创作过程的诱因是什么呢？为什么她的孤独发出的声音如此尖锐？其实对极其敏感、富于反思能力的周钦珊来说，正是她对世界的洞察让她走向了“不相信”，而在对既有事物的剥离和解构中，她成为一个本己的“我”。“我”的这种本己性质必然会导致对非本己的“我”的取消，把他人的存在看作是可有可无的东西，而她所面对的世界则成为一种非共同拥有的、私有的世界。

如何解决这个问题？

在哲学界，表现为从对主体性的“自我”的沉迷，走向对主体间性的“他人”的肯定。其实从胡塞尔（Edmund Gustav Albrecht Husserl）对“主体间性”的系统推出，到海德格尔的“共在”，以及萨特（Jean Paul Sartre）的“为他”，都在为这一转变寻找可能性。在伽达默尔（Hans-Georg Gadamer）的解释学、罗蒂（Richard Rorty）的教化哲学、哈贝马斯（Jürgen Habermas）的“交往理论”中也多有触及：摆脱以我为中心、以我为坐标原点的“透视性关系”，走向真正的、名副其实的交谈性的双边关系。

在其他领域，从《一句顶一万句》，到澳大利亚人胡安·曼恩（Juan Mann）发起的“免费拥抱（Free Hugs）”，再到高氏兄弟的行为艺术作品《拥抱》，都意在破除这种主体间的冷漠感，从而实现对话的可能性。曾经风靡的电影《廊桥遗梦》中的主人公之所以可以获得“知己”，正是因为一个偶然的时机使主人公获得了将对方视为主体的可能。网络聊天的直接性所导致的闪婚，也潜藏着这方面的因素。走向他人，将“我与他”的关系变换成为“我与你”的关系，直面对方这个“你”，而非将对方扁平化为无关痛痒的“他”，面对人如此，面对世界也是如此，这或许是周钦珊解决问题的一个途径。这个问题既是生活问题，也是创作问题。悖论在于，一旦这样的问题化解开来，她创作的基点又是什么？

另一个需要注意的是，周钦珊天天在说“一万句”，这是否又是她对别人将她“扁平化”的抗争？如果是这样，她的抗争及艺术创作依然有效，因为这毕竟是个时代问题，周钦珊和我们都无处逃遁。

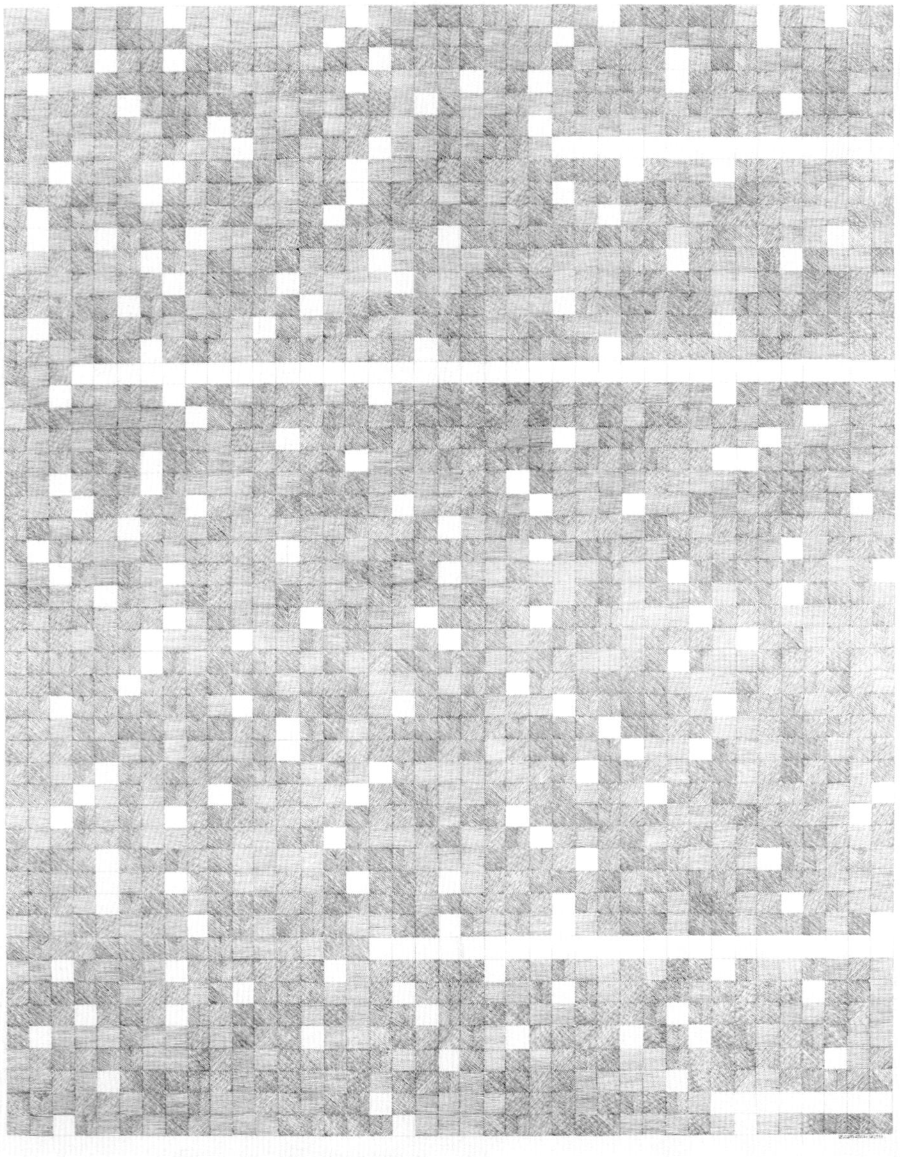

寄往天堂的信（201329）
布面丙烯马克笔
105cm×130cm
2012—2016

“我触摸到声音的骨头”系列
展览现场

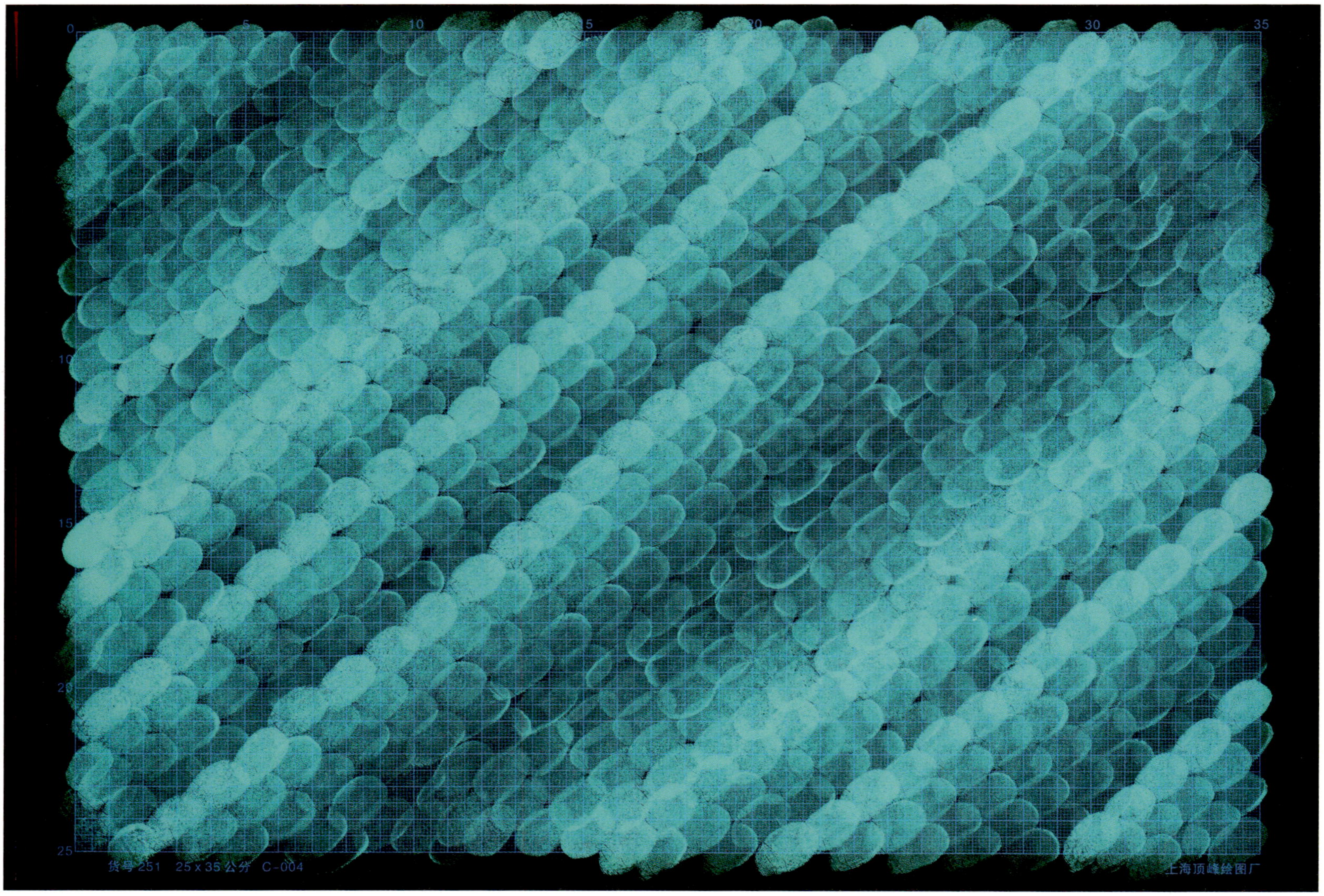

我触摸到声音的骨头—0013
胶片
28cm × 38.5cm
2018

我触摸到声音的骨头—0016
胶片
28cm × 38.5cm
2018

艺术创造一种新的视野

艺术作品通过形式呈现思想，现代性始终伴随着对新形式的无限渴望。艺术家把艺术作为一种自我认知的态度和一种认识世界并把握世界的方法，因此形式的新奇性并不是艺术的终极目标。在当代艺术发生、发展的现场，我们时常被持续的形式革命所吸引，甚至沉溺于形式的浪漫主义，混淆了形式背后的真实立场是生产一种观察世界的新方法。艺术创造有批判快乐意识形态的必要性，艺术家的工作是对认识世界产生一种知觉性的理解。艺术家并非创造某种全新的形式，而是在特定的历史语境中不断地进行形式提纯，通过形式的复杂性对存在的世界产生新的视角和感性关联。

中国新一代艺术家与上一代艺术家已然有诸多的不同，70 后艺术家的作品中并不具有明显的政治符号，它们被消解并巧妙地转化为广泛的物质、材料或多元的形式组合方式，也因此具有更细微的情感和更多元的叙事及解读路径。我们依然要警惕把无限的形式、媒介、观念的拓展和创新作为整合性的绝对力量。艺术家的工作通过反复的思考、过程和不确定性的实验创造认识世界的新可能性。

本章的“艺术家工作方法手记”和“参展艺术家工作方法现场对谈”尝试以艺术家的视角与作品进行更加深入的对话。

第 2 章

CHAPTER two

艺术家工作方法研究

RESEARCH ON THE WORKING METHODS OF ARTISTS

艺术家工作方法手记

（按拼音排序）

1. 陈锦潮

（1）物性与文化属性的转换：我在创作实践中提取物的属性，并思考如何用物来呈现隐藏在物背后的文化属性。提取的最终结果只能将其抽象化，去除具体形象的影响，回归形式语言本身，而这两者之间的联系很多时候却需要借助文本语言来进行阐述，这是一个有待优化的问题。

文化作为艺术创作中的元素和资源（或者看作一种数据），通过“物”的形式呈现都具有碎片化和断层感，这种方式是一种经过挪用后的转换，最终起到运用“物”去激活文化的过程。

水、墨，在中国的绘画历史中的重要性毋庸置疑，通过对墨的提取这一过程去阐述水与墨之间的关系。提纯墨本身的物质属性，去呈现墨的独立性，从而去解析墨的文化属性。

水、墨、纸之间的关系得以再次划分，水和墨不再遵循原有的关系，墨在这里脱离他者的限制，从而与水、纸、空间等其他“物”重新构成一种新的暧昧关系，而这种关系正是传统文化得以在当下为我所用的依据。

（2）美是一种标准，也是一种限制：一个动作的不断重复会慢慢地变成一种习惯，一种逐渐养成而不易改变的行为。对事物的认知停留在一种习惯性思维下，便容易转变为一种机械模式。“美”的认知标准也一样。当一个人以一种习惯性的眼光重复看待接触的事物时，便会形成其自身的审美标准，而这种不断经过重复压缩的审美标准也是一种机械模式，此时审美就会受到限制。

汉字书写提供一种审美标准，同时也产生一种审美限制。艺术亦是如此。

2. 陈彧凡

先验与创作：《边界》这件作品的创作来源于我的 3 次以色列之旅，深深体会到不同形态的政治、宗教的不可调和性。在《边界》这件作品中，我希望这个“边界”是广义的，不仅指国与国之间的“边界”，而是可能涉及人和人之间、宗教、政治、艺术、伦理、人和人工智能等种种的“边界”。

对我个人而言，“在地性”是我最初找到自我的坐标，它明确了你出发的那个点，至于往后的东西，就如基因在你体内的波动有时是无意识的一样，养分和束缚可能同时存在。话说回来，创作不是靠一个东西支撑的，它是不同方向的合力——你的视野、处理方式等，每个东西都很重要。我更在意当下由自己的创作系统延伸出来的某种文化自觉性，它不需要那么清晰的基因追源。总的来说，个人的经验和困惑是我创作的来源。我在叙事的同时完成抽象过程，尽可能探及事物的本质，将一件看似孤立的偶发事件和人不可逃脱的命运关联起来。

3. 迟群

线条是表达的载体，也是生活的表现方式：“线”只是承载我的一种表达方式。在形式语言方面，我把“线”作为一种内在结构来看待，我从“线”的本身出发去挖掘其无限性和深入性，脱离了具体事物，直接以平面的方式来呈现，来体现自己的生活，让线有一种温度感，具有一种生命性。在当下多元的艺术表达形式中，以“线”这种相对理性的表达形式来呈现个人生存和生活的方式，体现理性背后相对冷静的生活态度，寻找一种朴素、平淡的精神，找到内心的归宿。

在绘制纸上作品时，我会体会纸和铅笔在接触摩擦过程中的细腻感和微妙性，在反复绘制中始终保持淡淡的温度，呈现自己平静的状态。我的油画作品以一种近似机器的形式一遍遍制作，过程中糅杂了自身的情感，通过打磨作品这种制作方式来呈现最后的冷静的生存和生活状态。

4. 邓悦君

（1）庄周梦蝶：这些不存在的类昆虫生命体有如梦里的化身，以独特的方式存在着，帮助我去探索这个世界的原始状态。在梦里，我们化身为万物，直面自己的本源。创作研究给我打开了不同的门，我从梦境而来，通过梦穿越到不通的纬度领域，遇到了声音、影子、机械运动这些我十分感兴趣的入口。我们扮演成他者与自我对话，来满足每一个贪婪的欲望。但梦不仅存在于梦中，它们比现实更真实。

（2）“抽象”并不是刻意选择的语言：物质有多种存在方式，时间或许是一种物质表现形式，精神世界或许也是一样。艺术创作上，我没有刻意地选择抽象语言，依据作品所需，我关注的是怎样更为接近我要表达的部分。例如《O》这件作品，除了希望创造出一群能够直接和环境发生关系的生物以外，我希望把最具有代表性精神的声音注入生物内部，能够获得一种直接的生命力。它们能够随着环境光线的改变发出恰如其分的共鸣，每个人声如同一个声音像素点，受光的程度不同，声场组成的方式也不一样。这个场是立体的、变化的，因此作品和空间，以及观众之间存在着一种流动变化的关系。是真实的又是虚假的，是物质的又是精神的，是存在的又是不存在的，就是我寻找的一种作品状态和平衡点。

（3）现象之内与幻象之外：有太多的东西让我沉浸在漫长、绵延的想象中，而我们对周围的空间感受是受限制的，有很多感受不到的物质和能量，所以我经常会想象这个幻象之外不可见的部分。

《呓语 2015》这件作品是希望表现一种沉睡的感受。沉睡首先是有生命的。这种沉睡的状态是美满的，是呼吸的，是细碎的梦话。而我认为这种状态是非文字语言能够体现的，所以我试图把影（也是光）作为艺术语言本身，让观众进入全包围式的梦境感受，这所有感官都集合在一起的，如潜意识中慢慢生长出来的一种物质意识形态一般。

（4）工具思维与作品的不确定性：我并不是每时每刻都有很多的想法，因此要进入工作状态，有时候需要依赖“工具”，在与它们慢慢沟通过程中就会很自然地会有创作和实验的冲动，这些“工具”在某种程度上唤起了我对各种事物的好奇心。一旦有了想了解的念头就会有很多好玩的事情发生，我不会想着要做一件“作品”来推进这个过程，因为我不知道作品是什么，也不知道最后会有什么，有时候可能只是知道了一个比较冷门的知识或者满足了动手的成就感，或许也会产生一两个实验品和协助实验的工具。我也在想，现在这个任何东西都可以被叫作“作品”的时代，是不是也可以存在一些有意思的但不叫作“作品”的东西。

---

5. 董大为

（1）寻找主体性：艺术家的工作是去发现自我、寻找自我的一个过程，用不同的方式去发现自我、忠于自我。假设我的一部分实践集中在抽象艺术领域，那我会试图去打通抽象和具象之间的界限。

艺术家的工作不是创造，相对于神的创造，我觉得艺术家的工作是“发现”，发现有哪些东西值得我们去了解的；或是它就在那里，值得我们推开窗的去发现。

（2）结果与过程、平面性与空间性：这个系列主要利用了粉笔画的特有材质，放大了绘画工具和它的载体之间的材料性关系，把我们通常当作多余部分的粉末，纳入主观的呈现当中。绘画不单呈现为结果，还呈现了其生成的过程。“主、副产品”相互映衬，形成一个自我阐释的系统。

绘画的工具和载体即为绘画的主题，它是关于绘画的绘画，从材料性和过程性的角度，思考了绘画形式被接受的历史。此外，掉落的轻盈粉末会在气流的作用下逐渐弥散并积累在载体的周围，使绘画合理地脱离了平面性，成为具有空间性的作品。

---

6. 关音夫

（1）看与被看：我作品的样貌包括两个方面，一个是以颜色为主要媒介创作的作品，另一个是以金属为主要媒介创作的作品。两种不同形式的创作是并行的，它们所表达的东西是相似的，其最终样貌都是一种极度物质化的呈现。我虽然非常注重作品的物质感，但是物质感并不是我创作的最终目的。现场感、作品与作品、作品与空间，以及作品与观众之间的关系是我比较关注的因素和角度。我希望我的作品能够调动每个观者的自觉意识并形成不同的感知。此外，我创作的最终目的还是对自我意识的一种自省与解放。

（2）传统既有过去性，又有现在性：我理解的“传统”是文化意义上的精神传统，是世世代代人类文明承继、延伸下来的诸多观念的合集。它会影响我们的行为和思考方式。我从不认为当代的人与“传统”是分开或断裂的关系。“传统”如同血液，以不同的型号和浓度流淌在每个人的身体里，甚至可以说是人的基因的一部分。虽然在当今全球化的时代，生活方式、思考方式、审美意识逐渐趋同，但不同民族的个体依然是各自文化传统流变的载体，差异性和趋同性一样，是显而易见的。

英国诗人 T.S. 艾略特（Thomas Stearns Eliot）在谈到文学创作中传统与个人才能之间的关系时曾提到，“传统包括一种历史意识，这种历史意识是种感觉，既具有过去性又具有现在性”，“从没有任何诗人，或从事任何一门艺术的艺术家，他本人就已具备完整的意义”。我对他的观点深以为然，因此就我自身来说，我从未觉得“传统”与当下生活之间有着不可抗拒的冲突，传统不是固定的模式，它是进化和修正的过程，也是与当下生活连接的基础。

7. 何岸

（1）虚构与现实同时在场： 虚构和现实并行，双方互相刺激、玩弄和挤压，获得同样的张力、同样的在场。我用文字和修辞、修辞和时间、时间和传说之间的关系搭建一个魔幻现实的平面世界，一种新的可能性在此展开。

（2）新维度时空与宗教情结： 在全新的境遇里时间轴被截断、被打开，过去、现在、未来存在同一视域。我创造出新维度的时空，人们的体验、记忆、情感在这里相互交融，从封闭的现实中逃逸。在每一个空间里探究时间概念的时候，便会具有某种宗教的情节。宿命的引入几乎是必然，我希望艺术家工作有一种“神授艺人”的职能，这是我对艺术最美好的判断。

8. 洪启乐

（1）跨时间维度与在场： “Scale”一词既有“鳞”的意思，也有“尺度”的概念，既是微观视角下的线索，也是宏观现象的缩影。*SCALE* 系列作品为关于未来时间维度进行的考古采样的思考所创作的系列作品。人类世界的繁荣乃是人们对自然、对社会的秩序性不断的维护与改造的成果，变迁过程中产生的废墟与遗迹正是人们研究历史所考之证据。各种介质对信息的记录和归档技术的进步，对未来回看现在的人们来说，已不会有像我们在考古千年前的遗迹时体会到的神秘感及众多的古迹留下的匪夷所思，而是利用种种碎片拼凑描绘一个时代的精确的整体画像。

（2）抽象是剥离和重组的过程： “抽象”对我而言是相对的，我们把一个经验中具体的东西剥离它原有的语境或环境，就是抽象的过程。层层剥离有点像解构，很多艺术家或学者，通过解构的方式来探索事物的本质，而又有很多人将事物分解到最“小”，只能看到一堆无意义的散沙，就如在语言学中，“语词”是基本单位，但是“语句”似乎才是有意义的。于我而言，对事物的本质并没有太大兴趣，那是一个无底洞，我享受的是这个剥离和重组的表达过程。

9. 胡庆雁

（1）一切都是抽象的： 其实“抽象”这个词不是特别准确，包括每个人对“抽象”的理解也是不一样的。在绘画里，我认可抽象与具象的差别。不过对我而言，所有的一切都是抽象的，这是我对雕塑具象和抽象问题的看法。即便是我们看到的“具象雕塑”，包括米开朗基罗、罗丹的作品，如果抛开表象——形象、形状，其实它们还有很多东西，比如材料转换及材料的物质性等。一个雕塑使用不同的材料结果是不一样的，材料的个性会让具象的雕塑变得抽象。

做一个写实的人物雕塑时，虽然最后呈现的是一个有着具体形象的人，但在工作过程中，要塑造表皮之下的肌肉、骨骼等皮下组织，而且完成的泥塑还要经过材料转化，变成铜、石等某些易保存的材质，所以最后得来的这个“写实雕塑”是有很多因素纠缠在一起的。我们所谓的具象只不过是一个表象而已，对我而言它也是抽象的。

（2）对形状的放纵导致作品的不确定性与偶然性： 一旦形状变得可变、不确定乃至偶然，那么作品反而会带出更多东西。在“空房间”系列作品中，它的形状是偶然得来的，那形状就不再那么重要，不可视的内部空间反而凸显。当然很多人在看了作品后认为作品的独特之处还是形状，我觉得这也没问题，因为雕塑原本就是物质的、有形的，从形状进入是不可避免的。

10. 胡晓媛

思维孤岛与变动的关系： 我习惯从具体经验中抽离，转而讨论时间、空间和存在等更为抽象的话题。近期作品明显更趋向对意识系统的分析而非个人抒发，这些话题都是与我内在的知识和认识密切相关的，就如在建构一个又一个的思维孤岛。

无论是抽象力量对质提示出的矛盾必然性，还是通过日常物、遗留物描述矛盾之下潜在的存在，或者微小物品视觉上质疑所谓真实，都是因为我坚信张力变化过程始终都在，以及相信观察、思考他们能够对今天和明天有非常重要的影响。思考的基础是宏观视野，因为世界从来不是一个切割的局部而是整体，所以我们想要认识整体必须先看变化，实际上就是对关系的变动和变化有一定的思考。因为变化才是存在的实质。

---

11. 花形

科学与自然：我沉迷于程序算法生成、Audio - Visual影音交互等媒体艺术创作。长期专注“分形”这一数学概念所展现出的分形图像，挖掘和思考分形图像背后所产生的理论意义和美学价值，与宇宙、自然、宗教之间的暧昧关系。“分形”作为一个数学的概念，其特殊的算法被称为“迭代”，即简单的逻辑，通过不断迭代计算后会产生极其复杂甚至不可预测的行为结果。然而自然界充满着这样混乱无序、复杂多变的现象，他们是否可以通过“分形”的方法和规则来得到支持和确定？他们是否遵循着某种“终极目的”来自我发展、变化、衍生？这样的“终极目的”可否被认为是简单的数学算法和公式？

更重要的是，“分形”只是一个载体和借口，来承载我对时间、空间和万物本源的思考和无限的追问。

---

12. 简策

（1）观念驱动创作：在近期创作中，我将经典图像分析解构，将绘画、影像、数码图像进行渗透和融合，探讨今天的视觉习惯。我不想让自己的绘画带上一种个人化的色彩，观念性的出发点才真正驱动了我的创作。我对绘画的兴趣在于二维的图像，以及它超越二维现实的潜力。我的大部分素材来自不同时代的图片和物品、互联网信息和数码图片。作为一种可能性，绘画可以对一切进行加工，我根据我所看到的，按照兴趣继续深入，就像战船与人工身体都有其历史上的渊源，但同时又是当下的主题。武器的美学、游戏里的化身或者机器人在我们的时代早已留下了深深的印迹。

（2）创作无关乎美：与任何图像一样，无论什么样的绘画都具有自己独特的美感，我的绘画在最终的视觉上同样也体现了某种“美”，但这些画的出发点并不关于美。互联网提供的首先是信息，而图像则提供了一种审美体验，这与信息是不同的，两者的交叉点就是数码图像。在此基础上，我创作了抽象系列“CAPTCHA/验证码”。验证码是通过算法得到的信息，但它在画面中又体现为视觉上的美，其数学性的逻辑与抽象绘画正好截然相反。我感兴趣的是怎样用绘画来体现这种看似无规律，然而完全由程序规则严格控制的构造图像的方法。我想在不用电脑的情况下，让一种强调手工感、材料感和主观性的绘画成为对电脑图像的恰当回应。

---

13. 鞠婷

抽象与形式不重要：抽象或具象并不是我创作时考虑的主要因素，一步步走到这，也说不准下一步会到哪里。形式不是最重要的，也不应该成为艺术家的圈套。还没做出什么来就先给自己定一个模式，就有点儿画地为牢了。

80后艺术家在创作上或许更宽泛一些，毕竟个体经验和经历不一样，面对的问题也不同。那些宏大的主题少了，更多地转向面对自身。现在研究最多的就是自己了。我们与那些遥远的传统没法直接衔接，具体的一些新传统却就在生活中。自觉或不自觉地会影响着自己。

---

14. 冷广敏

（1）原则决定了问题和能量的出口：从自觉的创作开始我就给自己设置很多原则，这些原则最初可能只是一种臆想，经过实践之后有些原则就消失了，有些则变得更坚固，也会有新的原则加入。原则是可贵的，这些原则的好处是让创作范围变得明确——我知道自己在做什么。值得警惕的问题在于会失去可贵的意外。其实从创作之初我就明确一点，要有一种冲动来支配我的创作，这种冲动是问题的根源，也是能量的来源。问题和能量的出口是多样的，“原则”决定了他们的样子。矛盾之处在于，原则应该是开放性的、服务性的，事实上却受限于个人的知识、眼界等，导致原则往往变得狭隘，限制了能量。所以“原则”不应该成为至高无上的东西，而一种人性本身的、每个人都有的东西似乎才是核心的。

（2）形式不重要：我是绘画系毕业的，但我自认为已经走出绘画一小段距离了，只不过作品还是一副“绘画的模样”。我觉得“绘画”还是很有意思的，当艺术形式变得越来越多样，也不断地被消费的时候，或者说什么样的形式已经不重要的时候，“绘画”的特别之处才得以凸显，因为这种形式所有的力度都让你一眼就看到，没有时间、空间、声音的延展。我觉得这是一种朴素的力量，这种力量是属于绘画的骄傲。

我把我的创作看作一件物体，这件物体由多个物体构成，它们形成了一种叙事，我努力从这种单纯的叙事中找到一种趣味，这种趣味背后是我的价值观、世界观。

15. 李涛

（1）艺术工作的工具是作者本身：艺术工作的第一要素是工具，我按照最普遍的方式来理解工作，工作一定要有工具。作为艺术工作的工具是作者本身，我相当于把我自己当成工具，我的特点，就是我最本质的属性。

我关注的对象是我实践背后另外一个“真相”，是陈列空间的属性，是互相矛盾、追逐的对立因素。每天在持续交互功能的世界中寻找背后的“真相”，发现外部世界有 A、B 两面。作为一个观察者，我对感知到的 B 面进行反应与投射，小心翼翼地保持自己与两个世界之间的距离。物的“陈列”怎样塑造空间的属性是世界实现其默认功能的契约，我们只能遵守或反击。相互矛盾、僵持、追逐的对立因素如何成为稳定的处理对象，收藏并等待一个新的等价物（作品）来替换并存活下来。

（2）新的物性：平行：用对应代换呈现一个新的存在物，与处理对象的关系不是模仿也非想象。

对冲：作品的自身构造可使全部元素可回溯、倒叙、消解、退出，归还行动前清净、空白的世界。

隔绝：作品自身就是它的全部，去除联想再无法引向别处。这样就形成“隔绝场”供参与者休息，同时构建、定义了观者的关系：有感继续，无感离开。这样的它借助与原始对象的互搏而获取了独立、新奇、疏离的新形象与空间，不愿表达、没有情绪，在这里冷漠是它的权利，沉默则是一种隐秘的自我防护。

16. 李消非

（1）生产线如何影响人的生存空间：我从 2010 年开始创作“流水线”项目，这个持续性的艺术项目是一种与当下的社会进程和社会变迁联系在一起的实践过程，至 2018 年已在世界各地考察和拍摄了 200 多家不同类型的工厂，与流水线上不同职位的人进行了对话和交流。“流水线”项目早期主要融合了纪录片的风格和社会学的视角，采用“实拍”方式，用切片、交错的手法将人与机器重组和转换，来重构一种虚幻的真实。

“流水线”是资本欲望驱动的生产模式，它是重复的、一致的、机械的、缺乏情感的，同时高效、快捷地将生产价值膨胀到最大。这样的重复和一致，不仅指机器，还包括生活在其中的人，以及最后的产品。在那里机器成了主角，人和机器的关系变得复杂而奇异，人在长期劳动中模仿机器的动作和速度与机器冰冷的节奏感一起同化。与此同时，工人在不经意间又流露出工作的愉悦和享受的情感。而隐藏在工厂生产过程可见秩序之外的“流水线”，是资本工厂、消费社会、社会进程、价值观念的标准化，是人在高度系统化和体制化的环境里的现实处境。“流水线”项目是没有情感、没有批判、没有主观意识、没有答案的一种工作方式，是一种关注式的、分析式的社会介入。

（2）身份认知转变：我用重复不断的运行和递进的影像代替一般叙事手法去感知生产者，以探讨工业生产和社会发展的关系，并不断质疑视觉生产和商品生产之间的问题，以此来审视当下单一的、持久的思维方式在社会政治和经济结构中，怎样长期影响人的生存空间和沟通模式。在长期持续的创作过程中，我作为创作者从把工厂和工人对象化的记录（旁观者），到逐渐深入理解工厂背后的社会意义（观察者），再到感觉自己已然成为另外一名“工人”（参与者），也实现了自我身份认知的转变。

17. 梁远苇

（1）过程的永恒：我思考的文脉传承推进，是在题材和意识形态之外的，关于艺术语言本身的问题。这是我在职业生涯之初给自己打下的框架，远远没有完成。

时尚是朝生暮死的东西，这个是瞬间的。但是花回归到大地里面的过程是永恒的，就是过程是永恒的。同时也像我画的方式，我的画都是从头到尾一节一节接过来，画完就完了，我就不能更改，所有的东西都是短暂的，是一个过程的记录。最后结果放在那儿，其实并不是一开始就能知道的，就是看到那种渐变是一种控制和偶然的结合，所以并没有目的，过程反而成了结果，这个好像是我能把握的。我有意地让这些图像变得没有价值，花是最陈词滥调的装饰性的东西，在不断重复这些标签的过程中使它们变得越来越苍白。

（2）重复与组合：我的画一直追求重复，哪怕是复杂的图案也在重复，消除画面的冲突。渐变也一样用了很多比较有灰度的颜色，让它跟环境没有大的冲突。比如说在近看也好，或者画面有一些肌理也好，这个东西是人性的部分。因为我在完成它的时候做的是很具体的工作，我用非常诚实、朴素的方法去组合片断。有意思的是，我越认真，就控制得越好，最后才能越简单。如果我控制得不好，你会看到更多的冲突，反而不简单了。

18. 刘文涛

（1）探寻语言本体：我的绘画由铅笔绘制的错综复杂、交叉相织、疏密开合、相近相远的细密直线所构成，单纯的直线在平面中交织出物质性的叠加，由铅质折射出来的光感又与多样立体的几何画框相互作用，以极简的方式呈现光与空间的交互变化。当点、线、面及色彩等绘画的本体语言脱离描绘的客观事物独立存在的时候，会变得更加自由、更具生命力，这让我着迷。

（2）无与有的辩证关系：作为一个形式实践者，画布的空无是我工作的起点，黑色的铅笔直线从未刻意地制造意义，而是不断地实践“无”与“有”之间混融为一的辩证关系。我近期的绘画实践基于数学模型构建的空间形式，既是对“有”的具体展示，又向观者传递某种无限性，而这种无限性却不意味着“无”的消失，而是展现出“无”创生的可能性，正如“道有两相，一曰无，二曰有。浑圆为一，即谓之玄”，我的绘画作品想要呈现一个极具思辨性的视觉空间。

19. 马秋莎

探寻个体与群体的关系：我的艺术实践离不开我的生活经历，现实生活中的冲突和困境被我转换成艺术作品的命题，其中，针对代际问题的讨论可以从很多作品中找到回应。

我出生在 20 世纪 80 年代的中国北京，改革开放之后，开始了社会主义市场经济，伴随着“人性的觉醒”“男女有别”等强调个体差异性的主流话语的出现，开展了私有化的大运作，并与全球资本主义接轨。而对我来说，“集体”的概念并没有消失，从很小的时候就一直被反复强调着，并行在成长的轨迹中，也成为我经验的一部分。我一直在努力调和生命中经历的这两种截然不同的经验。

我的早期作品是对自身感知个人存在的描画，试图寻找与共性的联系，之后我将私人化的身体感知带入到公共空间里，总是试图去私人化公共空间，在个体与群体中不停切换：个性—共性、私人—公共、个体—群体、个人—集体。

20. 任远

科学在不同媒介的映射：我从小喜欢数学和画画，高中开始自学编程和设计，早期从事过交互设计师、程序员、产品经理、可视化设计师兼工程师、执行总监、艺术顾问等相关工作，一直都以设计师与程序员的双重身份在不同行业中工作和实践。2013 年开始在国内推广创意编程，其间组织了大量线上、线下活动，聚集各行各业的优秀人才，共同探索多领域的融合，希望可以促进国内跨学科职业的发展。我目前的研究领域集中在生成设计、计算机图形学、数据可视化、人工智能等领域，以计算机编程为核心基础，一方面，我注重这几个研究领域在商业中的应用，针对特定行业需求提供合理的解决方案；另一方面，基于这些知识结构，我在个人艺术创作中着重探索不同感知层面的映射关系，作品形式主要以声音、视觉、装置、表演为主，内容多以科学理论、数理逻辑、数据、算法为基础，在不同媒介中寻找映射关系，从而对事物建立新的理解和观察视角。由于常年对计算机编程的深入理解和实践，未来也会在计算机编程方面探索编程本身更多的可能性，以及它的边界和意义。

21. 孙策

（1）不是一元论，也不是二元论，是自然生长：我希望我的艺术是生长性的，既不回到中国古典传统中去，又不跟随模仿西方现代艺术的表面形式，而是保持不断自我反省的生命力，以及一种洞见、一种真实的体验。当然，那一定不是某种合目的的视觉效果来引导创作的，画面的结果应该是相对自然的。

（2）找到自己的真问题：作为语言本身，抽象并不能证明自身比其他风格更优越。我觉得艺术家首先要找到属于自己的真问题。绘画艺术拥有很长的历史，它也必定有很长的未来。如何让过去、现在、未来（传统，此时此地，个人感性，瞬间性，来临的时间）同时在画面上发生？这个问题一直折磨着我，让我期待又恐惧。我知道，别无他法，只有等待，与画布、颜料、时间一起等待。

（3）体感空间的可能性：“空间”一直是西方艺术一条重要（隐秘）的线索。文艺复兴时期的以人类理性的视角创造的幻真空间；从浪漫主义到表现主义中的主体情感空间；现代主义的（劳申伯格）绘画回到纯粹的平面；它们都是不同时期对人与空间的关系问题的回应。而“空白”系列试图提供一种新的空间感知方式：体感空间的可能性。具体的经验，就是唐朝时期的“五层纱衣见红痣”的趣闻，即由于半透明材料对空间距离的切分导致的体感空间。在创作实践中我利用透明色层的反复叠加，让人产生一种感受性的（身体的）进和出，同时是浅层的，非视觉的、开放性的、可停留的（之前提到三种均为封闭空间）体感空间。以一种全新的方式尝试重新打开绘画空间。

（4）主观性与物性相互妥协或对抗：在“空色”系列中（现成品绘画），我用画室门口种植的藤蔓做材料，在木板上布置线条，根据我的意愿安排线条，但不能违背藤蔓的物理特性，不然它就会折断，无法完成。当然，藤蔓自身的走势也会对线条进行提示。这样的过程不再是艺术家绝对权威的释放，而是作者主观性与材料自身物性相互妥协或对抗的结果。我希望我的作品表现现代的视觉经验，但它的经验来源于不同的出发点。

我用刻刀在藤条折断的地方加以延续，产生阴阳的转换与衔接，即双重的模仿。有趣的是，似乎线条在画面上进行蝶泳，浅出、浅入，同时它又是线条的凹凸和阴阳的转换游戏。

“空白”系列作品，同样表现了这样的方法论，如“点”是颜料滴落在画布上的痕迹，“线条”不再是手腕执笔画出的线条，而是刮擦产生的“颜料脊”。我不要再像现代主义艺术家那样“狂妄”、自信。我认为想要让材料自身充分显现出来，作者必须后退。

---

22. 谭天

探寻看与被看的关系：我始终关注当代艺术作为一种权力系统和运行机制所释放的影响。通过装置、绘画、行为等多种媒介，我试图探索艺术生态中创作者和接收者与体制之间的互动。在最新的绘画装置“容易理解的作品”系列中，我使用直接的方式在作品上书写“作品阐述”，将“观看”和“解读”作为艺术系统中赋权的方式进行解剖。

---

23. 唐骁

（1）色彩与边界：在近期的创作实践中，我试图将色彩从平面上拿下来，落在空间中的某个面上，但又努力在这个看似非绘画形式的呈现方式中保持其绘画性。我认为平面的画布和立体的几何结构承载颜料的物理状态都是一样的，不论其形状体量如何改变，它始终是大或小、曲或平、一个或若干个面的组合，只要有面的存在，色彩就有了附着的基础，就会产生色与色之间的边界和层。和平面的绘画相比不同的是，立体的几何结构会因为视角的改变而产生面和面之间阻挡、切割和穿透的视觉效果。这时，墙面除了承托作品的功能之外，还成为运动起点和止点间的参照物。因为抽象的构成并不以模仿自然为基础，画面中缺乏来自客观的具体物象，依赖于所处的空间的限定和支撑。那么这个空间就是被天顶、地面和转角围合的一块墙面。在我的这些作品中，所有面的出发点和消失点都是墙，虽然有着硬直的边和凸凹的结构，但在每个面上都可以感受到笔的触感。

（2）物性与色彩：艺术，与艺术家一样，总是在寻找它的“同时代者”，而同时代的共生关系，除了“依附”，必然还有“侵蚀”的一面。从行为上看，“侵蚀”往往比“依附”更富有精神的力度。抽象艺术的实践方法和理论基础来自西方，但是我这些作品从材料的选择到作品的形态，都指向了一个东方化的思维场景：把建筑想象成一个有机体，比如一棵树，树在被撞伤、树枝折断后的愈合过程中，会长出新的组织包裹创面，最终成为疤瘤。我的作品就好像这些外力作用后生成的变异结构，它们同原来的树属性一致，但又具有两种完全不同的生长模式。这些具有木的质地、突出的体积和可触感的几何形体就是建筑的“疤瘤”。它们又如同建筑表皮上的寄生物，侵入吸附在墙面上成为其有机的一部分，而色彩就是它们的皮肤。我把这种状态称之为“用绘画建筑”。

24. 陶都罕

（1）空间探索：2012 年以来，我的创作实践是从抽象雕塑语言出发，从不断分裂或纠缠的两条路径的交替和往复进入观念艺术表达的过程。

从 2013 年开始到现在，我第一个阶段的“建构”系列、“实体”系列，试图用包裹的方式将现成品还原为简单的形状，直接去表达情绪、感受、空间。在这个过程中我尝试了对现成品“去媒介性”的抽象雕塑表达，同时形成了自己初期的艺术风格。这一过程我受到了立体主义及现代主义早期雕塑风格的影响，突破了自己以往学院派写实雕塑的藩篱。

（2）时空探索：第二个阶段是尝试运用不同的软性材料，一种是基于结构性的数列生长方式，另一种是基于身体机能形成物理痕迹的两种语言思路。这一阶段生成了不同的系列：“分形体”系列和“随机”系列等。这些实践基本围绕装置艺术与空间和人的关系问题上进行。通过这些实践我逐渐丰富自己在雕塑空间性和视觉、时间性和触觉这两条语言发展脉络上的认识。

第三阶段是“裴波那契坛城”系列，借助了经典的数列计算方式，运用 3D 打印和机械构造技术，以及之后扩展的运用现成品和行为艺术等手段，在理性严密的机械审美基础上，表达了科技发展对精神信仰意识的悖论反思。

25. 田卫

（1）物性、心性与视觉秩序：水墨之于我不是一种生存状态，而是一种处于尘世间的思考空间。它占据了我生活的大部分时间，是自己妄图超越现实生活而藏身的洞穴。我更看重笔墨的物性所承载的艺术家的心性，或者说二者的转换关系。我认为视觉秩序相较而言只是物性与心性交互之余的附属品，心性提高了，物性的觉察也就更精微了，自然会影响视觉的秩序。

（2）转化用笔：古人的用笔太精妙了，完全放弃太可惜，在这个时代直接继承的问题又太多，只能采用转换的方式。把用笔的形式化、程式化东西去掉，找古人用笔时精微的心理“觉受”，在视觉上与其进行当代化的对接，这是我在一直做的工作。我的作品力图接近古人的用笔，只是面貌上和古人完全不一样了，可能这也算是传承吧。我最新系列的作品，很多人已经看不到用笔，我自己却能感受到意味更深的用笔，只是藏起来了。

26. 屠洪涛

（1）我的作品不是抽象绘画：我觉得我的作品不是抽象绘画，或者说不是西方抽象语言里发展出来的“抽象的语言”。如果只在“语言”发展的线索里寻找，我觉得并不乐观，那样只会产生“形式主义”的东西。我比较关心在二维平面上的呈现，希望能从一个“抽象”的概念中找到确切的“算法”。例如，我受到《洛神赋图》长卷启发，发现古典叙事中的一些办法——古人运用时间和节奏的关系，调和出自己的空间关系。西方的当代绘画对我的影响也不少，只是在作品中，我看到他们运用的具体“象征”所指时无法借鉴。

（2）物象从未消失：我的作品主要是以平时常见的风景作为题材，穿插一些阅读的、想象的内容。比如“洛神”“七贤”之类的人物形象。这些人物暗示我自己画下去的感受。我也画一些朋友的肖像，这些肖像替代了那些被幻想出来的人物。我主要是考虑用社会学的方式整理自己的偏好，因为偏好往往决定人的品位。我发现我的品味从情色和暴力转向这些 1000 年前的“士人”或是“贤人”，这也不意味谁高谁低，只是个人偏好。我喜欢他们内心无拘无束的人生态度。

我只能说对我来说，没有“物象”参照的抽象绘画不太可能，形式发展都是万物之间的联系，我就是找到一个和我联系的方式。

27. 王光乐

先验的时空关系：“水磨石”这个建材有社会主义的背景。随着市场经济的兴起，它也逐渐退出大众的视野。我在 2002 年开始描绘这个从小时曾让我新奇而后又视而不见的地面。“水磨石”系列用完全具象绘画的工作方法，有取景地点、照片、拍摄时的氛围，它包含所有具象绘画的要素。但最初它还是给观看带来了障碍，因为它也包含了一次绘画范式的转换：它的题材就是它的形式、它是背景也是前景，它没有绘画中心，它要的结果就是呈现绘画的过程。从这一系列绘画起我确立了以时间为主题来处理绘画这个空间的媒介。

作品“寿漆”系列是受小时候家乡的丧

葬习俗启发，在流行土葬的时候，老人自觉不久于人世时，会为自己准备好一口棺材，选一个好日子给自己的棺材刷一遍油漆。次年今日，如果主人还健在，会为棺材刷第二遍油漆，以此反复。《寿漆》以在画布上平涂颜料的方式，一层覆盖一层地反复涂刷，并为每一层留出一个边缘形成画面中的色条作为遍数的记号。在《水磨石》之上，《寿漆》完成了“去题材”的工作，使画面成为纯粹抽象；简化绘制方式为涂和刷，从而得到创作程式，突出了工作方法的过程，以此得到的形式是为让此抽象区别既有的抽象。

“无题”系列沿用“寿漆”系列的工作方法，区别在于色彩在这个系列里都是缓慢渐变，而涂层是往画面中心缩进。它摆脱“寿漆”系列的叙事语境，剥离任何文学成分，希望成为无标题音乐。相对于“寿漆”系列反映观念性的时间，它更倾向反映时间的渐变性在视觉上的纯粹抽象。

28. 王思顺

探讨自然、社会与人的关系：《不确定资本》（2009 年至今），《真理》（2014 年至今），《幸福花》（2018 年至今）等以往作品中，我经常利用自然性规律和社会化机制形成作品，使作品一旦开始便贯穿在巨大的时间中不停延续和演进，同时导向强烈的想象空间和叵测的未来。“启示”系列继续该方法，让作品主动生成并以活态的方式继续发展，使该系列成为我创作中另一长期而重要的领域。

“启示”系列的形成方式是我在全世界收集像肖像的石头。可以从三点来解读该系列作品。第一，它们来自各世界各地，具有各种族类和身份的象征，以及人类学特征。第二，肖像，肖像是人的精神、道德、信仰、命运等所有人类的内在价值的体现。第三，将以上两点同中国的赋形观念，以及生命和宇宙观结合，通过自然的力量和时间来雕刻，更具生命力和独特性。该系列作品始于 2015 年，目前已收集数百件，并将不断延续下去。很多作品已历经亿万年久远的地质运动和时间而被塑造成型，完全超越人类自身的历史，展现巨大的的人神命运和洪荒史诗。

这几个作品之间有内在的联系。“启示”“真理”等系列作品，都是源于我对人类现世和永恒的冲突、正义、命运的困惑等问题的关注，都是出于人类普遍和本能的责任心和情感，都是表达对世界更深层和本质的关怀。

29. 王智一

（1）抽象是一种不可直视的语言：“语言”作为一套沟通系统，它让我们对话；而“抽象”在我看来算是另一种形式的工具，它把几种事物通过分析、综合的途径表达出来，并不如语言那么显性。这点很吸引我，我认为它涉及一种“不可直视的语言”，虽然它根植于感觉，但在很多情况下，它的表达都要比简单的沟通与交谈深邃有力得多。

（2）场域构建：我的工作就像是在构建一个系统——通过某种假设，将不同场域的维度相聚集。一方面，我利用光的秩序，通过色彩实践空间的透明；另一方面，我运用这种微妙变化，研习颜色之间相互作用的关系。观者能从我作品的侧面或锐化的边缘体会到一种控制的过程。

我还会提炼一些自己感兴趣的概念，借此衍生。多数情况下，我选择相信纯粹的东西，譬如色彩、几何。同时，我认为它们都是构筑这个世界不可或缺的元素。在知觉力大幅衰退的环境下，通过创作，我希图能够引导大家去发现和探索。因此，可以说我的工作更像是在进行一项挑战。

30. 文豪

我的作品主要探讨人与“自然”的关联，以及人与自身的内心活动。直面当下，强调“状态”“现场”“即时”“过程”“偶发”，以及“可控”与“不可控”。

31. 吴鼎

（1）图像和文本的关系：其实这个图形和文字本身没有一个直接的关系，在很多时候，别人在问的时候，也会说你是先有文字还是先有图形？对我来说这个情况都会有，因为我平时会做一些文字和手绘图形的积累，梳理的时候会让我觉得在某种状态下是一致的，变成一个单一的画面。

（2）秩序美：“内在的秩序”隐藏在现象视觉之下，只可感知而无法言说的一种“秩序感”。我的作品里边有一部分是基于这种秩序的美感而转化出来的。

（3）模块化和加速度的美：德国艺术史家雷德侯（Lothar Ledderose）在他的著作《万物》中提出在中国艺术中可以看到大量的模块化（versatzstück）运作的观点。和西方柏拉图主义“二元论”相区别，中国不存在本质性的彼岸，“阴”“阳”是在此岸中交互而化生出万物。在超级人工化的今天，模块同样成为世界得以运作的本质，工业化的庞大体系正是基于模块的有机组合。

在模块化的世界中，“标准”“协调”“顺滑”“加速”等成为美德，试图排除一切的“不稳定”和“偶然”，它追求效率的“超越性”（transcendence），整个世界正以这一原则进行重构，并趋向单一。

模块化的运用代表了一种典型的现代性的态度，即对效率最大化的绝对追求。因为只有在系统化的模块中，才可以使偶然性和不适的熵值降到最低，当今的“加速度”（acceleration）正依赖于愈演愈烈的模块化增生，其背后就是法兰克福学派批判的“工具理性”（instrumentelle Vernunft）。
多个模块构成一个功能区块，多个功能区块又运作为一个系统，多个系统聚合为一个矩阵、每种运作都有着自己的“节奏”，它更无以复加地在加速度中自我生成、解体和重构。今天这个超级人工化的世界究竟怎样向我们呈现？它又在如何把我们强迫导向的单一化灾难？

万物周而复始、无始无终，人工化使其加速、异化、扭曲，但同时又在我们脆弱的感官中产生一种“加速度的美”。

---

32. 王刚

（1）对中国文化的表达：我画了10年。我觉得形式感要驾驭在文化的基础上，二者必须是相辅相成的。现在我的画和以前比起来，意象少了、抽象多了，但就是不能放弃中国意味，并且成为中国传统意义上的寄托，这是心灵的一种真正的表达。

有人说我在画面中找语言，但其实在我内心里，的确有一种阶段性的生命取向。通过做减法，我在慢慢地梳理，梳理到画面中的分量和文化感。这种表达在画面上呈现一种简约性，但是背后却是越来越沉重、越来越复杂。

以前我在画面中含蓄地表达着我想要说明的各种情绪，那是因为我内心还是有一种想要表达中国的情绪、中国人的调性的寓意，但是现在呢？以前我纯粹是内心需要，现在是画面需要，因而看上去更利索了。所以我想我已经偏离了我的内心情绪，是依据中国文化的一种表达。但其实“文化”两个字在内心当中到底有多少，说不清楚的。

（2）自然传达画面本身的东西：2015年以来的我，一方面发挥个人感性的额力量，另一方面也希望表达丰富的色彩和多变的笔性，借助画面的色彩关系和视觉感受层次，二者互相丰富、连结、递进，在“笔”“手”和“心”的相应相生中，转化为“书写性”的画面。彩墨是我创作的重要表达方向，大量使用色彩以达成与水墨交融的状态，提升画面的视觉性和冲击力，同时激发墨色的特征和独特审美。

我个人并不希望画面的题材承载太多内容，更重要的是画面本身准确传达的东西。除了题材对画面的释读，在画外真实经历的日常生活乃至人生过程，才是“我”与画面产生对话的空间和通道。我在画布面前能够最真实、最放松地面对自己，能够在创作中更加集中地投入某些日常不能进入的思考，由此我与画面对话的过程便成为一种非常自然和自我的流露。

---

33. 吴梦诗

（1）先验和心理：我刚开始想从社会现象角度去介入我的作品，但是慢慢地我发现可能人的心理是创作的根本原因。对他人也好，对我自己也好，我想通过理清自己去映射他人，他人对我来说不是一个群体，而是一个一个的个体在一起。

（2）逻辑和媒介：我更在乎的是个人的逻辑性。动态语言上跟我内心的逻辑是相连接的，但是我不觉得会一直用这些材料。

（3）先验和题材：我能感受到视觉、听觉和触觉在我体验事物时产生的干预作用。后来，我就试着透过工业材料的运动、声音、质感等元素，探索感官和客观世界的关系。

我对运动的关注点是在它的频率上，我好奇短时间、小幅度的动作，以及重复性的发生。在一个时间轴上，把单位时间的画面抽出来，就能得到一个复数性的画面。除机械设备不停地帮人类完成很多本应该用手做的工作外，在日常生活中也能抽取很多重复的、快速的，小幅度的动作作为我艺术语言的素材。

（4）观念的积累：我的动态装置并没有强调机器身份，我觉察到的是和有机体直接或间接相关的机械运动，包括生物机械运动和工业生产的机械运动。我并不认为这两个范畴是矛盾的，它们都是生命的延展，生命不是身体，而是观念的累积。
从 2010 年的作品《溺》《塑》开始，我已经使用复数性的动态视觉元素，“复数”是版画中的重要概念，我抽取“复数”这个概念中的累积性，以及复数视觉带来的迷幻性。

我强调累积，而不是积累。累积是没有刻意通过选择而得到的东西，它包含有意识的行为，但更倾向于无意识。累积的概念，也体现在单个黑点的视觉元素上，黑点是无数根毛线的揉、搓、缠、绕，但它仍旧不是一个实体，而是汇聚。

2013 年的作品《子》继续讨论累积的过程，然而此时我关注的是每一次的结果作为累积过程中的一个片段。一段几十年的生命，就是累积的一个片段。这件作品也给出了我内心关于“现在”这个概念的雏形。

---

34. 谢南星

西方文化的影响和创作理念的选择：西方传统美术教育一直渗透在我读书时的记忆里且至今沿用，我很好奇这个非本土的教育的意图和效果，它影响了我们很多画家的成长之路，但因为非自身文化而带来某种“岐路”现象，仿佛一直成为某种难以扭转的局面。

“香料”系列作品（2016—2017）的命名源于古老的香料贸易，将东方贵重的香料转运到西方，这是全球贸易和文化交换的重要行为。取名“香料”的原因还有多年参观美术馆杰作得来的灵感。“香料”系列共 7 张大画，以我对西方古典绘画参观的经历和印象为基础，重新构造了对古典绘画的个人认识，非形式和模仿技巧的认识而是在我的意识和记忆中寻找某些印象深刻的创作点，形成个人的图像观点甚至偏见。将西方古典绘画的部分财产带回到我的“香料船”上。每件作品都展现了某个或多个关键点，比如有关于美的形式、时间问题、色情和戏谑、陌生感的死亡等方面的话题。

---

35. 闫博

（1）非具象的形式比较自由：选择非具象的形式，是因为在思维逻辑上比较自由，时间、空间、力等逻辑关系不太受约束。做抽象作品，如果思维不开阔，会陷入极简或已有样式的重复。

（2）没有赋予不了的意义，只有没见过的形式：我选择那些陌生或熟悉交织在一起的“形”，看它们随意在逻辑中相遇。我最关注的是形式，从小到现在看世界、看艺术作品，吸引我、打动我的都是通过形式达到的，我体会它、问为什么，再去做。我觉得没有赋予不了的意义，只有没见过的形式。我不知道为什么这些图形会出现在这里，而不是那些，一切都只是引子。过程中的一切都是自由的，它们慢慢成长……材料的特性和我的劳动使它确立，最后看到的是含混的趣味、混乱的思考和总是含蓄的、安静的品位。

---

36. 杨熹

（1）先验与不确定性：探究艺术语言本质中的感性表现是我热衷的领域，不可名状的造型是抽象的、有温度的，然而塑造的过程却是缓慢的积累、拼接，以及不断的修正，投射着个人化的经验、审美和充满冒险的直觉判断。我从无意识出发，但是创作又必须非常现实地思考到如所需归类的主题、材质、颜色、具体形态、大小等问题。所以创作是从模糊到清晰的过程，而对这个过程的把控需要不断的磨炼与积累。

我的作品来源于个人的感受、记忆、情感、体验等感性的世界，我倾向于抛弃对作品的刻意计划，在充满能量的同时更真实地释放组成作品所理应具有的信息源，以直觉来捕捉和归纳抽象的形态。我为这种语言的转化过程着迷，如同每天个人化的情绪的新陈代谢过程，充满未知且具表现力。我希望作品让人感觉是突如其来的“不明物”，而且是比较轻质的、模棱两可的东西。这种不确定性、不可定义性对我有着很强的吸引力，我也会对此比较敏感。希望观众在观看这类作品的时候会提出疑问和更宽泛的联想，被更深层次的意味所打动。

作品的材质、颜色等选择也与我个人经验密切相关，我认为抽象的、雕塑的材料可以与新的材料塑造相遇的两个平行的世界。软性材料的应用使塑形具有挑战性，它的不稳定因素更多地打开了雕塑概念的外延，它们被赋予新的可能性。

（2）观看与被观看的矛盾：观看与被观看，是每个人每天都在经历的事实，有时内心渴望但又很恐惧被别人观看的矛盾也正是我的作品想要传达的。视点的提供对作品而言极其重要，虽然作品的整体形态是判断作品的前提，但如果在细节上设置更多观看的入口，观看会变得更为曲折和丰富，也可能会从某种程度上激发观众的观看心理，包括我想引导观众的观看体验，以及相互之间观看与被观看的对立关系。

37. 杨心广

（1）我不会刻意回避具象：我不会刻意回避具象，“抽象语言”在我的创作中是自然形成的，某些材料的物质感就是没有形象。“语言”本体其实很难探讨，对于创作而言，过多的思考语言体系往往容易作茧自缚。

（2）物化与人化的自在状态：我在大学期间着重研究过“物派”，我认为“制作”在物派的创作观念中很关键，往往对他们在追求物质的原本状态的过程中造成困惑，他们无法处理“制作”在客观状态中扮演的角色。以人的意志去体现物质的自然状态本身就是个悖论，人以什么样的角色介入物质的自然状态是一个很大的难题，与其将重心放在物质上，不如将物质人格化从而体现人的自在状态，或者将人化作物而与物相遇，进而理解它者的自在状态。

（3）物的诗意表达：我追求的质感是脱离材料原初状态的，是迎合人的感官认识和心理作用而达成某种意象，我再把这种意象通过材料来现实化，从而营造另外的现实。对于人与物、精神与肉体之间关系的表达，中国人慢慢形成了一些言说的习惯，如把个人和周遭事物联系起来一起说是一种惯用的手法——借物咏怀、托物言志。人的情绪波动频繁，似乎需要把特定的情绪寄托在某个客观现实上才能加强这种真实感。或者这也是将不能自已的情愫托付于外物从而“释怀”的一种方式，于是这种抒情也形成了独特的“物”的文化，人与世界浑然一体，是物与物的交流，“以物观物，固不知何者为我，何者为物”。这是一种先于人类的原初状态，一切都是实在的，它们物物相连，自成一套感应系统。

38. 张帆

表现抽象绘画的精神性不是符号：“急就章”这个系列是通过贯穿画面的线条痕迹来直接体现书写的动作过程，在这种使用最基本的快速书写动作完成的痕迹里，同时产生相互之间协调的节奏感，细节、质感、情绪、律动等元素。这些元素都是在书写化的绘画过程中瞬间迸发并保存在画面中的，这是我努力把种种偶然经过控制使之转化为种种必然，并且筛选出来的结果。因此我强调在短时间内直接产生有效的视觉结果，而不是依靠劳作量来充实画面、赋予意义，或者把劳作量置换成一种“观念”。

中国传统绘画和书法，可以理解为是通过经历身后的“废画三千”来最终达到随时可以高度完成书画的成熟境界和强大能力，这代表一种对艺术价值的判断，这种判断可以引申为不认同一张画经过反复修改后还有意义，但修炼是必须的，修炼了才能有拿得出手的东西，书法尤其如此。所以，创作《急就章》的目的是在很短的一个小时之内画完一张 4 米 ×2 米的大画，并通过不断试错产生废品、不断删除画面中不必要的成分、不断调整自己的状态，直到能够有效地完成作品，尽量做到与我的预期一致。

中国传统绘画的程式化过程中只有非常有限的几种体裁和内容，可见一张画品质高低的决定性因素不在于画什么，而在于“画”的这个动作的完成质量。所以，在说到“抽象绘画”这个概念的时候，重音也不是落在“抽象”上，而是落在“绘画”上。我不想把我的抽象绘画搞成只提供视觉愉悦的装饰画和图案，也不能容忍自己完成的画面本质上只是一些装饰块和装饰条，我的创作的重心在于主动表现“画”或者“写”这个动作，继而提升这个动作的质量，而不是把某个表面（如一块画布）摆弄得煞有介事。就如表现传统艺术的精神性不应该从山水、书法、纹样等符号入手，同理，表现抽象绘画的精神性也不能变成玩弄平面构成和工业设计。

39. 张增增

（1）物性探索：近年来我尝试用肥皂泡这种材料在一堆砖头和铁铲上制作了一座中国的功勋碑——作品《瞬间的永恒》，同时我觉得这种材料本身的短暂性和虚无性，就像梦一样，所以我用它包裹穷人家的物品并制作他们梦想要拥有的东西，以此作品换得的钱去买个真实的送给他们，用这样的方式让他们梦想成真——“梦想成真”系列。

（2）物性的多媒体转换：我开始使用增强现实这样的虚拟技术实现作品，手机已是当下观看世界的主要方式之一，于是我做了一件只能用手机观看而肉眼却看不到的作品。作品《无形之形》就是基于这样的想法和技术制作出来的。在空无一物的空间里，观众拿着手机对着相应的空间，便会在手机屏幕里出现一个撑满空间的立体大铁球，观众可以举着手机改变自己的位置来观看大球的不同角度。（尺寸根据现场大小制定）作品《无形之形——东方明珠》是2014年12月在上海的东方明珠塔旁边永久地树立了一个虚拟的直径为650m的大铁球，观众站在外滩，举着手机对着对面的东方明珠塔就会看到它，放下手机它就不存在。如此巨大的一个公共雕塑，人们是否想看到它，选择权就在自己手上。与传统相比，它在满足公共景观需求的同时，不会占有实际公共空间，更不会强迫你去观看它。

---

40. 郑达

（1）电子媒介开启互看方式：媒体时代产生的艺术是对媒体世界最好的回应。信息媒体涉及每个人，媒体的目标也是每个人，因此传递手段多元迅速、科技含量丰富、内容含量贫瘠的信息消费是当代媒体的主要意图。媒体时代的艺术关键不在于媒体本身是否具有滋养艺术的能力，而是艺术家是否愿意借用“新”的技术来创造艺术。

电子媒介不仅改变了人的行为模式，也形成了新的“真实”与“数据”的反向世界，即“互相观看”的世界。任何时代都有与之相对应的媒介、相契合的观看方式。注意力则是一个人“好奇心”的反映，是基于对某件事情的专注程度形成的，与媒介无关。对于一个真正有“好奇心”的人而言，来自外界的感官刺激，并不会削弱其“注意力”。

（2）“低”科技艺术的实验往往是媒体艺术生态的重要单元：“低科技艺术”是指艺术家使用自身可控的科技或者生活化的技术工具形成的工作模式来创作。对大多数人而言，“低科技”（low-tech）与“高科技”（high-tech）的界限是模糊的、相对的，艺术家的地域、身份、教育背景、政治背景都影响着其标准。一般来说，目前高科技是应用在太空探索、军事的精确打击、人工生命实验、智能机器的探索等增进国家机器力量的科技元素，而低科技则是成熟商业化、社会生活化的，是工程生产的技术元素。

谈到科技艺术或新媒体装置作品，给人的联想常是借助一些高科技的机械和装置，通过计算机软件处理产生，然而，此类作品多数呈现必要硬件的存在感，在观众眼中看来就像是某种难以理解的庞然怪物，或者因其制作技术的复杂性，令人有难以亲近和理解的距离感，更甚者以为在观看一场科技设备展，其实这些作品可能都具备“低”科技的特质。

“低”科技艺术的实验往往是媒体艺术生态的重要单元，“低”科技的特质就是可控和社会化，技术的可控性使艺术家的创作命题容易借助媒体语言的能量，表达得更为清晰，观众的沉浸感和互动性会增强。“低”科技艺术的创作方式表现在硬件和软件上。

媒体时代的“低”科技艺术强调的是与技术生态共同进化，理解媒介科技和生活化技术，在艺术家工作模式可控的状态下，选择适当的科技艺术观念创作。

---

41. 周钦珊

抽象密码基于对知行合一的好感：我选择抽象叙事是因为，我认为具象图像不足以表达我对世界的理解。或者说图像承载的过往信息或故事过于丰富，限制了我对叙事逻辑的想象。为了避免不必要的故事性或诗意的纠缠，我习惯选择一些可能携带着最少歧义的记号、动作或材料作为表达的基本单位。我从不依靠模糊不清的东西来增加作品的意义，也尽量不去表达一些自己搞不清楚的东西。我对清澈的表达有一种天然的青睐，但这并不意味着我的作品就很好理解。相反，我的画面常常是由一连串自制的“觉”和“知”的“密码”来构成，它们晦涩又顽固。我坚持如此，并非信仰理性至上，而是基于对“知行合一”的好感。

界面效应 BECOMING
参展艺术家工作方法现场对谈（第一场）

题目：工作方法　　技术、媒介和形象的转译
时间：2018 年 11 月 4 日上午
地点：今日美术馆 3 号馆

评议人：
中国艺术研究院国家当代艺术研究中心项目主持人、策展人　　刘　燕
《美术》杂志社副主编　　盛　葳
中央美术学院美术学研究所副研究员　　刘礼宾
中央美术学院客座教师　　周　翊

盛葳：第一场对谈的题目是“工作方法：技术、媒介和形象的转译”，为什么选择这样一个题目呢？我觉得工作方法变成一个越来越有意思的话题，传统定义上创作抽象艺术的艺术家只是在形象上看起来都是抽象的，但是更年轻一代的艺术家，他们在做作品形象是抽象的艺术时，其实和上一辈艺术家或以前所谓经典抽象艺术家有根本性的区别，他们不是要做一个纯粹的经典的抽象艺术，而是背后蕴含着更多的一些观念或是一些个人的经验，这些东西与一整套自己的工作方法是有关的。创作中几个重要的点：技术、媒介、形象，三者之间是如何变化和转译的，这一点是和之前抽象艺术家不一样的地方。尽管我们把新媒体或者是多媒介的艺术也称之为抽象，但这是一种新的看待艺术的方式。今天对谈的题目设定在工作方法上，主要是从技术、媒介和形象这三点入手进行讨论。

唐骁：触及世界维度的边界，转化新的模块化空间

盛葳 VS 唐骁

唐骁：我是唐骁，来自湖北美术学院。早期我曾经留学德国，在慕尼黑造型艺术学院学习绘画，回到国内一直在美术学院任教，主授油画课程。

古典抽象的空间概念

今天我想跟大家分享的是关于我自己的工作方法。与其说是工作方法，更重要的是对于我自己作品认知方式的一种梳理。我姑且称之为“古典抽象的空间概念”。而我们这个展览的基调，是对界面、对抽象或是具象的一种讨论。谈到抽象，大多人一般都会有一种确定或者是模糊的印象，我们站在约定俗成的立场上，一些作品可以认定是抽象，一些作品模棱两可，所以一直以来我们这几年对抽象的画展、抽象的艺术家，虽然做了很多研究，但到底什么是古典的抽象概念？很多文献没有特别清晰用语言或是图表表示出来，我今天做了 3 个简单的示意图，希望通过示意图对我的一个工作方法或者是对我的抽象观点做一个基本的阐述。

从我们的生存空间维度来讲，我将这个维度的世界形容为没有边界的一个气球，好像宇宙一样，可以感知和形容它的边缘，但是永远没有办法可以达到，因为它已经超出人的探索范围。这个空间气球的内部结构是世界的物理规则所构成或者规定的。不论是观看或是绘画工作都必须符合其运行的规则。观看画面示意图所示意的是具象绘画构成的空间，画面上只要有具体的形状，无论是现实存在或是主观臆造，都会在画面上形成世界限定的一个空间规则、空间逻辑。前、中、远分别有一个逻辑上的顺序，透视是这个形状的基本规则，所有的景物都会最终到达消失点然后消失不见。这才是有可能形成可以观看、可以解读的画面，我们解读具象绘画的时候，无一例外都是在追求这样一个规则。

这里有 A、B、C3 个点，3 个点指代的是具体构成画面景物的绘画手段，笔触、涂抹、喷洒、滴溅，所有的东西都会形成具体的痕迹，痕迹是具体的绘画手段。可以看到画面从二维平面形成向内塌下的三维幻象的漏斗，这个漏斗是规则的，无论有多少消失点，平视或混合，不管是超现实主义或者是任何方式，只要出现具体事物的绘画都会形成这样的漏斗规则。这个是具象绘画的基本认知方式。

第二张图在这种绘画上多了一些东西，也少了一些东西。消失点没有了，原先具象画面构成的幻视空间在消失点的尽头被打开了。消失点缺失原因是具体事物的缺失，没有符合三维立体结构的规则事物就不存在透视的规则，也就不存在消失点，有方向的光或是空间的具体事物没有地方附着。虽然具象中的一些画法还是存在，但是空间里面的前、中、后的造型规则或是图像的认知方式被颜料自身的体积和堆积方式所取代了，结果就是透视的消失点无论是一个或者多个，在感知的边界和尽头被打开、被消除。画面上所有绘画因素就摆脱了透视物理世界重力的束缚，相对独立地存在于画面上，可以看到具体的绘画方法和 A、B、C 这 3 个点在空间的镜头以一种游移的状态而存在。它可以真正地触及或者是越过世界维度的边界，之前所描述的空间气球也有可能被击穿，这个就是抽象艺术在 100 年来对绘画的一个巨大的贡献。也是我们所谓的古典抽象对空间的一种认识方式，这种打开也是具象和抽象根本的一个区别所在。

这是对我个人作品的一种解读。只要绘画存在于一个平面，始终是一个游移的状态，无论是具象还是抽象，没有办法用一个非常确定和明确的态度去表达对这个空间的认识，所以我把这个平面向外延伸，应该向内的漏斗变成一个实体，所有的 A 点、B 点、C 点以绘画方式在实体上得到呈现，这样就可以非常明确、

第一张图

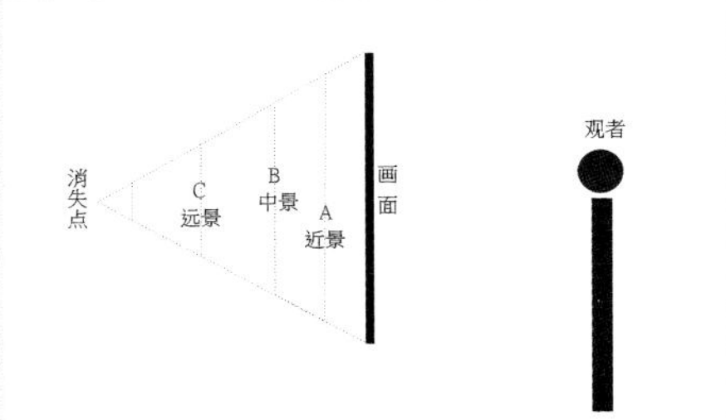

第二张图

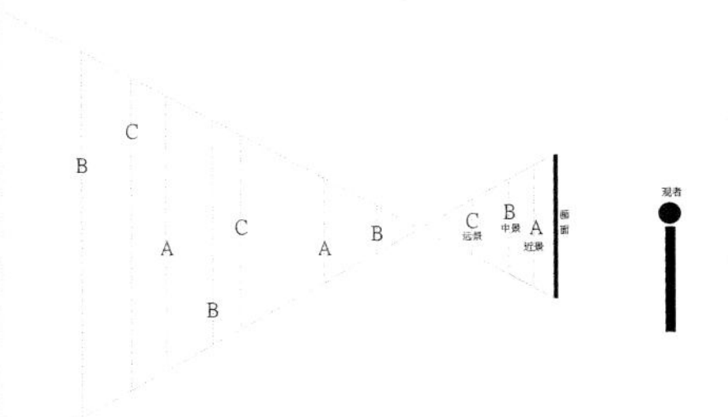

ABC 点以绘画方式呈现

快捷地在空间上辨别需要表达的东西。这就是我的作品一个认知的过程。

认知模块化，转化新的平行空间

现在是一个资讯和画面过多的时代，我自己的工作经验是希望把一些过程或者我期待的结果简单、直接且非常痛快地表达出来。我需要做一个工作：寻找模数，把我的认知模块化。模块结构是可以帮助我更有效地寻找我所希望凸显的内容，并能够以一种什么样的视觉形式表达出来。我把平面空间当中的面或是平面空间中被塑造的面直接从墙面拉出来，这个时候我会减少很多传统绘画的塑造动作，因为我不用考虑面和面之间的转接，传统的绘画情怀和绘画语言怎样在画面上表达，立体面和面的交界处就是一个纯粹的方向，这个方向实际上对我个人来说是一种更有效率的方式。在作品中把传统的绘画方式挤压到最少。最终，我所要做的工作就是在空间当中把我要表达的颜色涂抹到相应的位置。所有的间架结构、透视关系，或是颜色互相之间的挤压、覆盖简化到若干个平行空间当中去，强行地在空间当中取代一个位置，转化一个新的空间来，这就是我的一个工作方式。

盛葳：你是说原来透视的点都变到一个平面上吗？

唐骁：在这里不存在透视。在世界追求物理规则形成画面的时候，不论是具体的人、景物或者对象，只要想复现在画布上必然要符合这个世界的维度和所有的视觉规则。如果没有视觉规则，景是不存在的，所以在根本上如果从古典的抽象观念只要存在具体的事物，它就必然会出现透视，就是具象的观点。如丁乙老师的绘画作品《十示》，通常被认为是抽象绘画，但是在他的方格，不管是加还是乘实际上描述的是一个消失点，只要有消失点就是具象的观念，它有世界所有的物理规则。如果转换另外一个艺术家，像谭平老师所描述的线，无论是炭笔勾线或是油画布上描出来的线不存在消失点，这就是抽象。所以观看和解读画面的时候需要通过不同颜色的挤压关系、覆盖关系才能解读和感知到画面。这个时候就不存在消失点，这个时候空间维度的规则和丁乙老师空间维度规则相对而言是不一样的，是两套系统，这是比较明确的到底什么是抽象、具象或者是非具象等概念的时候，还是可以去描述出一个界限，这个界限可以用图表来表示，这是我对于作品、对于空间一词的解释。

盛葳：这个示意图像罗莎琳 · 克劳斯（Rosalind E. Krauss）的三个图——窗子（窗户）、盒子（纵深变得很短）、格子（纯粹平面上的交叉点，没有别的关系），和你这个有一定相似的地方。

我有一个问题，你这样的作品是如何生产呢？因为作品是非常具体的。

唐骁：我觉得是按图索骥。现在是一个资讯或者是画面过多的时代，我自己的工作经验是希望把一些过程或者是我所期待的结果简单化、直接，非常痛快地表达出来。因此我需要做一个寻找模数魔术的工作，把我的认知模块化。模块结构是我需要非常有效或者是更有效寻找我所说的内容，能够以一种什么样的视觉形式表达出来。我最终找到了这么一个方式，把平面空间当中的面或者是我希望平面空间中所塑造的面直接从墙面拉出来，这个时候我会减少很多动作，因为我不用考虑面和面之间的转接，传统的绘画情怀怎样在画面上表达，面和面的交界处就为我指引了一个方向，这个方向实际上，对我个人来说是一种更有效率的方式。实际上。我在作品中把传统的绘画造型因素作为一个方式挤压到最少，那么我所需要的工作是在空间当中把我需要表达的颜色涂抹到相应的位置。所有的间架结构、透视关系，或者是颜色互相之间的挤压、覆盖简化到一个空间当中去，强行地在空间当中取代一个位置，转化一个新的空间来。

盛葳：一个是形象的模块化，一个是空间的转换，这两个是比较清楚的概念，谢谢！

陈锦潮：物性的新可能性

盛葳 VS 陈锦潮

《源》，装置，460cm×460cm×100cm，2014

陈锦潮：大家好，我是陈锦潮。我一直在琢磨究竟应该怎么讲工作方法，我想我的工作方法是“自我提问式地不断推进”，可以归为从以下三个方面进行作品实践：

1. 材料的属性；
2. 材料的关系；
3. 二者之间的可能性。

材料的潜在物理属性使我着迷，我常常因为材料的潜在物理属性及其无限的未知可能性而充满兴趣和奇思妙想。比如现在用的材料——墨，通常认为墨用于书写，用于在宣纸上或者其他媒介上绘画。恰恰相反，我将它的物理属性提取出来，尝试产生一种“新的可能性”。我现在做的这些作品里边，大家所看到的黑色部分就是纯粹用“墨”这种材料进行制作的。墨，通过这种“新的可能性”向观众展现了新的视觉效果，那么它跟纸、水、空间或是其他物质的关系又应怎么进行结合呢。

当我成功地把材料的潜在属性通过各种奇思妙想展现出“新的可能性”时，这种材料的“关系”更加丰富了。比如《源》这个装置作品，也就是我在这次展览中展出的作品，就是材料通过其固有的或潜在的物理属性对空间关系进行拓展的一种尝试。《源》在深圳关山月美术馆展出时的呈现方式是在空间中间放置一个水缸，围绕水缸呈放射状将八片墨铺陈开来，墨的一端浸泡在水缸中，另一端卷成卷轴画的式样自然地平放在地面上。由于我制作的墨片是能够重新溶解在水里变成墨的，所以在经过关山月美术馆的展览之后，浸泡在水缸中的这一端就有了因溶解而来的弯弯曲曲的不平整的边界线。这次展出这件作品，我则刻意将这曾经浸泡在水缸中的一端钉在雪白的高墙上，由此观众可见墨在水里面被分离出来之后又转换成另外一种状态和呈现方式。装置作品随着时间消逝；

《源》展览现场

《源》（局部），装置，2014
深圳关山月美术馆展出现场

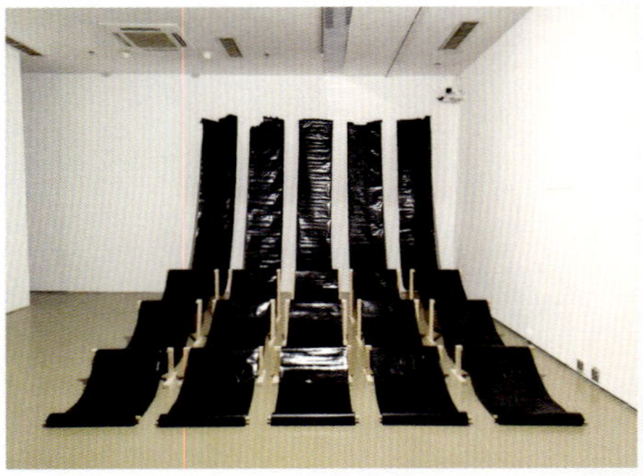

《源》，尺寸可变，装置，2018

《源》，尺寸可变，装置，2018

材料本身状态的反复转化、变化；与其他材料的复杂又迷人的关系通过这端不平整的边界线越发显现着，这恰恰印证了材料的潜在属性及无限可能性。而这种无用的未知的可能性，即是我之兴趣之所在。

此外，当我将墨从平面的二维空间中解放出来转而在三维的立体空间中展现时，墨就脱离了人们通常认知中，与笔、纸、砚的关系。那么从常识中独立之后，墨或是与其他材料结合，或是从二维的平面到三维的空间呈现，又应如何来实现呢？从内在到外在二者之间的关系如何？以上打破固有认知地不断自我提问的方式，是我得以一步步推进关于材料研究和创作的方法之一。

盛葳：最初我对陈锦潮的作品感兴趣是因为他用的材料，第一次看到的时候我觉得是塑料布，后来他说是墨，我没太搞清楚为什么是用墨，直到他和我讲了他的制作过程。

陈锦潮：制作过程是具有偶然性的，因为一直对材料很感兴趣，也是一个偶然的发现。那个时候在读书，在国画班上看到一个墨碟，里面的墨干裂成一块块，国画班的同学却还是能把它洗掉，这引起了我的关注。墨本身带有极强的文化属性，我开始思考它有没有另外一种可能性，不仅是我们认定的只能用来画画的思维定式，而是还可以用来制作。思考推进实践，制作的过程中我按照自己的意图对墨进行塑造，这里面做了几个尝试。

我经常用碟子把墨晒干再打磨成粉进行造型的堆叠组合。最开始我用的是带有胶的普通墨水，通过这样的实践我发现普通墨水凝固后也可以成型，但是它的成型很难按照我的意图进行创作，比如难以制作出像这样的一长片墨。后来我在普通墨水里加入了好几款胶，用以保留材料的水溶性，确保具备新造型和新可能性之后的墨，放到水里还可以重新溶化成墨水，可以重新使用。即确保赋予它新可能性的同时不改变其原来包含的文化含义，此时它不仅保有它旧有的文化属性，同时具备了一种新的可能性。

盛葳：陈锦潮基本上是把液体的墨汁刷在地上或者是倒在地上加入胶，干了以后墨就变成一片一片的东西，成了固体。在这个过程当中有两点比较有意思：

1. 物与物之间的转换、转化；
2. 墨本身。原本墨是一种要做来使用的东西，但是在他做完以后墨本身没用了，它自己变成了一个物的观看对象。

这两点可能是他这个作品提供给我们比较有意思的启发。

邓悦君：非人类 · 机器 · 物

盛葳、周翊 VS 邓悦君

邓悦君：大家好，我是邓悦君。“非人类 · 机器 · 物”这几个关键词大概是我最近创作中比较关注的东西。

自由生成可能性和关联性

今天我主要讲一下工作上的小实验。我的工作室有时候更像是一个实验室，所做的东西也会像实验品。我觉得这个作品和实验品的关系其实很微妙和神奇的。有时候创作的目的可能不是要生成一个作品，只是想知道一些表达的可能性，或者是进行研究和探索。所以产生的一些东西可能以作品的评价标准来说是不成立的，但是有时候某些东西又比较像作品，比较适合拿到美术馆里展示，这个过程会有很多事情发生。

水墨动画《苍耳》截图

这个水墨动画叫《苍耳》，我从小比较喜欢水墨，水墨对我来说也是一种情结，所以当时想是不是可以用水墨做些抽象动画，因为很多时候我是处在一种极度的发呆和白日梦状态，发呆的时候看到的东西，我就会记录下来，通过创作的方式把这种感觉进行转化。

这组水墨作品我做了大概七八个不同的类型，选了一些放到一个大理石底座或者是容器里边。大家可以从不同的角度和顺序观看这些水墨动画，自由地组合镜头之间的关系。这是另外两个动画，画面感觉其实也都是动画。这里我挑了一些研究过程当中相对来说有关联性的东西，与大家分享。

影子实验

我之前在苏黎世参与一个交流项目，当时有一个公共空间的课程，我想是否能在国外的语境当中找到一种跟水墨或者是与这种感觉相关的东西。但是转了很久也没有找到什么，后来我发现影子这个东西很好玩，就做了很多对影子的拍摄和观察。正好有一天，我发现天桥的某个地方的影子蛮像琴的，我想是不是可以转化成一个可弹奏的琴，用摄像头捕捉，以自身的影子来拨这个影子的弦，发出声音，这样我就可以去玩儿或者演奏正在变换的光影，其实很多时候是“自嗨”。比如《弹奏影子》这张照片，是我去公共空间拍下来的。

慢慢地我发现影子特别吸引我，同时我有一种欲望想去控制它、跟它交流。这一组照片是用手抚摸窗边的影子，我比较“矫情”地用我的影子去抚摸它。影子其实是摸不着的，而我尝试用自己的方式抚摸它。

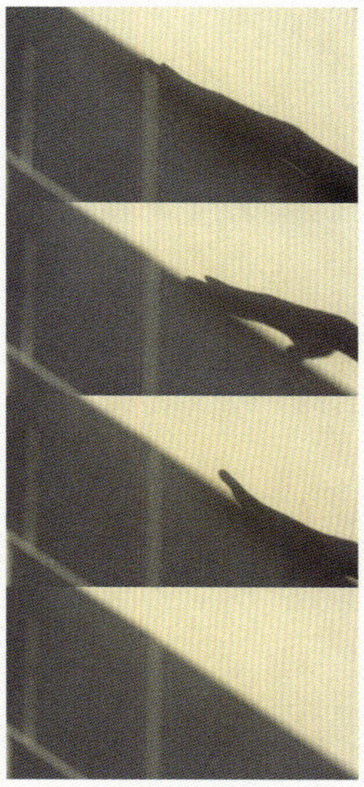

《抚摸影子》

《弹奏影子》

影子实验物件《素描练习》

3D 打印的影子实验物件《影子发生器》

接下来我想进一步控制影子，但是没有太多的概念，所以我做了一些实验的物件，《素描练习》是其中一个。前面是一组测试灯珠，顶部是一排开关和强弱控制器，这些实验器具让我知道在不同的角度、距离、强度、速度的灯光下产生的影子是什么样。后来我觉得小东西对实验不太够，就搭了 3—4 米的长方形的棚，自己做了一个控制系统、控制光线的有序变化，这样的光线可以作用于人，人走在下面可以看到自己影子的变化，还会有些节奏的变化。之后我又做了一个光源会旋转的装置，受程序控制，叫作《影子发生器》。

很长时间里，我都是在不断地做各种各样的小尝试。在尝试过程中我发现自己要做一点东西出来比较麻烦，可能现在很多艺术家会找工厂的师傅帮助实现方案，但这样的过程不太适合我。有时候工厂师傅不一定能按照你想要的审美标准来实现，甚至有时候在展览的时候作品坏了，我都不知道怎么办。所以我就决定要自己制作，小到一颗螺丝的选择、一根线的焊接。制作《影子发生器》时我请教朋友，自己做模型，用 3D 打印机慢慢把这个作品的零部件打出来，慢慢组装，它依然是一个和影子发生相关的实验品。

多重的维度和梦境

《呓语 2015》看上去比较像一件真正的作品，当时这件作品是想把一个硬的材料变软，如金属，所以尝试用切割的方式，我做了一圈一圈的结构。同时我比较关注多重的维度和梦境，真实、非真实，以及人的这套感官系统之外的感受不到的世界。我觉得呼吸的动作很接近这种临界点，所以我就想通过机械运动的方式把盒子做成一个呼吸的状态。又过了很久以后，影子的部分似乎可以结合在一起了，我把光影放进去后就出现了这样的效果，也较为接近我想要的感觉，作品就慢慢变成这个样子。

《呓语—机械蝴蝶》这件作品是关于梦境的，我比较喜欢机械运动的感觉，会尝试做这样的实验。对蝴蝶的制作也尝试过很多次，当中大多版本的运动都是有问题的，如打开时正常，但收起来的时候像就会偏到一起去。图片里这个是第一个版本。我的创作更多的是在不断实验的过程中思考一些问题，没有过多的预设。然后经过几个版本的实验，这是“机械蝴蝶”系列中第一个比较成功的版本，用金色的钥匙做翅膀。

光与声

《漫衍》是 2018 年做的一件作品，可能这件作品会考虑更多不存在的生物，用我们看不见、摸不着的物质来做一个

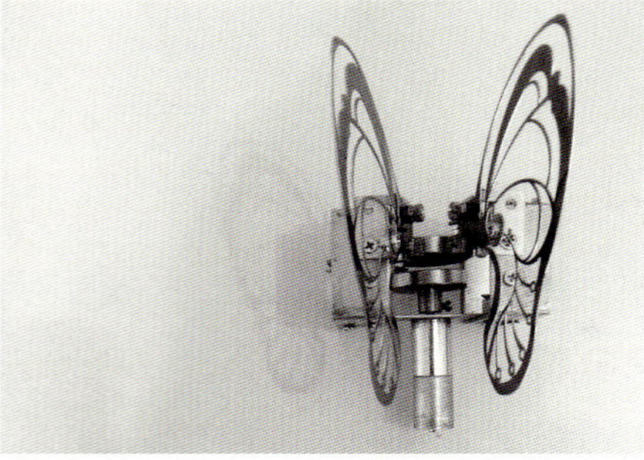

《呓语—机械蝴蝶》第 1 版

《呓语 2015》艺术家工作室实验记录 1

《呓语 2015》艺术家工作室实验记录 2

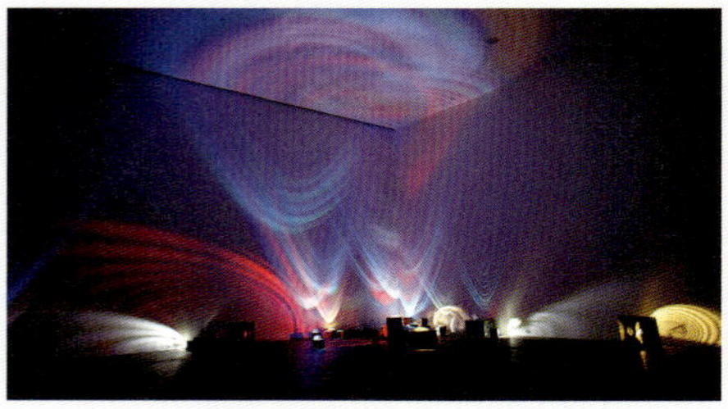

《呓语—机械蝴蝶》第 9 版（金色的钥匙作为翅膀）

《0》户外展览现场

《0》展览现场

装置。视觉看上去是一根一根的柱子，由 10 个发光运动的装置和 6 个接收器（小耳朵）组合而成。装置顶部投射出经过编码的光线，光线中蕴含着声音信号，通过接收器可以听到光线中传递的声音。装置中部，设有旋转的蜻蜓翅膀，翅膀在可有可无的运动中，参与干扰、阻挡及分化光线的传播和空间中光影的形成。观众可以选择游走在纵横交错的声音空间里，或者作为光影变化的观察者。现场有一些小耳朵，拿起小耳朵观众就可以听到光影里传递的声音，观众可以自由选择进入作品的方式。

《去中心练习》是 2015 年做的另外一个小实验。它是关于机器在非正常运动下产生的一些小变化，当时我做了几个比较正儿八经的设计，是一些绝对对称的图形。在制作加工的时候我让师傅随便打一个中心点后装上这些图形。我想在里面加入一种随机性，因为旋转中心的偏离，所以前后叠加的对称图形就发生一些比较暧昧的关系，比如有的物件在旋转的时候是扭动的，有的可能等半天才会出来一点，有的每次露出的形状都不太一样。

我曾在成都 A4 美术馆做了一个比较大的实验，顶上是两个大金属片，大概有 2—3 米，中间有一个方形的光。两个金属片的旋转速度不一、形状不同，相互不断地随机切割顶部的方形光线的形状，所以光的亮度值在不断地变化。两张图片对比可以看到光线的改变。墙上有很多感光的虫子，我放了很多不同的声音。这些声音是在我的精神中或是绵延的情绪里很重要的声音，我对它们重新采集模拟，一些是具体的，一些是某个环境当中的田野录音，一些是电脑里面制作的抽象声音。这些虫子像是声音的像素点，在整个空间里边分布，随

《去中心练习》

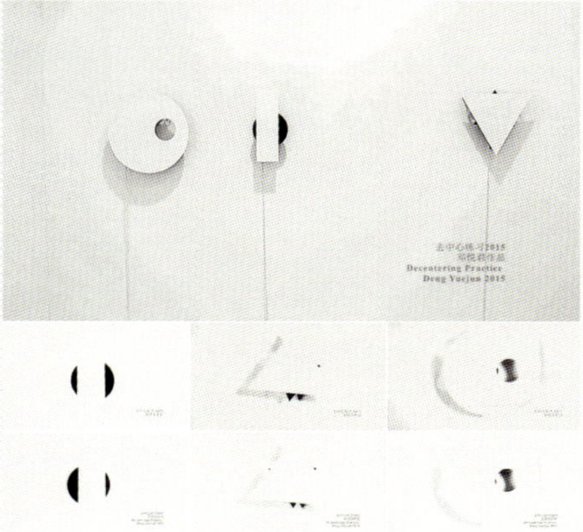

《漫衍》展览现场图

邓悦君工作室 1

邓悦君工作室 2

收藏的影子图

着光线不断地变化，像爵士乐一样把这些声音组合。观众可以参与到这个变化中，如用手电筒，如果观众穿浅颜色衣服还可以用自身衣服的反光对虫子产生影响，走到不同的地方声音都是随机组合的一个声音场景，整个空间会形成一种流动变化的状态。

《O》是 2016 年的作品，我收集了大约 100 个人发长音“o”的声音采样，制作成小虫子，这些小虫子是太阳能供电的，因此它们可以放到户外去，当阳光缓慢的发生变化的时候，声音也随机地合奏。其实我的创作有点儿类似于炼金术，把不同的物质糅合在一起创造一个新的生物。我有时候会反思作品互动这个问题，这里的互动关系，更多的是它自身的存在和与自然界的这种能量交换。我们在这里面可以选择介入，但是一个自愿的方式。另外一件也是关于光的作品《蓓》，受光影会卷曲。

给大家看一下我工作室。这次讲述的最后一张图片是我拍的一个影子视频的截图，收藏在瓶子里，没事看着它可以发发呆，谢谢！

盛葳：邓悦君的作品最早也是从水墨和影子的关系开始，逐步发展成灯光和声音的关系。一开始比较概念化，对艺术传统的一种看法或者是一种方式，慢慢加入非常多的个人因素。对于我来说有感触的是其中特别个人性的东西。

周翊：他刚才说他的工作方法也没有什么具体的目的，一边做一边想。我觉得现在这种工作方法可能是比以前多了，有很多是自己在慢慢生长和生成的作品。这次展览里我们注意到一个倾向——过去这些年，在国外叫 process-based art，即以过程为主的艺术越来越多。从作品的形式和观看者的角度来讲，越来越难从形式上去明白一件东西。看展览的体会必须得通过了解艺术家，必须通过阅读才能明白作品是在做什么。这个过程可能是一个挺漫长的过程，看展览变得特别慢，可能一个展览如果只是从视觉方式，或是原来看画的方式看下来，会一无所获，看展越来越借助文本和对艺术家观念的了解。尤其是在国外看展览，像惠特尼双年展，仅从视觉上看可能真的一无所获，半个小时就看完了，但如果想一件一件作品去认真看、去了解，则至少要用七八个小时才能看半个展厅。

盛葳：我在这方面也有比较强烈的感觉，特别是当代艺术展。

“界面效应 Becoming”这个展览虽然是从抽象角度看这些艺术作品，并不是说这些作品都是抽象艺术，或是经典的抽象艺术，只不过是给我们一个角度看待这些作品。当我们把它看成抽象艺术的时候基本上好像看不懂，有一些形象是抽象的。还是像周翊刚才说的理解背后的那些东西，所以我才觉得他们的工作方法很重要，不然只是看邓悦君的光影，大概也不明白是什么意思；100 个人在喊？可能得了解为什么在喊、收集了哪些人，所以声音这个东西越发个性化。我们也展览过其他不同的声音艺术，声音很抽象，听不出来阶级或别的内容，有的时候就是在不同的街区收集不同阶级的人声，或者是在深圳和香港隔着铁丝网收集这边和那边的声音，很微妙。这些都非常个人化，按照统一的标准确实是看不懂，像周翊说的，要花很长的时间。

张增增：瞬间的永恒

盛葳 VS 张增增

张增增： 大家好！我来自四川美术学院雕塑系，一直以来做的都是雕塑。我从2013年毕业后逐渐接触到一些科技的内容。

因为我之前一直做雕塑，对“有”的体会太多了，学习雕塑七八年，从本科到硕士，一直在想怎么从“有”到“无”。我毕业以后又介入新的科技艺术领域，利用科技又在“无中生有”，把作品延展到虚拟世界甚至微观世界（如显微镜和细菌）里，来叙述我的一些体验，所以在这里我想分三部分谈谈近几年的作品类型。

1. 从有到无；
2. 无中生有；
3. 微观叙事。

1. 从有到无。《瞬间的永恒》是2012年我用肥皂泡沫做的一个等比例的纪念碑。我是传统雕塑系毕业的，以往都是玻璃钢、铸铜、木雕、石雕，而用肥皂泡沫制作一件雕塑在空间中逐渐蒸发掉，大概一个小时的时间在观众眼前慢慢会消失。这对我当时的心境来说，这是一个很轻松的过程，做完也没有后顾之忧，因为如果做传统的雕塑再抬到工作室会特别费劲，而我每次展览都拎着我的原材料到当地兑上水，到现场做肥皂泡的东西。当时也很直接、直白地选择这种形象——短暂、消失的材料，做一个永恒性象征的纪念碑。

“梦想成真计划”系列是在做完《瞬间的永恒》后，思考做艺术还能干什么呢？除了做一个装置在美术馆展览，获一个奖，回家挺高兴，还能干什么？我住的地方位于城乡接合部，当地特别穷，我像神笔马良一样用肥皂泡沫在一位住户家里的破凳子上做了一个人民大会堂的贵宾沙发，他说这个是假的，但是这件作品的整个记录过程以及现场演示却可以去美术馆展览，用展览的生产体系获得的费用给他买了一个真沙发，整个系列作品称为“梦想成真计划”。

作品《新房》是用肥皂泡沫在一个清水房里做了一个中国人最喜欢的简欧风格的新房，随着时间慢慢褪去，露出里面作为骨架的建筑垃圾。基本上这才是生活的现实。

2. 无中生有。我想也不能每次把肥皂泡沫做成不同的东西，因为它根本上是一个物质在空间中消失了，我怎么在空间当中，用空气做出一个东西呢？空气怎么做？我咨询了科技公司怎么做空气，得知AR就可以实现我想要的东西，所以我和季平合作，用手机定制了一个APP来实现这一想法。手机是我们今天观看世界的一个眼睛，作品《无形之形》是观者可以通过这只“眼睛”在现场360度观看一个巨大的立体球，当时定的尺寸是4.8米。

《瞬间的永恒》，肥皂泡、麻绳、砖头，300cm × 95cm × 180cm，2012

“梦想成真计划”系列，肥皂泡、凉席、砖头，尺寸可变，2013

《新房》，肥皂泡、杂物，尺寸可变，2014

《造物》展览现场，脑电波意念控制器、屏幕、摄像头、墙体、玻璃钢，尺寸可变，2016

《造物》展览现场，脑电波意念控制器、屏幕、摄像头、墙体、玻璃钢，尺寸可变，2016

做完这个作品媒体采访的时候我想把二维码识别图放在报纸上，通过报纸媒介的印刷和传播，每个市民都可以拿起自己的手机对着报纸扫码，这个球就出现在他的面前，因为报纸这种物质的传播，这个球就到处都有，地铁、家里、公共厕所……无处不在。既然它无处不在，我是不是可以放在一个在上海外滩的东方明珠这个地方呢？我觉得这个地方挺空，旁边应该有一个东西，于是又让科技公司把东方明珠塔当作一个识别定位放在那儿。这是一件一点公共资源都不占有的公共艺术作品，而且是市民主动选择观看，想看拿起手机就在那儿，不想看揣兜里不存在。

后来我把“它”带到香港，拿着手机，把这件《无形之形》放在曾经发生冲突和矛盾的地方，共留下照片2000多张，参加了李振华老师策划的阿尔勒国际摄影展。

做完《无形之形》，我在反思“球”还是一个作品，无中生有还有什么东西是无？人的思考是一个过程，我天天在家里想方案，满脑子是方案，空间充满着

《无形之形》肉眼看到的景象

《无形之形》，手机或iPad、AR图像，尺寸可变（以展馆最高高度为依据），2014

《回信》，信件、微生物、酒槽、定制实验仪器、玻璃器皿，尺寸可变，2016

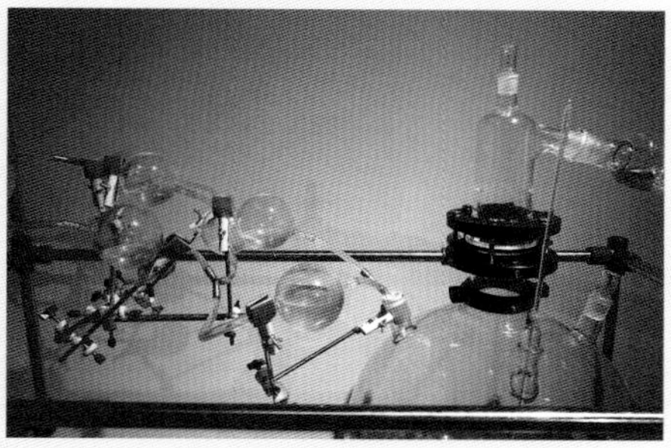

《回信》，信件、微生物、酒槽、定制实验仪器、玻璃器皿，尺寸可变，2016

信件发酵制成的绝情酒

《回信》，墙面微生物显现为“明天我再也不回来了”

我的脑电波的信息，我能不能收集我的脑电波和思维的过程，用科技的方式做出来？于是就与科技公司合作商量搞了大半年，终于搞成了一个这样的作品，把我的脑电波实时提取并用三维成像技术把他三维化，最终用 3D 机打印出来，有意思的是 3D 打印模型我又送到雕塑工厂用传统的雕塑制作方式进行放大。这个形态最终如何与人的思维有关，于是取名《造物》。

作品《回信》，是 30 岁后的我逐渐成熟起来，跟父亲之间的关系却一直处于特别矛盾的状态。我父亲给我寄了 10 年的信，我从来没有拆开看过，我其实知道大概写啥，但我不想看，我就把一大堆信全部撕碎，与西南大学生物系合作，将撕碎以后的信件和微生物发酵，混合一些菌类，在美术馆现场酿造成了一瓶酒，取名“绝情酒”。

信件上提取的微生物，通过培养皿扩大培养后种植在美术馆的墙面上。经过时间的推移，慢慢长出来微生物、微菌、长出一句话：“明天我再也不回来了”。

在他给我寄的信封上有白色的胡茬，我把这些胡茬做成了一个词：“SORRY”。以上我今天挑出来的一些作品。谢谢各位老师，请大家指教。

盛葳：我最开始对张增增的作品有兴趣是他用泡沫做的雕塑，这其实是一种“反雕塑”，雕塑是永久性的材质，目的是纪念用的。他的泡沫是反对雕塑，也是反对纪念性的。

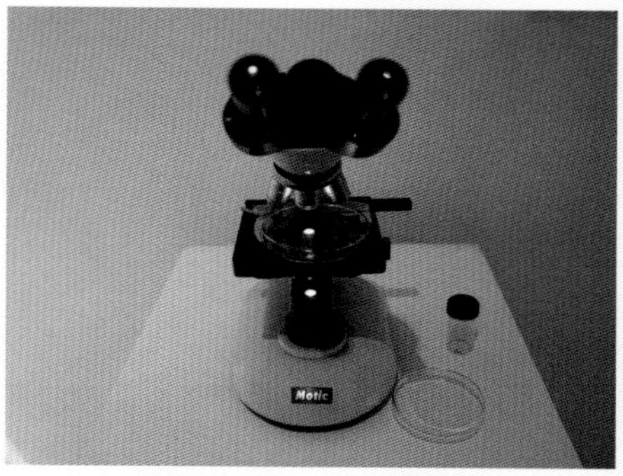

《回信》，实验显微镜

《回信》，显微镜下由胡茬拼成的“SORRY”

他开始想做一个雕塑，最后他的作品变成了摄影，这种媒介的转换也是挺有意思的。于是慢慢地走向了关于虚拟的主题，包括后来用 AR 的手段，作品也还是变成了摄影。最后这个关于酿了一杯“绝情酒”的作品我也是第一次看见。10 年的信有多少封？

张增增：有时候 3 个月寄一封、有时候半年寄一封，一共有 20 多封信。酿出来两瓶酒，底下是水蒸气，水蒸气也成为酒的一部分。

陶都罕：一切清零，从零开始去做

刘燕 VS 陶都罕

陶都罕： 我 2007 年本科毕业于中央美术学院雕塑系，2016 年硕士学位同样毕业于央美雕塑系，师从隋建国先生。本科学习方向是写实主义、纪念碑雕塑，硕士阶段研究的是抽象雕塑和雕塑观念。从学院派的写实主义进入抽象语言、装置艺术，再到观念艺术，其实是一个很较劲的过程，就像是用了 10 年的时间走了一遍现代雕塑艺术史，自己革了自己几次命。所以，也许我的作品到目前为止也不是很成熟。如果说我讲的东西有一点价值，可能在于我如何转换的过程，还有对艺术和雕塑语言的认识。

2007 年我本科毕业的创作，基本上是学院派的传统雕塑、纪念碑雕塑的状态，这是在中国的美术学院和学院派教育模式下产生的一个面貌。因为我们雕塑系"第二工作室"研究写实和纪念碑雕塑方向，老师们都是从苏联留学回来的，我本科的时候完全是受这方面影响。学院的教育会给人比较扎实的基础，是一种保护或者是一种支撑。但随着我个人在创作和寻找表达自我的时候，总是觉得不够自由和直接。

2012 年抽象雕塑语言的早期尝试

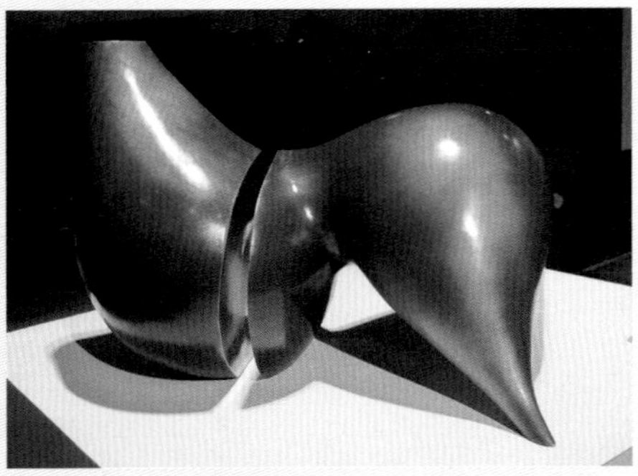

具象 / 抽象雕塑语言

本科毕业后到 2011 年左右，在我开始进行抽象语言的探索和尝试之前，这几年一直是挺茫然的状态。2007 年毕业那一届正好赶上"卡通一代"的尾巴，我的很多同学都做卡通的雕塑。我是从内蒙古过来的，我的成长环境没有太受日韩漫画的影响，所以我对那个东西没有什么感觉。可如果单单做一个具象的人物，在当时也不能特别吸引我。但事实上，我很喜欢雕塑，很喜欢实在的和有形的东西，所以那时我想到底雕塑的魅力在哪，什么才是真正的雕塑语言？如果我找到了真正的雕塑语言是不是就能够支撑我去创作？所以那时我开始试图抛弃一些具象的东西，做一些纯粹的形，表达一些空间当中的形体，或者是能传递一些感受的东西。

那个阶段做了一些很简单的抽象的作品。我在这个阶段能感受到的一些东西是关于形、空间、重力等等这些雕塑语言。但是我还是去造一个形，我觉得好像也不对。那一阶段我开始想突破，比较纷乱，几乎是一切清零，从零开始去做。

2012 年我开始硕士阶段的学习，在第 1 年的学习中，因为有不同的老师授课，

研究生就读时的习作，2012

我也就尝试了各种方向，到 2013 年底左右，我想能不能把这些东西全部抛弃掉，找到自己的方向？

那时候偶然找到一种弹性布的材料，我就把一些几何形体塞进去，像装口袋一样，放进去就结束了，其实也没有开始，也没有结束。好想把具象的东西扔掉，造型的东西也扔掉，从像一个儿童一样开始做东西，那个阶段就做了一些比较简单的，有点儿像儿童的一些东西，一些现成品加到布里面，有了一些韵律和节奏。稍微再复杂一些的现成品或者是废旧的物品等等这些东西填充进去，形就变得更加复杂。原来做雕塑都是使劲造一个形，现在我不想用技术，这里面没有任何缝或者是固定，就是打个结或者是随便卡住就在那儿了，就可以了，好像我要的东西都有了。后来包括随便填充一些东西，现成品，自然就形成一些韵律，我那个时候很迷恋包裹起来的形的膨胀、收缩、线条和结构，还包括

《熵——建构系列 NO.2》，现成品针织布
60cm，2013

一些捆绑、打结等等这些东西，都是最生活化的。包括一些身体的因素，填充之后再打结，好像把一个能量卸完就结束了，没有过多的东西。

自然形成的，没有什么控制，它什么样就是什么样。这个时候我感觉到好像找到了一些抽象语言的东西：空间、形体、形块、身体……它直接会带给你一些情绪和感知，不再依赖于原来文学性的东西、阐释的东西。也是这个时候，我在中央美术学院雕塑系的大工作间做了一个个展，展示了那一阶段的创作。

2014 年在北京时代美术馆“旋构塔——2014 中国青年艺术家推介展”上，我参展的作品开始从小的东西慢慢往空间里边走，不断地从架上、从一个可以控制的范围向身体和社会化的空间进入。

文学语言 / 雕塑语言 / 逻辑语言

写实雕塑，更多的是一种文学的语言，表达需要象征、需要用一个外在的造型表达一个另外的意思，必须是阐释的。我觉得这个不是真正的纯粹的雕塑语言，所以我又开始抛弃这些东西，不借助一个具体的形象来做纯粹的雕塑，用纯粹的物质和物体来表达，是物理的。走到这儿我又开始想，抽象是什么？最抽象的东西一定是一些逻辑或者是数字、数学的一些东西。其实寻找的过程或者是这个东西对我是很有难度的，我们都知道学艺术出身的我们不是理工科的思维，也没有很深厚的数学功底，其实我更多的只是一种本能，走到哪里就想怎么样是对的方向，是不是能解释我自己或者继续支撑我去创作，我就往哪块去走，去试一试，并不是我想的很清楚或者是具备一些什么素质去做，只是说能不能用我的感觉和认识进入到某个领域再去解释或者是表达一下。

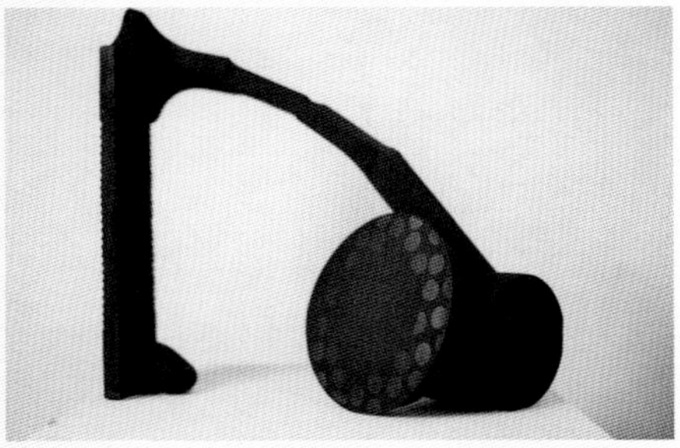

《熵——建构系列 NO.3》，现成品针织布
60cm，2013

《熵——建构系列 NO.5》，现成品针织布
60cm，2014

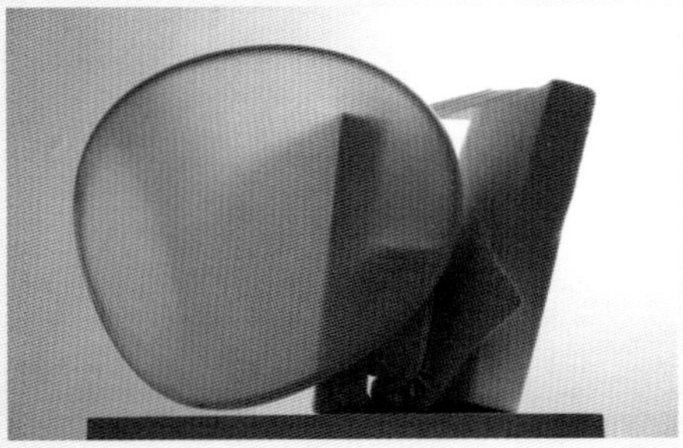

《数集的表达》，针织布，2013

“数”

我开始想“数”是一个什么东西，“数”就是 1234567……我就表达这样的一些东西，在那个阶段，我回归到“儿童状态”，像做积木一样。这个材料女孩子都有这种体验，像穿长筒袜往下卷，卷成一个球，我用一个长的筒状的材料一直卷，卷成单元的形，不断地组合，不需要缝制和技术的东西，组合成各种各样的形状。我觉得一个很简单的“数”可以变成一个“系统”，也可以不断地做。

“数列”

有数就有数列，数列更复杂一些，有一些像我们学画画的都知道的黄金分割就是斐波纳契数列，或者是植物，任何东西生长都有一定的规律，或者是分形这些东西，由 1 生 2、2 生 4、4 生 16 等等这样，它自己有一个逻辑和规矩，我不用赋予它什么东西，我设定一个规则按照这个规则走就行了，看它能长成什么样，当然我用的是比较女性的方式：缝的方式。最后我发现这个东西是一开始很简单，最后又变成一个特别庞大和复杂的系统。

《分形体（蓝色 NO.1）》，针织布、棉花
150cm，2015

《分形体（蓝色 NO.1）》，针织布、棉花
150cm，2015

我用的材料往里边可以填充，就变成一种造型语言，填充满之后成为很抽象的造型，从形式感觉上是有一个形，有一个抽象雕塑的感觉。但是又不是一个简单架上的东西。

而出一空间

我开始更多往空间里边走。作品《母体》是用尼龙扣做的作品，墙上画的图案说明了结构方式，最后是一个雕塑。生长后量变成集合的东西，在空间里变成场域的东西。这件作品也可以进入各种空间和互动关系中，更随机一些。开玩笑地说，“破茧而出”的我没有长成蝴蝶或者蛾子，却长成一个蜘蛛，在空间里到处织网。

这件作品是参加了一个女性的艺术展，也许有人会觉得我是一个女性艺术家，因为材质是纤维或者表达了一些女性的感觉。实际上我想说的是，不是因为我是一个女性来做女性艺术，其实我的语言是从一个没有性别的观念里边走出来的，当然我的生命体验是女性的，所以走到女性表达里边去，也是一个自然的过程。

逻辑 / 空间

逻辑就是数列 :0、1……如果说突破，我好像突破的是我自己的一种惯性，我的本能不愿意在惯性里边一直走，越是我不熟悉的领域，我越想看一看能做出什么来。

作品“数列”是根据一个数列不断地发展。一开始我是用比较传统造型的方法和技术来做；现在有 3D 打印技术了，我就用比较新的技术来尝试，灯光、感应技术都加进来。这些都是用 CNC 雕刻车床车出来的零件，利用了机械生产零件的方式。

当然我也希望将来有机会这个作品能放大，走到更大的公共空间里边去。谢谢！

《分形体》个人项目（红色组合），针织布、棉花
现成品，2016，北京菊儿空间

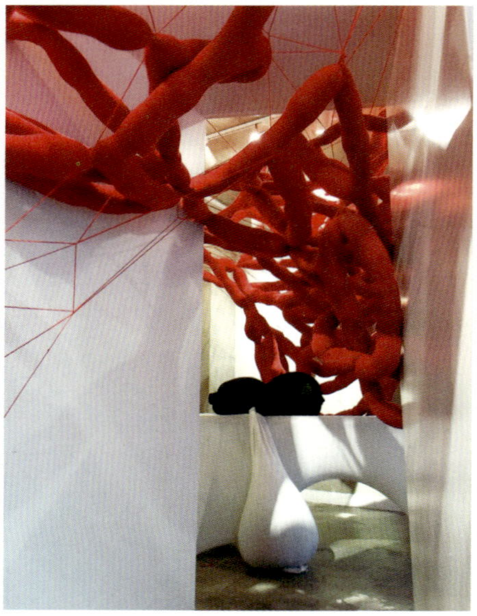

《母体》局部图，针织布、棉花、线绳现成品，尺寸可变，2017，北京零空间“倾巢计划”女性艺术展

“数列”开始时简单的图纸和模型，2012

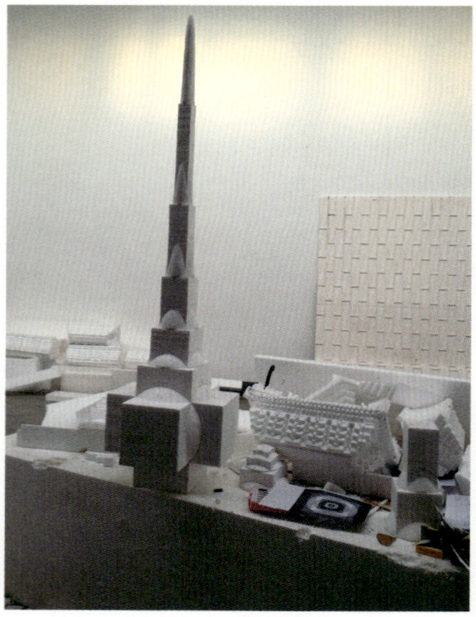

刘燕：第一次接触陶都罕的作品是在北京时代美术馆“旋构塔——2014 中国青年艺术家推介展”上，她的作品是在“青年人的主体建构”这个单元中。当时我和三个单元的策展人希望建立一个以多样的学术对话作为切入口，为青年艺术家现象提供不同的深入思想交流的平台。在这个展览中看到都罕的“捆绑、缝制的织物”系列作品，其实今天看来也并不能归纳为“抽象”，在她包裹“简化”的作品后面是非常具象和具体的组成，但从那个阶段的作品开始，她更多地走向了对“物质”和“物质以外”的不断探究。从雕塑的基本语言而言，物质性是艺术家必然面对的载体，物质即是形式，更是内容。都罕用各种方式想要尝试的是雕塑语言以外，艺术家主体对语言的介入，这种介入建立在她真实的生活经历和环境中。作为青年艺术家，我们在潮流、社会现场和技术流变中如何沉淀自身的问题意识，会不断地转换到作品中去。我们今天的分享和讨论恰恰就是梳理每位艺术的转换的过程、思考，把艺术家的工作方法作为研究的主线。

《斐波那契数系列 NO.3》，3D 打印、LED 感应装置，单体直径 10cm×100cm，2017

《斐波那契数系列 NO.1》，27.5cm，铝合金，2015

《斐波那契数系列 NO.2》，铝合金 140cm，2015（已丢失）

“界面效应 Becoming”是中国艺术研究院国家当代艺术研究中心自 2016 年以来的课题项目“中国当代艺术现状与生态研究”的系列展览之一，在今天这场展览中，我们以“中国多媒介抽象艺术”作为切入口，因此，在形态上而言，此次参展的艺术家在语言形态上是多媒介的，备展前期由我们五位评议人经过多次对作品的交流，提名推荐了目前二十四位参展艺术家。“抽象”这个术语在展览中并不是某种风格和流派的指代，而是一个在我们整体的研究脉络中值得讨论的术语，我们的研究更偏重于对语言背后，艺术家主体建构与工作方法之间的观察，这种形式语言的“抽象”不同于 20 世纪西方现代主义在“二维平面性”上讨论的问题。在这个信息化迭代不断加速的时代，更多的青年艺术家使用跨媒介的创作方式，而且这种“跨界”不仅仅体现在媒材上，更多的是观念和生存现实的交互，艺术家传递的思想并非现实性的叙事，个体的内部拆解、语言和思想的碰撞……这些共同构成了艺术家的工作方法。

“界面”指向 21 世纪这个特殊的时代——所有跨学科、跨文化、跨技术的状态融合在一个空间，也使我们今天的艺术家变得和以前非常不一样。在这个过程中我们也看到今天这些年轻艺术家们对各种媒介的敏感和不断地尝试对这种材料和物性的激活。这种激活可能是一个手段比以前更加复杂的过程，它融合了技术、观念、形象、知识各种各样的东西在，艺术创作是不断地再生发的过程。

周钦珊：反对图像和语言的庸俗化

盛葳、刘礼宾、刘燕 VS 周钦珊

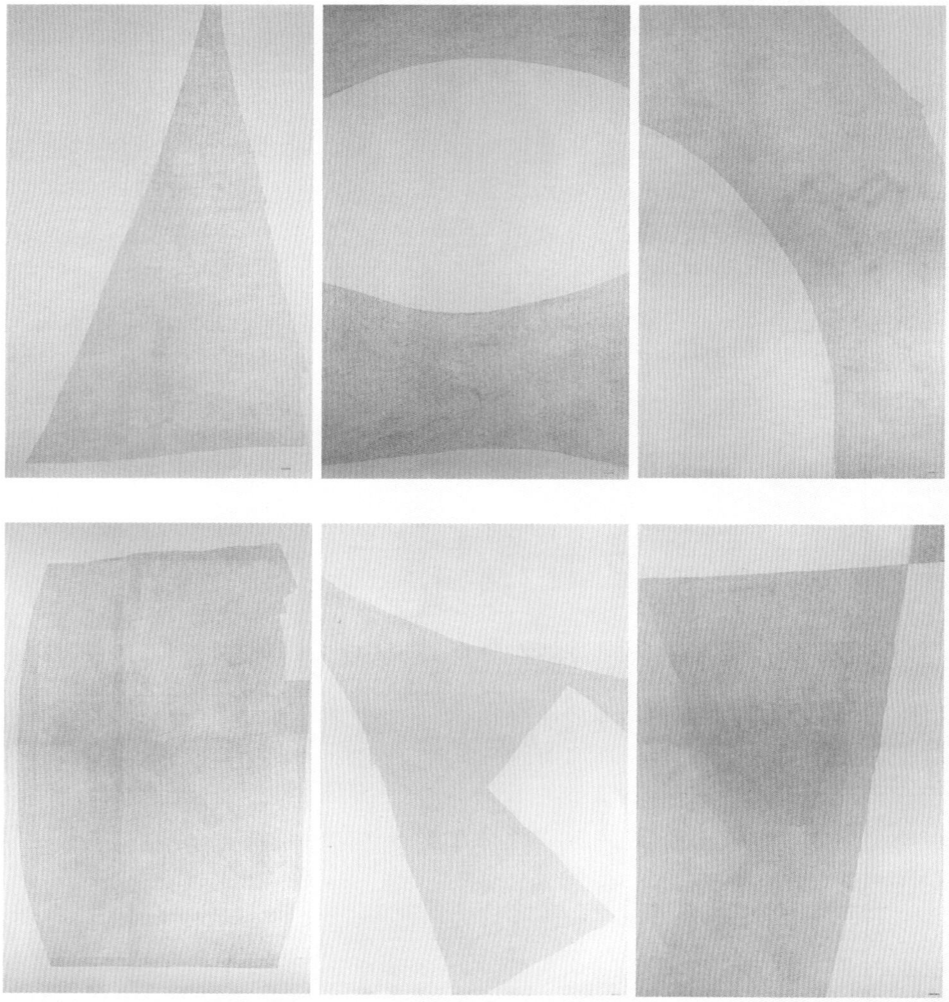

“宣言”系列，铅笔、丙烯，约 200cm × 130cm，2008

图像不足以表达我对世界的理解。

周钦珊：创作是我尝试拓展“觉知与表达”的经验边界所作的超越性建构实验。作品“宣言”系列（2007—2008）是研究生时期的毕业创作。2007 年前后，艺术现场充斥着一种卡通画狂热现象，在艺术市场的推波助澜之下，大头卡通画火热一时，招引了无数跟风的创作者和策划者，铺天盖地的甜媚艳俗的塑料质地卡通画展览，让人窒息。当时的情景成为创作“宣言”系列的时代潮流背景，也是作品尝试去回应和反叛的对象。我将对这一流行趣味的厌倦和抵制以一种冷淡的哑语般的视觉符号表达在创作中，并十分坚决地将其命名为“宣言”。这一系列作品有二三十幅，尺寸在 200cm × 130cm 不等，由铅笔和丙烯构成。绘画语言和材料的选择都是基于一种极少的原则“无意义、不表达”。

那时我经常会说一句特别狠的话：“图像不足以表达我对世界的理解。”实际上并不是说图像无能，而是说它携带的故事、信息和过往给人们留下的经验过于丰富，会成为探索艺术语言的逻辑障碍，毕竟我的艺术旨趣并不满足于讲述众所周知的故事去获取便利的共情。我对表达的清晰度有着极端苛刻的要求。有人说物象、图像如同拐杖，选择一个熟悉的图像或物象作为表达的载体，就算作者的意图不甚明了，物象本身所携带着的意义和信息也会自动填补思想的空缺。这无疑是一种权宜之计，我非常明白这种折中的态度不是我所追求的，所以我尽量地回避它，去寻找另一种可能的语言逻辑，哪怕它不便理解，我仍然认为那是一种值得坚持的尝试。

2009 年的“求一根线的心理距离”系列，是那一时期较具代表性的作品，作品探索的主题回到了画面和绘画工作中，借由对一根线的虚实辩证存在方式的描述，去构建一种漫长而辽阔的心理空间。那时的创作是用相对理性的方式去表达难以理性化的问题或感受。可以说是在理性和感性的两端去建立一种表达的可能性。

“寄往天堂的信”是 2012 年开始的一个主题，创作时间是 2012—2016 年，时间跨度比较长，内容也较多。《寄往天堂的信》以一位失独母亲写给死去的女儿的信——日记为底本。这位母亲自知写予女儿的心里话，是无法被听到的，但她仍然持续地写，日复一日。透过网络博客阅读这些日记，对我的心灵和情感形成极大的震荡，但同时，我也深知其并非世界上唯一的遭遇者，而是还有更多……

我用普通话阅读这些日记，把每个字发出的音调记录在稿纸上，再将每个音调符号扩充成一个方块，绘画成与日记行文相同而仅存音调记号的画面，段落和标点处皆留下空白。

从另一种意义上说，画面仍然是可以被阅读的，只是已经没有了具体的人、事和命运，它们更像是一个人在空谷呐喊的回声，余音震荡，但是语焉不详。

这个主题有二三十幅，每一幅是一篇独立的日记，字数和篇幅都各不一样。

在创作《信》主题作品之前，我曾短暂使用红药水绘画，对表达和疗愈之间的关系有亲切的体验。所以我很想进一步了解艺术对心理困境和精神创伤到底有没有疗愈的共性。正是这种迫切促使我去关注一些特殊人群。然而，当我获悉更多失独者的情况时，才意识到面对精神世界的坍塌物质世界是如何的乏力，所以我希望，也仅能用作品的形式去传达对他们的关注。

后来，我尝试将《信》转译为音乐，采用拓扑的方法，将采集的声音元素代入画面的符号中，让它自动生成一首不是音乐的音乐，尽管想法不错，但是现在看来由于技术上的原因作品并不成功。然而，这个主题的创作给予我的体会是极其深刻的，它甚至成为我继续求知的动力，2018 年我考取中山大学哲学系博士，并把“艺术治疗”理论研究当作博士论文的主题，在写作完成之时，我把它命名为《创伤与涅槃》，意欲指出艺术是心灵寻求升华之路。

“我触摸到声音的骨头”系列是今年（2018）的新作，也是此次参展的作品。作品沿用了前期使用的音调符号，语言形式上有新的尝试。作品中手指的触摸替代画笔的笔触，音调结构在无数次触摸之下逐渐显形，密集的指纹交加如织形成音调符号的形象。而后我又像侦探一样，仔细收集这些指纹并转印成蓝色的 X 光片。这个作品如今看来与前期绘画“求一根线的心理距离”系列有相似之处，虽然它们在创作方法和材料的使用上截然不同，但都将主题当作一个艺术命题，在创作的劳作过程中凭借通感和想象力努力去抵达它。

语言的音调并非一个具有独立意义的视觉符号，因此，它们也几乎不被当作表达、演绎和讲故事的对象，我把它称之为符号中的“物自体”。

反对一种图像 / 语言的庸俗化

盛葳：周钦珊的作品我看过一些，新的这件是第一次看，最早的时候是看了一些三角形的放在地上的锥子，挺大的一件装置。后来发现那段时间整个广州地区做三角形东西的艺术家特别多，我想怎么回事？为什么广东人都喜欢三角形？问了一下广州美术学院美术馆副馆长胡斌，他说是不是跟天桥下边的三角锥有关。他说有点儿关系，三角形本身有一定的政治性，后来做的人越来越多，

“求一根线的心理距离”系列，布面丙烯、铅笔，200cm × 150cm，2009

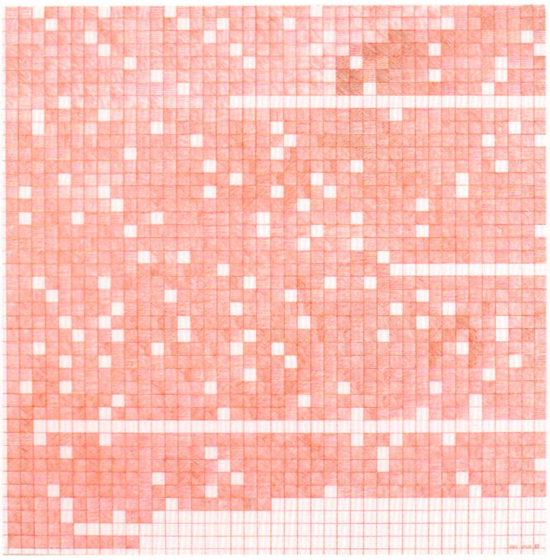

“寄往天堂的信”系列，布面丙烯、马克笔
尺寸不一，2012—2016

这是个挺有意思的例子。差不多在 2007 年开始有人做那些看起来抽象的东西，胡斌说是为了反对一种图像或者是语言的庸俗化现象。

其实这个东西跟抽象有关系，因为差不多从 2003 年开始，在那一年栗宪庭做了展览“念珠与笔触”、高名潞做了展览“极多主义”，大家对两个展览都很惊讶，为什么这两个重要的策展人做了看起来很抽象的展览？ 2006 年开始，对图像化、因素化的批判进入到一个高潮，我们都写了一些文章。2007 年的时候我到广东美术馆开会，王璜生馆长做了一个青年论坛，本来是要讨论青年问题，结果变成批判卡通的问题。为什么出现反对再现、图像化的艺术的声音呢？还是有背景的、跟抽象艺术是有关系的。一开始我们比较愿意看到这样的艺术作品，慢慢发现也有问题，开始进入下一步工作，并不是说是抽象的、非图像化的就好。一开始觉得只要是反对图像化、庸俗再现的都好，逐渐发现这种抽象的形象背后的意图和表达是有差

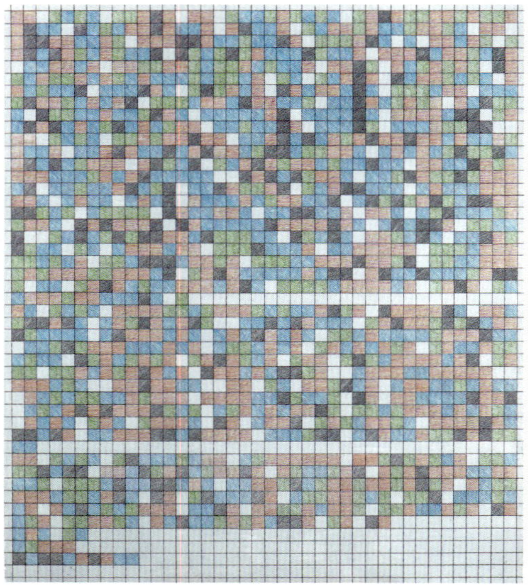

“我触摸到声音的骨头”系列，胶片，尺寸不一，2018 年

异的，这种差异体现在什么地方，从那儿开始寻找“意义”。

周钦珊第二个阶段“寄往天堂的信”系列我比较喜欢，这个系列跟别的作品不一样的地方在于，看起来是生硬的，但是背后是柔软的，好像是一个冰冷的图像，但是背后又是有温度的，给人的感觉很直接，并不要通过转述来完成的，虽然图像很小，但这种反差和直接性还是给人很多震撼的。

艺术和哲学、艺术和其他学科的“图像模式”

刘礼宾： 我看过她早期一系列画报人物剪纸作品，做得挺好。周钦珊有一个问题，她老是较劲。她那批作品很好，绝对不是四川卡通那一批作品，是有一种“纹面”的感觉，那批作品估计她都弄没了，那个时候我觉得她那批作品比较有意思。后来在 798 的主题展里她展出了“求一根线的心理距离”系列，那一根线不是画出来的，是挤出一根线来。
她基本上有 10 年的时间一直在那个方向上不停地探索，从形式语言，后来到哲学的博士，对社会问题的关注和她的语言开始发生了融合今天出现了另外一种“柔软”的东西。我一直期待她比较柔软的东西能释放出来，周钦珊是特别理性的一个人，因为她对创作中很多问题特别较劲，有各种方向的摸索，包括红药水，还会往前走。包括针对陶都罕的创作，我也在想这个问题——数理关系，这里面隐含着一个艺术和哲学、艺术和其他学科的问题，当然这是很大的。我也没有想好，因为哲学体系、数理关系是要耗费一辈子思考的一个问题。这个理论形成一种模式后，用视觉图像去解释或是去对应，可能有一种艺术的微妙性会丧失。这个问题中，陶都罕突然“蹦”出来一个像雕塑一样的东西又很有意思，但如果纯粹的数理关系形成一种图像模式，可能会觉得比较微妙的东西消失了。

社会介入在视觉状态之中融合与转化

刘燕： 展览期间的演讲和分享对我们来说是一个交流问题、产生互动的过程。这个展览没有把题目完全对等为抽象也有这个原因，对于这一代艺术家来说，抽象不完全是一个视觉化的结果，这种“抽象”并不是西方现代主义“平面性”这个逻辑链可以讨论的范畴。

还有一个问题：即使在今天从事抽象创作的艺术家，他们也有强烈的社会介入的意向，而这个社会介入的想法不在于最后用视觉表达成一个具象或是叙事的东西。这种介入是一个非常复杂的过程，或者说艺术家对社会的介入是融合在视觉状态之前，他通过各种各样的方式对物质、技术、形象、社会事件等的关注和融合，最后呈现为一个语言形态，这个形态可能是只有抽象是最恰当的。

在这些艺术家身上看到的，我觉得恰恰是针对研究和观察的角度中特别有意思的地方，不再是之前直接对着作品的观看或者是直接的阅读。在可视化的结果之前，所有这些复杂的东西在艺术家的融合下，使得观看成为一个和艺术家一样不断地在变化和生成的过程。作品从创作到最终的呈现有无限的可以被生成的开放性，每一件作品现在的状态都是相对的。所以我们在每一位艺术家创作的经历、不同时期的作品中也看到这样一个特点。这可能是我们在观察、研究，包括艺术家自己工作的过程中都非常有趣的部分。

界面效应 BECOMING
参展艺术家工作方法现场对谈（第二场）

题目：表面现象与生成机制
时间：2018 年 11 月 21 日上午
地点：今日美术馆 3 号馆

评议人：

中国艺术研究院国家当代艺术研究中心项目主持人、策展人	**刘　燕**
《美术》杂志社编审、副主编	**盛　葳**
中央美术学院美术学研究所研究员	**刘礼宾**
中央美术学院客座教师	**周　翊**
今日美术馆展览及学术副馆长	**晏　燕**

刘燕：今年中国艺术研究院当代艺术研究中心以中国抽象艺术多媒介研究作为观察点，呈现中国当代艺术的一个切片，以专注而又开放的视域来面对这个领域的现实状态和当下问题。展览试图在尝试恰当的观察方法和研究方法的同时，推动青年艺术家自我更新、自我批判、自我生成的能力。21 世纪以来经济、科技、通信等各个领域的快速发展逐渐消解了中西方艺术家看待世界的差异性。对于抽象艺术而言，不论它复杂的发展脉络，还是面对未来可能会形成的状态，今天的抽象已经不是一个固定的概念或流派，它是游离于各种艺术形式之间的语言形态。这种语言形态包含了艺术家对过去的思索、对当下的分析，以及对未来的判断。从这个角度谈及的抽象问题，已经不只是视觉形态的抽象，而是不同时代中国艺术家反映出的个体语境和知识结构上的差异和多样性。展览中我们有两场关于艺术家工作方法的讨论，这是我们项目和工作组在备展甄选艺术家的过程中就始终在讨论的兴趣点，我们没有像以往的展览采用圆桌讨论的方式，而是邀请各位评议人和艺术家们一起在展厅中，采取了更开放的、随时互动、沟通的方式，大家都可以参与进来，可以提问、讨论，这可能是我们组织这样一个对谈比较有意思的地方。谢谢大家！

吴梦诗：超越自我与聚拢的能量

刘燕、刘礼宾 VS 吴梦诗

内在而来的困扰

吴梦诗： 大家好！首先我非常感谢有这样的一个机会，感谢中国艺术研究院和今日美术馆给我一个分享的机会。就像刘燕老师说的，当我们仔细梳理自己的语言结构、个人经历的逻辑关系时，很多年后再看受益最大的还是我们自身。确实在这次梳理的过程中，包括沟通中产生的问题，我自己看得更清楚了一些。我从小开始画画，但是2002年我到了中央美术学院附中后，画画的过程中，经常在脑海中出现很多非常活跃的念头，大部分是负面情绪，令我深受困扰。很多人是一画画就安静下来，我一画画就开始不安静，非常害怕这种状态，恐惧这种不安静。所以我熬了大概三四年，到大学二年级时，我就停止了画画，开始做装置艺术，因为装置需要找人解决很多技术问题，我需要不停地和很多人交流，我用这样一种“动”的身体方式来代替我曾经很安静的个人工作的方式。这个时期，我经常去表现这种沉溺的、困扰的、被一种气氛所包围的状态。我把这种情绪的起因归于外在的环境，这个时候我的创作就会偏向光、水这些比较朦胧的材料，这是我第一个阶段。

第二个阶段是从2012年开始，我开始间歇性地接触佛教思想。我隐约感受到内心那种不安静的困扰来自内在的原因，我猜想其实生命的最初状态是思维活动。

这个时期我开始粗略地觉察到是“欲求”在推动我们生命的发展——不同的生命形态借助不同的“欲求”发展自我。我就用一些年轻人经常用的手法，揭露、批判、强化这种欲求的力量，虽然制作的过程中，内心非常痛苦，但是却根本停不下来。预料之中，这类作品的视觉效果吸引了很多关注。

作品《恶之花》用动态的方式呈现，所以用视频方式来记录它的效果。作品不同的配件由南方地区不同的小作坊加工完成，那些地方工人的工作状态、工

“冬至”系列作品

“文火”系列作品

《恶之花》

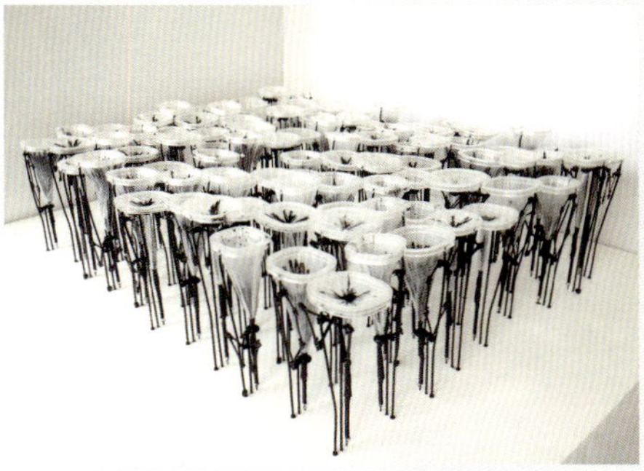

《溺》，雾气发生装置，动态光影，60cm × 70cm × 150cm

“塑“系列作品

《恶之花》

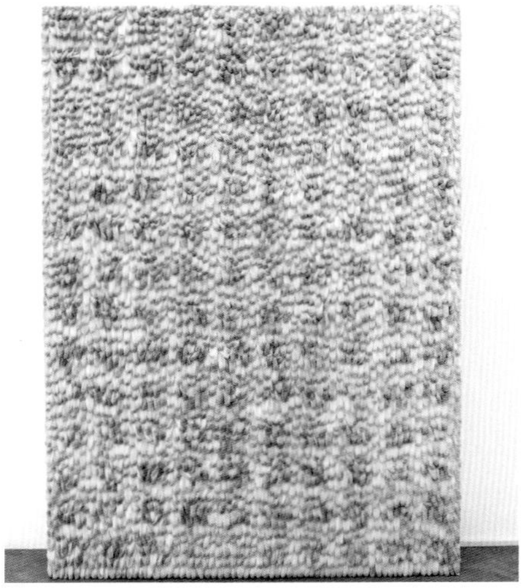
《子》展览现场图

作环境、生活环境对我的作品都有一些影响。

《子》是我的第二件作品，它也是一个动态的装置，声音有点儿像暴雨。

《触》这件作品很多人比较亲切地称它为“大海胆”。这个作品用的材料是鱼竿的碳纤维，大家可以想象敲打在一起轻微的啪啪的声音。我在创作过程中虽然我在强化、力求这种“力量”，但是我自己非常痛苦，这种力量停不下来。这个时候我怀着孕，装海胆刺的时候，很多刺是抵到我的肚子上的。

超越自我与聚拢的能量

2015—2017 年这个时期我想去改变创作状态中我自己内心的感受，所以我开始有意地隔绝自己，在佛教里面找了一个西方心理学经常借鉴的、逻辑性很强的派系，按照佛学院的教学大纲，系统地学习佛教的理论，每天定时、定量，一直持续到现在。我还独自旅行到有佛教文化的地方，如日本、泰国、和甘肃的敦煌。在那里待了一段时间，去体会我学到的理论和实际生活的关系。让我感触最大的是僧团，年轻的女性僧团，让我从另外一个角度了解女性、了解人。我发现原来人的心理和情绪可以如此自由。我从 2002 年来到北京至今，这十几年中从来没有过如此高的精神享受，而我在接触女性僧团时达到了一个顶点。

《触》

我又去寻找艺术家的身份和信仰者的关系，艺术家喜欢质疑，信仰者喜欢去继承、尊崇，我就开始在艺术家身上找到如何把佛教思想转化为他的艺术语言的方式，如何处理信仰与自己的关系的方法，也开始对 20 世纪 50 年代美国禅宗思潮感兴趣。这些都给我一定的鼓励，让我在这方面继续走下去。

接着的那一年，我在纽约和国内的艺术圈里碰到了很多因为抑郁有自杀倾向人，有些已经去世，对我的触动挺大。我希望通过艺术作品给人以情感共鸣，但我希望不是停留在这一点，而是把学科理论和情感共鸣相连接，让观众在看作品的同时除了感觉被理解，还能找到一个可靠的出口。借助“CAFAM 双年展‘空间协商’项目”，我整理了从波士顿科学馆人类学区域中收集的对情绪的研究报告，把这些结论放在艺术空间里，与观众发生连接。我呈现了医学、社会学、心理学、基督教和佛教等多方面的解读和处理方法。我将它们转化成二维码，观众来的时候可以看作品，如果愿意扫码就可以获取更多关于情绪的信息。

这个时候我更在意的“动”，其实是在人脑中，每个人对于一个事物，如对于抑郁症的僵化认识，通过一点点理论的输入，是不是可以使这种认识变得松动，观念的悄悄撼动，才能超越情绪的束缚。

创作作品 *Drop* 时，我开始发现我的问题，我之前确实是找到了一个对于个人而言非常高的精神满足点，但是我开始区分善恶、排他，我在贪求安静的状态。这个时候我能够感受到内心背离了信仰的本怀，又是一种聚拢的能量，我在把自己和其他人相隔离，我贪求这种安静，一种更精致的贪求。我随时在判断，任

《触》，CAFAM 双年展“空间协商”项目展览现场

何事情发生的时候，我在判断是善还是恶，是好还是坏，应该去做还是不应该，停留在这样的状态，这是一个问题，我需要去超越它。所以我又不得不从舒服的状态中再次出来。

重获一种自由

2018 年初的时候，我自己去纽约待了一个月，正好看到女性艺术的展览，看完整个展览之后我觉得这才是我之前的习惯，心里特别舒服。回到国内以后我就在想是不是能从东方的精神中找到一些并不是总在退让的、涵藏的力量，我希望找到一些非常非常肯定的东西，某种非常激进的力量，我就去敦煌待了一段时间。回来以后我开始探索佛教和心理学之间的关系，接触到很多心理学者，以“病症患者”的身份去接触很多心理医生，还有关于这方面的艺术创作者。我也开始接触基督教，想看看他们怎么处理人类之间的感情、人对自我的感情、人是如何接纳自己的。这个时候我内心“分别”和判断他人的状态在慢慢降低。面对自己情绪的时候，我希望不去判断它，知道我情绪的起和落，知道好的和坏的情绪都是由条件组合而成的，并不是非常实在的、僵化的东西，当我们放松地去看待这种状态时，其实和任何东西是一样的，由零件组成，也会分散。通过这样的练习我逐渐地又重新获得一种自由，信仰上的理解加深了一层。我后来自己小小地总结了一下，我在佛教中获取的并不是宗教型的状态，而是一种个人的体验。如果追求很多东西都会非常危险，那以这样的状态追求一种个人亲身的体验，我觉得是相对来说安全一点，因为这样我们可以抛开一些概念化的东西。

这样一种心理状态，让我有更多的内心空间和精力花在觉察自身感觉系统所构建的一个有点儿虚幻的世界上。为什么又回到感觉系统？因为我从一开始就去关注我体内各种器官被笼罩起来的感觉，人的感觉系统除了体内器官的感觉以外，还有时间感，自体感，我们知道自己的范围在哪里，什么是自我限定，还有各种情感对我们认识客观事物的影响等等。我们以为自己非常客观，其实是主观性占有倾倒性的作用，还有视觉、听觉，最重要的是旧有的观念、僵化的观念，对事物的一种设定。我会观察这些感觉系统在我认识事物的过程中产生的作用是

《使得上力，使不上力》

《拜或不拜》视频截图

《她的光》视频截图，假发、眼镜架、动力

《对拜》视频截图，拜凳、纤维、动力装置

辅助性的还是障碍性的。

接下来我做了一些实验，希望自己去体会，如何更深入地理解这种不实在，包括情绪或者是其他的人、事物、环境等是不实在的、条件组合的、虚幻的状态。其实最重要的是在虚幻中又找到一种和确定性的关系，并不是完全虚幻的东西，还是希望找到一个非常肯定的状态。不停地画一些草图，从情绪入手研究和外界的连接。

这一张是把直接反映自我情绪的一些我自己的笔触和我孩子的画进行对比，挺像的，这一点更加让我认为情绪是不分好和不好的，它的正负没有这么绝对。这件作品是在两个柱头之间拉了一些钢丝，钢丝拉的没有这么紧，有一个上下幅度的空间，这件作品走近看才发现每一根钢丝都在运动，我想通过这件作品表达清晰的、肯定的认识和事物虚幻之间的关系。

刘燕：梦诗所有的作品都和温州工厂的流水生产线有一定关系，你自己也提到回到温州以后，生产线上这些工人的状态给你的触动。其实之前最早在毕业展上看见你的作品，到今天看见你现场的和 PPT 当中播放的作品，生活经历的触动可能给你带来了某种社会介入的思考，但其实这些触动可能更多的是给你带来了一种情绪或者是情感上产生对话的方式，我不知道是不是这样？

吴梦诗：对，我的生活中确实是会接触这样的一些人和事，整个状态和之前画画的状态不一样了。我刚开始也是想从社会现象介入的角度去完成我的作品，但是我慢慢地发现其实人的心理可能是一个根本的原因，对他们也好，对我自己也好。我建构作品的手段是想通过理清自己，再去映射他人，他人对我来说不是一个群体，而是一个一个的个体。

《草图》

《草图》

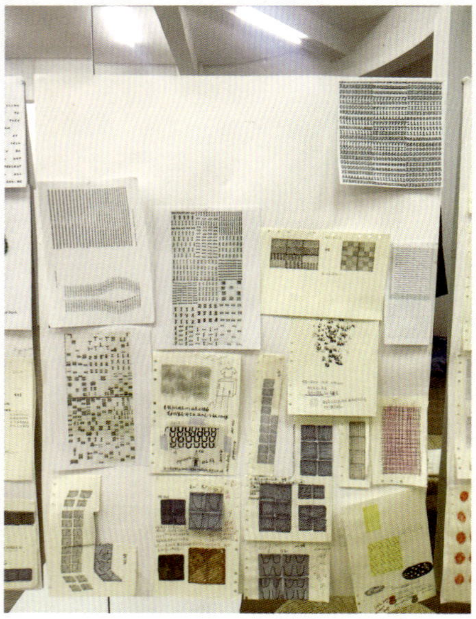

现场艺术家的随机提问：

A：你是怎么知道动态艺术的？

吴梦诗：动态艺术这个领域，最早是我在高中的时候跑去上海看双年展第一次接触到的。我从小是在机械厂长大，所以对这种车间的动态画面还是挺敏感的。

A：有没有借鉴其他的艺术卷？

吴梦诗：我会借鉴很多艺术家，对我触动最大的是比尔·维奥拉，他创作中的整个情绪和出发点很独特；还有瑞贝卡·霍姆对我影响很深，我在看罗斯科作品的时候也体会到非常大的情感纠结性，但是我并不认为他最后看清楚了那个情绪的问题。后来我做《触》这件作品的时候也是受他作品的启发，我希望观众在艺术作品面前不要止步于共鸣，能够向前一步。

A：你肯定是有很多纠结，我的理解是通过宗教去寻找一种平衡点或是答案。我想问这个寻找对你的艺术研究和艺术发展有什么新的影响？你是一直延续动态艺术，还是以后会有新的变化？有没有什么新的想法？

反映情绪的笔触

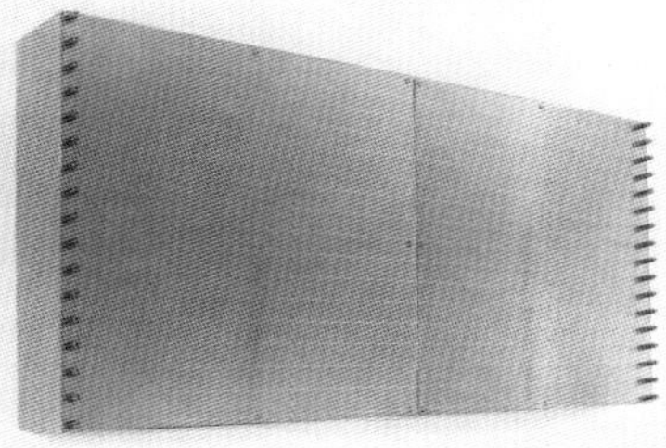

《无题》机械装置效果图

《无题》机械装置细节图

吴梦诗：我更在乎的是我个人的逻辑性，动态语言目前和我内心的逻辑是相连接的，但是我不觉得我会一直用这些材料。

A：谢谢！

刘礼宾：我觉得吴梦诗和我关注的很多点连接在一起。她涉及的问题很多，不光是她自己要面对，而是做策展或是整个中国当代艺术界都要面对的。前几年我和她有一个对话，对她的理解停留在那个时期，她最近的变化让我很惊讶，主要有以下几点。

第一，她的“超越性”问题。整个 20 世纪中国艺术的语境里，很大一部分把“超越性”掩盖了。她举的例子中比尔·维奥拉、罗斯科都有超越性的点，包括黑山学院，为什么出现这种情况？当然和 20 世纪整个知识语境、教学体系有关，因为是建立在唯物主义和唯科学主义的基础上的。我们不自觉地会把这一块删掉，很多人面对这样一个背后的东西时是生疏、排斥的，或者是莫名其妙的。超越性的问题，我们很难证实。

第二，当我觉得吴梦诗恰好是我的案例时，她刚才提出一个非常关键的问题，当我们沉浸于“感觉”的时候，很多艺术家这辈子就是沉浸于某种感觉，焦虑也好、纠结也罢，或者是矛盾也好，衍生大量的作品。包括在龙美术馆展出的布尔乔亚的作品，就是恐惧和爱的获得，基本上依此衍生了大批的作品。

第三，对这种“感觉”的惊醒衍生了创作，不是说这种创作不好，但是她走向了另外一个阶段。

第四，还有一个问题，当我们以某种理论或者是宗教观作为我们统摄的时候，其实背后是有问题的，吴梦诗也展现了出来。我不知道她现在无论是心理学的介入，还是进行的方案也好，这背后我认为会特别容易让艺术家变成“格式塔”的东西。因为那样是两个大的体系的对照或者是一个东西。这里面既有自由的成分，同时又有很霸权的成分。包括我看基弗的作品，我一方面赞同他以一个知识者、受难者对二战的反思，同时我明确地感觉到他在建立霸权，这种“霸权”一点不弱于法西斯的霸权。当然背后还是有情感的部分。这种一体两面的过程之中，其背后的架构模式是有问题的。所以吴梦诗从 2016 年以后，她的创作我觉得是有另外一种契机的。

李涛：产生处理愿望的事件

刘燕、周翊、盛葳 VS 李涛

李涛： 大家好！我更多是通过整个逻辑线索，梳理我如何工作的方法论，中间穿插了一些稍微有代表性的作品。

产生处理愿望的事件

我觉得工作的一个原点首先要有“愿望”、有一个对象、让你产生处理愿望的事件，这是第一点，这是我理解工作的原点。

工作的第一要素是工具，我按照最普遍的方式来理解工作，工作一定要有工具。作为艺术工作的工具是作者本身，我相当于把我自己当成工具，我的特点，就是我最本质的属性。

第一，图案秩序本身的吸引力。可能和我自身的基因有关，我是少数民族，虽然在这儿已经很多年，但是对于中东或是波斯艺术这种原始的秩序感有一种不可控的迷恋。比如去中东的大教堂比去意大利的教堂会更让我激动，这是无法改变的原始的东西。

第二，我也喜欢西方哲学，以逻辑为基础推动的方式。

第三，我出生在中国这片东方的土地上，所以感知方式、为人处事的方式、交流办事的方式又完全在此地，是非常混合的，这是基因方面。作为工具基因的一个考虑。

个人背景：作者—经验

第一，我学过传统的油画、版画，这个经历构成一个简单的、对自己作品在美术史或者是自己创作序列里的关系，以及创作中作品的形态和质感的判断，这是第一个参照因素。

第二，我担任了10年的教师和设计工作，这就带来一些流程管理、任务处理方式，这是我在经验方面的考虑。

第三，我还有过广告公司、咨询服务的经历，这些经验要求你不是以自我为主，要去体验对方的需求、决策转换，这一点对我表达自省 / 控制影响很大，也是我最重要的一个组成部分。

作者—策略

第一，工具属性加上我的经验构成了基本方法的框架，考虑所有的东西都要考虑到边界框。

第二，这个事本身的合法性或者为什么要做，这个考虑是先于方法的。

第三，同时回到刚才的基因，要考虑行动的有效性和可操作性、可知性，不是单纯的艺术家的创作，而是混合了特别多的因素。

上图代表作者层面的考虑——“秩序

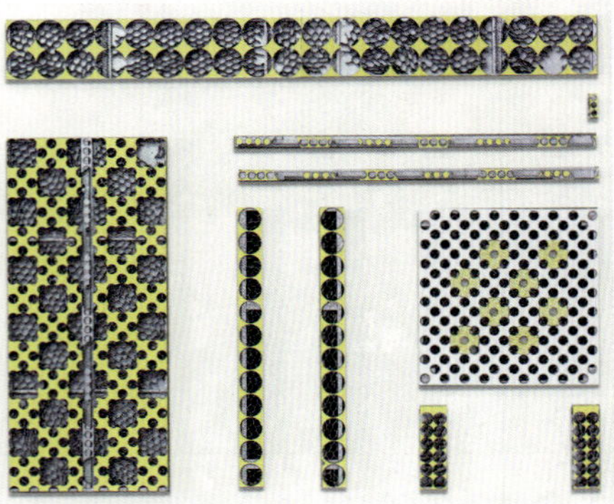

《十诫》，彩色压缩板、瓦楞纸、海绵、丙烯颜料，146cm×180cm，2014

感”，本身从图案做起，以及构架方式。这是2015年的作品，整个形成和感知是融合了三者的考虑，这是用宜家的板材进行切割形成的，回到表达点是有一点宗教的实践，本身是一个很荒诞、很调侃的行为，但是又回到一个严肃的表达，这是能代表我在作品层面、经验层面的表达。

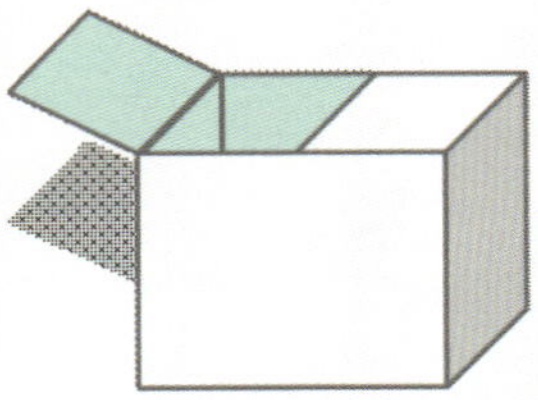

边界框、工具、策略整合空间

上图显示的是整合起来的我的第一部分：边界框、工具、策略整合空间。第二部分是处理的对象。我关注的对象是我实践背后另外一个“真相”，我非常喜欢逛宜家、优衣库这些商店，在逛的过程中感觉店里会给你一种很生活化、通俗化的感觉，但实际上对你有一种控制性，甚至是非常残忍的暴力，很难直接体会到。所以我感觉世界有A面和B面，平常经历的是世界的正面，可能背后有一个新的世界。

作为作者我感觉我是身在其中又有一定的距离，不会贴近日常的世界，也不会直接投入到 B 面的世界，和 A、B 保持距离，同时让 A 和 B 也保持距离的一个三角关系，在这个层面上才能梳理出它们之间可操作的“空间”。

对象—“陈列”

另外一个关注的对象是陈列行为对空间属性的影响。我这些年做了一些空间设计，一个空场其实通过简单的摆放就可以完全改变空间的设置。我有一个经验是在 3 天之前什么都没有，经过迅速的组织可以立即给它一个非常温馨的感觉，让人们迅速带入其中，觉得这个地方已经存在很多年，生活了很多年，会很有幸福感。如果换一套陈设方式会有很冷漠的感觉，迅速地改变空间。空间和平面中的摆放，这种塑造空间和物本身的实践也是我比较关注的方面，因为它的摆放呈现一个契约关系，大家都认为这样的摆放就是符合契约的，如果尊崇相当于实现它，反击它就违背了契约。

对象—二律背反

我的原发点是不喜欢强化单一属性，不管这个属性再强大，我习惯矛盾同时存在，即世界的 A 面、B 面或者是陈设指

《巴黎春天》，木板、不锈钢网、汽车漆、丙烯酸漆、氟碳漆、松木、白橡木、铜、不锈钢，270cm × 330 cm，2016

《人质》，铝、氧化铝、刨花板、纤维板、ABS 塑料、纸、丙烯酸漆、氟碳漆、聚氨酯、聚丙烯塑料、聚酯纤维、胡桃木、不锈钢，221.6cm × 330cm × 7cm，2016

向一个属性的同时又转向另外一个属性，互相矛盾、追逐的对立因素成为我真正处理的素材。此时你虽然感受到了矛盾，但这个矛盾存在于你的意识中，你想物化它则需要一个相当长的过程，如何锁定相互矛盾的感觉，留存到、存活到物化，这是一个非常大的挑战。包括物化以后到底有哪些东西存活，哪些经过了转换，这也是一个相当于二律背反的存在，相当于必须达到这个意思才会进入工作里去。

“人质”系列表达的意思是解释世界的感觉或者是一个“对象”，这是巴黎的恐怖袭击事件，它给我这样一个感觉——我们没有在巴黎，得到这个消息有一定的感触，但是并没有真正的感触。这里实际上会有一个矛盾点，是被动伤心，而实际没有伤心的同时又被打动了，这种矛盾如何转化成我想表达的一个新的存在？于是从 2015—2018 年我都在创作“人质”系列，对此进行概括。

其中，2016—2017 年创作的“人质”系列全是用宜家家居的板材切割，优衣库是我比较常用的品牌，也是市面上常见的品牌，加上一些板材和保温棉体现了我对陈设、世界的另一个真相、对立和矛盾同时存在的解释。

这一段我进入矛盾、反向、更迭的混沌真相，进入一个真实的空间。

行动—“平行”

行动会有一个结果，我考虑最后形成的作品应该是一个新的存在物，它和原始对象不应该是模仿，也不应该是超出这个范围之内的随意想象。呈现新的状态，既不再现也不表现，形成“平行世界”，这是我认为最重要的一个存在的描述。

行动—“对冲”

刚才说到吴梦诗的感觉，还有说到基弗。基弗的东西非常强大，但是有一个太强的物质感、存在感和霸占感。A 因素、B 因素之间有一种对冲的概念，还作为一个整体和你想塑造的环境的关系也有一个对冲。我创作的时候也在调整，这边加这边减，希望最终能对冲，回到刚才的矛盾——这是一个更大的矛盾，刚才只是处理因素的矛盾，这个时候则是作为一个“物”的存在结果；刚才那个对立矛盾是你要处理的素材，这个“物”的存在上也要有对冲的功能，这个和性格有关系，好像是你做了很多事，说没用但实际有用，且不是强制性的，这是我更喜欢的一个状态。但我说能够回去，不是指想回去就回去，有些痕迹很难真的回去，这也是不断追逐的一个追求。

行动—“隔绝”

“隔绝”是我对艺术品的一个理解，擅长制造联想和各种关系，我希望这个作品是封闭的，它本身就是它的全部，而不再引向其他地方。世界上所有的事全有联系，全是互相勾连、互相牵扯，如果作品能够形成一个隔绝场，在观看的时候参与者形

成一个哪怕是 0.1 秒或者是很短时间的屏蔽，在这个层面上只有该作品，达到这个性质，就实现了共鸣；如果还是充满了联系，至少对于我来说是失败的。我希望和观者的关系不是拥抱或是强制，他是一个如果你有感觉就看，继续不断地深入，如果没感觉就是一个普通的像一块砖、一块木头一样，无感就无感，就离开，构建了这样一个关系，这是比较理想的。

下图表示整个可以把“行动”、工具、对象、结果综合起来形成一个新的事件，这个“世界”完全没有任何原发点，比如好像是什么照片，我做的时候只是想到这样一个世界，并不是真正对应到某时某地，把抽象的世界重新组织了起来，在现在我感觉达到了一些我自己的想法。

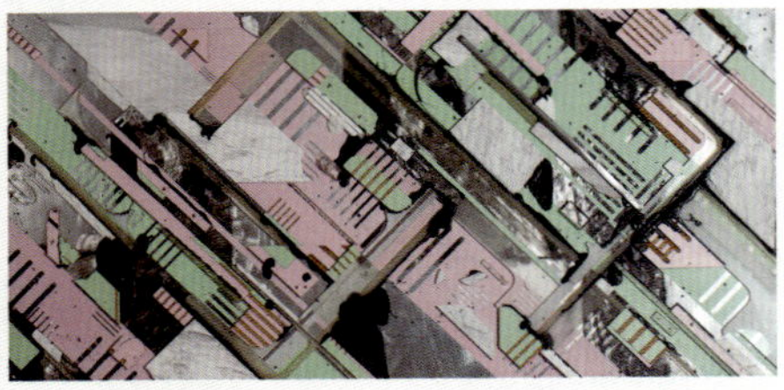

《阿基米德的世界》，铝、铁、刨花板、纤维板、ABS 塑料、亚克力、大理石、丙烯酸漆、氟碳漆、橡胶、不锈钢，121cm × 241cm × 8cm，2017

下图很长，24 条，从开始一个非常单纯的状态，再到非常复杂的，来回调整后形成这样一个比较符合我描述的一个世界。最终是这样一个平行、对冲隔绝的存在。

《24 条》，铝、氧化铝、铁、木板、不锈钢网、石膏、丙烯颜料、乳胶漆、氟碳漆、不锈钢，281cm × 341cm × 10cm，2016—2017

结果

最终的结果要获取一个新图像，这是我自己的一个感受：作品可以不表达或者没有情绪，冷漠也可以是它的一个权利。这次作品，我做了大致这样一个程度的图。

周翊： 我有一个问题，你说的边界，是指从边界开始吗？

《酋长》，铝、氧化铝、铅、刨花板、纤维板、ABS 塑料、丙烯颜料、氟碳漆、不锈钢，326cm × 175.5cm × 9cm，2016—2017

李涛： 我的创作一开始是宜家的几块小桌板，开始完全平行地摆放在地上，这是素材，回头在草图或者电脑上构建它怎么能成为一个系统。

周翊： 从这儿开始你最初边界的设定？

李涛： 这是表面的，内在的比如单位时间，比如这两个月怎么处理这个东西，最终完成物给人感觉软性到什么程度，硬性什么程度；给人的材料感简单到什么程度，复杂到什么程度，这是感性的渐变化。

周翊： 不只是形状而已。

李涛： 那是简单的，我说的是感性要素，构成这个作品可能成立的几个属性，这个是具体性的。下一个创作，边界框属性变了，不是固定的，关键是成立要素，这个语境下边界框是这样的。这更多是内在属性的边境框，而不是简单的边境框。

周翊： 对冲是什么意思？

李涛： 这些元素本身最终会形成一个物质实体，和音乐的调性匹配一样。最终，铝给人一个物质成品，木给人一个物质成品，喷、画给人的心理冲击是不一样的，这完全靠自己的判断，可能这刻一下，那擦一下，就会形成对冲关系。比如一个简单的动作累积，这个累积和你的正向累积、你做到什么上面，能够形成一个对冲关系，而不是简单的、单向的向上关系，最终有消解的企图。

周翊： 我有点儿好奇吴梦诗说的对观众的期待，好像和你是相反的一个感受，我印象很深刻的是她刚才说希望观众不要止步于共鸣，除了共鸣还有更深的东西，有一些类似于宗教的、更明确的认识。

你说的是不是和她是一种极端的反面，不希望有共鸣，有点儿像物质的感觉，甚至都不到达经验层面？

李涛： 对，我希望的是一个绝对浅层、完全浅层的东西，从联想上切除；因为日用品含有功能，我希望处理以后把这个功能也去掉，最浅层直接的感性经验应该是组织、肌理给你的最直接经验，而不是影像。在二维上、在深度上引向更多其他心理上的内容。

周翊：你觉得你的作品有维度吗？不是表面上的意思，有没有“维度”？

李涛：有维度，这两个切除以后才有可能发现本身的逻辑，我们在一个惯常的欣赏语境中，不去联想，所以我说“无感”，如果按照那两个去追踪，就没有维度；如果去除以后还有兴趣，才会发现它的维度，它的维度是简单的。如果想那么复杂，那么大费周折，这样的东西没有一个系统，就无法支撑，这个系统有自己的道理，这个道理构建了一个新的行为和传达方式，这个方式是一种新的、不一样的诉求。

盛葳：你刚才一直在说系统，我想知道你说的“系统”到底是什么？是一个有机的、内部的逻辑么？
你刚才有两种东西是比较独立的：一种东西是你说的表层的、浅层的肌理、色感；像优衣库、宜家，有很多人使用这个材料，着眼点不一样，有的人在意它是一种规模化生产，是可复制的；有的人在意它是资本主义的象征；有的人在意它是廉价的日常生活，但是这些意义指向的这两个东西必然会包括很多文化或者是社会学上的意义，这些东西和你追求的表层或者是浅层次有什么关系？
我问两个问题：第一，系统到底是指什么？第二，具有社会性的物质和你追求的表层、浅层之间是什么关系？

李涛：第一个问题是这样，我现在是一个总结状态，可能在创作的时候没有想这么多。我是原发性的，做前几件作品时并不是树立理论，而是在做延续性的判断。之前我觉得粘连太多，然后简单化，再构建自己的系统。刚才说的核心是“平行转换”，我先有一个传达的愿望、目标，让互相对立的矛盾成立，这时再找和它能够“等价转换”的要素。

比如屏和这个色，我自己去调一个颜色或者造一个肌理，实际上是要素化或者元素化。我做的时候，就以宜家的屏和工业色的标准色作为我转换中的一个要素，它并不是只作为我的要素存在，我在选择的时候屏蔽了那些文化和观念艺术含义，选择简单化。我说的系统是“平行转换”“等价转换”的系统。我创作时没有这个考虑，如果它把你引向那个文化说明这个东西是有歧义的，但是我做的时候并没有考虑这些对撞、对冲的关系，而是想如何实现，如何变成一个新的平行物，最终构成平行世界。

上述是截止至2016年的作品，我举一个例子，希望大家能够理解。上学的时候，我看到一棵芭蕉树，做一个假设，这是一个芭蕉树，我想写生，但是现在只有一个透明胶带和一个木板，我想把它进行转换，但不局限于表面的颜色。我感觉这个芭蕉树给的刺激多一点，我多贴一点，有的地方贴几十层，有的地方贴两层，这个信息抽离成一个，因为这是一个假设的、极端的情况，但是从这儿开始进行平行转换、完整转换，不是单一属性的转换。

A：原始就是这样吗？和你刚才说的肌理有什么关系？我看作品的颜色，这是有意识的吗？

李涛：这也是刚才我说的那个矛盾体，有一些朋友觉得PPT里作品挺精致优雅，原作很粗暴，这个中间有一个直觉是粗糙的，但是又精致的，这是我说的“混合的感觉”。有时你觉得它粗糙还有点儿优雅，有时你觉得它优雅有点儿粗暴，在这个感觉不断地转化。这个颜色简单地说，可以是生理上的感觉，紫、绿，这一套色里灰和绿本身又和谐又矛盾，还是喜欢拧巴一点的东西，同时共和各种信息，这个工具本身就是这个诉求，始终在不断地找新的更准确、更有歧义的表达方式。最后我也在考虑，有一些在最后一厘米或者一毫米，最后到底把什么东西拿到合适的情况下传达，是不是我再做一个大照片，这些信息不让看，或者是只作为工作层面；最近也在考虑最终的呈现效果，它的歧义，我是接受还是消除，这些都在尝试。

董大为：观念是创造艺术的发动机

刘燕、盛葳、晏燕 VS 董大为

艺术家的工作是发现自我、寻找自我的一个过程

董大为：2007 年左右，我在国内大学毕业之后进入法国一个当代艺术学院学习，我根本不知道什么是当代艺术，因为我受教育是在 2000—2004 年，我接受的是现代绘画教育，对当代艺术接触很少。

这是一个契机，去了新学校之后不用延续我之前的东西，我会重新思考——我不知道当代艺术具体是什么，也不知道我该做什么，于是我就从一个很简单的事情开始扩大，用最简单的方式看能做什么。我用打印的 A4 纸和手边的碳素笔，

《圣塞巴斯蒂安》，墨水笔、A4 打印纸，2007

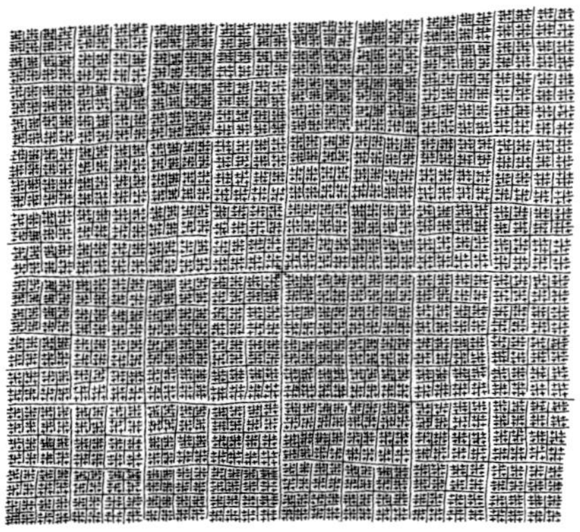

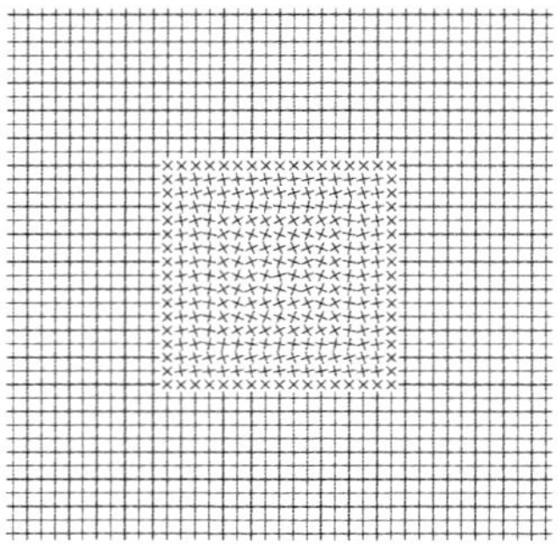

动画静帧截图

这是最简单的方法。我理解平面和绘画作品的本质之一是填满平面的空间，用什么方式填满呢？我采用最简单的方式，用横纵经纬分割无限空间。空间里有两条线，分割四块之后每个四分之一的区域继续分割，再继续分割，给我一种方式去填满空间。

这个东西虽然简单，但其中有某种变化，就是所谓排列组合的可能性，尺幅越大，排列的可能性就越多，或者说，你选择填满路径的方式不同。我后来做很多这个系列的作品，都是说某一种可能性会形成一个画面，下一张会用很多方式排列。我还利用这种思维做了一个简单的动画，想法很简单，背后有一个数学的逻辑，最中间的十字转动是 1 倍速度，然后是 2 倍、3 倍……

“观念是创造艺术的发动机”

2007 年，有老师问我说，你了不了解索尔 · 勒维特（Sol LeWitt）的作品，我说不知道，他让我去看一下索尔 · 勒维特。我了解后发现索尔 · 勒维特的很多东西虽然不相同，但背后是先有一个规则，执行规则，再有一些变化。

比如这张，索尔 · 勒维特每个四分之一

索尔 · 勒维特早期作品，1971

方块里的线是不同方向的。这个作品大概创作在 20 世纪 70 年代，我找到一个方式用一个规则去做一个作品，但他在 20 世纪六七十年代就做了，我就决定我不能那么做。

2007 年，索尔 · 勒维特去世，他对我最大的影响是我知道我自己做的东西应该从观念出发。观念也一样，有新的、旧的观念，我需要做的是新的观念或者是好的观念，同时我非常认同他这个判断“观念是创造艺术的发动机”。

这张图片有两个方向，一方面是我对文本、书籍等符号文字的使用，另一方面是怎么从这里面找到方法，可以去被动、受限制地找到一个形式、一个画面的形

《绘画史中的道路》（创作过程），2007

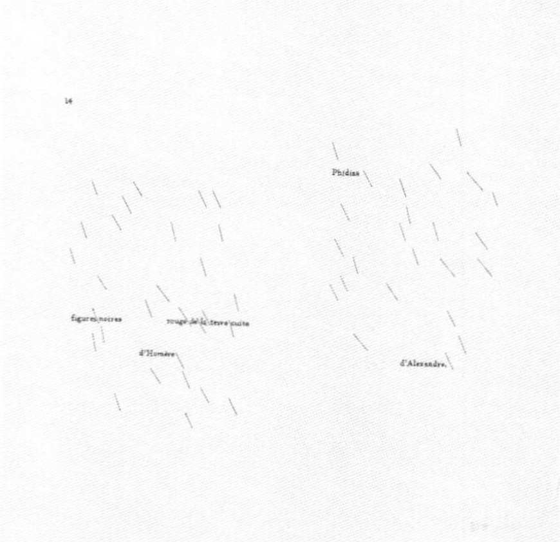

式。这里面会发现拉丁语、英语或法语等，每个词汇长短不同，所以排版的时候行与行会错综复杂，和方块字相对比，词与词之间的排列更复杂一些。我用相对短的直线穿过不同行之间的空隙或者是连接起来，有的时候可以穿过两行，有的时候可以穿过更多，但是穿过越多行的情况越少。另外是分不同的方向，某一页你选择穿过的行之间线是垂直的，另一页可以是完全向右倾斜或者是向左倾斜。

我最早的想法是找到一种方式结合绘画和文本的因素，把他们非常自然地结合在一起。因为这些视觉和绘画的因素，如短线和文本都是来自书里面，有他们的来源，对我来说是自然的结合。之后我逐步去掉文字，更倾向于从绘画方面去考虑。

后来我就完全把文本处理掉，这本是法语版的《绘画的历史》，我把整本书里面词汇之间的空隙用短线的方式呈现出来，对我来说是一幅一幅、一张一张由短直线形成的、抽象的画面。作品的名字对我来说也是一个隐喻，我本人接受绘画训练后，又放弃自己的技术，我怎么能在绘画的历史里寻找到自己的道路。到了后来，我继续把作品重新做出

法语版《绘画的历史》

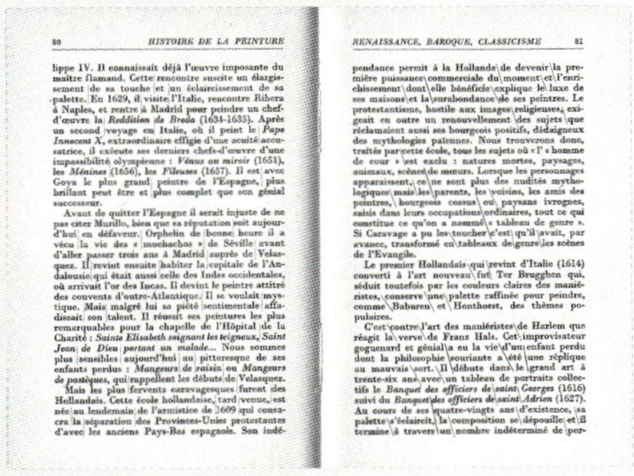

80 HISTOIRE DE LA PEINTURE

lippe IV. Il connaissait déjà l'œuvre imposante du maître flamand. Cette rencontre suscite un élargissement de sa touche et un éclaircissement de sa palette. En 1629, il visite l'Italie, rencontre Ribera à Naples, et rentre à Madrid pour peindre un chef-d'œuvre la *Reddition de Breda* (1634-1635). Après un second voyage en Italie, où il peint le *Pape Innocent X*, extraordinaire effigie d'une acuité accusatrice, il exécute ses derniers chefs-d'œuvre d'une impassibilité olympienne : *Vénus au miroir* (1651), les *Ménines* (1656), les *Fileuses* (1657). Il est avec Goya le plus grand peintre de l'Espagne, plus brillant peut être et plus complet que son génial successeur.

Avant de quitter l'Espagne il serait injuste de ne pas citer Murillo, bien que sa réputation soit aujourd'hui en défaveur. Orphelin de bonne heure il a vécu la vie des « muchachos » de Séville avant d'aller passer trois ans à Madrid auprès de Velasquez. Il revint ensuite habiter la capitale de l'Andalousie qui était aussi celle des Indes occidentales, où arrivait l'or des Incas. Il devint le peintre attitré des couvents d'outre-Atlantique. Il se voulait mystique. Mais malgré lui sa piété sentimentale affadissait son talent. Il réussit ses peintures les plus remarquables pour la chapelle de l'Hôpital de la Charité : *Sainte Elisabeth soignant les teigneux*, *Saint Jean de Dieu portant un malade*... Nous sommes plus sensibles aujourd'hui au pittoresque de ses enfants perdus : *Mangeurs de raisin* ou *Mangeurs de pastèques*, qui rappellent les débuts de Velasquez.

Mais les plus fervents caravagesques furent des Hollandais. Cette école hollandaise, tard venue, est née au lendemain de l'armistice de 1609 qui consacra la séparation des Provinces-Unies protestantes d'avec les anciens Pays-Bas espagnols. Son indé-

RENAISSANCE, BAROQUE, CLASSICISME 81

pendance permit à la Hollande de devenir la première puissance commerciale du moment et l'enrichissement dont elle bénéficie explique le luxe de ses maisons et la surabondance de ses peintres. Le protestantisme, hostile aux images religieuses, exigeait en outre un renouvellement des sujets que réclamaient aussi ses bourgeois positifs, dédaigneux des mythologies païennes. Nous trouverons donc, traités par cette école, tous les sujets où « l' « homme de cour » est exclu : natures mortes, paysages, animaux, scènes de mœurs. Lorsque les personnages apparaissent, ce ne sont plus des nudités mythologiques mais les parents, les voisins, les amis des peintres, bourgeois cossus ou paysans ivrognes, saisis dans leurs occupations ordinaires, tout ce qui constitue ce qu'on a nommé « tableau de genre ». Si Caravage a pu les toucher c'est qu'il avait, par avance, transformé en tableaux de genre les scènes de l'Evangile.

Le premier Hollandais qui revint d'Italie (1614) converti à l'art nouveau fut Ter Brugghen qui, séduit toutefois par les couleurs claires des maniéristes, conserve une palette raffinée pour peindre, comme Baburen et Honthorst, des thèmes populaires.

C'est contre l'art des maniéristes de Harlem que réagit la verve de Franz Hals. Cet improvisateur goguenard et génial a eu la vie d'un enfant perdu dont la philosophie souriante a été une réplique au mauvais sort. Il débute dans le grand art à trente-six ans avec un tableau de portraits collectifs le *Banquet des officiers de saint Georges* (1616) suivi du *Banquet des officiers de saint Adrien* (1627). Au cours de ses quatre-vingts ans d'existence, sa palette s'éclaircit, la composition se dépouille et il termine à travers un nombre indéterminé de por-

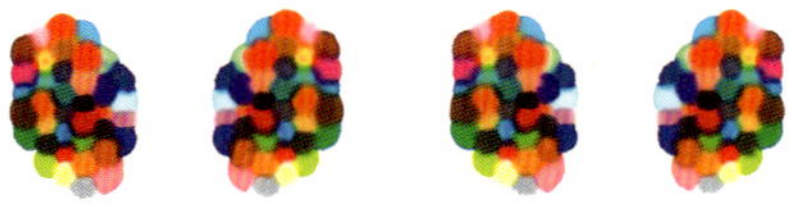

“奇点之布尔日春天”系列 2，宣纸上马克笔，35cm×35cm，2008

来，用一种半透明的介质把这种层面用大概 3—4 层的介质去重叠在一起，形成更丰富、更复杂的视觉，可以是有角度的，也可以是垂直的。这张我联想到它更像下雨的感觉，这张是穿过行数比较多的几页重叠在一起。

在绘画的历史中寻找到自己的道路

这个时候我发现我会有一个所谓的工作方法：寻求限制—客观限制主观—形式被激发。

我是比较主动的，和李老师的工作方式不一样，我找一个客观的东西寻求限制，用客观限制主观，对我来说，反而给我回馈和赠予，形式被激发，如果有一个完全客观的东西限制，你有可能找到一个特别的形式。

另外一点是用主观连接客观——题材、素材变得开放。因为客观世界很丰富，有很多的可能。

2008 年，我开始创作“奇点”这个系列。一次偶然的机会，墨水笔掉在 A4 纸上，

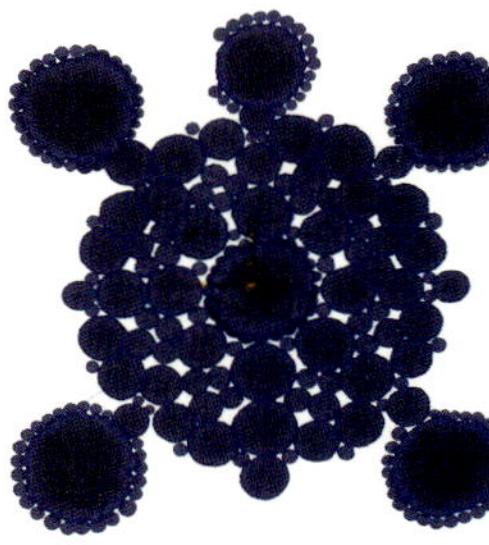

“奇点之布尔日春天”系列 1，宣纸上马克笔，35cm×35cm，2008

晚上回来我发现 A4 纸上不但晕染面积很大，一翻开下一页还有很厚的一块晕染。因为我的绘画背景，它对我来说很刺激，晕染这种技术现象竟然会有这么大的能量，我想为什么一直没有人真正把这个东西单独拿出来，作为一种绘画的技术？我觉得这是可能的，所以我很快地用这种马克笔或者记号笔做了很多试验和尝试，这是在一个宣纸上做的尝试，这是停留在画的程度，主观设计一个图案，再用晕染技术或者方法去画一个东西。

我也记录偶然性，把很细的记号笔握在手里边，宣纸很薄可以折叠，这里面是折叠四次，只是把笔放在纸上，放一次给它点儿时间慢慢晕染，一部分是偶然

《绘画史中的道路》1，88cm×120cm，2016

"奇点之布尔日春天"系列 3，宣纸上马克笔，
35cm × 35cm，2008

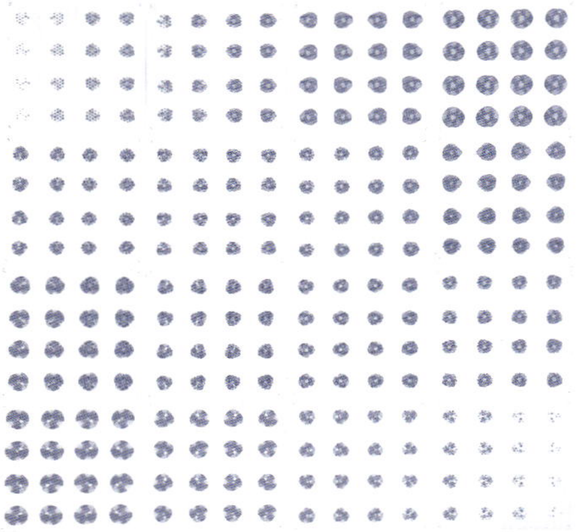

"奇点之布尔日春天"系列 4，宣纸上马克笔，
35cm × 35cm，2008

性的，另一部分是它的结构和骨架来自你折叠纸的方式。如果我再做更多的解释，平面宣纸对我而言折叠之后是立体空间，同时以结构的方式完全打开，就可以回到平面。

介于偶然性和折叠的方式做作品，可以看到纸被折叠很多次，一张纸折叠成像一个豆腐块那样，左边这张晕染更充分，相对在左边这张，右边里时间的痕迹被保留下来，折叠到最上边那一层晕染最充分，最下边那一层晕染最不充分。对我来说，"时间"的印迹已经通过视觉表达出来。

我用这个方法做了一个相对大一点的，不但有一个色彩变化的逻辑，而且有形状大小变化的逻辑，这是时间持续长短的一个反应。

我在宣纸上做了很多尝试，对我来说，一棵树上主要的主干很容易找到，下面是做一些更笨的事情，我要去控制它，作为很具体的单元和元素来控制它，其实和喷墨打印机的原理差不多，无论多么复杂的作品都可以通过很细小的墨点控制、搭配最终形成一个图像。

对我来说，如果我能够控制每一个点，我认为就掌握了这个工具和媒介。我有一位七十多岁的老师，他看到我不停地尝试，他说你知不知道法国有一种"吸墨纸"，专门用来吸除墨水的，他们写信或者签署重要文件，如果墨水掉在文件或者信件上，会用这种纸马上把墨水吸干，这种纸是专门做这个用的。他建议我可以去试一试，我找了这种纸，这种纸确实更细腻，更容易控制，我就用

《奇点之书写》，吸墨纸上马克笔，
65cm × 50cm，2010

这种纸开始新的实验。

《书写》之前，我做了很多图案、花样利用偶然性和折叠，但这个系列是可控的，像写字一样相对笨的方式，所以我把这个系列叫作《书写》，一个字一个字地往下写。这是一个 30 倍速的视频，可以看到这个东西大致的制作方式，我点下去是偶然性，但是经过下一行墨水的推动会变成一个自然形，我在这里发现一些很微观的东西。

这种书写的方式里不同的排列会有细微的差别，比如这是椭圆形变成横向的排列，一行行的方式像中国古典青海波的纹样，对我来说可能是水或者海浪，我做了大量类似的颜色；换一种排列方式，椭圆形变成纵向排列，对我而言，左边这一张是秋天的树林，右边这一张是春天的树林。

对于《火山》这件作品，如果排列成一定形状搭配上颜色，想象它是一座火山，

《树林 1》，纸上马克笔，
32.5cm × 25cm，2014

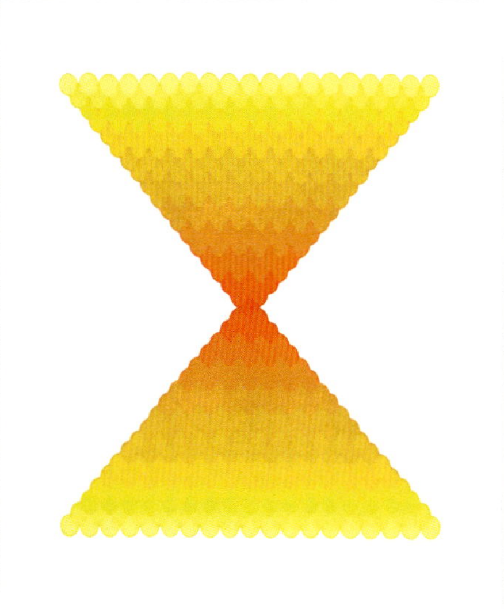

《火山 s1》，纸上马克笔，
50cm × 40cm，2015

《研究草稿》，32.5cm × 25cm，2014

《第一个菠萝》，纸上马克笔，
30.5cm × 25cm，2013

火山有很多变体，左边两个火山在接触；右边是像山一样，里边也有隐喻。

这两张的排列方式比较复杂，可以是简单的方向排列，可以是编织的方向排列，《四彩水织纹》这件作品有 4 种颜色，我要不停地、不间断交替这几只笔完成这个作品，这个过程要求我一次完成，因为要趁湿衔接，无论我画一张几十厘米或者是再大一点的画，有可能几个小时内不能离开，因为差几秒钟所形成的形状就会不一样，变大或者变小，一定程度上对我制作这个作品的时间有比较机械的要求。

《四彩水织纹》里的颜色是有边界的，两个颜色没有干的时候互相之间很接近，所以会停留在这样一个界限里边没有相互融合。

《研究草稿》是一些对于颜色的测试，有的颜色会晕得比较大，有的比较小。从微观上讲每个颜色之间的区别很大，每支笔和每支笔的区别很大，每个牌子的笔和每个牌子的笔区别很大，需要一个一个地测试。

《第一个菠萝》现在的画面有一些真正的边界，像线一样的边界，这是自然形成的，只不过用另外的方式。前面提到这个作品趁湿来做，所以很难画得很大，因为一行没画多远已经慢慢地干掉了，赶紧要画下一张，所以不能画很大。我发现一个颜色滴在纸上分两部分：内部比较均匀的色块，外部有一圈比较深的颜色。这个现象是因为颜色推到外部之后，内部干得比较慢，外部干得比较快，所以外部形成一个深的颜色。我利用这个现象可以变成一种干的画法，每画一个点完全干燥后，再画下一个点，互相推挤留下特别深的边界。

这张画是分几次完成的，第一遍干燥之后我再画下一遍，一张作品分四次完成。《背面》《正面》的墨水浸纸上有不同的颜色，背面是我画的那一面，两面效

《背面》

《正面》

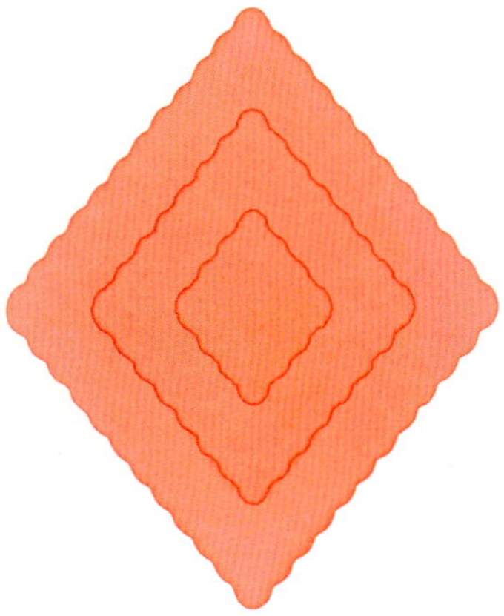

《钻石 r14-ss1》，纸上马克笔，32.5cm×25cm，2016

《四彩水织纹》，25cm×32.5cm，2014

果也会不一样，我真正要的画面是所谓的正面。实际上这是我画时候的反面，那个效果，那种清晰性只有在反面才会出现。

利用这种方法可以做很多类似编织的效果，现在看这些线编织的效果并不是用手画出来的，而是通过墨水晕染自然形成的，有很多不同的颜色。

前面我介绍说这种方式可以更具体分为两种：一种是趁湿像现在这样一个颜色趁湿画会成为一片颜色，可以等这一片颜色干了之后再画下面一片颜色，趁湿和趁干两种技术结合在一起有一种新的形式出现。

《钻石 r14 - ss1》这幅画的形成分了三次画，我主要是要画面中间的线条，画出这样连续的线条。这也是相同的技术，两个颜色分三次，外圈是趁湿画的，两个不同颜色趁湿结合的线，颜色干了之后结合产生的线在里面是不一样的。

这是另外一个草图，画得复杂点。因为我需要把单一的颜色通过点的方式变成一片颜色，有的颜色完全形成一片，但是有的则根本不会形成一片。下一个颜色发现中间有一个浅的颜色，如果时间控制得恰到好处，浅颜色的痕迹会保留下来，如果放在上面也会慢慢地消失。我要为这个现象画接下来的作品。

《贪吃蛇》是一支笔、一个颜色画下来的，画一个类似像蛇一样的图案。

《贪吃蛇》这个画的正面和反面颜色不一样，因为纸本身很厚，把墨水很多有效色素过滤后留在了正面，浸透正面后穿过去的色彩更少，反过去变浅，颜色在纸上，因为正反面有两种颜色，这张画等于说是同一个颜色画的。我会想象这是一个电子游戏，贪吃蛇的游戏，一个点，一个点的，增加了这个效果。这是一个展览现场画的正反面，其实道理是完全一样的。

《桃粉四色水织纹》，2013

《涟漪 b23 - ss1》是另外一个利用这个现象的方式，颜色之间是不相融的。如果在很快的时间内结合，最外圈较浅、较亮的颜色会保留下来，我利用这个现象画一个像水面波光潋滟的涟漪效果。因为要在非常快的短时间内保留这个效果，如果完全手绘很难发生，所以我需要借助工具。

这也是一个例子，如果想保留中间的亮线，就没有办法画大，所以我要画成四个点一排的形式。有的时候作品构图、大小、尺寸完全是材料的性能决定的，为了突破这些限制，我要设计一个简单的工具完成。

如果一个一个点地手绘是来不及达到所要的效果，想象下如果一排一排画就会比较快。用这个方法可以画到这种程度，

《涟漪 b23-ss1》，纸上马克笔，34.5cm×39cm，2016

已经没有尺幅的限制，可以画一大片水，一大片波光潋滟的涟漪。

我看到一本材料学的书，里面谈到材料和物质的抽象与具象其实是没有本质的界限，我们区分具象和抽象只是从人的尺度出发。适合人眼睛观察到的是具象，如果超越这个尺度就变得抽象等。需要用显微镜看到的东西也是抽象，看到皮肤，我们识别它是一个具象的形象，如果再往里边一看，低于介观尺度用显微镜来看变成一些细胞和组织，又变得抽象。

对我来说，假设我的一部分实践集中在抽象艺术领域，我也试图去打通抽象和具象之间的界限，包括我刚才谈到很多东西，我会联想是水或者涟漪、火山等。在这个想法的基础上，我画了一系列《云谱》，刚刚也谈到通过打印机，具象的东西通过简单的元素可以排列形成；从数学分形理论上讲，所有复杂的形状都是通过最基本元素来形成的，数学可以模拟。还是回到那个问题，具象和抽象根本没有界限。有时候我们欣赏说今天晴空万里，天空真的很漂亮，天空什么都没有，这就是一个颜色的渐变，我们想象是具象的，其实就是抽象的颜色而已。这个角度讲，我做了一系列《理论云》研究，把点的元素排列组合，最上面是两个点的排列，往下是三个点、四个点……排列组合形成像云彩一样形状的一些符号形象。在整个绘画史里，包括整个艺术史里，云彩是拒绝被表现的，没有办法表现的。有一本书也叫《云的理论》，讲西方透视最大的一个问题是没有办法表现云彩，所以西方绘画对云彩的表现都是图式性、符号性。这是因为首先云彩本身就没有固定形状，它的形状是我们看到的那一个侧面，另外一些角度不一定能看得到。中国古典绘画里，云彩往往被用来当作转场，云彩出现就是一个神仙的另外一个场景，西方绘画云彩是一个界限，下边是人间，上边是天使、上帝等，所以画云彩对我来说是我自己的一个愿望，用我的方式来画云彩。

《理论云》是研究一些可能的云的形状，我从中选了一些可以被人类视觉历史经验重新识别出来像云彩的东西，我一直画云彩都是在画它的形象符号。这也是抽象和具象之间有意思的地方，很多我们觉得习以为常的具象形象都是我们做的抽象化处理。

六边形模拟一张我拍天空有云彩的图片，正面和反面，到底这样的形状是怎么形成的。

2015 年，我做了一个抽象绘画的展览，所有的作品都有一个具象母题，都有具象和形象的联想“云的理论”导览图。我是为了回应说，抽象艺术没有题材，所以没有内容、对象，可以和观众沟通。伊斯兰艺术里的一些抽象的纹样都是植物的简化、抽象化的再现。

画更大一点的、很多颜色同时放在一起的画面，通过手绘是很难实现的，所以看到这个画面是很多颜色同时放在纸张

《贪吃蛇之双吃蛇 e55-S2》，纸上马克笔，65cm × 50cm，2015

《怡乐园的春天 S8》，纸上马克笔，65cm × 50cm，2013

草图

上，也要设计一个工具。

我在纸上工作的系列里，有一个很好的机会是画面有反面呈现，反面不会有我的手和身体出现，我一直有一个想法，通过视频的方式，呈现出画面在完全没有遮拦的情况下一点一点出现。

这是《怡乐园的春天》，这个系列就是把很多作品的反面怎么样从一点点变成一幅画的过程，用视频的方式记录下来，同时和画面相对照。能看见画面晕染出来为什么中间的线条是直的，实际上真实情况就是这样。可以做一个解释，想象纸很厚，墨水浸透纸是一个圆柱形，有体积，慢慢扩张，两个圆柱形的扩张可以想象成两个气球越吹越大，相遇的时候，如果两个圆张力相等，挤压的边界会形成直线。这个系列后面看到很多东西都是技术和画面，但基点都是从最开始的一个点晕染开始，慢慢我会发现很多现象，利用这个方法去进行绘画，它有很多丰富的可能性。

《理论云》，纸上马克笔，60cm×80cm，2015

《理论云》，纸上马克笔，60cm×80cm，2015

作品《尘归尘》上面画的色粉有三个部分，一部分是上面画的部分；另外一部分是浅浅的可以在纸上留下一个痕迹；第三部分是痕迹积累在纸面下方，我的工作基本从最早期的测试实验而来，包括过了几天之后由于重力，色粉慢慢掉到地上。《尘归尘》研究了很早时候实验的一些作品，纸上色粉笔有三个颜色，左边是黄和蓝，和右边的蓝是同一个颜色，黄颜色滑落下来覆盖在蓝颜色上边就变成绿颜色。

《尘归尘之远山近山 1》是在软木板上画的，本身有木纹的肌理那种质感，对我来说上边部分是我主观控制的抽象部分，下面由于木纹的原因积累一些偶然的粉尘。它的局部对我来说有点儿类似于山水画的树和风景。

《尘归尘》对我来说是想象，包括颜色的搭配、结构和形式，想象成是山脉，远处和近处的山，山的空气、透视里边有深颜色和浅颜色。

回到《尘归尘之远山近山 1》有一个抽象的规则是深颜色，宽木板最高，中间有一个物理和数学规则的线索。

有时候这是一种对形式的把握，需要做一个东西有光、有崇高的感觉，有寂寞悲情的感觉；颜色处理得形象，深邃的蓝和紫色，包括上边的光线打下来，局部有不同颜色的堆积和覆盖。

另外一种形式是一部分画面悬空，一部分粉尘直接掉在地面上，对我来说把绘画的东西从二维转向空间，也是一个值得探讨的课题。这个系列一个重要的方面是它材质本身的特性，粉尘非常的轻微和细腻，会在热气流的作用下飘洒，如果画面足够大、画得足够久，会飘散在整个空间里，自然而然变成空间性的一个作品。

最早促使我做这个系列的动力是，通常认为掉下来的色粉是垃圾，艺术家只注意画面里、主观呈现的部分，这也促使我重新考虑这件事情，如果把它看成同一件东西，像包容一个人，包容他人的优点和缺点，粉笔这种工具和材料特性是这样的，所以我尊重它的特性，试图把画面产生的副产品包容在整件作品里，变成一件完整的作品，这是我整个这个系列作品最原初的切入角度。

另外的形式是由古典绘画引发，粉尘自己会凋落、飘落，形成这样一种形式。

粉尘往地面掉的同时，不同的画框和颜色互相掩映和覆盖。因为这个作品本身和空间结合比较紧密，有的是在房间窗户里，所以我想象黄颜色的部分，像早上的阳光，这边是黑夜，会有不同的感觉。

最开始测试的时候对出现的形式进行放大化的处理，包括不同细节和形式，除了下面色粉自然地变成卷曲的陈列，大画框里的色粉就掉在大画框里边。

通常来讲我会把之前的作品当作抽象领域的一些尝试。有相同的想法或者工作方式，我也在别的类型的作品里有处理和尝试。

另外一个重要作品是“普通读者”系列，是和书、文本有关系的一个系列，回到开始的一个系列。这一方面激发素材，另一方面作为普通读者怎么去看待书、怎么去看待文字和书的关系。

我创作《变形记》的同时还在做其他抽象的作品。但是有一个共性，我把26个英文字母按照颜色光谱的顺序匹配26个颜色，从红色到紫色，再给这26个字母做一套方块的字体，我想把文本的符号翻译成视觉的符号，翻译成最简单的形状和色彩，用这种方式翻译整本卡夫卡的小说《变形记》。

我将《变形记》整本书做成一套版画。

《我的黄书收藏》是关于书的整理、排列，一般排列书的方式是根据不同的规则排列，题材、出版年代、作者等方面，我试图从视觉的角度排列，从颜色的角度排列，我之前也做过很多不同颜色的排列，我觉得这种方式慢慢变成一种设计思维。对我来说，我只保留一件作品，我去收集很多黄颜色封面的书，这里有一个汉语语境里双关语的使用。“黄书”体现了我怎么看、怎么用这些书，也体现了怎么处理这些书、处理别的题材和媒介的东西。

《革命》是另外一个以形状的方式处理书，狭义的革命是社会革命、战争流血的革命，在这里以书最矮的那一本为标准，把其他书高出的部分全部切掉，表达对革命的一个隐喻。

《尘归尘之远山近山 1》，木板色粉笔，122cm × 244cm，2011

我也用抽象的方法和思维处理图像，比如找到一张星空的图像，现在看基本是星空，但是放大之后把所有星空、星星辅助发光的一些像素全部去除掉，保留最本质、最亮的几个像素。图片后来变成矢量，完全是像素化的图片，尺寸非常大。

《孤独的树的聚会》是我找了很多树的图片，所有的树都在画面有一定的背景，围着一个地平线，我也试图从抽象思维角度去排列图片，和地平线相接。我想以这个视频结束我的分享，谢谢！

刘燕： 抽象是对应着非具象和具象而产生的，抽象也是非常具体的。在你不同阶段的作品当中，我们看到了一个特别突出的方式，就是你把所有的媒介物都当作是一个最基础的元素，在抽取它。

《尘归尘—021》局部图，木板上色粉笔、木框，2014

《尘归尘之可见之光》，展场图，纸上色粉笔，320cm × 180cm × 100cm，2017

你不断地对应这个媒介当中甚至可以精确地拆解它，拆解的过程中所有一切具有物性的媒材或者时间、色彩、力量，或者水粉等，这些都变成了工作基础的元素。你重新分解、组合这些具体元素的过程，表面看起来特别精确化，在您真正进入工作的过程中，这些基础元素又是你工作方法中一种特殊的“视角”？

董大为： 我认为艺术家的工作不是创造。相对于“神”的创造，我觉得艺术家的工作是“发现”，发现有哪些东西是值得我们去了解的，或者我们推开窗，它就存在在那里，我的工作更多的是发现这个窗然后打开，打开之后里面有一个能够看到的风景。其实我并没有经历很多不同的媒介和材料，因为很多东西我其实特别熟悉，但如果你想最终真的发现它的可能性，

《尘归尘—701》，纸上色粉笔、木框、画架，尺寸可变，2015

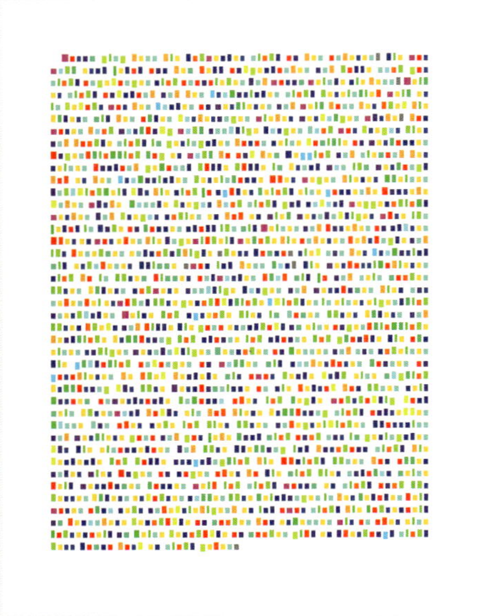

《变形记》，收藏级喷绘版画，80cm×60cm，2011

《变形记》展览现场，收藏级喷绘版画，70cm×50cm×60，2016

《变形记》，书，19cm×12cm，98p，2011

必须是对它十分了解。

从另外的角度，我尊重它的客观可能，如色粉的属性是改变不了的。我做了很多形式上的设计是为了放大这个现象，放大它本身的可能性，或者说很多人忽视了这个现象，没有看到，我只是把它放大了给大家看。

刘燕：我看你本人对文学，包括诗歌都是很有兴趣的，但是在你的作品中，你是不是有意识地把这种情绪抽离出去呢？

董大为：我倾向于不把个人的情绪放进作品，因为我觉得这不是可以用来和大家沟通的事情。经历第一次、第二次世界大战之后，个人的感情、信仰已经变得不重要。不单是艺术方面，在别的领域，所有关于浪漫主义的表达都已经没有了，人类已经看到过他们自己制造的惨象，人类已经不相信，人的情绪题材不是特别的题材，这不是我个人的一个观点，只是我觉得那些东西不太适合放在作品里表现。

我觉得感性和理性并不是二元或者对立的。我做的很多东西，我喜欢的形式，完全是感性的东西。我也不觉得我完全是表达逻辑或者是抽象的形式等。有人会说，纸本的、用马克笔和晕染的方式做的很多东西，其实哪怕是抽象的东西，如果把自己带入进去以后还是会有一个面貌，如果换成别人来做作品就比较暴力或者是其他各种可能。

盛葳：董大为算是比较成熟的艺术家，他的介绍使我们比看展览能够更多地了解他的艺术。他也非常符合我对所谓"青年抽象艺术"的定义或者研究、讨论。因为我觉得这是艺术家，本质上不是抽象艺术家，但是怎么样来概括他呢？可以概括成抽象艺术的观念化，他们本质上都是观念艺术，恰好他们的形式上是抽象的，这样的定义比较准确一些。因为他们和第一代的抽象艺术，着重于"形式的秩序"在画框之内、画框至上的独立自制的抽象艺术家完全是两个不同的领域。

这些艺术家可能更多地体现20世纪六七十年代这些狭义上的概念艺术、观念艺术，1966年到1974年之间前卫艺术、观念艺术的影响。那个时候可以发现很多艺术家都试图用所谓的打格子的"坐标纸"进行创作，那个时候，这意味着形式本身变为观念。

1969年，塞曼"当态度变成形式"的展览就说得非常清楚，态度变成形式之后，态度指什么？态度是一种隐藏在形式背后的观念，态度被形式化变成一种新的抽象艺术。因此，第二代抽象艺术家和第一代抽象艺术家完全不一样，像贾德这样的极少主义雕塑家可以看到他对时间和空间的运用，延伸为所谓的一种形式，和第一代抽象艺术家画框之内，画框至上的独立领域显然不是一回事。

我想在今天这些又体现出在20世纪六七十年代那些狭义的观念艺术影响下产生一种新的抽象艺术，不仅是在年轻艺术家当中，也有少部分年龄大的艺术家试图在这样做，我认为观念是大而化之的东西。准确讲是一种"规则"，这种规则不是观念本身，像前一辈抽象艺术家慢慢有一些变化，像谭平，一张画不一定要花一定的时间；或者像张羽那样，用指印点的一套创作规则，很难说是抽象还是具象，因为指印是真的还是画出来的？是抽象还是具象？或者是孟禄丁用一台机器去画，或者是像参展的梁远苇、王光乐他们的艺术，但是他们的艺术成了规则以外，也引申出一些别的东西，比如和身体的关系，“规则+身体+画面”三者之间形成关系，这些也是传统的抽象艺术家所没有的。

在我看来，董大为的作品当中最重要的一个东西是他的规则。这个“规则”本身不是外在的艺术，而是内在的艺术，他创作的观念本身就是一种规则。可能从这一点来理解，就能够看出他和第二代或者是第一代抽象艺术家的不一样。

A：我也认识那个法国的艺术家。我觉得董老师的作品在抽象之间，《尘归尘》就是抽象的。我想问一个问题，是不是永远是不规定的，粉总是往下洒。

董大为：这个时候就稳定了。

A：如果展览没了，一个作品就不完全了，整个作品包括地上洒的那些粉怎么处理？

董大为：大部分作品都是存在现场，现场制作。

A：没有固定展览之后，地上的部分怎么办？等于作品就不完整了。

董大为：我大部分作品没有保留，现在也解决不了运输和保存，我已经放弃要解决运输和保存的问题了。

接着刚才盛葳老师说的话，我比较关注学界的问题，对中国抽象问题的讨论，

《我的黄书收藏》，装置、书 尺寸可变，2012—2016

我一直有一个想法，更多的、新的事件可能没有进入到年轻人的视野。

包括我在内，抽象艺术的谱系、参照系其实已经完全和中国古典绘画、古代绘画没有关系。和西方更早一点的，比如说蒙德里安、康定斯基等，或者是至上主义的抽象艺术也没有关系，对我来说，如果追溯对我的影响或者我的谱系、参照系来讲，更多的应该是观念艺术之后、所谓的抽象艺术，现在对我来说这个参照已经意义不大了，因为我们讲抽象艺术，现在变得很开放，必须得开放，如果你变得开放，就是人批评所谓的点线面、形状、形式的游戏。只不过这种开放方式，包括盛葳老师提到的，有的艺术家是和身体、时间有关，这种开放不断地演变，其实边界更模糊，和别的形式和媒介艺术相融合。像刘燕老师说抽象艺术很具体，但是界限已经不清楚了，现在已经和别的

《革命》，装置、书，20cm×58cm×70cm，2016

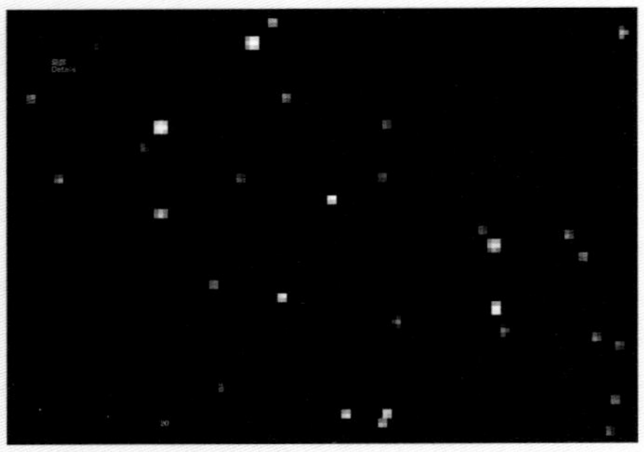

《数字星空》局部，图片，2011

东西融合、弥漫结合在一起。

盛葳：我还是比较认同董大为这个说法。有一个很有意思的现象，直到最近一些年，之前我们所有的艺术创作的资源和参照系都是二战前早期的，所谓历史前卫派那些东西，如果不注意去看的话，在中国那个时候，所有艺术家的参照系都是这样。最近西方重新发现所谓前卫艺术的时间也很短，直到当代艺术开始出问题。2000 年以后，大家意识到当代艺术开始出问题，这个问题当然还挺大的，如威尼斯双年展有一年主题叫“艺术万岁”，说明当代艺术有问题，要重新缔造当代艺术。

在这些新的当代艺术中，我注意到欧洲、美国这些艺术家重新发现 20 世纪 60—70 年代之间前卫艺术的传统，因为那些传统是当代艺术出问题最开始的源头，这是一个很有意思的现象。这几年比较有意思的艺术家都能够在他们的艺术当中找到各种根源，对他们而言是一种寻根的行为，对我们来说是一种新的东西，因为我们从来没有以那个之后的东西为参照系，一直是之前的艺术。这样的抽象艺术家，如果确实在观念这个线条上是有问题的，但是从什么情况下放在一块具有合理性？可以把那个时期本身放在前卫艺术史、发展史来看，而不是单独勾勒出一条简单的抽象艺术、形式的线索，把他们放到一个前卫艺术或者是当代艺术的发展过程当中来看，又具有了合理性，可以更合理地解释他们。

《我的孤独是一个电磁炉》，装置，书
20cm×58cm×70cm，2016

谈谈我的看法，他们并不是抽象艺术，更多情况下他们被称为观念艺术比较合适，只不过恰巧他们是抽象艺术，他们的核心是规则。这些规则并不是外在于艺术的，规则是观念本身，并不需要再现一个规则。通常在中国说的观念绘画，好像再现一个社会的议题，变成观念，我想不是这样，观念本身、行为本身、规则本身不是再现一个外在艺术的东西，所以我想重新去发现，1966 年以后的前卫艺术对于今天中国艺术来说，或者是对世界艺术都还是蛮重要的，也确实作为事实正在发生。

晏燕：今天我们的分享已经渐入佳境了，在评议人和艺术家不断地分享个人创作的谱系和方法过程中，讨论越来越清晰。其实我们不是在讨论抽象艺术问题，而是在建立，至少从 20 世纪 70 年代之后，这种新的观念不断生成之后近十年，中国当代艺术的个案生成的时候，在某种程度上我们以什么样的机制研究这些艺术家？用什么样的方法论关注这些艺术家？这次展览我们“生成”了这 24 个艺术家，虽然还是有一些共性，但是并不能用抽象这个词去概述，在这个机制上是不是会有一些真正的共性生成？我比较认可董老师分享的方法，首先我们要有一个限定语汇。李涛老师也说我只是选择我要选择的东西，这都是艺术家所建立的秩序，这些秩序能够让他们的视觉或者艺术有一些所谓的抽象属性，所以这些人才会进入我们研究的第一步，把这些人拆分出来，去研究他们在这个视觉背后所传达的观念的本身。如果这个艺术家本身要探讨社会问题，要探讨社会介入等的语义，其实他没有做第一步的选择，所以可能就没有真正地在这样的展览或者研究的系统里看他的方法和系统。所以我也认可盛老师说的，今天我们又是一个“大清洗”的概念。基于今天的绘画已经形成他们的思考，已经成熟的范畴之上，我们来建立一个新的群体和研究一个新的群体，这个东西不仅仅是抽象的问题，每个艺术家在梳理他的方法的时候一定是有新的秩序，每个秩序又形成一个新的链条。

盛葳：2017 年我给“抽象以来——中国抽象艺术展”写了一篇论文，那篇论文中我开始思考所谓抽象艺术的观念性问题。这篇文章在鲁迅美术学院学报上发表后，高名潞老师看到了，他也觉得现在正在发生的抽象艺术可能是观念艺术，而不是传统的抽象艺术，和形式本身有关系的抽象艺术，可能是一种新的观念艺术，只不过恰好形式是抽象的。

吴鼎：内心秩序和内心能量息息相关

刘燕、刘礼宾、晏燕、周翊 VS 吴鼎

“内在的秩序”隐藏在现象视觉之下

吴鼎： 大家好，我是吴鼎，非常有幸和大家分享我的一些项目。今天要和大家分享的是我从 2016 年开始在做的一个项目“极限的节奏”。从我自己的创作来说，目前为止在做两个长期的项目：“实在的维度”和“极限的节奏”，都是以一个部分、一个部分的方式做呈现。

“极限的节奏”第一部分是 2016 年在民生做的一个项目，“界面效应 Becoming”展览里的一件作品是当初这个项目里的一件。

《极限的节奏 1》展览现场

这是当初做项目的现场视频一个记录。我先介绍下创作的背景：

平时我会有一些比较杂的阅读，在这个里面也会去想一些问题，我发现在不同的知识系统里，有些东西会有一个交集。比如在一个哲学、科学或者宗教的知识系统里，他们论述了很多对事物的认知，其实这三个系统里有一小部分是有交集的，这个交集的部分是实在。“实在”这个词汇在我很多作品的名字里都曾出现。上面提到的“很小的交集”，从我的认知来说，应该是一个非常简单、非常具有感性美感的存在。这也是我创作原发性的一个点，这种美感转化出来的我称之为“内在的秩序”。“内在的秩序”隐藏在现象视觉之下，是只可感知而无法言说的一种“秩序感”。我作品里有一部分就是基于这种秩序的美感转化而来的。我在“极限的节奏”中大量运用了一些模块化的点。

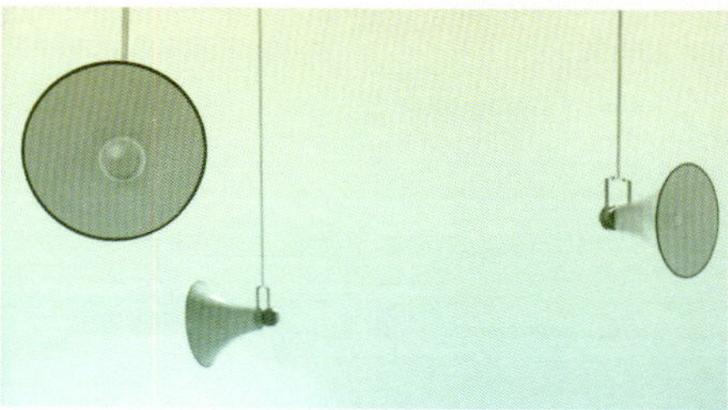

视频截图

我在一个非常大的空间里设置了一些扩音器，用一个长速的拍摄，但是镜头非常慢速地围绕着这些空气，定义微观拍摄或者整体拍摄，可以看到一些非常静止的状态，有时也有震动的状态。

在现场的时候，背景声音我使用了一个女性录的非洲濒临消失的语种，翻译过来就是“人们在一无所知的时候才能无限的聆听……”，这段语音在视频背景里不间断地出现，项目空间里也运用到了这个录像的声音。录像本身的声音源于在拉萨做的一个视频，把一个探测器放在我们的空间里，把他们的频率录完以后转化到一个可视听的声音。我把这些攀岩的素材拿下来，重新编辑加入视频背景声音里，放在空间里，让它和别的作品之间产生一定的关系。

这个系列是我从 2012 年开始每年在不断积累的一个项目，叫“人们言说这个世界，而这个世界如其所示”。作品像一个单个画面，每一个单页的画面是一个图和一个文字的组合，其实这个图形和文字本身没有直接的关系。很多时候，别人问你是先有文字还是先有图形？对我来说这个情况都会有，因为我平时做一些文字、手绘图形的积累。自己整理、梳理的时候，我觉得在某种状态下他们是一致的，就变成一个单一的画面。图形和文字之间是平行且交叉的一种关

《人们言说这个世界，而这个世界如其所示》

系，每一个单页都是从我的角度认知这个世界的一个点，但是当很多页面并置的时候，阅读的人会根据自己的知识背景和理解去改变不同的页面，然后说出对这个世界的认知。

“人们言说这个世界，而这个世界如其所示”这句话怎么理解？从我的角度来说，每一个人对这个世界、事物的认知都会有一个特别独特的观点，其实每一个人都会有自己认知的一个世界。但是在我们这个现象世界、历史世界或者整个状态里面其实有一个非常大的整体形态，每一个人从不同维度的空间去理解，最后又回归到一个整体，其实是局部整体和整体局部环环相扣。这个里面我就用不同的页面并置出来，让每个人形成自己的理解和自己的视觉，但又是在一个整体的状态里。这个系列差不多是这样一个状态。

下图左边第二个视频里有文字不停地闪烁。这是我引用了一个雷蒙·格诺的文本，法国有一个艺术团体 OULIPO，他们有一本小说叫《百万亿首诗》，我引用了这样一个文本。这个文本本身很有意思，他把 14 行诗的每一句话拆开以后重新组合，都是可以被阅读的，每一个阅读的版本意思都会不同，但都是成立的。将诗裁成一条条，有不同的排列方式，为什么会引用这个文本？我觉得不同的组合形成不同的可能性，这里其实蕴藏着我所说的“内在的秩序”，同样一首诗不同组合排列它的可能性超过一百万。我把这个文本以一个快速闪屏的方式出现，削弱它本身的内容，这个内容对我而言不是特别重要，只是文本本身的意思。在这种排列组合的过程中，秩序的可能性、序列感是让我更感兴趣的，我拍摄了一些自己想象的模块，让他们在每个模块间有自己运行的节奏，以一个非常稳定的方式，按照自己的节奏在运行，但他们和文本之间又有一个平行和交错的关系，共同构成录像装置，《一种偶然的内容和一种必然的形式》。

《一种偶然的内容和一种必然的形式》

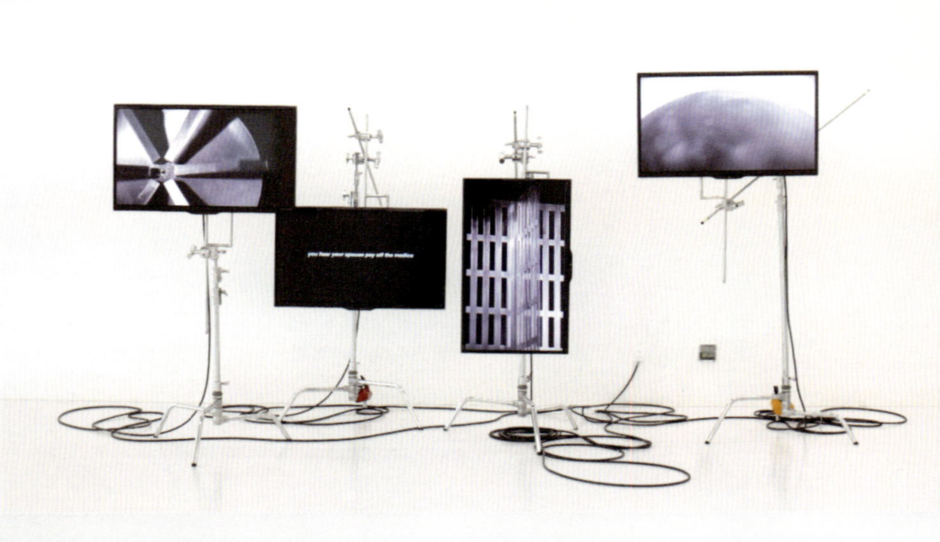

《极限的节奏 1》这两件是摄影作品，中间大的是在上海一个机场里拍的，早几年正好有机会到机场把他们的修理架放到广场上，围成这样的圈拍了这样的照片；旁边那张小的作品是拍摄一个铁环被固定瞬间的画面。这是关于模块、模块化、序列、秩序感，在“极限的节奏”这个项目里，我非常感兴趣的是一种所谓的“速度之美”。单个模块变成一个矩阵或者叠加以后，会形成很多可能性，这是我比较感兴趣的。

《极限的节奏 2》是在一个画廊空间做的展览，从我创作的线索来说这是一个延续，这个里面增加了我自己一直想要做的、所谓的“叙事”。我认为我的作品还是相对比较具象的。展览现场围绕着中间的一个大音箱开始。从右边这个图片开始，这是柏林的一个政府机构的

《极限的节奏 1》展览现场

建筑。这个建筑里边我会运用到一些蓝色的地面，类似于一个虚拟的人物、清洁工或者是类似状态的东西，但是它不会出现在整个作品里。其实这个作品作为源头出发，就会有别的作品，它们之间是互文的关系。比如，这件作品的题目会变成下一件作品的一个图像，它的文本可能是几件作品之间的一个背景，共同交织成一个“项目空间”。要体现的同样是“加速度美感”。

在《极限的节奏 1》和《极限的节奏 2》里，不管是视频还是图片，我用到比较多的一个材质是不锈钢，这是一种说不清楚的个人感觉。

“人们言说这个世界，而这个世界如其所示”新的部分也出现在这个展览里了。“人们言说这个世界，而这个世界如其所示”是一个独立的系列，但是它又会贯穿在“实在的维度”和“极限的节奏”两个项目里边，他们其实是以不同的色系来区分的。我计划这个系列最后会变成一本“人们言说这个世界，而这个世界如其所示”的书，我还在继续。

“极限的节奏”这个项目基本是这样，我的工作基于图像本身，又用到了图片、动态影像、文本和装置这些材料，包括声音的创作。其实，我更多偏向于审美，我想做的是一个好看的展览。

“实在”和“极限”方向感是一样的

刘燕：“实在”和“极限”是一个看似矛盾的对立范畴。你在作品当中处理图像和文本的关系，你比较关注图像和文本的关系，但是创作又是在图像与文本的一个临界的关系和状态中在寻找可能性。

除了这个作品以外，我特别想问你的是：是不是可以和我们讲一讲，你除了作品以外的成长或者学习的经历？

吴鼎：我认为“实在”和“极限”方向感是一样的，想获得一种实在是非常极限的。介绍一下我的学习背景，我高中也算是中专，在上海读的设计学校，学的是平面设计；本科跟随向京老师学了雕塑；研究生跟随杨福东老师学的影像，基本是这样的一个教育背景。从我自己的成长经历来看现在的这个作品，冥冥之中，我也能够特别明确内在的秩序，这些东西最后在一个迷失的状态下沉淀下来，变成现在的面貌。朋友都了解你做成这样或者是怎么样，没有什么好说的，这样一路过来，是说不清楚的。

刘礼宾：他和董大为一样，好多艺术家的作品强调语言的时候，没有什么需要多说的。在语言这个层面上，你不说我都不知道你是一个学生。

面对这样的作品，包括董大为，我想说的是什么呢？我看到艺术家现在呈现的一个状态，他所进行的语言层面的探索，他达到这种语言的极致，视觉上的极致，其实都是他个人层面上推演的一个结果。比如一看就知道你的设计作品很棒，原来是学设计的，他已经在语言的纯粹性达到这种程度了。至于语言的纯粹性，如董大为是通过对材质的极端控制、理性的推演达到的，他可能还不是，他是找到一个边缘，这个边缘可能是两种文本，在实在碰撞的时候，模糊地带推出来的一个东西，这种东西往往不能用语言表达。其实无论是转化为小说也好，转化为展场也好，整个展场就是这样一件作品，不能把某个视频、某个东西做出来。这种时候也存在一个问题，今天上午董大为分享时，我也想说，最近我一直在考虑“纯视觉”的多媒体作品或者抽象作品，特别是中国年轻的艺术家，我认为挑战特别大。

《极限的节奏 2》现场图

为什么挑战特别大？他们在市场和学术上不可能隔离空间。这是什么意思？可能说的有点儿权谋，因为这是整个美国画廊和学术界的顶尖的一个东西。我不知道你们的市场会是什么情况，整个切尔西，30% 到 40% 全是这样抽象语言的探索。在这个体系里，当然有所说的学术上的东西，还有很多运作，包括积累、文脉、藏家等运转体系。这么一套体系很有特点，一方面它很好；另一方面接下来这个东西会怎么样？比如杨福东老师，我去林冠看了他的作品，他知道作为一个视觉作者如何拍电影，以他的角度拍电影。前几年关于“标准化的当代艺术”，有一个讨论，这一批作品在中国语境里，或者说，以中国语境向外推的时候借助什么样的话语体系或理由和他们交流、对抗？这是我一直以来的一个困惑。

吴鼎： 说得特别好。

盛葳： 刚才礼宾说的观点我也很认同，对“微妙”的极致把握是一个纯语言的东西，我们都能感觉到。我想问你一个问题，你一开始谈到了雷德侯模件化和规模化的生产，这和你作品之间具体是什么样的关系？是指架子、原形的组合方式还是什么？

吴鼎： 我认为是一个延展的联系。从我的角度来说，我还是考虑形而上的东西较多一点点。所谓的模块化，视频这种材料、形式考虑得不多。

盛葳： 它是一种灵感的来源，而不是具体的支持？

吴鼎： 对。

理性达到一个极点会有感性的美

周翊： 你刚才提到你比较关注美，我很好奇美的范围是什么？你这个美是指什么？是视觉上的愉悦还是什么？

吴鼎： 这个美是自己做作品的过程中，我不断地明确、知道什么是我不想要的，慢慢得去达到我所谓的这个美。

周翊： 在美院听一些人写生的时候也说类似的话，你这个显然不是那种“美”，挺具体的，很工业化的，甚至是时尚的，不是很好描述。

吴鼎： 如果用一句话来概括可能是理性达到一个极点的时候会有感性的美出来。我觉得是这样的一个状态，这是我一直想要追求的东西。

周翊： 美和模仿是什么关系？

吴鼎： 我没有考虑过这个问题。

周翊： 举一个例子，完全是理性世界出来的，通过数学的方式，你刚才说的模块，用一种生成的方式出来的东西，由于严密性产生，类似于数学公式和数学题的美，还是和现实世界的关系，看到一朵儿花很美和一个人很美？

吴鼎： 我所认知的，理性到达一个极点之后所产生的感性之美，比如说一句话——真实的节奏并不一定来自精确的序列性。从序列性来说，这是非常规整的、固定的一个节奏的东西。从我的表现来说，我所感知的真实的节奏，不一定是来自于哪里，这里会有一个诗性层面的东西出来，很难说清楚，同时又和图形本身有一个关联，去达到我所指的“极限的节奏”那个指向。

周翊： 这句话很难理解，所以我问题有点儿多。很直观地感觉到这个东西应该是和虚拟数码生成的世界有关，比如游戏世界和真实世界是平行的关系，像和音乐的关系等等，你都没有提。

吴鼎：每个人看其实是不太一样的，这个项目有不同的维度。其实是我给他一把门的钥匙，那么打开哪个门，进去看到什么东西，只有他自己才能够知道，他有选择性地去看，但是我只提供一个相对宏观的空间装置。在这里，单个作品和单个作品、作品和作品、作品和小局部、小局部和作品、整体和作品都有一个互文的关系。

创作《极限的节奏2》时，我开始会做一个模型，模型和实体模型一块儿去做，我会在这里去摆作品的位置，具体用到什么样的作品？放在里面形成怎样的一种关系？包括我做展览时，我一般会要求7—10天的布展周期，我会带着这些作品。我做这些作品的时候，都会用水喷打出来以后再去展，会形成这样的状态，大照片都是从原尺寸打出来以后，放在那边整体来做的。

周翊：这样的展览，你的作品是一件一件做出来，最后布展还是展览整体是一件作品，还是只是有这些部分。

吴鼎：比如做“极限的节奏”，我平时都会做作品。创作《极限的节奏2》的时候，正好那个点或者是怎么样需要呈现这个项目，我的素材和我做的这个作品就会变成一个素材库，我会从里面去摘取。其实这些作品、包括这些项目都是我们整个的概念，是从我们内在秩序这个框架下得来的。

周翊：这个整体用词来描述会叫作一个空间，这是一个空间，一个事件，一个游戏，还是模型？你会怎么描述？

吴鼎：其实对我而言，“极限的节奏”和“实在的维度”就是一个长期的项目，我为什么没有单独放在一个展览里面去做完？首先我想让它变成一个“生长的状态”，比如它从第一个项目到第二个项目，再到第三个项目，我不希望是一个完全封闭的状态，相反这是开放性的，最后以一个生长的状态持续地创作。每一次你去做一个新项目，都会有一个新的东西往里加入，最后变成一个丰满的东西。几个项目出来之后像一个网一样，慢慢去建立这些点，最后变成一个网，包括了“内在的秩序”这个核心的东西。

内在秩序和内心的能量息息相关

晏燕：我们看你的第一个展览，在你处理空间与整个作品的整体性上，视觉是更美的。如果看这个展览的时候，又希望去增加一些东西提炼你所要追求的极致，但是视觉发生了一些变化，你能分享一下，你有没有这种关于“生长的过程”？比如，你个人内部的组成，一方面纯美的极致，同时又觉得自己受到束缚，你会增加一些新的或者更高的元素么？会发生内部的挤压和冲突这样的过程么？

吴鼎：这是一个很享受的过程。现在有输出，也会有输入。我没有做项目的时候，从我自己的审美来说，他们其实都是在生长的。我有一个方向性的东西，就像一个远处的灯塔，时而清晰，时而模糊，你知道只要顺着那个方向走，就有可能会绕路或者是有捷径，但是灯塔的位置是很肯定的。每一次展览，我自己从上一个展览到现在会有短期的一个兴奋点，我所关注的一个点，同时又是在内在秩序大框架下这个范围里的一个东西。

周翊：作品视觉上的仪式感特别强，这种非常强的仪式感，在你的体系里处于什么位置？

吴鼎：仪式感和更重要的一些东西是很像的。我认为，像一些立法的东西，比如六字箴言，极简，就六个字，很多修行的人花很长时间不断地念诵这样一句极简的话，它本身充满力量，六字箴言每个字单独的组合在一起，我原来问过一个上师，他说这六个字是非常有能量的，里面有形式感、仪式感，具备这样一种能量，很多人阅读这个把这种能量再转化出来，这和我的创作没有一个直接的关系，但这些都影响到我。

周翊：更像是像宗教审美。

吴鼎：在很多状态下，都有这样一个所谓仪式感的东西。我没有刻意去做，包括前面喇叭那个视频，两年之前我就一直在琢磨这个事。很多时候，那种东西是通过时间的沉淀，很多东西和内心的能量息息相关，最后呈现什么样？这个作品会变成什么样？我没有刻意呈现这个仪式感。

张帆：一毫米的进展

刘燕、刘礼宾、李涛 VS 张帆

物理上的秩序

张帆： 我今天讲述的内容基本上呈现了我从 2004 年至今（2018）的经历，大致分为三四个阶段。确实没有什么可以用语言文字来解释或者复述的东西，我想讲每个阶段的目的和态度。

第一个阶段是我从版画系毕业以后，准备画油画。当时主要关注的点是画布的质地。画布上面有这些格子、经纬线，这个东西很方便，拿起来就可以用。借助这个格子和基准线来表现油画颜色和油画布的结合。这些都是那个时期的作品。

这是往后的阶段，我创作时已经意识到必须把表面特别形式感的、像图案一样的东西去掉，要不然很有可能一辈子都在画格子。后来一直在找方法怎么把那个格子去掉。直到 2009 年，《覆盖在白色，黑色表面的灰色及棕色的习作之一》这个画特别大，大概长 4 米，宽 2.5 米，我画这个的时候，从格子到这儿中间经过大概几个不太重要的阶段，最后这个画的气质已经不再是一个让人一看就行，尽管里头是画什么样的东西，但是让人第一眼看上去是一个形式。这是将形式去掉之后的东西，把里边存在一个物理上的秩序描述一遍。

这个作品里有一种五代、北宋古画的“气质”，它去掉了形式，有大量的细节，你站在这个画前时，有一种“视觉上的满足感”，至少不是像极简主义那样，看到什么就是什么，或者是真的是极简，确实是非常的简，但这里有很多的东西。

这三张是这个阶段最后三张画，也是我前期觉得最满意的三张。

“溪山林泉”和“水图”是并列的两个系列，是根据范宽的《溪山行旅图》做出来的，概括了我所有的作品中北宋时期大山大水的样子，但我没有具体出现山的形状或者中国传统山水的构图方式，只是把这种若隐若现的气息用单纯的油画材料一遍完成。从一开始到最后所有的节奏，我坚持在画上只使用一种材料，比如说，如果用油画笔就只有油笔，坚决拒绝所谓的“多材料”，或者一切不是老派的、传统的材料。

这是根据马远的《水图》来做的一个变体，这个系列也做了好几张。“水图”和“溪山林泉”这两个系列算是第二个阶段的创作。如果说这几个阶段有“描绘性”和“书写性”的区别，那么这个阶段我处在“描绘性”阶段，但是“水图”系列稍微有一点点“书写性”。

这是 2012 年创作的一批纸上油画，这整个系列叫“采薇”，表达了我对绘画行为特别崇敬和尊敬的态度。

在“采薇”之后，我做了“自叙帖”系列，就是“书写性”为主，再到现在的“急就章”系列，基本上呈现这样一个发展的过程。谢谢大家！

人的趣味

刘燕： 在张老师创作过程中，我看到了您在不同的阶段对传统都有一种借用，

《黑色》，布面油画
190cm×140cm，2005

《黑色》，布面油画
200cm×200cm，2005

《覆盖在白色，黑色表面的灰色以及棕色的习作之一》
布面油画，250cm × 400cm，2009

《覆盖在白色，黑色表面的灰色以及棕色的习作之二》
布面油画，250cm × 400cm，2009

《覆盖在棕色表面的黑色习作》
布面油画，250cm × 400cm，2009

传统对你来说，无论是山水画还是书法，你把这些图像都观念化了，他们可能不是一个具体的形象和用笔。但是我想问的是，你在这种转化的过程中，你把对传统的理解通过“有意识的陌生化”这么一个方式来作为你寻找一种新的秩序或者表达方式的途径，在这个过程中，传统的绘画也好，书法也好，他们当中所包含着的那一套内在的东西，比如对时间的感受、表达方式，对力量、空间等这些东西你是怎么考虑、怎么转换的?

张帆：我觉得没有一种完全对应的方法。在架上绘画这个范围里，我觉得每个人的趣味是最重要的，说实话我看不懂、也听不懂除了架上绘画之外、所有的当代艺术，但是在架上绘画这个范畴之内，我觉得最重要的是人的趣味。比如书法，大家写的都是中国字，用笔的规范也都一样，最后每个人写出来的字是不一样的，这是最重要的。

《覆盖在白色，黑色表面的灰色以及棕色的习作之一》
局部

《覆盖在白色，黑色表面的灰色以及棕色的习作之一》
局部

一毫米的进展

刘礼宾：我曾经和张帆聊过天，在2006年1月当代画廊我策划的艺术展里就有张帆。其实张帆特别注重视觉，他对视觉品质特别重视，这种品质很难用言语来说明；第一个时期，就是《格子》时期，他个展的时候，我看了半天都是棉布就走了，但是那个时期他有一个“形式架构”，他做那些版画有一个形式架构，直面的架构。后来创作很高的大型油画，2米横幅，各种颜色的一批作品，那个时候他在一个视知觉或者其他什么的语言结构之中创作，他说2005年以后开始不依靠这些东西，但我觉得这种东西特别难得。

很多艺术家，特别是搞抽象的艺术家，基本上在某一个阶段或者是很长一段时间都靠某种结构，这种结构获得很难。比如说，丁乙在构建实物结构本身，虽然不能说丁乙那个就弱，但是这个架构一旦抛弃整个画面就崩溃了。甚至包括蒙德里安，当然蒙德里安在架构之后还有一个更深的东西。2006年之后，那张画无论是古典油画还是什么也好，那种“气息”的东西不是特别追求视觉，到这个点上，他可能没有形象，可能有很多细节，这些东西构成的一种“气息”扑面而来的时候，他觉得比较长了，没有必要讨论什么，这张画就可以了。

第三个时期看到的是范宽的《溪山行旅图》，我挺惊讶的，没有见过。可能我们俩年龄差不多，同年的，可能就差几天。这中间慢慢有一个过程，我不知道他开始对中国传统的东西有创作。我们谈到传统的东西，并不是说要像以前一样，借一个什么图转化。其实这个阶段已经不是转化的问题了，以前我们所说

《溪山林泉》，布面油画，150cm×260cm，2010

的转化是用一个图式解构另一个图式的转化，看起来太简单了，更多的是一种状态或者一致气息的捕捉。

《急就章》阶段又是行为或者身体的一种释放，一个状态的获得，一个身体的释放，你是规定了时间。

张帆：基本上是 40 分钟。

刘燕：时间是规定的？

张帆：不是规定的，一旦开始，这个动作想慢都慢不下来，和跑步似的，一开始跑就要一圈。

刘礼宾：过程完成在这个画面上，够了才行。以前张帆也有这个问题，但是他不大解释。画面带给你的是什么就是什么，更多的是一种更纯粹的东西，你能感知到。当时看张帆的画，兴奋得手舞足蹈，画的多好多好，然后我说什么东西？画布。一年多以后才开始用视觉的质量对应画面的质量，这看起来很简单的问题，我们说起来挺玄、挺简单的事，其实是一个最根本的问题，这个东西只有感觉到了，艺术家创作那么多年干嘛？从 2003 年、2004 年开始，十几年的时间都在做这个东西，这一点很难得，他一直在做这个东西。

《水图》，布面油画，150cm×130cm×2，2010

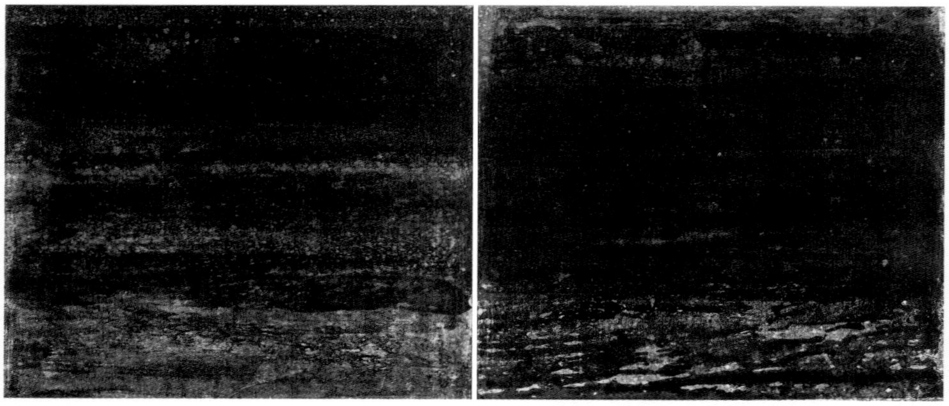

张帆：我再说两句，我为什么特别执着于架上绘画？一个是我觉得确实特别难，基本上古今中外所有大师把所有的路都给封死了，你的进展可能就是一毫米，某一个地和他有一点区隔，就像跑步比赛，跑到最后大家在抢的是零点几秒的时间。从理论上说，这个时间是可以永远存在的，只不过是越来越强。这个特别难还有一个原因，画画需要练，说相声、唱京剧都是需要练的，需要练的东西我就觉得有吸引力，就像打游戏一样，你得练，不练好像就是过不了，这也是一种自己的兴趣。因为其他的东西可能性有很多，存在的时间很多，可以有无限的材料、方法去用，但是画画几乎没有可以用的东西，所以我觉得这是特别有吸引力的。

越画越自由是一种状态

李涛：我有两个问题，我在 2008 年、2009 年看过你的展览，作品是单色的，像罗斯科那种很内省、很矜持的感觉，表现性很弱。直觉上让我想到有点儿“书写”的感觉。现在有两个问题：第一个是从内省的状态到突出动作这样一个状态的转变；第二个是你现在用丙烯，这个材料本身只是暂时这么用，或者是适合？还是这个材料本身有你特定的指向，这个材料和你的语言本身构成一定的关系？

张帆：我先说第二个丙烯的事，我之前一直特别讨厌丙烯，它有一种塑料的味道，就是刚才说的质地。后来我发现它

《“自叙帖”之十一》，布面丙烯，200cm×400cm，2013

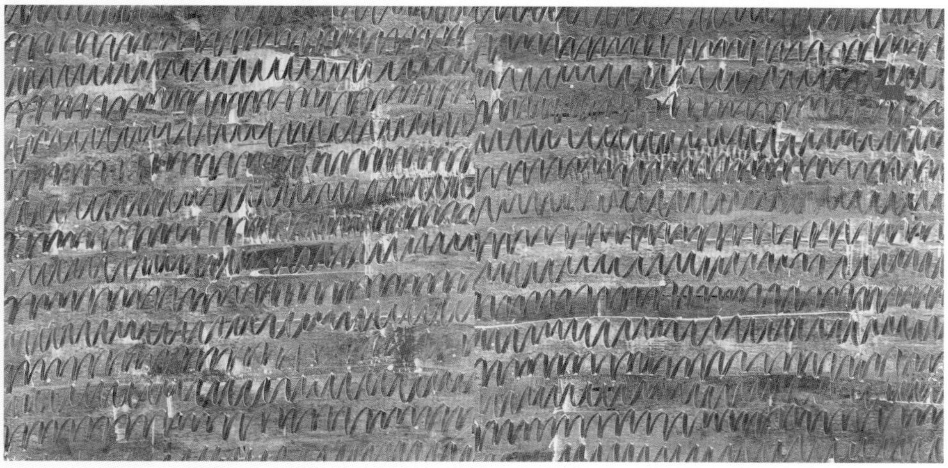

《“急就章”第六组之一》，布面丙烯，200cm×400cm，2017

《“急就章”第六组之三》，布面丙烯，200cm×400cm，2017

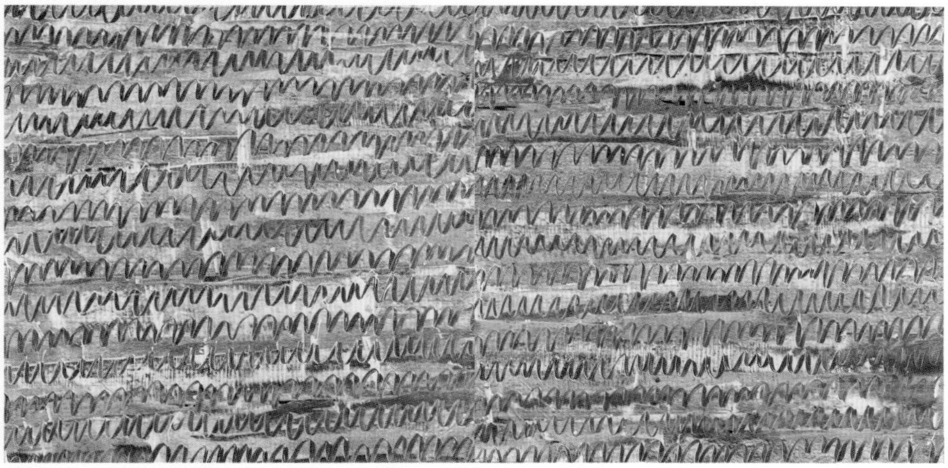

加水特别多的时候，塑料味就去掉了，而且丙烯干了之后不会像油画那样厚，除非真的是一大块一大块，尤其是调稀了之后基本上还是平的。它的流动性也特别适合我，所以我就用了丙烯，不那么讨厌了，它毕竟能比较好地为我的画面服务。

现在回到第一个问题，一开始你说 2008 年、2009 年，直到我刚才放的三张作品之前，我觉得全部都是在做练习，在习作或者练基本功。我是用《格子》的形式练功而已，我内心一直渴望像塔皮埃斯（Antani Tàpies）那样的画画，永远不会停留在一个三角形或者是什么东西上不动，每一年的画都千奇百怪，但是最后整个来看又是完美统一的东西，不会认为这个就不是他，还是在他本身的体系和框架里边，我内心向往的是这种状态。所以说需要练，不停地练接近这种状态。

李涛：是不是可以这样理解，最起码目前这个阶段你不希望画面本身的“物质感”影响你的“动作”或者给观者的感觉，本身油画的物质感；第二个，你不希望垄断某些符号性，这个曲线或者是折线是我的，这些是次要的，你内在动作的连续发展是重要的。

张帆：我喜欢的大师或者我的偶像，比如说通布里，他的状态是年龄越大越无所顾忌，越奔放舒展，舒展的时候也比较准确，这种状态应该是越画越自由，最后到了一个程度，你怎么画都是对的，这是一个最好的状态。罗斯科当然是大师，他在现代绘画里确实太重要了。我觉得每一张都很好，但是和塔皮埃斯比起来还是差一点。

杨心广：内在力量的有限与无限

《絜矩》，鹅卵石，尺寸可变，2007

《凭栏处》，松木，尺寸可变，2008

混乱和理性的中间状态

杨心广：我不太会总结自己的方法，可能每件作品都有一点即兴在里边，创作本来没有太多规律，也没有太多的借鉴。做完一件不知道下一件作品是什么样。我觉得方法论在当代艺术创作里不会有太多积极的作用，我比较喜欢混乱和理性的中间状态，在成为最终的理性状态之前，有一种“倾向性”，就是从经验

《请与我对视》，照片，12.7cm×8.89cm，2003

里能总结出一些未知的东西，是一个出发点，它指向未来。我的实验都不会把经验总结成为一个特别理性的状态，而是保持一种流动性，抓住这种流动的趋势。

《请与我对视》是第一件我觉得还算可以的作品，是 2003 年刚上大学的时候做的，我当时觉得艺术作品的表达需要找一个合适媒介，所以我想到用视线作为一种载体，目光里面蕴含的东西特别丰富，而它又不太明确，但是多少能感受到一些东西，这是目光这种媒介的特点。因为艺术创作需要传播嘛，所以就在大街上寻找陌生人跟我对视，我在胸前挂一个牌子，上面写着“请与我对视”，标示着我的意图。这个作品它的优点就是陌生人之间这种突发性的、直接用目光来交流，是很反常的，但也能接受。后来阿布拉莫维奇（Marina Abramavić）也做了这样的对视作品，但她是在美术馆现场表演，大家事先都有心理准备。

作品《絜矩》是将鹅卵石切成方块，鹅卵石从棱角分明到圆滑有点类似强调个人修炼的道家思想，而方块正好对应儒家的絜矩之道：“所恶于上，毋以使下；所恶于下，毋以事上；所恶于前，毋以先后；所恶于后，毋以从前；所恶于右，毋以交于左；所恶于左，毋以交于右，此之谓絜矩之道。”（《礼记 · 大学》）切掉上下前后左右六个面就成了矩形，我将很多这样的矩形拼成一个大方块，像一个稳固的社会，这样石头就不是单纯的石头了，它的物质属性被消解掉了，完全被人文积淀所覆盖。

这个作品叫作《凭栏处》，我所借用的典故其实到现在也成了一种符号，经典的词句被后人不断的引用也就失去了它最初那种真实的情感，慢慢被符号化了，像“凭栏”这个看上去很简单的动作，在诗词中就是一个很重要的典故。这种被塑造出来的行为举止无法抹去其中蕴含的人文积淀，含义早已盖过了现实，以至于登高凭栏必有诗情，经典的诗词被人们反复吟诵，陶醉在类似的情感体验中。

《数沙子》最初不是想要做一件作品的，当时只是想找一个事情能让自己安静下

《数沙子》，沙子，尺寸可变，2009

来，让自己注意力集中一点，我就找来一堆沙子，一粒粒地数，用一根小竹签挑着，这样的话我的注意力会比较集中，每数一百粒画一个圈，最后再计算这些圈。我把这个事情当作一种静修，有时间就会去做，有时候注意力不集中就会数错。当那堆沙子数完了之后，我觉得数目肯定有问题，就又数了一遍，结果误差还挺大的，185465 粒和 186837 粒，这两个数目出现之后，这堆沙子已经不是我平时所看到的沙子了，数字的存在显得更加强烈，作为物质的沙粒变得不那么重要了。其实这堆沙子的数目是实实在在存在的，只是我们一般都忽略了，在探求这些数字的过程中我是以一种自律的方式进行的，自律就是抛开杂念全神贯注地来做这件事，这有点类似于修行。所以我觉得这是一个探索真实的过程。

创作是对生活的有感而发

我的创作和我的生活环境、经历和感受有关系，每个时期的感觉和生活的体验都不一样，创作都是有感而发，没有太多确切的依据，因为感知已经在体内转化成了能量，已经记不清到底是什么样的刺激导致。周遭的事态变迁，会产生一些新的审美需求，我所做的就是填补这些需求。

这个是在上海一个广场，我用白色的沙子铺出了一个 20 米 ×20 米的正方形。

《白色》，无声，6 分 3 秒，2009

《我爷爷的拐杖》，树枝、轴承钢球、石头，15cm×15cm×95cm，2010

也没有任何提示，大家都不知道这是什么东西，有些人就踩进去了，我就拿个扫帚把别人踩过的脚印给扫平了。其实我这是一个行为，就是我在城市里面画了一个抽象画，叫白色方块，因为城市里人们活动繁多，不可预测的事情也太多了，所以我得不断维护这个白色方块的纯洁。这是我画的最大的一幅画。

这个作品是《我爷爷的拐杖》，那一年他去世了，我拿了他最喜欢的拐杖做了这个作品，底下这个是钢球，下面的几块石头是从爷爷家门口捡的，没有这些石头垫着拐杖就倒了，拐杖完全靠物理结构用石头支撑着，里面有很多寓意。

《树叶》，3 分 8 秒，2011

《两只老虎》，铝塑板、铜、铁，200cm×100cm×180cm，2012

创作《树叶》这件作品的那个时期我刷微博比较多，那个时候发现好像很多人包括艺术圈的朋友，全都很愤怒，都是关于很多社会事件的，我把这个视频发到网上去了。我们在家里生着大气，愤怒隔着屏幕，大家也没有在现场，但我们的愤怒在网上传播的话，其实最后只会变成只言片语，有种心有余而力不足的感觉。我用嘴巴吹这 3 片树叶，它们就会不停地旋转，所以这句话看不太全。

作品《两只老虎》的这两个老虎都是脱臼的状态，特别拧巴的姿势。它俩从一个金色的板子上面滑落下来，板子上面

《山石》，75cm×25cm×24cm，丙烯颜料、树模型、石头，2012 年

《抚摸》，房梁、墨汁，18 个部分，尺寸可变，2009—2013

《无题（铁盒金色 NO.1）》，铁、油画颜料、木，90cm×105cm×55cm，2014

《剩余体积》，木，尺寸可变，2014

有很多划痕，就像在一片金色的场面上打斗。旁边那个三角锥体象征着一座山，就是从山上下来两只老虎。有的时候做作品没有想太多，就是自己臆造的一些场景，也许观众能够想到更多的东西，观众能想到什么就是什么了。作品《山石》是一些模型树和白色颜料搅在一起涂抹在石头上，我想做一个像“甜点”一样的山。

这是一些房梁。我当时在一个废品市场上找到了这些房梁，这些都是拆迁留下来的，它们就像垃圾一样扔在那里，看上去有点凄凉，之前作为房屋结构的那种温润感已经没有了，然后我就把这些房梁通体抛光，打磨得很光滑，有一种特别想去抚摸的冲动，那种温润的感觉又回来了。之前在这些房梁上面有些字迹，这些字应该是建筑师写的，它可能是标示方位的，我们可以看到这写的是“东五后上今”，它应该是表示这个房梁应该安装在这个位置，然后我就把这些字儿又全部抄回去，就像是怀念它原来的位置，它原来的状态是什么样。

有一种力量充满整个社会系统

“无题（金色）”系列做的其实是建筑模块，焊接和钢筋象征一种活力，是城市建设的一股能量，这种能量在中国当代随处可见，用金色作为背景是因为金色的意义很广阔，可以象征一种崇高和神圣，也可以象征尊贵，再到富有，再到铜臭、糜烂、媚俗，它的意象囊括了两个极端，一端很贱，另一端又可

《冥王星》，铝塑板、铁，301cm×127.5cm×80cm，2015

《无题（金色颜料与阶梯）》，不锈钢、油画颜料，210cm×80cm×150cm，2014

《无题（天地悠悠）》，单频录像，树干、钢筋、油漆、原子灰、纸，275.5cm×94.5cm×60cm，2015

以特别神圣。这是某种大生产的背后的理由，可能是一个政治正确的理由，也有可能是一个乌托邦的理由，也有可能是一个梦的承诺，所以我找了金色作为背景，它是一个背景式的存在，但又不确定是哪一层含义。黑铁块是我认识到的那股力量，它裹挟了很多金色，可以说是贴金，也可以说是被弄脏了。这是我带着这些颜料从这个梯子爬上爬下留下的痕迹。

《狗尾巴草》，狗尾草、钢丝网、数码相框，
104cm × 160cm × 105cm，2017

《玻璃肠》，玻璃，
490cm × 230cm × 60cm，2017

这个作品是《剩余体积》。这木头有两三米长。我用那链锯把它切出很多这样的豁口，就最大限度地剥取它的体积。当时也是结合人在社会中的体会。一个人一旦总是被某种力量所侵蚀，被剥夺，之后你呈现的状态有时候是收缩状，有时候是放射状，而现在看起来你都不知道是放射还是收缩，总之它是一种剩余的状态。

普罗旺斯有座圣维可多山，就是塞尚经常画的那座山，山顶上有一个十字架，叫普罗旺斯十字架，我在普罗旺斯驻留的时候，爬到这个山顶上看到远处的风景，在这很壮阔的天地之间，我萌生出一种悲情，十字架那种悲情和我自己产生的那种悲情不一样，因为我的悲情让我联想到陈子昂的那个诗句“念天地之悠悠，独怆然而涕下”，这种悲情是由个人而抒发到天地之间，而十字架是由个人而抒发到全人类，一个是东方的一个是西方的，我想那可以来个对话。于是我就在山顶上演绎了一段陈子昂的悲情，站在山顶上哭泣了一番，完了之后我就在那个十字架底下用石头子摆出一个哭脸的标志，作个纪念。其实这个挺搞笑的，哭成这样像一场闹剧，有人还真以为我受到了什么打击。

《冥王星》这件作品是 2015 年，突然冥王星的照片被拍出来了，因为那个地形上有一个心形的图案，所以全世界为之疯狂，都在转这个心形的图片，说冥王星在给人类示爱，它很想成为九大行星之一……所以我就觉得人类的情怀已经飘到了太阳系最远的地方了，于是我就把这个心形做在一个金色背景的天体上，那个痕迹是电焊烧出来的痕迹，像一个纪念碑一样，就是代表人类的情怀第一次飘到了太阳系的最边缘。

内在力量的有限与无限

《绿色》，不锈钢、铝、油漆，121cm × 976cm × 3cm，2017

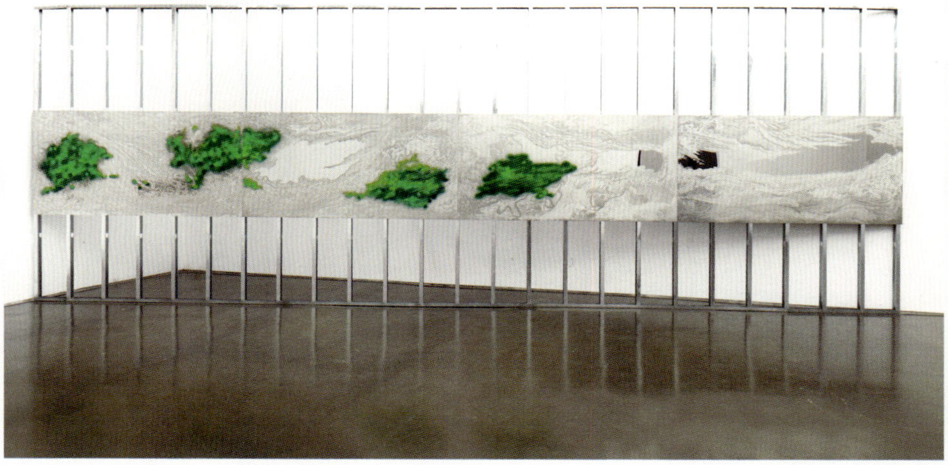

《狗尾巴草》是一个铁丝网，铁丝网上面插了一些狗尾巴草，然后还有两段视频。一个是痛，一个是痒，这是有关于痛痒的一个作品。因为狗尾巴草我的理解是这种草很像一个浪子，它生命力很旺盛，全世界到处都有，有点桀骜不驯的那种感觉。它的浪也是有关于它的痛痒，但是那种痛痒全被它这种浪的状态给掩盖了，看上去它无关痛痒，其实它是有痛有痒的。

《玻璃肠》，这都是玻璃做的，用玻璃做了一些山石和一些人体大肠。当时做这个玻璃的时候，师傅反复强调玻璃铸造过程中是容易断的你得考虑一下造型。后来我想那就做肠子吧，人体大肠，断了就叫断肠，后来做了 10 根断了 4 根。断肠其实也是古代诗词的一个经典典故。我觉得玻璃的断裂口是很锋利的，更加有刺痛感，所以更加符合诗词里面所描写的那种痛。

《绿色》这件作品是在镜面不锈钢板上用角磨机磨出烟雾状的云纹，然后用油漆喷出一些绿色的图形。在这里，绿色表示着树林中的绿荫，而钢板上由无数条小划痕组成并散发着金属腥味的云雾则代表着某种虚拟空间，这种虚拟空间是我相对于纯天然的自然空间来说对占据了我们大部分生活空间的虚拟世界的感知。在网络与人工智能兴起之前，人感受到的自然世界都是实在的，能与身体融通的，树荫绿草、阳光、土壤和雨水等天地万物相互滋养，人与自然是融为一体的，而现在的世界突然有一种由电子数据组成的虚拟空间介入到了人们的生活，人被植入到数据系统中，成为半人半电子的存在状态，对于我们这一代人来说，这种生存环境与以前相比是割裂的，我们处在大自然中，不再有人于天地间的那种独立感，而是人在任何时候都是处在数字信息的系统之中，而这个无处不在的系统是由无数个微小字节组成的虚拟的“云”，就像不锈钢板上由无数条小划痕组成的冰冷的云雾一样，曾经的绿荫已变得漂浮不定，在真实与虚幻之间模棱两可。

大学三年级的时候我做了第二个尝试——《烧影子》，是一个行为，用影像记录下来了。我在身后打了一个聚光灯，把投射出来的影子轮廓用一块布剪下来，然后倒上汽油点燃。去年我把它完整地做成了作品《黑色》，在木板上拼贴黑色的砂纸，选择砂纸是因为砂纸是一种工具，在制作过程中是用来打磨、侵蚀物质的，可以把木头和石头打磨成粉末，是非常实在的功能性，而黑色的影子是非常精神层面的，火焰也是，光明和黑暗之间的明暗交界线是最黑暗的，我想把虚与实的东西放在一起碰撞。那段时间处于一种懵懂的状态，对观念和材料的运用都还很生疏，但是觉得影子和黑暗都带有一种那个时代的诗意，当时的诗歌特别喜欢用符号化、象征性的名词来堆砌，影子本身就有一种诗意，也是一个很容易入诗的意象，而我是在对这种诗意的强行实践，从视觉上量化这种意境的真实性。

这是汽车轮胎，那种工程车的内胎，里面塞了很多树枝，塞得很紧，挤出来一些形状。看上去像身躯，或者是某一种有力量的物质形成的体块。

《八仙》是从淘宝找来八个风格时尚的不锈钢茶几“降临”在乡村的一堆乱石上。“八仙桌”的由来是八位神仙给生活设施落后的村民变出来一些可以坐八个人的桌子，解决了他们摆酒宴缺少桌子的问题。在今天，当单一的现代性神话被视为资本主义自我毁灭的前奏，乡村则成为承担这一神话叙述的另一处场所，现代性的进程伴随着城市景观的崛起与日常生活的过度设计，神话催生欲望与奇观，这种疾病被视为可以通过乡村得到治愈。在这种叙述中，乡村替代了城市景观，成为新的神话和欲望。所以这件作品必须是从城市到乡村，而且还离不开那个“乡村国际新媒体艺术节”的展览。

《小路》是一个公共艺术项目，我种了 7000 棵树，这些都是树模型，开幕的时候我从中间踩出一条小路来。

这是最近的一个个展，叫坏土，展厅有两片土，边界是用钢条折出来的，做得

《金色 H-NO.2a》，铝塑板、铁，122cm × 244cm × 7cm，2014

非常烦琐。这个造型是随意做的，我只希望它有一个特别琐碎的边界。而现在这个展厅就被土壤侵占了一大部分，给人留下的空间不多了。人能走动的空间和被土壤占据的空间之间有一条边界线，这个边界就是人和土壤的边界，很复杂的人与土壤的关系。这是镜面不锈钢板上面沾了很多泥土，这些泥土就像漂浮在观众眼前，一个是从视觉上占据人的空间，一个是从版图上占据展厅的空间。

这些是我从最早一直到最近的作品，很遗憾没有太多方法能总结出来，总体而言，作品是和生存状态的变化有关系，是整个状态催生出来的作品。谢谢！

即兴是值得警惕的，但也并不会总结成为一个理性的逻辑

刘燕：看心广这些年的作品，有一个特别突出的感受，他的作品和吴梦诗的作品一样，在观看时会更加触动观众内心温度的感知，观看调动的首先是情绪而不是知识。站在一个观众的视角，你在作品中所选取的材料，绝大多数是生活中的日常物或自然物，而这些貌似随性的物质背后是否在强调具有的特殊的文化意义？

杨心广：我不太注重材料本身。我会把更多的精力放在人的感知上，选择的材料都是日常物料，它们本身并没有不可替代的指向性，我只是随缘借物，核心是“缘”。

刘燕：你说你的每一件作品可能不像吴鼎那样是同一个线索，不是说你的作品没有这个线索，而是你的每个单件作品

《橡胶胎与树枝》，橡胶、树枝，400cm×395cm×90cm，2017

都是因你当下触动的某种情感或者思考而产生的。

杨心广：对，都是有感而发，有很大即兴的成分，我要是没有感觉，作品就做不出来。我也不会去找一些线索去延续，看能不能生成某些作品，我很难这样做。可能每个人不一样，我必须有感觉才能做创作，如果没有这个灵感，我估计做不出来作品。

刘燕：在后续的创作当中，回顾这些年的创作，以后还是这样一个随机的思考吗？

杨心广：我可能要摆脱即兴，但是不会去找一个一劳永逸的方法论去推导、生成作品，但是即兴是我要提防的，完全靠敏感、直觉去做创作，就很容易会枯竭。我也会去疏导一下我所有的创作，从最早到现在中间能不能总结出来的一些线索。我会去找带有倾向性的东西，寻找在生成之初和最后成型中间的状态。未来会去找这种带有倾向性的东西，但不会去总结它的规律，不会总结成为一个理性的逻辑。

我还是会保持每次都是重新开始的状态，像一种实验。这种实验状态能做到一些意想不到的东西，这是我追求的。我希望每一件作品都是有突破的，我会很有成就感。当代艺术的精神就是“实验精神”，我没有必要生成产品，做实验更有意义。

“物质性”的强悍

刘礼宾：我觉得心广这个现象很有意思。这次策展中有几个艺术家，我本来以为不会采纳。一提抽象这个事，我在 2008 年做抽象展览，后来做第三种批判，因为这里可说的事情太多。回过头来说这个事，2008 年、2010 年，我当时做的展览，心广也参加了。这次参展的艺术家里一类是从语言上一直在摸索；一类是把材质用得很到位，从而认为很有抽象性，像马秋莎、杨心广。我这几年策展老是遇到北京公社冷林，但是基本没有说话，因为他有一个和艺术家在一起

《黑色》，木板、砂纸、钢材、电视、录像，115.3cm×269.7cm×3cm，2006—2017

《八仙》，青石、不锈钢、玻璃、大理石，直径8米圆形，2017

的方向。

我为什么补充这个现象，刚才有两个比较关键的问题：

第一，模糊性。如果这个模糊性特别明确的话，作品就不是好作品。刚才问杨心广，非常清晰的东西可能反而是害他，他不像隋建国、展望一样，有一个非常理性的脉络，他这个脉络是后来自己看出来的，他在当时是做不好很清晰的，这是一点。

第二，对于杨心广，你看到他用不锈钢、木头。2008年在今日美术馆有一个讨论，好像是墙美术馆，当时说谁代理谁会发财，皮力也在那儿。为什么成立？为什么很多中国的介入性艺术家和事件性艺术家不成立，其实会发现很多实验艺术学院的学生不成立，反而雕塑系毕业的艺术家是成立的，尤其是中国语境里，就是因为这些人在做作品的时候对自己的作品有一个可能性，知道怎么通过一个狭窄的通道反而扩大可能性，这是特别不一样的地方。

这几年看美术学院，雕塑系和版画系出来的艺术家远远大于实验艺术系的艺术家，为什么？他们知道物质性的长处、短处。心广是这里特别有潜力的艺术家，马秋莎有的地方比较敏感一点，有的地方并不敏感。他是那么一种方向，心广是其中特别突出的。我们经常会有语言展览，会把心广纳入进来。这个并不局限于油画、丙烯、色彩，这些对他来说无所谓，他主要是借助于具体的作品，而不是去运用材料。很多人把材质作为一个工具，他往往是用这种方法彰显这个材料的“物质性”。你发现他砍不锈钢，时代美术馆展的那个是“砍”，他借用这个物质的方法不一样，和我们惯有的，用油彩画油画、用木头做木雕、用泥做泥塑都不一样。

中国这批有物性的艺术家叫“物派”或者是“意派”，是中国当代艺术绘画的希望。当时我和隋老师在聊的时候，有一个比较痛苦的地方，他说我一直在琢磨，别人老说我们是物派，包括隋建国、卢征远等这一批艺术家，后来我和隋建国找到一个理由——中国改革开放后这40年的社会经历中，除了成就，其实为我们提供了一种特别的知识场和剩余领域。现在看来，比较突出的艺术家有这种反叛性和问题，这种东西正好是日本物派所不具备的。这和20世纪中国语境或者是改革开放的语境，甚至包括整个当代艺术语境都有非常密切的关系。中国的所谓政治倾向的艺术家和一个外国艺术家放在一起，他们内在的爆发力不一样，它包含着一股劲，这种劲有正面反应，也有负面反应，但是如果放在语言或内化到作品中就会非常强悍。

我不否认社会介入性，只是社会介入性在有些问题的层面上，中国当代艺术不考虑。当然杨心广不是那一类，我说的是有一类艺术家，有一些东西是把更高的维度给用了，比如对意义的明确。

如果一个作品有特别明确意义的时候，我会感觉这不是作品，而是“宣传画”，作品容易简单化。这种超越性是什么呢？拿杨心广来说，过于强调介入性的时候出现很多应对性的作品，意义背后就是事件，事件是构成意义非常重要的方式，但是跳跃出意义这个层面，首先根本不是一个好的艺术家，只是介入事件了而已。很多50后、60

《小路》，尺寸可变，树模型，2018

后艺术家不是这种层面的，他在转义这种微妙性上是有问题的，只是抓住了简单的事件性，做所谓的批判性。在我看来，如果你是文学家要写东西，你是一个艺术家要借助作品，这个作品并不是说具有事件性就成立，而是事件性放大效应，能放大多少倍，往往是借助于艺术品本身的内敛和爆发而产生的，如果跨越这一层，可能就是别的事情，我是这样的想法。

《坏土》，土壤、钢铁，尺寸可变，2018

当代艺术做的都是新的审美

周翊：心广说他没有方法预测下一个作品是什么样，我第一个反应是他需要对事件的敏感性，需要一种关系。听到后面我觉得可能还不是，他的来源应该是自己的身体，他讲的“不可预测性”或者是“意外”是来自身体。一般来说，方法可以理解成一种充分思考的产物，如果不是方法的话，可以理解成是比较关注自己的身体。

刘燕：身体包含哪方面？情感吗？

周翊：不一定是情感，可能是对这种物理性、生物性、心理的，这个时代的感觉，这是很直接的反应。他选择作品是来自于什么样的材料，很难描述。前一段 MOMA 著名的展览，那个女行为艺术家做了一个艺术家对视，和你这个含义差别特别大。

杨心广：我这是 2003 年的作品。我的更有挑战性，因为我是寻找陌生人对视，我们用眼光交流，我要告诉你我要说的东西，全在目光里边，我是艺术家，我用事件作为语言来传达艺术。您刚才说的“身体”，其实我的有感而发不是那种受外界刺激立即就有的反应，而是我的经验、感知在我体内消化完之后形成的能量，这才是我借用的元素，应该是一种感悟，我认识到这个世界是什么样，我发现了新的审美需求。做创作其实就是在寻找一种新鲜的东西，要不然看以往的作品就够了，看古典作品，看传统的大师作品，这是能够给你审美的，但是随着文明的变迁，人的精神面貌也在变化，新的需求也随之产生。所以当代艺术做的都是新的审美。

周翊：当代艺术里，身体的角色非常重要，肯定是有思考的，像你说的感悟不是直接的反应，但是这个思考的源头是身体，这个是挺重要的。新的经验往往以关注身体为起点。

李涛：我最后说一下感想，我觉得艺术家有一个宿命，艺术家都希望自己如何不一样，到最后却都差不多。不管什么风格或者材料，到一定程度以后都差不多，因为你想优秀或者成功，你只要怀着这个想法，大部分都按照相同的原理去做，只不过你是从什么时候开始，可能是第一时间捕捉，或者是沉淀一下，所以这也可能是一个我们表达的宿命。我自己的体会，最后不是追求不一样，是怎么开始坚持那个执着，最后还是回到一个朴素的策略，真的是一个策略，它和生活中好多事没有什么不一样，还是想怎么做得好一些，包括自己各色的生存状态，对于我来说，我可能没有那么多时间。我有体会，可能 90% 都可以无限的实验，有一些 80%，有一些是 40%，你必须要安排你的时间、精力、资源，这个是我自己的体会，包括风险和结果。

以研究型展览切入艺术家工作方法

今天全球的问题都是当今我们要面对的现实。中国和全球是一组互生关系，讨论中国艺术和研究问题都无法脱离这个已然存在的国际化语境。当代艺术处于这个共时性与异质性并存的时代，当代艺术世界多元化的认识视角触动更多样的艺术实践。作为认识的方法和语境，应该说从 20 世纪至 20 世纪 90 年代初，全球化的视野已经是不可回避的现实。“全球视野”有助于打破作为思想障碍的“西方”“中国”的固有概念，从联结的过程、参与和互动、文化的交流与融合中研究当代艺术，更审慎和客观的思考中国艺术实践及研究，探索全球化开始和一个在世界舞台上崛起的新的强大的中国艺术实验文化。在当代艺术发展的几十年历程中，讨论“中国当代艺术”本身就是一个意义庞杂的系统。中国当代艺术现象更迭的背后，其价值判断深陷自身价值体系的概念混乱、认知焦虑与意义质疑。无论艺术家、艺术作品还是艺术批评，在这个特定的阶段都处于各种思想的冲击和多种现实的挤压中。以往的艺术创作、批评话语、艺术立场、策展理念可能都要接受当下的，也是未来的考量。面向“传统”在当代性中也赋予了更为理性的思考，我们越是不可回避的直面“全球化”，就需要越清晰地认识到传统始终与我们深刻相联。由此看来，立足于全球文化的碰撞与交流，重新审视中国当代艺术实践显得十分必要。

展览“界面效应 BECOMING”以 5 位评议人的视角从百余位艺术家甄选出参展、研究型出版物的艺术家，希望以艺术家的工作方法作为最核心的观察视角，在全球视野下形成讨论和对话，朴素地呈现中国当代艺术的现状与生态一隅。

第 3 章

CHAPTER **three**

以展览作为出发点

EXHIBITION AS THE STARTING POINT

界面效应

刘燕

“界面”（Interface）这个词语普遍运用于人们的日常生活和学术研究中。界面产生于互联网即时通信来临的时代，在 2002 年以后的《辞海》中增补为：物体和物体之间的接触面。界面研究越来越多的应用于各个学科，界面的存在方式是无限的。界面的概念由来已久，描述了人机系统以及物质事件和精神事件之间的接口关系和交互状态。哲学所理解的界面就是世界存在与发展的中介系统，是现象表达与体现的场所，也是被人类体现与交往的对象。界面是集成了人、事物、现象、技术、空间、时间等要素和因素的一个文化复合体。而界面效应更像是德勒兹所指的 Becoming，表示这个文化复合体的交互、持续演变，一直没有达到未来的一种状态。界面效应所对应的中介系统中，事物不是本质的，二元固定的，是持续演变，是持续在 Becoming 一种内在性的不断生成状态中。界面效应既是差异与分歧之所在，也是沟通与融合之处所。

借用“界面效应 Becoming”这个概念作为此次展览的主题，主要是基于引发对中国当代艺术现状极深研几的又一次思考，以及研究的可能性视角和空间。这个展览是在文化和旅游部大力支持下，由中国艺术研究院和中国艺术研究院国家当代艺术研究中心持续推动的“中国当代艺术现状与生态研究”项目而形成。这个项目已经持续了三年，该研究项目以中国抽象艺术研究作为切入点，不仅仅是展览的形式，同时在展览的基础上征集、整理、讨论的过程中，不断建构和完善数据库，将成为中国当代艺术研究的重要数据库，并持续形成相关的出版物。力求以多维度思维呈现中国当代艺术的状态和研究的可能性空间，形成比较全面、系统的研究平台。2018 年该项目以中国抽象艺术多媒介研究作为观察点，通过对中国抽象艺术发展的梳理，或者说中国当代艺术切片的呈现，以专注而又开放的视域来面对这个领域的现实状态和当下问题。

20 世纪的中国文化是一个引进与发展理性主义及其“对象化”观念的曲折时代，中国抽象艺术是中国当代艺术的现象之一，中国抽象艺术的研究在中国当代艺术发展的几十年流变中，是隐含在中国当代艺术这个有机整体所面临的状态和困境之中的。中国抽象艺术的研究不断地陷入中西文化逻辑系统，讨论和研究的焦点始终在“内在”文化和形式的探源，以及对西方评价标准参照体系寻根的尴尬境遇中，再就是站在精英主义的立场上为中国抽象艺术注入“前卫性”，把 20 世纪 80 年代中国抽象艺术在时代的现实境遇中所具有的这种批判力量作为这个“艺术流派”保持活力的唯一途径。在这三个向度的视域中，中国抽象艺术的研究在不同阶段的讨论却同样陷入中国当代艺术讨论的边缘状态和难以突破的维度。诚然，这些讨论都是非常必要和积极的，在这个突围的过程中，很多研究者都怀着学术理想不懈努力着，而能够带来突围的因素却是复杂而多元的。

中国当代艺术形成了自身的发展境遇和逻辑，同时 21 世纪已经被势不可挡的经济、科技、通信等各个领域的发展形态所更迭，我们在接受、反思、参与及被他者注释的行进中转向更多对主体的探寻和关注。人类对客体的把握，取决于主体以及大量物质的、精神的、社会的复杂中介系统所达到的水平。而这个界面是中国当代艺术的研究中普遍存在的，它本身就说明了世界演化发展过程的联系性和中介性。尤其是近十年来世界格局的发展形态，全球经济一体化、科技高速创新、虚拟即时信息技术、艺术博览会机制、艺术市场生态等因素在文化从一般的形态发展为界面文化的过程中起着公共云（Public Cloud）作用。艺术家自身所面临“当下问题”的文化边界逐步被模糊和消解，主体也进入到多线程空间的矛盾和徘徊中，从物质的界面、精神的界面到虚拟的界面，人类感受空间和呈现空间的可能都获得了前所未有的视域。中国当代艺术家恰好与这样的此在情景相遇，人的身体、社会行为、公共活动都被联系在一起，个体被外延出来，艺术家不再追求艺术流派或群体，更加关注个体性的建构和表达。这就如同数据集成在一个特定的比特地图上，而这个特殊的多向度的地图形成了一个动态的界面，这个界面要求观看和操作它的人不再持有简单的二元意识，艺术作品和艺术家更像是这个界面中具有超越性的云际云（The Intercloud），肩负的不只是抽象审美和社会介入的问题，而是一种共同的跨经验的可能性。

在这个此在情境中最为关键的决定性因素就是一种自我激活的力量，这种自我激活在艺术现象中的运作是这个系统的内在之物，如同“界面效应 Becoming”所强调持续交互的内在性生成状态。这种逾越了中西对立、主客对立、传统与当下的内在之物并不是一种知识，而是一位艺术家内在逻辑的超越之域，是一种在场的“物我不隔”的内在世界。此次展览选择的艺术作品是多媒介的，包含了架上的、空间的、影像的多元化的语言形态，同时在展览期间通过参展艺术家们对“工作方法”的演讲和讨论来试图梳理这种被“视觉和触觉”化的内在逻辑，以及长此以往的、稳定的、坚持不断的创造原则和思维整体性。这不仅是一种研究方法的尝试，同时也试图推动青年艺术家自我更新、自我批判，自我生成的能力。研究角度和阐释系统的生成并不是通过像工具一样“使用”批评概念，而是要将其与研究对象进行接触、甚至融合。界面研究成为某种具有生命力的活体，借助于研究对象主体丰富性的呈现，不断黏附上各种问题和考量，继而呈现出置身其中的“研究领域”。

这个展览是中国当代艺术的一个切片，是寻找恰当的观察方法和研究方法的相遇，是站在国家这个平台上朴素的致力于建构学术研究日益崛起的中国视角与价值体系迈出的步伐。

我们身处何处？
——概念的黑洞和语言的飘零

刘礼宾

毋庸置疑，我们处于一个特殊的时代。此时此地，以往的艺术创作、批评话语、艺术立场、策展理念可能都要接受当下的，也是未来的考量。在这个剧烈变动时代，所有人似乎都悬浮在半空中，期待踏向坚实的大地，抑或望见灿烂的星空。作为在艺术界从事十几年批评、策展、创作的自己来讲，没有哪段时间像在当下，经受着各种思想的冲击、多种现实的挤压。

巨浪掀起的时候，处于浪尖的你我会充满惊恐和希冀，或许此时更应该重新审视艺术界或者身处其中的自己。

10 年后的今天，很多艺术创作、艺术流派、艺术买卖和拍卖标底，可能完全失去它在当下自我设定的“各种价值”，这就是大浪淘沙，潮退“裸奔”的残酷。它们的基础会像“流沙”悄悄散掉，曾经的真诚、执着、话语，也都像浮云，风都追不到它们的痕迹！这并非特意否定什么，因为都在这个大潮中。否定其中一些，并非能抬高其他一些。对这个处境的无视、蔑视、单一简单的态势和思维，已经让我们忽视背后潜藏的“历史之眼”的残酷。它的眼光不会留给艺术一丝温情。我们习惯于计数为数不多的历史果实，为其增光添彩，却很少去梳理成山的白骨，甚至为其挖一个栖息的坑墓。艺术史的失败者唯一的期盼，便是新史学观的返照。这种概率，比中彩票大奖的概率还要低得多。

我们应该如何去看标准化的当代艺术及各种流派？如何审视“艺术语言”的价值和局限？这是当代艺术界必须面对的问题，也是困扰当下艺术从业者的重要问题。

“当代艺术”的界定其实在三个层面上展开。第一种观点的阐释基点是语言样式；第二种观点的阐释基点是全球文化政治出现的问题，当代艺术作为一种文化行为介入其中；第三种观点将当代艺术上升为一种价值和立场。

当代艺术的语言样式，比如装置、多媒体艺术（部分摄影）本身似乎天然就具有当代艺术的特征。同时，传统的艺术样式，比如说绘画与雕塑，便遇到了一个问题：是不是当代艺术？这里存在着一个进行甄别的前提。因为已存在的预设在于：它们有可能不是当代艺术。可能是古典主义艺术、印象派艺术、现代主义艺术、现实主义艺术杂糅着苏联艺术。

当代艺术其实远不仅是一个艺术风格的问题，在中国语境中，它带来的紧迫感一部分是建立在进化论的基础上的。艺术风格的差异及携带的时间因素，艺术语言的创新所带来的艺术家的成立，这两个问题是不是一个问题？

其实，每一种艺术风格和艺术语言都留有再突破的空隙，只是难度有差异罢了。每位艺术家的风格语言选择都是各种机缘促成的，问题不是你选择了什么，而是在这条脉络上你贡献了什么！

回观中国当代艺术界这几年比较活跃的艺术现象，比如“新绘画”“中国抽象艺术”，某种程度上基本是在“是不是当代艺术”这个问题的背景下，被推进的焦虑和无奈促成了参与艺术家的泛滥。如果说“新绘画”是一种语言的外溢、弥漫、扩张（还不论其提供的语言的新鲜作为评价标准，更遑论其模仿的语言样式），那么抽象艺术就是频繁的“撞车”——既有国内艺术家的相互“撞车”，也有和国外艺术家的频繁“撞车”。

奥利瓦曾用“伟大的天上的抽象”来指代这样的艺术类型，其价值和悖谬我已经在《奥利瓦解读的价值和悖谬》[1]一文中进行阐释，在此不做赘述。栗宪庭针对这一艺术现象提出“念珠与笔触”的概念，高名潞提出的与之相对应的概念是“极多主义”。

通过比较可以发现，只有高名潞具有一种全球视野下的为此类艺术类型正名、建立学术基础的意识，凸显了对学术“概念”价值的认同，进而有树立中国当代艺术流派的明确指向。这其实可以视为他后来提出“意派”概念的前奏。最近巫鸿在 LACAM 策划的“物之魅力：当代中国‘材质艺术’”显然没有表现出他在提出“纪念碑性”时的明确的学术意识，这个展览的题目把参展的中国当代艺术家的创作进行弱化处理。

2017—2018 年笔者在新西兰考察当代艺术，对新西兰抽象艺术的发展曾做过梳理，尽管新西兰抽象艺术发端于 20 世纪四五十年代，基本和美国抽象艺术的发生时期相近，在各大美术馆浏览其艺术作品，梳理其艺术发展脉络，发现其艺术成就并不低，尽管同属于英语国家，但相对于美国抽象艺术，新西兰抽象艺术的国际影响力几乎可以用“微弱”一词来形容。

再往前追溯到 2016 年笔者在纽约切尔西画廊区、美术馆、博物馆的考察，发现“抽象艺术”在美国美术馆和博物馆收藏、学术研究、画廊和拍卖会的市场行为中，均占据了相当大的比重。记得徐冰在中央美术学院的一次讲座中曾经提到，“抽象艺术在西方基本是一个高山，找到突破口是个极难的问题”。笔者的此次考察也完全符合这一论断。在纽约老牌的尚凯丽画廊，笔者面对一幅标价 20 多万美元的美国“70 后”艺术家的抽象艺术作品，写出感受：“我承认：1. 艺术家搜集文字资料能力不错；2. 画廊运作艺术家能力一流；3. 西方当代艺术阐释系统强大；4. 艺术创作方法论系统化到了极致。但是我感到了黔驴技穷、故弄玄虚、理论先行、掩耳盗铃的危机！”这件作品一直在提醒自己：艺术语言绝非只是艺术语言，其背后的知识基础、学术梳理、艺术史流派“沟槽”、资本的选择都在发挥作用。选择你，是你的幸运，但这个幸运不会是天上的馅饼，尽管奥利瓦称之为“伟大的天上的抽象！”

即使如此，重压依然在叠加，就像我在纽约北迪亚·比肯（Dia Beacon）美术馆观看展览时感受到的那样：支撑起类似一半 798 大小的这一艺术机构运转的是美国的政治经济文化政策、基金会制度、美术馆制度。呈现在我们面前的是极少主义、后极少主义的抽象艺术作品，它们的在场，绝非仅仅是艺术家的努力、艺术作品的质量。

正如前文所说，所有的艺术流派都有发展的可能性和生长空间，抽象艺术亦是如此。在笔者的视野中，大约有三个方向可以发展。

一是基于同样的理论基础和全球艺术格局，直接和欧美抽象艺术比拼。在这方面，刘韡近年的艺术实践可圈可点，

[1] 刘礼宾：《奥利瓦解读的价值和悖谬》，《画刊》2010 年第 5 期，第 18—20 页。

正如他所说的“越视觉的越具有批判性”。他也是笔者在切尔西画廊考察期间唯一认为能在这个角度进入画廊主流系统的艺术家。最近其参加威尼斯双年展的装置作品（先在北京林冠画廊展出）也得到了诸多关注。与之相对应，谢南星在去年 UCCA 尤伦斯当代艺术中心的个展尽管引发争论，但他在语言层面的探索显然取得了不小的成绩。在普遍重口味的当下，他提示的“语言之轻”明显引起了国内外艺术领域的关注。

二是将艺术语言弥漫化。这也可分为两个方面，一方面是将艺术媒介扩展，运用各种新媒体手段、新材质进行艺术创作。另一方面“语言”弥漫于多层面的现实生活之中，撬开现实生活的缝隙和空洞。前者可以以今日美术馆的“界面效应”展览为案例，后者可以以最近在长征空间举办的吴山专个展“今天后来成了节日”为例。

三是从中国文化传统中找寻资源，实现中西融合。这条线索从吴大羽、赵无极以来，一直是中国当代艺术的一个重要线索。诸如尚扬、梁铨、谭平等中老年艺术家，以及尹朝阳、王光乐、陈若冰、王刚、冯一尘等青年艺术家。从中能够发现某种突破的可能性。

除此之外，在艺术史分期之下形成的艺术流派界定，也是当下中国艺术的重压（如果可以这样说的话）背后更深层的问题并没有引起更多关注——“艺术样式的模式化”。简单点说，就是艺术流派的“沟壑”确认致使中国当代艺术创作尽管水流激越，但大多依然不出岸边，成为世界当代艺术的支流，或者艺术展览的“春卷”，艺术史书写的“被发现者”。

这不仅使很多艺术创作在这个重压下失效，也使很多艺术批评说了等于没说。它们在当下形成艺术权力的真正武器。换一个角度看，也是艺术资本市场价格高峰的重要基础之一。比如最近以 1.107 亿美元成交的莫奈的《草垛》，以 6.26 亿人民币成交的杰夫·昆斯的《兔子》，前者是印象派画家的重要代表，后者是新波普艺术的重要艺术家。

问题是，当代艺术的美学特征，艺术样式多样化，甚至其表现出的个人创作自由度、问题开放性，并不能遮蔽它的资本权利底色、意识形态灌输，甚至霸权性。语言是所有人的栖居地吗？如果这个“栖息地”本身，就是语言构建的迷宫，集中式的金字塔，抑或复制的乌托邦呢？当代艺术语言的普世化，是不是理所应当？

在这几年的考察中，对“后”发展国家当代艺术的困境感同身受。

2018 年春节，在泰国清迈 MAIIAM 当代艺术中心参观东南亚当代艺术展，深切地感觉到国际化的“当代艺术”落地“后”发展国家，总让人感觉到“模式”的存在，这种似曾相识感从何而来呢？当时第一次集中看到这些东南亚艺术作品，一系列当代艺术术语及作品处理方法在脑海中闪现：

1. 地域化的政治波普。
2. 以“民族”“文化冲突”等概念为核心的“大杂烩”具象绘画，前面加个雕塑。
3. 波普艺术作品基础上用艺术手段进行“再波普化”处理。
4. 人和动物混杂，摆拍摄影。
5. 现成商业品上的涂鸦文化符号。
6. 实景 / 语言叠加。
7. 地方特色材质，文字记忆进行装置化。
8. 土地，泥土——民族、国家概念。
9. 装置穿戴，现场拍摄，出售照片。

作为一名中国当代艺术界的策展人，我有此困惑的同时在想：如果是一个纽约美术馆的策展人，我如何看这些艺术创作，尤其是他在诸多“后”发展国家进行浏览和调研之后。

在现实语境下，如何看“当代艺术”的第二三层面，如何看当代艺术作为一种文化行为介入国内外政治经济社会文化问题之中，或者将当代艺术上升为一种价值和立场。在国际局势风云变化的当下，在国内文化复杂丛生的当下，可能为此类艺术提供了更多机遇和问题生发性，但也面对着更多的挑战与障碍。作为“立场”“价值”的当代艺术，与作为创作主体的艺术家，正如现在的知识分子一样，正动荡在这个风雨缥缈的大地上，价值标准松动、错位，立场也在变换不停。

除此之外，“新技术”的聚合发展正带来一次新的“工业革命”——如果这个论断没有错误。那么，艺术和“新技术”的融合，将必然引起艺术创作的巨变。可以设想，在《黑客帝国》这样的电影场景中，所有现有的艺术形式，在其中会是怎样一种位置？而这样的场景可能正加速到来。可以实现两个跨越：对各种意识形态、立场、诉求的超越，不再是问题的核心；从而现有的围绕“当代艺术”的争论无效。“当代艺术”会变成一个经典样式进入美术史。当然，这只是一种可能性。

除此之外，“传统”有没有可能被激活？一方面有人做出反应：绝口不提，视而不见。这在所谓的当代艺术界尤其如此，涉及艺术家、批评家、策展人等诸多艺术从业者。背后的原因是“政治正确”“艺术形式进化论”“文化断裂难以衔接”等诸多因素。传统艺术形式介入当下现实的困难，也是重要的原因之一。

另一方面有人的反应是：往回走，有政治投机之嫌疑。以备受争议的 2017 年威尼斯双年展中国馆展览《不息》为例。其中批判策展人邱志杰的一个重要理由便是“贩卖传统文化符号”，附加的潜台词则是“不够当代艺术”。

第三方面的反应是：从各个层面努力为之！艺术创作也在很多层面展开。技术材质层面，语言层面，精神层面，现在三个层面基本混在一起。第三个层面比较孱弱，但是综合艺术界最近几年的现象，第三个层面正在发挥越来越重要的作用，将会是此后中国当代艺术的重要“生长点”。

此处仅简单梳理“水墨”这个概念背后涵盖的问题：不管承认与否，中国人自身携带的“天人合一”的知识背景，使中国艺术家和批评家对“水墨”问题难以等闲视之。40 多年来，“水墨画”艺术家各个角度、各个层面、基于各自知识基础的解构和抗争，比如“形式”“图像”“挪用”“潜意识”“观念”……其实都在期望破解“天人合一”这一看世界，看自身的角度。从这个角度讲，也是在破解“人”在“儒道释”传统中的定位。西方人没有把油画颜料本质主义化，这和他们的世界观密切相关。而“水墨”的本质主义，潜藏着笔墨直指本心，乃至“家国天下”的问题。

1. 在 40 年的发展过程中，作为中国当代艺术的重要组成部分，中国水墨艺术受到更多的关注和争议。其中一个重要原因，就是艺术家本身的知识背景所致——知识背景决定了其思维导向、问题意识，从而决定了其创作理路。[2] 20 世纪 80 年代抽象水墨和 20 世纪 90 年代“实验水墨”及其推演

（1）形式（吴冠中、卢沉）——抽象（林岗、彦涵）——材料（胡伟）——“物性”（杨诘苍）——身体在场（张羽）

（2）西方现代主义流派的形式、色彩分流［塞尚（Paul Cézanne）、毕加索 + 高更（Paul Gauguin）、马蒂斯等］——格林伯格对“极少主义的推出”——弗雷德对“物性”“剧场”的强调。

2. 新文人画及其发展

（1）个体精神世界的自我认同——潜意识说——才情论（朱新建）

（2）“酒神精神”［尼采（Nietzsche）］——潜意识理论（弗洛伊德）——德国费肖尔父子（Friedrich T. Viscer & Robert Visher）“移情说”——“才情说”（古代画论）

3. 水墨现实与现实水墨

（1）新山水画（李可染）——卡通一代（黄一瀚）——新工笔（徐累）——3D 水墨（南溪）——新水墨（蔡广斌）

[2] 限于篇幅，此处的知识背景梳理和艺术家列举显然不够全面，只为了说明问题，扩展开来的详细分析留待以后专门撰文，特此说明。
——笔者注

[3] 刘礼宾：《“超越性”在中国当代艺术界的缺失》，《天津美术学院学报》2016 年第 11 期。

（2）批判现实主义理论——再现论——后现代主义“挪用”说——图像理论 [本雅明（Walter Benjamin）、福柯（Michel Foucault）、W.J.T. 米歇尔（W.J.Thomas Mitchell）、潘诺夫斯基（Erwin Panofsky）]——虚拟现实（博德里亚（Jean Baudrillard）

4. 跨文化艺术实践

（1）徐冰、吴山专、谷文达、邱志杰等艺术家

（2）语言学 [索绪尔（Ferdinand de Saussure）+ 维特根斯坦（Ludwig Josef Johann Wittgenstein）+ 德里达（Jacques Derrida）]+ 社会文化学（T.J. 克拉克）

5. 传统继承派

（1）卢辅圣、泰祥洲、丘挺、徐龙森、郝量等艺术家

（2）不是“古中新”，而是“古而新”（吴洪亮）——“高则俯视一切，古则抗怀千载”“崇尚高古”（朱良志）——新儒家学派

从上面这个挂一漏万的梳理中可以看出，在 40 年的中国水墨实践中，技术材质层面、语言层面、精神层面三个层面本来就是咬合纠缠在一起的。其实传统的继承转化在精神层面展开尤其难，因为“超越性”在某种程度上的缺失，与“主体”状态直接关联的“艺术格调”和“艺术品位”并没有成为大家最关注的问题。这涉及艺术家知识系统、认知世界的方法论的问题，关于这个问题，笔者已经在《“超越性”在中国当代艺术界的缺失》[3]一文中进行了初步阐释，在此不做赘述。

在此语境下，笔者回头审视了自身的策展和批评实践。值得说明的是，最初这些展览有一部分并非在清晰的问题意识指引下发生的，在不停策展和批评实践的过程中，一些问题变得明晰起来。在此做一个总结，还是想进一步凸显对上述各种问题的一些思索。

自从 2006 年策划第一个展览“形无形 Visible Invisible”以来，策展已经有 12 年的时间。其间从策划艺术家或大或小的个展，到各种大型展览，算下来已经策划了大约 50 多个展览。回头看这些展览，基本围绕着三个关键词展开：语言、图像、主体。并且这些展览基本和这 12 年的批评思路形成一定的关联性。

由对图像式绘画的批判，转向对中国抽象绘画的发掘。从多个层面反思二元对立思维对中国美术界的影响，期望以“零度”态度作为突破口，涤荡笼罩在中国当代艺术界的庸俗社会学阴霾，推动中国当代艺术语言的自主创新。现在开始反思中国当代艺术的立基点：反思和质疑，以及现实介入性。期望反思中国当代艺术 40 年的逻辑基础，重新提及超越性艺术的当下价值及艺术语言的批判性。

1. 语言：2005 年为王光乐个展撰写文章《触觉是不是一种理由？——以王光乐的艺术创作为例》，加上当时对“图像式绘画”的质疑，催生了和一月当代画廊合作，进行第一次策展“形无形 Visible Invisible”。后来分别在北京墙美术馆、鸿坤美术馆举办了第二次和第三次。其实到 2008 年，我已经开始对“中国式抽象”产生了一定的质疑，转向探

讨“物质性”和“艺术语言”问题，从在圣之空间策划的“四个人展出四张画的理由”，到在 Amy Li 画廊策划的“水墨的味道”、在北京时代美术策划的“第三种批判——艺术语言的批判性”、在北京央美术馆策划的“隐秘的力量”，乃至最新在北京松美术馆策划的“感同身受”展览，基本都是沿着这个方向的不停探索。

2. 图像：以绘画为主要组成部分的中国当代艺术创作，如何在图像时代找到成立的理由是我一直思考的第二个问题。加之 2015 年西方绘画大师在中国“满天飞”的情况，我兴起了系统梳理中国艺术家处理图像方式的研究念头，于是在北京寺上美术举办了“破图集——中国当代艺术家处理图像的方法”，这个展览分为 13 单元，有 62 位老中青艺术家 240 多件绘画、雕塑、装置、多媒体作品参展。次年，在北京今格艺术中心继续举办了图像研究的大型作品展“图像池”，以及在深圳 1618 空间举办“看画与绘画——陈丹青个展”都属于对这个问题进行研究的展览。

3. 主体：艺术家主体世界的构建问题是近 5 年我一直关注的核心问题。针对这个问题策划的展览有在北京大韵堂美术馆举办的“清风三百里”，参展艺术家大多并非专职艺术家，而是主编、诗人、美术史论家、策展人等，展览更深入探讨的是知识分子在时下如何自处，如何进行艺术创作，乃至构建自身的艺术世界问题。同时，12 年来，我参与了诸多以挖掘青年艺术家为主要目标的大型当代艺术展览项目，比如 2009 年和 2010 年合作策划了“何香凝美术馆 9 大美院油画专业优秀毕业生群展”、开启策划并参与了北京时代美术馆“旋构塔——中国青年艺术家推介展”（两届）项目，参与“青年艺术 100”“在路上——关山月美术馆青年艺术家推介展”的推荐和评委工作等。这类展览给许多青年艺术家提供了走出校园后第一次展览的机会。同时“三条命——王华祥个展”“当我们说艺术家的时候我们在说什么——罗苇个展”“罚死他 Faster——康靖个展”，以及谢东明的个展，都在处理“主体”问题。

除关注上述三个问题的展览外，这些年参与策划了一些大型综合类展览。比如“798 艺术节主题展”，雕塑领域的有“雕塑中国——中央美术学院雕塑创作回顾展”“大同国际雕塑双年展”“敲山震虎——中国青年雕塑家邀请展”“雕塑”“着色雕塑”，以及“凝铸的温度——司徒乔个展”等。版画领域的有“深圳观澜国际版画双年展”和杨宏伟个展等。在我看来，策展不仅是批评的延续，也是美术史研究成果的另类呈现。策展人、批评家、美术史学家并没有天然的鸿沟与界限，“问题”导向的策展工作本身就是批评行为，也是美术史研究工作。

多媒介视野下的抽象艺术及其艺术史

盛葳

当我们在谈论“抽象艺术”的时候，其媒介形式多半是指绘画和雕塑。媒介的纯粹性（Purity）符合抽象艺术自律的特点，因此，“媒介”事实上也成了讨论抽象艺术的重要理论切入点。比较典型且广为传播的如格林伯格的观点，他将现代艺术史看作一个摆脱传统文学叙事等外部因素，从而走向视觉和媒介本身的历程；在艺术风格上则体现为不断的平面化，最终成为抽象。对于业已建立稳定的艺术史含义的“抽象艺术”而言，“媒介”意味着一个与物质、形式、风格、理论等要素都相关的综合性美学系统中至关重要的一环，它与诸如新媒体（New—media）艺术等类型中更为形而下层面的“媒介”完全不同，甚至含义相悖。因为，新媒体艺术或类似关于“媒介”的理解试图更加强调媒介外在的社会、政治和文化价值，甚至是在讨论“语言”时，也反对绝对的纯粹。

上述论述主要是基于艺术史中经典的、盖棺定论的“抽象艺术”而言，理论上则由格林伯格、迈克尔·弗雷德（Michael Fried，1939—　）、罗萨林·克劳斯（Rosalind Krauss，1941—　）等现代美国批评家所建立。但当我们回到抽象艺术起源的时代，却不难发现，早期的抽象艺术其实似乎并不那么强调媒介的纯粹。而且，被视为早期抽象艺术最重要的代表人物，康定斯基（Wassily Kandinsky，1866—1944）、蒙德里安（Piet Cornelies Mondrian，1872—1944）、马列维奇（Kazimir Severinovich Malevich，1878—1935），以及其他稍晚的艺术家也并不是从天而降的，而是与当时的 社会、文化和政治环境彼此一致。

塔特林（Vladimin Tatlin, 1885—1953），第三国际纪念碑（Monument to the Third International），木、铁、玻璃，1919

在他们的艺术中，并没有今天纯粹的、艺术史意义上的“抽象艺术”，他们的作品与略早几年的立体派、未来派相互影响，有时甚至相似或重叠。譬如“青骑士”团体中艺术家的作品，显然并不都是后来被严格界定的抽象艺术。反过来，在其他艺术团体、流派和运动中，“抽象”的手段和目标也司空见惯。

媒介的极大扩展是20世纪现代艺术最重要的现象之一，尤其是非传统艺术媒介的使用，电影、现成品、身体是其中尤为突出的发现。今天，电影是大众化的消费文化，但在电影诞生的最初阶段，尚未发展出一种成熟的商业模型。前卫艺术家对电影普遍具有一种未来主义的心态，因此，电影短片的数量在20世纪20年代以后数量激增。这种全新的艺术媒介逐渐开始形成一种全新的视觉，抽象是其中较为重要的形式。但是对于早期的电影而言，抽象却并非意味着纯粹的视觉和艺术本身，而是掺杂着复杂的社会和政治意味。作为今天典型的商业电影，好莱坞的电影是类型化的，情节和叙事如出一辙，但在早期的电影中，不仅没有这样的叙事结构，有时甚至完

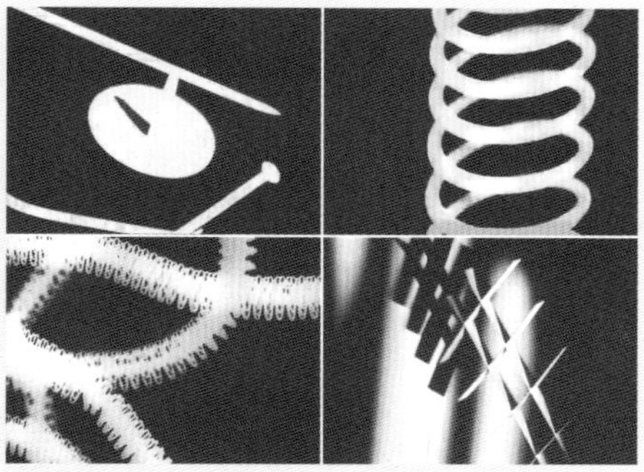

曼 · 雷，
《回归理性》，视频截图，1923

亨利 · 乔梅特，
《高光和速度的游戏》，视频截图，1925

莫霍里—纳吉，
《光影游戏：黑白灰》，视频截图，1930

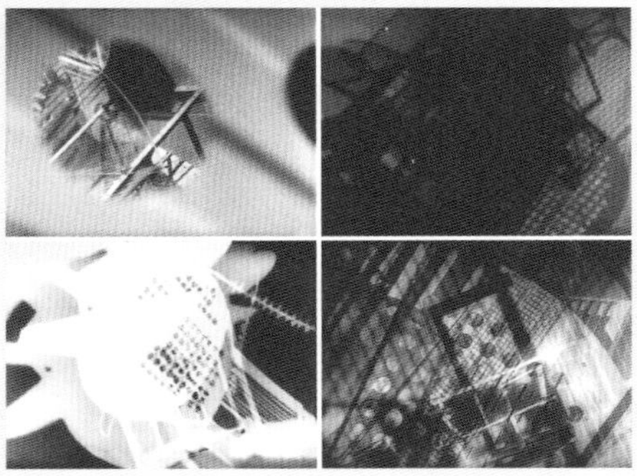

全没有情节，与此同时，它们又都与当时对机器文明的乌托邦理想紧密相关。在艺术史的典型论述中，机器崇拜更多地体现在未来主义、超现实主义、达达主义这样的“前卫艺术”中，而非立体主义、抽象艺术为代表的“现代主义”中。类似论述不仅是今天得出的清晰化、条理化的“后见之明”，甚至可以看作是当代人对历史的重新塑造。事实上，在 20 世纪 20 年代的社会和艺术环境中，艺术五花八门、无所不有，甚至混作一团、难分难解。许多前卫艺术家试图在抽象、机器和电影之间达成一致来进行创造。达达派艺术家曼 · 雷（Man Ray，1890—1976），1923 年制作的短片《回归理性》（*Le Retour à La Raison*）有着典型的抽象特征。他用射线照射图钉、大头针、盐、胡椒面等东西，并进行动态记录，混合夜晚游乐场的旋转游戏灯光，展现了几乎完全是“光”的抽象形象。

类似的例子很多，亨利 · 乔梅特（Henri Chomette，1896—1941）1925年制作《高光和速度的游戏》（*Jeux Des Refl-ets Et De La Vitesse*）、1926 年制作《纯电影的5分钟》（*Cinq Minutes De Cinéma Pur*），莫霍里—纳吉（*László Moholy-Nagy*，1895—1946）1930年制作《光影游戏：黑白灰》（*Ein Lichtspiel:Schwarz, Weiss,Grau*）都非常典型。

亨利 · 乔梅特的两件作品都充分展现了玻璃制品在光线照射下独特的视觉效果，前者还利用运动的火车拍摄夜间和隧道中的运动的灯光，后者和莫霍里—纳吉的短片则将机器聚焦于灯光之下，展现机械和金属工业制品黑白灰的变化和闪光。这些作品并不仅以再现灯光和机械相互作用而产生的视觉奇观，更是对这个机器时代的讴歌，相较于博物馆中古老而深沉的油画，具有强烈运动感的电影显然是反映这种理想的最佳选择。因此，尽管从视觉来看，它们是标准的抽象形式，而且事实上，艺术家也与后来被定义为抽象艺术家的人群有交集和相互影响，但是它们却被排除在抽象艺术的历史叙事之外。

然而，并不是所有的艺术家都像艺术史中写到的那样典型和明确，莱热（Fernand Léger, 1881—1955）的艺术之路从塞尚（Paul Cézanne, 1839—1906）开始，并“合情合理”地走向立体派和抽象主义，但第一次世界大战的作战经历打断了他正常的艺术之路，并让他在随后的创作中对时代和社会议题做出了强烈的反应。《机械芭蕾》（*Ballet Mécanique*）是他与达德利 · 墨菲（Dudley Murphy, 1867—1945）1923—1924 年联合制作的一部短片，将运动中的机械美学发挥得淋漓尽致。具有强烈几何感的机器和工业制品以自身的节奏运动，艺术家则以欣赏的眼光将它们记录下来并誉为“芭蕾”。与之相似，奥斯卡 · 施莱默（Oskar Schlemmer, 1888—1943）1922 年在包豪斯剧场导演的《三幕芭蕾》（*Das Triadische Ballet*）呈现了被打扮成几何机器人形态的芭蕾舞。事实上，拍摄《光影游戏：黑白灰》的莫霍里—纳吉也是包豪斯成员，同样有着浓厚的抽象主义和构成主义背景。

但是，对于他们而言，抽象的形式之所以重要，并不仅仅是基于纯视觉和纯艺术的考虑，而是因为这种机械时代的新视觉形式蕴含着全新的社会和政治理想。如果机器能够给人类带来更美好的前景，那么机械的形式显然值得展示和称颂。电影这种运动的视觉本身显然是实现这种社会 / 艺术理想最好的媒介，因为电影本身就是视觉机器。机器的时代应该有机器的艺术，电影与抽象的结合是对这个主题最好的诠释。沃尔特·鲁特曼（Walther Ruttmann, 1887—1941）从 20 世纪 20 年代初就开始了电影的抽象形式实验，几年中相继制作了《作品 I 号》（*Opus I*, 1921）、《作品 II 号》（*Opus II*, 1921）、《作品 III 号》（*Opus III*, 1924）和《作品 IV 号》（*Opus IV*, 1925），这些作品几乎都是运动的纯抽象几何图形，既没有形象，也没有叙事，看起来就像电影版的硬边抽象绘画，不同颜色和形状的单一图形在影片中不断冲撞与融合。

然而，在 1927 年制作的《柏林：城市交响曲》（*Berlin: Die Sinfonie Der Großstadt*）中，他却转向了对城市的抽象几何形式的捕捉和表现。影片从清晨到夜间，再现了现代工业城市柏林的一天，电线、铁轨、钢桥、大楼、街区、工厂、竞赛、舞会……共同演奏了现代都市和都市生活的进行曲。与之相似，1929 年由吉加·维尔托夫（Dziga Vertov, 1896—1954）导演的《持摄影机的人》（*The Man with A Movie Camera*）同样再现了苏联的城市生产与生活，通过摄影机这个机器的"眼睛"，世界的形象充满了现代工业的硬边形式。在这些短片和电影中，从视觉形式来看的抽象与从社会政治角度来看激进完美地贴合在一起：抽象，就是机器的美学和政治；电影，正是展现这个主题的绝佳媒介。

抽象艺术一开始并非仅限于绘画和雕塑，相反，从 20 世纪 20 年代到 40 年代，新媒介和多种媒介的抽象艺术实践一直不断在延续。但随着世界艺术中心从巴黎到纽约的转移，电影由先锋媒介向消费娱乐的蜕变，今天被称为"当代艺术"的体制逐渐在美国建立，在艺术评论家的作用下，抽象艺术的研究开始形成一个相对独立的"领域"，抽象艺术本身也开启了本质化的进程，被对标到艺术内部的绘画和雕塑中。格林伯格是这一研究领域的开创者，对比 1939 年发表的《前卫与庸俗》（*The Avant Garde and Kitsch*）和1940 年发表的《走向更新的拉奥孔》（*Towards A Newer Laocoon*），可以发现他对艺术的判断逐渐由外部（政治）向内部（本体）转变，而曾受其影响的罗萨琳·克劳斯则在事业开端就将媒介锁定在雕塑上。反过来，比格尔（Peter Bürger, 1936—2017），1974 年出版的《前卫理论》（*Theory of The Avant-Garde*）则重塑了 20 世纪初的前卫艺术历史及其理论。抽象艺术与前卫艺术逐渐变得泾渭分明，各守一方，晚近如哈尔·福斯特（Hal Foster,1955—　）则明确将两者划分为不同阵营。

但事实上，不仅在 20 世纪二三十年代抽象艺术与前卫艺术并非判若鸿沟，在 40 年代以后的美国，二者间仍是互有交叠，有时甚至浑然一体。像杜尚（Marcel Duchamp, 1887—1968）这样的艺术家涉猎甚广，延续了欧洲达达派艺术中社会与形式的高度合一，且具有广泛的影响。譬如贾斯伯·琼斯对杜尚的模仿，并不仅限于"达达"和"波普"。黑山学院是一座美国本土的另类艺术学院，延续着大洋彼岸包豪斯的理

莱热，《机械芭蕾》，视频截图，1923—1924

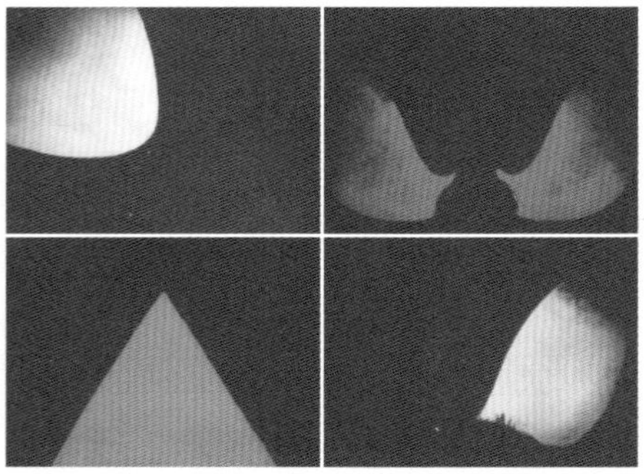

沃尔特·鲁特曼，《作品 I 号》，视频截图，1921

沃尔特·鲁特曼，《柏林：城市交响曲》，视频截图，1927

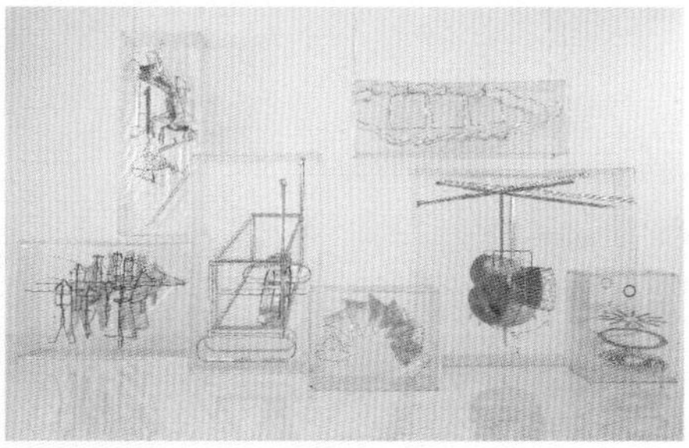

贾斯伯·琼斯，
《漫步时间元素》，1968

罗伯特·劳森伯格，
《无题·哑光黑三联画》，1951

丹·弗莱文（Dan Flavin, 1933—1996），
《无题／献给巴里、麦克、恰克和伦纳德》，黄色和粉色荧光灯，2.4m×2.4m 走廊，1972—1975

想，而且，包豪斯成员桑迪·沙文斯基（Xanti Schawinsky, 1904—1979）、约瑟夫·阿尔伯斯（Josef Albers, 1888—1976）都曾在这里任教。在抽象表现主义大红大紫前，黑山学院在一定程度上延续着欧洲曾经多媒介和新媒介抽象艺术的实践。作为学生的罗伯特·劳森伯格（Robert Rauschenberg, 1925—2008）在 20 世纪 50 年代初创作了一系列白、黑、红的抽象作品，但它们显然不是典型的抽象表现主义，而与“思想”本身关系密切。

跨越抽象表现主义的全盛期，从 20 世纪 60 年代后期开始，媒介形式丰富的新前卫艺术层出不穷，尽管它们试图与抽象表现主义拉开距离，但它们未必就一定反对抽象的形式。相反，许多艺术家的作品仍对抽象怀有极大兴趣。极少主义艺术家贾德（Donald Judd, 1928—1994）在 1965 年发表的《具体物》（*Specific Objects*）一文中谈到，最近几年中，一半或一半以上的好作品都不是绘画和雕塑，进而提出“具体物”的概念，这种三维空间的艺术，不在艺术史的既有分类中，也不是作为纯粹的形式存在，而是一个容器、一个矛盾的混合体。对照格林伯格 1948 年发表的《新雕塑》（*The New Sculpture*）一文，可以看出贾德与他的关联性，但也可以明显看出他们不同的针对性。对于极少主义而言，媒介是一个需要思考的“问题”，是观念的对象。

不仅如此，索尔·勒维特（Sol LeWitt, 1928—2007），这样的极少主义艺术家，本身也是观念艺术最重要的代表。对于他和他的作品而言，艺术批评对艺术作品的类型学划分并不恰当。他的“开放的立方体”（Open Cubes）和“墙画”（Wall Drawings）尽管有着极简的抽象形式，但它们的本质却是“规则”和“思想”：如何进行创作的“观念”远重要于作为创作结果的“形式”。另一位极少主义代表艺术家罗伯特·莫里斯（Robert Morris, 1931—2018），1966 年发表的《雕塑笔记》（*Notes On Sculpture*）一文则提出单一物体的问题，并倡导物与物的组织关系，这有助于理解为什么他后来也创作户外的大地艺术。大地艺术通常规模巨大，观众置身其中的情况远远多于外在于它的整体观看。因此，大地艺术几乎都具有极简的几何形式，具象的形象再现和情节化的叙事完全多余，毫无必要。

然而，相较于审美自足、媒介纯粹的经典意义上的抽象艺术而言，它具有更为

索尔·勒维特，
《全开放立方体》，1964

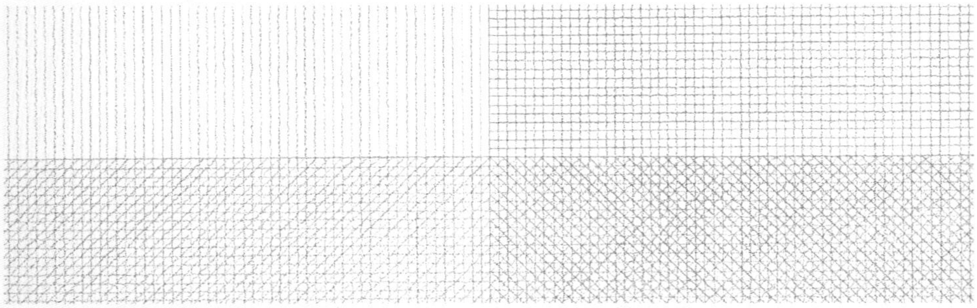

索尔·勒维特，《墙画 56 号》，黑铅笔，1970

罗伯特·莫里斯，《贝灵汉蒸汽作品》，石头、蒸汽，1971（1974 年实施）

强烈的“社会前卫”的诉求。最初的大地艺术不在博物馆展出、不能被出售和收藏，在全民都能参与的公共空间创作。但问题在于，那些规格巨大的尺寸常常只能在荒无人烟之处实施，如果连普通观众都看不到，聚焦于民主的左翼前卫理想如何彰显？新的媒介为这个问题找到了解决方案。艺术家兼电视片制作人格里·舒姆（Gerry Schum，1938—1973）在大地艺术兴起之初就开始策划和制作一个名为“电视画廊”（Television Gallery）的节目（自由柏林广播电视台），在 1969 年首播的第一集中《大地艺术》（*Land Art*）中，他邀请了 8 位艺术家参与创作和拍摄。尽管这些通常地处荒郊野外的作品很少有人亲临现场，但通过广泛的电视网络，普通人都能在自己的客厅和卧室中看到它们。音视频手段和信号传输网并不外在于大地艺术抽象的艺术形式，而成为它有机的一部分，是实现其前卫理想至关重要的一环。

相似的是，录像艺术先驱白南准（NamJune Paik，1932—2006），1969 年开始创作的《全球圈》（*Global Groove*）同样是与电视台（波士顿 WHGB 电视台）计划的《媒介即媒介》（*The Medium Is Medium*）节目合作的产物。作品一方面反映受媒介学家麦克卢汉（Marshall McLuhan，1911—1980）“地球村”概念影响的社会理想，另一方面也采用了与这种理想相应的视觉形式，仿佛是 20 世纪二三十年代前卫电影短片的当代翻版。更极端的例子是他受到约翰·凯奇（John Cage，1912—1992）《4′33″》和劳森伯格 20 世纪 50 年代初单一颜色绘画影响，于 1962—1964 年间制作的《电影禅》（*Zen For Film*）。在整部电影播放的过程中，既没有图像，也没有声音，只有静止不变的白色屏幕伴随时间的流逝。相较于 1964 年安迪 . 沃霍尔（Andy Warhol，1928—1987）花 6 个半小时用固定机位拍摄的《帝国大厦》（*Empire*），《电影禅》展现出一种来自东方的绝对的抽象。类似的例子在日本“物派”（Mono-ha）和高名潞（1949—　）提出的“中国极多主义”与“意派”概念中，数量更多。

格里·舒姆，
《大地艺术》，视频截图，1968

具有艺术史意义的“抽象艺术”的实践，与批评家建立起来的媒介纯粹性的理论，业已形成具有高度合法性的必然关联，但是在“历史”之外，那些主要采用抽象形式的艺术，却并非一定有着纯粹媒介的诉求。甚至，在典型的抽象表现主义内部，这样的关联同样值得重新思考。在 20 世纪 40 年代格林

白南准在第一届新电影节《电影禅》的播放现场，彼得·莫尔（Peter Moore）拍摄，1965 年 11 月 2 日，纽约电影制作人影院

安迪·沃霍尔，《帝国大厦》，视频截图，1964

波洛克在作画，纽约，波洛克工作室，1950

伊夫·克莱因，“蓝色时代的人体测量”（Anth－ropometries of the Blue）展览现场，巴黎国际当代艺术画廊，1960 年 3 月 9 日

伯格的思想转向以后，另一位批评家哈罗德·罗森伯格（Harold Rosenberg, 1906—1978）仍坚持从外部视角来看待抽象艺术，他在 1952 年发表的《美国行动派画家》（*The American Action Painters*）中将波洛克（Jackson Pollock,1912—1956）、德·库宁（Williem de Kooning, 1904—1997）都看作行动派画家。在他看来，艺术的目的并不是创作一种视觉样式，而是不受拘束的行动。与绘画创作的抽象形式结果相比，行动本身才是目的。

波洛克的许多作品都尺寸巨大，完全超过人静止时四肢的运动范围，而且它们常常是被铺陈在地上创作，并非像传统绘画那样是被竖立起来完成的。因此，抽象的形式实际上记录了他身体运动的轨迹。这种理解与对抽象表现主义通常的理解并不一致，甚至相悖。但与杜威（John Dewey, 1859—1952）等美国主流的实用主义哲学却一脉相承、相互应和。因此，身体也是抽象表象主义的媒介，创作过程中生产的经验至关重要。事实上这样的例子并不仅仅体现在抽象表现主义的艺术中，伊夫·克莱因（Yves Klein, 1928—1962）的创作同样具有行动派的特征，而且同样也具有抽象的形式。因此，抽象艺术的媒介纯粹性有其自然、自恰的一面，但也有历史书写和理论塑造的一面。反过来，同时代的其他很多新媒体和多媒体艺术，实际上也并不排斥抽象的形式，甚至更好地将抽象的视觉形式与社会建立起连接。

抽象艺术业已构建出一个连贯的历史和系统的理论，对于新媒体、多媒体与抽象形式关系的研究，并非旨在推翻那些既有的艺术史叙事和理论框架，而是力图一方面回到艺术生产的历史时空现场，提供一个特殊的观察视角，来看待艺术史中的艺术家们对抽象形式的追求和探索，另一方面也为今天那些仍然试图进行抽象形式探索的艺术家提供被理解的可能。当下的抽象艺术已经成为博物馆和艺术史故纸堆中的研究对象，它们在艺术市场中意味着昂贵的价格，对观众和收藏家而言则可能意味经济和社会身份的定位。然而，仍有很多新媒体和多媒体的当代艺术创作在采用和发展抽象艺术的视觉形式。那么，它们意味着艺术史中的抽象艺术仍将被续写，还是像抽象艺术同时代的那些采用抽象形式的多媒体艺术一样，将在未来被艺术史家另立门户予以安放？这很难回答，但是当代的艺术条件下，新媒体和多媒体创作与抽象形式之间合作的大门，并没有关闭。

界面效应：复杂文化系统中不断衍生的活力

晏燕

中国当代艺术的发展，特别是当代艺术中青年一代的发展，随着社会的发展和全球化的深化，呈现出更为开放和多元的发展。具体而言，学院教育自身的革新，与全球更广泛的学术交流为这种发展提供了较为完备的素质教育基础；艺术世界及其机制的繁荣、美术馆及非营利间、画廊及其他艺术机构的支持，给青年艺术家提供更多展示艺术的机会。中国经济的快速发展也使得越来越多年轻人有机会出国学习和深造，进一步开阔艺术的视野。全球化直接反映在消费景观社会带来的消费便捷和互联网时代的资讯通达上。幅员辽阔的中国，同时经历着不同阶段的现代化进程的发展，呈现比较复杂、多层次的面貌。这也使当代艺术的发展和研究呈现新的面貌，以观念出发的当代艺术创作，在表达观念的同时，得以更自由地将所需的材料和媒介运用到其创作之中，因此被原有谱系的艺术流派和艺术观念约束的创作，因新材料的运用而呈现难以界定的艺术现状和特征。这种复杂文化系统中生长出的新的艺术面貌，类似法国哲学家德勒兹在他的哲学思想和诗学研究中描述的生成状态，他提示“差异”与“重复”作为该状态中的两个重要概念，其差异的重复隐含着变革的创造性活动，并用“间性”来描述这种具有生产张力和意义的存在。在本次由中国艺术研究院主办的展览中，以“界面效应”为主题关联德勒兹的“生成”（Becoming）概念，展开对中国抽象艺术多媒介研究，尝试从一种新的视角来分析全球化景观下的中国艺术正展现的复杂的、多元的文化活力。

一

在“界面效应”这一主题中，“界”可理解为众多信息汇聚的地方，类似于词和观念交界处的“场”；“面”是移动的线生成的形迹，是一定限制条件下的变量构建的相对关系的切面；被运用于计算机领域的专业术语“界面”，常用作“接口、交界面、连接、相互作用”之意，提示计算机革命的持续影响，特别是互联网带来对媒介及区隔的时间、空间维度的重新认知，及差异媒介之间产生的关系和张力，在该主题下可解释为集成了人、事物、现象、技术、空间、时间等要素的一个文化复合体；而“界面效应”作为一个词组，物理学的观点可理解为在外界应力作用下，多个界面相间发生扩散、迁移、腐蚀，甚至裂纹等现象，导致原有界面的能量和特质缓慢变化，从而引起参数的不稳定和变化，即在两个系统或多个系统交互之间呈现的动态关系，在不断衍生中所产生的变量和能力。在该展览中，“界面效应”的概念像是德勒兹指的“生成”（Becoming），描述文化复合体的交互、持续演变，出现一种内在性的不断生成状态。[1] 以“界面效应”的主题重新审视 21 世纪以来中国及全球范围内的经济、科技、通信等各个领域的发展，及互联网即时通信时代，新的图像、视觉、艺术发展及评价系统呈现出新的现象，洞悉和推导出这个复杂的文化系统中不断衍生的动态活力，展开对“中国当代艺术现状与生态研究”的实践，具有新的现实意义。此次展览聚焦中国青年抽象艺术的多媒介研究，以此展现中国当代艺术研究的切片和面貌，即是在新视点下展开研究的必然选择。

在新的时期，抽象艺术的发展或者今天的抽象已经很难用一个固定的概念或流派进行归纳，它正像我们提出的“界面效应”主题一样，它正游离于各种

[1] 引自刘燕《界面效应 Becoming》展览前言。

[2] 易英：《抽象艺术与中国当代艺术经验》，载《抽象以来——中国抽象艺术研究展巡展》，上海人民美术出版社 2018 年版，第 78—79 页。

[3] 易英：《语言的纯化》，载《抽象以来——中国抽象艺术研究展巡展》，上海人民美术出版社 2018 年版，第 46 页。

[4] 何桂彦：《抽象艺术与当代文化》，载《抽象以来——中国抽象艺术研究展巡展》，上海人民美术出版社 2018 年版，第 72—73 页。

[5] 黄笃：“界面绘画”展览前言。

艺术形式之间的语言形态，产生和呈现新的面貌和价值系统。相对传统抽象艺术而言，其发展呈现更为复杂和动态的性状。同样这种复杂的现状不仅反应在艺术家突破原有抽象艺术创作依赖于油画颜料和画布有限的媒介，同时随着科技的发展与观念的革新，一些跨媒介的、交互性的艺术创作诞生，使艺术家创作的差异出现新的分散和聚集的特征，如有的艺术家创作的材料完全通过网络购得，有的艺术家聚居到如深圳这样材料生产的城市。与此同时，一些依赖于技术团队开发和合作的艺术作品，也呈现作者和新的跨领域合作的艺术特征。

二

回溯中国抽象艺术发展的近 40 年历程，抽象艺术家普遍经历从国际视线转向自身文化，从西方抽象经验转向主体性和个性表述，这一艰难的、复杂的过程。批评家易英在梳理早期抽象艺术在西方语境，以及在中国当代艺术发展的客观线索中，阐释早期发展的艰难有着深刻的社会、文化及市场的原因，直到 20 世纪 90 年代之后，随着中国社会的现代化进程的深化才为抽象艺术的发展提供了更多的条件。[2] 在社会发展条件与语境的限制下，策展人黄笃总结抽象艺术家发挥个人直觉敏感和想象至关重要，既要从传统自然观和美学中挖掘创作能量，构建不同于西方抽象绘画的符号和语言，在一种纯粹形式意义的系统中探究中国式符号的某种暗示与深意。由此发展起来的中国抽象艺术在全球地方化的文化语境下生长、融合和发展，最终呈现一种混杂性的特征——抽象性的中国方式。并随之构建中国抽象艺术的价值系统，形成支撑中国当代艺术发展的重要力量。类似抽象艺术在西方世界发展的半世纪的转向，20 世纪中叶以美国为代表的抽象表现主义艺术的发展，其作为最具有前卫属性的艺术门类对全球的当代艺术产生巨大的作用，并持续 20 余年的时间。直到 20 世纪 70 年代大众文化和消费主义的兴起，抽象艺术才逐渐丧失了其最为先锋的、前卫性的艺术地位，被观念艺术取代。面对发展，抽象艺术也伴随着革新，逐步转向承载观念和价值载体的绘画艺术，并延展到空间。

由于中国抽象艺术的实践起点比较晚，在 30 多年的发展经历之后已经呈现一定的交融面貌，策展人黄笃将其归纳为“一种可选择的现代性艺术”。客观地梳理和看待抽象艺术的发展及呈现的性状，易英提出“观念的抽象”概念，描述架上形态的材料和装置的抽象，其作为观念艺术与传统绘画形式的中介，材料与装置（现成品）本身具有的含义给抽象绘画介入当代文化提供新的手段和机会。[3] 学者们洞悉和归纳其发展的特征，将新时期和不断发展的艺术形态的价值和意义进一步延展开来。评论家何桂彦表明抽象艺术在艺术形态和精神层面上超越现代主义，从而进入当代艺术的文化语境，并提出“后抽象”绘画的概念，认为“后抽象”绘画更注重内在的情感诉求，追求一种“行动”过程和作品表达的观念性，且作品有着自身的艺术史上下文关系。[4] 将抽象艺术作为表达观念的载体，不断拓宽媒介手段和突破形式语言进行了一系列实践。通过描述和修正，学者们为今天中国抽象艺术的新面貌和发展梳理其在当代艺术发展的谱系中价值和定位。

三

近 10 年内，随着中国经济的发展，社会结构转型的加剧，社会现代化建设进程持续推进，中国当代艺术的发展也呈现别样的活力，抽象艺术的发展同样展现这种特性。评论家黄笃用“超逸”的表征来概述抽象艺术在新时期呈现的面貌，概述为不以风格化界定、不受限制、自由奔放的特点。具体地说，它既不同于西方抽象艺术的绝对理性精神，又不同于日韩抽象艺术的禅意或纯粹质朴感，而是表现基于中国文化语境的个体存在感，既彰显难以归纳的复杂性和活力，又呈现与中国艺术美学内核相关的叙事。[5] 这种评述观点将中国抽象艺术发展过程中出现的新的观念革新，与多元的创作形式和中国艺术美学的内在叙事统一起来。此次展览中部分青年艺术家的创作仍体现这样的特征，创作上关注时间性的体现，并不断向空间延展创作；在选用的材料上，运用铅笔、色粉、现成品等作为媒介进一步延展这种丰富性和多元属性。整体而言，随着中国当代艺术领域从事抽象艺术创作的艺术家数量的扩增、使用的媒介手法的多元，他们在创作上呈现一些区别于传统抽象艺术的新的特征，也是此次“青年抽象多媒介展览”希望进一步归纳和呈现的新面貌。青年艺术家创作上参照的图像、强调的观念、表现的形式，以及创作方法都难以依照线性的艺术史叙事进行谱系梳理，呈现游离于各种艺术形式之间的语言形态，及更动态的生长和发展样貌。相对于传统的经典艺术，青年群体对作品材料的选择和使用，突破材料厚重的视觉，不断对多元的、新材料甚至是灯光、交互性媒介等进一步拓展作品与空间的观念，形成新的转译和交互尝试；其次，作品面貌区别于宏大叙事的方式，聚焦于更为微观的、碎片化的结构，甚至出现一种断裂的艺术创作特征，这与艺术家所处的互联网时代对图像的获取方式和筛选紧密相连；再次，跨媒介与新媒体作品进一步拓展青年抽象多媒介艺术的整体面貌，其作品的创作方式、展示都呈现差异性和延展性的特征。引用“界面效应”的概念来观测和分析青年艺术创作的性状，是一种新的尝试和新的切入口，是在后现代艺术语境来梳理和归纳这些艺术特征。青年艺术家在尊重抽象艺术视觉及形式价值的基础上，对使用的绘画材料进一步观念化，通过强调时间与过程性，特别是将创作不断向空间延展的过程中，制造出一种新的视觉观念；在对物质材料重新编码、利用，和延展进入空间关系中的作品，其观念的表达通过与人的交互过程，更为明确地表达出来。艺术家唐骁的作品《疤瘤》是他以雕塑创作出发，思考作品的观看和生产关系形成的一组作品，它像外力作用后生成的变异结构。其突出的体积和可触的几何形体比喻为建筑的“疤瘤”，又如同建筑表皮上的寄生物，侵入吸附在墙面上成为有肤色感的有机部分。唐骁将他创作的双向空间生长的雕塑称为“用绘画建筑”。与前者相比，艺术家董大为的作品利用色粉，在建构聚焦视觉同时，将图像视觉以“粉”的状态进一步“延异”到新的空间，从而形成新的意义。他看中创作的时间性和事件过程，利用掉落的、轻盈粉末在气流的作用下逐渐弥散并积累形成的效果，使绘画合理地脱离了平面性，成为空间性的作品。他的作品注重媒介对空间的介入，同时强调公众参与过程中形成干预的意义，都对理解今天的抽象意义有很大的启示。同样青年艺术家王智一的作品强调在空间性状中的形体、颜色，结合不同媒介，比如镜子、霓虹灯光，对空间的观念的进一步延展，从而增加观众对于作品更为立体的体验感。艺术家陶都罕是从雕塑出发，用包裹的方式将现成品去掉媒介性形成抽象雕塑，以此进入公共空间，形成表达情绪、感受和空间本身的作品，并不断通过如 3D 打印和媒介交互等材料的改变，升级公众在作品中对时间性与知觉的体验。居于互联网时代下的青年艺术家们面对信息井喷的时代，获取信息的方式在时间、空间和速度上不断拓展，也不断改变着他们的认知维度。与传统艺术家相比，青年艺术家作品在图像的叙事性上，进入对微观世界的关注，即对碎片、片段、局部、非连续图像 / 对象的关照、拆解、切割、集合、合成和表现，产生摆脱抽象绘画线性逻辑的约束，以达到对创作本身解放的目的或者意图。在创作中，他们将图像 / 信息进行可变拆解、重叠、集合及混杂以凸显图像的生产性，将自身对图像/信息的形象力和表现力融化，反映出微观的、碎片化的特征。艺术家李消非的创作基于传统的拍摄，他的系列作品《生产线》，利用视觉中不断重复的运行和递进的影像来代替一般叙事手法，从而让观众去感知生产者，以探讨工业生产和社会发展的关系，并不断质疑视觉生产和商品生产之间的问题。这种视觉处理的方式，通过连续画面的不断重复、剪辑，重构生产新的视觉秩序。通过对图像和信息的拆解及再编码进行创作，从而呈现创作中图像转译产生的新的聚焦点和关键问题。在展览中，艺术家李涛通过对新的材料和媒介的运用及视觉的重组，将媒介本身带有的文化和社会内涵进行拆解，形成非常有代表性的作品。他的作品《酋长》所用的主要材料来自宜家，比如自带工业粉绿的经典小桌面、铝棒、氟棒、铅皮等，通过处理，他将其打孔、切割、填塞、替换和喷涂等操作，用各种铝型材与配件进行组合装配，复杂处理之后去除原始材料日用品的功能，艺术家将这种对材料更浅层的处理及内部比喻为无目标与意义及略带紧张的自我完善。他将工业化的现成品当成自己的创作媒介及色彩来源，通过重组形成新的具有阐释意义和文化意义的图像。艺术家马秋莎的作品体现出新的特性，她通过对不同时间、空间及系统中价值的重构，将信息进行碎片化地拆解，形成作品新的内涵。她的作品《沃德兰——舍宾肉》，由水泥板、尼龙袜、木板、树脂、铁构成，标题中的“沃德兰”是 20 世纪 90 年代在北京昌平斥巨资建造、但最终烂尾荒废被拆除的一家巨型游乐园的名字，这件作品里碎裂的砖块，即是对它的隐喻。作品中另一个“被废弃”的元素——尼龙袜，是艺术家童年时妈妈着装的一种符号，带有时代感，同时，透过尼龙袜上的洞看到人的皮肤，其展现的鲜活让艺术家获得了心理上极大的安全感，就像作品中将尼龙袜包裹破碎的砖块可以窥视的真实感一样。艺术家用这种交错的信息，和时空差异构建起来的观念及其内在联系，形成一个自我阐释的系统。更有艺术家在不断实践的过程中，利用对媒介材料的提纯及撕裂，进行新的艺术创作实验。艺术家陈锦潮使用“墨”作为材料，通过水墨的提取过程去阐述水与墨之间的关系。他提取墨本身的物质性，去呈现墨独立后建立的自身表达。对“墨”这一物质材料的提纯及撕裂过程中，呈现碎片化和断层感的形式和经验，最终起到对传统艺术媒介和形式的文化激活效果。艺术家的不同尝试和经验，与他们所处的互联网时代紧密相连，他们选取所需的图像 / 信息，经过编辑和重组形成多重、复合和交错的观念，是他们对不断变化的时代的理解，是他们和外部现实建立的连接和关系。

不断更新的时代，特别是科技的发展，艺术与科技、媒介的结合也成为新时期一个非常重要的青年艺术特征。艺术家运用多媒介或者跨媒介进行艺术创作，使在不同系统和媒介的交融和差异中，产生作品的视觉和观念的延展。艺术家邓悦君的作品《呓语》利用一组机械灯光装置来探索空间中的光和声音及人的感知问题。艺术家运用影子的运动形态来创作，作品中上下做呼吸运动的铁盒子中被放置了不同颜色的 LED 灯，形成一组矩阵。灯光的运动及相互影响形成整体的光线效果，模拟昆虫族群之间的动态影响。用不同的维度的媒介、声音、视觉、机械运动，以及空间中人的干预和声场变化带来的视觉变化，增强公众对于跨媒介作品的抽象艺术的体验，无疑邓悦君的作品提供了很好的案例。

除此之外，多媒介的结合和运用，不断拓维出新的作品体验，比如艺术家张增增的作品，他以多媒体技术的方式重新阐释和理解雕塑的“形体”和“空间”概念，在他的代表作品《无形之形》中，利用和借助“增强现实”技术，呈现了形体空间的外延和作为参与者的人和场域的关系。其多媒体互动装置作品通过对脑电波变化的捕捉，作为虚拟 3D 形体成型的依据，试图赋予无形的意识以具体的形状。他通过全新的技术和媒介将观念图像化，并形成新的雕塑，极大地改变了传统的创作和思维方式。同样，借助于计算机编程、算法形成的全新抽象新媒体作品，及其展示上的突破，进一步将创作方式的讨论和作品空间体验的问题推向了新的高度。艺术家花形的作品完全由电脑程序算法生成，同时在空间中利用影音交互等媒体系统，带给观众沉浸式的艺术体验。他长期专注“分形”这一数学概念所展现出的分形图像，并挖掘和思考分形图像背后所产生的理论意义和美学价值，与宇宙自然、宗教之间的暧昧关系。通过“分形”算法，即以简单的逻辑，通过不断迭代计算后会产生极其复杂甚至不可预测的图像景观，艺术家以此模拟自然界充满混乱无序、复杂多变的现象，并不断在衍生中追踪不确定的结局，完成自身对于时间空间和万物本源的思考和无限追问。

四

整体来看，全球化景观影响下的中国抽象艺术的发展，呈现的一个非常动态的、复杂的发展关系。借用“界面效应”这一主题剖析正在发生的艺术及揭示这种复杂性带来的活力，是展览非常重要的视点。在互联网时代与全球化加剧的动态发展格局催化下的中国社会，艺术家的创作从创作方法、媒介手段、利用和处理图像的方式都产生了巨大的差异，因此洞悉中国当代艺术的发展及其中的复杂性和动态关系是至关重要的。“界面效应”这一主题更好地让我们关注到这个时期文化、图像和信息中被拆解、分离、异延、裂变、流动、生成等特征，并将此转译为中国艺术活力的编码，监测这种发展的脉络，以及游离于其间的变化的、动态的、掺杂的文化形态，从而动态地把握中国青年抽象艺术发展的特征，及其建立的新的文化意义。

艺术创作
和关于创作的艺术
——后媒介状况下的媒介

周翊

讨论抽象无法回避今天的媒介问题。抽象已经不抽象了，这个概念的本意已经被抽空。抽象也可以说无处不在，比如网络图像对信息的降维和重组。数字技术让定义媒介变得没有意义，很自然地，这次策展人的关注点从作品本身转向艺术家的工作方法。这些现象背后牵扯的话题都太庞大了，远远超出我的能力和知识量。我决定从这几年能觉察到的身边的现象和读过的文章入手梳理一下思路，但也只是局限在概念层面的想象。题目就用了最近在北京展览的美国当代艺术家理查德·塔特尔说的话，“有艺术创作，也有创作的艺术”。我曾经感叹现在真的是个后媒介时代，由于太孤陋寡闻，当时脑子里闪出这个念头的时候还以为无意中造出个特别装腔作势的学术名词，蛮逗乐的。输入搜索引擎才发现真的有后媒介这个概念，而且自提出至今快半个世纪了。前卫理论所言的媒介现实，到现在躲都躲不开，说明后媒介不再是正在发生的，而已经是过去式了。

现当代艺术的标志性特征是怎么都行，它的边界在不停地扩张中，任何关于艺术的规定都被唾弃了。装置类艺术统治全球艺术生产的过去 30 年，艺术家不再被限制在某种特定的媒介中工作，装置艺术家 = 艺术家，装置艺术家关心艺术是什么的问题，取代了画家和雕塑家关心绘画和雕塑是什么的问题。几年前我碰巧目击到两个雕塑家的一次思想交锋，X 问：“今天雕塑和装置哪个媒介更重要？”Z 回答说：“那要视什么情况而定。”“那就是装置重要！”X 的这句话终结了这次对话。也可以说今天人们下意识地认为，一切都是“视情况而定”的装置的逻辑在起作用。装置和观念艺术家自由地使用任何媒介，他们认为媒介应该根据作品所需要表达的内容而选择。

装置对媒介的工具化是从纯化艺术媒介、从格林伯格的艺术观一路走来，甚至是“导致”的，尽管两者是完全对立的概念。现代主义绘画将平面的自觉（媒介性质）发展到极致后无意中穿过了图像世界与日常世界的边界，绘画遂进入物件领域。这时的概念两极——抽象绘画与极简艺术之间实际只隔着一层窗户纸，现代主义理论家再怎么努力也没有能保住这个要命的差异。极简艺术是雕塑和剧场的结合，终结了媒介纯化，开了装置思路的门。20 世纪 90 年代即使国内的雕塑家也都习惯性地把对“创作”降格为“做东西”，否则会被鄙视理念落伍，可见极简艺术对它之后的艺术认识影响至深。如今装置最大的敌人是它的流行性，对于资本和权力的利用价值，与观众体验的捆绑关系。装置天生具备讨好观众和迎合市场需求的潜质，没有任何来自媒介自身的约束。装置走向事件化、服务性，没有底线，一切看艺术家自律。从 90 年代开始关注社会的介入型艺术在全球范围兴起，从一开始的反商业的性质，逐渐在失去标准，尽管舍弃标准正是这类艺术宣称的目标之一。

顺便想到，能让标准沦陷的事物也会是机遇。上一辈在西方得到承认和关注的中国艺术家们示范了如何用它来打开局面，争取话语权。作为文化弱势的一方，出自自身利益，应当积极参与历史赋予的机会。但大方向之下，绝对的自由并不意味着顺利，怎么有效怎么来的这套艺术观貌似丰富其实停滞，因为这些制造出来的不同在思想层面是同质化的。在操作层面近些年多见到的，反而是影像装置、绘画装置、空间装置等这样依托于媒介约束但具有剧场特征的作品。美国对后媒介现象持批评态度的一个声音，罗莎琳·克劳斯（Rosalind Krauss）在她的文章《北海航行——后媒介状态》，从结构主义的立场提出一个往弗雷德和格林伯格经典理论退了一步的方向，回到前媒介结合这一步。比如现成品 + 小说 = 现代美术馆，文章的态度明确地支持媒介结合，但是也提出必须保留媒介的差异性，也就是说关键在媒介的结合需要如何避免对媒介的覆盖。

回到媒介的特殊性是不是有保守的嫌疑呢，涉及“过时”这个话题不得不提持续受到诟病的绘画。为什么众多传统媒介中唯独绘画遭到如此之集中的声讨。关注久了发现这确实是一个出自西方传统视角的问题，但过时并不是理论家攻击绘画的动机。绘画难道不是在作为写实技术过时之后才释放内在的创造力而产生的前所未有的艺术形态吗？尝试澄清一下思路，不妨以动画为例。动画是活在当下的绘画，如果“二次元”文化是今天流行文化的核心组成部分，那绘画的“死亡”从何说起呢？让画动起来的技术的出现其实远远早于电影，甚至早于架上绘画的传统，可以说在原始洞穴壁画出现的同时，动画的基因就在它的内部出现了。从影像的发明开始也就自然地将系列的动态画面捕捉到胶片并实现出来。这是绘画媒介的“加法”之道。与之相较，20 世纪 60 年代以后绘画遭受的质疑是针对媒介纯化的，以做减法为宗旨的现代主义绘画执着于材质的唯一性，拒绝走出传统限定的展示模式，发展成一个脱离社会关注的被交易市场左右的圈子。所以如果过时，指的应当是受专业训练——创作——作品被挂在墙上欣赏——由藏家收藏这一套传统感知模式的局限。克劳斯深度认同本雅明对商业的更新法则的质疑，技术的过时不仅不是问题，失去作为商品的用处反而让它不受既定思路束缚（地释放想象力）。

更新感知模式的路径是一种媒介成为另一种媒介的内容。日本艺术家 / 建筑师荒川修作曾经讲道：“了解宇宙的边界，最好的途径是深入了解任何一个媒介的边界”。这种现代主义信条如何还能获得支持呢？克劳斯的文章强调了媒介是一个有历史积累的技术支持系统，超越中性的材质。要做到相加的同时不会导致减少，历史上约定俗成的观看方式和操作惯例的存在对艺术创作至关重要，没有约束也就无从即兴，就像是没有规则的游戏吧，只是做样子而已。但与尊崇传统的腔调不同，她将一切置于引号之下，这些历史规则的存在意义完全在于被打破。在现今的艺坛，各种层出不穷的对媒介惯例的突破几乎像一场智力竞赛。这时克劳斯的视角是典型的后现代，超脱具体事件的视角，将讨论对象“去本质”后再审视，媒介也就从之前的普遍接受的媒介 = 材质，这种展览标签式的定义中解放出来，被整合成一套具有创造性的符号系统，使结合成为可能。似乎是带着一个自信的语言使用者具有的游戏心态和乐观立场，克劳斯敏锐地指出艺术家们正在重新发明媒介。

这就是说艺术家创作的同时也在创造自己创作的方式。《北海航行》一文中克劳斯回到历史概念，还原了格林伯格的平面概念的全部。她指出格林伯格定义的平面与其分界不能仅被解读为材质的物理平面性质，这当然是核心所指，但它同时也是一个具备空间感和质感等各种幻觉的视觉场域，有时也叫色彩场域。这一部分被格林伯格称作“视觉本身”的三维空间是他一旦发觉平面概念存在与物体混淆的危险就即刻延展出来的，替代传统绘画中的透视幻觉的位置，而这个视觉场域与物体的分界始于空白画布上的一划。就是指平面的概念包括观看的主体感受，似乎也承认抽象艺术是一种需要观众才完整的艺术，并不像外界理解的格林伯格那样执着于媒介的本质和恒久性。这也许才是疏通问题的关键，可以确定的是，艺术家们还是要现代主义的，但是要一个像动画和电影那样的，把观众置于其中的，将材质虚拟化的，做加法的现代主义。我喜欢国内年轻艺术家张淼写自己创作的一段话：

> 馄饨和饺子，看起来虽然差不多，但完全不一样。想象一下：饺子的可能性会更大，可以做煎饺，煎饺可以直接和生煎包联系在一起。可以说，在联结馄饨和生煎之间的关系时，饺子是座桥梁（虽然饺子、馄饨都是水系的，但饺子可以变成火系的煎饺，和生煎联系在一起；也可以变成风系的蒸饺，和包子联系在一起。馄饨如果在火系中可以和春卷联系在一起，一下从主食界跨越到小吃界）。所以，可以说在思考包子、饺子、馄饨、生煎之间的关系时，饺子是纽带，馄饨是契机。

将媒介看成非材质的和创造性的语言结构有助于理解眼下艺术家工作面临的问题和语境。数字媒介的普及让人能真实地感到定义任何媒介的困难。比如绘画媒介的关键是什么呢，是画布和颜料？还是艺术家的手工操作？用传统媒材模仿数字生成的图像和使用数字媒介为工具生成的形象哪一个更绘画呢？你无法比较这样的选择。准确来说并不是艺术家在创造新的媒介，重新发明媒介指混合、拼接、即兴、联想、回收利用这些二次创作的手段。如果用作曲来打比方，今天的艺术家更像 DJ。原创的方式在失效，用别人的话说自己的意思（比如用梗）更符合今天的表达方式。

观看者会参与艺术创作，艺术家会模仿观看的角度创作。艺术创作媒介会进入展览策划与批评写作这些必须与对象保持距离的、观察与审慎的角度——同样的专业策划和批评也会进入更具虚拟性的、更主观的知识生产模式。投入还是分离？主客观分工的界限被双向渗透。创作者和观看者的角色关系变得像游戏设计者和玩家之间的那种关系。现在流行的游戏模式叫玩家赋权，参与者改变结局。当媒介处于一种流动的状态，我们能感受到有激情的新的表达方式，但没有合适的词汇去命名，所以各种不同的媒介实践也被惯性地归入一些传统大类，或者干脆全部算作装置。其实艺术的游戏性质增强了，过去对媒介的认识不能涵盖正在发生的体验。我们的身体能感受到现在，而头脑还留在过去。

关于媒介的另一个方面是它正在迅速进化的体验模式，通过媒介结合。现当代展览活动的标志性特征是无处不在的参与性（弗雷德批评的“剧场性”）。艺术家们非常关注作品的“用户体验”，完全不像抽象艺术盛行时代的气质，格林伯格和弗雷德等一代的批评家认为最好的艺术是自我完成的独立体。此后的极简艺术彻底扭转了他们的看法，而将观看主体视为作品的核心组成部分。这个让当代艺术继承了的，但让它堕落的基因出现在极简主义之前。剧场性作为贬义出现在狄德罗（Denis Diderot）的文艺理论中，作为一种明确的前卫态度体现在马奈的绘画中。参与性基因从工业革命开始就一直伴随着现代主义，比如达达主义剧场。在极简主义对空间的定义出现之前，研究主观经验的思路来自包豪斯学派主张的艺术与设计融合，艺术通过机械生产进入生活，放弃原真性。这种朴素的艺术观与极简艺术的实践在深层意识高度一致。融入生活意味着削弱艺术作品的原真性和完整性。

包豪斯理念的传播者约瑟夫·阿尔伯斯晚年的一则轶事反映了他对作品的立场与格林伯格的精英立场的差异。某天阿尔伯斯的一位女士朋友来看望他，在看到他的近期作品“向正方形致敬”系列之后表示她作为外行，完全不能理解。阿尔伯斯鼓励朋友大胆地把她从作品中看到的用语言描述出来。女士在疑惑中尝试一边盯着画面，一边描述出她脑海中浮现的，似乎与画面毫不相干的内容：我看到自己……在茂密的原始森林中行走……我遇见林中的一块空地……我看到从上方有一束光投在中央一尊异教崇拜的雕像上。阿尔伯斯的反应非常激动，他说：“你必须拥有这幅画！”

虽然唐纳德·贾德（Donald Judd）早年出于年轻气盛不喜欢这个威权形象的阿伯斯，但当他在晚年读到一些阿尔伯斯的观点之后承认自己应该早点了解他。阿伯斯从欧洲来到美国，对战后盛行的抽象表现主义是非常厌恶的，并不时地公开表达反感。除了对“表现主义张扬的笔触 = 表达”这种粗浅的逻辑不认可，他对绘画媒介的理解也要比格林伯格朴素且符合常识得多。上文提到的克劳斯重新翻出来格林伯格对平面性的扩展定义其实与阿尔伯斯的色彩理念如出一辙。但在当时格林伯格对自己理念的这一关键修正完全没有被重视。阿尔伯斯晚年的系列作品“向正方形致敬”不用画笔、不用画布、不构图、不调色、不覆盖的规则设置是与绘画传统有意识的对话，精准地切除绘画传统里有关材质特殊性、技术、艺术家的手等滋生神话内容的空间，有目共睹地呈现他认为唯一重要的内容——色彩如何作用于观看的主体。作为一个现代主义者他同样是偏爱减法，但是他提到“最少的手段，最大的效果”。所谓最大的效果即是指观看主体的身体和心理作用。

观看主体的存在总是造成混乱又总是无法驱散，它是现代人感知活动中最突出和熟悉的动力了。历史上越是前卫的艺术家对此的态度就越明确。极简主义时代的美国，电视普及标志着媒介时代的开始。当时旁观美国社会的加拿大媒介理论家麦克卢汉提出了“热媒介”和“冷媒介”一说。传统绘画、戏剧和阅读被归入热媒介，抽象绘画、当代艺术和电视被归入冷媒介。他的归类也是与媒介的物质性无关的，同样是绘画，传统和抽象被归入不同性质的媒介，他的媒介归类基于体验模式。麦克卢汉将媒介定义为人的延伸，而电子媒介是人中枢神经的延伸。所谓的热和冷是指西方传统接触信息的方式与媒介时代的对比；通过阅读和观看，推崇冷静判断、分析能力和陶冶情操，貌似主客分离而实际上被完全控制的是一种，他称为热的；与另一种电视媒介时代的、可以忽视的环境性质的，不要求专注但要求观看者自身的情感卷入和联想力去不断填补信息的随意性，他称为冷的。

举例来说，在电视这样的冷媒介上，我们觉得好看的节目倾向那些情节性最弱的，可以不必一直盯着看的综艺类和真人秀，主持人我们喜欢那些轻松自信、随意即兴的风格，充分准备好的，完美流畅的表演反而会看起来虚假而让人厌烦。麦克卢汉的名言“媒介即讯息”大致是这个意思，讯息其实并不像我们以为得那么重要，重要的是我们在采用什么形式沟通。这句话辐射的意义重大，几乎从根基威胁到（或废掉）作为一个有理智、有头脑、受过良好教育的现代人赖以思考和分析事物的参照系。因为他的意思是，没有任何人的观点是重要的。他的格言具有预见性，媒体时代的我们不得不向自己的身体和潜意识去寻求指引方向的信号。当代的讯息也好，艺术也好，最触动人的不就是那些全身心投入到行动中的、自嗨的、反智的吗？没有道理可讲，只有你愿不愿意承认。

冷媒介要求观众深度参与，观众也期待有个角色去演。媒介时代的人像原始人那样重新对事物的整体发生兴趣，背离西方文明的理智取向和专业分科式的教育。深度参与是反定义、反包装的。我们由关注墙上的某个点或者聆听某人的观点改为没有明确目标地搜集无关细节，发现甚至篡改。客观不重要，直觉和情感重要；道理对错不重要，行为的实际结果才重要。如果问今天国内的艺术在哪个方面最受关注，我应该会承认是三观的比拼（价值观、世界观，人生观）。这是非常反精英垄断的变化，大家必须有同等的音量参与讨论和发表意见，观点的交锋中，参与听众的观点也在随时调整。对社会现实有着清醒的认识的人群，肯定不是占有社会资源的阶层。就像麦克卢汉声称的那样，进入资讯模式日益便捷的媒体时代，社会再试图屏蔽青少年、少数和弱势的群体发声的渠道已经不可能。

参与性看起来的确是文化潮流的总体趋势，流行文化对它没有保留地拥抱，相反艺术领域的态度就纠结得多——时而前卫激进，时而迟疑和反思，因为不好设置成功与失败的标准，却又不是怎么都行。比如最近的热门话题沉浸式体验，也许只是更多的装置计谋，迅速占领，又很快变成新的指责当代艺术堕落的罪名。在流行文化中能看到参与性的健康生长和正面价值。社交媒体上内容的随机性发酵式传播就是可见的标准，轻易地解决参与性在当代艺术领域的症结。还有什么能比网上的“鬼畜”视频更成功地改变审美习惯，让视觉标准与技术门槛脱离，甚至呈反比。在这个标签之下，任何一个有想象力和有话要说的人都可以绝对自信地创作和发行。处于媒介时代的精英文化圈不得不正视甚至羡慕流行文化的非凡的、爆炸性的创造力。今天如果说影响，几乎一定是反向的，流行文化在向艺术家输送方法论（和创造力）。艺术家们都一样，梦想创造出比艺术更真实的东西（丹 · 格兰姆语），但在当代艺术领域参与性在 20 年的实践之后仍然被它的不可见性困扰。作品虽然宣称反对设立标准，抵抗市场规则，但这种只对参与者的可见，对其他人的绝对隔阂似乎又滋生出一种新的保守土壤。因为就像克莱尔 · 毕晓普在《人造地狱——参与性艺术与观看的政治》一书的前言里表达的意思，参与事件的观众之外，存在着更外圈的观众，在特定时间点和地点以外的。所以参与不管怎么扩大，旁观的视角依然存在。

几年前我在中央美术学院雕塑系第三工作室代课，我的教学任务是让学生通过动手操作，第一手了解现代主义思潮。我遵照自己当初上学时候的学习经历从材料、媒介特性入手，选用 0.1mm 厚度的铝板这种无法控制的材料为教学材料，通过严密地把控规则和材料限定、目的让学生能脱离对客观世界的模仿，专心研究材质自身的特性。但是我发现这个过程中学生已经没有我做学生时感受到的那种专注一事的快乐，对于专门性的研究提不起兴致。临近课程结束也没有什么起色，正在我无计可施的时候，他们自发在教室搞了一个 0.1mm 铝趴（party），用课上的这些半途而废的，半死不活的作业，当作即兴的材料，成为 party 和拍照的道具和服饰，并设计了海报，邀请了班级外的朋友，闹得很尽兴。是否玩得开心与这些作业的要求和标准是毫不相关的。这件事的兴趣在从规则中跳出来，把课堂作业降级到材料，再重新看待，即兴，以投入的、戏谑的、自创语境的、自嗨的方式颠覆，但更重要的是利用了原初的规则和意图。讲授抽象是失败了，但结果比我计划得好很多。艺术创作也确实不必遵循成功或者失败的标准，但是有标准比没有好。

在全球视野中讨论“中国当代艺术”

关于“中国抽象艺术”的讨论自20世纪80年代以来自成脉络，从“抽象”概念的厘清到艺术现场和艺术家主体性的讨论，最根本的主线在于如何通过“中国抽象艺术”作为参与全球当代艺术对话的范式之一。无可回避，因历史语境和艺术史自身脉络的更新，早期的讨论均以西方艺术理论体系为借鉴背景和参照标准，同时又始终与这个体系有着种种“削足适履”的矛盾。20世纪以来的“中国抽象艺术”依据西方理论提供和展示的标准融入全球化的当代艺术世界，却也在20世纪末中国社会的现代化转型中，逐渐打出一条符合中国文化范式，具备社会现实状况、价值体系和观察视角的艺术创作通路。此次展览和研究型出版物以中国20世纪70年代以后的艺术家为视角，因其成长教育背景的文化属性、主体性的再发现，而区别于西方抽象艺术概念；“抽象”作为一种形式和现象，在全球一体化加剧的互联网时代、在现代性模糊文化边界却又筑起意识形态高墙的时代，已然呈现纷繁的、杂糅性的生态面貌，中国当代抽象艺术创造的非具象语言形式无法简单地仅用西方理论框架进行解释，而是同时具备自身的理论体系、叙事话语和认知模式。

“他山之石，可以攻玉”。第四章的选文是对无法绕开的西方抽象艺术理论谱系的梳理和细读，形成反思和对话的基础。本章在选取20世纪以来西方抽象艺术经典理论的理论文章或译作的同时，还将目光投向东亚、南亚等地区的当代艺术生态研究，试图在对全球当代艺术发展的理论文献的梳理中，重新定位中国当代“抽象”艺术的价值和意义，把握隐藏于动态变化关系中的中国当代艺术内在性脉络。

第 4 章

CHAPTER **four**

他山之石与理论思辨

STONES FROM OTHER MOUNTAINS AND THEORETICAL SPECULATION

罗杰·弗莱的批评理论

沈语冰

他作为 1910 年前后英国现代主义事实上的创始人，以及他对 20 世纪上半叶公众观看和理解艺术的方式所产生的巨大影响力，使其成为那个世纪的精神领袖之一。[1]

——John Murdoch（现任伦敦柯陶德美术馆馆长）

弗莱有足够的洞察力认识到现代艺术的意义是两重的：它不仅带来了美学理论的激进修正，而且还带来了一场趣味革命。[2]

罗杰·弗莱（Roger Fry, 1866—1934），英国美术史家、艺术批评家和美学家。他在布里斯的托克利夫顿学院和剑桥大学国王学院接受教育，学习自然科学。他承传了父母双方家庭七代的教友派信徒（Quakers）身份，但在成年时却放弃了基督教信仰。[3] 从剑桥毕业后，弗莱接受了作为画家的训练，最初拜在巴特（Francis Bate, 1853—1950）门下，然后在巴黎朱利安学院（Academie Julian）学习。他把绘画实践看成是他生命的中心，在他整个生涯中不断地作画和展览。

作为一个艺术家，他的影响力较小，但是他的艺术创作实践却赋予了他鉴定家和批评家的角色一种与众不同的敏锐性，而作为一个作家，他的写作范围却十分宽广：从中国或波斯诗歌，玛雅或非洲雕塑，乔托、弗兰切斯卡或巴托洛梅奥（Bartolommeo）的壁画，直到杜米埃尔、塞尚或马蒂斯的绘画。现在，人们已能清楚地发现，他不单是英国后印象主义热情洋溢的宣扬者和精细入微的理论家，还对众多重要而持久的艺术机构，从《伯灵顿杂志》（*Burlington Magazine*）到国家艺术收藏基金会（National Art Collections Fund）和柯陶德艺术学院（Courtalud Institute）的创制与发展，做出了巨大贡献。弗莱在艺术体制方面的这种贡献，常常导致对他在英伦确立起新文化的合法性方面的重要性的过分评价，然而，事实上，他的文章和作为，不仅与第一次世界大战前的艺术发展，而且与世纪之交的艺术中那最富有刺激性的发展，都有着令人难于置信的关联。[4]

1891 年，弗莱首次游历意大利，在那里受到了乔瓦尼·莫雷利（Giovanni Morelli）方法的影响。1894 年开始为"剑桥推广运动"做意大利艺术讲座。1899 年，弗莱出版《乔瓦尼·贝利尼》（*Giovanni Bellini*），接着，他又在《每月评论》（*Monthly Review*）上发表了一系列关于意大利艺术的重要文章，迅速成为贝伦森（Bernard Berenson）、霍恩（Herbert Horne）及其他鉴定家和收藏家圈子里的名流。

贝伦森只比弗莱年长数岁，却视弗莱为自己的学生。他们于 1898 年相遇，1903 年终因贝伦森的偏执而散伙，但在接下来的岁月里，他们仍然保持着彼此尊重的接触。到那个时候，弗莱已是一位蜚声欧美的著名鉴定家，他与贝伦森一道，成为欧洲最厉害的鉴定圈子的专家，吸引了数位顶级的学者、博物馆馆长和画商，包括柏林的博德（Wilhelm von Bode）和卢浮宫的莱纳赫（Saloman Reinach）。[5]

贝伦森的鉴定学给予批评家和理论家弗莱的东西，是一种将他那种经验科学的方法适用于理性分析，而无须牺牲对

[1] "Foreword", in Christopher Green ed., *Art Made Modern: Roger Fry's Vision of Art*, London: Courtauld Gallery, 1999, p.5.

[2] Solomon R. Fishman, *The Interpretation of Art: Essays on the Art Criticism of John Ruskin, Walter Pater, Clive Bell, Roger Fry and Herbert Read*, Berkeley and Los Angeles: University of California Press, 1963, p.110.

[3] 参见范景中主编《美术史的形状：从瓦萨里到 20 世纪 20 年代》，中国美术学院出版社 2003 年版，第 93 页。

[4] Christopher Green ed., *Art Made Modern: Roger Fry's Vision of Art*, London: Courtauld Gallery, 1999, "Preface", p.9.

[5] 关于贝伦森与弗莱的关系及其作为商画和鉴定家的活动，参见 Ernest Samuels, Bernard Berenson: *The Making of a Connoisseur*, Cambridge MA and Lodon, 1979; M. Secrest, Being Bernard Berenson, New York, 1979。

艺术品的情感投入的方法：贝伦森教导他如何超越莫雷利固执的经验主义，从而走向一种既是反应性的，也是批评性的准科学的实践。他所带来的是一种对于绘画技法极其博学和敏感的关注方法，实际上这是一种画家的（亦即实践者的而不是单纯理论家的）理解力。贝伦森的最终焦点是艺术家的个性，但这种个性只能靠对于绘画最“微不足道”的特征进行分析才能揭示。对他来说，“艺术家富有想象力的天赋”正好位于“这些微不足道的特征之中”。鉴定学将艺术中的情感等同于艺术家的个性，贝伦森称之为“艺术人格”（artistic personality）。对一幅画做出反应也就是将鉴赏者置于与艺术家的个人关系之中。早年，弗莱还分享了贝伦森的伊壁鸠鲁主义（一种绝对的经验论和唯物论），但随后，弗莱认为将普遍原理与鉴定学的这种彻底经验主义结合起来是可能的。鉴定学没有普遍原理可言，但却大大强化了弗莱的信念：普遍原理只能建立在对作为现象，亦即作为能够唤起情感的现象的艺术作品的经验研究之上。[6]

至此，贝伦森与弗莱都追随着英国唯美主义者瓦尔特·佩特（Walter Pater）：艺术家只存在于作品中。但是他们放弃了佩特用华丽的辞藻来重建审美经验的做法；代之以能够适应最精确理性分析的严肃文辞。佩特的唯美主义建立在这样一个前提之上：对艺术品的体验只要求观众和艺术品（而不涉及艺术家）。但是，佩特本质上属于古典主义者；他坚持认为艺术作品及其生命本身并不是目的，而是，只有当它们能对个体施加影响的时候才有价值。自我认识、对仔细观察的依赖，以及自我对绘画、音乐与诗歌的反应的近乎科学的分析，诞生了一种生命质量。佩特放弃了基督教教义，转而拥抱文艺复兴的人文主义，从而拒绝了维多利亚时代的卫道作风。尽管他研究艺术品的内在方法与现代主义相似，但对佩特来说，艺术品只是通往美好生活的手段，而非目的本身。他说：“生活的目的不是行动而是静观——存在而非作为——，这一点乃是一切高级道德的原则。”[7]

佩特的“美学批评”概念抛弃了种种陈见，这一点值得赞美，但他无视所有历史的和技术的东西，却招来批评。除了文学，佩特对艺术的历史和技术所知甚少。渐渐地他认识到艺术中的形式分析的重要性，最终承认“需要一种技术的和形式主义的方法”[8]。

历史、个性和命运都允许弗莱去实现早已潜在于佩特思想中的形式主义方法论的诺言。正如不久以后人们将会看到的，弗莱也通过意大利文艺复兴发现了形式主义。他不是惠斯勒或王尔德之类的好出风头之人，但也不是佩特之类的静观者。他的生活既是积极活动的，也是静观沉思的，正如其事业，甚至其遣词造句都充分地表明的那样。

如果说佩特影响了弗莱对艺术品的形式方面的关注，那么拉斯金（John Ruskin）则引导弗莱将作为形式的艺术，与作为社会交往方式的艺术的更大语境联系起来。对拉斯金来说，观念总是比事物，包括艺术品更重要。即使是在讨论一位艺术家的作品时，观念也往往会凌驾于艺术家之上。肯尼思·克拉克（Kenneth Clark）在关于拉斯金的研究中对他作了非常中肯的概括。他界

[6] Christopher Green, "Into the Twentieth Century: Roger Fry's Project Seen from 2000", in Christopher Green, ed. *Art Made Modern: Roger Fry's Vision of Art*, pp.18-19.

[7] Water Pater, *Essays on Literature and Art*, edited by Jennifer Uglow. London: J. M. Dent & Sons, 1973, p.115.

[8] Solomon R. Fishman, *The Interpretation of Art: Essays on the Art Criticism of John Ruskin, Walter Pater, Clive Bell, Roger Fry and Herbert Read*. Berkeley and Los Angeles: University of California Press, 1963, pp.46-50.

[9] Kenneth Clark, *Ruskin Today*, New York: Holt, Rinehart and Winston, 1964, pp. 133-134.

[10] Roger Fry, "Art-History as an Academic Study", in *Last Lectures*, Cambridge: Cambridge University Press, 1937,pp.1-21.

[11] Roger Fry, "Art-History as an Academic Study", in *Last Lectures*, Cambridge: Cambridge University Press, 1937, p.9.

[12] 参见沈语冰《20 世纪艺术批评》，第一章“罗杰·弗莱与形式主义批评”，中国美术学院出版社 2003 年版，第 55—80 页。

[13] Roger Fry, "The Last Phase of Impressionism", *Burlington Magazine*, Vol. XII, October 1907- March 1908, p.374.

定了拉斯金的“总体性方法”（holistic approach），认为艺术“涉及艺术家的整个人”，涉及、反映并建立在“宗教、生活行为和真理”之上。[9]

不仅是在社会的事务上，而且在对绘画与自然中的风景的关注方面，人们都可以发现拉斯金与弗莱之间的平行。弗莱《伟大的国家》（“*The Great State*”）（写于 1912 年，收入《视觉与设计》时更名为《艺术与社会主义》）回响着拉斯金的声音。但是，在对个别作品的考虑中，弗莱远离了拉斯金。当弗莱致力于分析形式与构图，而对其内容却只眼相看的时候，拉斯金却经常描述然后停留在内容上。

除了这些影响，在弗莱理智与情感的成熟过程中，最为重要的是他对科学的兴趣以及在剑桥所受的教育。逻辑成了这两个要素的共同点。将逻辑与严格的客观性带入艺术批评，弗莱希望形式主义可以纠正世纪初非常流行的拉斯金、佩特以及关于艺术的“鉴赏性”或美文写作的偏颇。对科学，特别是对方法论的关注，始终是弗莱美学理论的标志。他好不容易克服了对日尔曼事物的偏见，在实践上，也是在语言上寻找着艺术史（Kunstforschung）的英国对应物。根据他的看法，艺术史学科正处于向社会科学靠拢的阶段，它不仅与人类学，还与社会学相关。特别重要的是，弗莱坚持认为，当时存在着对艺术史进行“系统研究”以及运用“科学方法”阻止“滥情态度”的迫切需要。[10]

对弗莱而言，科学与艺术之间永远存在着可比因素，而且通过采用科学的思想和程序，他可以更好地解释艺术的某些方面。他的想法因此超越了具体问题，而达于普遍之域。他认为，艺术作品拥有“秩序与独特性”，但总是与“精确的或数学的秩序”不同，它使图像生动活泼，并诉诸观众“理智的愉悦”。就像科学家不断地探索现象以发现规律一样，弗莱也鼓励观众一而再再而三地回到艺术品面前，以检验特殊的视觉元素的运用和效果。这种真正的互动不是一蹴而就的，因为“艺术品总是无限地拖延这一过程”；但“当我们的心神从不安转为安宁与舒适时”，艺术品就能提供“一种持续的愉悦过程”。[11]

对弗莱的主要艺术思想，笔者已在其他语境中做过一个简要的述评。[12] 这里，我试图在避免重复的自设前提下，进一步勾勒和深化对他的认识和理解。

《印象派的最近阶段》（*The Last Phase of Impressionism*, 1906）是一封致《伯灵顿杂志》编辑部的信，在弗莱形式主义理论的形成过程中是非常重要的一步。弗莱在此文中开始关注现代法国绘画，主要是因为他发现他所崇拜的那些意大利“原始画家”（按指后期拜占庭画家与文艺复兴初期画家）与后印象主义者之间的相似性。弗莱断言“拜占庭主义乃是印象主义的必然后果”，而印象主义这种风格“没有力量表达……个人态度和情感”。相反，后印象主义则重新强调了线条和坚实的块面，以纠正印象主义者的错误，因为印象主义已使视觉元素成为“彼此融合，完全消失在表象里，以至于不再传达任何可理解的信息……”[13]

弗莱对印象主义持不断的批评态度，并

成为他从后印象主义，特别是从塞尚的造型形式中发现的所有优点的对立面。弗莱认为，在后印象派作品（特别是塞尚、高更和西涅克的绘画）中，结构的重要性使他们脱离了印象主义，因此弗莱称他们为“准拜占庭画家”，以强调他们使用强烈、扁平的色彩，并使他们的“效果完全依赖于对最简洁元素的深思熟虑的协调”[14]。

在弗莱批评观念的形成中，《一篇美学论文》（“*An Essay in Aesthetics*”，1909）极其重要。在这篇文章中，弗莱首先区分了“实际/活动的生活”（actual/active life）与“想象/静观的生活”（imaginative/contemplative life）。日常生活的视觉是习惯性的和不精确的，是一桩识别符号而不是观看对象的活动，而且是为着特殊的目的，例如为了避免碰撞；因此人们很少真正注视。而“想象的”视觉，包括艺术中的体验，则更为精确地加以观照，而且不涉情感，因为行动与伦理在此都不需要，人们在此时是不带利害的，所以可以分析其反应。[15]

从弗莱开始关注现代艺术起，他对塞尚的敬重与日俱增，到1910年，当他翻译法国画家、艺评家莫里斯·德尼（Maurice Denis）的《塞尚》一文时，他已经能够在“译者导论”中断言塞尚是“伟大的和原创性的天才……是他开创了一个新的运动，现时代最有希望、最有成果的运动”。[16]从塞尚的作品中，弗莱发现了一种“艺术的新概念”，最富有启发性的莫过于弗莱认为塞尚的作品直接来源于印象派，但他的作品“意味着与印象主义艺术观的直接对立”。1910年，还正值德国著名艺术史家迈尔—格拉菲（Julius Meier-Graefe）的《现代艺术》一书出版，《现代艺术》认为马奈是现代主义的源头，因为马奈“认为绘画就是平面装饰；因为他对老大师们所运用的、通过造型幻觉来欺骗眼睛的所有其他元素的无情贬抑；还因为他对别的绘画元素的有意坚持”。[17]迈尔—格拉菲特别强调了艺术的创作过程，这一点博得了弗莱好感，使他转而支持德国人的这样一个观念：艺术是对表象背后的永久结构的再创造。[18]将塞尚的绘画视为具有古典精神和哲学精神，就使它们超越了个人趣味和倾向性，这允许弗莱从中发现社会价值。位于弗莱这一信念背后的，乃是对印象主义肤浅性的攻击。印象主义绘画不仅抛弃了体积以及对形式的关注，而且还抛弃了诠释性的和个人的视觉。他们的世界是物质主义的和过渡性的，而不是超越的和永恒的。

弗莱的美学理论和艺术批评观在主持两届现代艺术史上极为有名的后印象派画展（第一届从1910年9月到1911年1月、第二届从1912年10月到1913年1月）时得到了进一步深化。展览的新颖性、作品的数量、观众的规模和多样性，以及展览对英国艺术批评的影响，都增加了它的历史重要性。[19]作为这两次活动的主持人，弗莱被迫坚持不懈地捍卫展览，并向公众不断地做出解释。在这个过程中，他的美学观念开始变得越来越清晰。塞尚仍然是两届展览的核心。在给美国《国家》（*Nation*）杂志编辑的一封信中，弗莱曾为一幅《塞尚夫人像》辩护，断言它有意大利文艺复兴初期画家皮耶罗（Piero）和曼泰亚（Mantegna）的那种纪念碑性：“那自

[14] Roger Fry, "The Last Phase of Impre-ssionism", *Burlington Magazine*, Vol.XII, October 1907-March 1908, p.375.

[15] Roger Fry, "An Essay in Aesthetics", in *Vision and Design*, pp.18-24. 中译本参见[英]罗杰·弗莱《视觉与设计》，易英译，江苏教育出版社2005年版，第11—24页。

[16] Roger Fry, introduction to Maurice Denis, "Cezanne", translated by Roger Fry, *Burlington Magazine* XVI, October 1909-March 1910, p.207.

[17] Quoted in Twitchell, *Cezanne and Formalism in Bloomsbury*, Ann Arbor, Michigan: UMI Research Press, 1987, p.57.

[18] Jacqueline V. Falkenheim, *Roger Fry and the Beginnings of Formalist Art Criticism*, Ann Arbor Michigan: UMI Research Press, 1980, pp.39-40.

[19] Jacqueline V. Falkenheim, *Roger Fry and the Beginnings of Formalist Art Criticism*, Ann Arbor Michigan: UMI Research Press, 1980, p.31. 展览的具体背景及其引发的争议，详见拙著《20世纪艺术批评》第一章。

我包涵的内在生命力，属于真实图像的恒久性和确定性，而不仅仅是对某些更一贯的现实的表面反映。”[20]

第一届后印象画派展的秘书麦卡锡（Desmond MacCarthy），在弗莱提纲的基础上撰写了展览目录的《导论》。他解释说“格图中的综合”乃是潜在于后印象派方法中的原则。这种综合允许艺术家使其“绘画中的再现力量”有意识地臣服于“整体构图中的表现性力量”。[21]正因为他们关注的是概念，而不是视觉，后印象主义者才从根本上区别于写实主义者和印象主义者。形式主义批评的基本术语，已在这届展览上奠定。

与第二届后印象画派展高调的形式主义相应，弗莱开始讨论这些作品的“古典性”。到1912年，他已不再使用“精神的”“表现性的”和“原始的”这三个从迈尔 - 格拉菲那里借来的术语，但是他仍然为塞尚辩护，以反对英国批评家和一般公众对他“不真诚”“夸张”甚至“笨拙无能”的指责。[22]

两届后印象派画展改变了英国公众的艺术观，也使艺术批评产生了一场革命。形式主义已深入人心，正如其术语的流行所表明的那样：“造型”（plastic）、“图画平面”（pictureplane）、“色调”（tone）、“构图”（composition）及“结构元素”（structural elements）等等成了形式主义语汇中的关键词。这两次展览使形式主义与后印象主义完全交织在一起。正如美国学者维切尔所总结的：“后印象主义在形式与内容缓慢而又不断的分离中达到高潮，它还催生了形式主义艺术批评。”[23]对形式主义的接受，也成了“使后印象派被接受为严肃的艺术家的合法性需要中最后一个音符”[24]。

弗莱曾在《一篇美学论文》中提出“实际生活”与“想象生活”，及其相应的“实际的视觉”与“想象的视觉”的区别，但这两者之间仍然是有关联的，并且暗示着后者根源于前者。但是，到1912年时，也就是在第二届后印象派画展时，他却提出这两者可以彻底地分开。他说：“他们（指法国后印象派画家）不求模仿形式，而是创造形式；不模仿生活，而是发现一种生活的对等物。我的意思是，他们希望通过逻辑的清晰结构和质感的严密统一，来创造形象，这种形象以某种鲜活的东西诉诸我们不带利害的和观照的想象，就如同现实生活中的事物诉诸我们实践的（实际的）感性一样。”[25]。

形成于1908—1912年的弗莱理论的基本形状，之后并没有发生根本性的改变。在对“纯粹形式”的反应与对“联想的观念”的反应之间做出根本性的区分，给予了他足够的弹药发动对艺术的精神分析和赫伯特 · 里德（Herbert Read）的批评。在这些事件中，弗莱似乎像一个顽固的形式主义者。然而，细读弗莱的专著和论文，人们可以发现他从来没有运用形式分析作为研究一件作品的唯一的方法，而是使用一定范围的学术手段，通常是形式分析与图像学的和传记的方法结合起来。不过，形式分析确实也构成主导。弗吉尼亚 · 伍尔芙曾评论过弗莱思考艺术作品时理性与感性那种罕见的“统一”与“和谐”，因为他“总是不断地检查和修正他的印象，”运用“其大脑来纠正其感性。同样重

[20] Denys Sutton ed., *Letters of Roger Fry*,2 vols. London: Chatto & Windus,1972, pp.39-40.

[21] 转引自 Twitchell, *Cezanne and Formalism in Bloomsbury*, pp.58-59.

[22] Roger Fry, "The French Post-Impressionists", *Vision and Design*,pp.237-239. 中译本参见第153—157页。

[23] Twitchell, *Cezanne and Formalism in Bloomsbury*, p.62.

[24] Jacqueline V. Falkenheim, *Roger Fryand the Beginnings of Formalist Art Criticism*, p.65.

[25] Roger Fry, *Vision and Design*, London: Chatto & Windus, 1957, p.188. 中译本参见第154页。

要的是，他总是允许他的感性去纠正他的大脑”。[26]

另外，在弗莱理论和批评实践的核心，是对其结论的临时性的接受。在《视觉与设计》的《回顾》一文中，他开宗明义地指出，“我从不相信我所知道的事情是艺术的最终本质。我的美学是一种纯粹的实践美学，一种实验性的权宜之计，一种使某种秩序转变为我至今的美学印象的意图。它仅维持到新鲜的经验可以巩固或修正它的时候。此外，我总是以某种怀疑的目光审视我的体系”[27]。对此，一个最有名的例子是，有一段时间，弗莱倾向于认为绘画离不开再现，但是在 1913 年夏天举办的艺术家联展上，他有机会以更为开放的头脑来看待绘画中出现的新趋势。弗莱发现，康定斯基“正在将他那令人着迷的实验推向一个表现形式的新世界”。康定斯基的风景和两件即兴之作，是展览中“最佳的”和“最彻底的”的作品，因为它们“拥有最确定和最融贯的表现力”。弗莱不仅得出结论认为康定斯基的即兴之作“是纯粹的视觉音乐”，而且还迫使他放弃“是否存在着由如此抽象的构图来表达情感的可能性的疑虑”。[28]

弗莱批评理论的这种临时性和开放性，特别表现在他与克莱夫·贝尔（Cleve Bell）严格的形式主义理论的差异中。弗莱谨慎地欢迎贝尔提出的不同于日常情感的“审美情感”说，但是在两个关键问题上，他不同于贝尔。第一，他坚持认为存在着这样的可能性，即不单单是形式，而且还是“图像”，都可以在文学和绘画中结合在一起，以便唤起“审美情感”，因此，他暗示，可以有一种建立在关系之上的“真正的形象艺术”。第二，他不相信“有意义的形式”（significant from）是自足的，并且暗示，其意义事实上来自生活经验相关的某种外部成分。弗莱染指两个不确定的领域，这些问题将伴随着他一生，直到他去世也未曾解决：视觉艺术中的形象塑造(illustration)与形式设计(design)之间的关系，有意义的形式与可见事物之间的关系。

英国学者格林以弗莱寄自法国普罗旺斯、给英国著名画家凡妮莎·贝尔（Venessa Bell，弗吉尼亚·伍尔芙之妹，克莱夫·贝尔之妻）的信为例，提出自然母题在弗莱心目中的重要性：“我知道，你认为画什么地方不重要，从理论上讲你是对的，不过我想观看大自然时的那种激动（尤其是当大自然显得那么温顺，仿佛是在邀请人们和接受人们关于形状与色彩的偏见的时候），是多么令人兴奋。”他还说，“我越来越觉得，塞尚是个纯粹的自然主义者，或者差不多如此；只要他的意识和清晰的自我暂时离开他，尽管，对于某些形式关系，他一直拥有某种可怕的内在偏见”[29]。将塞尚视为“自然主义者”这一看法将会贯穿整个 20 世纪 20 年代，并持续支持他不断增长的信念，即在艺术中，当形式作为与可见事物的最强有力的遭遇的结果出现时，它就经常变得最有意义。塞尚是最有说服力的例子。另一个例子则是马蒂斯。弗莱早在 1912 年就发现了马蒂斯与毕加索的根本差异：前者是一个理智型的画家，其“构图几乎总是来自某些清晰的可见事物”；而后者却是一个冲动型的画家，其晚

[26] Virginia Woolf, "Roger Fry", The Moment and Other Essays, ed., *Leonard Woolf*, New York and London: Harcourt Brace Jovanovich, 1974, p.101-102.

[27]［英］罗杰·弗莱：《视觉与设计》，易英译，江苏教育出版社 2005 年版，第 186 页。

[28] Roger Fry, "The Allied Artits", *The Nation*, Vol. 13, August 1913, pp.676-677; quoted in Beverly H. Twitchell, *Cezanneand Formalism in Bloomsbury*, p.49.

[29] Quoted in Christopher Green, ed., *Art Made Modern: Roger Fry's Vision of Art*, p.24.

[30] Roger Fry, *Henry Matisse*, London, 1930, pp.14-15.

[31] Christopher Reed, ed. *A Roger Fry Reader*, Chicago: Chicago University Press, 1996, pp.121-123.

[32] Roger Fry,"Some Questions in Aesthetics", *Transformations*, London: Chatto & Windus, 1926, p.10.

近作品达到了很高程度的“抽象和音乐品质”，放弃了“对自然现象的直接指涉”。

弗莱认为马蒂斯不仅是一种新的自然主义（按弗莱的“自然主义”与通常所说者完全不同；他所谓的自然主义是指循着自然的指示，并在艺术中可见自然母题这种意义）的现代诠释者，而且还是“绘画的双重性质”的最佳体现者。他说：“马蒂斯拥有处理扁平的正面色彩体块的秘诀，因此，它们尽管明显是扁平的，并且粗暴地嵌入画布表面，却能在观者的头脑中引发精确的后缩效果——它们以平面的形式保持在想象的（ideated）绘画空间中。”从马蒂斯“对造型形式的系统理解中——这种理解是通过对自然的直观获得的——产生了一种特殊的能力，既能暗示体块，又能暗示画面上的空间”[30]。将“平面的”立体主义者毕加索与“造型的”自然主义者马蒂斯并置，弗莱显而易见倾向于后者，从而带出了弗莱形式主义批评理论中一个迥然有别于格林伯格的特征：弗莱的信念，特别是 1918 年之后，形式当其是“造型的形式”时才是最具意义的。所谓“造型的”，他是指能直接唤起三维效果的体块和空间。平面性（Flatness）本身，对弗莱来说，是没有意义的：它不可能成为现代主义绘画的关键，一如它在格林伯格那里所扮演的角色。[31]

在出版于 1926 年的《变形》（*Transformations*）一篇分析伦勃朗绘画的著名文章中，弗莱认为伦勃朗的名画《瞧这个人》（*Ecce Homo*）的成功，既是图画“设计”的成功，也是图画戏剧（形象塑造）的成功。毫无疑问，在他脑海里，这是形象塑造艺术的典型例子：一个殉难故事，它的讲述本身就能唤起强烈的“统一情感”。在考虑这一点时，他引入了他的法国朋友、作家查尔斯·毛隆（Charles Mauron）的一个新术语“心理体积”（psychological volumes）。不过，他仍然坚持设计与形象塑造之间的根本性分裂，坚持认为他无法同时对“造型形式”与“心理体积”做出反应，两者之间没有融合。同样，在《变形》一书的开篇论文《一些美学问题》（“*Some Questions in Aesthetics*”）中，弗莱似乎也想将形式的抽象价值与伴随着的联想观念或戏剧性效果，进行中和。乔治·鲁奥（Georges Rouault）的画让他意识到，观看作品的时机对于联想价值效应来讲是非常重要的，而心理因素与造型因素均卷入其中。在那些使“心理诉求成为可能的”作品里，“心理价值比造型价值更直接有效，更富有紧迫感，但是……在长久注视下，它就倾向于虚化，并使造型价值成为更加永恒而不会迅速耗尽的动机力量”[32]。

在 1929 年所作的一次题为《艺术中的再现》的演讲中，弗莱把自己的现代主义理论称为艺术的“建筑理论”，将过去占主导地位的、与联想的观念联系在一起的理论叫作艺术的“文学理论”。但是，不是将两者严格地加以区分，弗莱出其不意地试图将它们结合起来。他认为，不仅存在着这样的作品，在其中“建筑的因素和文学的因素同时出现”，而且，“这两种不同的艺术还存在着彼此合作”。这类作品的最高典范是伦勃朗的绘画。他坚持认为，这不是一桩“形式”与“内容”相互融合的事情，而是一桩形式以两种不同的方式起作用的事情。他总结说："在这样的作品中，存在着与建筑类似的空间—体积的安排模式，也存在着与文学类似的心理瞬间的模式。"[33]

在对弗莱的诸多批评中，说他是精英主义者最多。这种批评始于查尔斯·哈里森。[34]但是遭到了克里斯多夫·里德（Christopher Reed）的有力反驳：弗莱与其说属于当时的精英集团和占统治地位的观念，还不如说处于某个亚文化，他与其盟友本身就是反主流文化的，他们是在与"资本主义消费文化的律令作殊死搏斗"，而不是在维护任何既得利益。[35]

相对而言，弗莱的精英主义形象只是他的另一个主要形象的补充：顽固的形式主义；他将艺术从生活中独立出来不仅使艺术成为少数人的特权，而且开创了通向20世纪40年代后的格林伯格的英美形式主义的道路。对此，里德也给予了有力的驳斥，他论证了弗莱形式主义的开放性及其"方法上的怀疑论"[36]。与里德一样，格林也提出了强有力的证据，认为弗莱的形式主义与其说可以与格林伯格加以比较，还不如说可以与后者加以分离。他举出的例子是弗莱生前的最后一篇文章，在此文中，弗莱对他最为核心的理论问题（关于"心理反应"与"造型/形式反应"是否可以在绘画鉴赏中相结合的问题）作了悬而未决的处理。他最后的话是："这是一个我永远无法回答的问题。"[37]他举出的第二个例子是弗莱生前提供给《伯灵顿杂志》的最后文章之一，该文强烈批评了他的后继者赫伯特·里德。在此文中，他坚决拒绝了里德在达达主义和超现实主义中所发现的那种反理性主义的热情。[38]格林将弗莱对欧洲理性主义的坚持追溯到他成长期在剑桥所接受的教育，特别是他与高尔斯华绥·刘易斯·狄金森（Goldsworthy Lowes Dickinson），著名黑格尔主义哲学家麦克图加特（J. E. McTaggart），以及伯特兰·罗素（Bertrand Russell）的交往。[39]

从以上简明的勾勒中，我感到对弗莱批评理论和美学的认识上存在着一个十分令人困惑的现象，那就是：他所说的一切似乎早已成了老生常谈。真的，当现代主义美学与形式主义批评理论早就成为教科书常识和艺术界陈腔滥调的时候，再来反观弗莱的思想，似乎确实有些简单。但是，如果我们稍稍回顾一下历史，从当初的语境中来观照他的理论发展，就会深深地震撼于其探索的真诚，以及为之付出的巨大努力的可贵。虽然有一些理论资源可供借鉴（弗莱恰好隶属于从希尔德·布兰德、李格尔、沃尔夫林、莫雷利、贝伦森等人的形式主义艺术史家的传统），他也吸收了美国学者丹尼尔·罗斯（Daniel Ross），以及法国画家兼艺评家莫里斯·德尼的一些观点，但总的来说，他仍然是一个特征鲜明的英国经验主义者。他与众不同的一点，就是自始至终将面对艺术品的体验和直觉，作为作品分析的出发点和最后归宿。这就使他避免了不少艺术批评家以及多数美学家致命的空疏毛病，也使他有幸从未跌入历史决定论或其他种种形而上学的深渊。

肯尼思·克拉克曾评论弗莱的为人和思想态度说："他思想的独立与敏锐无可置

[33] Quoted in Christopher Green, ed., *Art Made Modern: Roger Fry's Vision of Art*, p.27.

[34] Charles Harrison, *English Art and Modernism, 1900-1939*, London, 1981.

[35] Christopher Reed, "Forming Formalism: The Post-impressionist Exhibition", in Christopher Reed, *A Roger Fry Reader*,1996.

[36] Christopher Reed, "Revision and Design: The Later Essays", in Christopher Reed, *A Roger Fry Reader*, p.309.

[37] Roger Fry, "The Toilet, by Rembrandt", The Listener, 19 Sep. 1934, p.468,quoted in Christopher Green, ed., *Art Made Modern: Roger Fry's Vision of Art*, p.14.

[38] Roger Fry, "Art Now-An Introduction to the Theory of Modern Painting and Sculpture", *The Burlington Magazine*, May 1934, p.242, quoted in Christopher Green, ed., *Art Made Modern: Roger Fry's Vision of Art*, p.14.

[39] Christopher Green, ed., *Art Made Modern: Roger Fry's Vision of Art*,pp.14-18.

疑，很少有批评家像他那样拥有如此广泛的美学兴趣。对他来说，没有一种艺术表现手法是太遥远、太卑微或是太琐碎，乃至于无须加以眷顾的。从各种清规戒律中解放出来就是他为人的特点所在。”[40]起初，我们或许会因为弗莱不加区分地在拜占庭风格、意大利文艺复兴初期画家、阿拉伯艺术、中国书画、玛雅文化、黑人雕塑等广泛得令人难以置信的范围中寻找艺术形式的共同点，并为现代艺术中的形式主义作辩护，而觉得不可思议，也不免心生疑窦。但是用不了多久，我们就会发现他的高明之处。事实上，当其为塞尚及现代主义绘画辩护时，世上并没有多少现成的理论资源可以利用，那时索绪尔的语言学理论尚在形成过程中，俄国形式主义者还不知道在哪里，稍后就沦为某种不幸教条的英美新批评文学理论则连影子都还没有！

所以，当我们得知弗莱对其美学思想和艺术批评理论的价值是如此深信不疑，同时，对它们的局限性又是如此清醒明白时，我们不由得要暗生敬佩之情。他说：“不管我所尝试提出的这些原理或理论有着什么样的价值，这种价值并不在于它们的真实性（因为我们仍处于［现代］美学的开端），而在于它们激发潜在的感性的能力，在于它们有望助你成为一个艺术的欣赏者；因为正是在这种心灵之间的交流中，艺术才成就其本质，观众才像艺术家一样成为根本。”[41]

（原载《美术研究》2008年第4期）

[40] Sir Kenneth Clark, "Introduction to Roger Fry", *Last Lectures*, Cambridge: Cambridge University Press, 1937, p.x.

[41] Roger Fry, "The Meaning of Pict-ures, VI: Truth and Nature in Art", *The Listener*, II, no. 43, 6 November 1929,p.618, quoted in Christopher Green, ed., *Art Made Modern: Roger Fry's Vision of Art*, p.29.

至上主义 · 34 幅素描[1]

卡西米尔 · 马列维奇
刘士滢 译
于润生 校

友人们执意要把我的至上主义作品结集出版。尽管他们希望出得尽可能好而全面，但最终仅完成了选定的一小部分。本书以黑色和灰色印刷了少数一些构图。现实条件无法使其以原样呈现。按照黑色、红色、白色方块的数量，至上主义划分为黑色时期、彩色时期和白色时期三个阶段。最后一个阶段是在白色里描绘白色的形体。三个阶段的发展时期为 1913—1918 年。各阶段都在纯粹平面上构建。其构建的基础主要是经济性因素，即在一个平面上表现静态的或可视的动态静止的力量。如果说迄今为止，所有感觉的形式表达无非都是通过构成机体各种形式彼此关系来实现的，那么至上主义则是以经济的几何主义作用于一个平面或体量中来实现这一点。如果说所有形式都是纯粹实用性的完美表达，那么至上主义的形式也只是在具体世界降临中出现的实用性完美行动的被感知的力量符号。形式鲜明地指向状态的变化，就像给太空中的飞行器指明未来道路，并非通过马达或是某种纯然灾难性结构的笨重机器的生硬手段来征服太空，而是有计划地将形式纳入自然行动中。或许，形式由自然力的相互关系元素构成，因此并不需要马达、翅膀、轮子、汽油这些动力，而是具有某种相互关系引发的磁力。在形成整体时，其躯体并不由各种不同的机体构成。

至上主义装置——如果可以这么表述的话——是整体化一，不带有任何连接组件的。组件之间的融合类似于承载着完美生命的地球，因此每一个至上主义躯体都将纳入自然的组织之中，形成新的卫星；仅需看看在太空中运行的两个天体之间的相互关系。地球与月球——在其之间可以构建新的至上主义的卫星，这颗装备齐全的卫星将会按照轨道运行，形成自己全新的路径。研究至上主义的运动形式，我们可以得出结论，以直线向某个星球进行运动，只有通过中间至上主义卫星的环形运动才能实现，它们从一个卫星到另一个卫星的运动呈环状直线。在研究至上主义时我发现，其形式和地球表面的技术毫无干系。所有的技术有机体无非就是些小卫星——整个鲜活的世界，做好了飞向太空并在太空占

[1] 根据 1920 年底在维捷布斯克出版的石版印刷书籍的文本整理。文内以插图形式附有 34 张马列维奇至上主义主要作品的复制品。

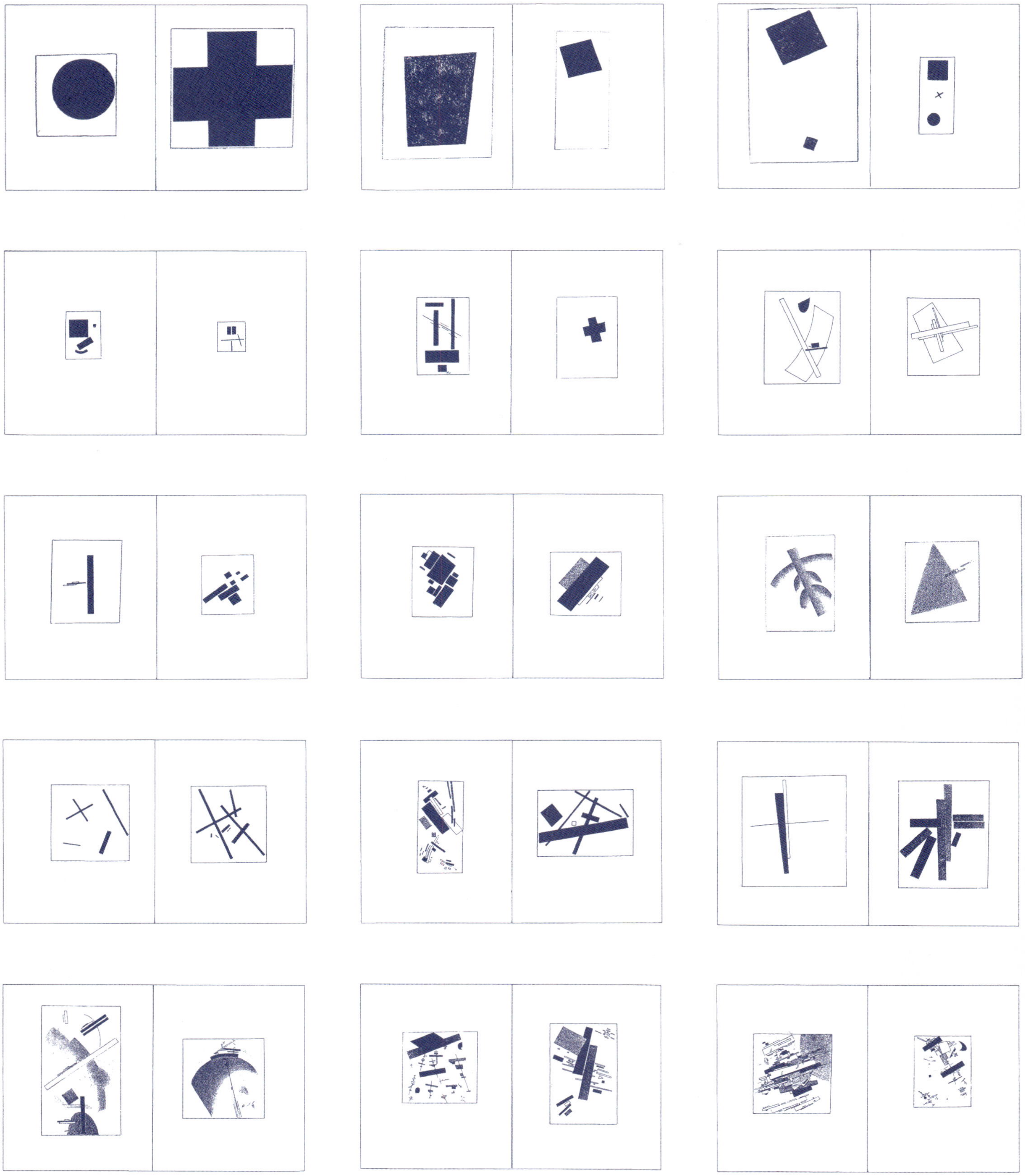

有一席之地的准备。毕竟事实上每个卫星都装备了智能，做好了独立生存的准备。在星系宏大的自然体量之中，发生了某些状态的分散和分层，这些状态形成了自主的生命，创造完整的世界系统，并且和谐地联系着，以保障自身的生存，消除灾祸。作为一种抽象，至上主义形式就成为实用的完美。这些形式已经与地球无关，可以作为任何星球或者整个系统来进行观照和研究。我所说的与地球无关并非将其弃置和孤立，而仅指在未来至上主义世界中构建的技术有机体原型，这些有机体以纯实用必要性为前提并因此相互关联。每个实用技术有机体的意义都在于同样的目的和意图，找寻机会穿透[2]我们在至上主义画布上所见的领域。然而，到底何为画布，其上呈现的是什么？分析画布，我们首先看到的是一扇窗，透过其中可以窥见生命。至上主义的画布呈现白色空间，而不是蓝色空间。因为显然，蓝色并不提供关于无限的现实形象。视线就好像是碰到了穿不透的穹顶无法进入无限。至上主义无限之白可以让视线畅行，无远弗届。但我们看到了运动躯体，看到他们如何行动及如何展开。我已发明整个系统，然后开始研究其中运行的形式，它们应该被阐明并揭示其本质所在，它们存在于整个物质世界之中。这要求大量的工作。至上主义构形的色彩秩序和审美需要——如色彩、形状或者人像——完全无关；黑色时期与白色时期如是。至上主义最重要的两个基础是黑色和白色的能量。我指的是出于经济节省的纯粹实用的必要性，黑和白的能量用于行动形式的展开（阐明动作形式），因为彩色会消失。在创作中色彩或色调的表现并不取决于美学现象，而是取决于物质的属种本源，以及构成能量团或能量形式的元素的聚合。现在，如果所有的形式或物

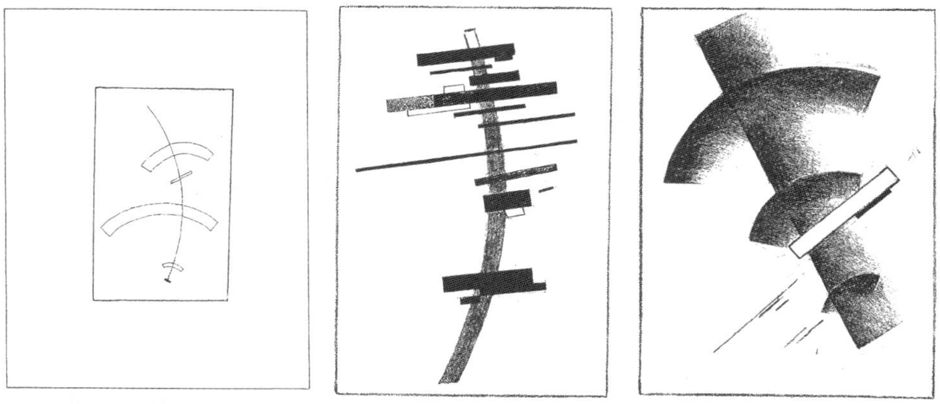

质种类都是为自己行动着色的能量，那么相应地，在无限的创作中将出现物质变化，形成新能量的聚合，因此，每一个行动系列将出于经济考虑而改变形态，而色彩也会改变自我形象。城市作为物质能量聚合的形式失去了色彩而变成调子关系，主要是黑、白两色。

（然而能量作为色彩行动的分析似乎要重复我 1917 年关于色彩的研究了。）

顺便提一下，在至上主义中黑和白作为展开形式的能量，仅指在画布上构建立体的至上主义物体的时刻，而在现实的可感知的行动中不起作用，因为现实中是通过光来显出形式，但在至上主义现实形式中只剩下黑和白，而由此生发所有的物质能量演化，也就是说消灭了色彩和色调的新的物质时代来临了（我认为黑和白是从色阶中被划分出来的）。至上主义有三个历史发展时期：黑色，彩色和白色阶段。所有的阶段都是在平面符号条件下发展，似乎表达着未来的立体计划，诚然，当下至上主义是在新建筑构造的立体时期发展壮大。借此，至上主义与地球建立了联系，但由于自我构建的经济因素，改变了全部的地球物质结构，在这个词的尘世意义上，至

[2] 此处可引申为“洞悉”。——校者注

[3] 原文是 всечеловек——校者注。

[4] 马列维奇题为《走向纯粹行动》的文章发布于《新艺术学校年鉴》（*Алманах Уновис*）第一卷，该年鉴中有一份声明《卡·马列维奇……出版预告，论纯粹行动》（《乌诺维斯年鉴》第一卷，维捷布斯克，1920 年，特列季亚科夫画廊手稿部，卷宗号 ф.76/9）。今未见题为《纯粹行动》或《论纯粹行动》的独立出版物存世。

[5] 原文此句直译为“……在白色完美之中的圆满结局”。——校者注

[6] 无法确定马列维奇此处所指的作品是什么；没有与此同名的小册子或文章。

[7]“新艺术捍卫者”原文是 УНОВИС，这个词是马列维奇将“新艺术的捍卫者们”（Утвердители Нового Искусства）这个俄文短语中各单词首音节连缀起来所生造的；这是一个 1919 年之后马列维奇在维捷布斯克艺术学校内和一群支持他艺术理念的师生所组成的艺术家团体，持续活动到 1922 年。——校者注

[8] 本文根据沙茨基赫（А.С. Шатских）主编《马列维奇文集》（五卷本）第一卷，莫斯科，1995 年，第 185—189 页译出。

上主义和行星系运行不息的独石体联系了起来。

在研究中发现，至上主义中含有新机器的理念，即新的无轮、非蒸汽或汽油驱动的系统。

（对此应该提出很多的论据。）

至上主义的一个重要基础，自然是经验和实践，可以跳脱书本世界，代之以经验、行动，并借此投身全面创造之中。至上主义和物质材料的关系与当下流行宣传的相反，时下日益鼓吹有利于物质文化的审美倾向，对材料表面的雕琢加工成为现代艺术家的精神病态。至上主义通过经济必要的实用性完美树立形象，代之以自然改造，仅在那些技术上必要的地方涉及加工，绝不为美学上的装饰机体羽毛考虑。

至上主义三个方块就是某种世界观和世界结构的确立。白色方块既是全新白色世界结构的纯粹经济行动形式，又是论证世界结构作为“纯粹行动”，作为在“完人”[3] 的纯粹实用完美中的自我认知。在社会生活中还具有以下意义：黑色作为经济符号，红色作为革命信号，白色则是纯粹行动。

我对于白色方块的研究又可见那本论“纯粹行动”的小册子。[4]

黑色方块决定经济，我认为经济是艺术的第五维度。

经济问题是我的高台，自此可以审视整个物质世界的创造，继而我主要的工作已不在绘画，而在写作。因为似乎画笔难以达到钢笔所能及之处。画笔散乱且无法触及大脑沟回，而钢笔则锋利得多。有意思的是，三个方块指示道路，而白方块承载白色世界（世界结构），确立人类创造生活的纯粹性标志。色彩作为指明道路的信号，具有何等重要的作用。关于色彩、关于白色和黑色，产生了诸多讨论，这些讨论会经由红色道路通向白色完美的圆满结局 [5]。

（提到白色，我指的并不是当下规定的政治概念。）

在纯粹的色彩行动中，三个方块还指示了色彩的衰微，在白色中色彩消失了。

在至上主义中不可能谈绘画，绘画早已被摒弃，带有过去偏见的艺术家自身亦然。

对于这些问题的论证可见我的小书《作为实用性完美的我们》。[6]

在这三页纸上无法把问题全部说尽，也说不透研究的结果如何。在确定了至上主义系统的相关计划之后，建筑至上主义的后续发展则交托于广义上的年轻建筑师们了，因为建筑新系统的时代只可能在他们那里开启。

我本人则转向于我而言全新的思想领域，并将尽我所能地去阐述我在人类头脑的无限空间中的所闻所见。

地球上的世界建筑统一系统万岁。

创造与见证新世界的“新艺术捍卫者”[7] 万岁。

1920 年 12 月 15 日 [8]

形式主义与格林伯格的现代主义

曹意强

形式分析是20世纪艺术史研究中最为普及的方法，难怪成为“新艺术史”攻击的主要对象。然而，历史的悖论是，形式主义不但是现代艺术史的酵母，而且是现代主义艺术理论的催发剂。罗杰·弗莱用形式主义为后印象派辩护，格林伯格用形式主义为抽象表现派鸣锣开道。可以说，没有形式主义理论，就没有现代艺术即从塞尚至蒙德里安，直到马瑟韦尔（Robert Motherwell）的艺术。现代艺术的重镇，从法国巴黎转向了美国纽约，而美国20世纪的艺术史，绝对是以格林伯格为首的形式主义为主导的。美国的形式主义者承继形式分析之父沃尔夫林的理论，对美国现代艺术运动起了推波助澜的作用，就此而论，本文难以苟同如下说法：即沃尔夫林的理论对现代主义艺术运动毫无影响。

传统的形式主义旨在抛开一切上下文/情境、意义之类的外在问题，与作品进行纯粹而直接的接触，努力理解其形式特质，诸如线条、色彩、材质和构图，而不是读解其“内容”，诸如它所包含的人物、故事、自然场景和观念等东西。“内容”向来与瓦尔堡、潘诺夫斯基的“图像学”相联系，形式主义者反对读解内容，其理由是内容这个东西属于智力史范畴，与艺术价值毫无干系。

艺术作品具有直接影响观者的特质，这是西方由来已久的一个美学观念。康德在《判断力批判》中就阐述了纯审美经验。沃尔夫林提出五对相对的概念来分析文艺复兴和巴洛克艺术的形式，前者运用线性（linear）追求清晰而封闭的形式，后者使用涂绘手段（painterly），以混沌的形式塑造开放而有景深感的效果。沃尔夫林生于1864年，死于1945年，其学术高峰正处于西方科学和社会科学宣称发现了各种永恒的自然与人类行为法则的时期。沃尔夫林受此激励而提出了支配艺术风格历史的普遍法则：即早期阶段、古典阶段和巴洛克阶段循环往复的历史规则。他把这个“法则”的效应比喻为一块滚下山坡的石头。他写道：这块滚石“按照山坡的坡度、地面的软硬程度等会呈现相当不同的运动，但是所有这些可能性都遵循一个相同的引力法则”。左右艺术风格变化的既非艺术家，也非其他社会因素，而是不变的法则。因此，早在其处女作《文艺复兴与巴洛克》中，沃尔夫林就感到可以撰写一部“没有艺术家名字的艺术史”。

形式主义者，不论新旧，都坚信艺术家的生平行状无益于理解其作品。英国画家与批评家罗杰，弗莱十分赞同沃尔大林的观点。他认为谈论艺术家的生平，分析图像意义和赞助关系都难以解释艺术的力量。艺术作品无法简约为情境。他对当时兴起的精神分析领域特别感冒，因为精神分析意在揭示梦和艺术作品的形式与内容的关系。这种反感加剧了他对艺术内容讨论的厌倦。他宣称，艺术作品与之创造者及其赖以产生的文化没有真正的联系。1912年，他在英国组办了一个法国后印象派画展，震惊了偏爱“老大师”作品的英国观众。他在展览目录里撰文表明了他的观点“这些艺术家并不致力于表实际形象的苍白翻版，而是激起对一种新的明确现实的信念。他们并不寻求模仿形式，而是创造形式：不去模仿生活，而是发现生活的对等物……实际上，他们瞄准的不是错觉，而是真实”。

这个真实是艺术家创造的具有独立生命

的形式。1934年，法国艺术史家福西永（Henn Focillon）发表了颇受争议的《艺术形式的生命》一书。与弗莱一样，福西永强调艺术作品的自主性，他力辩说，政治、社会和经济条件在决定艺术形式问题上所起的作用微乎其微。他认为，艺术形式是活的实体，依据其材料性质和空间场景而不断发展进化。在《中世纪的西方艺术》一书中，福西永追溯了罗马风和哥特式建筑与雕刻风格的发展，强调技术决定艺术形式的论点。对他来说，肋拱（rib vault）是理解哥特式艺术的关键。“它按照严格的逻辑步骤，一步一步创造了各种附件和技术，而这种附件和技术是产生它（哥特式艺术）自己的建筑和风格所要求的。这个进化的推理过程犹如数学定理证明一样美，一个仅仅是加固的手段，已成为整个风格的开创者。”

福西永曾在美国教书，他的形式理论对英语世界产生了一定的影响，1992年重印他的《艺术形式的生命》再度激发了人们对他的兴趣：但是，在20世纪，西方世界的兴趣集中艺术的现代性问题上，继弗莱为后印象派辩护之后，美国艺术批评家格林伯格（Clement Greenberg），以形式主义者的姿态，大力鼓吹抽象表现主义艺术。

格林伯格的第一篇成名作《先锋派艺术与通俗艺术》（1939），发表在托洛斯基式马克思主义杂志上，宣称先锋派艺术，而非斯大林所提倡的大众化艺术，是通往革命性变化的真正道路。一年后，他在《走向更新的拉奥孔》一文中宣布，最重要的现代绘画已抛弃错觉主义，不再力图复制三维空间了。每一种艺术形式，都必须按照对应于其特殊内在形式而产生的标准进行发展，并用这样的内在标准加以评判。

格林伯格并非为形式而为形式辩护。他把形式看成为整个西方“现代主义”（modernism）定义的基础。在他看来，现代主义是历史的新颖创造，其鲜明特征是“自我批评倾向的加剧”。西方文明虽然不是“第一个反省自己文明基础”的文化，但是在这方面“走得最远的”。他把康德视为西方自我批评精神的先驱，是第一位“批判批评手段本身”的哲学家，“第一位真正的现代主义者”。依照格林伯格，现代主义的本质在于运用某个学科的特有方式批评学科自身，也就是对其批评程序进行批评。但其目的不是为了颠覆被批评的东西，而是使之更牢固地立足于其能力范围。启蒙运动的自我批评试图从外部进行，而现代主义则从内部进行自我批评。格林伯格的论证都是为了把现代性集中到艺术的形式问题上去，亦即为他的形式主义奠定历史和哲学的基础。然而，在此他遇到一个历史的现实难题：即艺术的知识地位与功用的问题。启蒙运动否定艺术可以担当严肃的教化任务，使之成为纯粹的娱乐活动。而娱乐与宗教一样，几乎可被同化为精神理疗。现代自我批评始于哲学，逐渐扩展到除宗教以外的所有领域。宗教不可能借用康德式的自我批评检验自己的合理性。如果艺术在这一点上同于宗教，那就不能将之打成现代主义的旗子。

格林伯格认为，艺术有一条从这个低层次境地解救自己的道路，那就是设法表明它所提供的经验具有独立的价值，难以为其他任何活动所替代“每一种艺术必须从自己的角度证明这一点。它必须展示的不仅是一般艺术的独特而不可化约的特征，而且还要展示每一具体艺术的独特性和不可简约性。每种艺术必须通过自身的功能与作品决定唯有自己所能产生的效果。由此，它必然会缩小其胜任范围，但同时使之更确定地把握这个范围。”

每种艺术形式的独特而恰当的“胜任范围"与其媒介中一切独特的东西相巧合。自我批评的任务就是将从其他媒介借用而来的效果统统从每种形式自身具有的效果中清除出去，由此而净化其形式，从这“纯粹性”中确保其品质的标准和独立的标准：“纯粹性”就是自我定义，“艺术中的自我批评事业即是自我定义复仇的事业”，这支复仇之箭射向了淹没艺术媒介的自然主义艺术。自然主义艺术利用艺术掩盖艺术，而现代主义艺术运用艺术唤起人们对艺术的注视。

对于格林伯格来说，抽象绘画是理想的艺术，凝聚了现代性的全部特征。绘画的媒介是平坦的表面、基底的形状和颜色的质地，这些限制决定了绘画的基本特性亦即平面性。19世纪以前的画家将这类限制视为消极因素而加以掩饰，现代艺术则公开承认这些限制，将之作为积极的因素而发扬光大。

绘画艺术中的立体空间感和色彩等效果也见之于戏剧和雕刻等艺术，但只有平面性（flatness）是绘画所特有的、未与其他艺术门类分享的独特条件。正是对绘画表面那不可回避的平面性的强调，促成了绘画艺术进行自我批评、自我定义的，现代主义过程。这并非说传统艺术忽视绘画的平面性，老大师们认识到保持绘画平面完整的必要性，他们力图透过画面所创造的三维空间错觉云雾去暗示这种永恒平面性的存在。正是通过这个悖论，他们的艺术才得以确保成功。现代主义画家既不回避这个矛盾，也不试图去解决这个矛盾。他们逆转了这个矛盾：老大师希望观者透过“错觉云雾”瞥见内藏的平面性，现代主义画家把观者的注意力直接导向平面所包含的东西。面对一幅老大师的作品，观者首先看见的是画面的内容而非图画本身；老大师创造了景深空间错觉，使人觉得仿佛可以走进画面，而一幅现代主义绘画却让观者首先看到的是图画本身。

当然，格林伯格意识到，现代绘画不可能获得绝对的平面性。蒙德里安的绘画是格林伯格心目中的平面性典范。即便是蒙德里安，他在画布上留下的每一痕迹，都会不可避免地暗示某种三维空间错觉，破坏纯粹的平面性。但是，格林伯格辩解说，现代主义绘画与老大师的根本区别在于它追求“一种严格意义上的绘画性、严格意义上的视觉性三维效果”。现代主义画家所创造的三维错觉只能被眼睛所透视观者的眼睛仿佛可以在画面上“旅行”，而不像老大师的作品那样旨在创造使观者身临其境的错觉。三维空间属于雕刻的范畴。对于格林伯格来说，绘画的自主性建立在平面性之上，而这一自主性的获得即是一个摆脱“雕塑性”的过程。在此，格林伯格慎重声明，绘画走向抽象，绝非排除再现性的结果，而是彻底清除与雕塑所共有的一切东西的结果。

格林伯格的形式主义批评，与新艺术史所采纳的共时性批评不同，依然包含着强烈的历史感。从他的批评中，我们可以觉察到他心目中的西方艺术发展的线索。罗杰·弗莱把西方艺术史勾画为从概念性逐渐向再现性的进化过程，贡布里希在《艺术的故事》中将这一进化描述为从“画其所知”到“画其所见”的过程，而后在《艺术与错觉》中运用“图式与修正”的公式既概括了一幅再现性绘画的创作过程，也概括了整个西方艺术再现史的进程。格林伯格的绘画史观念恰好与之相反西方绘画是从再现性走向概念性，至抽象性而完成其最终的自主性。从美学的角度说，它是一个不断走向自我批评、自我限定，从而赋予其现代性的过程。

西方自然主义绘画运用明暗关系塑造形体，给人以空间错觉。在格林伯格看来，从世纪以来的西方绘画的最大成就是力图摆脱这种“雕塑性”。这个过程始于16世纪威尼斯，接续于17世纪的西班牙、比利时和荷兰，但这个突破是以色彩对抗素描的名义进行的。至18世纪，大卫试图复兴绘画的雕塑性，其意图部分地是为了把绘画从强调色彩所造成的装饰性平面中解救出来。而他自己最好的作品，其优势却来自色彩。大卫的高足安格尔以素描钳制色彩，但他的肖像画杰作，堪称西方14世纪以来最具平面性、最少雕塑性的绘画作品。在19世纪中期，西方艺术虽流派纷呈，但共同的目标是反对绘画中的雕塑倾向。马奈是现代绘画的先驱，而随着印象主义的兴起，反雕塑性不再体现为色彩对抗素描的形式。它成为纯粹的视觉经验对抗为触觉联想所修正的视觉经验的问题。印象主义画家是以纯粹视觉的名义，而非色彩的名义，逐渐摧毁了绘画中的雕塑因素如塑造与阴影等。塞尚和他之后的立体派，重新举起雕塑的旗子，反抗印象主义者，一如大卫反抗法国学院派画家。然而，自相矛盾地，正如大卫和安格尔反抗平面性的结果是画出了比前人更具平面性的杰作，立体主义复兴绘画中的雕塑性的行为是以制造出西方历史上最具平面性的作品而告终，其平面性完全消融了任何可以辨识的图像，离现代主义的理想仅一步之遥。从这样的推论中，格林伯格得出的结论是，抽象绘画代表了绘画的顶点，因为它依赖自身特有的限制而获得了永恒的自主性。

格林伯格认为现代主义的贡献在于它使人认识到艺术的主题是艺术自身，亦即艺术制作的形式与过程。现代艺术将焦点对准“它自身专有的效果”“不仅展示一般艺术独特的、不可简约的性质，而且还展示每一种艺术所特有的、不可减约的特质”。抽象表现主义绘画注重抽象性、图画平面和笔触，便是其典型的理想形式。然而，格林伯格依然试图从传统渊源中演绎其现代性，他与所有的“旧艺术史家”一样，坚信过去与现在的对话的重要性。他提醒我们，现代主义绝非是与往昔的彻底决裂，而是艺术史发展整个图景中的一个部分“艺术……是连续性，没有连续性，艺术就难以想象。缺乏艺术的过去，缺乏保持其卓越的标准的必要性和驱动力，现代艺术就会缺乏实质性，就没有正当的理由”。

（原载《中国书画》2005年第12期）

塑造现代主义

——阿尔弗雷德 · 巴尔的现代艺术叙事模式

吴迪

19 世纪末 20 世纪初，西方艺术史学科摆脱了传统美术史以个体艺术家或艺术作品为核心的单一模式，不再囿于艺术家传记、艺术鉴赏以及按时间发展将艺术家和作品罗列的编年史方法，而开始向各个学科渗透，开拓了广域的前景。阿尔弗雷德 · 巴尔（Alfred Hamilton Barr）是这个时期艺术学的开拓者之一，他的贡献主要表现在通过阐释西方现代主义的发展，建构了他关于西方现代艺术的叙事模式。作为纽约现代艺术博物馆（MOMA）的奠基人以及博物馆馆长，巴尔这一关键职位在现代艺术运动进展中有着举足轻重的意义。但恰恰是因为在巴尔打造的现代艺术神话的同时，充斥着谄媚与诟病，使得大部分的学者长期以来忽略了对于他作为一位艺术史家的价值，而只将其当作一名博物馆管理者。至今为止，并没有一部著作让我们真正认识到巴尔在 20 世纪上半叶他对现代主义批评的、哲学的理论在视觉艺术发展中所扮演的关键的及独一无二的角色。

阿尔弗雷德巴尔，《1890—1935 年风格衍变图》，1936

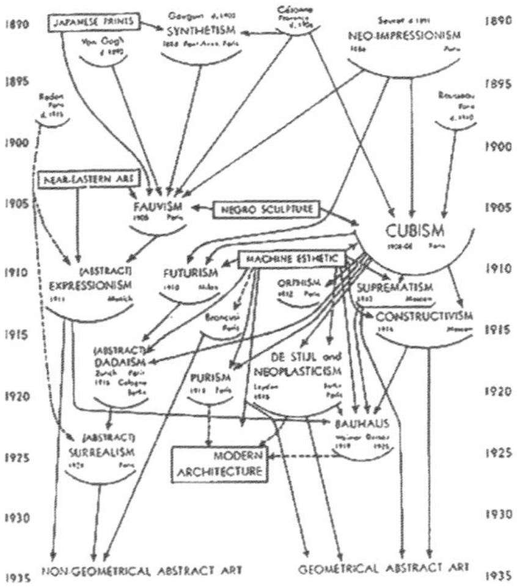

诚然，巴尔的理论和展览实践在今日看来显得过于简单化。他的著述并不多，且他并没有试图去建立一种特定的方法论来解释现代艺术的发展，而是将现代艺术的局面以谱系学（genealogy）的方式呈现。在此之前，19 世纪的史学家们普遍用生物学的组织结构来描述历史，20 世纪伊始，艺术变得愈加抽象，现代艺术史的书写无法满足相应的自足和支撑，也无法实现现代艺术理论与实践的同步，但正是一张图表完成了这一任务。巴尔的现代艺术谱系图并非出于一种想要专注于个体艺术家或某个单独流派，更重要的是为了塑造历史。其叙事模式为谱系图赋予了一种历史趣味。

除了以宗谱的方式阐释现代艺术之外，在巴尔的馆长生涯中，1936 年举办的“怪诞艺术，达达和超现实主义”以及“立体主义与抽象艺术 " 被认为是巴尔最重要的也是最综合性的两个展览，也是将他的现代艺术史学观贯穿到展览实践的体现。他成功的展示了 1890—1935 年不同前卫流派之间积极影响的范围，以及在现代主义发展的 45 年中艺术史随之发生的显著转向。巴尔对现代主义的重现几乎是划时代的，他以清晰的解读方式呈现了现代主义的复杂性。

图解现代主义

巴尔阐明现代艺术的谱系关系的图表时至今日仍然非常著名。他的关系图描述了现代艺术运动复杂的交织关系，深刻地影响了现代艺术被看待的方式。从目的论的角度来说，巴尔身上有着通往无穷尽头或终极目标的特点，这也是他与生俱来的理想主义特质。作为画册封面的图解的表追溯了现代主义艺术编年的、国界之间的以及风格上的演变。在连续的历史阶段中出现的线条，从立体主义到建筑，并以机械为中心，图解了20世纪20年代战后德国巴尔所见证的现代艺术运动，反映了包豪斯中俄罗斯和荷兰艺术家的相似性，以及他们对德国艺术家的影响。

《立体主义与抽象艺术》是巴尔的同名展的画册，书中附有大量插图，还有巴尔绘制的《1890—1935年风格衍变图》。这一图表正是巴尔以家族宗谱的方式呈现现代艺术发展的典型。该图出现在画册的封面，并作为1936年“立体主义与抽象艺术"展览的海报悬挂在展厅内。这张图表作为历史的引导让每一个人都可以追溯艺术史的发展脉络。观众可以通过展厅里悬挂海报中提供证据和关键词展现不同时期现代艺术运动发展变化。巴尔的图表的旨在从策展人的角度向参观者传达艺术史中的史实。所有的“线路”并非一种简单顺序关系，如从“象征主义”到“新印象派”再到“抽象艺术”的路径。而是通过这种方法来解释近20种不同的“主义”之间的关系，呈现一种清晰且透明的发展关系。

米格尔·考瓦路比亚，《60年前的现代艺术之树》，1933

巴尔用红色和黑色的矩形、箭头和线条来设计他的图表。这很明显是从科学的阐释系统获得的灵感。在图表中共有4位突出的艺术家：凡·高、高更、塞尚和修拉。在巴尔之前，艺术家米格尔·考瓦路比亚（Miguel Covarrubias）于1933年曾绘制了一幅漫画《60年前的现代艺术之树》[1]。

图中的法国艺术家如普桑、安格尔、库尔贝、柯罗等人被看作现代主义的奠基者。树的主干是印象派，三大分支是后印象派。巴尔的图表虽然也类似谱系考察，但以更直接和明确的关系图的方式呈现。图表是从1890—1935年的五年为一个基本单位；抽象艺术的来源是日本版画、近东艺术和非洲雕刻，这三者都用红色边框表示，并通过红色的箭头加入不同的艺术运动之中。机械美学也以红色边框进行了标识，也是唯一的非艺术形式，与立体主义一起担任了重要的角色，分别作为1910—1935年前卫艺术的来源和影响因素。这些风格逐渐渗透各个地区、国家，构成了图表的知识叙事。巴尔将新印象派和表现主义移到前列。这两个流派的代表艺术家作为现代主义先驱在1929年MoMA的开馆展标题《塞尚、高更、修拉和凡·高》中再次被强调。最初，欧洲各种“主义”都和“大都市”艺术相关，如巴黎、柏林和莫斯科等。而巴尔图表中的各个流派集中于不同的阶段，如野兽主义、立体主义、表现主义、未来主义、至上主义、结构主义、达达主义、纯粹主义、

[1] Miguel Covarrubias, "The Tree of Modern Art——planted 60 Years Ago", c.1933, *Vanity Fair*, 1933, p36.“家谱树”（Family Tree）是图像传统中的一种类型，欧洲制作家族谱系树的传统开始于15世纪，到19世纪成为一种现代化的形式，最初与摄影结合。参见李军《可视的艺术史》，北京大学出版社2016年版，第314页。

[2] 巴尔在 1920 年已经认识到了艺术中机械美学的重要性。Sybil Gordon Kantor，*Alfred H. Barr, Jr. and the Intellectual Origins Of the Museum Of Modern Art*, Massachusetts, 2002, p.327.

[3] E.Lissitzky, S.Lissitzky-Küppers,Herbert Read introduction-El Lissitzky, *Life Letters Texts*, Thames & Hudson, 1980, p347; Sybil Gordon Kantor, *Alfred H. Barr, Jr., and the Intellectual Origins of the Museum of Modern Art*, Massachusetts, 2002, P318.

[4]“无名的美术史”（Kunstgeschicht ohne Namen）是沃尔夫林常被引述的口号 但在他主要著作中并未有文字论述。参见沃尔夫林和他的美学思想，[瑞士] 沃尔夫林《美术史的基本概念》，潘耀昌译，北京大学出版社 2011 年版，第 1 页。

风格派、新造型主义、超现实主义和包豪斯。所有这些“主义”都被划分为两种立场，即“非几何抽象艺术”和“几何抽象艺术”。尽管这一“主义”的图表看似完整，巴尔并不认为自 1890 年到 1935 年之间所有的现代艺术流派都有所涵盖。例如象征主义和点彩派还有西班牙运动中的极端主义就不在图表之中。那些用红色标注的内容有着特殊的定位，如日本版画、近东艺术、黑人雕塑以及机械美学，这些类别一定程度上影响了欧洲现代主义的进程。在图表最中心，机械美学影响了 1910 年以后整个现代艺术的发展，并且成为现代建筑的决定性因素。[2]

从艺术家到艺术“主义”

巴尔在他的图表中卓有远见的将曾经流行的个体艺术家替换为艺术流派。巴尔认为俄罗斯结构主义艺术家利西茨基（El Lissitzky）在 20 世纪 20 年代初期曾对他的同人坦白，需要确立新的艺术形式（这被利西茨基称为“Prouns”），这并非着重小有影响力的个体艺术家，而是一种持久的创造性集体。作者的个性消失在普遍的作品之中。这一结果便是新风格的诞生，也就是利西茨基说的“确立新艺术形式主义（Prounsism）”[3]，并且它不是一种“唯我论”的艺术家。巴尔图表的众多草图中，他反复的证明艺术家的不同风格趋势。事实上，也正是在印刷版本的图表上，艺术家的名字才被抹删，很明显不是因为图表空间不足。或许我们会认为巴尔期望他当下艺术史发生一个彻底转向，但是他没有去描述或用词语分析它。这一理论最初体现在“主义辞典”（Ism Dictionary）中。在这个词汇表中，以 1927 年为起点（当时巴尔还在韦斯利学院任教），每一页都介绍一种“主义”。巴尔经常留下笔记，并认为不应该继续用传统的分类。倘若他对这些艺术趋势或文化现象的命名感到困惑，他就直接给它们创造一个新的名称。换句话说，在巴尔构想《1890—1935 年之间艺术风格衍变图》之前，他就已经不是把个体艺术家而是各种“主义”（如塔特林主义、塞尚主义和毕加索主义）放在他所评价的现代艺术史的首要位置了。可以说，巴尔这套“主义辞典”是在利西茨基（Lissitzy）的和汉斯·阿尔普（Hans Arp）的《艺术主义》（*Kunstismen*）一书的升级版，巴尔在利西茨基的 16 个主义上再添加了 20 多个主义。

在巴尔的图表中，他将早期现代主义的对个体的崇拜变为集体性的主体转换的时期定位在 1900 年左右。这一转变暗含了一个问题，也是后现代主义开始讨论的问题，即艺术家是否因社会反叛和美学革命消失在风格的派系斗争中，却仅仅作为某一风格流派或其他派系的典型？或他所创作的是否仍然能够震撼世界或在特殊的语境中吸引眼球？巴尔并没有对这些问题全部做出回答，但是他开始探索解决这些问题的方式。但即使如此，一种不包含艺术家的名字的分类理论，如风格起源的理论，对于巴尔来说是无法想象的。在 1940 年纽约现代艺术博物馆展览的“意大利大师”的画册中，巴尔新增了两个回顾 14 世纪的艺术图表，扩大了他的《1890—1935 年风格衍变图》。这一图表出现在画册的扉页上，从乔托到乔万尼·巴蒂斯塔的“提埃波罗”（Tiepolo）的谱系都是严格基于古代大师之前的关系脉络风格的历史被取而代之，伟大的大师，作为艺术作品品质的担保人出现并被接受。在画册的内封底上有巴尔绘制的第二幅关系图。在这一关系图中阐释了意大利文艺复兴时期画家和19世纪末法国艺术家之间不同程度上的联系。在这里，先驱们的联系同样是由主要的大师们组成，而非艺术运动。直到1900年开始，个体艺术家的身份才消失在“印象派”之中，成为一种集体的命名。所以巴尔由此确认了他的“无名美术史”[4]的过渡界限。

现代艺术的“争端”

据巴尔的关系图中表示，在20世纪初期当不同流派之间发现联合有利时，不同主义流派便形成了相互结合的状况。倘若有必要，甚至会朝敌对的流派发展。通常艺术团体的宣言是在呐喊口号的情况下记录下来的，正如我们所知，最激进的声音来自未来主义和达达主义。与之相比，象征主义和新印象派的对抗几乎是悄无声息的。尽管如此，各种主义试着共同去影响野兽派。尽管达达主义与表现主义相互保持距离，

意大利的绘画和雕塑，1300—1800

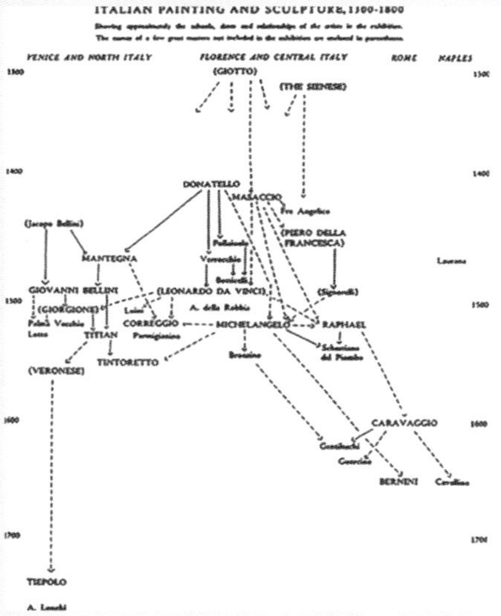

这两种主义最终都进入“非几何抽象艺术”的大流。在这里暗含的冲突并未像更早时代的“争端”（沙龙与学院，古典主义与现实主义之争）那样有着直接的冲突。巴尔将前卫艺术的最初含义看作对任何流派的有力保护。在巴尔的关系图中，前卫艺术不断开辟道路，就像袭击部队那样攻占新的艺术领域。从根本上说，他们这样做是为了在艺术史上占有一席之地。图中来自不同风格阵营的箭头标志着他们不断打破传统的影响。如果我们追踪箭头的方向，就会明显的发现每一个流派并没有像我们熟知的线性发展的艺术史模式那样取代或追随另一个流派。巴尔的现代主义系列不是以单轨道运行，而是有多个平行的轨道。

单独的“主义”的历史意义完全消失在巴尔的《1890—1935年风格衍变图》之中了。这在与若泽·皮埃尔（José Pierre）的《未来主义与达达主义》（*LeFuturisme et le dadaïsme*）一书中的图表对比中显而易见。在皮埃尔所绘的按年代排列的柱状图中，现代绘画最重要的趋势是从印象派到超现实主义，也就是在1860—1960年这一个世纪之间。现代艺术所呈现的复杂的交织网络在巴尔的推演描述中用曲折的关系表现出来，其整体特点是温和的，但在这里被清晰的对立起来。对皮埃尔来说，重要的是只需将14种“主义”放在这100年间的各自位置，并且这14种“主义”是相互独立的。然而，除了像表现主义（1885—1933）这样的长期流派，抽象艺术（1910年之后）或超现实主义（1924年之后）、野兽派（1905—1907）及青骑士（1911—1913）都是短期流派。但从另一方面来说，从图中底

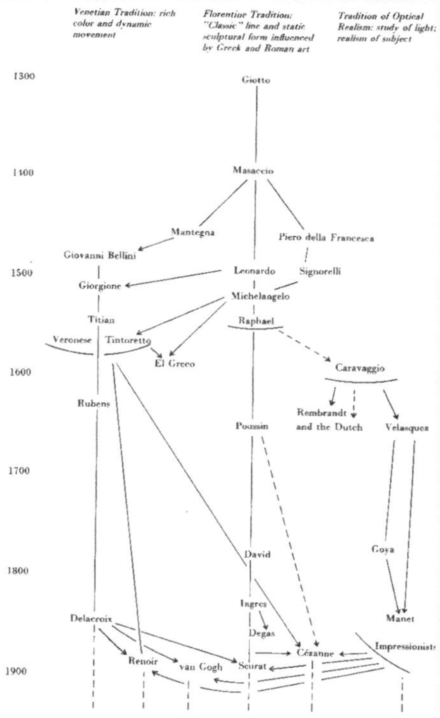

欧洲绘画的三大传统的意大利起源

若泽·皮埃尔，现代绘画的重要流派，1967

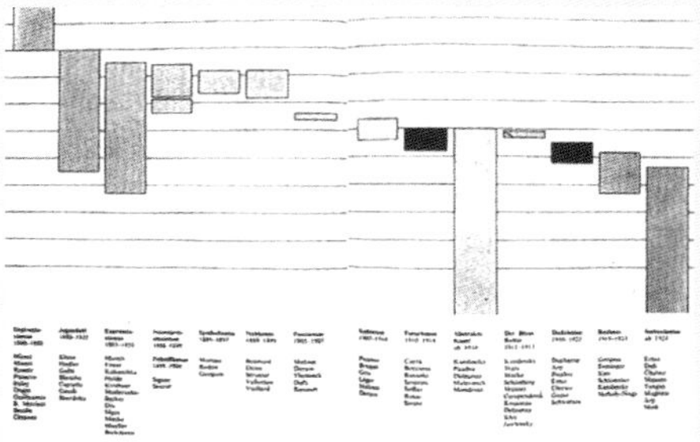

[5] 格林伯格将这种概念主要使用在印象派艺术家身上，如马奈、莫奈、毕沙罗和西斯莱，描述了现在艺术发展中原始艺术作为影响的驱动力。参见格林伯格《架上画的危机》（1948）和《论自然在现代主义绘画中的角色》（1949）两篇文章，载［美］克莱门特·格林伯格《艺术与文化》，沈语冰译，广西师范大学出版社 2009 年版。

部的名字来看，这些短期流派却不成比例地拥有大量的代表艺术家。

对批判的接纳

巴尔对“抽象艺术”的重建，正是形式主义常常被诟病的原因之一，这一形式也被克莱门特·格林伯格改进并使用。[5]而年轻的艺术史家更倾向于阐释及解读的语境系统，这远远偏离了巴尔的意图。从某种程度上来说，被誉为“艺术史之父”的温克尔曼的艺术史观念体现在了巴尔的观点中。在温克尔曼的《古代艺术史》（*Geschichte der Kunst des Alterthums*）一书中，他同样提出来风格史的理论系统，而巴尔对艺术的论证也总是离不开这样的观点：每一种新的流派的兴起总是必然发展的结果，还是传统（古代）艺术审美基础的必然结果。巴尔认为，当艺术运动中出现一种愈来愈强烈的没落的信号时，或当逐渐衰败的形式变得愈发明显而新的观念愈发辈出的情况下，风格转变便始发。在这种观点背后，是有关生命轮回生长、繁荣和衰落的生物学系统知识。巴尔正是从他的老师，即中世纪研究学者查尔斯·鲁弗斯·莫里那儿学习到的。正因如此，在巴尔的演变图中，完全没有给社会因素留有空间，如精神的、文学的，或其他除了艺术之外的动因。

在“立体主义与抽象艺术”展览中的许多艺术家都不会放过在这一图表中找到自己的关键位置。尤其是巴尔还给这些艺术家寄去了免费的画册，并希望它们能有所建议。回信中修正了个人信息，艺术家们还提到了相关的方法。某些艺术家，如康定斯基当时强烈抗议他在巴尔图表中被安排的位置。拉斯洛·莫霍伊—纳吉（László Moholy—Nagy）就控诉巴尔未充分考虑事件的共时性特征。巴尔对这样的指责和与之相似的言论采取的是中立的态度。回信中得到的建议使巴尔几日后便有了修改的动力，但这一计划并未实现。所有现在保留下来的都是手写的对当时出版图表有过修正的版本，从一开始，巴尔就将他的图表看作一种持续进行的工作，他的现代艺术关系图的修正版对艺术史的发展是极其重要的。对于这一图表是否是匆忙所作是值得怀疑的，因为巴尔没过多久又重新回顾并认真考虑来补充他的论文。从积极的方面来说，巴尔为新的观点以及对过时观点的修正提供了一种开放的模式。

或许对“立体主义与抽象艺术”展览来说，最为重要的批评来自迈耶·夏皮罗（Meyer Schapiro）。在他 1937 年《抽象艺术的本质》一文中，夏皮罗质疑了巴尔关于现代主义发展曲线的独断性，即通过年复一年的追踪新的艺术流派出现的方式。除了展现了一种历史发展以外，巴尔对抽象艺术的定义仍主要是非历史的。这位美国艺术史家到底是在意指什么呢？在他看来，将现代主义的历史阐释为艺术家内在自身的过程的观点似乎存在着偏见和误解。因此，夏皮罗主要针对的是巴尔的方法论的问题。巴尔被指责将艺术的社会因素排除在考虑之外，即社会框架下的条件。夏皮罗认为把风格的衰落看作是动因，或新的审美动力的起因都是不恰当的。为此，他以一流的方式解读印象派来寻找原因，而他的观点与巴尔迥异但令人信服。倘若我们忽略艺术的社会环境，那么艺术史将会降低为“一种世世代代永恒更替的神话”，每一代都在与对前者反叛的继承道路上，继而重复祖辈的步骤，因此，审美过程变成一种回退的境地。

作为分析典范的图表

除了夏皮罗的批评以外，巴尔对凡·高、高更、塞尚和修拉的现代主义战果常常被作为今后艺术史家研究的典范和模式。正如我们所见，巴尔的前卫艺术“系统树”是以艺术的本质特征和固有性质为依据的。更确切地说，是以形式为目的的。在《1890—1935 年风格衍变图》中，巴尔为前卫艺术史提供了一份风格影响范围的方案。之后的科学家和艺术家们常常回顾这一方案，因为他们看到了巴尔广域且宽泛的历史观。对这种分析的谱系追踪来说，巴尔在 20 世纪确立了一种类似于范例和原型的研究方式。

巴尔的“谱系图”将艺术运动之间庞大又复杂的关系以简洁明了的视觉方式呈现出来，而现代艺术在这之前从未以这样的方式展现。虽然这种简化和还原的方法也是许多对巴尔所设想的现代艺术“家谱”所批评之处。批评他将无限复杂的生命状况放入现代主义的影响和一种类似“血脉相承”的流程图中。但是巴尔将大量材料，多种风格，以及不同艺术家和艺术运动之间相互竞争的主张汇集成一种明确的形式，也显示出他过人的能力。图表中的箭头、红色或黑色，虚线或实线都非常明确。巴尔强调是“报道”现代艺术，而避免“形成现代艺术任何特定的方面”，即除开形式因素以外的其他方面。1935 年表格完成时有 3 个箭头在“非几何抽象”处碰头，4 个箭头在“几何抽象”处汇合。如果说巴尔的图表并没有形成一种特定的风格，至少形成了一种阅读这些风格的方法。巴尔的图表既概括又精要。从本质层面来说，整个简化的过程正是批判性思考的本质特征。

（原载《南京艺术学院学报（美术与设计）》2017 年第 1 期）

抽象艺术的性质

迈耶·夏皮罗
沈语冰 译

［译者按］这篇《抽象艺术的性质》是美国杰出的艺术史家迈耶·夏皮罗的名篇，在抽象艺术的理论与批评领域一直享有盛誉。文章着重评论了另一位重要的抽象艺术（或一般意义上的现代艺术）的代言人阿尔弗雷德·巴尔的《立体派与抽象艺术》一书，重点批评了巴尔将抽象艺术理解为艺术史的内部运动（所谓“穷则思变”）的理论，提出了抽象艺术深深地植根于社会条件的观点，开启后来抽象艺术的社会史研究的先河。此外，T.J. 克拉克的名著《现代生活的画像：马奈及其追随者艺术中的巴黎》，就完全建立在夏皮罗在本文中用短短几小节勾勒出来的印象派艺术的社会语境之上。

在抽象绘画诞生之前，一张画的价值仅仅在于其色彩和形状，这已经是一个被广泛接受的概念。音乐和建筑经常被画家们认为是纯艺术的榜样，它们无须模仿外物，只需从它自己独特的要素中推导出其效果。不过这样的观念还不容易为人接受，因为那时候还没有人看到过一幅由色彩和形状构成，却不再现任何东西的画。假如描绘我们四周对象的画作只根据形式来加以判断，那么显而易见的是，这样做是在歪曲或简化画作。你不可能单单通过摆弄形式来理解这些画。只要这些形式所从来的那些对象是一些特殊的个体和场所，无论是真实人物还是神话人物，都带有时代的显著印记。那么，通过艺术家的创造力或个性，艺术可以超越于历史之上的说法就不会显而易见。然而，在抽象艺术中，审美假定的自律和绝对性，却得到了具体的体现。抽象艺术终于成了一种似乎只有审美要素在场的绘画艺术。

因此，抽象艺术拥有了一种实用的展示价值。在这些新绘画里，设计和发明的过程本身似乎被带到了画布表面。一度被外来的内容所掩盖的纯粹形式得到了解放，从现在起可以被直接感知。那些并没有从事这类创作的画家们也欢迎这种绘画，道理就在这儿，因为这强化了他们对审美的绝对性的信念，为他们带来了一个纯粹设计的学科。他们对待以往艺术的态度也完全改变了。新的风格使画家们适应了色彩和形状的视觉，将它们当作可以从对象身上脱离开来的东西，并创造了艺术作品的一个巨型的种类，打破了时空的界线。他们使欣赏最为抽象的艺术，那些不再可辨的东西，甚至是孩童和疯子的涂鸦作品，特别是夸张变形的原始艺术都成为可能，而那些原始艺术曾经被老练的美学批评家当作毫无艺术性的古玩。在此之前，拉斯金（Ruskin）在其《艺术的政治经济学》（*Political Economy of Art*）里还可以这样宣称（在谈到对中世纪和文艺复兴时期作品的保护时）：“只有欧洲有纯粹而又珍贵的古代艺术，亚洲和非洲都没有。”过去被认为是可怕的东西，现在成了纯粹形式和纯粹表现，是艺术中情感和思想先于被再现的世界的美学证据。整个世界的艺术都落实在一个单一的非历史的和普遍的平面上，作为人类形式化了的能量的全景画。

抽象绘画的两个方面，即排除自然形式及艺术品质的非历史的普遍化，对于艺术的一般理论也产生了极其重要的意义。正如非欧几何学的发现给了数学独立于经验的观念以强有力的推动一样，抽象绘画也切断了艺术模仿的古典观念之根。这个数学的类推事实上是抽象艺术的辩护者们想到的——他们经常用非

[1]［美］阿尔弗雷德·巴尔：《立体派与抽象艺术》（Alfred H. Barr, Jr., *Cubism and Abstract Art*, New York: 1936）。248 页，223 幅插图。该书由现代艺术博物馆出版，是该馆举办于 1936 年春天的那个大展的手册和展览图录。此文原发表于《马克思主义季刊》（*Marxist Quarterly*），1937 年 1—3 月号，第 77—98 页。

欧几何学来为他们自己的立场辩护，甚至暗示了它们之间的历史联系。

今天，抽象主义者及其超现实主义后裔，越来越多地关注对象，而有关抽象艺术的古老断言业已失去了其反叛信念的原始力量。一些曾经坚持认为这种艺术乃是全部形式史的逻辑目标的画家们，在转向不纯粹的自然形式时，转而否定了自己。追求艺术自由不再针对碍手碍脚的自然再现传统，抽象的美学本身成了新艺术运动的制动器。不是说抽象艺术已经死亡，正如那些外行的敌人们所说的那样，他们宣布抽象艺术死亡已经不止 20 年了，但欧洲某些最优秀的画家和雕塑家仍然在从事抽象艺术，他们的作品展示了最新的写实艺术所不具备的新颖和确信。有关“纯粹艺术”的可能领域的观念——不管它的价值如何——不会这么快就死去，尽管它会以不同于过去 30 年的那些形式出现，而且在那些已经了解抽象艺术的国家里后来出现的艺术中，很有可能受到这个观念的影响。抽象艺术背后的观念已经深深地渗透进了所有艺术理论之中，甚至是它们最初的那些反对者们的理论之中。绝对的语言和艺术的纯粹来源，不管是情感、理性、直觉还是下意识的心灵，出现在那些断然拒绝抽象的流派中。“客观的”画家们追求“纯粹的客观性”，追求在“本质”及其完满性中被给定的对象，不需要顾及视点。而超现实主义者则从纯粹思想中推导出他们的图像，从而摆脱理性误用和日常经验。在同情现代艺术的写作中，还很少有不使用这种绝对的语言的。

蒙德里安，《构成 2 号》

在这篇文章里，我将巴尔（Barr）的近作当作我的出发点，我认为这本书是迄今为止有关这一被涵盖在抽象艺术之名下的艺术运动的最好的英语著作。[1] 它最令人感兴趣的是，将关于这种艺术的性质、美学理论、历史根源，甚至与政治运动的关系等一般问题的讨论，与对于不同风格的详尽的、实事求是的解释结合起来。但是，尽管巴尔的出发点是描述而不是界定或批评抽象艺术，他在其历史阐述及某些零星的判断中，似乎接受了有关抽象艺术的表面价值的种种理论。在有些地方，他议论抽象艺术，就好像它们是独立于历史条件，好像它们是自然规律的实现，好像它们是没有内容的纯粹形式似的。

因此，如果说这本书主要是对一种历史运动的解释，那么，巴尔关于抽象艺术的观念从根本上说是非历史的。确实，他为我们提供了各种运动的每个阶段的日期，仿佛使我们能够多勾勒一条曲线，或者能够年复一年地追踪那些艺术的出场，但是却并没有在艺术及其条件之间建立应有的联系。他把抽象艺术诞生的那个社会的性质当作不相干的东西从抽象艺术的历史中排除了，仅仅将它当作偶然阻碍它或加速它发展的“大气”因素。现代艺术的历史被呈现为艺术家们

毕加索，《阿尔及利亚女人》

的一个内在的过程，抽象艺术之所以兴起，是因为再现性艺术已经穷尽了。出于对“描绘事实”的厌倦，艺术家们转向抽象艺术，将它视为一种纯粹的审美活动。“基于共同而且强有力的冲动，他们放弃了对自然的表面现象的模仿”，正如 15 世纪的艺术家们“为模仿自然的激情所动”。但是，现代的变化乃是“艺术向前运动的逻辑的和不可避免的结果”。

这个解释在画室里非常流行，它也是那些在艺术自律之名下写作的作者们加以辩护的观念。但它只是文化，甚至是经济和政治的每个领域都信奉的更为广泛的观念的一个例子而已。在通常情况下，这种关于“穷则思变”的理论，总能将历史还原为时尚变迁的流行观念的模式。人们厌倦某种颜色，于是挑选其补色；某一季长裙拖地，另一季则变成超短裙。同样地，眼下的绘画转向对象的描绘，也被解释成了抽象艺术已经穷尽的结果。后来者的所有可能性都已经被毕加索（Picasso）和蒙德里安（Mondrian）探索过了，对年轻的艺术家来说已经没有什么可做了，所以只能重返具象绘画。

每一种新风格都是对之前风格的反动的想法，对现代艺术家来说格外有说服力，

因为他们的作品经常是对另一些作品的回应，他们认为他们的艺术乃是对一种不可还原的个人情感的自由投射，但是必须在与他人的竞争中形成自己的风格，他们还怀有将作品的原创性视为其真诚性标记的过分严肃的感觉。除此之外，19 世纪新形式的创造者们几乎总是不得不与那些因循守旧的人作斗争，某些历史风格就是在有意识地与另一些风格对立的过程中确立起来的——文艺复兴对立于哥特式，巴洛克对立于手法主义，新古典主义对立于罗可可等。

然而，一种变化的反题形式并不能让我们将一种新艺术判断为仅仅是一种反动，或者仅仅是对所有旧资源的耗尽的回应。正如战争与和平的交替，不能被理解为战争是对和平的内在反动，而和平则是对战争的内在反动一样。反动所需要的能量有时会对艺术产生一种戏剧性的和令人鼓舞的效果，但在这样一种解释中却失之粗浅。它无法解释新运动的特殊方向和力量，也无法解释其独特的动能、范围和目的。“穷则思变”的理论是不充分的，不仅因为它将人类活动还原为一种简单的机械运动，就像一个反弹的球一样，也是因为在忽略能量的来源及整个场域的条件时，它甚至无法公正地对待它自己非常有限的机械概念。某个反动的对立面经常是一种人为的东西，这在不同学派之间的两极对立中，以及在形式主义史学家们的图式中，要比实际上的历史变迁表现得更为显而易见。为了将一种动力适用于这种风格的物理史（常常装出反机械的样子），这些风格被还原成了一种代际永恒的改朝换代的神话，每一种风格都起而反对其父辈，也因此，根据某些德国艺术史家的“祖父原理”，不惜重复其祖父辈的动机。而一种最终的目标，一种未经解释却不可避免的趋势，一种植根于种族、文化精神或艺术的内在性质的命运，不得不被偷运进来，以便解释包含了众多反动的下一代的艺术发展的那种明显的统一性。当一种艺术由于超负的或外在的因素似乎要脱离主流时，这个内在的目的就会驾驭种种反动。但是，我们知道又有多少艺术，它们持续了数个世纪的某些极端的品质，没有激发相应的反动呢？古典艺术的“腐烂”，曾经被英国艺术批评家弗莱（Fry）归结为对人体的过分崇拜，但是这一“腐烂”却显然持续了好几个世纪，直到基督教对之做出反动的时机成熟。不过，即便是这种基督教艺术，在弗莱看来，也要等到两百多年之后，才能从非基督教艺术中区分出来。

对一种现成艺术的剧烈反动，只有当这种艺术对拥有新的价值观和新的观看方式的艺术家们来说已经不再充分的时候，才有可能。但是，在这种内在的、反题的意义上，反动远不是什么文化的内在而又普遍的特征，这种反对只有在强有力的历史条件下才能出现。因为我们发现，在古代艺术，比如埃及的艺术中，匿名匠人的作品存在了数千年之久，却很少有什么变化，也很少激发后来者的反动；另外一些艺术缓慢而又稳定地朝着单一的方向演化，还有一些艺术在经历了无数变化，外来入侵者及其反动之后，却保存了一种通常的传统性格。从“穷则思变”（亦即穷尽、厌倦然后是反动）的机械理论来看，我们永远无法解释为什么反动会在某个时候出现。另一方面，有关文学和艺术中的伟大的历史风格的陈腐划分，则通常与社会史的机械划分相应。

假如我们考虑一种近期的、仍然为人们广泛接受的艺术，例如印象派，我们就会发现用反动来解释印象派的那些后来者是多么空洞。从逻辑的角度看，印象派的反题取决于印象派该如何定义。当后来的画派攻击印象派仅仅是阳光的摄影师的时候，印象派的同时代人却指责印象派作品极其怪异，完全非现实。印象派画家事实上是第一批画家，他们的作品被说成是即便倒挂也不会有什么不同。印象主义之后的各个艺术运动向不同的方向发展，一些走向简化自然形式，另一些走向彻底地打破构图；这两个方向有时候都被描写为对印象派的历史反动，前者恢复了印象派所瓦解的对象，后者恢复了独立的想象活动（而印象派则被认为臣服于对自然的模仿）。

事实上，在 19 世纪 80 年代，印象派当中有好几个方面，可以成为后来者反动的新趋势和新目标的出发点。对古典主义画家来说，印象派的弱点在于其缺乏清晰性，在于它对明确的线条形式的破坏；正是在这个意义上，雷诺阿（Renoir）有一度曾经离开印象派，转向安格尔（Ingres）。但是，对同一时期的其他艺术家来说，印象派过于随意，毫无章法，因此，新印象派保存了印象派的用色法，在一种非古典的意义上，同时又

雷诺阿，《煎饼磨坊的舞会》

莫奈，“干草堆”系列

是在一种更加富有结构性和精确性的意义上，将它向前推进了一步。对另外一些人来讲，印象派则太像摄影，太没有个性，因此象征主义及其追随者们会追求一种高调的情绪性和审美活力。对某些艺术家来说，印象派过于散漫，而他们的反动则强调了一种图式化的安排。这些印象派之后的艺术运动的共同点，是将艺术家的心智状态或感受力绝对化，将它们视为先于和高于对象的东西。如果说印象派画家将万物还原为艺术家的感觉，那么，他们的后继者们则进一步将它们还原为艺术家情感和心境的投射或建构，或者还原为在艺术家紧张的直觉中加以把握的“本质”。

历史的事实则是，对印象派的反动发生

莫奈，“睡莲”系列

在19世纪80年代，发生于印象派的某些最具原创性的可能性被人们认识之前。单个母题（如《干草堆》《大教堂》）的系列色彩变体画，可以追溯到19世纪90年代；而带有令人惊叹的空间形式的《睡莲》（*Water Lilies*），则以某种方式与当代抽象艺术联系在一起，属于20世纪。对印象派的有效反动只发生在历史的某个时刻，而且主要是在法国，尽管印象派在19世纪末的时候几乎覆盖全欧洲。19世纪80年代，当印象派开始被官方接受的时候，法国早已出现了数个与印象派志趣不同的年轻艺术家团体。然而，艺术史并不仅仅是有意志的反动的历史，每一个后来的艺术家也并非都与最近的风格相对立，如果别人画得沉闷，他就画得光鲜，如果别人画得立体感很强，他就画得很扁平，如果别人画得很真实，他就画得扭曲真相。反动深深地植根于艺术家的经验之中，植根于他必须面对的变化无穷，同时也以特殊的方式塑造他们的实践和观念的世界之中。

高更与凡·高（Vincent Van Gogh）悲剧性的一生，他们与社会的疏离，非常深刻地影响了他们的艺术，但他们也不是对印象派或秘鲁或北欧血统的后果的自动反叛。在高更的那个圈子里，有些艺术家在成年后放弃了中产阶级的事业或企图自杀。因为一个中产阶级青年想要靠艺术吃饭，这一点在1885年是一回事，在1860年是另一回事。到1885年，只有艺术家才有自由和完整的人格，但除此之外，他们经常一无所有。印象派将自然转化为一种私人的、非形式化的敏锐视觉领域，而且随着观众的改变而改变。它的存在本身就使得绘画成为一个理想的自由领域，它吸引了许多厌倦了中产阶级的工作及道德标准的人，这些工作或标准随着垄断资本主义的到来而变得越来越成问题，越来越愚蠢。不过，印象派将感受力孤立出来，将它当作或多或少个人的，但又是平心静气的，仍然停留在事物外表上的机能（它依然在捕捉远方不断弥散中的云层、水面和阳光等难以捕捉的东西），对那些将一切都押在冲动的赌注上的人们来说，是不再充分的了。他们决定要做一个艺术家，这乃是与正常社会一种强烈的、某种意义上反（中产阶级的）道德的断裂。他们几乎以一种狂热的（艺术家的）道德，将印象派转化为一种强有力的表现的艺术，一种表现强调的、辉煌的、夸张的、迷人的对象的艺术，或者将它的用色和画面构成调整为一种没有季节变化的、异国情调的、田园牧歌般的梦幻世界。

早期印象主义也有一种道德侧面。在其非同寻常的、未经驯化的视觉中，在其对不断变化着的光怪陆离的户外世界的发现中（其形状随着随意变动或流动的观者短暂的观看位置而变化），存在一种对象征性的社会和家庭俗套的潜在批评，或者，至少存在着一种与此对立的准则。令人惊讶的是，在早期印象派画作中，我们能够看到那么多毫不拘泥的自然率真的日常社交生活方式，看到那么多早餐、郊游、散步、划船旅行、节日或假期旅游场面。这些城市的闲暇田园诗不仅展现了19世纪六七十年代资产阶级娱乐休闲的客观形式；通过主题的选择和新的美学手段，它们也反映了一种艺术观念，即把艺术看作是纯粹自娱自乐的领域，不涉及思想和动机。对一个从其所处阶级的正经信念中脱离出来的开明的中产者来说，他们将对这些娱乐消遣的呵护预设为自由的最高之域。在将周遭的现实画面当作一种人来车往、环境不断变化的景观来加以欣赏时，这些有教养的食利者在现象层面上体验着周围环境、商场的流动性，以及工业的流动性，他们获取收入并因此而得到自由都得归功于此。在印象派那种将事物分裂为精细色点的新技巧，以及“偶然的”瞬间视觉中，他们以一种在艺术中前所未有的程度发现了新的感受力状况，这种状况与城市游玩者和奢侈品的高雅光顾者的那种感受力是紧紧地联系在一起的。

高更《我们从哪里来？我们是谁？我们向哪里去？》

由于资产阶级的社交环境从社区、家庭和教堂转移到了商业化或私人的临时性场所——街道、咖啡馆和度假胜地——由此带来的个人自由意识越来越疏远于那些古老的纽带；而那些虽接受了自由的准则，却没有经济收入来获得这种自由的富于想象力的中产阶级成员，在匿名的、麻木不仁的大众面前，精神上为一种无助的孤立感所撕裂。到 1880 年，享乐的个体在印象派艺术中已非常罕见了，只有面对自然的个人景观保留了下来。而在恢复了甚至崇高化了人物形象的新印象主义中，社会群体则被分解为孤立的观众，他们从不与别人交流，要不就如同那种屈从于一个命定动作的机械重复的舞步一样被构成，没有一点自发性。

19 世纪八九十年代那些指责印象派缺乏结构的法国艺术家们经常表达他们要拯救绘画的要求，他们想要拯救秩序和信念的固定对象，而这些则是作为一个团体的印象派所不知道的。高更画作的名字——《我们从哪里来？我们是谁？我们向哪里去？》（*Where do we come from? What are we? Where are we going?*）——还有它那种拷问式的形式，是这种心态的典型表现。但是，由于艺术家们并不懂得他们自己那种无序感和道德焦虑感潜在的经济和社会原因，他们只能想象新的稳定形式，将它们当作准宗教的信念，或者某些原始的或高度秩序化的传统社会的复活（这样的社会通常拥有一种集体的精神生活的官能）。这一现象反映在他们对中世纪和原始艺术的爱好上，反映在他们皈依天主教及后来的“统合民族主义”之上。这一时期形成的艺术家的殖民地，凡·高设想的艺术家公社的计划，都是想要重新构建被资本主义摧毁的普遍的人类社会的想法的典型例子。甚至于他们的“构成”理论——一个被印象派摒弃的传统概念——也与他们的这种社会观有关，因为他们将构成视为对象的集合，一方面，这些对象靠发源于艺术的内在性质的秩序原理被汇集在一起；另一方面，这些对象又由来自艺术家心智状态的秩序原理加以汇聚。但是，在这两种情况下，都要求对对象进行一些“变形”。有些艺术家想让自己的画成为一座教堂，拥有形式的等级制、固定的对象位置、预定的和谐、预先决定的视觉方向感，但所有这些课题都发端于艺术家的感情。为了在其艺术中重新创造“公社”的要素，他们通常会选择笨拙的对象，或者虽然是活跃的对象，但除了作为色彩和线条外，这些对象之间不存在任何有意义的互动。

甚至在修拉（Seurat）的作品里，这些问题某些程度上也已经提出来了，尽管解决的方法十分不同。跟象征主义和综合主义团体相比，修拉与当时的经济发展的关系，在许多方面都显得与众不同。他并没有反叛资本主义的道德后果，却像一个心满意足的工程师，将自己与不断发展的技术方面联系在一起，并将中下阶层的娱乐和商业化了休闲业的流行形式，当作一种纪念碑性的艺术的主题来接受。他从当时流行的技术观念中，汲取了绘画中的方法论程序的准则，在科学的最新发现中更新了印象主义。

当然，除了这些，法国绘画中还存在着别的类型。不过我想，对艺术运动的详尽研究将会表明，那些类型，甚至是那些保守的学院派的类型，也都受到了业已改变了的时代条件的影响。对印象主义的反动，根本不是内在于艺术性质的事，而是来源于作为“艺术家”的艺术家们对更为广泛的社会情境做出的回应，他们身处这样的情境，却无法生产这样的情境。如果说印象派之后的艺术趋势走向了一种极端的主观主义和抽象早已在印象主义中露出端倪的话，那是因为将个体及文化的高级形式从其旧有的社会基础中孤立出来，心灵与自然之间、个体与社会之间的新的意识形态对立，肇始于在印象主义之前早已存在、到今天变得更加尖锐的社会和经济原因。事实上，正是凡·高和高更的作品（比其他艺术家的其他作品拥有更为强有力的能量和形式上的融会贯通）体现了今天为成千上万的人所共有的那种明显的渴望、紧张和价值（这些人以这样那样的方式跟艺术家们一样体验到了相同的冲突），才使得他们的作品变得如此受欢迎。

写实艺术与抽象艺术之间的逻辑对立（巴尔用它来解释抽象艺术更为晚近的变化），建立在下面两个有关绘画性质的假设之上（这两个假设在论抽象艺术的写作中是普遍存在的）：再现乃是对万事万物的镜子式的被动行为，因此从根本上说是非艺术的，相反，抽象艺术则是纯粹的审美活动，不受对象的限制，只建立在它自身的内在法则之上。抽象画家放弃了对外部世界的再现，将它当作一个眼睛和手腕的机械过程，艺术家的感情和想象在这个过程中很少能发挥作用。要不，他会以一种柏拉图的方式来反对再现对象，将它仅仅当作对自然的表面现象所作的描摹，而抽象画的实践则是对事物“本质”或事物背后的数学秩序的发现。他还会进一步假设，当人类心灵独立于外在对象时，它才是最完满的。但是，要是他高度评价某些古老的自然主义艺术，他也只会从中发现独立的形式构成要素——他会忽略将经验空间转化为画布平面的种种手段的那些富有想象力的方面，以及在心灵中把握世界的那种巨大的、历史地发展出来的能力。他会从被再现的对象及其意义中抽象出艺术品质，将对象及其意义视为不可避免的不纯粹的东西，是强加在艺术家头上的历史因素，尽管艺术家最终从这些因素中实现了其潜在的个人的抽象表达。

这些观点完全是片面的，它们建立在一个有关再现的错误观念之上。世界上不存在刚刚描述过的那种被动的、“照相式”的再现；古老艺术中再现的科学要素——透视、解剖、光暗——既是归序原理（ordering principles）和表现性手段，也是描绘的手段。对物象的一切描绘，不管看上去如何精确，哪怕是照片，也来自在某种意义上塑造了形象，而且常常决定了其内容的那些价值、方法和视角。另一方面，世界上也不存在“纯粹艺术”，不存在不受经验制约的艺术；一切幻想和形式构成，哪怕是手腕的随意涂抹，也受制于经验及种种非审美的关切。

雷诺阿，《达维尔小姐像》

在前面提到的印象派画家身上，这一点显而易见。他们既可以被视为照相式的，也可以被认为是幻想的，视观众看问题角度而定。甚至是他们的自然母题，除了其中明显的浪漫主义和古典主义艺术的内容外，也会被认为是毫无意义的。

在将再现视为对自然的表面模仿时，抽象艺术家们继承了粗陋的19世纪艺术批评的错误，这种批评从是否写实的极端狭隘的标准来判断绘画作品，这样的标准甚至无法适用于它所授受的写实性绘画。如果说陈旧的趣味说，它画得多像啊，多美啊！那么现代的抽象主义者则会说，它画得多像啊，但是多丑啊！然而，两者的预设并不是完全对立的，要是将它们与带有超自然内容的宗教艺术的趣味比一比的话，就会发现它们其实是相互关联的。写实绘画和抽象绘画都承认艺术家心灵的统治地位。前者承认艺术家的心灵通过透视和色彩渐变的一系列抽象的计算，在一种狭隘的、私密的领域中来精密地重建世界；后者则承认艺术家的心灵那种在自然之上强加一种新形式的能力，或者自由地操纵抽象的线条和色彩的能力，再不然是根据微妙的心灵状态来创造相应的形状的能力。但是，正如写实的作品不是靠与自然的相似程度来确保其美学价值一样，抽象艺术也不是靠它的抽象或“纯粹”来确保其美学意义。自然形式和抽象形式都是艺术创作的材料，是选择前者还是后者，随着历史趣味的变化而变化。

巴尔相信绘画会因为从画作中排除外部世界而变得贫乏，会失去种种情感、性、宗教和社会价值。但是，他转而认为审美价值却在纯粹形式中得以存活，他却不明白，后者与其说是因为排除而变得纯粹了，还不如说是因为排除而发生了变化，正如为写作而写作的模式，不同于为传达意义而写作的模式一样。各种不同的形式，空间、色彩、光线、大小、立体感与运动的品质，都取决于对自然与人类生活的方方面面的欣赏，但所有这些如今都从绘画里消失了，相应地，抽象艺术的美学则发现了新的品质和关系，它们与从事这种排除行为的心灵是相适应的。跟自然主义艺术一样，每一种类型的抽象艺术，都不是在创造一种绝对的形式，而是赋予某些要素，不管是色彩、画面、轮廓还是图案，或者某种形式手法，以一种特殊而又暂时的意义。巴尔论点的对立面，即用一件别有意味的外衣来打扮一幅纯粹的形式，这种形式就会变得容易为人接受，更有怡人效果，就像逻辑或数学通过具体的例子得以呈现一样，也建立在同一个误解的基础上。正如一篇叙事性散文并不仅仅是强加于一篇事先存在的、纯粹形式的散文上的故事一样，再现也不是强加在一个抽象设计图案之上的自然形式。

罗斯科作品

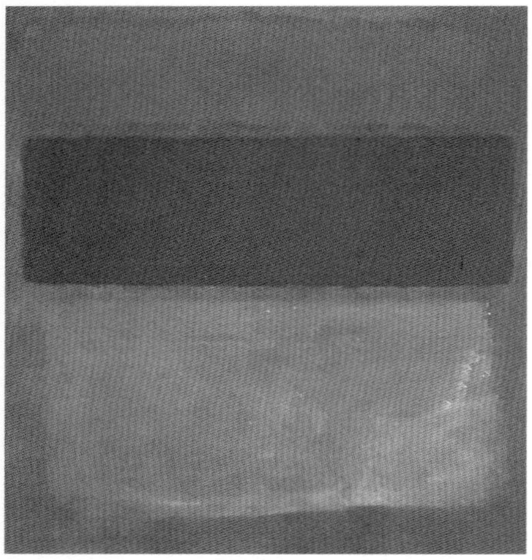

即使是这类作品中的形式的图式化一面，也早已拥有某些品质，这些品质已经受到观察对象和设计再现过程的那些模式的制约，更不必说受到内容及画家的情感态度的制约了。

当抽象艺术家康定斯基（Kandinsky）试图创造一种表现情绪状态的艺术时，大量保守的、学院派的绘画本质上追求的也正是这个。只是，追随浪漫主义的古老传统的学院派画家，保留了激发这种状态的对象；如果他想要表达由一片风景所激发的情绪状态，他就会描绘那一片风景。此外，康定斯基则想要找到这种情绪状态的完全想象性的对等物，他不需要绕过这种心灵状态，不需要绕过那些独立于事物的、表现性的色彩和形状序列。后面这种情形中的心灵状态，是十分不同于前一种情形中的心灵状态的部分等同于起制约作用的对象的心境，由巨细无遗的对象和情境构成的清晰图像所驾驭的心境，以及可以通过这些图像予以重建，并得以与别人交流的心境，在感受色彩调子方面，在与自我意识、注意力和潜在的活力的关系方面，与一种独立于固定、外在对象的意识的，但通过一种私密和不可交流的联想的随机流动却得以维系的心境，是大为不同的。康定斯基将心境完全视为其人格的功能，或是其精神的特殊官能，他选择与其心灵状态有着最大程度的契合的那些色彩和图案，恰好是因为它们在感觉上并不隶属于对象，而是自由地从其活跃的幻想中冒出来的。它们乃是从内部投射出来的、他的心境的完整性及其独立于外部世界的具体证据。但是，潜藏在其心境背后的外部对象却有可能以伪装或扭曲的形式，在抽象中重新出现。最活跃的观众于是成了那样一个人，他同

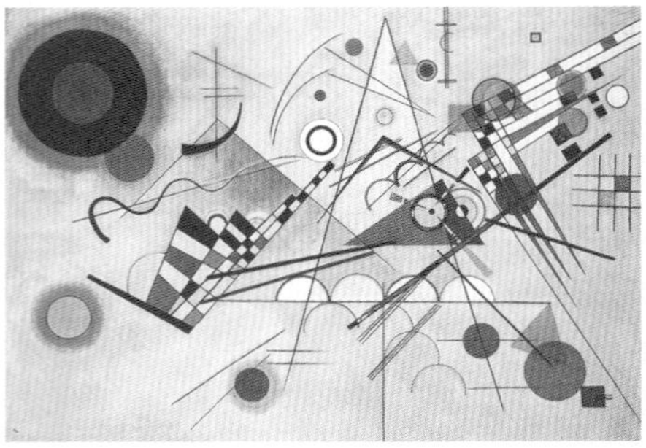

康定斯基，《构成第 6 号》

样也只关注自己，在画作中不仅能够发现他自己的紧张的平衡物，而且还能发现被压抑的情感最终释放的途径。

在放弃或戏剧性的扭曲自然形状后，抽象画家对外部世界作了一个判断。他提出经验的这个或那个方面是外在于艺术，外在于形式的更高现实的；他认为它们不属于艺术。但是，通过这一行为，心灵对自身以及对艺术的看法，放弃对象的那种私密语境，就成了艺术中的主导因素。当人格、情感和形式敏感性被绝对化，它们背后的价值，或者导源于这种态度的价值，就暗示了新的形式问题，正如中世纪后期的世俗兴趣使整个空间和人体的新形式类型成为可能。神秘的即兴品质，对肌理、点与线的微观的亲近，冲动的涂抹形式，在建构不可还原、不可公度的领域时的机械精确性，成千上万种有关融合、渗透、无形和未完成性的天才的形式发明（这些都确认了抽象艺术家大大凌驾于对象之上），现代艺术的这些和那些方面，都被画家们在实验中发现了。这些画家想要在自然和社会之外寻求自由，并且有意识地否定知觉的形式方面——例如形状与色彩的相关性，或者对象与其环境的不连续性，而这些方面正是人与自然的实践关系中所不可或缺的。

通过与文艺复兴艺术中的抽象手段，特别是透视体系和比例的标准（所有这些在今天通常被误解仅仅是模仿的手段）进行比较，我们就更容易判断被强加了这些形式的当代经验的负担。在文艺复兴艺术中，线性透视的发展与人们对世界的探索，与物理和地理科学的创新密不可分。正如对于市民阶级的激进成员来说，有关地理世界和交通的现实知识必然意味着要在一个可信的系统中整顿空间关系的秩序一样，艺术家们也追求在他们自己的想象领域，甚至在传统宗教内容的范围内，靠他们这个阶级所推崇的广泛性、可反驳性及规范性等价值，来实现最精确、最令人鼓舞的空间秩序的形式。同样，正如这个从基督教封建社会后期出现的市民阶层，开始确定感觉和自然的世界高于天国和超自然的世界，且将人体当作价值的真正的王国来加以理想化时——他们欣赏强有力的或美丽的裸体男女，视其为真实的男男女女，丝毫也没有等级或从属于权威的迹象——艺术家们也从对人类的这种评价中获得其能量的艺术理想和形式的厚实

拉斐尔，《草地上的圣母》

性，并将它们表现在强健有力的、活泼的或富有潜力的人类形象中。即使是比例的标准，表面上看来使人类形式屈服于数学的神秘性，事实上也创造了纯粹世俗的完美标准，因为通过些标准，人性的规范就变成物理的和可测的规范，同时跟古老的中世纪将肉体和灵魂分割开的做法相比，它们算是感性的和知性的规范了。

如果说今天的抽象画家似乎像一个孩童或疯子那样画画，这并非因为他幼稚或是发疯了。他开始将孩子漠不关心的自发性和技巧上的漫不经心，当作与他自己的想象力自由的目标相关联的品质来加以珍视。因为儿童只为他自己创造，毫无成年人的那种责任和种种实用的顾虑所带来的压力。同样，他们的作品与精神变态者的艺术相像（当然只是近似的，通常与无意识的模仿无关），也建立在他们共同的自由幻想的基础上，不受外在的物理世界和社会世界的约束。通过他的抽象艺术的实践（其中的形式通常是即兴的，故意扭曲或含混的），画家就开启了通往他那被压抑的内心生活的道路。但是，画家对其幻想的利用和操纵必定不同于儿童或疯子，只要设计的行为构成他的主要事务以及他的人类价值的有意识来源；它要求有一种能量的负担，一种持续的情怀，以及与众不同的果敢的创作手法。

在这方面，对原始艺术的态度非常重要。在写实艺术、理性主义，以及对生产、材料和技术的好奇心占主流的19世纪，人们经常会欣赏原始艺术中的装饰性，但认为原始艺术中的再现是怪异可怖的。对一个经过启蒙的人来说，要接受这些原始艺术，就像接受拜物教或

马蒂斯，《舞蹈》

魔力一样困难（那些原始图像有时就是服务于这类拜物教和魔力的）。另一方面，抽象画家相对来说却对原始装饰的几何风格并不怎么感兴趣。母题的新颖性、象征性的图式、图案的明显秩序感、直接臣服于手艺水平及实用性，所有这些都不同于现代艺术。但是在它们那些扭曲的、奇形怪状的形象中，某些现代艺术家群体却发现了与其作品的亲缘关系。跟那些与事物的实际制作相关的规整有序的装饰性手段不同，这些形象的形式似乎是由一种占主导地位的幻想塑造出来的，它们独立于自然和实用，却受制于沉迷的情感。对他们的作品的最高赞美，便是用魔力和拜物教的语言来加以描述。

对原始艺术的这种新的反应显然超出了美学的范围，渴望、道德价值，以及广泛的生活概念的整个复杂情形都被囊括其中。如果说殖民帝国主义使得这些原始物品变得唾手可得，那么直到新的形式观念兴起后，它们才激起了人们的美学兴趣。不过，只有当人们认识到原始艺术的那种直觉、自然和神话本质上也属于人性之后，这些形式观念才能与原始艺术关联起来。这些观念甚至影响了人们对原始艺术的描述。那些调查过原始图像的物质和部落传统的老一代人种学家，通常会忽略他们的创造中那些主

观的和审美的方面。在发现原始艺术的过程中，同样片面的现代批评家们也只依赖其感情去参悟原始艺术。它们是没有成文历史的原始人制作的艺术，这一事实使得它们变得更富吸引力。它们赢得了特殊的威望，因为它们是无时间性的，直觉的，与自发的动物行为处于同一个水平，自我包含，无反思性，私密，没有日期和签名，除了在情绪中，不带任何因果的迹象。在对原始艺术的这种新的热情背后，是历史、文明社会和外部自然的贬值。时间不再是一个历史维度，而是一种内在的精神时刻。物质关系的整个困境，一个被决定的世界的梦魇，作为个体被致命地束缚于其中的历史时刻的当下的那种不安感——所有这些都在一种超越时间的、内在的、永恒的艺术的观念中，被自动地超越了。那些欧洲人在征服世界的过程中一度认为是落后野蛮的人民所创造的艺术，经过一个令人惊叹的过程，成了那些宣布要放弃这个世界的人们的美学规范。帝国主义的对外扩张伴随着国内深刻的悲观主义，而在这种悲观主义中，“野蛮”的牺牲品所创造的艺术被提升到了超过欧洲传统的高度。除了可剥削那里的人民，殖民地还成了人们逃避文明世界的世外桃源。

然而，对原始艺术的这种新的尊重仍然属于进步的思潮，因为野蛮人及其他落后人民所创造的文化，如今被认为也是人类文化的一部分，是一种高级的创造物，不是西方发达社会所发现的战利品，而是人类的财富。不过，这种洞见不仅伴随着逃离发达社会的行径时有发生，也伴随着对那些物质条件的漠不关心——正是这些条件在残忍地摧毁原始人，或将他们转化为屈辱的、无文化的奴役状态。而且，出于对帝国主义权力的兴趣，对某些土著文化形式的保存，可以在新的艺术态度的名义上得到那些自以为完全没有政治利益的人的支持。

因此，说抽象艺术仅仅是对已经穷尽了的模仿自然的反动，或者说是发现了一个绝对或纯粹的形式领域，乃是对这种艺术的正面价值及其潜在能量和运动资源的无视。而且，抽象艺术的运动范围过于广阔，准备时间过于漫长，与文学和摄影中的类似运动（但却有着相当不同的技术条件）的关系过于密切，其时间和场所的多样性过于广泛，因此无法将它当作一种自我包含的发展，直接导源于美学问题的某种内在逻辑。在几乎每一个要点上，这个运动都带有包围着现代文化的不断变化着的物质和心理条件的印记。

艺术家们的公开声明——某些被引用在巴尔的书里——表明了，走向抽象艺术的步伐伴随着巨大的紧张和情感上的激动。画家们通过伦理的和形而上学的立场来为自己的做法辩护，或者在为自己的艺术辩护的过程中，攻击先前的风格，将它们视为令人厌恶的社会或道德立场的对应物。并非模仿自然的进程已经穷尽了，而是对自然的评价本身已经发生了变化。艺术的哲学同样也是生活的哲学。

1. 俄国画家马列维奇（Malevich）这位“至上主义”的奠基者，用非常富有启示性的术语来描绘他的新艺术。“所谓至上主义，我的意思是绘画艺术中的纯粹情感或感觉的至高无上地位……1913年，在我试图将艺术从客观世界中解放出来的令人绝望的斗争中，我走到了画方块的形式，展出了一幅画，这幅画除了在一个白色的底色上画了一个黑色的方块外，什么也没有……我展出的并不是空荡荡的方块，而是主观性的经验。”（巴尔，第122—123页）。

1918年马列维奇在莫斯科创作了一个被称为“白上加白”（*White on White*）的系列作品，包括一幅白底上画上一个纯白方块的画。在纯粹性方面，这些画作似乎对应于数学家将所有数学问题还原成算法，又将算法还原成逻辑的努力。但是，在这种“几何”艺术背后，潜藏着一种情感的重负，这也许可以从一组相关的，标题为《金属声音的感觉、飞行的感觉，无限空间的感觉》（*Sensation of Metallic Sounds, Feeling of Flight, Feeling of Infinite Space*）的画作中来加以判断。即使是在名为《构成》（*Composition*）这样的画作里，我们也可以看到抽象的形式特征是如何依赖

马列维奇，《构成》

马列维奇，《提水桶的女人》

于想要在一种具体的时尚中，将古老的绘画实践那种主观的、专业的元素加以孤立和外化的欲望之上，以及如何依赖于倒过来发端于艺术家的冲突和不安全感的欲望，将艺术视为一个绝对私人领域的观念等欲望之上。巴尔分析了由两个方块构成的一幅画，将它视为一个“等价物的练习：红色的方块，较小但在色彩上更强，在其对角线的轴线上也更活跃，是自我彰显的，而在它的背景中则是那个黑色方块，它更大，但在色彩上更沉稳，在位置上也更静态”。尽管巴尔将这类绘画刻画为纯粹抽象画，以区别于几何设计（这类几何设计完全来自某种再现），他却忽略了这幅画与马列维奇的另一幅画，即同样复制在他的书里的《提水桶的女人》（*Woman With Water Pails*，1912）之间的联系。这个以立体派的风格设计出来的农妇，肩挑一个水桶，正设法保持平衡。在这里，对作为基本美学原理的平衡的关切——这个原理主宰着两组对立因素之间的关系——体现在一个“基本的”风俗画主题中：被平衡的对象不是人，而是被悬置的、无机的元素，以及含混不清的形式。尽管人的主题很虚幻，而且被伪装在立体派的方法之下，对挑水的农妇这一母题的选择，仍然泄露了一种有关性的兴趣，以及艺术家走向其独特的抽象风格的情感语境。

艺术家作品的主观条件在抽象风格的形成过程中的重要性，在立体派艺术与前立体派艺术之间的相应关系中，也许可以得到证实。在创立立体派之前，毕加索充满忧郁地再现了马戏团演员、小丑、演员、音乐家、乞丐，通常身处社会边缘，却自得其乐，或是在自行排练，就像那些远离公共演出舞台的波希米亚流浪艺人。在有幅画里，毕加索画了两个正在做平衡练习的杂技演员，一个已经成年，体格强壮，虎背熊腰，稳稳地坐在跟他身材一样结实的立方体石头上；另一个年轻的姑娘，非常瘦削，只是一个勾勒出轮廓线的、未经立体塑造的形式，正踮着脚尖在一个圆球上练习平衡动作。对杂技演员来说极其重要的平衡经验，

毕加索，《站在球上的杂技演员》

他的生命本身，在这里被融化进艺术家的主观经验之中，这位艺术家是个关注线条与块面的调节，将它们视为其艺术本质的专业表演者——而这正是使他从社会当中疏离出来的形式化了的个人活动，为此他投入了自己的全部生命。在他的艺术与立体主义作品之间（在立体主义作品里，形象最终消失，且让位于乐器、酒瓶、扑克牌及其他可操纵的人造物品的细碎的几何元素），还存在着一个黑人人物阶段，人物相貌在其中被扁平化为原始的或野蛮人的脸，身体则被简化为由粗劣的、夸张的线条所描绘出来的无人格的裸体。这类人物形象的类型并非来源于生活，甚至不是来源于社会的边缘，而是来源于艺术；但是，这一次，它来自一种部落的、孤立人群的艺术，在别的地方被认为低于西方人，仅仅被当作富有异国情调的景观或供人消遣的对象。只有画家们将他们视为纯粹的、未经毁坏的艺术家，凭本能或土生土长的感受力创造艺术。

根据这种分析，我们很难接受巴尔对马列维奇之走向抽象的解释：“马列维奇突然预见了欧洲艺术向着其迈进的那个逻辑的和不可避免的结论。”也无法接受他在白色画底上画一个纯白方块的解释。

2. 在其出版于1912年的著作《论艺术的精神》（*Uber das Geistige in der Kunst*）里，最早创作出完全抽象的画的画家之一康定斯基，不断地谈到内在必然性，并将它视为选择形式要素的唯一决定性标准，正如内在自由，他告诉我们，乃是伦理学的唯一标准一样。他并没有说再现已经穷尽了，而是指物质世界是虚幻的，外在于精神的，他的艺

术则是对现代社会的“唯物主义”的反叛。所谓唯物主义，他将科学和社会主义运动都包括在内。“当宗教、科学和道德（经过尼采的最后一击）已经分崩离析，当外部基础即将倾圮，人类的目光就离开了外部，转向他的内心。”在他那个时代，正如他自己的兴趣，以及有类似动机的人们的兴趣一样，他也尊重神秘主义、通神学、对原始的东西及种种“通感”实验的狂热崇拜。有色彩的听力（通感的一种）对他来说是非常重要，因为感知在那时已经模糊并集中在感知者当中，而不是等同于一个外部来源。他更有美学价值的评论通常是出于这种态度写出的。“草地上的绿色、黄色和红色的树，只是……树的一种偶然的物质化形式，当我们听到树这个词的时候，我们就会在内心感受到这些形式。”在描述他最早的抽象画时，他说：“整个描述过程主要是对画作的分析，这幅画是我在一种强烈的内在紧张的状态中相当下意识地画出来的。我感到某些形式的必然性是如此强烈，以至于我记得当时我大声地自言自语，给自己下命令，例如‘这个角落必须画得重些’。观众必须学会将这幅画看作是对一个心境的图画再现，而不是对外部对象的再现。”（巴尔，前揭书，第 66 页）。

最近他又写道：“在一幅画里，一个点有时候比一个人物形象能告诉人们更多的东西……人类已经发展出一种新的官能，使他得以超越自然的外表，触及其本质，其内容……画家需要小心翼翼的、安静沉默的，几乎无关紧要的对象……拉奥孔身旁的苹果是多么安静沉默啊。一个圆圈甚至更加安静沉默。”（《艺术手册》第 6 卷，1931 年，第 351 页）

未来主义代表画家巴拉作品

3. 现在我引用走向抽象的艺术家们的第三种公开声明，但这一次是一批富有攻击性的艺术家，意大利未来主义者，他们很难被说成有逃离世界的欲望。

“我们从意大利发布这份革命的、爆炸性的宣言，以此我们在今日成立未来主义者团体……我们赞美任何形式的原创性、大胆和极端的暴力……欣悦和感激每天的生活，为科学的凯旋不断迅猛地加以改变……一辆飞奔的汽车要比萨莫色雷斯的胜利女神还要美丽。”（巴尔，前揭书，第 54 页）

巴尔无视马列维奇和康定斯基艺术中道德的和意识形态方面，但他无法不注意到意大利未来主义运动与柏格森（Bergson）、尼采，甚至法西斯主义的联系。在分析未来主义艺术的形式时，他试图表明它们体现了宣言中所肯定的那些品质。

但是，如果说未来主义有着显而易见的意识形态方面，那对巴尔来说就不可能是纯粹的抽象艺术。它“近乎抽象”，因为它显然指涉了画布外的世界，而且仍然带有再现的因素。

然而，“纯粹的”抽象艺术的形式，看来确实不带任何再现的或逃避主义病态的痕迹——蒙德里安的新造型主义作品，以及后来的构成主义和至上主义的设计——但是它们在其作为肌理和形状的材料方面，在其精确的表现品质、非个人化的光洁和干净（甚至在其设计的微妙的随意性）方面，均受到了有关机器的流行观念和准则的影响。

然而，无论是未来主义还是“更纯粹”的机器抽象形式，都不能被解释为只是既存技术的简单反映。尽管机器在古代就已经存在，而且在某些国家的最近一个世纪里占据生产的核心地位，这种艺术却是过去 25 年里独特的现象。19 世纪中叶，当机器早已被认为是现代工艺的伟大成就，优于当时绘画之时，进步的工业家们的趣味则倾向于写实艺术，普鲁东（Proudhon）还能将库尔贝的绘画和最新的机器当作真正的现代作品

马塞尔·杜尚，《下楼梯的裸女》

来加以赞美。甚至，某些艺术家个人对机器的痴迷，也不一定会导向一种机器抽象形式的风格；亚历山大·内史密斯（Alexander Nasmyth）、罗伯特·富尔顿（Robert Fulton）和塞缪尔·莫尔斯（Samuel Morse）大抵都是自然主义画家，和现代技术的先驱者之一莱奥纳多（Leonardo）一样。机器哲学时代的法国艺术，亦即17世纪的法国艺术，占主导地位的也是理想化了的自然主义人类形象。而在非机器的罗可可风格主宰法国的时期，人作为一台机器的流行观念也被其捍卫们和批评家们等同于一种就事论事的感官主义。《人是机器》（*Man the Machine*）一书的作品拉·美特里（La Mettrie）的论敌们会兴高采烈地指出他死于暴饮暴食。

更为重要的是，晚近拥有最先进技术的发达工业国家——美国和英国，并没有产生机器抽象的风格，这两个国家的建筑在采用功能主义的抽象形式方面，也是最落后的。此外，这类艺术的发展发生在俄罗斯、意大利、荷兰、法国，以及后来的德国。因此，将艺术解释为对既存机器的反映，显然是不充分的。首先，它不能解释当技术已经拥有一种国际特征之时，各地的“机器风格”却呈

迭戈·里维拉，墨西哥国家宫殿壁画（局部）

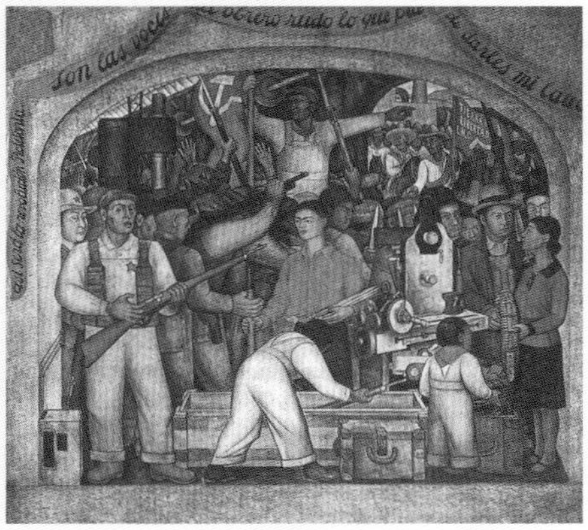

现种种差异。在底特律，里维拉（Rivera）画的机器壁画乃是作为工人的工作世界的写实的工厂形象；而在巴黎，莱热（Leger）却打碎了机器的各种要素，将它们组合成立体派的抽象，或者将富有生命力的事物当作典型的僵硬的机器形状；达达主义者则用机器人或重新构造的人来即兴地创作无厘头的嬉戏之作；在荷兰，新造型主义建构“准”建筑单元的作品；在德国，构成主义一至上主义的形式模仿机器设计者的素描和模型，而不是描绘机器本身。而与众不同的未来主义者们，则试图重新体验运动中的机器及其能量和速度的那种稍纵即逝的一面。

这些差异并不只是不同地方的艺术传统在共同的现代材料上发挥作用的结果。因为如果事情是这样的话，那么我们就可以在意大利发现一位蒙德里安，难道意大利不是拥有刻画精细的形式的文艺复兴传统吗？同样也可以在荷兰和英国发现未来主义者，难道荷兰和英国不是印象主义的先驱者所在地吗？

同样的批评也可以适用于相应的观点，这种观点认为抽象来源于现代金融制度的抽象性质，在这种金融制度中，控制资本和人们交易行为的一叠纸张，采用了在数字和标题上操作的形式。在这里，我们再一次发现，最先进的金融资本主义国家美国和英国，是最晚出现抽象艺术的地方之一。

机器抽象形式在现代艺术中的兴起，并非因为现代生产采用了大机器生产的方式，而是因为人类与机器被不同社会中相互冲突的利益和情境所投射的意识形态赋予了不同的价值。因此将人视为机器的现代观念，强调的更多的是其经济学的含义，而非生物学的含义。它更多指的是人类机器，而不是人类动物，暗示了对身体运动的有效的控制，并且臣服于某种不以个人意志为转移的外在目的。而这就与古老的机械观大为不同：这种古老的机械观关心激情，用内在的机械力量来解释它们，有时候还从中推导出一种愉快、实用和利己主义的伦理学。

当巴尔将未来主义的一个分支归结于他在巴黎的经验时，他意识到了当地条件的重要性。但是，他并没有费点心思来解释为什么未来主义会出现在意大利，而不是别的地方。意大利作家将它描述为对翁贝托（Umberto）统治期间意大利盛行的传统主义和昏睡症的一种反动，在这么做时，他们忽略了这种反动的正面价值及其对意大利人的生活的影响。意大利的落后最强烈地被当时的人们感受为一种矛盾，而且成为1910年前最令人气恼的话题，特别是在北方，那里刚刚经历了最快速的工业化过程。那时意大利资本主义正在准备发动在特里波里的帝国主义战争。意大利，这个资源贫乏却要在各个帝国中竞争的国家，急切需要扩张以达到那些资本主义强国的水平。建立在对农民的剥削基础上的工业发展的滞后，加剧了文化上的不平衡，形成了一个强大的无产阶级，随时准备进行帝国主义冒险。

与此同时，作为对这个国家快速的经济发展，以及古老历史环境的急剧变化的反应，意大利还涌现了过程和实用哲学——一种夸张的反传统主义特征的军事实用主义。已经获得了新的能力和现代城市利益的中产阶级接受了新的条

件，将它们视为进步的和“现代的”；他们在抛弃意大利的落后，召唤一个跟上时代步伐的、全民族觉悟的意大利方面总是大声疾呼。知识分子对地方上的贵族传统的攻击，与统治阶级的利益相一致，他们将技术进步、富有攻击性的个性和价值相对主义，提升为一种有利于帝国主义扩张的理论，并且用古老与现代，或者过去与未来的抽象的意识形态对立，来模糊帝国主义的矛盾后果及阶级之间的真正冲突。由于意大利的民族意识长期以来建立在其博物馆、古老的城市和艺术遗产之上，因此这个国家的现代化必然会带来一种文化冲突，而在艺术家们当中，这种冲突采取了最为尖锐的形式。作为现代生产中最先进的工具，机器对艺术家们具有特殊的吸引力，这些艺术家早已对只有传统和次要地位、一个落后的地方性的意大利国家中看不到希望的状况感到绝望。他们热衷于机器的，并不是因为机器是生产的工具，而是因为机器代表了现代生活中的动力的来源。当对工业化过程的感知导致直接参与其中的工人们走向一种激进的社会哲学之时，跟小资产阶级一样与生产相脱离的艺术家们，却只能抽象地或仅仅从表面上，仅仅从其产品和外表，在新的交通形式、汽车、铁路和新城，

巴拉，《被拴住的狗》

在城市生活的节奏，而不是在其社会原因中，来理解这一工业化过程。因此，未来主义者开始将这一运动理想化，他们将这个运动感知为，或者将运动概括为主要是一种机械现象。在这种感知和概括中，对象的形式变模糊了或者被摧毁了。一辆汽车的动力系统、转动着的运动、运动中的“长犬”（拥有20条腿——暗指火车）、小汽车、空间中的形式演进、战争中的装甲车、舞厅——这些都成了未来主义艺术的典型主题。他们的画布上充斥着放射线、无处不在的力量的象征性刻画、冲撞和相互渗透的物体。在印象派绘画中，运动只是休闲娱乐的景观的一部分，而在未来主义作品里，它却是急切而又充满了暴力，是战争的先驱。

未来主义的某些手法，有关抽象及交互渗透的形式的更为宽泛的观念，无疑来自立体主义。但是，重要的是，意大利人认为立体主义过于审美化、过于理智、缺乏运动的原理但他们却可以接受立体派分解稳定和清晰划定的形式这一做法。这一点拥有一种直接的意识形态价值，尽管从本质上说它只是一种美学手段，但是在未来主义者看来，稳定和清晰的形式等同于古老的意大利艺术，因此也就等同于过去本身。

在意大利之外，特别是第一次世界大战之后，作为一种僵硬的建构对象的机器的质量，机器产品的质量及工程师设计的质量，对画家来说都意味着不同的形式，甚至意味着其作品更为宽泛的表现特征。古老的艺术范畴被转化为一种现代技术的语言：本质被等同于效力，单元被等同于标准化了的要素，肌理则被等同于新的材料，再现被等同于摄影，素描被等同于规则的或带机械痕迹的线条，色彩被等同于颜料的底漆，设计则被等同于造型或指导性计划。画家们于是将他们那种无用的古老活动跟现代生产的最先进技术和强化形态联系起来。正因为技术被抽象地认为是一种独立的力量，带有它自己的内在条件，而设计工程师则被认为是现代世界的真正的缔造者，因此，从他们较早的表现主义、立体主义或至上主义的抽象，走向更为技术性的风格，就不再是跨了一大步（甚至康定斯基和马列维奇20世纪20年代也在这样的观念的影响下改变了风格）。在将其设计方法适用于建筑、版画、舞台和工业设计时，他们仍然是抽象艺术家。他们经常将其作品看作是工程师和科学家的抽象计算的美学上的对应物。假如他们也承认一种幻想艺术的替代方案——在某些方面也与他们自己的艺术正式相关——那只不过是作为自由的一个正常区域，或者是对他们自己那种强大效率的有益身心健康的放松罢了。与未来主义者不同（他们的进步概念是盲目的、叛乱性质的），他们希望通过清醒的技术和设计的逻辑来重建文化，带着这样的希望，他们认为自己是生活新秩序不可或缺的美学先知。他们当中的某些人支持布尔什维克革命，更多的人与德国和荷兰带有社会民主倾向和自由倾向的建筑师们合作。他们关于技术在艺术中的规范作用的观念，一方面主要受到战后欧洲工业严厉的理性化过程的限制（这个过程的主要表现就是降低成本、扩大市场，将其视为受到美国威胁的落后资本主义的唯一希望）；另一方面，也受到改良主义幻觉的限制（这种幻觉因战后经济困局过程中出现的暂时繁荣而大为走俏）。这个幻觉即为在提高人民的生活水平，降低住房及其他

柯布西耶，马赛公寓

生活必需品的成本中大显身手的先进技术，将会解决阶级冲突，或者在技术人员的效率习惯和经济计划中，至少有益于和平过渡到社会主义。要建筑还是要革命！这事实上是建筑师、画家和《新精神》（*L'Esprit Nouveau*）杂志的编辑勒·柯布西耶（Le Corbusier）的口号。

随着20世纪30年代经济危机的到来，埃里·福尔（Elie Faure）之类的批评家号召画家们放弃他们的艺术，改行做工程师，而美国及欧洲的建筑师们，对不断增长的经济压力非常敏感，却弄不清是什么原因，他们都要将建筑等同于工程学，否定建筑师的美学功能。在这些有技术官僚倾向的改革者们都共同拥有的极端的观点中，我们可以看到乐观的机器意识形态在现代文化中的崩溃。当生产受阻，生活水准下降，艺术就以技术进步的名义被放弃。

马赛公寓，柯布西耶

经济危机期间，机器抽象风格成了次要的风格。它们只影响到了极少的年轻艺术家，或者说，他们倾向于巴尔称之为“生物形态抽象”的东西，倾向于狂暴或神经质的书写，或者倾向于在空荡荡的空间里蠕动的变形虫式的、柔软的低等生物。一种反理性主义的风格，即来源于1917—1923年的达达主义的超现实主义，成为主导风格。除此之外，还兴起了新的浪漫风格，充满了空洞的空间、骨架、奇形怪状的生物、废弃的建筑物和灾难性的地球形态等悲惨形象。

（原载迈耶·夏皮罗《现代艺术：19与20世纪》，沈语冰、何海译，江苏凤凰美术出版社2015年版）

最后一击？T.J. 克拉克论波洛克及抽象表现主义

诸葛沂

[1] T. J. Clark."Jackson Pollock's Abstraction" *Reconstructing Modernism: Art in New York, Paris and Montreal*, 1945-1964. Ed. Serge Guilbaut. Cambridge: The MIT Press, 1990, pp.172-243.

[2] 实际上，克拉克对豪泽尔抱有的反感，在 1982 年《人民的形象》的“再版前言”中就清晰地表达出来了：“我现在多么后悔《关于艺术社会史》题目中表现出对豪泽尔的讽刺性的客套！”参见［英］乔纳森·哈里斯《新艺术史：批评导论》，徐建译，江苏美术出版社 2010 年版，第 68 页。

当代著名艺术社会史家 T. J. 克拉克关于杰克逊·波洛克（Jackson Pollock）及抽象表现主义艺术的两篇评论，是在这一艺术运动结束近 30 年后也，是在克莱门特·格林伯格（*Clement Greenberg*）和迈克尔·弗雷德（*Michael Fried*）的形式批评尘埃落定多年后才发表的。《杰克逊·波洛克的抽象》[1] 最初发表于 1986 年，即克拉克的《现代生活的画像：马奈及其追随者艺术中的巴黎》出版后一年，而后此文又以《不悦的意识》为题收入他的《告别观念》一书，克拉克在这篇深思熟虑的文章里评析了格林伯格和弗雷德的理论，给出了另一种对波洛克艺术的黑格尔主义的、阿多诺式的批评版本（Clark“Unhappy”299）；而发表于 1994 年《十月》（*October*）杂志的《捍卫抽象表现主义》一文则微言大义地以“粗野”（vulgarity）作为关键词，进行了一番社会阶级性剖析。可以说，这两篇文章是克拉克有关 20 世纪绘画的重要论述，它们集中体现了克拉克艺术社会史与形式主义批评的巨大不同，也呈现了他是如何将其现代主义理路从 19 世纪的巴黎延伸到了 20 世纪 50 年代的纽约，从而将库尔贝（Gustave Courbet）、马奈（Edouard Manet）、毕加索（Pablo Picasso）与波洛克联接起来的（Harris，“Stuck”18）。

一、艺术史理路的延续

在《为抽象表现主义辩护》（1994）的开头，克拉克便踌躇满志地认为：“我们从抽象表现主义的年代走到现在，而如何理解我们与它的关系却再一次变得有趣起来。对于它胜利的畏惧已经过去很久了；而对于其廉价哲学的嘲笑，或对其势大气粗的厌恶，或对其崇高感的厌倦，或对其在冷战中的角色的怨恨，也已去日颇多。……可以说，这些感觉中没有一个……是对这种绘画的认真态度。它们都是艺术家和批评家暂时性的感觉”（“In Defence”23）。所以，“对于抽象表现主义的分析已经陷入了僵局”，而他本人，则另辟蹊径，以历史话语，为斯蒂尔和波洛克，以及其他艺术家进行辩护（“In Defence”25）。

那么，克拉克所谓的历史话语是怎样的呢？是一种马克思主义，还是一种情境主义，抑或是一种调和的辩证法？从 20 世纪六七十年代以来，克拉克就一直顶着冷战的政治压力，从马克思主义思考艺术与社会历史的关系。有人说，克拉克对艺术史的主要贡献是引入了社会背景（social context）及对生产条件（conditions of productions）的关切，我觉得并不确切。实际上，克拉克一直在一个更高的层面上思考内容与形式、内在与外在、文化与环境之间的关系，而非简单地将两者对立（Day 2）。克拉克既抨击庸俗的艺术社会史（如对豪泽尔的反感）[2]，也反对格林伯格将艺术价值断定为一种不断增长的自我正当化的美学理论。[3] 从 1973 年开始，他就一直在寻找与 19 世纪末到 20 世纪初文化艺术史的“黄金时代”相关联的新途径，新模式。克拉克的艺术社会史摒弃了把历史阐述当成作品研究的僵化背景的做法，强调艺术与社会环境的互动关系。他坚持认为：“一幅艺术作品的创作——伴随着其他行为、事件、结构而成为历史进程的一部分——这一行为关乎历史也将在历史中进行”（“Preface”13）。他并不反对或怀疑艺术的自治概念，并未抛出一个反自治性（antiautonomy）论点，而是去挑战那在格林伯格理论中所谓的自治性得以保证的土壤（“Clement”152），挖掘现代艺术发生的历史时刻（historical moment）。

克拉克认为，当艺术家遭遇到社会激荡和变革的特定时刻（现代艺术的历史时刻）时，在其艺术创作中便会给出相应的回应，而这种回应往往是一种对资本主义总体性进行抵抗的“成功的”失败。正如乔纳森·哈里斯（Jonathan Harris）所言，克拉克的现代主义，是一种对资产阶级霸权的社会总体性符号的分解、否定、拒绝和抵抗（“Writing Back”95）。综观克拉克的研究历程，《人民的画像》里关于库尔贝的研究，在一定程度上呈现了一种具有激进的“批判现实主义”性质的现代主义；而在《现代生活的画像》里关于马奈的论述又推出了另一种现代主义，如克拉克认为，马奈的《奥林匹亚》（*Olympia*，1983）对那个历史时刻（奥斯曼的巴黎改造）的批评，正是在他按照学院传统惯例来表现女性裸体时的失败中体现出来的（克拉克25）；而到了波洛克《1948年第1号》（No. 1，1848）这里，克拉克认为它是一件伟大的绘画，它大大地挑战了我们的理解力：“如果你让我在现代主义中挑出一个时刻，那时形式和绘画的极限被十分完整而深刻地呈现，并且其创作方式在与时代对话，或在创造时代，那么，这就是那个时刻”（“Unhappy”313）。也就是说，这幅作品是一个有思想的、有目的的传达中介，与画家在创作时所经受和体验的世界形成相互砥砺的对话关系。在这里，克拉克仍然继续着“现代艺术的历史时刻”这一命题，将艺术形式探索与社会历史环境在一个关键时点互动相连，他认为波洛克的绘画是从19世纪中叶以来前卫艺术家探索实践的延续，由此描绘出一道特殊的现代艺术发展轨迹。

“非同一性”（non-identity）和“否定性”（negativity），是克拉克判断现代艺术优劣的标准，更是其现代主义理路的核心概念和关键线索。他认为，库尔贝、马奈和毕加索的画作，都产生了超越文化“普通理解”（normal understanding）的意义：“对艺术的检验在于，创作中是否出现不和谐或艰难，是否有着对抗行为，抗拒着这个世界的同一性（普遍相似性）赖以存在的那些准则和步骤。”（“Unhappy”364）事实上，克拉克的现代主义理论与阿多诺的“非同一性美学”具有亲缘性。阿多诺认为，非同一性原则是现代审美活动的一个基本审美原则，现代人的审美活动应走向与异化现实的“非同一”，现代艺术应该具有这种“非同一性”；也就是说，在面对现实的异化时，现代艺术应该担负起批判的责任；并且，这种否定是在自律性模式中，以远离现实的非同寻常的描述或不和谐的表现来实现的；只有这样，才有可能对总体性（专制的或资本主义的）具有否定作用。克拉克也认为，优秀的现代艺术必然具有对同一性的否定。但是，在分析具体艺术作品时，指明“否定”如何体现，却并非一如既往的容易。

在相对具象的绘画中指明“否定性”并不难，而抽象绘画却摒弃相似性和可辨识图像，那么，在不主张利用艺术家社会历史身份的情况下，又该如何调和波洛克的艺术与当时社会世界之间的关系，如何阐述这种“不和谐和艰难”呢？这种“内在于一定阶级文化中的特定的表征实践”（“In Defence”35），又如何能够维持“与其所属世界之间的彻底的表征层面的距离”，从而延续克拉克艺术社会史理路中一直强调的现代艺术在历史时刻体现出的非同一性（nonidentity）呢？

首先，克拉克援用了黑格尔（Georg Wilhelm Friedrich Hegel）的“苦恼意识”（“unhappy consciousness”）的概念。他曾在1974年就反对当时流行的讽刺黑格尔的思想倾向（“The Conditions”561）；他认为，正是辩证观念的缺席造成了艺术——历史的僵硬分化，艺术史需要借开放的黑格尔语言来加以拯救。[4] 这一次，他援用的“苦恼意识”便来自黑格尔的现代性思想：现代性是偶然性和自同性（selfsameness）作为不幸的对立面彼此遭遇的时刻，一面是“单一的不变性”（simple Unchangeable），另一面是“多样的可变性”（protean Changeable）。黑格尔所谓的“苦恼意识”既来源于主体对这种两面性和分裂性的认识，也来源于他对这种“分裂即统一”状态的无法接受的焦虑。克拉克认为，对于艺术家来说，一旦拥有这种“苦恼意识”，便到达了“处理其不理解的事物的良好时机”。因为无法总体把握社会现实，这种“苦恼意识”便促使波洛克想要在画布上完全抹去社会存在，体现出“非同一性”。所以，克拉克说：“我越了解波洛克（我对他的评价越高），《精神现象学》关于苦恼意识的更多内容便会强迫我把它作为参考”（“Unhappy”329）。可见，“苦恼意识”

这个主题驱动了克拉克的写作，将现代艺术身处的持续性环境放置到前景来呈现。

其次，克拉克借用了巴赫金（M.M.Bakhtin）关于语言的表述行为的对话式解释。巴赫金反对将文本与背景看作是对立的关系，想要建立一种“超越”内 / 外、前 / 后等概念二律背反的思考方式。这种思考方式强调“情境”材料，“文本”一直“已被述说”。它为克拉克提供了一种综合、融贯波洛克绘画内在 / 外在的分析途径。依靠着大量画家本人陈述、传记材料及画家对共时性评论的反应，克拉克渐渐形成了一种注重“当下性构造”的思考模式。克拉克从巴赫金的对话理论中得到的重要概念是“预期性”（anticipation），即对表达方式将得到的回应的预期。他认为，在波洛克“特别煞费苦心、处心积虑”的例子中，正是一种对于塞西尔 · 比顿（Cecil Beaton）将波洛克的作品当作时尚摄影背景的“噩梦”的预期，而他那激烈的画作，恰恰体现了抽象艺术被资本主义总体性文化吸纳裹挟为装饰物这一宿命的恐惧（*Day* 11）。在克拉克的笔下，波洛克的抽象是对现存秩序“社会”的预示和征兆，也是抵抗。

正是对黑格尔和巴赫金理论的援用，让克拉克得以在波洛克及抽象表现主义的问题上，延续其艺术社会史理路：首先，坚持现代艺术在历史时刻体现出的非同一性和否定性；其次，继续艺术社会史对艺术和社会历史关系的无尽调解。那么，如何在波洛克的艺术中具体实现这两个要点呢？克拉克借“隐喻”（metaphor）一词[5]，照亮了波洛克的秘密花园。

二、波洛克：抵抗隐喻

克拉克反对任何还原论的或唯心主义的艺术史理论，也反对任何一种束缚于某一标准的现代主义艺术史解释，如弗雷德式的“视觉形式”或格林伯格的“艺术概念”，因为它们无法真正解决波洛克之滴洒绘画的意义问题（Clark，“Arguments”83）。克拉克笔下的波洛克，没有一点弗雷德在《三位美国画家》中所描绘的那种精力旺盛和积极进步；处于世纪末回望历史的克拉克，也没有弗雷德和格林伯格在当时情境中的激情和热望（沈语冰、张晓剑 87）。面对《无题》（*Untitled*，1948—1950）中被“掷”入的混乱材料，克拉克认为很难依照弗雷德“形式的艺术批评”方式来理解。面对《1948 年第 1 号》（*Number* 1，1948）上的手印，克拉克不否认这显现了平面性的发生，“但任何人只要是看到了同样的画面，都会指出此时此地的画面中有一种戏剧性特质”（“Unhappy”311）。在这一点上，他倒赞同早期格林伯格对波洛克的描述：“哥特、妄想症和愤怒”（*Greenberg* 166）。克拉克认为：“从 1947 年到 1950 年，波洛克创造了一整套表现形式，囊括了之前被人们所边缘化的自我表现方式——沉默的、肉体的、野蛮的、自危的、自发的、不受控制的、‘存在主义’的、超越或先于我们意识的——这些层面在波洛克那里变得明晰起来，并且获得了一系列相对稳定的能指（signifier）”（“Unhappy”308）。波洛克所掷入的，正是被资产阶级霸权排除在外的混乱、失语、过时的东西，以及缺失的历史、唯我主义和丑陋的东西，但这还不是批判或讽刺的基础。一幅马奈或一幅库尔贝的作品可能在社会文化特殊的“符号秩序”中找到一个持不同政见（dissident）的讽刺符号来加以表现，而波洛克却在画中掷入了那么多的盘绕、扭曲和混乱，以扰频的“密码形式”阻碍完整清晰的呈现。面对解释的困境，克拉克再次用“隐喻”（metaphor）这个术语，来论证建立在现代主义理论中的社会性价值。在《格林伯格的艺术理论》一文中，平面性被看作是来自于 19 世纪晚期流行于巴黎人生活的一些日常价值的一种隐喻性表达（“Clement”152）。而在 1947—1950 年的波洛克这里，克拉克的论点是，隐喻性就在于波洛克对隐喻的执着抵抗之中——他反对那种将他的画作安置于任何一种单一的隐喻框架内的读解。他想要越过隐喻，通过强化隐喻性来阻止这暗示。他这样做的目的，是要强烈地表示，任何一种参照框架都不适合于界定他的画作，不调和的形象取消了总体性形象（*Harris*，“*Writing Back*”94）。克拉克引用大量画家本人陈述、传记材料[6]和迈克尔 · 莱杰（Micael Leja）的著作来证明[7]，波洛克的主观意图便是如此。

结合传记材料，克拉克按时间推移细致地分析波洛克创作的演变：从 1947 年开始，波洛克感觉到自己处于全新表达方式产生的边缘，想要用滴洒绘画来“描绘他和世界的关系”，以象征某种供体验的秩序，而这要在粉碎对世界中任何事物的依附或者断绝对自然的联想之后才能获得。可是在他将尘世各种元素抛进画时，并没有合成为一个有着“视觉整体性”的秩序，反而产生了“不和谐”，而波洛克在绘画中仍然坚持使用其原创的“哥特，妄想症，愤怒”，以不和谐的形象抵制有关总体性的形象，这恰恰便是克拉克所强调的画作中的否定和怀疑——“激烈的暴力”（“Arguments”82）。但是，克拉克强调，这个“不和谐”并不是波洛克绘画的真相，而只是一个时刻。波洛克的目的不是让画中不和谐的形象取代整体形象占据支配地位，因为他选择的是抽象而非模仿。他想要以增加内涵的方式来为理解内涵设置障碍，从而越过隐喻这个层面，企图以此促进象征的意味，波洛克意识到，可以在不触碰隐喻、清除掉所有带有相似性的痕迹和残留影像的情况下达到严格的“视觉性的”、反形象的抽象绘画，从1948年开始，他采用新技术去营造某种触觉、颜色和空间构成，防止作品与自然景色（或甚至是海洋、天空）相似。克拉克认为，《1949年第1号》（*No*. 1, 1949）是1947年到1950年间的经典，因为其绘画语言在此画上获得了最大程度的简洁和微调。可是，1950年的到来却突然地宣告抽象的结束，《秋天的韵律》（*Autumn Rhythm*，1950）、《一》（*One*，1950）等已具有逼真的完整性隐喻，伴随着某种实践的迹象走向终点。克拉克指出，波洛克画中不和谐的形象变成了黑白的简单图解；因为“不和谐”意识到自己是模仿、是笔迹、是某种戏剧，所以在知觉的混合中，它就被剔除走了（“Unhappy”340）。在面对批评家的赞赏和沦为时装摄影背景的命运之中，波洛克的探索历程结束了。

在析述了波洛克抽象历程之后，克拉克并没有忘记那种促使其抽象绘画产生的“否定性”。即波洛克的艺术，在它们对资产阶级霸权的抵抗中，回到了它自有的抽象的根本情境之中，并试图赋予它们以形式。“在其1947年到1950年的最好时期，波洛克的绘画是矛盾的：它靠矛盾生活，靠它们兴盛，也因它们而失败。这种矛盾是任何在资本主义社会里创作出来的抽象绘画都会遇到的，因为这个文化环境掌握不了（尽管它非常想这么做）符号化的社会现实”（“Unhappy”365）。这个充满了“苦恼意识”的矛盾就是，一方面抽象绘画想要在结束与物质世界的关系后建立新的感受秩序。另一方面，绘画又不可能通过现有的方式去获得这种方式。它在这种矛盾感和分裂感中被资本主义文化吞噬。克拉克断言，现代主义的最好创作者，如马奈、毕加索和波洛克，他们都诚恳地承认了自己小资产阶级式的渴望，都卷入了一场战争，这战争的双方，一边是对绘画技艺的运用，另一边则是他们意欲“控制和评价”的世界，而这场以绘画技艺来抵抗总体性、“征服”世界的战争，最终都走向了“成功的失败”。这种失败，恰恰是克拉克认为《1948年第1号》超越了《一：1950年第31号》（*One: Number31*，1950）的原因。因为它体现了现代主义的“悲怆”（“Unhappy”314）。

三、粗野的抵抗

克拉克对纽约画派的评述主要集中于1994年发表的《为抽象表现主义辩护》一文中，与上文讨论的《波洛克的抽象》比起来，此文言简意赅，观点奇特；全文各节以序号排列，也许旨在加强逻辑性。在他看来，纽约画派的作品不像法国19世纪60年代和1848年的作品一样，英雄般高尚地胜任了对那个时代的政治和社会剧变的内在反应，它们恰恰是以“粗野”（vulgarity）、荒谬和夸张，作为与美国社会剧变相关的品质。而且，

[3] 克拉克对格林伯格理论的反对，主要集中发表于《艺术探索》（*Critical Inquiry*）1982年9月号《格林伯格的艺术理论》，及次年为回应弗雷德的驳文《现代主义如何运作》而写的《关于现代主义的论辩》，此文收入米切尔（W. J. T. Mitchell）编的《解释的政治》（*The Politics of Interpretation*）中出版。1985年，弗兰契娜（Francis Frascina）将克拉克的两篇文章、弗雷德的驳文以及格林伯格的《前卫与庸俗》《走向更新的拉奥孔》一起，编入《波洛克及之后》（*Pollock and After: The Critical Debate*）一书，将整个论争记录在案。

[4] 克拉克想要复兴的，是黑格尔的“habit of mind”或“kind of thin-king”，即一种充满辩证视角和观念的艺术史。

[5] 有关克拉克艺术社会史理论中“隐喻”（“metaphor”）概念的分析，可参见Day, Gail, "Persisting and Mediating: T. J. Clark and the Pain of 'the Unattainable Beyond'", *Art History* 23, March, 2000,pp1-18.

[6] 倚重于传记材料是克拉克与弗雷德、格林伯格的又一巨大不同。在对库尔贝和马奈的研究中他便大量使用共时性评论材料。

[7] 参见 Leja, Michael, *Reframing Abstract Expressionism: Subjectivity and Painting in the 1940s*, New Haven: Yale University Press, 1993.

克拉克还要以“粗野”来导向一套新的鉴别机制，以区分不同艺术家不同时刻的作品，区分波洛克的滴洒绘画在 1947 年、1948 年及其最终 20 世纪 50 年代之间的差异（“In Defence”38）。克拉克讽刺地说，到了 20 世纪 50 年代中期，波洛克、德·库宁（De Kooning）、霍夫曼（Hans Hofmann）等艺术家的个人主义已经成为侍奉美国权力精英的男仆，尽管个人主义恰恰是大多数纽约画派艺术史家赞美抽象表现主义是二战后人文主义文化顶峰的主题词。但是，由于“粗野”，这些艺术家偶尔还是能创作出“准确再现”和批评资本主义精英主义的作品。

“我的标题《捍卫抽象表现主义》绝对不是反讽的。我已经指出，我所想的是对这些艺术可能有的最好辩护，当然我也意识到在这样做的时候，‘粗野’一词已经转向为一种价值术语，不管我是否想要它这样。假如准则不是那么机械，我还准备这样说，当抽象表现主义作品最粗野的时候，也就是它们最优秀的时候，因为，在这个时候，它能够最完全地表现其历史时刻的状况——技术的和社会的状况”（“In Defence”39—40）。这恐怕是克拉克对抽象表现主义最具标志性的评论。为了界定“粗野”一词的含义，克拉克在《牛津英语辞典》（*THE OXFORD ENGLISH DICTIONARY*）中找到了答案：“拥有一种普遍性、冒犯性的意义特征；粗鄙的陈腐之物；缺乏文雅和高雅品位；无教养的，粗俗的。”（“In Defence”2930）而这种品质正是抽象表现主义区别于 19—20 世纪现代主义流派的显著特点，因为它没有那些魔术般的花哨技法，只以激烈的方式寻求谬误，而这种激烈恰恰就是此种绘画个性的唯一形式，不假装、不虚伪。只有这些抽象表现主义画家会这样去作画，他们着迷于为激烈的强度和可笑的大尺寸画幅，全神贯注于绘画的姿势，过分而夸张。

克拉克确信，波洛克的“抵抗”形式大体上伴随着特殊的“表现性”（expressiveness）效果的再现，如画面密集性和夸张的姿势，这些都是“粗野”的表现。抽象表现主义画家除了投身于“整体性”抽象的膨胀空虚之外，无所可去，“他们真正消耗了自己的空虚的强度，他们摆弄着绘画的姿势，呈现着荒谬的巨大和夸张”（Harris，“Stuck”26）。克拉克认为，现代主义将媒介当作对于资本主义总体性的“最典型的否定和疏离的场所”，极端的媒介实验本身便是否定的实践（Greenberg 152）。抽象表现主义绘画正是以这种粗野而密集的绘画行为和媒介实验，向美国的消费者资本主义和冷战社会表达了一种抵抗。但是到了 1950 年，波洛克就“不再那么投入地进行自我消耗了，差不多达到一种和谐状态”（“In Defence”30）。

克拉克固执地想要在波洛克和抽象表现主义的作品中提炼出一种称为“粗野”的一般性品质。他认为，这种品质实则是艺术生产环境中的某一社会阶级的价值观：“粗野这个术语……对于对象自己，其组成部分中的某种悲惨或荒谬，泄密的污点，残酷凶暴的视觉品质……对于一个特殊社会世界中客体的存在……我希望能赋予像波洛克的《切出》（*Cut-out*，1948）和德库宁的《女人》（*Woman*，1950）这类绘画以阶级归属的可能性……即尝试着去探索他们参与达到一种小资产阶级的特殊胜利和灾难的那些方式。”（“In Defence”28）

作为左派知识分子的克拉克虽然惯于从阶级结构来思考，但他同样反对那种将抽象表现主义视为中情局一手策划的说法（可惜这一谬误却在中国流行），他说：“我所说的是它在一个确定性阶级结构中的位置，并不是处在一个国家机构或一个新的临时性的前卫艺术赞助体系或一个博物馆 / 艺术世界的上层建筑中”（“In Defence”34）。那么，站在阶级分析的角度，克拉克的解释是什么？他认为，小资产阶级怀抱着对整体性文化权力的渴望，他们以各种形式表达了资产阶级所宣扬的绝对个体性，粗野正是方式之一；而资产阶级“只能通过准许其下等阶层（指小资产阶级）为其代言，通过给予他们以整体性诉求的残羹剩饭，并通过坚持让自己听这些下等阶层的荒唐的混杂物的方式，来保持住权力。资产阶级不仅聆听，还假装赞成它们，并且有可能最后这种赞成也成为真诚的了”（“In Defence”36）。所以，在资产阶级的支持下，小资产阶级取得了特殊性胜利（如抽象表现主义），但是，这种胜利又被资本主义文化所轻易地吸纳并挫败了，正如波洛克的画成了高级时尚女装的摄影背景一样。

四、最后一击？

让我们绕过这些阶级论述直指问题的核心：克拉克的西方马克思主义立场。他渐渐走向了卢卡奇和阿多诺，字里行间满溢着对资本主义大众文化的警惕和对美国商业社会的悲观情绪。其论文的主旨是：1945 年之后美国的抽象绘画，是一种对于国家状态的回应，这种状态就是，粗野的、传统的资产阶级性格在社会中渐渐消失，大众的、庸俗的文化席卷而来，在这种情状下，波洛克等表达出了强烈的粗野的个人主义意识形态，意欲维持一种“高级文化”，并捍卫在战后美国的消费者资本主义环境中正在失去的文明，但是他们完全没有足够的实质性的规模、权力、知识和野心来实现这种愿望，他们的“抵抗”最终被资本主义文化挫败，成了一种新式的愉悦（Harris，“Writing Back”110）。

因此，《告别观念》整本书都弥漫着无望气息，悲叹着现代艺术的否定性特质岌岌可危的命运。来看他的最后陈述：“以纯粹抽象的形式，他们既表现了、也忍受了极端个人主义的荒谬——这种绘画形式几乎牢不可破。但是，它就像飞机坠落时人们所吸的最后一口氧气。我想，这就是 1945 年后的美国绘画的状况。”（“In Defence”48）可是，克拉克仍然大声地肯定了波洛克及抽象表现主义沿袭的否定性，“这是一条我们称之为现代主义艺术的路线。波洛克是它的一部分：也许在线条的末端，可能不是；目前很难说是否这些反抗和拒绝的想法还留有任何持续的效力，或已被无望地整合进一个总体的景观中”（“Unhappy”364）。

也许，在克拉克的悲哀视野中，波洛克及抽象表现主义，已是一种在“后现代主义”无止境的空虚到来之前的“最后一击”吧。

参考文献

1.Timothy J. Clark, "Arguments about Modernism: A Reply to Michael Fried ", *Pollock and After: The Critical Debate*, ed. Francis Frascina. London and New York: Routledge,2000. pp.102-109.

2.Timothy J. Clark,"Clement Greenberg's Theory of Art", *Critical Inquiry*, 9. 1,1982,pp.139-156.

3.Timothy J. Clark,"In Defence of Abstract Expressionism", *October*,69 (1994) :pp.22-48 .

4.Timothy J. Clark,"On the Social History of Art", *Image of the People: Gustave Courbet and the 1848 Revolution*, London: Thames and Hudson,1982.

5.Timothy J. Clark,"Preface to the New Edition", *Image of the People: Gustave Courbet and the 1848 Revolution*, London: Thames and Hudson,1982.

6.Timothy J. Clark,"The Conditions of Artistic Creation", *Times Literary Supplement*, 24, May 1974, pp.561-562.

7.Timothy J. Clark,"Unhappy Consciousness", *Farewell to an Idea: Episodes from a History of Modernism*, New Haven and London: Yale University Press,1999.

8.Gail. Day, "Persisting and Mediating: T.J.Clark and the Pain of 'the Unattainable Beyond'", *Art History*, 23,1,2000,pp.1-18.

9.Clement Greenberg, "The Present Prospects of American Painting and Sculpture", *Clement Greenberg: The Collected Essays and Criticism*, Vol. 2: Arrogant Purpose，1945-1949, ed. John O'Brian, Chicago: University of Chicago Press，1986. pp.160-70.

10.Jonathan Harris,"' Stuck in the Post?': Abstract Expressionism,T. J. Clark and Modernist Historical Painting", *History Painting Reassessed: The Representation of History in Contemporary Art*, eds. David Green and Peter Seddon, Manchester: Manchester University Press, 2001.

11.Jonathan Harris, *Writing Back to Modern Art: After Greenberg, Fried and Clark*, London and New York: Routledge, 2005.

12.[美] T. J. 克拉克：《现代生活的画像：马奈及其追随者艺术中的巴黎》，沈语冰、诸葛沂译，江苏美术出版社 2013 年版。

13. 沈语冰、张晓剑：《晚期现代主义的形式课题——论弗雷德对格林伯格形式批评的推进》，《美术研究》2011 年第 4 期，第 85—99 页。

（原载《文艺理论研究》2015 年第 2 期）

迈克尔·莱杰和他的《重构抽象表现主义》[1]

毛秋月

迈克尔·莱杰（Michael Leja, 1951—　）哈佛大学艺术史博士，宾夕法尼亚大学教授。莱杰的研究领域涉及美国 19—20 世纪的多种视觉媒体，如绘画、电影、照片、版画等。莱杰是“新艺术史”（New History of Art）研究代表学者 T.J. 克拉克的学生，两位学者都力图展示社会变迁在现代艺术中的表征。从“新艺术史”的研究视野出发，莱杰将纽约画派的作品与 20 世纪的黑色电影、通俗哲学等大众文化消费品联系起来，试图证明这些产品都受到了同一意识形态和话语倾向的支配。

历史上，曾有人把波洛克等人的绘画捧为“精英艺术”，如批评家克莱门特·格林伯格（Clement Greenberg）；也有人宣扬它们是“美国绘画的胜利”，如学者欧文·桑德勒（Irving Sandler）。莱杰则想告诉人们：还原抽象表现主义的社会面貌，是认识其历史地位的先决条件。然而，还原并不等于贬低。莱杰认为：波洛克等人之所以被推到历史前台，是因为他们更为敏锐地把握了当时的社会思潮。

《重构抽象表现主义》英文版封面

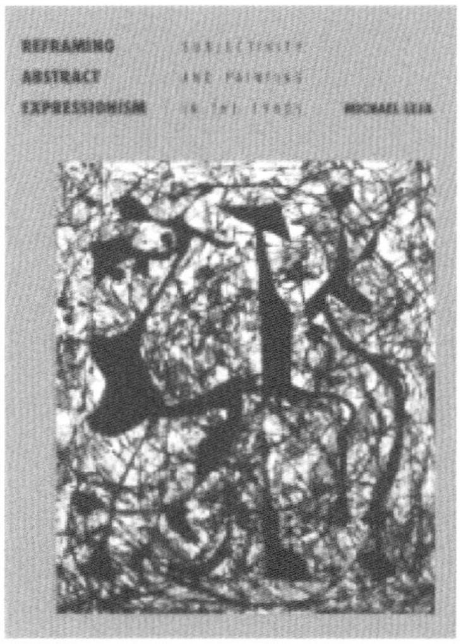

要理解迈克尔·莱杰的这本著作，我们可以从书名推敲，提出三个问题：第一，作者为何感到需要重构抽象表现主义？第二，作者构建理论大厦的框架是什么？第三，他如何在讨论绘画之际引入“主体性”这一概念的？

关于第一个问题，我们在上文已经有所触及。莱杰认为：他有必要弥补前人在形式分析上的缺陷。以格林伯格、迈克尔·弗雷德（Michael Fried）、威廉姆·鲁宾（william Rubin）等人为代表的形式主义批评者在论述抽象表现主义时，习惯于忽略作品的内容、隐喻和再现因素，而是从艺术史的脉络、绘画的媒介及本质出发，展开对艺术品的考察。其代表人物格林伯格以康德哲学为依托，致力于从现代主义发展进程中建立一套自我批判的逻辑。莱杰十分肯定形式主义批评的成就，同时，通过对艺术家的思想进行抽丝剥茧式的分析，对具体艺术品进行符号学的解读，对意识形态与绘画主体进行考察。他也委婉地暗示，格林伯格等人的视角是有些狭隘的。

形式主义是一种立场，也是一种方法论。我们不应以“形式主义者”一词简单地概括格林伯格等人的丰富思想，也不必认为莱杰是一个反形式主义者。莱杰所反对的，是一种理想化的解读模式。真理往前一步即为谬误，人们对形式分析的运用也是如此。例如，莱杰提出：“根据格林伯格的经典论述，以及弗雷德、鲁宾等后人的进一步阐释，波洛克对现代主义绘画的‘推进’在于他创造出了一种纯粹的视觉空间。”[2] 格、弗二人或是有意忽略了波洛克倾泼绘画中的再现性因素，或是将其解释为一种倒退。莱杰试图证明，这些解释自相矛盾、难圆其说，它们远不足以概括波洛克的绘画。

莱杰的写作也是针对“修正主义”批评展开的。“修正主义”指的是对形式主义的修正，它着重探讨政治与艺术的互动。1973 年，科兹洛夫（Max Kozloff）在《冷战时期的美国绘画》（*American Painting During the Cold war*）中提醒人们，世界艺术中心从巴黎转移到美国之时，也是美国势力在全球崛起之时。随后，批评家考科罗芙特（Eva Cockcroft）指出：政治崛起与抽象表现主义的成功绝不是巧合，而是人们有意为之。1983 年，修正主义批评代表作居尔博特（Serge Guilbert）的《纽约是如何窃取现代艺术观念的》（*How New York stole the Idea Of Modern Art*）诞生。这本书承袭了考科罗芙特的立场，以分析 20 世纪 30 年代美国文艺界中的去共产主义思潮开篇，进而指出纽约画派艺术家转变阵营、投身自由主义的倾向，迎合了美国政府对抗苏联的需要。艺术家、博物馆工作者、批评家在认识到这一契机之后，积极为纽约画派打造先锋派的形象，以配合美国政府在冷战期间的艺术输出。

可以说，触动莱杰写作本书的重要缘由，就是他感到有必要纠正居尔博特的认识。在莱杰看来，居尔博特的视角是“工具主义”的，他狭隘地把外部环境与艺术家的内部动机联系在一起，把抽象表现主义自发的形成、成熟过程与政府的推广过程混为一谈，并且，他也有意忽略了艺术家独立于政府活动之外的大量史实。

谈到莱杰对居尔博特的批判，我们便可以回答前文提到的第二个问题，即他是如何构建抽象表现主义的。统领全书的一对概念是“意识形态”（Ideology）和“现代人话语”（modern man discourse）。莱杰对“意识形态”的理解深受法国学者路易·阿尔都塞（Louis Althusser）的影响。书中频频出现的另一关键词“现代人话语”则是莱杰本人的创造，这一概念带有福柯知识考古学的烙印。

在本书前言里，莱杰如是描述了他与居尔博特对“意识形态＂一词的不同理解：

> 对居尔博特来说，意识形态指的是围绕着某个政治联盟而组织起来的一套明显的、人们有意遵守的信仰和承诺在他的研究中出现了新自由主义、保守权力，以及共产主义左翼的意识形态。但是，在我的研究中，意识形态与人们有意遵从的信仰和政治联盟几乎没有任何关系。它指的是一整套包含着信仰、假设和倾向的隐形结构。换句话说，是一系列关于现实、自我和社会的基本观念和基本态度，它们根深蒂固地存在于人们的表达和话语中，看上去显得相当地真实和自然。[3]

莱杰与居尔博特的意识形态论与阿尔都塞的理论有着或明或暗的关系。1969 年，阿尔都塞在《意识形态与意识形态国家机器》（*Ideology and Ideological State Apparatuses*）里指出：资本主义社会中同时存在镇压性的国家机器和意识形态国家机器，两种机制都维持着

[1]《重构抽象表现主义》是国家级课题“西方当代艺术理论翻译与研究”的阶段性成果。该课题承担人为浙江大学传媒学院教授沈语冰，该书译者为本文作者、浙江大学博士研究生毛秋月。

[2] Michael Leja, *Reframing Abstract Expressjomsm: Subjectivity and Painting in the 1940S*, New Heaven: Yale University Press, 1993, p.284.

[3] Michael Leja, *Reframmg Abstract Expressionism*, 1993, p.6.

[4] [法] 阿尔都塞：《哲学与政治：阿尔都塞读本》，陈越编译，吉林人民出版社 2003 年版，第 358、364 页。

[5] Ann Eden Gibson, *Abstract Expressionism: Other Politics*, Yale University Express, 2000, p. 35.

[6] Michael Leja, *Reframmg Abstract Expressionism*, 1993，p.202.

[7] [法] 阿尔都塞：《哲学与政治：阿尔都塞读本》，陈越编译，吉林人民出版社 2003 年版，第 352 页。

[8] Michael Leja, *Reframing Abstract Expressionism*, 1993, p.202.

生产关系的再生产。阿尔都塞写道："所有意识形态都通过主体这个范畴发挥功能，把具体的个人询唤为具体的主体。""询唤"（interpellation）一词的本意，是要求人们接受问询，作出相应的解释。其中隐含的信息是：人们的回答，会不可避免地落入设问的框架。在阿尔都塞那里，询唤是指意识形态通过各种机构和话语"招呼"（hail）人们，邀请人们与它发生某种关联，从而把个人塑造为意识形态下的主体。反过来，"每一个被赋予了'意识'的主体，会信仰由这种'意识'所激发出来的、自由接受的'观念'。同时，这个主体一定会'按照他的观念行动'，因而也一定会把自己作为一个自由主体的观念纳入他的物质实践的行为"[4]。一言以蔽之，意识形态对个体的塑造，以及个体对意识形态的接纳、内化与传播，都是在不知不觉中完成的。

从以上的理论脉络出发，我们便可以回答第三个问题，即莱杰如何在讨论绘画之际引入"主体性"这一概念的。莱杰认为：抽象表现主义画家，正是受到了 20 世纪 40 年代美国社会中那个占据主导地位的、中产阶级意识形态的"询唤"，从而成为意识形态下的主体。在当时，受到主导性意识形态所认可的典型形象，是一个内心充满无意识冲动与原始本能的白人异性恋男性。波洛克、纽曼、戈特列布（Adolph Gottlieb）等艺术家的作品中，就栖居着这一主体的形象。他们一面被主导性的意识形态所塑造，一面成为这种意识形态的传声筒。这两个过程，基本上是在艺术家们不自觉的情况下发生的。莱杰在分析了抽象表现主义画家的理论与作品之后认为，他们并没有抵抗这种渗透，也没有与主导性的中产阶级意识形态保持足够的距离。即使从表面上看，他们显得很激进，但实际上，他们与主导性的意识形态之间仍然有一种深刻的共谋关系。艺术家们如果做出相反的举动，以彻底、激进的方式对抗那个意识形态，则势必造成其自身作品的边缘化。

波洛克，《鸟》

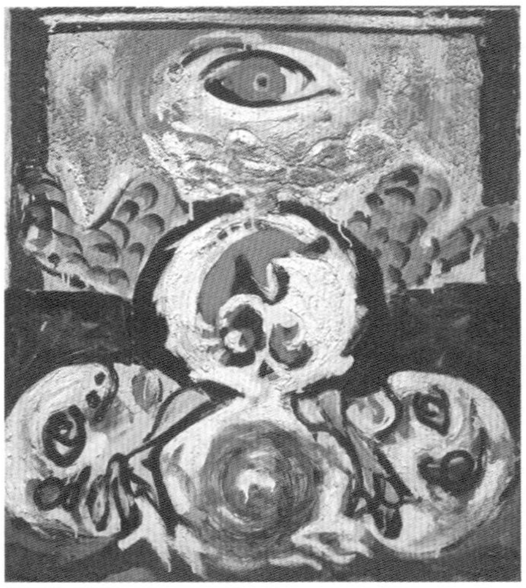

正如美国抽象表现主义研究学者安·伊顿·吉布森（Ann Eden Gibson）所言："抽象表现主义的艺术家们关注的不仅是艺术的最近历史，而且关注文学、物理学、生物学、哲学和心理学在当代的发展。换言之，抽象表现主义画家有意识地想在作品中引入对思想的探讨。"[5] 例如，波洛克在接受心理治疗之际接触到荣格的学说，从此致力于在其绘画中展现荣格的原型意象。纽曼、戈特列布、罗斯科等人假设现代观众与所谓"原始"观众具有相同的心理结构，并试图复兴北美印第安人的图像素材。人类头脑中存在"无意识"和"原始性"的观念，被一些探讨哲学、心理学和人类学的文本传达给他们，成为他们作品中力图表现的内容。而包裹着这些观念的载体，则被莱杰统称为“现代人话语”。莱杰在全书中的目的，就是要重构“那个塑造了纽约画派的形成，又被纽约画派所塑造的话语领域”[6]。

因此，读者会发现，本书的深层结构是对“现代人话语”的知识考古。福柯曾在《事物的秩序》（*The Order of Things*）中提出：某种话语结构会在持续一段时间之后，经历转型与断裂。莱杰认为：在 19 世纪晚期和 20 世纪上半叶，包括抽象表现主义画家在内的美国人对所谓“现代人”本质的追问，就符合福柯的这种逻辑。

美国中产阶级意识形态旨在把个人塑造为一个理性、和谐、目标明确的主体。而在进入 19 世纪之后，美国经历了一系列剧变：资本迅速扩张，城市化进程加快；新的心理学和人类学研究，也开始挑战传统的人性观、性善论。面对这一系列复杂的社会现象和文化现象，一大批美国知识分子，如芒福德（Lewis Mumford）、威利（Philip Wylie）、弗格森（Harvey Fergusson）等人，开始不约而同地提出疑问：现代人怎么了？现代人要走向何方？他们开始有选择性地汲取专业学术著作中的论述，甚至不惜曲解人类学对所谓“原始”社会的调查研究，从而渐渐树立起一个充满原始本能和无意识冲动的主体形象。莱杰参考了美国历史学家李尔斯在《无处优雅》（T. Jackson Lears, *No Place of Grace*, 1981）中的论断：19 世纪晚期，中产阶级意识形态所推崇的那个可以控制个人命运的自我，逐渐被一个内心分裂的自我所代替。进入 20 世纪，更多的历史事件，如一战爆发、经济大萧条、法西斯横行等，则进一步巩固了人们的新看法。

如前所述，只要意识形态牢牢地占据统治地位，它就会具有强大的自我维护功能。因此，虽然一开始，旧意识形态极大地受到了“现代人话语”的挑战。但是，它却渐渐吸纳了新的“现代人话语”。在这种理论视野的关照下，波洛克、纽曼、罗斯科等抽象表现主义画家作品中的“原始”和“无意识”两大元素，便染上了意识形态的色彩。在第二章，作者引用阿多诺（Theodor Adorno）《遵命的艺术》（*Commitment*）一文，意在说明纽曼、戈特列布等人的作品，其实并不具备彻底的颠覆性。阿多诺认为：卡夫卡（Franz Kafka）和贝克特（Samumel Beckett）的杰出，在于其作品透露出的反叛性与颠覆性，存在主义这种“遵命的艺术”，亦即某种与政治和意识形态亦步亦趋的艺术形式，在卡夫卡等人面前相形见绌。毫无疑问，在莱杰眼中，纽曼等人的艺术也属于“遵命的艺术”。他进而推断，阿多诺会对此持有相同看法。

《重构抽象表现主义》是对修正主义者的反驳，同时，它也回应着修正主义学者考科罗芙特（Eva Cockcroft）在 1970 年提出的关切要理解一个独特的艺术运动在特定历史环境下走向成功的原因，就需要对绘画得到支持的细节和掌权者的意识形态做一番检查。“现代人话语”自 19 世纪诞生，在经历了漫长的发展历程之后，最终被主导性的意识形态所吸收，成为一种官方语言。读罢此书，我们便不应该再认为，政府与艺术家、批评者及艺术传播机构是单向的利用与被利用的关系，也不应认为，抽象表现主义是一种普世化的、去历史化的艺术。

然而本书更重要的意义还不止于此。通过分析那些在纽约画派、黑色电影和通俗哲学中盛行的话语，莱杰犀利地揭露了资本主义社会中的权力运作。所谓的原始冲动与无意识本能，恰如学者赛义德（Edward Wadie Said）所批判的“东方主义”（orientalism），都是一种人为的构建。把社会问题心理化，将之归结于某种神秘莫测的、落后的“他者”，在权力层面维护了霸权意识形态的统治地位，却缺乏引导人们直面社会的批判力量。在这里，我们仿佛又回到了阿多诺的立场。那么，与意识形态拉开距离的文艺作品，是否又必须呈现卡夫卡、贝克特等人笔下的样子这个问题也许并没有答案。

尽管莱杰构建抽象表现主义的理论大厦严密且宏大，但它并非无懈可击。我们可以从三个方面出发，对其提出质疑。

推究阿尔都塞的意识形态理论框架，我们发现，人就像是意识形态牢笼里的囚徒，面对意识形态的塑造毫无办法。阿尔都塞曾说：“意识形态是永恒的，恰好就像无意识一样。”[7] 探讨意识形态与人类个体的互动，无疑具有巨大的启示作用。但是，认为意识形态是类似“无意识”这种无法被证伪的存在，则暴露出其理论原动力的不足。莱杰描述的抽象表现主义画家，在强大的意识形态面前仿佛无所遁逃。他并没有指出波洛克等人与主导性意识形态的分歧。作者自己也认识到了这点不足。在第二章，他写道：“我承认，要使两者（即波洛克的作品与意识形态）得到完整的呈现，

[9] Robert Hobbs, Abstract Expressionism Reframed, *Art Journal*, Fall 94，Vol. 53 Issue 3，p.107.

[10]［英］乔治·拉伦：《意识形态与文化身份：现代性和第三世界的在场》，戴从容译，上海教育出版社 2005 年版，第 20 页。

最终还是需要我们把两种研究对象之间的分歧和对立挑出来单独分析。”[8] 假如莱杰能够指出波洛克等画家与“主导性意识形态”的差异所在，无疑会让他的批评显得更加全面、更加深刻。

莱杰对女性艺术家的解读亦有缺憾。在分析李·克拉斯纳（Lee Krasner）、伊莲·德·库宁（Elaine de Kooning）和格蕾丝·哈提根（Grace Hartigan）等抽象表现主义女画家时，莱杰提出：既然人们倾向于把所谓的无意识冲动和原始本能拟为女性的“他者”，那么，这些女艺术艺术家天生便无法展现分裂的个体，因为她们自己就是“他者”。其实，正如抽象表现主义”一词不足以概括当时活跃在纽约画坛的艺术家们，所谓内心分裂的白人男性主体也不足以描述投入抽象表现主义创作的女画家。以两种人为构建的非理性元素，对女性艺术家进行风格上的价值判断，实有削

波洛克，《月亮女人》

足适履之嫌。美国学者霍布斯在一篇书评中写道：“莱杰并没有看到李·克拉斯纳、伊莲·德·库宁、格蕾丝·哈提根等艺术家以女性身份对主导性意识形态的批判，而只是把她们视为受害者。”[9] 霍布斯的意见，恰恰说明了我们在前面谈到的第一点不足。

英国学者乔治·拉伦（Jorge Larrain）曾提出一种较为激进的观点：“所有那些批判意识形态高高在上的理论，都暗中进行着一种意识形态运作……它们使人们的注意力集中在所出现的问题和矛盾的错误起因及错误解决上，从而帮助缓解了资本主义体系深层危机所带来的变革压力。”[10] 莱杰的本意，是以分析抽象表现主义入手，批判意识形态背后的权力运作，然而，通过把 20 世纪 40 年代的文化产品置于意识形态的框架之中，他却不断印证了意识形态的“高高在上”，这难免使人认为：意识形态运作具有先天的合理性。在赋予抽象表现主义的社会属性之后，莱杰实则把这一艺术推向了更高的历史地位，这又何尝不是外人眼中“美国意识形态的胜利 " 呢？对比全书的研究与分析，《重构抽象表现主义》的缺憾瑕不掩瑜。美国的《选择》（*Choice*）杂志曾评论道“迄今为止，在讨论纽约画派的作品及其含义丰富的主体性方面，这本书是最为出色、最为详尽的一本著作。”莱杰的书脱胎于他的博士论文，历经 10 年方才写就。作为一本艺术史专著，它折射出美国 20 世纪中叶文化思想的变迁。但愿这部花费 10 年铸就的精品，能够为我国的西方艺术理论研究带来新的启发。

（原载《画刊》2015 年第 6 期）

水平性何以成为新媒介

——克劳斯论波洛克满幅绘画

沈语冰
毛秋月

杰克逊·波洛克为什么会成为美国20世纪最令人瞩目的画家？不管答案如何，恐怕都绕不开他的满幅绘画（all-over painting）。1948年，批评家格林伯格（Clement Greenberg）发表《架上绘画的危机》一文，以细致的形式分析娓娓道出波洛克满幅绘画的新意所在。然而鲜为人知的是，整整50年后，杰出的女批评家罗萨琳·克劳斯（Rosalind Krauss）发表了一篇同样标题的文章。在文章里，克劳斯不仅阐述了她对于格林伯格等现代主义批评家的看法，更创造性地指出，波洛克以"水平性"的绘画领域开拓了新的艺术媒介。以这两点为突破口，克劳斯回答了格林伯格在50年前所没有回答的问题：如何认识在架上绘画发生危机之后的艺术？换言之，这种危机给艺术带来了怎样的后果？毫无疑问，这些仍然是我们今天在面对现代主义衰落与后现代艺术兴起时，常常思考的问题。克劳斯对于满幅绘画的分析，衔接起了极简主义和波普艺术等艺术形态。本文试图勾勒克劳斯的批评思路，廓清克劳斯与格林伯格等现代主义批评家的异同，并拟从后现代艺术的实践操作中反思其学术贡献。

一、线条的解放与新领域的展开

我们先回顾几位现代主义经典批评家的理论框架，因为克劳斯的批评正是从这里出发的。首先是格林伯格对"满幅绘画"的评论。在发表《架上绘画的危机》之前，格林伯格在马克思主义季刊《党派评论》上发表的两篇重要文献——《前卫与庸俗》（1939）、《走向更新的拉奥孔》（1940），已经从前卫艺术的社会批判性和形式自律性出发，为抽象表现主义奠定了坚实的现代主义理论基础。格林伯格提出，前卫艺术的自我批判，是用一种独一无二的媒介属性来批判自身；在绘画中，其独一无二的属性是平面性。因此，排除了视错觉空间而展示了平面性的绘画，就是最有批判精神、亦即最先进的绘画。在这种思想背景下，1948年的《架上绘画的危机》一文则具体描述了波洛克的创新性所在。格林伯格认为，波洛克与马克·托贝（Mark Tobey）、鲁道夫·雷伊（Rudolf Ray）、拉尔夫·卢森堡（Ralph Rosenborg）等画家一道，共同延续了印象派画家莫奈（Monet）对传统架上绘画的冲击。具体说来，其表现方式是：

> 满幅的、"去中心化"的、"复调的"……将完全等同或非常接近的因素编织在一起的表面之上，这些因素不断地重复自己，从绘画的一个边缘到另一个边缘没有任何明显的变化。这是一种悬搁了起始、中间和结束的绘画。（Greenberg, *Art and Culture*, 194）

格林伯格认为，从其本质来看，"架上绘画使装饰服从于戏剧效果"。创造三维空间错觉，一直是架上绘画的目标所在，而始于马奈的现代主义绘画，经由莫奈、毕沙罗和西斯莱的发展，已呈现出"任何一部分都以同样种类和重点的笔触加以处理"的特点，从而威胁着将绘画还原成相对无区别的表面（*Art and Culture*，193）。但是，印象派画家仍然没有排除形状在明暗上的对比以及戏剧化的不平衡。印象主义仍然受视错觉的主导性影响。这些艺术家"威胁"架上绘画的行为，被波洛克发展成了某种"摧毁"。因此，虽然波洛克仍然在利用架上绘画这种常规形式，但这一画种的概念中已经包含了"致命的含混"。

也就是说，波洛克用满幅绘画的形式动摇并瓦解了架上绘画这种特殊的媒介。“逃离架上绘画传统”的观点不仅成为格林伯格的核心批评模型，以阐释波洛克在 1947—1950 年的革命性，同时，它也成为格林伯格眼中，波洛克之后的绘画中所有闪光点的依据。这是克劳斯新媒介论的重要起点。

“视觉性”是克劳斯论述中的另一关键词。克劳斯对这一概念的认识直接受惠于批评家迈克尔·弗雷德。[1] 在 1965 年发表的《三位美国画家》中，弗雷德写道：

> 在这些作品中，无论抽象或具象，波洛克都不仅想在画布表面把线条从再现世间物体的功能上解放出来，而且想把它从描绘、约束形状或形象的任务中解放出来。在一幅类似《1948 年第 1 号》的作品之中，只有一个均质的、满幅的、缺乏可辨物体和抽象形状的图画领域，以至于我想把它形容为视觉性的（optical），以区分它与之前从立体主义到德·库宁甚至到霍夫曼的现代主义绘画里那些有结构特征的、本质上为触觉性的绘画领域。（弗雷德，252）

可以看出，相比格林伯格对于满幅绘画的感性描述，弗雷德的论述重点已经落在了对波洛克的艺术形态进行界定之上。他首先将波洛克的线条界定为一种摆脱塑形功能和约束功能的要素，之后，进一步将这些线条所构成的画面归结为“视觉性”的画域。[2] 前一种界定是对格林伯格的“形式自律”的延伸，它构成后一种界定，即“视觉性”领域赖以成立的必要条件。两种界定是克劳斯的论述得以展开的前提。

我们由此触碰到一个具有双重身份的批评家克劳斯：一方面，克劳斯曾是格林伯格等现代主义批评家的追随者，她在其博士论文中就直言不讳地表示：“我对现代绘画和现代雕塑的知识大部分来自格林伯格、弗雷德的批评文章和讨论。”（“Terminal”，vii）另一方面，从 20 世纪 70 年代起，克劳斯开始背离此前用于大卫·史密斯的雕塑上的形式分析而走向结构主义批评，关于这一点，国内学者已有详细的论证。在《图像与反叙事侵入——罗莎琳·克劳斯的结构主义批评》一文中，作者指出，克劳斯通过“将图像纳入‘结构’的系统，对图像的形式系统内部的差异性和共时性的强调，与格林伯格目的论式的对现代主义本质的叙说区分开来”（沈语冰、陶铮，17）。不过，具体到 1999 年发表的《架上绘画的危机》来看，克劳斯并没有完全抛弃现代主义的基本逻辑，她的论述仍然在承认线条的纯粹性这一前提下展开，这表明，她与格林伯格的现代主义理论之间仍然有着内在的延续性。美籍法国学者伊夫—阿兰·博瓦（Yve-Alain Bois）在 2005 年出版的《1900 年以来的艺术》（*Art Since 1900*）一书导论《形式主义与结构主义》中就写道，形式主义可以分为两个阶段：第一阶段为形态学的形式主义，这又可以追溯到李格尔、沃尔夫林、弗莱、贝尔，一直到格林伯格；第二阶段为结构主义的形式主义，这中间经历了索绪尔语言学、俄国形式主义、布拉格学派，一直到法国 20 世纪 60 年代的结构主义思潮（Bois，37）。克劳斯在其论述中指出，格、弗二位批评家只是停留在发现抽象有了新的可能，却没有往前一步，归纳这种

[1]“视觉性”一词在美术史形式分析之中并不鲜见。艺术史家李格尔在《罗马晚期的工艺美术》（陈平译，北京大学出版社 2010 年版）一书中就指出，艺术的发展经历了从触觉到触觉—视觉，再到视觉艺术的发展历程。在这一历程中，人的主观因素不断强化，而客观物质的特性受到削弱。李格尔的“触觉性”与“视觉性”的概念，后来被学者沃尔夫林阐发为图绘和线绘的概念。在《美术史的基本概念——后期艺术中的风格发展问题》（潘耀昌译，北京大学出版社 2011 年版）一书中，沃尔夫林讨论了纯视觉模式与触觉式的视觉模式。值得注意的是，弗雷德所谓的“视觉性”概念，只是引申了线条不存在塑形功能这个维度，从而为画坛新秀波洛克的作品定下基调。因此，可以说弗雷德对“视觉性”的探讨具有一定的原创性。

[2] 不过学者布洛赫却谨慎地指出，正是出于对一种“纯粹视觉性”的阐释，让弗雷德不能体会波洛克作品的内涵。参见 Buchloh , Benjamin H. D., *Formalism and Historicity: Models and Methods in Twentieth-Century Art*, Cambridge, MA: MIT Press, 2015. p.351.

[3]“行动绘画”（action painting）的概念最早见于批评家哈罗德·罗森伯格（Harold Rosenberg），随后成为人们认识抽象表现主义的重要参考。参见 Rosenberg, " The American Action Painters", *The Tradition of the New*, New York: Da Capo Press, 1994. p.22.

抽象得以展现的细节。在她看来，视觉性已然脱离了架上绘画的物质属性，变成一种新的媒介。那么，这种媒介是如何诞生，又是如何连结起波洛克与之后的艺术家呢？

二、水平性的开拓与新媒介的诞生

正如学者大卫·卡里尔（David Carrier）所言，克劳斯的批评是“哲学化的批评”（Carrier，3）。在我们的案例中，她以严肃的理论分析重拾格林伯格和弗雷德围绕盛期现代主义而展开的形式课题。尽管克劳斯的分析有别于格林伯格的现代主义线性叙事，但她坚持承认现代主义的价值来源，即承认波洛克的线条已经摆脱了传统的、描绘主题的功能，也不再具有雕塑意义上的内涵。

克劳斯写作的直接动因，是批判两位批评家卡尔门（E. A. Carmean）与卡梅尔（Pepe Karmel）的观点。卡尔门的文章出现在蓬皮杜艺术中心的一个波洛克大型展览手册上。他在文中提出，波洛克的倾泼绘画在细节和主题上，都与托尼·史密斯（Tony Smith）的一项旨在表现教堂的雕塑创作有关联。出现在同一手册上的批评家卡梅尔，则在分析了摄影师纳姆斯为波洛克拍摄的影像资料并考察了波洛克的作画过程之后认为，波洛克的线条在不同层面上都呈现出垂直的、人形的图案组合，也就是说，这些线条具有雕塑意义上的内涵。因此卡梅尔指出，波洛克的绘画空间仍然类似于文艺复兴时期艺术中那种具有视错觉的空间。克劳斯对两者的观点都不同意。在她看来，将波洛克与宗教主题相联系，无疑是一种倒退，因为自 20 世纪 30 年代与众多知识分子和艺术家一同登上历史舞台的现代主义，本身便是艺术家们 所信奉的“一种信仰、一种教义、一种最深刻的追求”（Krauss，“The Crisis”，647），在现代主义的追求之外还要寻找宗教内涵，是一种离题之举。对于卡梅尔，克劳斯则将其观点斥责为“违反直觉的”“古怪的”（“The Crisis”，647）。简言之，她并不欢迎那些将波洛克的线条放回再现视错觉空间的做法。为了说明其立场，克劳斯回顾了格林伯格在《架上绘画的危机》中的经典论述，这也就是我们前文所谈到的理论背景。

克劳斯还指出，格林伯格在 1955 年进一步修正了关于满幅绘画的观点，即“排除明暗对比，是满幅绘画破坏以往绘画规则的深层原因”，而“明暗对比是自文艺复兴以来架上绘画一直具有的结构”（“The Crisis”，650）。例如，针对波洛克 1955 年的作品，格林伯格写道：“在《第一号》与《薰衣草之雾》里，明与暗交织在一起，如雾状的尘埃，杰克逊·波洛克以此摧毁了明度对比，人们因此找不到具有雕塑感的一丝痕迹。”（Greenberg，“American-Type”，647）而对于波洛克绘画中的种种形式要素，格林伯格提出，他的线条和色彩都已经超越了物质的属性，变成一种特殊的现象和存在——或者说一种表达方式——他先是将其称为“幻觉”，后来是“视觉性的”。

克劳斯总结道，在格林伯格之后，又出现了两大否认波洛克为绘图者（draftman）的立场。一种是我们今天所熟知的“行动绘画”理论。[3] 在这种理论视野下，画家的行动展开要大于线条的实体意义，线条不过是画家的行动所留下的痕迹。另一种则是由罗伯特·莫里斯（Robert Morris）在 20 世纪 60 年代提出的“反形”（antiform）与非形论，这种立场又由莫里斯本人和批评家伊夫－阿兰·博瓦在 90 年代进一步 阐发。罗伯特·莫里斯的《非形》一文探讨了当时正在兴起的极简艺术对于物质本身的属性和重力的利用。莫里斯认为，长久以来，绘画力图用一系列材料和技法来表现其他物质或者空间，而忽略了绘画本身涉及的物质属性；而波洛克以来的抽象表现主义则打破了这种惯例。换言之，波洛克是一个对于绘画材料本身特别在意的画家。他的实践显示：艺术家们的研究已经从“事物的构成转到对物质本身的构成”。莫里斯在这篇文章中还认为，“从立体主义以来的欧洲艺术，围绕着‘事物间的关系应是批判性的’这一整体前提，而变换着事物之间的关系。美国艺术则是一直在揭示不断变化的、关于制作的前提”（Morris，34）。克劳斯提出，莫里斯等人的立场正是她的论述基础，她进一步点明：

> 波洛克的线条破坏了传统的绘画方式（即创造轮廓线、包裹形象，因而创造出图像和背景的分别），他以此不仅消解了绘画的客体——形（form），而且也消解了形展开的模式，即垂直性（verticality）。波洛克的线条以我们闻所未闻的方式深入到水平性（horizontal）的领域。波洛克作品的重要性就在于对水平维度的新开拓……（“The Crisis”，649）

显然，克劳斯更加关心的，是波洛克的线条“消解了形展开的模式”，即“垂直性”，她将这种模式理解为人们的认知格式塔赖以成立的基础。波洛克以其独特的作画方式——将画布铺在地板上，取消画面的中心感与人物形象——杜绝了人们从垂直感建立认知完形的可能性，从而实现了对形的剥夺。克劳斯认为，波洛克的线条已经从垂直方向实现了 90 度的翻转，迈向对水平性的开拓，她将此转变称为法国思想家巴塔耶（George Bataille）所谓的“非形”（informe）。[4]

在这里，我们有必要展开对波洛克绘画空间的讨论，将思考集中在形式的认知维度上。其实，无论是格林伯格和弗雷德所说的“视觉性”，还是克劳斯的“水平性”，都不约而同地假设，波洛克挑战了人们习以为常的观看模式。不过可以继续追问：形式的常规展开模式，一定是垂直性的吗？克劳斯一直将“水平性”置于垂直性和格式塔视觉体验的对立面，这种解读模式是否有效呢？要回答这个问题，恐怕要从人类的认知范畴，而不是艺术史内部语境出发。著名的认知批评学者莱考夫（George Lakoff）在《我们赖以生存的隐喻》中指出，人类看世界的方式和隐喻性的思维模式，都是由其直立性的身体结构决定的，而直立状态与无处不在的引力场相关：“在我们的运动程式及日常活动中，上下方位处于中心地位”（莱考夫，57）。莱考夫做了一个有趣的假设：假如身体是球状的，生活在非引力的环境中，人们的认知就不存在上下之别。因此，在身体结构的先决条件下，人们对绘画中各种常规形式的辨析也一定是从垂直角度展开的。当然，我们不一定要把每种美学 观点都固定在生理学的模型之中，但莱考夫的观点无疑会帮我们更清晰地理解克劳斯的分析。[5] 克劳斯在其写作中反复强调，波洛克的线条在破坏了垂直性的视觉体验之后，转而挖掘其对立面，即一种水平性的维度。“水平性”是一个纯粹的、摆脱了具体形状的“视觉性”领域得以产生和发挥效用的基础。如果说，格林伯格和弗雷德对“视觉性”的描述仍然建立在讨论线条或颜色的物质属性与传统的塑形功能上，那么克劳斯则是从观者的认知角度出发，从水平性的感官体验层面，延续前两位学者对“视觉性”的探讨。

由此，克劳斯对形式的反思已升华为哲学化的理论建构。在她看来，“水平性”行使着非形的功能，已经成为在波洛克的绘画中持续发挥效应的一套运作机制，她用“媒介”一词加以概括：

> 一旦人们可以感觉到水平性参与到一种独特的感官体验的维度中，进而成为一种具体的意图模式的话，它也就成为了一种在现象学上的发展方向（phenomenological vector）。只有以这种维度出发，水平性才会作为一个媒介，与其他水平化（horizontalized）的实践操作（例如平面的画板，或者是书写的表面）产生分离，显然，后两者仍然将自身建立在具象的范围内。（“The Crisis”，655）

我们从中不难看出克劳斯的“媒介”论与格林伯格的不同。格林伯格对媒介的探讨始终在物质的实体层面展开。他秉持精英主义的立场，认为每一种媒介都应该固守在各自的阵地，以体现其批判性与形式自觉。在现代主义的艺术实践中，绘画应抛弃其他媒介的内涵，犹如希腊神话中的拉奥孔一般不妥协；绘画中的线条、颜色也是不同媒介，它们以扬弃自身属性又凸显自身的方式，达成“媒介独特性”的效果。而克劳斯则认为，媒介可以是一种对艺术实践的支撑，一个有持续效应的模型，从而产生一系列的惯例。媒介已经变成作用于绘画场域的坐标轴（axis），而不是场域本身在物质上的属性。因此，她所理解的媒介具有了现象学上的维度。正是从媒介的待续效应出发，克劳斯展开她的结构主义批评，从而背离了现代主义内部的经典叙事。

三、水平性与后现代主义艺术境况

“水平性”不仅是支撑波洛克创作的媒介，使他的满幅绘画成为一种独特的样式，它也被至少 3 位艺术家拾起：赛·托姆布雷（Cy Twombly）、安迪·沃霍尔（Andy Warwol）和罗伯特·莫里斯（Robert Morris）。

托姆布雷最为人熟知的是他的“涂鸦”系列作品。克劳斯指出，20 世纪 50 年代中期，托姆布雷认为，他的涂鸦是通过刻画和撕扯实实在在的画板表面，在光滑的画板上留下的暴力痕迹；20 世纪 50 年代后期，托姆布雷认为，一些类似涂鸦的印记表现了支离破碎的生殖器官；20 世纪 60 年代前期，他则认为涂鸦是对人们认知的格式塔所展开的攻击，具体来说，被攻击的对象包含了身体垂直性的体验以及同一性。正是同一性的消失，使得一种沿着水平方向展开的行为主导了艺术家的身体。2014 年 11 月 12 日，在纽约洛克菲勒中心举行的佳士得“战后及当代艺术品拍卖会”上，赛·托姆布雷的作品《无题》以 6200 万美元落槌，最终以 6960. 5 万美元成交(约合人民币4.27亿元)。可以说，这幅天价画作正是托姆布雷最典型的、从“水平性”角度来创作的“涂鸦”之一。

如果从媒介的实体层面来看，安迪·沃霍尔对于媒介的运用可以形容为“乱花渐欲迷人眼”。他的作品大多从大众文化或日常生活中攫取灵感，这其中就包含毁誉参半的“小便绘画”，或者说“氧化”系列——沃霍尔事先用含铜的丙烯颜料铺陈帆布画面，然后让人在画面上尿尿，从而使尿酸与铜粉发生氧化，氧化后的画面看起来非常像波洛克的满幅泼洒绘画。我们很难说“小便绘画”到底是在向波洛克致敬，还是在揶揄他的作品，不过，沃霍尔显然意在勾连起这种创作与波洛克的联系。在对沃霍尔的分析中，克劳斯引用了弗洛伊德在《文明及其不满》中对破坏性冲动的讨论：男性们会比赛在火堆上进行小便，这种无拘无束的本能后来会升华为一种保护火堆的文化职责。克劳斯认为，从垂直角度建立认知完形的绘画，对应着守护火种的文明行为，而非形的绘画实践对应着用小便破坏火种的行为。沃霍尔的行 为，正是对波洛克破坏形的行为所作出的直接戏仿。

罗伯特·莫里斯则是模仿了波洛克的创作过程。他将巨大的油毛毡铺在工作室的地板上，在其表面刻画出一条条纹路。然后，他将油毛毡从地板上拿起来，这时候，重力会扭转油毛毡上的线条在垂直方向上的连续性，而格式塔正是在这个基础上获得统一的。所以，莫里斯便打破了线形的结构，在水平的维度上建立起对形的破坏。莫里斯的实践，与他在《艺术论坛》杂志上发表的论述“反形”的论文一脉相承。

上述三位艺术家，可以说是运用“水平性”的突出案例。其实，批评家列奥·施坦伯格(Leo Steinberg)也曾注意到后现代艺术中的“水平性”特征。施坦伯格认为，文艺复兴以来的绘画都将垂直性视为其本质条件，20 世纪 40 年代的一些抽象画也不例外，因为后者仍然致力于服务人们的直立欣赏视角。只有到了 20 世纪 50 年代的劳申伯格和杜布菲(Jean Dubuffet)那里，一种“平板式的”(flatbed)、致力于表现艺术家操作过程的画面才出现在人们视野中，从而使绘画实现了从再现自然到探讨文化的转变(施坦伯格，84)。施坦伯格的论述与克劳斯的落脚点相同，他们对水平性的思考也有相通之处，不同的是，克劳斯将这种操作直接追溯到波洛克那里，即是说，她对后现代主义的思考是以盛期现代主义为起点的，这就破除了学界一贯倾向于将现代主义与后现代割裂开来的做法。克劳斯认为，从整体上看，波洛克的艺术与装置艺术有所区别，而与大地艺术以及过程艺术相似，因为在装置艺术中，媒介是被悬置的，而在后两种艺术形态里，水平性本身作为媒介发挥了作用。我们在其分析中发现，克劳斯以“水平性”为基准，建立起一套结构主义的话语和规则，使之贯穿形态各异的艺术实践，不仅表现出极大的理论张力，也拓宽了现代主义理论对艺术现象的解释维度。

我们不妨以两位经典的现代主义批评家格林伯格与弗雷德对极简主义的批判为对照，来审视 克劳斯的批评：格林伯格推崇形式自律，却也导致了他对“走向平面”之后的艺术持有否定态度。例如，在格林伯格看来，极简主义把观者、环境与作品的关系引入作品之中，破坏了

[4] 在法国，巴塔耶最先向形式美学提出了挑战。1929 年，巴塔耶以达达式的荒诞文字写道：“宇宙类似于无形……有点像蜘蛛或是唾液。”“非形，不仅是一种具有某种现成意义的形容词，而且是一个可以给这个世界带来些什么的词汇，(而这个世界上的)任何东西都有自己的形。”参见 George Bataille , "Infonne", *Visions of Excess: Selected Writings, 1927-1939*, Minneapolis: University of Minnesota Press, 1985. p.31.

[5] 事实上，近年来兴起的认知美学批评，已经为人们认识波洛克等抽象表现主义艺术家提供了有益的洞见。关于这方面的探讨，参见 Cernuschi Claude, *Not an Illustration but the Equivalent : A Cognitive Approach to Abstract Expressionism*, NJ: Fairleigh Dickinson University Press, 1997.

[6] 笔者已就莱杰的观点撰写了几则论文，可参见毛秋月《迈克尔·莱杰和他的〈重构抽象表现主义〉》，《画刊》2015 年第 6 期，第 72—76 页。

现代主义的形式自律，因此对其予以批判。在弗雷德看来，极简主义的作品意识到观众的存在，向观众主动展示自身，是一种剧场性（theatrical）的艺术。在其代表作《艺术与物性》中，弗雷德就提出，艺术的成功甚至存亡都取决于其对抗剧场性的能力。弗雷德认为，现代主义则是一种反剧场性的艺术；专注于媒介自身，正是波洛克的艺术对抗剧场性的具体表现。而克劳斯通过将媒介抽离出实体层面，将其纳入水平性的现象维度，则涉及观者、环境与作品等诸多方面。从这个角度讲，她的理论无疑更加具有包容性。

不过我们也不能简单地在此止步，认为克劳斯的媒介论仅仅是以一套结构主义的规则替代现代主义的逻辑。克劳斯提出，既然格林伯格已经承认，满幅绘画消除了等级区别，那么，作为一种媒介的架上绘画也已经不复存在。之后的艺术已经不是形式的约束，而是对千一个事件的表达，是一个声明，是一系列的变化。这种转变也让作品本身产生了质变。克劳斯写道：

> 物质化的作品（objectified work）在被缩减为真实空间里的真实物体之后，它就变成了一个行为得以施展的地方，开始作用于这个空间，与其同时出现的还有各式各样的媒介，它们一同定义了现实世界的性质——我们看到，由贾德创造的“具体的物”现在已经成为一种国际性的装置艺术策略。或者，假如要用另一种方式揭示我们现在的环境，即我称之为后媒介境况的话，应该是这样的——媒介一词在内涵上的迅猛扩大，已经让它进入到复数形式的媒体（media）层面，即传播工具、交流工具及承载信息技术的工具。从媒介到媒体的语义转变，意味着媒介特殊性的丧失已呈现为一种自然的结果；这也就意味着，一种审美意义上的媒介在具有物质上的否定性之后，会理所当然地滑向媒体的图像世界。（“The Crisis”，651）

我们可以从这段话中解读出如下几个信息：首先，罗莎琳·克劳斯重新将艺术品放回现实世界的语境之中，从而破除了现代主义批评理论将艺术精英化的倾向。第二，克劳斯将艺术的产生与创作完全放在文化生产与流通的范畴内，由此转向对文化工业生产模式的探讨。第三，以克劳斯的分析来看，在后媒介时代，艺术作品内部单一媒介的特殊性丧失，与外部复数形式的媒体的图像世界相连，因此，艺术作品的形成和诠释也必将全部依托于媒体的图像世界这一场域。第四，不管是从媒介的实体意义上来看，还是从媒介作为一个待续发挥效应的模型来看，克劳斯的媒介论都具有现象学上的哲学意义。克劳斯的论述中，回响着海德格尔的世界图像化理论。海德格尔在其演讲稿《世界图像的时代》中就提出，决定现代性本质的有两大进程：一个是人成为主体，一个是世界成为图像。现代世界图像的特点，是存在者在表象状态中成为存在。世界的图像化，就是物从不可见转为可见的运作的总体性（海德格尔，90）。克劳斯所谓媒介到媒体的转变，亦暗示艺术家成为媒体的图像世界中的存在。

其实，克劳斯所说的媒介特征，在 20 世纪 50 年代中期的格林伯格那里已经有所萌芽。格林伯格在1954年发表的《抽象艺术、再现艺术及其他》一文中就写道："绘画如今已成为一个实体，跟我们的身体一样属于同样的空间秩序，它不再是那种秩序的一个想象等价物的载体。绘画空间失去了其'内部'，全部都成了'外部'"（格林伯格，173）。那么，为什么恰恰是克劳斯实现了对"架上绘画危机"之后的艺术的理论建构呢？毫无疑问，克劳斯对艺术创作模式以及媒介性质的创新思索是相当重要的催化剂。

四、结语

批评家布鲁姆（Harold Bloom）曾提出，艺术家中永远存在着"影响的焦虑"，换言之，如何超越前人，建立自身的艺术丰碑，是他们念兹在兹的问题。杰出的艺术家是革命的缔造者，正是从这个意义上讲，波洛克得以跻身20世纪最令人难忘的艺术家之列。克劳斯以经典的现代主义理论为基础，在波洛克的作品中梳理出一条清晰的线索：线条从塑形的任务中解脱出来，它是视觉性的，而不是触觉性的。它远离塑形，让绘画从垂直性的视觉体验中解脱出来，转而拓展水平性。这种脱离了具体形式的视觉性空间，或者说水平性的视觉体验，成为一种新的艺术媒介——一个建构性的模型，一种内在逻辑，带来诸多表达的可能性或者惯例。"水平性"启发了极简主义及波普艺术，也让媒介的内涵变得生动起来，丰富起来。

不过，如同任何一种理论一样，克劳斯的观点也并非无懈可击。比如，从事"新艺术史"研究的当代学者莱杰（Michael Leja）就认为，现代主义理论对于波洛克绘画的解读有简单化的倾向。莱杰提出，将波洛克的满幅绘画视为完全剥夺了形的艺术，是不甚严谨的，波洛克于20世纪40—50年代早期完成的绘画一直受到具象和抽象之间辩证关系的推动（莱杰，521）。莱杰捕捉到大量批评者评点波洛克的线条时最常用的一个词："网"。他认为，网这一意象在形式上有独特的优势，它既能够表现出一个平面，也能够表现平面之后的空间。并且，"网"不仅是一个语言上的隐喻，也具有丰富的文化内涵。从莱杰的视角来看，现代主义的理论基础也就变得岌岌可危。对于莱杰的反对意见，我们可以另辟专题探讨。[6]此外，克劳斯认为，波洛克在放弃垂直性的常规形式之后，转向了水平方向的开拓。我们也可以认为，波洛克的开拓不只是水平性的，而是全方位的。水平性虽然是垂直性的对立面，却并不是唯一的方向。全方位维度的开拓如何影响之后的艺术，同样值得深究。

但克劳斯的论述无疑表明，我们习惯于把权威捧到更权威的位置，却易于停止探索的脚步。如何借助于权威的力量而又不盲从，以更加开放的视角看待艺术内部的革新与开拓，这是我们在解读经典文本之外，更应该思考的一个问题。

参考文献

1.[美]列奥·施坦伯格：《另类准则：直面20世纪艺术》，沈语冰、刘凡、谷光曙译，江苏美术出版社2011年版。

2.[美]迈克尔·莱杰：《重构抽象表现主义：20世纪40年代的主体性与绘画》，毛秋月译，江苏美术出版社2015年版。

3.[美]乔治·莱考夫、[美]马克·约翰逊：《我们赖以生存的隐喻》，何文忠译，浙江大学出版社2015年版。

4.[美]弗雷德：《艺术与物性》，沈语冰、张晓剑译，江苏美术出版社2013年版。

5.[美]格林伯格：《艺术与文化》，沈语冰译。南宁：广西师范大学出版社2009年版。

6.[德]海德格尔：《林中路》，孙周兴译。上海译文出版社2004年版。

7.沈语冰、陶铮：《图像与反叙事侵入——罗萨琳·克劳斯的结构主义批评》，《文艺理论研究》2015年第2期，第17—24页。

8.Benjamin H. D. Buchloh, *Formalism and Historicity: Models and Methods in Twentieth-Century Art*. Cambridge, MA: MIT Press, 2015.

9.Clement Greenberg, "'American-Type' Painting", *Art and Culture*,Boston: Beacon Press , 1961.

10.David Carrier, *Rosalind Krauss and American Philosophical Art Criticism*, Westport: Praeger Publishers, 2002.

11.Robert Morris, "Antifonn", *Art Forum*, 6,1968,pp.33-35.

12.Rosalind Krauss, "The Crisis of the Easel Picture", *Reading Abstract Expressionism: Context and Critique*, ed. G. Landau Ellen, New Heaven: Yale University Press , 2005.

13.Rosalind Krauss, *Terminal Iron Works: The Sculpture of David Smith*. Cambridge, MA: MIT Press, 1971.

14.Yve-Alain Bois, et al. *Art since 1900: Modernism, Anti-Modernism, Post-Modernism*. New York: Thames and Hudson, 2004.

（原载《文艺理论研究》2016年第5期）

“剧场性”的绵延：迈克尔·弗雷德极少主义艺术批评的知觉现象学介入

朱橙

一、从“物性”的内部到“剧场性”的外部

20世纪60年代初，迈克尔·弗雷德正式开始了自己的艺术批评生涯。作为格林伯格的学生，他一直恪守自己的现代主义立场，即形式属性作为艺术的意义和价值的本质。但正是对这个原则的根本坚守，导致弗雷德对其老师构建的现代主义理论提出了异议与批判。因为在弗雷德看来，格林伯格总结的践行自我批判的现代主义辩证法是对现代主义艺术基本原理的彻底误读，这种以绘画媒介的纯粹“平面性”为导向的还原论，将不可避免地导致物性的危机，而物性是现代主义绝对的对立面。为了消解这个危机，弗雷德试图重建现代主义的叙事，进而发展出了一种更为哲学化的现代主义形式惯例理论，即艺术的发展动力存在于对过去艺术抛出的形式问题的解决之中，一个画家一旦接受了现代主义的这个基本前提，他就会明确意识到过去艺术所抛出的特定的形式问题，它的创作行为就有了根据，而在对这些形式问题的解决和发展之中，这个画家的作品才具备绘画的身份。

弗雷德提出的现代主义形式惯例体系，以对抗和消解物性、维护现代主义的正统为己任，在理论层面为现代主义品质和价值的永恒延续构建了一条无碍的通道。面对当时盛行的晚期现代主义艺术，如莫里斯·路易斯（Morris Louis）、肯尼斯·诺兰德（Kenneth Noland）、弗兰克·斯特拉、巴尼特·纽曼，以及海伦·弗兰肯塞勒（Helen Frankenthaler）等人的作品，弗雷德的理论确实能够解释得通，比如莫里斯·路易斯的绘画是对波洛克1947—1950年的满幅滴画所提出的“视觉与形象”问题的进一步处理，而弗兰克·斯特拉的不规则多边形绘画则是对巴尼特·纽曼“拉链”绘画提出的“形状”问题的再反思。[1] 但艺术的现实并没有按照弗雷德设想的理论剧本上演。到了20世纪60年代中后期，随着“原初结构”展览在纽约成功举办，一个名为“极少主义”的艺术运动蔚然成风，唐纳德·贾德的金属盒子、罗伯特·莫里斯的L形横梁、卡尔·安德烈的耐火砖，以及丹·弗莱文的灯管等，都将弗雷德精心构建的现代主义形式惯例理论予以彻底击碎，从19世纪末以来的对现代主义品质与价值的坚守自此消失。

唐纳德·贾德，《致苏珊·巴克沃尔特》，镀锌铁、铝和漆器，76cmx358cmx76cm，1964

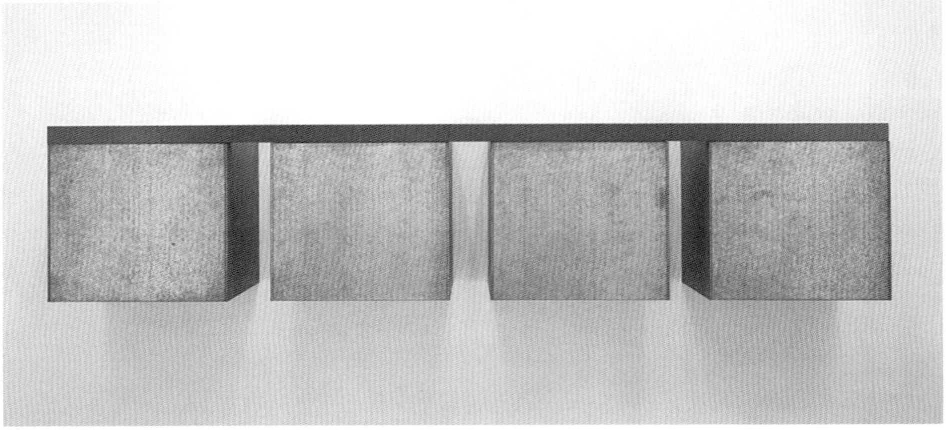

[1] 参见朱橙《物性、知觉与结构——极少主义艺术批评的哲学化及其后现代转向》，博士学位论文，中央美术学院，2016年。

[2] [美]迈克尔·弗雷德：《艺术与物性：论文与评论集》，张晓剑、沈语冰译，江苏美术出版社2013年版，第158页。

[3] [美]迈克尔·弗雷德：《艺术与物性：论文与评论集》，张晓剑、沈语冰译，江苏美术出版社2013年版，第104页。

[4] [美]迈克尔·弗雷德：《艺术与物性：论文与评论集》，张晓剑、沈语冰译，江苏美术出版社2013年版，第159页。

[5] [美]迈克尔·弗雷德：《艺术与物性：论文与评论集》，张晓剑、沈语冰译，江苏美术出版社2013年版，第104页。

[6] Donald Judd, "Specific Object", in James Meyer, ed. *Minimalism: Themes & Movements*, Phaidon Press, London, 2000, pp 207-210. First published in *Arts Yearbook*, no 8, New York, 1965, pp.74-82.

极少主义艺术之所以拥有如此强大的针对现代主义的破坏力，正是因为它对现代主义畏之如虎的物性的直接突显。在弗雷德看来，格林伯格的现代主义辩证法就算是对现代主义基本原理的误读也就罢了，左右不过是一种理论总结的错误而已，但可怕的地方在于，这种错误的理论竟然还有忠实的信奉者，正是后者将这种理论置入了艺术实践的领域，从而给现代主义带来了致命的危机。这些信奉者就是所谓的极少主义艺术家，弗雷德更愿意称他们为“实在主义者”。实在主义者与格林伯格的共谋表现在他们对后者的现代主义辩证法理论的认可与深入，即绘画艺术不可还原的本质在于基底的实在特征，从根本上说就是物性。但极少主义艺术不仅是意识到绘画基底的实在特征这么简单，它是对这种实在特征的直接表现。用弗雷德的话说，即极少主义艺术对实在性或物性的兴趣超越了绘画，从而走向了三维的物体。其中，实现这种跨越的媒介正是形状。

的确，形状是晚期现代主义艺术最为重要的形式课题，在 20 世纪 50 年代末和整个 60 年代，“一幅绘画的成功或失败，已经取决于它作为形状来加以保持、自我彰显、令人信服的能力”[2]。比如斯特拉、诺兰德等人，已然意识到了绘画基底的实在形状的存在，而且予以承认。事实上，“自马奈到诺兰德、奥利茨基（Jules Olitski）、斯特拉所形成的惯例已经赋予实在性以价值，并且使实在性成为令人信服的载体”[3]，而实在的形状成了自马奈以来的现代主义绘画发展的产品或副产品。但是，晚期现代主义艺术家没有寻求凸显实在形状的事实，而是借助了所绘形状极力抵制这个不为现代主义容忍的副产品。奥利茨基的早期喷漆画、诺兰德 20 世纪 50 年代晚期的“同心圆”系列和 20 世纪 60 年代早期的“V 形”系列，以及斯特拉 20 世纪 60 年代的不规则多边形绘画都可以被置入这样的形式语境之中予以理解。

肯尼斯·诺兰德，《那》，布面丙烯，160cmx160cm，1958—1959

但一幅绘画的形状不只是所绘的形状，还包括越来越被意识到的基底的实在形状。在晚期现代主义者手中，形状成为消解物性的形式媒介，这是晚期现代主义艺术自我强加的律令。但到了信奉格林伯格现代主义还原论的实在主义者那里，形状却成为凸显物性的工具。晚期现代主义自我强加的律令与极少主义艺术对物性的直接支持存在着尖锐的对立，因为极少主义艺术“并不寻求击溃自身或悬搁它自身的物性，相反，它要发现并突显这种物性”[4]。因此，形状成了弗雷德区别晚期现代主义和极少主义艺术的媒介工具，所凭借的依据是两者的侧重点不同：前者侧重所绘的形状，而后者侧重实在的形状。极少主义艺术将这种实在的形状（物性）隔离出来单独予以表现，切断了实在性传承的惯例，因此，“很难看出，从那个惯例中脱离出来的这种实在性，如何还能被当作那两者的根源来加以体验，而且还是一种有力到足以产生新惯例、新艺术的根源”[5]。简言之，根据弗雷德的解读，极少主义艺术就是将物性进行了实体化的处理，导致其本身就是实在的形状。

物性，即艺术载体的实在特征（形状是最重要的方面），作为极少主义的标签，仅是极少主义艺术的形式特征而已。从根本上而言，极少主义艺术批评的物性逻辑仍然大体处于形式主义批评的范畴，因为它源自现代主义内部，但在某种程度上却又跳出了这个范畴，因为绝大多数极少主义艺术都不符合现代主义的审美经验，虽然能被人为地称为艺术，但也只能属于一般艺术的范畴，而绝非成功的特殊艺术。这是格林伯格对极少主义的看法，对此，弗雷德予以了部分认同，两者之间的差异体现在反对极少主义艺术的程度上。相对而言，弗雷德的立场更加坚定，他明确表态，极少主义艺术严重超出了现代主义的审美经验，已经不能被称为艺术，只能作为艺术的否定和对立面存在。

弗雷德坚守现代主义的审美立场，其核心在于认为艺术具有一种内在于自身的价值，即艺术的意义和价值来源于艺术自身，具体通过不同时期处理的各种形式惯例问题体现出来。现代主义艺术的品质与价值的概念只有在各门艺术内部才有充足的意义，这是一种典型的艺术本体论思维。那么，直接表现物性的极少主义艺术的意义和价值是什么？还是源于艺术自身吗？显然不是，一方面，贾德的“一件作品只要有趣就行”[6]道出了极少主义艺术对现代主义品质与价值概念的摧毁；另一方面，在弗雷德看来，

[7] [美] 迈克尔 · 弗雷德：《艺术与物性：论文与评论集》，张晓剑、沈语冰译，江苏美术出版社 2013 年版，第 161 页。

[8] [美] 迈克尔 · 弗雷德：《艺术与物性：论文与评论集》，张晓剑、沈语冰译，江苏美术出版社 2013 年版，第 161 页。

[9] [美] 迈克尔 · 弗雷德：《艺术与物性：论文与评论集》，张晓剑、沈语冰译，江苏美术出版社 2013 年版，第 161 页。

[10] [美] 迈克尔 · 弗雷德：《艺术与物性：论文与评论集》，张晓剑、沈语冰译，江苏美术出版社 2013 年版，第 52 页。

作为“非艺术的条件”，支持物性的极少主义已经成了艺术的否定。既然极少主义不具备现代主义艺术的价值，那么它的非艺术的意义和价值是什么呢？针对这个问题，弗雷德引用了一个出自戏剧理论的概念予以回答，即“剧场性”（theatricality）。正是因为运用了这个概念，弗雷德将极少主义艺术批评引入了第二个阶段，也是最重要的一个阶段。

“实在主义支持物性只不过是对新型剧场的一种追求罢了”[7]，而位于各门艺术之间的剧场如今已成为艺术的否定。弗雷德的“剧场性”概念已然成为界定极少主义艺术的新型标签。那么，剧场性到底指的是什么？它为何是一种非艺术的意义或价值？为了回答这些问题，弗雷德首先援引了罗伯特 · 莫里斯对于极少主义作品的阐释。莫里斯明确指出了极少主义艺术区别于现代主义艺术的所在，即现代主义艺术的意义和价值“严格地位于作品内部”，而极少主义“则是对一个一定情境中的对象的体验，而这种情境，就其定义而言，就包括观看者在内”[8]。且看莫里斯的描述：“较好的新作品将关系带出作品，使这些关系成为空间、光线和观看者视域的一种功能。物品只是新美学中的术语之一，某种意义上它更具反思性质，因为由于作品比先前的作品更加强有力，带有大量内部关系，人们就能注意到自己存在于与作品相同的空间里。人们比以往更清醒地意识到，他自己正在确立诸种关系，当他从各个不同的位置，在不断变化着的光线和空间脉络的条件下，去把握对象的时候。”[9]

莫里斯将极少主义作品的意义归因于观者在把握对象的时候建立的两者之间的关系。正是参考了莫里斯的批评，弗雷德才以“观者遭遇极少主义作品的实际环境”来概括剧场性的内涵，也即是说，剧场就是包括观者在内的情境空间。弗雷德的这种批评并非仅仅出自对莫里斯等人的文本性分析，更来源于他自己的现场感受与体验。根据弗雷德的表述，他在极少主义作品的展览上多次出现了同样的感觉，即极少主义作品往往具有一种“场面调度”的效果，艺术家似乎非常擅长布展的方式，意在“为观众提供一种高度的感知经验”。[10] 简而言之，所谓的剧场就是在观者和作品之间存在一种有关认知的变量关系。如此说来，极少主义作品追求的意义似乎完全背离了现代主义艺术的本体论道路，它不存在于艺术自身的内部，而是存在于作品之外的外部环境，尤其是和观者建立的切身体验关系，而且这种体验随着感知条件的变化而变化，因而具有“无穷性”和“不可穷尽性”。

观者对极少主义作品的身体体验，这种关系的确立源于作品的尺寸和观者的身体大小之间的对比。作品的尺寸越大，为了完整的观看，观者越是被迫和作品保持一定的距离，正是这个距离确定了观看的主体和被看的客体的身份。观者面对一件极少主义物品，是将其当作与观者同处的空间情境的一部分来加以感知，每个物品都

罗伯特 · 莫里斯作品个展，纽约绿色画廊，1965

是作为情境的一部分而起作用。极少主义艺术的物性“正是在这样一种情景之中得以确立的，至少也是部分地建立在这一情境之上的”[11]。因此，作为一种剧场性艺术，极少主义与现代主义艺术最大的不同表现在拥有观众的方式上，现代主义艺术并不预设观众的存在，艺术家创作的作品本身才是重点，但剧场性艺术就是为观众而存在的，仿佛作品一直在等待观者的出现，没有观者，作品就不完整。如果说针对现代主义艺术的体验是一种在场性和瞬间性，而现代主义正是凭借这两个特点击败了“物性”的剧场的话，那么，观者对于引发了强而有力的物质直观性的极少主义作品的体验则是在时间中持续，在过程中绵延。

既然“剧场性”浓缩了弗雷德的极少主义艺术批评的精华，那么，考察这个概念的理论来源似乎显得颇有必要。毫不夸张地说，弗雷德有关现代主义基本原理，以及极少主义批评的创见都离不开哲学家斯坦利·卡维尔（Stanley Cavell）[12]的启迪。1962年秋，刚刚从英国回来、进入哈佛大学攻读艺术史博士学位的弗雷德结识了来到哈佛访问的卡维尔，不久之后，卡维尔进入哈佛大学的哲学系任教，两人很快便因相同的学术兴趣而成了好友。弗雷德对维特根斯坦哲学的理解、形成某种思维风格，继而构建自己的现代主义理论体系，在某种程度上都得益于与这位哲学家的深入交流。甚至弗雷德提出用“剧场性”概念批评极少主义艺术，也源自卡维尔关于现代戏剧的表述和判断。在《艺术与物性》这篇文章的第10个注释，弗雷德提及了自己与卡维尔曾就“现代主义绘画或雕塑是不是物品”这个问题曾进行的讨论。卡维尔有一次在关于康德的研究班上评论过《判断力批判》，并且最终得出了“一件艺术品不是一个物品”的结论。[13]卡维尔对康德的“审美自律”观点的援引意在明确划分艺术和日常物体、美学和世俗体验之间的界限。那么，如何用这种观点来判断作为一种媒介的剧场的属性。在对布莱希特的引用中，卡维尔区分了自然主义戏剧和现代主义戏剧：前者是一种剧场，引诱观者的情绪（观看故事展开的观者与演员和事件融为一体）；后者是一种疏离了观者的抽象戏剧。“现代的剧作家并不依赖于他们的观众，而是否定观众的存在。”[14]

现代主义以天才为基础的艺术创造，造就了受众的沉默，公共空间的社交性就此荡然无存，观众沦为了被动的沉思者。剧场性的衰落不仅是现代主义戏剧的事实，也是现代主义艺术的事实。在《言必所指》中的一篇题为“回避爱情：阅读《李尔王》”的文章中，卡维尔对现代主义戏剧悬置其剧场性的现实予以了详细阐述。这种论述和弗雷德倡导的现代主义艺术的反剧场话语不谋而合，弗雷德更是将这种剧场性的式微看作一种黑格尔式的胜利。对卡维尔和弗雷德而言，现代性条件下剧场性的衰落，从根本上源自现代艺术作品（包括戏剧）对于内在于剧场性的观看关系的抵制和消解，因为在本质上与观看的模式密切相关的是人的伦理或道德，而非作品自身的属性。正如卡维尔话语的言外之意，“剧场的状况照字面解释了我们的外在存在所需的状况——隐藏、寂静、沉默、孤立——因而使这种存在变得平常普通”[15]。剧场如实地“解释”或者再现人类体验的能力具有潜在的危害性，因为剧场性艺术的观者冒着与台上上演的“异化”融为一体的危险。按照卡维尔的解释，在戏剧艺

[11]［美］迈克尔·弗雷德：《艺术与物性：论文与评论集》，张晓剑、沈语冰译，江苏美术出版社2013年版，第163页。

[12] 生于1926年的斯坦利·卡维尔是美国著名哲学家，他对美国的分析哲学传统和欧陆哲学都有涉及，尤其是对维特根斯坦、海德格尔、亨利·卢梭以及爱默生的哲学进行了深入阐释，他对维特根斯坦的阐释有时被称为“新维特根斯坦哲学”。卡维尔最为人称道的思想还是在于他对电影、戏剧和文学的批评。

[13]［美］迈克尔·弗雷德：《艺术与物性：论文与评论集》，张晓剑、沈语冰译，江苏美术出版社2013年版，第380页（原文是注释10，译文是注释15）。

[14] Stanley Cavell, *Must We Mean What We Say*?Cambridge: Cambridge University Press, 1969, pp. 210-211.

[15] Stanley Cavell, *Must We Mean What We Say*?Cambridge: Cambridge University Press, 1969, p. 333.

[16] Michael Fried, *Absorption and Theatricality: Painting and Beholder in the Age of Diderot*, Chicago: University of Chicago Press, 1988, p.98.

[17] [美] 迈克尔 · 弗雷德:《艺术与物性: 论文与评论集》，张晓剑、沈语冰译，江苏美术出版社 2013 年版，第 162 页。

[18] 实际上，现象学对弗雷德的影响是直接而深刻的。1959 年，弗雷德前往英国继续学习艺术史和哲学，他在巴黎待了很长时间，正是在那里首次结识了梅洛-庞蒂的著作。1962 年，弗雷德回到纽约，此时恰逢梅洛-庞蒂的现象学代表作《知觉现象学》的英译本在美国出版，弗雷德的好友罗伯特 · 莫里斯极力推荐他阅读这本书。此书有关具身、空间中的身体运动，以及身体定位等理论成为弗雷德在《艺术与物性》中批评极少主义艺术的理论出发点。

格勒兹，《父亲的诅咒》，布面油画，130cmx162cm，1777

术领域，所谓“剧场性”是指上演的戏剧消解了观众和演员之间存在的不可跨越的鸿沟，它恰恰意在两者的互动，引发观众的怜悯、愤怒、欢喜等情绪的共鸣，虚构自己的切身在场。而在弗雷德眼里，支持物性的极少主义艺术正是这样一种“剧场性”的戏剧形式，因为它关注的是观者遭遇极少主义作品的实际环境。

卡维尔有关现代主义的诸多论见与弗雷德极为一致，尤其表现在对待 20 世纪五六十年代出现的所谓前卫主义的态度上。前卫主义给现代主义带来了致命挑战，而前卫的剧场也已经成为一种危害甚广的现象，这是一个不争的事实。但是，面对剧场性艺术的蚕食，卡维尔似乎并没有站在一个特定的立场为现代主义辩护，反而是弗雷德根据卡维尔对晚期维特根斯坦哲学有关本质和惯例的理论解释，构建了区别于格林伯格现代主义辩证法的线性叙事，从而解构了剧场性艺术（极少主义）存在的理论合法性。除了卡维尔从哲学角度对现代主义和剧场的关系的阐述，弗雷德的“剧场性”概念的提出还受到 18 世纪法国艺术批评家丹尼斯 · 狄德罗的戏剧理论的直接影响。1966 年，正值读博期间，弗雷德在哈佛大学开设了一门课程，讲述狄德罗的艺术批评，对于此人的思想，弗雷德势必非常熟悉。虽然直到 1980 年出版的《专注性与剧场性：狄德罗时代的绘画与观众》，弗雷德才明确指出了狄德罗的剧场性理论对于现代艺术史研究的价值所在，但不可否认的是，《艺术与物性》中的“剧场性”与 18 世纪狄德罗提出的“剧场性”概念即便不一定存在实际上的连续性，但彼此的关联是肯定的，因为两者诉诸的对象一致。狄德罗的“剧场性”仍然指向了观者，他将一幅绘画本身设想为了一个戏剧上演的舞台，而画面的内容则为表演戏剧的演员。在 1767 年的《沙龙》中，狄德罗总结了一幅优秀的绘画或戏剧的标准，即“一个再现于画布或者舞台的场景并不假设目击者”[16]，如果达不到这个标准，或者一旦意识到了外部的观者，不管是画中的人物，还是台上的演员，他们的形象都会变得矫揉造作，就会出现“剧场性”效果的危险，格勒兹的晚期绘画就是典型的例子。不管是在狄德罗看来，还是在弗雷德眼中，“剧场性”艺术都是诉诸观者，将艺术的意义引向外部环境的堕落性艺术。

二、“剧场性”的知觉现象学本质

极少主义所侧重的观者与作品的关系当然不单纯是一种视觉上的关系，更多的是观者对于作品的体验。这种体验具有身体的、知觉的维度，“正是我们的身体与空间中的客体这种必要的、更大的距离，产生了这种非个人的或公共的模式。但是，也正是这种介于客体与主体之间的距离，确立了一种更为广泛的情境，因为身体的参与成了必要”[17]。弗雷德对于这种观者体验的性质的说明，实际上标明了“剧场性”的现象学本质与内涵，尤其是有关身体与知觉的现象学。尽管在《艺术与物性》中，弗雷德并没有直接提及现象学哲学对他的实际影响，但从他对罗伯特 · 莫里斯带有现象学观点的引用，以及针对“剧场性”概念的解释的字里行间，可以明确做出以下判断：弗雷德从“剧场性”概念出发批评极少主义艺术，必定受到了梅洛-庞蒂（Maurice Merleau-Ponty）的知觉（身体）现象学的深刻启发。[18] 只不过可能由于弗雷德对极少主义艺术持有严苛批判的态度，导致他对适合这种艺术的批评方法并不在意，故而不提罢了。在《艺术与物性》发表 20 年之后，弗雷德方才公开做出解释，承认了两者之间的密切关联。

1987 年，迪亚艺术基金会[19] 组织了一次题为"当代文化探讨"的研讨会，邀请迈克尔·弗雷德、罗莎琳·克劳斯、本雅明·布赫洛(Benjamin H.Buchloh)，以及哈尔·福斯特等知名批评家参与座谈，会后出版了一本同名论文集。在这本论文集中有一个单元题为"1967/1987：艺术与理论的系谱"，专门对《艺术与物性》及其引发的理论问题进行了探讨。正是在这次讨论中，弗雷德首次解释了自己的极少主义艺术批评和现象学的关联："对我而言，梅洛–庞蒂和身体对于极少主义应该是非常重要的，我对极少主义艺术的理解当然受到了梅洛–庞蒂的影响。在写作中，我在多处地方都隐射了他。"[20]

梅洛–庞蒂的现象学思想与 20 世纪 60 年代以极少主义为代表的美国艺术建立关系的焦点，在于他提供了一种理解观看和视觉感知的新方式。在现象学之前，有关观看的阐释无不基于视觉透视的首要原则。根据透视理论，作为观看主体的观者站在画前固定不动，从单一视角观看画面，这种观点笛卡尔的"我思故我在"理性哲学相当契合，因为它们都暗示了只有通过思想的能力，而非人对世界的知觉，才能证明人的存在。笛卡尔的存在哲学预示了思想和身体的分离，就像站在一个固定视角观看的非具身化的眼睛一样。[21] 但是，梅洛一庞蒂通过提出一种具身化的观看模式，解构了笛卡尔有关存在的哲学理论，因为他发现，为人类提供了在二维画布上再现三维客体形象的技术的线性透视，其实恰好处于人类知觉结构的对立面。据此，梅洛–庞蒂提出，我们应该通过身体了解我们自己及周身的世界。纯粹通过非具身化的眼睛的观看，无法理解拥有复杂感官的我们自己及这个世界。因此，观看必须与身体的动态和触觉的体验相结合。

对弗雷德而言，如果说卡维尔和狄德罗只是大体为他提供了一种思想启迪的话，那么，梅洛–庞蒂的知觉现象学似乎为这种剧场性的批评给出了微观的理论依据，即观者如何从身体的知觉层面建立与极少主义作品的关系。通过对《艺术与物性》文本的结构主义阅读，我们能够非常清楚地看到弗雷德对梅洛–庞蒂的致敬。实际上，早在 1965 年的《三位美国画家》中，弗雷德在论述视觉的时候，已经为后来极少主义艺术批评的知觉（身体）维度做了铺垫："当人们反思，诸如视觉、触觉的各种感官，并不通向互相隔绝的分离的各种空间，而是相反，它们通向同一个空间时，想象一个视觉能进入但又以某种方式拒绝观赏者在实际形体上穿透进去的那种空间，困难就增加了。"[22] 视觉让我们接触的事物，就会只为视觉感官而非任何其他感官而存在，弗雷德之所以为斯特拉、诺兰德和奥利茨基的绘画而着迷，原因在于它们的纯粹抽象创造了一个只为眼睛的视觉而存在的空间。但当观者的身体成为界定艺术的等式的组成部分

托尼·史密斯，《死亡》，钢，70cmx70cmx70cm，1962

[19] 迪亚艺术基金会（Dia Art Foundation）成立于 1987 年，专门致力于极少主义艺术收藏、展示与研究的机构，现在纽约郊区的灯塔（Beacon）镇设有一座博物馆，其极少主义作品收藏为世界之最。

[20] Michael Fried, Rosalind Krauss, Benjamin Buchloh,"Theories of Art after Minimalism and Pop", in Hal Foster, ed, *Discussions in Contemporary Culture*, New Yorkthe New Press, 1998, pp. 73-74.

[21] 有关视觉及视觉性的权威论著，参见 Martin Jay, *Downcast Eyes: The Denigration of Vision in Twentieth-Century French Thought*, Berkeley:University of California Press, 1993.

[22]［美］迈克尔·弗雷德：《艺术与物性：论文与评论集》，张晓剑、沈语冰译，江苏美术出版社 2013 年版，第 260 页。

[23]［美］迈克尔·弗雷德：《艺术与物性：论文与评论集》，张晓剑、沈语冰译，江苏美术出版社 2013 年版，第 163—164 页。

[24] 由勒·柯布西耶设计的昌迪加尔高等法院大楼位于印度旁遮普邦省会，建成于 1956 年，该建筑有着怪异的体形、超乎寻常的尺度，粗糙的混凝土表面和不协调的色块，给建筑带来了怪诞粗野的情调，为现代建筑流派中粗野主义的代表作之一。

勒·柯布西耶，《昌迪加尔高等法院大楼》，1956

的时候，它就带来了一种身体（肉体）的维度，内在于这种肉体维度的是介于绘画和观者之间的一种交流，但这种交流并不是严格意义上的视觉的。

进而，在《艺术与物性》中，弗雷德通过对托尼·史密斯的极少主义作品《死亡》的评述，进一步细化了梅洛—庞蒂的理论影响。“在这里，被刚才说到的作品推开的体验似乎再次成了关键：观看者知道他自己作为主体，站在与墙上或地板上的不动感情的客体那不确定的、未完成的——以及轻松的——关系之中。事实上，我认为，被这样的客体推开与被另一个人沉默的在场推开或推搡，并非完全不同；突然遭遇实在主义物品的体验——如在某个幽暗的房间里——可以以这种方式变得非常令人不安，至少在短时间内会如此。”[23] 观看的主体与被看的客体之间的那种不确定、未完成的关系是一种直接的、原初的身体体验。一方面，这种体验与针对柯布西耶（Le Corbusier）的建筑体验是相一致的，托尼·史密斯对柯布西耶的建筑非常赞赏，他指出，柯布西耶设计的昌迪加尔高等法院大楼[24] 给观者留下的是一种“直接的、原初的体验，就像西南的普韦布洛人（Pueblo）对令人着迷的悬崖峭壁的体验一样”[25]。另一方面，这种体验和史密斯自己描述的在公路上的夜行体验也是相一致的：汽车行走在茫茫无际的黑暗之中，没有边界，也没有终点，剩下的只是开车人对黑暗及周围事物的感知和体验。这种体验是人类主体性产生之前与自然所达成的主体间性状态，是一种不为现代审美所意识到的原始思维，这与梅洛-庞蒂的“还原论主体间性”[26] 的知觉现象学理论具有高度的一致性。所以说，弗雷德对极少主义艺术的剧场性批评实际上具有现象学的本质内涵与理论深度。

但是，必须指出梅洛-庞蒂的现象学在弗雷德看来并非只适用于单一的特定对象。1967 年在写作《艺术与物性》的时候，他将现象学理论用于极少主义艺术的批评，痛斥这种诉诸物性的艺术指向了艺术的外部。但同样是利用梅洛-庞蒂的相关理论，弗雷德之前对英国现代主义雕塑家安东尼·卡洛（Anthony Caro）的批评却持有一种极为赞赏的态度。如何解释这种看似的“不一致”？包括本雅明·布赫洛在内的众多批评家都对弗雷德的这种理论行为感到困惑不解，并就此事询问：“如果说梅洛-庞蒂是批评极少主义艺术的重要哲学家，那么你如何能够声称他也适用于卡洛艺术的批评？考虑到你并不承认卡洛的艺术之于极少主义的重要性，那么你该如何历史性地解释其中的关系？”[27] 关于这个问题，弗雷德没有直接回答，只说是梅洛 - 庞蒂现象学的魅力所在。弗雷德的这种说法看似矛盾，因为他同时用现象学的方法批评两个似乎对立的艺术运动（晚期现代主义与极少主义）。但批评家艾斯彭·达尔（Espen Dahl）却认为，两者之间根本不冲突，因为，弗雷德反对的并不是身体的体验，而是使

[25]［美］迈克尔·弗雷德：《艺术与物性：论文与评论集》，张晓剑、沈语冰译，江苏美术出版社 2013 年版，第 167 页。

[26] 所谓“还原论主体间性”是指梅洛 - 庞蒂尝试把意识还原为知觉，把身体还原为原始的“肉”，以身体性消解主体与世界的对立，达到一种自然主义的“主体间性”状态。

[27]［美］迈克尔·弗雷德：《艺术与物性：论文与评论集》，张晓剑、沈语冰译，江苏美术出版社 2013 年版，第 72 页。

[28] Espen Dahl，“Receiving Newman: Formalism, minimalism, and their Philosophical Preconditions”, *The Nordic Journal of Aesthetics*, vol .23, no 42, 2011, pp. 56—58.

[29] 参见朱橙《日常语言哲学与表达现象学的共振：迈克尔·弗雷德晚期现代主义艺术批评的哲学基础》，《外国美学》2017 年总第 26 辑。

[30] 1961 年初秋，弗雷德在伦敦第一次见到了英国战后雕塑家安东尼·卡洛的作品，这是他“见到过的最富有创造性的、最有力的雕塑”，于是他为 1963 年伦敦白教堂美术馆举办的《安东尼·卡洛的雕塑：1960—1963》展览目录撰写了导论。在此文中，弗雷德创造性地使用了“句法”（syntax）这个概念来批评卡洛，这个概念来自梅洛 - 庞蒂中期有关文化历史生成的表达现象学思想。所谓句法，是指作品的意义纯粹是通过视觉元素的“安排”或“并置”建构出来的。卡维尔有关“形式”的概念等同于梅洛 - 庞蒂的“句法”，即一句话中的语词或一个乐谱中的音符，只

得身体成为剧场构成要素的实在主义。实际上，弗雷德针对极少主义艺术的批评可以分为两个阶段，一是实在主义或曰物性，二是剧场。剧场的概念是在实在主义的基础之上提炼出来的。在弗雷德看来，无论是对现代主义作品（比如纽曼和卡洛等人），还是对极少主义作品，都存在观者的身体体验，这种身体的体验并非极少主义艺术独有，为极少主义作品所独有的是实在主义或物性。因此，弗雷德反对的是基于物性的身体体验。从这个角度看，弗雷德使用梅洛-庞蒂的现象学理论资源分别批评晚期现代主义艺术和极少主义艺术就不存在矛盾之处了。[28]

艾斯彭·达尔的说法固然有其合理性，但在笔者看来，他的观点尚不足以深入解释弗雷德的这种看似矛盾的批评行为。弗雷德有关现代主义形式惯例的理论表述在本质上是一种源自梅洛-庞蒂的表达现象学，不管是路易斯与波洛克，还是斯特拉与纽曼，他们的作品之间具有的“繁殖力”关系，都揭示了一种深受索绪尔结构主义语言学启发的认为作品的意义源自历时性的差异化结构的表达现象学观点。[29] 安东尼·卡洛自不必说，弗雷德运用“句法”[30] 这个概念予以批评，无非是要说明相对于陈腐的现代主义雕塑而言，卡洛的作品已经做出了重大的变形和突破，从而生成了新的意义。因而，弗雷德有关卡洛的批评仍然处在梅洛-庞蒂的表达现象学的逻辑之中。[31] 针对极少主义艺术，虽然弗雷德的批评仍然引入了梅洛-庞蒂的现象学理论资源，但必须指出的是，此时弗雷德所参考的现象学已经悄然换了一个类型，从梅洛-庞蒂中期探讨文化历史生成问题的表达现象学变成了早期有关知觉行为研究的身体现象学。无论是研究对象，还是研究的目的与出发点，梅洛-庞蒂的知觉现象学与表达现象学都表现出了巨大的差异，这两种现象学之间不仅存在一种转向关系，甚至在某种程度上，后者是对前者写作计划的暂时放弃，毕竟在梅洛-庞蒂那里，符号的文化世界与前意识的知觉世界的确存在一种对立的关系。[32] 由于篇幅所限，在此不予展开。以布赫洛为代表的批评家对弗雷德使用现象学的方法批评两种对立的艺术形态感到迷惑不解，并非因为弗雷德批评行为本身存在矛盾，而是因为他们没有认识到弗雷德实际上运用了两种不同的现象学理论来批评两种不同的艺术现象。

无论是在晚期现代主义的形式主义批评中，还是在极少主义的剧场性批评中，弗雷德对梅洛-庞蒂的现象学理论资源的引用都是切实存在的。但是，知觉现象学对于极少主义艺术批评的介入，使得弗雷德对于这种艺术现象的阐释方法迥异于他所一贯坚守的现代主义形式主义的批评原则，彻底颠覆了当时被广泛认同的“艺术是艺术的事实”或“艺术是艺术的显现”的现代主义艺术价值体系，将艺术的价值和意义的阐释通道定位在了艺术的外部环境，尤其是与观者的身体体验的关联。弗雷德有关极少主义艺术批评的方法上的创新，让笔者不得不重新审视当时极少主义艺术批评的时代环境，继而豁然发现，采用梅洛—庞蒂现象学理论资源批评极少主义艺术的并非只有弗雷德，包括罗伯特·莫里斯、安妮特·米切尔森（Annette Michelson）和罗莎琳·克劳斯等在内的诸多重要批评家都涉及了这个方面[33]，这也在很大程度上导致20世纪60年代的极少主义艺术批评在方法上出现了所谓的“现象学转向”[34]，这种现象学的共振并非以单独的孤例呈现出来，而是成长为了一个迥异于形式主义方法的批评平台。这也导致在今人眼中，极少主义是一种现象学视域下的极少主义，而非形式主义范畴中的极少主义。

（原载《美术观察》2018年第1期，此处略有改动）

有通过个别元素之间的关联，加上它们对比的力度或互相的吸引力，才能获得意义。比如，正是通过我们的语言或手势的句法，意义才被生产出来：我们每一个单词的语义学价值完全与实际的方式相关，通过这种方式，在特定的语境之中，我们为了达到特定的目的而将语词连成一串。在我们的句法中，意图得以表现出来。卡洛的雕塑并不具有如极少主义那般的单一结构，其中的铁桁、工字形和T形横梁的短片，以及类似的元素之间似乎构成了一种语法关系，暗合句法的概念。

[31] 对1963年的这篇批评卡洛的文章产生直接影响的是梅洛-庞蒂的《间接的语言与沉默的声音》一文，当时，此文还没有被译成英文发表，弗雷德看的是法语原文。

[32] 在梅洛-庞蒂看来，符号的文化世界无须依赖知觉即可自我发展，因此无须从知觉的角度进行解释。相反，自然世界必须借由知觉得以解释。

[33] 关于罗伯特·莫里斯、安妮特·米切尔森和罗莎琳·克劳斯从现象学角度展开的极少主义艺术批评，参见朱橙《物性、知觉与结构：极少主义艺术批评的哲学化及其后现代转向》，河北美术出版社2019年版，第120—186页。

[34] 阿莱斯·波茨（Alex Potts）明确指出，针对20世纪60年代的雕塑创作（尤其是极少主义）的批评产生了一种现象学的转向。参见Alex Potts, *The Sculptural Imagination: Figurative, Modernist, Minimalist*, New Haven and London : Yale University Press,2000, pp. 207-224.

图像与反叙事侵入

——罗莎琳·克劳斯的结构主义批评

沈语冰
陶铮

引言：结构主义的登场

纵览 20 世纪的西方艺术，从立体主义、达达主义、抽象表现主义，到极简主义、观念艺术，再到当下的“读图时代”，各种流派、各类运动风起云涌，令人眼花缭乱，堪称“视觉万花筒”。如果按照传统艺术史的写法，我们可以轻易地构筑起一种关于艺术史的“线性叙事”，亦即一部前后相继的历史。不过，与艺术作品的层出不穷相平行，20 世纪的艺术理论与批评也呈现了相当繁荣的景况。在某种程度上，其雄心有时甚至超过了艺术现象本身。

自 20 世纪 60 年代开始，艺术的理论化一度大行其道，不光理论家和评论家，连艺术家本人都直接或间接参与了新艺术的理论构建。[1] 传统艺术史的两大方法论支柱——形式分析（风格分析）和图像学——显然无法再满足新兴艺术家和艺评家的需要了。在美国艺术界，以克莱门特·格林伯格为例，他于 1961 年出版的批评文集《艺术与文化》，以及后来引发激烈讨论的《现代主义绘画》一文，产生了巨大的影响。格氏不仅深化了形式主义的分析方法，还将现代主义绘画的本质归结为“平面性”，因而遭到很多人的反驳和攻击。彼时，法国结构主义（而后是其修正版本后结构主义）在美国学界逐渐传播开来。作为艺术批评界最早的吸收者和反馈者，罗莎琳·克劳斯成为格林伯格之后最有影响力的批评家之一。

克劳斯在哈佛大学读博期间曾是格林伯格的信奉者，以“形式主义”方法完成了有关雕塑家大卫·史密斯（为格林伯格所喜）的博士论文。当她把研究范围拓展到整个现代主义雕塑史后，她找到了一条始自罗丹，经由布朗库西（Constantin Brâncuși）和嘉博（Naum Gabo），再到理查德·塞拉（Richard Serra）和罗伯特·史密森（Robert Smithson）的线索。从形态上看，罗丹的雕塑更像米开朗基罗而不是史密森，正如赫伯特·里德所言，“三个世纪的风格主义，学院派颓落在米开朗基罗的晚期杰作《圣殉》和罗丹的第一件充满自信力的大作《青铜时代》（1876—1877）之间”（里德，8—9）。但是，克劳斯辩称，罗丹的雕塑打破了传统雕塑的创作方式，即将人的身体的内在结构与作品的外部面貌相联系，从而呈现一种表现性的表面——这往往被认为一种视觉叙事（visual narrative）——而它强烈反对这样的叙事，同时也反对源自某种理念的创作。雕塑“从一种静态的、理想化的媒介，转变为一种暂时的、物质的媒介”（Krauss，“Passages”，282—283）。因此，现代主义的雕塑与传统雕塑发生了断裂。这一思路与格林伯格对马奈以来的现代主义绘画史的总结相悖，它不再秉持“连续性”，也不关注如何运用媒介，而是关注如何表达作品的意义。克劳斯通过学习和吸收 20 世纪 70 年代介绍到美国的法国结构主义理论，找到了无须诉诸历史就可以进行操作的理论模型——结构主义。

作为方法的结构主义

一般而言，结构主义作为一种人文学科的思维方法，肇始于瑞士语言学家索绪尔的理论。索绪尔将语言视为符号系统，语言符号由语词的“能指”和“所指”两个部分组成，而各个语词的意义又依赖于与整个系统内其他语词之间的

[1] 索尔·勒维特曾在 1967 年发表了《关于观念艺术的短评》，两年后约瑟夫·科苏斯发表了《哲学之后的艺术》，两人都为“观念艺术”做出了定义，即为明证。不仅如此，很多艺术家本人的理论素养都比较高，诸如巴内特·纽曼、阿兰·卡普洛（Allan Kaprow）、约瑟夫·博伊斯等，这与他们在智识上的诉求不无关系。

差异。简言之，“差异”是索绪尔的语言学理论的关键，由此，结构主义的基本方法得以奠定——在一个系统内确立差异。罗莎琳·克劳斯在1985年出版的重要文集《前卫的原创性与其他现代主义神话》的导论中，引用了罗兰·巴特（Roland Barthes）曾经提到过的古希腊神话中“阿尔戈号”大船的例子——航行途中，“阿尔戈号”上的英雄们更换了船体的每一个零部件，因而他用一条全新的船完成了长途跋涉，却没有改变它的名字或结构——以此说明“替换”和“命名”对结构主义方法的进一步细化：“意义不是某个事物的标签，也不是它的图像。对于结构主义者来说，意义是一个替代系统的结果”（Krauss，“The Originality”，3）。与此同时，结构主义对共时性的强调远远超过了历时性，反映在艺术研究方面，就是不再探讨图像深层的含意——审美意图、传记的上下文、创造力的精神模式等——而是关注其表面（克劳斯谓之“浅表性”）；“替换”毕竟可以在一个平面上进行操作。

在克劳斯眼里，格林伯格是一个彻底的历史主义者（historicist），因为他将艺术领域的发展视为连续的、没有中断的，并且依赖于不断的更新和流动。不仅如此，他对现代主义绘画之本质的阐释带有黑格尔式的目的论色彩。按照格氏的思路，我们只要关注艺术自马奈以来是如何继承老大师们运用媒介的方式便可，并不需要思考关于这种叙事本身的方法问题。但是，在抽象表现主义之后涌现的林林总总的艺术作品，已经无法单纯地依靠一个既定的格林伯格式的阐释体系做出回应和理解了。正是基于对批评方法，而非批评内容的迫切需求，克劳斯确立了结构主义（和后结构主义）的方法论地位，以此反拨在美国艺评界势力强大的历史主义叙事传统。[2]

20世纪70年代，克利福德·吉尔兹（Clifford Geertz）和乔纳森·卡勒（Jonathan D.Culler）将欧陆受结构主义方法影响的符号学理论分别带入美国的人类学和文学研究，带动了美国学界的所谓“语言转向”。在这股潮流中，艺术史和艺术批评领域也做出了反应。1982年，美国高校艺术联盟（CAA）主办的《艺术期刊》（*Art Journal*）以“学科的危机”专号发起了反思传统艺术史学科的讨论，与此潮流也隐隐相关。[3]如以韦勒克（René Wellek）的文学理论视之，就其与俄国形式主义理论的直接相关 结构主义方法仍是一种内部研究与将艺术置于“社会语境”底下的艺术社会史相区别。然而，两者都强调跨学科，引入新的研究方法，汇通绘画、摄影、雕塑、建筑等多个艺术门类。从这个角度看，它们在一定程度上打破了传统艺术史的“幽闭症”，因而也被纳入“新艺术史”的名下。

因此，作为方法的结构主义，在克劳斯与格林伯格相对立的意义上，拥有了双重价值：结构主义本身的特点与某些艺术作品或艺术母题——它们是反叙事的，不再像一幅历史画，或是一幅静物画那样具备叙事的功能——不谋而合，具有相当适切的阐释效力；引入结构主义作为新的艺术批评方法，如果不能说很大程度地改变了，起码充实了艺术批评的理论武库。在对艺术史学科做出持续不断的反思过程中，克劳斯给出了自己的回应。

[2] 这里牵涉两个问题：其一，格林伯格在1978年为《现代主义绘画》附注的后记中，澄清了他并不赞成或信奉所谓的现代艺术的“基本原理”，也不是在暗示现代艺术必须按照他给出的趋势发展下去，很多人对其阐释进行了误读，许是其文风或修辞之过。以此观之，虽然克劳斯对他的判断抓住了其理论的一些基本面相，如格林伯格对马克思主义历史观的吸收，但未免有放大和武断之嫌（参见《现代主义绘画》，载沈语冰编著《艺术学经典文献导读书系·美术卷》，北京师范大学出版社2010年版，第276页）。另一个问题是，克劳斯将结构主义与历史主义对举，容易让人以为她就是一个彻底的非历史主义者（就像她用高度个人化的语气评价格氏那样）。笔者认为，应该从两个方面来看：一方面，克劳斯在反对现代艺术发展的单线史观上，我们可以称其从方法论反对历史主义（这里基本指的是卡尔·波普尔（Sirkarl Raimund Popper）意义上的历史主义）；另一方面，从她试图勾勒一部反现代主义——首先是在反对迈克尔·弗雷德的晚期现代主义论述的意义上——的视觉历史来看，她还是带有历史意识地来看待她所推崇的几位艺术英雄。以个体了解历史的整体性，恰恰是19世纪德国史学理论中“历史主义”的关切之一。关于“历史主义”概念的考辨，参见［美］伊格尔斯《历史主义》词条，周樑楷译，载张京媛主编《新历史主义与文学批评》，北京大学出版社1993年版，第282—297页。

[3] 参见王正华《艺术史与文化史的交界：关于视觉文化研究》，《近代中国史研究通讯》2001年第32期，第82页。

[4] 参见 Rosalind Krauss,*The Originality of the Avant-Garde and Other Modernist Myths*, Cambridge: MIT Press, 1985,p.10.

[5] 对蒙德里安研究的形式分析派和“通灵论”象征派的介绍，参见刘巧媚《蒙德里安的多元主义与 20 世纪初的巴黎都会》，《台大历史学报》2010 年第 45 期，第 224—225 页。与博瓦的分析相对，中国当代批评家在面对本土画家的抽象作品，比如李华生的“格子”画时，就缺少结构主义分析的维度。最多讲讲他的笔墨、“线—格”的形式，然后就粗略地归于“内在超越”这样的中国传统哲学命题，以至最后往往端出“极简中的丰富”之类的玄论（并不是说不能谈精神意涵，而是这样的结论失之简单）。参见鲁明军《实验水墨中的“书写”：“道统”话语与思想史叙事》，《艺术国际》2011 年 11 月 8 日，2013 年 8 月 31 日（http://blog. Artintern. net/blogs/articleinfo/lumingjun/257122）；陈孝信《极简中的丰富——在我眼中的李华生》，《99 艺术网》，2013 年 3 月 26 日，2013 年 8 月 31 日（http://news.99ys.com/20130326/article—130326—123072_1.shtml）。

格子与结构

克劳斯首先拿“格子”作为阐释对象，试探结构主义的批评效力。在《格子》一文中，她以格子在晚近艺术史所取得的成功开篇。格子通过两种方式，履行了自己的职责来宣告现代艺术的现代性：一个是空间的，另一个是时间的。在空间意义上，格子声明艺术领域的自治，它是平面化、几何化、有序化的，反对自然的、模仿的、现实的。在格子坐标产生的平面性中，它是驱逐现实空间并以一个单一表面的横向延展取代它的手段。而在时间维度上，格子的形式在 20 世纪现代艺术中俯拾皆是，立体派、风格派等艺术流派，以及蒙德里安和马列维奇等艺术家都成为它的获益者。[4] 接着，克劳斯标新立异地指出，格子所取得成功其实维系于它的神话结构。传统的观点认为神话是一段故事，在时间中展开，但根据列维 - 斯特劳斯的人类学理论，神话经由纵列的分析图式分解为诸种互相对立又联系的神话素，将故事空间化的同时压制了故事本身，进而探寻某个部落神话的诸种变体。由此，克劳斯识别出了格子与神话的同构性——反对以时间序列展开的线性叙事。作为一种结构，格子容纳了艺术作品中的诸种差异：光明与黑暗、流动与停滞、知觉屏障与现实世界的分离。

格子的这种两价性，在画面上呈现为离心和向心的两种结构——前者指通过格子的运作，艺术品被表现为从一件巨大的织物上剪裁下的一小部分，强迫我们承认一个超出作品之外的世界；后者指格子将作品和周围的世界区分开来，它是外在世界的界限对作品内部的一种内射作用。以蒙德里安的抽象画为例，一些菱形的格子似乎强行截断了我们借以望向“窗外世界”的视野，而另一些画中的黑色线条则将它组成的格子外缘与作品的物理外缘相分隔，迫使我们认为格子内部的空间完全包含整个作品空间内部。克劳斯提示我们：与平常的认识相反，蒙德里安成熟期的作品恰恰将离心和向心两种结构加以并置。我们逐渐发现，“关于格子的最现代主义的事实之一就是，一种具备为反发展、反叙事、反历史充当范例或模型的能力”（Krauss，“The Originality”，22）。进一步说，我们不可能将他成熟期作品之后几十年的生涯用“发展的历程”来标识。

克劳斯称这种分析模式为“病因学”（etiology）。蒙德里安的格子画，就需要用探究病因的方式，而非历史的方式去思考。我们在他的某一幅作品里看不出什么东西，只有将一系列作品放在一起，才能了解作为一个自主、统一的整体构架的意义。这种在系统中寻找差异，又将诸种差异结合为整体的结构主义思想，在法国当代批评家伊夫 - 阿兰 · 博瓦的论述中得到了明晰的推进。博瓦认为：“1920 年后，蒙德里安艺术的两个方面解释了为何他的艺术成为结构主义方法的理想对象：首先，它是一个封闭的语料库（不只是作品总产量少，而且如上所述，他所用绘画元素的数量有限）；其次，他的全部作品很容易归成系列。在结构主义分析中首先采用的两个方法论步骤，是将对象的语料库进行界定，从这界定中可以简化还原出一套常见的规则，而从语料库里还原出诸系列的分类学构成方式。”（308）换言之，结构主义方法讲究诸形式元素通过差异进行示意活动，以此获得整个形式系统的意义。这里，蒙德里安的作品与结构主义理论配合得恰到好处，作品具有某种“动态平衡”，既不必一味地归结于仅仅诉诸视觉的形式上的精确，也打破了用“形式合于内容”（“内容”尤其包括精神意涵）来解读抽象作品的藩篱。[5]

毕加索与符号游戏

毕加索在现代艺术史上是一个巨大的话题。围绕毕加索艺术的研究，成果宏富。例如罗杰·彭罗斯（Roland Penrose）和约翰·理查德森（John Richardson）撰写的著名传记，列奥·施坦伯格的图像学研究等。克劳斯在《以毕加索的名义》中运用符号学的眼光来看毕加索，堪称该领域符号学研究的经典个案。笔者愿意将克劳斯的的理路视为两条线索的并进，一条是检讨“毕加索”这一专名所构成的艺术史，另一条是澄清拼贴画的符号运作。

“自传式”的毕加索研究始终在艺术界散发着魅力，评论家们自然而然地将毕加索的画跟他各个阶段的私生活，尤其是与女友的关系挂钩，所谓“知人论世”，大抵如此。这股叙事式解读的趋势在 20 世纪 80 年代依然十分强劲。克劳斯指出，根据传统的专名理论，“毕加索”一词并无意义（内涵），而只有指称对象（外延）。毕加索的传记研究推动了对该词外延的不断扩大，以至于艺术史叙事中充斥着与他女友和朋友的名字相关的种种轶闻。在绘画再现的传统观念里，绘画即为模仿一个现实物，而无关内涵。潘诺夫斯基的研究确立了图像学分析在探究意义方面的地位，将图像的意义与其背后的知识史相联系，最终以图像作为特定心理或观念的象征意义为旨归。然而，相较于图像学研究诉诸特定文化领域中人类意图的多样性，符号学对意义探究的范围限定得更为明确。[6] 克劳斯希望获得一种意义类型，我们无法超越它而获得更进一步的阐释，而不是像潘诺夫斯基那样牵扯出风格、类型、观念等诸多阐释要素。

在介绍了晚近符号学应用的成果后，克劳斯认为，按照皮埃尔·戴的思路——画面中的报纸、瓶子和小提琴的物象再现与现实事物一一对应——那么我们可以简单地将毕加索拼贴画中的文字片段视为一组事物的“标签”，EAU 即为博若莱（“BEAUJOLAIS”）这个产区的葡萄酒瓶，JOU 指的是报纸（“JOUR NAL”）。但是，如果我们确实准备转向结构语言学的话，应注意两点：第一，符号中能指与所指的对应，强调了对于一个缺席的指称对象来说，符号的身份就像一个替代者。结合弗雷格和前期维特根斯坦的专名理论——专名有意义，有时甚至只有意义而没有指称对象，比如一个现实中不存在的人（圣诞老人）——符号也许根本没有指称对象；[7] 第二，索绪尔强调“差异”，比如交通灯系统里，红灯指“停下”，只是关系到另一个选择——绿灯指示“通行”，并且两者的示意是约定俗成的，而非一种“绝对真理”。从这两点出发，克劳斯将拼贴画视为对缺席以及差异的运作。以此观之，一方面，克劳斯区别了“标签”与“符号”，“标签”仅仅复制了一个早已物化的在场，而符号却指一种能指和所指的联结，并有指示缺席的功能。以 1912 年的作品《玻璃与小提琴》画面中的 f 型音孔为例，它们不是表明乐器在场的“标签”；相反，因为两个

[6] 此处“符号学”应特指符号学领域中的一个分支，即从索绪尔的语言学研究发展而来的以“能指 / 所指”“差异”为标志的结构主义理论为方法，用以区别皮尔士和艾柯的符号学理论。需要指出的是，结构主义和符号学并不能等同，尽管它们有部分重叠，伊格尔顿曾以“方法”和“领域”之别区分两者，参见［英］特雷·伊格尔顿《20 世纪西方文学理论》，伍晓明译，北京大学出版社 2007 年版，第 97—98 页。

[7] 首先要说明的是，索绪尔所说的能指是指词语的声音（及其书写痕迹），所指是指非物质的概念，而不是名称的承担者。所以，能指和所指的关系不能被理解为词语和指称的关系。再者，弗雷格对专名的探讨——被称为意义的“指称论”——引发了语言哲学领域内的大量讨论，克劳斯在此只是粗略地提及一些代表性观点，这使得读者对文意的理解存在一定的困难。中文领域内关于“专名”问题的详实论述，参见陈嘉映《语言哲学》第十四章“专名、可能世界、语词内容”，北京大学出版社 2006 年版，第 289—322 页。

[8] Rosalind Krauss, *The Originality of the Avant-Garde and Other Modernist Myths*, Cambridge：MIT Press，1985, pp. 35 — 37.

[9] 转引自［法］皮埃尔·戴《毕加索传》，唐嘉慧译，江苏教育出版社 2005 年版，第 169 页。

[10] 事实上，克劳斯并没有固执于承自索绪尔的结构主义语言学，她对美国哲学家皮尔士的符号理论也有所涉猎，并注意到了他的符号三分法：图标（icon）、索引（index）和象征（symbol）。另外，她还把罗曼·雅各布森的语言学理论用于维托·阿孔奇的录像艺术作品，均可参见 "Notes On the Index", *The Originality of the Avant-Garde and Other Modernist Myths*, Cambridge：MIT Press, 1985, pp.196 — 220. 在现代艺术理论领域内，符号学牢牢占据一席之地，从迈耶·夏皮罗到诺曼·布列逊（William Norman Bryson）再到米克·巴尔（Mieke Bal），一个研究方向的广度和深度逐渐完善。

f 不仅大小不一，而且有厚薄之别，毕加索通过把“深度”题写在单一的绘画平面之上的方式，揭示了“深度”的缺席，进而揭示了“空间性”的缺席。另一方面，在 1913 年的作品《小提琴和水果》中，报纸的一部分，因其产生了关于画面色调的体验，可以读解为“透明度”或“亮度”；一小片木纹模糊地分配给桌面或是乐器，从而构成了与封闭形式相对的开放的符号。拼贴画的每一个元素都相互区别，它把线条和色彩，闭合和开放，平面和后退实例化，并成为一个形式系统。[8]

通过传记的考证及图像学的研究，我们得知，毕加索终其一生都在具象的喜好与抽象的冲动之间来回振荡。在与勃拉克（Georges Braque）切磋拼贴画的日子里，毕加索延伸着对三维空间如何在二维平面上加以集成的探索。用当时一位评论家让·保翰的话就是：“拼贴法是一种‘目睹’图画自我完成过程的‘机器’。”[9] 我们据此认为，毕加索在不断试探“绘画”本身的可能性，而克劳斯的阐释更加明确了这一点：“拼贴画实现的是一种视觉的元语言。它无须利用空间就可以探讨空间，它通过对图底的不断叠加而刻画物象，它用展示一个文本的伎俩反过来说明光线和阴影……它直接反对现代主义对知觉的丰富及无可怀疑的自我呈现的追求。现代主义的目标是使一个媒介的形式成分客观化，拼贴画质疑这个目标，通过建立一套话语来代替呈现，这套话语建立在一个埋藏着的起源上，受到起源之缺席的刺激。这套话语的特点是：它不断地引入一个成系统的、绘画的两极选择的迷宫中去。这个系统通过一个永不会被客观化却只会被再现的起源之缺失而得以创造。”（Krauss，“The Originality”，38）

这一结论彰显了结构主义的主张——索绪尔将语言结构永恒化，恰恰意味着“起源”概念的退场，同时回响着罗兰·巴特“作者之死”的著名论调。克劳斯最终将个案分析和艺术史的整体叙述融汇到了一起，并宣布了一种自传的美学，即专名的艺术史——试图为每一个图画符号找到一个确凿的历史对象，从而确定和限制其意义——在应用于毕加索，特别是应用于从指称对象的不确定性出发而构建系统的拼贴画时是荒谬的。因为，正是拼贴画将始于分析立体主义时期的对无关个人的（impersonal）图像形式的探究，带向了新的层次：无关个人的语言运作，每个元素背后不再是名字及一段轶事。克劳斯鲜明地树立起了与那些将视觉符号还原为接连不断的专名的艺术史家的对峙态度。要言之，图像与意义，而非图像与作者意图，图像与作者身份，成为她念兹在兹的问题。[10]

扩大场域的雕塑

众所周知，古典雕塑具有一种纪念碑逻辑。简言之，这座纪念碑将一个再现之形象放置在一个固定的地点，无论它置于建筑之上（梵蒂冈阶梯上贝尼尼的《康斯坦丁的改宗》），还是单纯暴露在露天（罗马城内图拉真纪念柱）。这个固定地点与再现形象的枢纽就是作品的基座。基座的基本功能是支撑作品，使作品与观众保持距离。如果是人体雕塑，那么基座还确认了人在地上直立行走的生物学事实。自罗丹开始，这种纪念碑逻辑被突破。一方面，他曾在作品《加莱义民》中有意识地去除基座，直接将主体置于地面上；其后布朗库西的许多作品并不摒弃基座，却将其与形象连为一体；而大量水平方向伸展的极简主义雕塑，使得基座的功能自然消失；另一方面，《地狱之门》和《巴尔扎克》两件作品在全世界各地的博物馆里都有复制品，它们没有被放置在原始的地点。克劳斯据此认为，现代雕塑的进程，已经逐渐跨过了传统雕塑的纪念碑逻辑的门槛，进入了一个可以称之为否定状况的空间——一种无地址，或无家可归性，一种空间的绝对丧失。虽然铸造雕塑的复件古已有之，这种纪念碑的否定状况的出现，还是让现代主义雕塑逐渐走向了一个边界模糊的境地，甚至只能用“它不是什么”的术语来获得确定性。

20 世纪 60 年代早期，雕塑已经进入了一片范畴上的无人之地。克劳斯运用法国理论家格雷马斯（Algirdas Julien Greimas）的语义方阵（源于克莱因四元群[11]），构想了“风景—建筑—非风景—非建筑”的四元方阵。塞拉、史密森等艺术家在“场所构建”（site-construction）、风景与非风景、建筑与非建筑等中间地带做出了探索。故而，雕塑既可以是非风景、非建筑的事物，还有可能介于建筑与非建筑、风景与非风景之间。这一组四元素的每一个都有它的意义，这种意义依靠它的对立面而成立。[12] 雕塑的场域也就被扩大到了风景和建筑的范围。20 世纪 60 年代，艺术的话语空间由“多元主义”（Pluralism）所标识，既接受在某个特定历史时刻运用多种不同的媒介，也允许多种不同的媒介并存于一个艺术家的实践之中，而克劳斯认为：“基本来说，历史并不像它看起来那样自由，同时，并不是所有选择都在任何时间对任何个体开放。这本质上是一种结构主义观点，它所坚持的是，种种可能的实践只不过是历史，以及某个特定形式的结构逻辑所发挥的一种作用。”（Krauss，“Fat Chance”，11）她之所以要采用四元方阵，正是为了从结构的意义上对雕塑的弥散状态和多元走向加以界定。

对于克劳斯来说，“现代主义”要求媒介的纯粹性和具体化的语境已不能适用于场域扩大的雕塑了，我们需要用“后现代主义”这样的文化术语来统摄。哈尔·福斯特在概述克劳斯的理路时，清晰地指认出从现代主义的历史主义特征转换到后现代主义加以标识的文化领域的线索：现代主义曾是前卫的来源，但当它将人视为唯一的主体，人类的意识得到史无前例的中心化时，它就趋于僵化。这反映在格林伯格和迈克尔·弗雷德的理论中，即为媒介的纯粹化，艺术家在处理媒介方面的自我批判。绘画、雕塑和建筑是截然不同的，每门艺术都有其“代码”或“本质”。与此相反，后现代主义艺术存在于各种媒介之间，或是超越了它们（的纯粹性），呈现离散的、文本性的或暂存的。因此，艺术家的角色被重新塑造，文化领域也转换了，审美的示意活动也开放了。[13] 我们不妨援引福斯特的话，以便更好地理解克劳斯的出发点：“对于克劳斯，它们（指后现代主义的形式）同现代主义实践决裂，所以不能用历史主义的术语来考虑它们。在此，艺术史情境是不足以构成意义的，因为后现代主义的意义不存在于媒介之中，而存在于同文化术语的关系当中。这些形式是符合逻辑地构想出

[11] 指德国数学家菲利克斯·克莱因（Felix Christian Klein，1849—1925）构造的一个数学模型。

[12] 参见 Rosalind Krauss, *The Originality of the Avant-Gardeand Other Modernist Myths*, Cambridge: MIT Press, 1985, pp.282-284.

[13] 参见［美］哈尔·福斯特《主题：后》，载［美］布莱恩·沃利斯主编《现代主义之后的艺术——对表现的反思》，宋晓霞等译，北京大学出版社 2012 年版，第 215 页。

[14] 参见 David Carrier, *Rosalind Krauss and American Philosophical Art Criticism*, Westport: Praeger Publishers, 2002, p.2.

[15] 参见［美］罗莎琳·克劳斯《后结构主义与解构》，载沈语冰编著《艺术学经典文献导读书系·美术卷》，北京师范大学出版社 2010 年版，第 385—396 页。

[16] 对此问题的揭露，参见［美］迈克尔·弗雷德《艺术与物性》，张晓剑、沈语冰译，江苏美术出版社 2013 年版，第 350—351 页。

[17] 参见黄晓峰"汪悦进谈当代艺术史研究的新动向"，《东方早报》2010 年 7 月 11 日，2013 年 8 月 31 日。

来的，不是历史地产生的，所以必须按照结构来对待。"（福斯特，216）自此，克劳斯将她在《现代雕塑的进程》中构建的现代主义雕塑的历时线索，转化为以结构主义研究雕塑的共时方式，并将后现代主义话语与媒介纯粹化的现代主义理路的决裂视为一个逻辑产物。

结语：艺术批评的范式转换

需要指出的是，克劳斯的批评进程经历了现代主义到后现代主义的范式转换。她在 20 世纪 70 年代早期的一篇代表性论文中，提出了自己的"现代主义"观念。她认为，"现代主义"并不是像格林伯格和弗雷德所说的那样，拥有一部始自马奈并且涵摄当下绘画的完整历史。这种将现代绘画历史视为超越感受力、超越观念形态的客体加以研究的视野是僵化的、无法自我反思的。在克劳斯眼里，"现代主义"只能是一种从自我出发、具有自反性的有限视野。它是一种"感受力"（sensibility）。她还以塞拉为例，阐明这种"感受力"如何成为一种观看机制："塞拉作品所采取的策略，就是创造一种视点，从这一视点观者能够感受到作品结构的逻辑。……塞拉雕塑使得一名观者认识到，她从世界的整体中解读出的隐含意义，是她自己的投射，而她以为隶属于雕塑的内在本质事实上是她自己的内在本质"（Krauss，"A View of Modernism"，127）这种"感受力"显然是对西方艺术中的人文主义传统的拒斥。观者面对非具象的雕塑，无须产生移情，也不会接受作品的某种情感暗示，而是调动自己的观念水平和智识资源对其进行分析。人性的力量在此失去了特权。这恰恰呼应了 20 世纪五六十年代"存在主义"学说和"结构主义"学说的对峙，一方强调人的自由选择和存在尊严，一方则主张人受制于特定的知识结构和社会结构，毫无自由和能动性可言。最终"结构主义"因其创造性的理论而广为流布。与此同时，克劳斯又从列奥·施坦伯格关于劳申伯格的讲座中获得了启发。施坦伯格曾指出："1950 年前后，绘画发生了某种新变化——最明显的是罗伯特·劳申伯格与杜布菲的作品。……这些画不再模拟垂直区域，而是神秘的平台水平面。……我倾向于将画面从垂直向水平方向的倾斜，视为艺术主题中最激进的转移，即从自然向文化的转移。"（108—109）他将"后现代主义"作为表征艺术变革的一个术语，意味着艺术不断侵蚀非艺术的领地，我们则需要用"另类准则"来阐释新兴的艺术作品。克劳斯正是从这个意义上，将"后现代主义"作为"现代主义"历史的一个断裂点，开启了当代艺术的新的话语空间。美国学者大卫·卡里尔曾把罗莎琳·克劳斯的批评生涯划分了四个阶段，其中结构主义的反叙事阶段是其第三部分。[14] 笔者认为，揭示克劳斯批评范式的转换，比单纯的分期更能概括克劳斯艺评思想的进路。

作为方法的结构主义，因其科学化和极端化的构想而遭到批驳。结构主义看似去主体、去中心化，无视"作者身份"，但它在构建释义系统时，必然造成又一个中心，即这一系统（或曰结构）本身。用罗兰·巴特的话说就是："任何结构主义活动的目的，不论其是自省的或是诗学的，都在于重新建构一种'对象'，以便在重建之中表现这种对象发挥作用的规律（即各种'功能'）。"（287）克劳斯并不是没有意识到这种理论模型的弊端，这从她对后结构主义以及解构主义理论的吸收就可窥见一二。克劳斯指出，后结构主义成长于对宏大结构主义的拒绝，它通过对结构主义预设了自主系统的废弃，通过挑战被权力绑架的话语框架，从而对既定的体制（包括大学、博物馆等）做出质疑和反叛。[15]事实上，克劳斯创办的《十月》杂志正是要冲破《艺术论坛》杂志所形成的艺术观念以及批评方法的既有体制。笔者以为，我们应以回顾的眼光，将克劳斯此一时期的反叙事的艺术批评放在现代主义—后现代主义艺术理论进展的长时段中加以评判。尽管从莱辛的《拉奥孔》开始，艺术作品中视觉和语言的表征模式被严格地区分开来——绘画以空间构图为基础，而诗歌则建立在语词的连续意义上。这种对媒介的内在属性的框定在格林伯格的现代主义叙事那里得到了回响——但是在20世纪，许多视觉艺术家都尝试在作品中融入语言。立体派的拼贴画、马塞尔·杜尚的观念作品算是开了这一流脉的先河。此后，大大受惠于此的观念艺术家们则在作品中置入文献资料或文字，充分发挥语言的示意功能，同时也拒斥媒介的特异性，来到了一个各种媒介相互渗透的“后媒介”时代。克劳斯的反叙事批评应视为这一艺术进程的理论对应物。经由她的阐发，艺术与批评彼此互惠。

艺术史和艺术批评在克劳斯那里是一体两面。从艺术史学史的角度看，克劳斯的艺术史研究恰恰处于20世纪60年代形式主义方法大行其道与晚近图像转向、视觉文化的勃兴之间。克劳斯极其强调方法，她的批评文本几乎就是与方法联系在一起的，有时甚至将方法演示到了高度技巧化的地步。正是在这一点上，她既与讲求品质、趣味、价值的格林伯格有别，又与在她眼里去技能化、有滥用嫌疑且对“学科”本身态度轻蔑的视觉文化区别开来。克劳斯的艺术批评的一大特色是主题式的研究：框限并呈示现代艺术史上具有反叙事特征的艺术作品（尤以抽象画和立体主义的作品为例）。从这个意义上说，结构主义方法论的反叙事特征为铺设其艺术批评的基础起到了转折性的作用。然而，她在做主题研究时，仍然抱有构筑有别于格林伯格的另一部现代艺术史的雄心，她在关于现代主义的普世观点上投注的精力与格林伯格及她的侪辈一样多。[16]况且，艺术史上并没有那么多作品可以套用结构主义理论。克劳斯本人也承认，艺术史还有其他的可能，她并不赞同阿瑟·丹托的“艺术终结论”。克劳斯的阐释，为当代艺术批评注入了一些仍然无法脱离现代主义特征的观念——“结构主义”“视觉无意识”“无形式”等。我们不妨将其视作对格林伯格的盛期现代主义叙事的修缮和推进，而不是将一切推倒重来。正如结构主义方法提示我们的那样：差异之所以重要，就是因为它建立在两种甚至多种选择的基础之上。美籍中国艺术史学者汪悦进在谈到当代艺术史研究的新动向时说，当代艺术发展呈现媒介混杂，淡化宏大“主流”叙事，强化艺术认知主体（即接受者）等特点。艺术史研究过去注重具有普遍意义的例子，现在则认为特殊的案例意义更大，它往往揭示了某种风格的突变或激变。[17]以此观之，克劳斯所撷取的诸种“方法”并不意味着放之四海而皆准，而是以此探究某一风格范畴之下的艺术作品的意义。当然，也有学者批评克劳斯过于倚重内在方法而忽视社会语境等外部因素，似乎对形式主义批评矫枉过正，当为持平之论。

参考文献

1.[法]罗兰·巴特：《结构主义活动》，载罗兰·巴特《罗兰·巴特随笔选》，怀宇译，百花文艺出版社1995年版。

2.[美]伊夫—阿兰·博瓦：《形式主义与结构主义》，载沈语冰编著《艺术学经典文献导读书系·美术卷》，北京师范大学出版社2010年版。

3.[美]哈尔·福斯特：《主题：后》，载布莱恩·沃利斯编《现代主义之后的艺术——对表现的反思》，宋晓霞等译，北京大学出版社2012年版。

4.Rosalind Krauss, *Passages in Modern Sculpture*, New York: Viking Press,1977.

5.Rosalind Krauss, *The Originality of the Avant-Garde and Other Modernist Myths*, Cambridge: MIT Press, 1985.

6.Rosalind Krauss, "Fat Chance""A View of Modernism", *Perpetual Inventory*, Cambridge: MIT Press, 2010.

7.[英]赫伯特·里德：《现代雕塑简史》，林荣森译，湖南美术出版社1988年版。

8.[美]列奥·施坦伯格：《另类准则》，载列奥·施坦伯格《另类准则：直面20世纪艺术》，沈语冰、刘凡、谷光曙译。江苏美术出版社2011年版。

（原载《文艺理论研究》2015年第2期）

心灵的风景

尹晋燮
梁幸仪 译

I

在西方人眼中，朝鲜王朝（1392—1910）往往给人留下“隐士之净土”的印象，当他们在19世纪末朝鲜国家现代化的曙光中踏上这片土地时，朝鲜王朝末期访问韩国的西方记者在回忆录中写道，街上10名路人中有9名身着白衣。伟大的诗人拉宾德拉纳特·泰戈尔（1861—1941）在他的诗作《东方之灯》（*The Lamp of the East*）中将朝鲜描述为“清晨平静的土地”。自那时起，“平静”和“白衣”便被视为韩国的典型象征。

“平静”一词的含义之一是安静——远离尘世的喧嚣，也没有熙熙攘攘，如同深山孤寺一样遗世独立，可以类比白瓷的光洁表面传达的清冷质感。我很好奇泰戈尔在写这首诗时心中怀着怎样的意象，他以何种情绪和感情将韩国，这个他从未抵达的国家，描述成“清晨平静的土地”，他也许看过一张韩国的照片，一轮暗红的旭日初升在海面上，远处是连绵低矮的群山。其实原因并不重要，重要的是，泰戈尔的诗意想象力选择了“平静”一词作为韩国的象征。

“白衣”和“平静”之所以引起我们的注意，皆因它们源于外国人对韩国的观察和印象。换句话说，它诞生自“他者”的视角。这意味着个体由“他者”的感知来定义，而不顾个体的意志或意图如何。时代不同了，作为韩国时下的流行词之一，“빨리빨리（快点，快点）”显示了今天的韩国人在外国人心目中的形象是勤奋无比的人。“白衣”在很久以前就消失了，取而代之的是韩国时尚中缤纷的色彩，而韩国人则与世界上的其他人一样忙碌着被卷入现代生活的旋涡。然而与这两个词有关的某种敏感依然徘徊在韩国人心中的隐秘角落。它们不是死去的动物标本，它们只是没有被召唤。也许他们正在等待召唤。假如引用金素月（Kim So-Woi）的诗《招魂》中的一句，它们可能是“我将如此绝望地呼喊（的名字），直到临终前一刻？”究竟是什么让诗人在临终前如此绝望地呼喊？难道是人们经常说的悲苦？抑或是与被卡尔·荣格称为集体潜意识之核心的原型（archetype）有关？

本次展览的参展艺术家之一丁昌燮（Chung Chang-Sup）过去曾把他最喜爱的媒介“韩纸”（韩国传统纸）戏称为“寒纸”，一语双关，将原意中“韩国的”转为表达“寒冷的”。他使用这一不同寻常的称呼的理由是，只有在冬季使用它来创作才能体会到什么是真正的“韩纸”。这种观点还与他的另一种说法有关：享用平壤冷面（著名韩国菜式，起源于朝鲜平壤）最佳的方式是就着冬泡菜汤（用白萝卜制作的冷清汤。过去人们常在冬天制作冬泡菜汤，用罐子保存在地下。上菜时，汤常有部分结冰，因而口感冰冻），嚼着冰块，在一个寒冷的冬夜里，用毯子包裹着身体。在他的陈述中，有一些似乎难以言喻的经验，暗示了某种韩国人独有的审美情怀。丁昌燮50多年来坚持以韩国传统纸为媒介创作，直至去世。其他的一些参展艺术家，如金焕基（Kim Whan-Ki）、郭仁植（Quac In-Sik）和尹亨根（Yun Hyong-Keun）也已经去世。假如活到现在，他们都超过80岁，有的甚至

[1]“单色画”意为单色绘画。在美国有以艾德·莱因哈特（Ad Reinhardt，1913—1967），罗伯特·雷曼（Robert Ryman，1930—　），艾格尼丝·马丁（Agnes Martin，1912—1962）为代表的白色或黑色单色画，在欧洲有伊夫·克莱因（Yves Klein，1928—1962）的蓝色单色画和皮耶罗·曼佐尼（Piero Manzoni，1933—1963）的白色单色画。20世纪六七十年代盛行于美国艺术界的大部分极简主义作品都属于单色艺术。就韩国而言，“单色画”泛指从20世纪70年代初开始严肃创作的各类单色绘画作品。自策划2000年第3届光州双年展特别展“韩国与日本当代艺术截面”以来，我开始以“单色画”（Dansaekhwa）来命名具有此种艺术倾向的作品。

[2] 徐成绿（Suh Sung-Rok）指出，除李东熀和许熀之外，崔明永，权宁禹和郑永烈（Chung Young-Yeul）等艺术家曾于1972—1973年在个展及群展中展出单色作品。参见“Ecole de Seoul展：20年的‘足迹’”序言，“Ecole de Seoul展20年，单色20年”展览（1995），宽勋（Kwanhoon）设计研究中心。与此同时，朴栖甫是韩国“单色画”的领军人物，在担任韩国美术协会副会长期间，他创办了“独立展”和“Ecole de Seoul展”，他还将首尔当代

接近百岁老人了。

20世纪70年代初，“单色画”[1]首次在韩国艺术界亮相。韩国艺术协会于1972年举办的首次“独立展”（independent show）中展出的两件作品标志着“单色画”的到来，它们是李东焜（Lee Dong-Youb）的《状况》（*Situation*）和许焜（Hur Hwang）的《弹性意识》（*Flexible Consciousness*）。尽管这两件作品一般被视为最早的“单色画”，但其实金焕基早在20世纪60年代就在纽约绘制蓝点画，而在1961年，比他还要早的郭仁植制作了两件单色作品，《作品61》（*Work 61*）及红、黄色的《地火》（*Field Fire*）。李禹焕（Lee U-Fan）还于1968年在东京国立现代艺术博物馆举办的“韩国当代艺术展”中呈现了三幅系列单色画作，粉红色及红色的《风景I，II，III》（*Landscape I, II, III*）。[2]

这些便是“单色画”的先驱们，他们自20世纪70年代中期开始逐渐形成一个鲜明的艺术团体。1972年，日本东京画廊总监山本孝（Yamamoto Takashi）作为评审员来到首尔，要从“独立展”参展艺术家中提名艺术家参加巴黎国际青年双年展，陪同他的是当年在日本艺坛迅速走红，身兼艺术家及艺评家角色的李禹焕。山本此前曾多次访韩，并对朝鲜王朝的白瓷着迷。在提名艺术家时，山本对李东焜的作品发表了评价，认为它与朝鲜的白瓷有相通之处。[3]最终李东焜获得“独立展”大奖，许焜获得绘画组第2名。事实上，这一决定对即将到来的事件具有某种预言色彩，即韩国“单色画”在日本艺术界的隆重登场，只是当时几乎没人关注事态的转变。可以这么说，韩国“单色画”最初是由一名外国人发现的——恰恰是经由“他者”的凝视。

据李东焜回忆[4]，他把这次成功看作一次乘胜追击的机会。他于1975年服完兵役后前往日本，在那里他将参加东京画廊举办的群展“韩国：五位艺术家，五种白”（Korea: Five Artists Five Hinsek<white>）[5]，并在展览筹备期间被安排在山本孝家中留宿了月余。李东焜因而有机会在东京逗留期间观察日本艺术界所发生的事情。出乎意料的是，东京画廊的群展激发了韩国国内艺术界对“单色画”的热情。换句话说，东京群展之后，大量黑白“单色画”在韩国各种大型展览上涌现，如1974年的大邱当代艺术节，1975年的首尔当代艺术展和“Ecole de Seoul”展。

韩国“单色画”是由日本人发现并认可，而不是经由创造它的主体本身发掘的事实，长期以来在韩国文化界中引发了一种弥漫的“白色情结”，在韩国学术界它被一再与柳宗悦（YanagiMuneyoshi）[6]关于“哀伤”哲学[7]的富有争议的表述联系起来讨论。柳宗悦对朝鲜白瓷的关注焦点在于它色彩的缺失，他强调了朝鲜瓷器的无色有别于中国及日本瓷器，他的观点来自对观察对象的视角差异。多年以后，崔淳雨（Choi Soon-Woo）回应了柳宗悦的观点，他在书中写道“对白色的喜爱与鉴赏是韩国人的集体认同之一”[8]。

崔淳雨的观点为考察“单色画”提供了

艺术节传播到韩国釜山，江原，光州，忠北等其他地区。有关朴栖甫在推动“单色画”运动中的作用，参见展览图录中的“李禹焕访谈”。

[3] 这是一段经常在“单色画”批评或艺术史研究中被引用的评论。然而，李禹焕在采访中回忆道：“……山本孝确实提到了李（东焜）的作品让他想起朝鲜王朝的白瓷，但是这种联想是他很后面才提出的。更确切的是，李（东焜）的作品并非因其与瓷器的关系而被选中。我完全相信，李东焜的作品中出类拔萃的是其视觉表达背后的理念本身及其在当代艺术关切中的价值……”参见展览图录中的“李禹焕访谈”。

[4] 22012年1月5日在李东焜位于首尔可乐洞的工作室采访了他。李说许焜和他本人被提名参加巴黎国际青年双年展，但因为双年展决定当年邀请立体作品参展而最终未能参加。最终，沈文燮（Shim Moon-Sup）和李健镛（Lee Keun-Yong）参加了第8届巴黎双年展（1973年9月15日—10月21日），李东焜和许焜在两年后参加了第7届法国滨海卡涅（Cagnes）国际绘画节。

[5] 1975年5月6日—5月24日，权宁禹，朴栖甫，徐承元，李东焜和许焜应邀参加此次展览。根据韩国艺术档案协会（Daljin Museum of Art Archives）的研究，本土的艺术专业人士将此次展览视为解放后韩国当代艺术最成功的海外展览。展览评委会成员包括金宣廷（Kim Sun-Jung）、金胜德（Kim Seung-Deok）、金弘姬（Kim Hong-Hee）、朴栖甫、徐成绿、徐承元（Suh Seung-Won）、宋美淑（Song Mi-Sook）、吴光洙（Oh Kwang-Soo）、尹凡牟（Yoon Beom-Mo）、尹晋燮（Yoon Jin-Sup）、李龙雨（Lee Yong-Woo）和崔烈（Choi Yeul）。东京展览后，在日本

组织的“单色画”展览数量增加了。日本举办的重要“单色画”展览包括：“六位韩国当代艺术家”（村松画廊，1977），“韩国当代艺术的一个面向”（中央美术馆，东京，1977），“亚洲艺术”（福冈市立美术馆开馆一周年纪念展，1980），“韩国当代艺术的阶段”（京都市立美术馆，1980），“韩国当代艺术：70年代后期的一个方面”（1983），“当代艺术：白与黑”（埼玉现代艺术博物馆，1986），“广岛展”（广岛当代艺术博物馆，1989年），“十二位韩国当代艺术家”（仙台宫崎美术馆，1993）。

[6] 译者注：柳宗悦（1889—1961），日本艺术大师，杰出的宗教哲学家、民艺美学家，被誉为“民艺之父”。

[7] 关于白色美学研究与柳宗悦的“哀伤”哲学的关系，参见 Kim, Jung-Hee, “Hanji: Aesthetifying Paper”, *Contemporary Art History Association, Study of Contemporary Art History*, 2002; Kim, Hyun-Sook, “Study of Koreanness in the Monochrome Paintings”, in the symposium publication, *Korean Contemporary Art:1970-1980 at The Korean Contemporary Art History Research Association*。有关反面意见，参见 Park, Gae-Ri, “Park Seo-Bo’s Ecriture of the 1970s and Tradition: Drawing a Map between Yanaki Muneyoshi and Park Seo-Bo”。她观察了韩国文学传统与白色美学之间的谱系关系。李禹焕的评论如下：“就个人而言。我没有发现山本孝的观点和柳宗悦的哀伤哲学之间有任何关联。最重要的是，柳宗悦的想法主要集中在线条方面，在我听来并不消极……其概念不可能完全来自柳宗悦的捏造。”关于李禹焕的观点，参见展览图录中的“李禹焕访谈”。

[8] 崔淳雨：《白色之美》，Daehanllbo，某种理论基础。白色出现在韩国生活的方方面面：它是我们祖先服装的颜色；著名的月亮罐及其他各种白瓷的颜色；在婴儿的百日宴或周岁宴等仪式场合上不可或缺的传统白年糕的颜色；宣纸（被封为文房四宝一），韩纸（传统纸）的不同色调等。它作为一个文化基础而存在，形成了韩国人集体认同的一部分。“单色画”揭示了这一点。但是，韩国“单色画”不一定是白色的，黑色也非常重要，同时还存在着许多不同的单色作品，如红色、蓝色、黄色和绿色，观众可以通过本次展览看到。此外，还包括许多中性色调的单色作品——如灰色、米色或棕色——这表明各个年龄层的“单色画”艺术家都有回避使用鲜明色彩的倾向。

我无意在本文中探讨柳宗悦有关白瓷“哀伤之美”的观点，或者山本孝对李东焜的《状况》[9] 的表面质感的印象。相反，我的主要关注点在于详细审视各类单色的变奏及其美学品质，主要通过已经摆脱了世俗性的黑白色或“五方色”（韩国传统建筑中使用的5种颜色），又或者是“单色画”作品的中性色调显现。

II

一位外国记者在一百年前的现代化曙光中捕获的白衣形象，如今再次被当下召唤；这一形象逆时光穿梭。与此同时，泰戈尔笔下韩国的“平静”形象贯穿了展厅的氛围。当观众穿越展厅时，他们会意识到“他者”的目光不亚于他们自己的身体。这是一种景观。场景要么被遗忘或丢失了。它不是由西方线性透视空间所塑造的景观，而是经由体现身体动作起源的姿势所唤起；它们正逆着时光试图把当初召唤至当下的场景里。观众不难感受到这一点。

进入第一展厅，观众将发现自己首先面对的是金焕基的点画。在巨大的画布上有无数个蓝点意味着什么？金焕基正是在日复一日地想念他在韩国的友人与同行时，孤独地画下了这些点。像他的许多同时代人一样，金焕基在整个童年和青少年时期接受了严谨的儒家传统教育。在东京学习期间，他亲历了日本现代社会，严格来说，是已经被西方改造过的社会，后又访问了欧洲和拉丁美洲，此后在20世纪60年代中期登陆纽约。这种文化游荡赋予他一种距离感，使他能够更客观地审视自己。因此，20世纪60年代中期的纽约成为一个十字路口，在那里，他的基于月亮罐或鸟类等图案的半抽象绘画消失了，并借由现代的启示形成了复杂的纯粹抽象，这一点对他而言毫不奇怪。

应该记住，包括金焕基在内的第一代“单色画”艺术家中的大多数都留有日本殖民政权和朝鲜战争所造成的精神创伤。在这一代艺术家中，金焕基，郭仁植，丁昌燮，尹亨根（Yun Hyong-Keun）、朴栖甫（Park Seo-Bo）、郑相和（Chung Sang-Hwa）和权宁禹（Kwon Young-Woo）均已介耄耋之年。他们不但精通日语，同时谙熟儒家伦理，其中最为典型的是儒家文化中普遍的修身观念。朴栖甫的声明，“我画画是为了修身”[10]；尹亨根以作品背后的中庸哲学作为儒家价值观的实现；李禹焕的艺术从关系性的角度探讨世界，试图暗示西方现代性之外的另类现代性，也不是偶然的。他是在试图反对以西方为中心的理性秩序；有人可能会从中看到堂吉诃德式的匹夫之勇，但他的艺术观放在更大的时空来看再合理不过了。观众能够通过观察随着画笔的推进逐渐变薄、消隐的点线痕迹来感悟《易经》中所阐述的普遍循环原理。修身主要在于修己律己，这种观念来自儒家信条“修己治人”，其目的是不断修正一个人的品格（如《大学》所示），使其最终能为实现他人利益而作出善行，换句话说，这是一名君子生活的基础。虽然早期“单色画”艺术家的创作方式体现了“修行”的观念，但他们未能与他人充分交往，而是封闭在自我的边界内。这显然是早期“单色画”艺术家的局限。[11]从律己的角度来看，郭仁植、金焕基、朴栖甫、郑相和、金麒麟（Kim Gui-Line）、崔秉昭（Choi Byung-So）和李东熀等艺术家一直坚持一种态度：通过强化主题或重复行动来抵达某种巅峰。他们终其一生的坚持是韩国“单色画”运动的独特特征之一。人们会从这样一种艺术态度中得出不同的评价，比如有些人可能会将其视为矫饰主义（mannerism），另一些人则会将其阐释为试图抵达纯洁顶点而采取的美学姿态；不同的视角带来不同的批判性立场。[12]

大多数早期“单色画”艺术家所怀有的艺术理想与形式主义批评家克莱门特·格林伯格相似，他们都关注作品的独特品质。在分析高雅文化与低俗文化——在当时的美国社会中正大行其道——之间的竞争关系时，格林伯格担心像媚俗（kitsch）一类的低级文化在美国的蔓延，他认为正是媚俗导致了美国文化的污染。[13]

我尤其关注格林伯格对前卫运动的分析：“前卫是在寻找绝对的过程中抵达了‘抽象’或‘非客观’艺术。”众所周知，格林伯格一直致力巩固抽象表现主义艺术家作为美国代表性艺术家的地位。为了推崇他们，他把由克莱福特·斯蒂尔（1904—1980）、杰克逊·波洛克（1912—1956）、威廉·德·库宁（1904—1997）、汉斯·霍夫曼（1880—1966）、罗伯特·马瑟韦尔（1915—1991）、马克·托比（1890—1976）、阿希尔·戈尔基（1904—1948）、巴尼特·纽曼（1905—1970）和马克·罗斯科（1903—1970）等人创作的作品标记为“美国式”绘画。我认为有必要强调他在《美国式绘画》一文中的评价，原文如下：“在1954年的威尼斯双年展中我看到，德库宁的画不仅让邻近的本·沙恩的画，也让所有在其它馆展出的同龄及比他年轻的画家的画相形见绌。”[14]这一说法显示，格林伯格比较了抽象艺术家德·库宁和具象艺术家本·沙恩，在褒扬前者的同时贬抑后者。对格林伯格来说，判断作品的绝对标准是作品品质本身。根据他的说法，真正的品味不会摇摆，也不会偏向……[15]联系到对韩国“单色画”的观察，我认为格林伯格的观点切中要害。特定的审美趣味的发展使得“单色画”艺术家能够十年如一日一心一意地创造“单色画”，而不为时代风尚所左右。在考察20世纪70年代的“单色画”时，我在朝鲜王朝的贵族审美的语境下回顾了秋史金正喜[16]。贵族

1979年5月11日，朴桂利引用。

[9] 李东熀在本次展览中展出的作品《状况》是1972年为“独立展”提交的三幅画作中唯一幸存的作品。李使用印刷油墨作画，画面表面有严重的裂痕，让人仿佛看到白瓷的龟裂表面。

[10] 朴栖甫：《艺术家笔记》。

[11] 20世纪80年代，民众艺术（Mingjung Art）团体批判了包括早期“单色画”艺术家在内的现代主义阵营。

[12] 20世纪70年代乃至后来，大多数“单色画”艺术家并不赞成具有过时倾向的具象艺术，并且这种不赞成与艺术品的品质问题直接相关。他们对具象艺术的反应或评价基于既定的审美趣味标准。当时，“单色画”被认为是前卫艺术的代名词。对比格林伯格关于前卫艺术的观点，即现代主义，形成了一个有趣的视角。

[13] Clement Greenberg,“Avant-garde and Kitsch”, *Art and Culture, Beacon Press Boston*, 1965, p.5.

[14] Clement Greenberg,“Avant-garde and Kitsch”, *Art and Culture, Beacon Press Boston*, 1965, p.220. 这些艺术家属于纽约学派，20世纪40—50年代在纽约发展了他们的艺术生涯。人们提出一个问题，是否可以将20世纪70年代的韩国“单色画”艺术家群体称为一个“学派”。虽然有几位艺术家已经去世，但是许多“单色画”艺术家至今仍然活跃在艺术舞台，还有更年轻一代的“单色画”艺术家目前年届四五十岁。换句话说，与纽约学派艺术家的运动已经固定在历史书页中不同，“单色画”运动直到今天仍未终结。

[15] 克莱门特·格林伯格，1983年1月18日在西密歇根大学发表的以“品味”为题的讲演实录。

[16] 金正喜（Choosa Kim Chung-Hee），1786—1856，字元春，号秋史，朝鲜王朝

经学家、书法家、金石学家，朝鲜实学派代表人物。

[17] Choi, Wan-Soo, “Choosa’s Knowledge and Art”, *Choosajip*, Hyunamsa, 1976, pp.17-20. 有关于朝鲜时期文人对基于透视法和明暗对比法的西方写实绘画的反应，参见朴趾源（Park，Ji-Won）的《热河日记》（*Yeolha Diary*）。在日记中，朴趾源记叙了自己访问中国清朝的天主教堂并观看天顶壁画时的感受。

[18] Oh, Ju-Seok, “Paintings of Cold Days; Kim Chung-Hee’s Sehando”, *Pleasure of Reading Old Paintings*, Sol, 2011, p.153. 秋史《岁寒图》跋文中有云：“且世之滔滔，惟权利之是趋，为之费心费力如此，而不以归之权利，乃归之海外憔悴枯槁之人，如世之趋权力者。”秋史将《岁寒图》作为谢礼赠与在他流亡期间为他搜寻书籍的学生李尚迪（Lee Sang-Jeok）。

[19] 朝鲜贵族的这种信条与康德的“定言令式”（Categorical Imperative），“道德哲学”和“人性”相呼应。有关康德的轶事，参见Wasiansk, E.A.C. “Immanuel Kant in seinen lezten lebensjahren”, *Ueber Immanuel Kant*, Vol.III, 1804, reprinted in Immanuel Kant, “Sein Leben in Darstellungen von Seitgenossen”, *Deutsche Bibliothek*, 1912, p.298, quoted by Erwin Panofsky, *Meaning in the Visual Art*, The Overlook Press, 1974, p.1. 康德轶事如下：“去世前九天，康德的医生来探望他。当时又老又病，几乎失明的康德从椅子上站起来，虚弱地颤抖着，发出难以分辨的喃喃自语。后来，他忠实的陪护意识到，在访客坐下之前，他是不会坐下来的。直到访客坐下了，康德才允许自己被扶到椅子上，在恢复了一些体力之后，他说：“人道主义的感觉还没有离开我（Das Gefühl für Humanität hat mich noch nicht verlassen）。”

对时代的品位与“品质”直接相关。贵族作为朝鲜王朝的精英统治阶层活跃在政治舞台，并通过朱子的新儒家系统思想统治了朝鲜社会500年。金正喜生活在动荡的朝鲜王朝末期，实学（一个重视实用性价值的新学派）的兴起是这一时期的显著特征。他深受中国清朝考据学派的启发，试图建立一种新的文化。[17]

金正喜是位全才，精通诗歌、书法、绘画、金石及治学。众所周知，他的艺术本质体现在他本人的艺术主张中，即“书卷气”（suhkwonki）和“文字香”（munjahyang）。他认为，只有通过长期修行而养成的高尚品格在艺术中被人格化时，人才能创造出至高无上的艺术。金正喜的作品《岁寒图》体现了一位学者不畏艰险，在逆境中对精神和道德价值毫不妥协的坚守，称得上是对人性的致敬。[18] 我相信朝鲜时代的贵族艺术恰是为了追求艺术的品格，最终旨在人格的完善。[19] 这个故事告诉我们，康德的伦理成熟和人性观念与金正喜通过修身、治学和从艺而努力达成的目标，具有一致之处。格林伯格从康德的“无私”，也即超越世俗利益的观念中获取了他艺术批评的基石，这种“超越性”与金正喜的“书卷气”和“文字香”在某种程度上是相通的，它可以与韩国“单色画”的审美本质相类比。

III

在这一点上，我们可以在统一的视野中探讨东西方的交汇。从根本上说存在一个间隙，在东方体现为对心灵世界的追求，在西方体现为对物质世界的探求。然而，由于它建立在全人类的范式之上，因此问题在于如何在共同的基础上追寻生命的意义。众所周知，今天的世界是通过脸书和推特等社交网站链接的，没有人可以从这个新的基于互联网的信息系统中解脱出来。如今，大约有9亿脸书用户每天在网站上发布大约1亿条信息，这意味着全球范围内的实时通讯。这种现象不仅仅意味着从模拟（analogue）范式向数字范式（digital paradigm）的转变——世界文明之流动方式的变化，也说明西方之关切已经高度等同于东方之关切，反之亦然。例如，气候变化导致了生态环境问题，面对此类问题，没有任何国家或人民可以置之度外或漠不关心，人类正跃入“互联”和“互动”的热风之中。

智能手机（包括iPhone）是跨越国界的世界人口共享的通信手段。可以这么说，一个由多细胞构成的庞大的跨国根茎复合体正在形成。这可能听起来有点草率，但它提供了一个很好的例子，说明区域间的通信是如何立即指向全球通信。如果我将这种惊人的变化应用于艺术领域，那么艺术品的创造、消费、购买、传播和分发过程正由一个人类历史上从未存在过的新电子系统操控着。

换句话说，“从指尖涌现新创造”的时代已经来临。[20] 现在，艺术品在各式应用系统中传播，云系统的多样化发展激发了艺术创造的新模式。虽然社交网络有利于加强人们之间的密切联系，但是也要记住一个缺陷：正是乔治·奥威尔小说《1984》中所警告的“权威”对日常生活的渗透和监视。此外，罗兰·巴特提出的“作者已死”的观念也已经在脸书和推特时代应验。[21]

另一方面，我们面临现实中的严峻问题；以计算机为基础的数字文明产生了所谓的“拟像”（simulacrum）。围绕整形手术或人类克隆为中心的道德和宗教质询带来了社会问题，如何判别艺术品的真实性和虚假性也变得困难。我并不在意虚拟图像是否应该被视为现实。问题是，具有精确相似性，与原作毫无二致的复制品时代终将到来。

这样的挑战离现实不远，那么我们如何定义模拟范式下产生的那些艺术品的价值？这类艺术品还有存在的理由么？瓦尔特·本雅明曾预言机械复制时代的到来会导致“灵晕”的丧失，技术的进步印证了这种担忧。我关注艺术家对艺术创作的态度，正如展览中李东熀或崔秉昭的作品所展示的那样。他们只是一个例子，其他艺术家采取的具体艺术形式可能会有所不同，但他们都有一个共同点：那就是态度。

自20世纪70年代中期开始，崔秉昭一直致力于用铅笔或圆珠笔刮擦报纸将其变漆黑。通过这种重复的行动，他改变了报纸这一媒介的物质性。他投入的时间跨度是惊人的40年。与此同时，世界经历了深刻的变迁；从模拟范式逐渐过渡为数字范式，现在我们甚至谈论“拟像”的问题。从人类文明史的角度来看，社会经历了从明显存在一个客观中心的现代性到多元化占上风的后现代性的转变。与社会转型平行的是艺术从现代主义向后现代主义的发展。

一切都变了。在这种动荡之中，假如说有什么不变的，那便是崔秉昭用铅笔覆盖报纸的行为。长话短说，我倾向于问一个问题：“基于未来技术的精确复制术是否能够取代时间性（历史性），物理性（肉身和身体），是否能够取代把物质转变为它物并赋予其心灵的过程——或者简单用一个词去总结，“身体性”[22]，这一崔秉昭作品中固有的品质[23]？我很怀疑。因为我对崔秉昭40多年艺术生涯的辛酸抗争中所坚持的否定观点抱有信念[24]。

IV

从20世纪60年代初开始实施的全面现代化政策[25]在许多方面重塑了韩国社会，最显著的方面是价值观的混乱与融合，这是从传统社会向现代社会的转型中不可避免的，换句话说，韩国显示了一个发展中国家的特征——一个既新鲜又复杂，永久地据于“传统”与“现代”两极之间的国家。[26]两种范式之间的竞争不仅体现在经济和政治领域，也体现在文化领域，包括日常生活。例如，公制系统取代了传统的计量体系，如传统惯用的마장（majang）[27]，或食顷（shikkyung）[28]，它们都是农业社会的产物。现代的测量术语——公里，小时，分秒——取代了旧术语。经过一段时间的混乱，随着现代化的发展而革故鼎新。在视觉艺术方面，于1909年朝鲜王朝末期访问日本的高羲东（KohHee-Dong）是第一位经历了传统与现代之裂变的艺术家，即朝鲜末期的旧政权所代表的传统，与英、美、法、俄、日及中国的清朝等外国都争相在其中施加影响力的新政权所代表的现代。

[20] Yoon, Jin Sup, “Reality of Simulacrum? My Facebook Experience”, *Journal of European Cultural Academy*, 2010. “SNS and Possibility of Alternative Social Education”, *Journal of European Cultural Academy*, 2011.（“iPhone或计算机显示器是一种最小化的洞穴壁”“世界在我手中”）在文章中，我讨论了“IUI：国际大学的想象力（International University in Imagination）”作为艺术的社会教育的载体以及未来将会出现的网络国家“睡衣共和国”（Pajama Republic）。我自己在脸书上创建了这两个项目。

[21] 我在脸书上以“破商店”（Broken Shop）为题讨论了这一问题。

[22] 李东熀在接受作者采访时说，他重复笔触的关键因素是“身体”。他还在艺术家笔记中写道：“我在白色空间上作画。为了将画平面与图像视为一体，我打算画出从白色背景中酝酿的线条。”另参见崔秉昭的说法：“我从报纸的本体出发，然后专注于统一背景和表面，支撑和颜料之间的结构分歧，它们相互吸收、渗透、擦除、涂画、冲突，激烈地碰撞和撕裂。炽烈的冲击和摩擦的物理过程提醒着‘身体的活力（行动）’，这导致了意识的炼金术及感觉的复苏。报纸变成了一种崇高的纯粹材料——一种绝对的转化。”

[23] 这与基因工程发明的人造肉无关。

[24] 有些人批评重复的行为和风格意味着矫饰主义，这种观点是常见的批判性谬误。很久以前，尹亨根曾对我建议他改变工作方式的冲动感到不满。

[25] Yoon, Jin Sup, *A Study of Korean Modernism*, 2000, p.67. 韩国“经济开发五年计划”始于1962年，作为国家现代化政策的核心连续实施了五届。由于朴正熙总统被暗杀，第五个“五年计划”被中断。期间韩国平均经济增长率高达7%，拥有众

多令人瞩目的经济成就，例如连接首尔和釜山的京釜高速公路建设，重工业的扩张，广泛的出口驱动政策及新村（saemaeul）运动。然而，另一方面，物质驱动的政府政策在带来经济增长的同时也带来了社会动荡：言论自由被打压，民主化进程倒退。结果导致反政府示威蔓延，当时的社会环境已经为20世纪70年代后期的“民众艺术”（Minjung Art）运动埋下了种子。

史料显示，高羲东是自愿前往日本的。[29]仅仅在不久前，他还在临摹《芥子园画谱》中的山水、风景、花鸟，然后忽然就开始学起西洋绘画了，这种经历想必跟学习一种基于全新语法的语言类似。这个事件在个人层面一定是具有撼动性的，甚至可以略带夸张地把它说成是在新旧系统的冲突中所诞生的现代事件。这一事件不仅仅意味着从用毛笔在传统纸上临摹画谱到用画笔在画布上挥洒油画颜料的戏剧性转变；它还有着更深层的象征意义。借用柄谷行人（Karatani Kojin）的话，我们可以说“风景”对高羲东来说不存在了。站在油画布前的他不再将传统技巧或旧世界视为一种风景。景观，即现代的自我，并非一天之内形成的。出于同样的原因，人们可以观察到高羲东在晚年回归东方传统绘画，因为他在景观的内化，也即意识现代化的尝试中失败了。柄谷行人的解释如下：

> 现代文学史家们认为现代自我只是在心灵内部建立起来的东西，然而，正如我已经解释的那样，另一个条件对自我作为自我的存在也是必要的。例如弗洛伊德，像尼采一样，不把意识看作是从一开始就存在的东西，而是一种内化的衍生物。根据弗洛伊德的思想，既没有外在也没有内在。外部世界是内在的投射，只有在经历了创伤并且力比多被内化之后，内部才开始作为内部存在，外部作为外部存在。但是，弗洛伊德还补充道：当开始进行抽象语言的思考时，留在语言表达中的感觉沉淀将第一次与内在思想相联系，这使得内部思想逐渐被感知。（《图腾与禁忌》）[30]

如果是这样的话，在高羲东经受了此番困扰的半个多世纪后，20世纪70年代的“单色画”艺术家有着何种内部景观呢？20世纪70年代，政府推动的第3个“经济开发五年计划”稳步顺利实施；现代化进程如火如荼。这一时期，克莱门特·格林伯格的现代主义理论被引入本土艺术圈。[31]“单色画”艺术家经历了与高羲东类似的创伤，只是程度不同。他们的创伤源于这样一个事实，即传统表达技巧中的符号残余尚未被冲走。[32]因此，他们必须将内在外化，以便通过单色（monochrome）进行抽象思考，继而创造一种新的语言。也就是说，他们需要一种新的表达技巧。[33]它的基础是现代意识、现代生活方式、现代制度，可以统称为“现代化”。因此，我们会注意到，20世纪70年代的许多艺术家倾向于使用单色，因为他们从中发现了创造新表达的可能性。比“单色画”的时代稍早，20世纪60年代后期的日本艺坛中，李禹焕（作为核心人物）、关根伸夫（Sekine Nobuo）和菅木志雄（Suga Kishio）等物派艺术家已经在试图克服西方现代主义。因此，日本物派是一次尝试发现新表达的旅程，换句话说，就是“发现日本的风景”。物派运动将贫穷艺术，极简主义艺术和大地艺术等元素植入日本的感性，以物件，装置及绘画为媒介创作。物派艺术兴起的背景是当时的日本已经完成了经济重建，并且走上了高度工业化社会的道路。同时那也是一段极端动荡的文化转型期，后续发生了一系列骚乱事件：东京大学生组织的政治、暴力斗争，三岛由纪夫的自杀，1969年《美日安全保障条约》的签订使不断升级的骚动达到高潮，东京大学的入学考试被中断，学生运动向极左倾斜，知识分子在意识形态上混淆不清，在自我批判下呻吟。以年轻一代为中心的抗争文化迅速蔓延，前卫运动下的每一种艺术门类也都转向与

[26] 参见 Noh, Jung-Hyun, *Study on Korea's Modernization: Problems and Prospect*, 1980, p.19；S.N. Eisenstadt,“Varieties of Political Development: The Theoretical Challenge”, ed. S.N. and S. Rokkan,*Building States and Nations*, Beverly Hills Sage Publication, 1973, p.45.

[27]“里”是计算距离的传统单位。“majang（마장）”用于表示距离小于十里。

[28]“食顷”指吃完一顿饭所需的时长。

[29]“我当时师从沈俊（音译，Shimjeon）和昭林（音译，Sorim），某种直觉告诉我，应该去学习西洋绘画。所以，在我跟从他们学艺3年后，我把自己的东西打好包，独自前往东京，那是2月底左右。大约到了4月初，我幸运地发现自己坐在上野公园内东京艺术学院西洋绘画系的初级课堂上。”高羲东：“我与西洋绘画联系之时间”（1954年2月），转引自 Lee Kyung-Sung, *Thesis on Korean Modern Art*,1976, p.23.

[30] 参见 Kojin Karatani, *Origin of Japanese Modern Literature*, trans. by Park You-Hat, 1997, p.54.

[31] 接受了格林伯格理论并以此为基础撰写艺术批评的评论家主要是李逸（Lee Yil）。 参见 Lee Yil,“Artists of the 70s”, *Korean Art, Its Present*, 1982. 当时在艺术界颇具影响力的“单色画”批评观点是李逸的“大自然”理论“Mother Nature” theory和吴光洙的“非物质化”（Non-Materialization）。

[32] 金福荣（Kim Bok-Young）分析认为，20世纪70年代是基于传统社会的“艺术成就”观念被“意识形态”所取代的时代。

既定信仰的对抗。[34]

同样，韩国“单色画”诞生于20世纪70年代动荡的社会政治环境。在军政府的高压统治下，“沉默的声音”自相矛盾地出现了。尽管一再颁布“紧急状态令”，学生的反政府示威并未消退。处在这种社会痛楚当中，“单色画”艺术家们固执地以单色填充画布。[35]他们孤注一掷的尝试贯穿了20世纪的80和90年代，通过独特的重复行动一直持续到今天。许多艺术家在政治骚乱时期也曾短暂涉足“单色画”，但是后来又转向了其他艺术潮流，或者仅仅是他们的艺术在不连贯的发展中变得面目模糊。受邀参加本次展览的“单色画”艺术家在这一方面是无可比拟的：他们都在韩国当代史的沧桑变迁中顽强地坚持了自己的语言。

V

20世纪80年代是过去20年的经济发展政策成果在韩国社会被真切感受到的时代。出口驱动政策和石油美元的流入在20世纪80年代取得成效。流行语“我的车”体现了社会的富裕程度，而普通家庭外出用餐次数的增加是当时物质蓬勃发展的指数。与此同时，1987年的“民主化宣言”是一个分水岭，公民民主化抗争带来了政治变革。在1986年的亚运会和1988年的首尔奥运会之后，首尔实现了一次巨大的飞跃，跻身国际化大都市的行列。

在20世纪80年代的公寓建设热潮下，韩国“单色画”开始受到本土艺术爱好者的欢迎。[36]随着越来越多的豪华酒店、餐厅和咖啡馆在韩国大城市中拔地而起，对能融入现代室内氛围的“单色画”作品的兴趣及需求大增。大多数后期的“单色派”艺术家属于战后一代，现年届四五十之间。早期与后期“单色派”艺术家之间的审美脱节可归因于社会的变迁。前者经历了朝鲜内战，而后者在20世纪60年代出生或长大，在成长过程中经历了国家现代化带来的经济繁荣。

与早期“单色派”艺术家深深根植于传统不同，后期“单色派”艺术家作为他们的继任者与传统严重脱节。他们更熟悉英语而不是中文，并且在某种程度上体现了西式的敏感，但与此同时也因为尴尬地卡在老一代和新一代之间而感到困惑。这些艺术家在创作中使用各种工业材料，这表明他们对媒介持开放态度。他们对互联网、智能手机，以及脸书和推特等社交网站的使用也相对熟悉和舒适。从这个角度来看，想从这些艺术家的作品中寻觅所谓的“中和理论”，中庸哲学或韩国美学是相对困难的。然而，在他们中50多岁人的作品中，我们依然能从颜色渗透，东方思维形成的笔触，以及偏爱自然主题等方面发现他们与早期“单色画”艺术家的某些相似之处。这些艺术家大多数在大学里学习了西方现代主义，可能对传统与现代的冲突有体会。一方面，他们渴望登上世界舞台，搭上全球化浪潮的便车；然而另一方面，他们属于与自身审美身份挣扎的一代人。早期“单色画”与后期“单色画”艺术家之间存在某种审美脱节。后者中并非全部，但是有相当一部分人表现出在意识，倾向和媒介方面与前辈的明显差异，比如高山金（Koh San-Keum）使用的人造珍珠和不锈钢板，卢尚均（Noh Sang-Kyoon）的亮片，文凡（Moon Beom）的汽车漆，全光荣（Cheon Kwang-Yup）的合成树脂，南春模（Nam Tchun-Mo）的有机玻璃、聚酯以及张胜泽（Jang Seung-Taik）

参见金福荣《当代艺术研究》（Kim, Bok-Young, *Study of Contemporary Art*）。

[33] 参见柄谷行人（Kojin Karatani），*Origin of Japanese Modern Literature*, trans. by Park You-Hat, 1997, p.36.

[34] 尹晋燮：《沉默的声音——走向自然》，第三届光州双年展特别展“韩国和日本当代艺术的一个面向”展览论文，第250—251页。

[35] 李禹焕认为：“最初的‘单色画’是明晰的、独特的，吻合单色艺术的一些普遍元素。20世纪60年代末‘单色画’现象开始涌现，这与当时的社会状况紧密相关。当时所有人都生活在极度贫困之中……一方面是物质生活的极度匮乏，另一方面是军政府的高压统治，单色因此成为一种理想的选择。选择采用一种颜色或者重复一种技术作为表达抗争意志的有效的集体风格。至于这种现象为何在艺术家之间如此轻易地传播和落实，也许可以归因于韩国人独特的表达哲学——一种存在于每个韩国人灵魂深处的悲苦或动力；‘单色画’不是根据一时流行而作出的选择。”

[36] 关于外国人对首尔公寓的看法，参见由吉惠妍（Kil，Hae-Yeon）翻译的法国地理学者朱列佐（Valérie Gelézeau）的《公寓共和国》（*Cites Radieuses*）一书。

[37] 另一方面，早期“单色画”艺术家使用的材料包括油画、丙烯、墨、铅笔、传统纸、色粉和铁。

[38] 最初，它被称为ABC艺术、基础结构、序列艺术、系统艺术、具体对象、字面艺术、具体艺术。但后来，极简主义和极简艺术将所有这些概念都囊括其下。托尼·史密斯，唐纳德·贾德，丹·弗莱文，卡尔·安德烈，索尔·勒维特，埃尔斯沃斯·凯利，罗伯特·莫里斯，弗兰克·斯特拉，肯尼斯·诺兰，乔·贝尔，罗伯特·雷曼，艾格尼丝·马丁，布莱斯·马尔顿，罗伯特·曼戈尔德，阿尔·赫尔德，拉里·贝尔，约翰·麦克林均属于极简主义艺术家。参见Lisa Phillips, Barbara Haskell,*The American Century, Art & Culture 1950-2000*, trans. by Song, Mi-Sook, p.206；Jin, Hwee- Yeon, *What is*

Avant-Garde? Mineumsa, 2008, p.159. 过去有很多名称指代韩国“单色画”：韩国极简主义、单调绘画、单色绘画、单色平面等。最近，在单色绘画或单色的绘画等标题下，这些术语显得更加同质化，因此我想用特异的术语“单色画”（Dansaekhwa）来区分韩国单色画与其它名称。

[39] Lisa Phillips, Barbara Haskell,*The American Century, Art & Culture 1950-2000*, trans. by Song, Mi-Sook, p.206.

[40] 莱因哈特表示：“关于艺术唯一要说的是它就是一回事。艺术是艺术，其他是其他。艺术作为艺术本身不过是艺术。艺术作为艺术不是非艺术……艺术博物馆应该排除艺术之外的所有东西，并且与民族博物馆、地质博物馆、考古博物馆、历史博物馆、装饰艺术博物馆、工业艺术博物馆、军事艺术博物馆及其他博物馆区分开。”参见 C · 哈里森与保罗 · 伍德《理论中的艺术 1900—1990》，1995 年版，第 806—807 页；H · 福斯特，R · 克劳斯，YA · 博伊斯，B · 布洛赫《1990 年以来的艺术：现代主义，反现代主义，后现代主义》，2004 年版，Hae Soo-Hee 和 Shin Jung-Hoon 译；金勇娜（音译，Kim，Young-Na）《20 世纪当代艺术》，2007 年版，第 398 页。

[41] 尹兰芝（Yoon，Nan-Ji），“重复形式的方法和意义”，“Ecole de Seoul 展 20 年，单色 20 年”展览，宽勋设计研究中心，1995 年。

[42] 有关重复性方面，参见展览图录中的作品图版。

[43] 金麒麟、河钟贤、朴栖甫、崔秉昭、郑相和、金章燮（音）、尹明老、李禹焕、崔明远、许焜、丁昌燮、金泰浩、文凡、南春模、李英培直接表现了颜料或纸张的物性，强调身体的具体性。他们的作品在身体哲学或生态哲学的层面吸引了人们的注意。关于现象学观点的“单色画”观察，参见尹晋燮《金麒麟：可见的与不可见的》、郑相和《沉默的语言》，载韩国艺术评论家协会编《100 位韩国当代艺术家》，2009 年。关于身体的生态学论证，

的树脂等都是工业材料。[37] 这些媒介的使用首先使得两代艺术家有了根本差异。此外，后期“单色画”作品光洁而鲜亮的表面迥异于早期作品，反映了工业社会的特征。也有一些后期“单色派”艺术家与前辈一样使用油画或丙烯颜料来创作，他们是李康昭（Lee Kang-So），金春洙（Kim Tschoon-Su），金泰浩（Kim Tae-Ho），金泽相（Kim Taek-Sang），朴棋元（Park Ki-Won），安贞淑（Ahn Jung-Sook），李英培（Lee Bae）和李仁铉（Lee In-Hyeon）。

VI

弗兰克 · 斯特拉的名言：“你的所见即所见。”他的主张是极简主义的核心。[38] 在他的作品《死亡之战》（1959）中，黑色背景上绘制的白线呼应着十字支撑的结构。弗兰克 · 斯特拉试图挑战艺术家为了视觉效果而构图的绘画传统。他的态度，就像艾德 · 莱因哈特在他的黑色系列中一样，象征着一种理性和经验的秩序。[39] 基于数学和语言的线型绘画的重复特征是很多极简艺术家共有的，如唐纳德 · 贾德，索尔 · 勒维特和卡尔 · 安德烈。有了网格结构作为重复的基础，极简主义作品与前卫女诗人格特鲁德 · 斯坦的诗中同一单元的无休止重复异曲同工：“一朵玫瑰就是一朵玫瑰就是一朵玫瑰 ......”（a rose is a rose is a rose…）

艾德 · 莱因哈特一心强调艺术的纯洁性，将其区别于设计或广告。他关注 20 世纪早期出现的网格和单色，将这两个元素应用到自己的绘画中，彻底摒弃其他可能与艺术相关联的因素。[40] 艾德 · 莱因哈特所倡导的绘画的自我指涉，最终，意味着绘画的自给自足。

“单色画”最显著的特征是重复性 [41] 及颜料对织物的渗透，吸收，挤压［在河钟贤（Ha Chong-Hyun）的例子里是按压］和重叠。根据艺术家的工作方法可分为以下两大类：

1. 重复行动：权宁禹，金麒麟，金章燮（音译 Kim Jang-Sup）、朴栖甫、尹明老（YounMyeung-Ro）、尹亨根、李东焜、李禹焕、郑相和、丁昌燮、崔秉昭、河钟贤、许焜、金春洙、金泰浩、金泽相、文凡、朴棋元、安贞淑、李康昭、李英培等。

2. 重复图案：郭仁植、金焕基、徐承元（Suh Seung-Won）、崔明永（Choi Myoung-young）、高山金、南春模、卢尚均、李仁铉、张胜泽、全光荣等。[42]

“单色画”的重复性是基于对身体性 [43] 的保留，换句话说，“手”的使用——使用刷子、铅笔或材料的手，它所传达的感受与极简主义冷酷而严谨的形式大不相同——极简主义是最后一种以视觉为中心的艺术生产配方——以网格原理为代表。而早期“单色画”艺术家的作品在追求终极美的过程中特别强调修养与自律，这是长期在传统文化中浸淫的结果 [44]，此外还有“中和”境界的揭示，与大自然的统一，无限心灵的创造，以及对材料物性的兴趣。他们在创作中坚持手工与费时费力的劳作，与习惯在构思完作品，提出某个观念之后将作品的完成交给工厂并使用各种工业材料的极简主义艺术家有着显著差别。

韩国“单色画”的另一独特特征是由媒介的物质性而产生的触感。权宁禹在传统纸上打孔并重叠；丁昌燮用自己的双手制造出厚重的韩纸纹理；金麒麟利用喷涂累积起厚厚的黑色颜料；朴栖甫制作类似于传统屋顶瓦片的垂直沟槽；河

钟贤在麻布下按压厚重的油画颜料混合物；郑相和通过将颜料厚涂在颜料剥落的地带创作出有分量的肉感；崔秉昭通过在报纸上无休止地涂画，将材料转化为蛇皮一样诡异的东西；金章燮（音）将一抹抹黑色颜料涂抹在物体表面；金泰浩通过堆积颜料然后打磨表面裸露出横截面。它们与视觉上整洁而平坦的极简主义绘画截然不同，西方极简主义绘画是以视觉为中心的，而“单色画”以身体为中心，基本上是一个以触觉为中心的观点。

笛卡尔的“我思”（cogito）是西方现代主义背后的显学，是以自我为中心和以视觉为中心的思想的结果，其对主客体、灵肉关系的分析建立在二者相互对立的二元论基础之上。它还从“我”的主观视角来看待，衡量和统治世界。这种以男性为中心，以视觉为中心的立场取消了克雷格·欧文斯（Craig Owens）恰当地指出的“身体的具体性”[45]。与视觉相比，触觉通常被认为是较低能的。[46]从“我思”的观点来看，触觉让人感觉有些不稳定，这也是为什么它长期被遮蔽，在整个现代主义时期一直居于幕后的原因。触感是女性化的，具有土地感的。韩国的传统萨满过去曾经做一种叫“飨神”（gosurae）的仪式[47]，它象征着从宇宙思维中产生的对大地的敬畏。同类的思想——对宇宙的拥抱与敬意——可以在尚未被西方染指的美国印第安人社会中找到。据记载，当印第安人被要求将他们的土地出售给欧洲入侵者时，一位印第安人回答：“这块土地对我来说就和母亲一样。你要我卖掉我的母亲吗？我永远不会这么做的。”

从这个角度看，触觉作为韩国“单色画”的一个突出特点并非偶然。因为它通过身体的接触，与唆使占有与征服的视觉分庭抗礼。去看意味着抓住看到的东西。从这个意义上说，欧洲征服美洲大陆始于航海技术和透视法的发展绝非偶然。抵达新大陆时，哥伦布首先做的就是为他所见之物命名。他的命名暗示他不只对当地景观感兴趣，更对那里的土著人感兴趣。[48]欧洲人的这种“命名癖”（nominophilac）意味着占有，以及使“他者”变得可见的行为。这是关于发现的。

VII

街上有身着白衣的人路过；这是一道被“他者”的心灵之眼捕捉到的风景。那一刻之后的一百年——现在访问韩国的外国人的眼睛会看到何种景观？用什么颜色描述韩国？韩国“单色画”艺术家一直在寻找一种风景，即新的表达方式，并且在整个旅程中与自己作斗争。西方极简主义在 20 世纪 70 年代走向尾声，而“单色画”仍在继续。从全球的角度来看，这种艺术意味着什么。在现代主义的盛大演义落幕后，连后现代主义曾经的大声喧哗也日渐式微，难道“单色画”仅仅是一首缅怀昔日的老歌么？

本次名为“单色画”的展览是对这些问题的回答。人们或会提出不同的意见，欢迎各抒己见。通过本次展览，我希望挑拨并重燃现代主义的余烬。这样做，是想追问在这个自由放任，价值失落，目标含糊不清的时代，生命的意义以及艺术的真正作用。这个展览是艺术家们 40 多年来所凝结成的“心灵风景”。它不是现成品；而是我们的发现。

参见郑和烈（Jung，Hwa Yol）《身体政治，艺术与生态》，Lee Dong-Soo,Kim Ju-Hwan,Park Hyun-Mo,Lee Byung-Taek 译，2005 年版。特别是，荣格从生态学的角度谈到东方真理（道）和风水的现代意义，探讨环境保护的方式，我发现这对于思考“单色画”的意义具有启发性。

[44] 例如，书法或文人画是儒家文化圈的产物，因为它重视修身，其终极目标是“修身齐家治国”。

[45] Graig Owens，“The Discourse of Others: Feminists and Postmodernism”，in H. Foster ed., *The Anti-Aesthetics: Essays on Postmodern Culture*, Port Townssend: Bay Press, 1983, p.70, quoted by Jung, Hwa-Yol, p.190. 欧文斯声称：“男性比女性更重视观看。眼睛，比其他任何感觉器官更具物化倾向和主宰性。它建立距离，并试图保持距离。在我们的文化中，我们优先考虑“看到的”而不是闻到的，尝到的，摸到的或听到的；因此，它使我们与对象之间的关系变得贫乏……从视觉统治的那一刻，我们的身体失去了具体性。”

[46] Owens, Graig,，“The Discourse of Others: Feminists and Postmodernism”，in H. Foster ed., *The Anti-Aesthetics: Essays on Postmodern Culture*, Port Townssend: Bay Press, 1983, p.70, quoted by Jung, Hwa-Yol, p.190.

[47] 它指的是一种萨满仪式，在萨满驱邪或吃掉地里的作物时，将一部分食物撕开并掷向地面。这种仪式是在韩国普通农民中进行的，反映了《易经》的理念，即将宇宙理解为由不可见的弦连接起来的循环过程。这也让人想到弦理论，它声称量子和分子在最微观状态下是通过弦的方式连接的。简·法布尔（Jane Fabre）受物理学理论的启发，为仁川女性艺术家双年展策划了重要展览“尚不为人知的土地”。

[48] Craig Owens, *Beyond Recognition-Representation, Power and Culture*, University of California Press, 1992, p.286.

作为批评的艺术

建畠哲（Tatehata Akira）
Stanley N. Anderson 日译英
凌濛 英译中

一

“亚洲”这个概念不应只为表现其二元的对立价值而被提出。这类论调不仅是对东方主义的一种简易反转，而且还导向一种根据我们自身需求来对西方现代主义加以全面否定的名词建构。这个概念反对让亚洲最终成为西方的幻想，但这种反对在创建了一套便于所有人理解的公式的同时，也因不能被充分证明而可能成为危险的政治口号。许多幼稚的反现代主义理论就往往来源于这样的公式，例如立体主义是对原始艺术（这里指非洲艺术）的殖民剥削等哗众取宠的论调。

在接触其他文化时，将其与自身文化平等对待当然是一种“道德正确”的行为。但问题是，在平等主义这一美名之下可能掩盖着的种种冲突。与“文化剥削”这一修辞学批评相关联的，可能是一种除非与自己出生国有关，否则拒绝理解其他文化的态度，好像这才是符合自然规律的路径。如果以这种伦理来要求艺术家或从事田野工作的文化人类学家，那么在一件艺术作品中指涉其他文化便是根本不可能的了。在这种非此即彼的选择中完全接受他者，或放弃任何交流，于我们来讲，都无疑是一种损失。

这是多元文化主义很容易掉入的陷阱。某位多元文化主义者曾说：“评判艺术的许多标准都是在特定的历史和社会条件下所产生的，因此我们必须冷静而相对地认识到它们不是唯一也不是普世的。”但从这种“道德正确”所得到的结论却是“西方现代主义只适用于西方”这一立场。由这一结论所引出的与亚洲相对立的种种观念都被局限在了一个受压制的话语体系之中。它假借了平等之名，而实际上却是在限制人们对他者的想象力。当西方被视作统一而不可兼容的一系列价值观，那些批评西方的人便与身处西方的批评家的实践和思考没有本质区别，只是发生了方向的改变而已。这种将他者简化为某个单一实体的带有偏见的视角并不限于强势文化，而是也很容易被其对立面所采纳。西方内部包含了种种冲突的多样性在此并未得到充分的考量，而是基于潜意识中对亚洲劣势地位的认知，就对其赋予了过分的特权。我们应该非常警惕肤浅地将这种观念当作一种“新的意识形态”。

如果要从一个客观而相对的立场出发做出明智的判断，我们可以说亚洲和西方价值观不应被完全对立起来，好像势不两立。在某一特定的历史和文化条件下被创造出的评判标准也应该能够包容另一种文化评判标准之下的作品中的某些价值。在我们看来优秀的作品也可能被他者的价值标准判断为优秀，反之亦然。正是因为这种可能的信任，多元文化主义才得以被当作一种有益的思想。

自从后现代主义这个方便的词汇在 20 世纪 80 年代开始变得流行，我认为现代主义便遭到了严重的扭曲，认为“多元文化主义是反现代性的”也是一个谬论。加剧的区域主义，以及其他复杂多样的价值观也都蕴含在现代主义之中。如果多元文化主义被认为属于后现代主义，那么后现代主义也一定会被当作现代主义的一个方面，并呈现了作为一个名词的现代主义所遭遇的严重断裂。

二

印尼的现代主义当然就可以说对该国家

[1] 杰姆·苏潘凯特：“印尼当代艺术：续篇”，《“亚洲思想的潜力”研讨会论文》，第 62—64 页。（Jim Supangkat, "Indonesian Contemporary Art: a Continuation", *Potential of Asian Thought Symposium Paper*, pp.62–64.）

[2] 杰姆·苏潘凯特，“印尼当代艺术：续篇”，《“亚洲思想的潜力”研讨会论文》，第 61 页。（Jim Supangkat, "Indonesian Contemporary Art: a Continuation", *Potential of Asian Thought*, *Symposium Paper*, p.61.）

的文化造成了不可弥合的断裂。在艺术领域，这种处境被生动地体现在了1937年由苏佐约诺（Soedjojono）所创立并领导的印尼艺术家联盟（PERSAGI）的两难之中。这个团体致力于在道德与传统的约束下推广艺术的独立性，同时在民主的立场之上更尊重普通民众的道德观念与品味。另一个例子是20世纪五六十年代在有着强烈社会意识的日惹艺术学院（Yogya School）所倡导的现实主义、表现主义风格，和从立体主义出发探索更纯粹形式问题的万隆艺术学院（Bandung School）所倡导的抽象主义风格之间的冲突。这些冲突与不和谐并非源于文化的不成熟，也不应被视为由现代主义所带来的不可避免的难题。这些困境与日本现代艺术的独特历史背景也是息息相关的。尽管在体制和风格演变等方面，日本的情况十分特殊，但某些相关问题确实也是现代主义本身所固有的。

在去年于东京举办的一次研讨会（1994年“亚洲思想的潜力”当代艺术研讨会）上，杰姆·苏邦卡特（Jim SupangKat）讨论了印尼语的视觉艺术（seni rupa）这个词，通常被翻译为英文中的纯艺术（fine art）这个概念，而kagunan这个词作为印尼古典文化特有的一个概念，指出了传统文化的语义规则与西方外来语之间的复杂关系。[1]这让人不由得回想起日本明治时期伊始被放在一起用来界定艺术类型的纯艺术（bijutsu）、绘画（kaiga）及雕塑（chokoku）这3个词汇。由于这些艺术类型逐渐吸收了日本传统文化中的许多元素，因而最终变得已较难分辨出西方与日本概念的区别。另一个例子是在1876年从意大利请老师过来开办了科技大学附属艺术学院，并根据西方艺术体系开创了绘画、雕塑和建筑课程。但直到后来这所学院被关闭，又由一些民族理想主义者创办了东京艺术大学，绘画、雕塑的这种分类方式仍旧被沿用，也没有任何人觉得这有什么问题。

三

印尼的当代艺术实际上开始于20世纪70年代末的“新艺术运动（New Art Movement）”。这个由年轻艺术家在日惹和万隆发起的运动是为了抗议1974年第二届雅加达绘画双年展对装饰绘画所颁的各种奖项。抗议者发表的“黑色十二月宣言（Black December Statement）”猛烈地抨击了装饰艺术中社会和政治意识的缺乏，并声明这正是印尼艺术创造力匮乏的表征。他们激起了评委们的敌意，并干脆将其发展为一次“艺术革命（artistic rebe-llion）”。被他们高举的“新艺术（new art）”思想超越了最初对装饰艺术的反对，进一步扬弃了局限于绘画和雕塑的“纯艺术（fine art）”概念。

很自然地，这种思想就需要对视觉艺术进行一个新的定义。据亲身参与到这次运动中的杰姆·苏潘凯特（Jim Supangkat）讲，“装置、现成品、摄影、自然拾得物（found objects），以及照相现实主义（photo-realist paintings）”[2]等艺术类型的引进都得益于此。总的来讲，这次反形式主义的运动挑衅性地挪用了百姓生活的日常现实。参与的艺术家们于是抛弃了suni rupa（绘画和雕塑的统称）这个概念，并试图打破高雅艺术与低俗流行艺术之间的壁垒。

这次运动中的许多艺术家都对社会批判进行了强调，像方济各·沙勿略·哈索诺（F.X.Harsono）等艺术家的作品甚至可以被形容为政治艺术。据20世纪70年代曾住在日惹，目前生活在雅加达的哈索诺讲，1974年，以抗议的形式组织起来的“新艺术运动”同时兴起于当时还鲜有交集的日惹和万隆两个群体之中。他们用基于事实的理论武装自己。后来是当时还在万隆技术学院任教的艺术评论家萨南托·余里曼（Sanento Yuliman）注意到反现代主义的共同倾向，于是把它们汇聚到一起，并赋予了“新艺术运动”这个名词。余里曼还为重审suni rupa的定义提供了理论支持。随着运动逐步发展，哈索诺和其他人的作品已经开始具备了装置的特点，尽管他们的后雕塑（post-sculptural）、后绘画（post-painterly）实验在当时还被认为是suni rupa的一种“非主流风格”。而直到20世纪80年代晚期在海外潮流的影响下，装置这个词才开始被广泛使用。

“新艺术运动”常被保守主义业内领袖（art establishment）批评为波普艺术的衍生品，但哈索诺说艺术家们对新达达主义的兴趣要远大于波普。相比波普艺术对现代主义象征符号的冷酷而娴熟的使用，他们对低俗艺术的进军看起来类似于罗伯特·劳申伯格（Robert Raushenberg）致力于在艺术和生活的“沟壑中行动”的“融合绘画（combine paintings）”那种无畏且混沌的质感。而波普艺术家们颓废和虚无主义的人生态度与印尼日益迈向富有的消费社会这一现实格格不入。纽约垃圾艺术中所使用的自然拾得物或许还有可能在印尼被捡起并再利用，这一实践可以被称为物品拼贴（bricollage）。新艺术运动的艺术家们对低级艺术的兴趣还是和城市中的贫困和传统文化在农村地区的传承等问题密切相关的。

四

如前所述，尽管“新艺术运动”是反现代主义的，但是它在现代艺术中反对的却是“前卫主义、表达的纯化、艺术家个人主义，以及有被当作正统艺术倾向的装饰艺术”[3]。所以在那时，有年轻艺术家将对现代主义的反对直接当成是对形式主义的反对，并因此在后现代主义（反前卫主义，反个人主义）的概念范畴中开始新的思考。我已说过，我相信由这些艺术家所作出示范的这种“激化矛盾的意愿”本身正是对现代主义的一种内部批判，而这种激进的批判精神是 20 世纪 70 年代后期许多年轻的印尼艺术家所共有的，特别是与发生在意大利、德国及日本等一些国家独特艺术背景之下的批评探索之间也产生了巧妙的重合。如果带着戏谑的眼光，我们甚至可以说后现代主义的观念是一种时代精神，似乎成为全球许多城市和国家的年轻艺术家的共性，不约而同地反抗着所谓的普世性。

无论如何，“新艺术运动”所涉及的问题与方法、社会和政治批判，以及对装置和自然拾得物等形式的使用都在 20 世纪 80 年代印尼所出现的对文化身份探索的浓厚兴趣中发挥了越发重要的作用，甚至在当今的艺术创作之中仍被应用。在这次展览的当代艺术部分，囊括了出生于 20 世纪 60 年代的 3 位印尼艺术家。下面我就特别根据他们的作品来对印尼艺术的当下处境进行一个分析。

五

阿努沙帕提（Anusapati）在 1990 年从纽约学成回到印尼之后就开始了木雕的创作。对他来讲，木头不仅仅是一种具有可塑性的材料，同时还与他对文明和自然的观念有着深刻的联系。他能够清晰地从艺术家的角度去理解木块的巨大能量、洞窟（hollows）和容器（volumes）之间的对比效果，以及一块寻常的木头表面质朴的美感，但他又不仅将这视作对于雕塑这一专业的便利而已。当他面对一块木头，他的凿子承载着他对自己生长之地文化风俗的思考。这就是为什么阿努沙帕提在作品中只使用那些在爪哇岛常见的树种。

他的作品往往采用日常生活中的工具或家居用品的形式，比如船、衣柜和打击乐器。他所有的作品都不指向特定的物体，但其形式却都具有一种符号性的特质，在图像上有意无意地包含了对寻常生活的回忆。与阿努沙帕提（Anusapati）作品最初的形式有关的，是他试图唤回一种基于土地的生活方式，以及今天即使在农业社群中也都已失却的人与物之间单纯关系的梦想。从某种视角来看，这件作品反映了艺术家对破坏了自然和古老生活方式的社会的一种非常个人的回应。当然，其类似工具或家居用品的作品外观一定是源于艺术家批判性想象的某种独有的虚构，是呈现了某种奇特而模糊的感受的虚拟现实。

在一次采访中，阿努沙帕提曾说：“这些形式单纯地从我的脑海中跳出来。它们来自我的潜意识世界，来自内在的自我。”[4] 实际上，在他作品中有时蕴含的一种隐秘的感性可能正源于这种自然材料的灵性所唤起的无意识欲望。对于阿努沙帕提来讲，用木头进行思考是一种将社会与浸润在地区风俗之中的个体直接联系起来的思维方式。

而宁迪特约·阿迪珀诺莫（Nindityo Adipurnomo）当前的创作主要都基于一种名为孔德（Konde）的女式传统假发，其最近的这个系列作品之一也被呈现在了这次展览之中。孔德往往用于婚礼等仪式，并根据仪式的类型、佩戴者的年龄及社会地位而在款式上有所区别。尼迪特尤将孔德的形式视为贯穿于爪哇历史的社会压迫的标志。他通过绘画和爪哇舞蹈的编舞对爪哇文化进行探索，近来他还致力于对其社会系统进行更为深远的进一步分析。

我们在这里看到的作品《谁想成为爪哇人？》（*Who Wants to Become a Javanese*）（cat. No.1-59）就是以一个镜子支架的形式来创作的。许多孔德形状的镀铜容器被黏附在镜子的两面。从这些半开放的瓶瓶罐罐中，观众可以看见孔德的木制模型，以及指甲锉和唇膏等化妆用品。在镜子的中央还附有一个孔德状的木雕。这件作品的名称当然是带有讽刺性的，但艺术家的意图却并不明确。这件作品像是个谜，提出了一个问题并将其开放给多样的解读。或许这个优雅的镜子支架正象征了中产阶级生活中的女人努力打造自己以迎合孔德所承载的社会期待。这种女权主义的解读当然是有道理的。同时，与孔德并置的化妆用品也可被解读为爪哇传统和西方现代主义之间的冲突。又或者说，已被嵌入传统之中的现代主义在一个女性服饰都被体制化的系统之中成为“性别”在当下的决定因素。

无论如何，这件作品展示了艺术家对自己所身处的被后现代主义影响的一代人所创造的文化环境所进行的某种客观批判。以调侃的目光看待“异国情调”的幽默观点总是特别有意思。宁迪特约和阿努沙帕提一样住在日惹，这个爪哇岛中部古老城市静谧的时光似乎为他们作品中的那种优雅的混沌提供了共同的背景，却又以不同的形式被呈现出来。当然这也可能只是一个粗浅的印象，毕竟我对印尼艺术的研究时间还并不长。

迪斯纳·杉查亚（Tisna Sanjaya）是生活在万隆的一位版画家。1991 年至 1995 年在德国的生活使得他以蚀刻版画为主的作品直接受到了新表现主义的影响。这些出血的黑白图像刻画了死亡、暴力和压迫等极端主题，隐匿地描绘了艺术家及其所身处的荒诞环境。这些画面也许看似神话或戏剧性，但很明显地反映出的是艺术家在社会现实的荒诞之中挣扎着。在笼罩着不祥预兆的这片黑色空间中，绝望和孤立中显现的代表牺牲和救赎的闪着光的角色，展现出艺术家面对压迫选择继续生存的决心。

迪斯纳还常常在作品中使用骷髅的形状，它们有时被当作一种将对自由的渴望都囚禁其中的圆形牢笼，有时是漂浮在熙熙攘攘的人群背后的幽灵。这些图像也都是令人不安的。画面上方俯视着混沌的莫名黑暗或许是艺术家自己的影子。尽管描绘的是一出旋涡般的不和谐戏剧，迪斯纳却以其丰富的想象力，并非简单地将情绪诉诸暴力。它被赋予了一种冷静的批判态度，好像从第三人称的视角对现象所进行的观察。

这些蚀刻版画在空间之中以微颤的线条表现了对明暗交错的迷恋。迪斯纳以蚀刻的方式表现了对统一之后的德国再次萌发的危险的新纳粹主义和印尼现代化进程引发的种种问题所进行的观察，同时又成功地在黑白的世界里创造出了一种艰深又抒情的诗意。他的隐喻包含着揭露与谴责，但又在这种诗意的想象之中找到了希望。

六

这 3 位艺术家都曾求学于西方，其经历无疑帮助到他们去理解现代主义的两面性，并获得一种从相对概念中客观认知自我所必需的观察力。当然，这种意识并非具有留学经历的人所特有。许多更年轻一代的印尼艺术家已经创造出以大胆讽刺和专属于这个国家的幽默感为特征的一系列生机勃勃的表达方式。他们的世界观已经超越了狭隘的二元对立，尽管我们对过分乐观的期望仍需保持警惕，但这对于那些相信能够在他者文化中找到共性的人来讲无疑已是值得欣慰的。

注：许多有关这篇文章的建议都来自对杰姆·苏潘凯特（Jim Supangkat）、尤思迪沃诺（Yustiono）和方济各·沙勿略·哈索诺（F.X.Harsono）的直接采访。在此我想要感谢他们的帮助。

[3] 杰姆·苏潘凯特，“印尼当代艺术：续篇”，《“亚洲思想的潜力”研讨会论文》，第 61 页。（Jim Supangkat, "Indonesian Contemporary Art: a Continuation", *Potential of Asian Thought Symposium Paper*, p.61.）

[4] 克里斯蒂安·克拉克，“自然之城”，《艺术与亚太》，第 74 页。（Christian Clark, "Natural Town," *Art and Asia-Pacific*, p. 74.）

印度当代艺术概览

兰吉特·霍斯克特
（Ranjit Hoskote）
凌濛 译

民族认同感的两难

要对印度后殖民时期的第一代艺术家进行界定，就必定要承袭一份带着伤痕的文化遗产，为他们塑造一个在英皇统治下为了独立而奋斗的形象。正如他们在次大陆所宣称的，他们以自己所创造的图像与现代主义所引发的矛盾进行着斗争。这些艺术家主要来自城市，大部分都是在殖民时期的印度大都市（那些19—20世纪的印度知识分子和艺术从业者都奋力坚守的意味着机会与自我实现的地方）中产生的中产阶级或无产阶级。对于这些新的阶层来讲，现代主义正是殖民主义的产物。就这点而论，它是一个模糊的经验：如果说它为封建文化的压迫带来了一种解放，那么它同时也制造了一种困境——一种相对具有延续性的传统和过往被工业文明所带来的不和谐所取代。

尽管随着这些群岛状的大都市特权阶层在农村地区贫困的海洋中被创造出来，来自殖民文化的现代主义仍在艺术家与思想家中间面临一种信任危机。在由此导致的某种骚动与不安之中，一种精神和地域上的新的无家可归之感开始流行起来。与1947年脱离英国统治的曙光[1]相伴的，是印度次大陆的分治：这一政治和文化的分裂更增添了印度人情感上的困惑。

如果说拉姆·库马尔（Ram Kumar）以悲惨的牧师和瘦削的工人形象传达了后殖民焦虑的负担，那么M.F.侯赛因（M.F. Husain）则体现了它的反面——由结实的大地母亲和带有阳具的马匹所构成的田园诗般的乡村浪漫主义。当痛苦的F.N.苏萨（F.N.Souza）对新秩序下的阴谋和那些蠢蠢欲动的人冷嘲热讽时，阿克巴·帕达姆西（Akbar Padamsee）将这个承受污名的人从历史的洪流中托起而成为先知的形象；当克里申·卡纳（Krishen Khanna）思考着政治生活对普通人情感的榨干和耗尽，泰伯·梅塔（Tyeb Mehta）似乎被人类形象所迷住了，放下一切尊严，像在死亡的痛苦中被缚的动物。

印度早期现代主义者的这个处境源于一种双向的张力：一方面是它迫于民族主义者的抗争所产生的意识形态，一方面是随着印度艺术家对巴黎、伦敦、纽约和慕尼黑艺术家进行效仿而逐渐开始出现的对现代主义高级审美（High Modernist aesthetic）的追随。

尽管那时的这些艺术家们成为扩大欧美现代主义影响力的媒介，但他们也仍需兼顾后殖民时代寻求民族身份的直接诉求与压力。他们如何凭借想象力来对意识形态的局限进行调整？他们如何在因后殖民主义身份和处境而遭遇的犹疑、自卑及敏感易怒等种种症状和自身的野心之间找到一种内在的和解？这些艺术家们在文化上的特权地位使得他们承担了精英的责任：他们仍旧为发表演说和观众反馈而困扰。他们心目中想要触及的是一个什么样的社群呢？这个社群若确实存在的话，他们在公共空间所实践的是一种什么样的介入呢？这就是印度现代主义早期所面临的困境。

一心想要通过图像建立和表现本土美学的诉求使得后殖民时期第一代艺术家们在形式和主题上仍是保守而相对缺乏冒险精神的。他们所选择的本土俚语（idioms）——英雄人物式的肖像、神话传说的叙事、民族传统寓言基本都是以平和为特征的纯粹形式，像是以此来反衬现实经验的凌乱。在过去 20 年中，这些元素中的大部分都已然失却了其最初的自由而美好的能量。相反，它们习得了古典主义神职人员般的装腔作势，或更有甚者，竟无视现实的波动而接纳了一种东方主义的呆板成见。

前卫艺术的反叛

可以说印度后殖民时期的第一代艺术家在 20 世纪 60 年代就已开始在实践中找到一种明确的美学语言。更直接地说，他们大部分都建立起了某种令自己满意并常用的符号系统，因而在其下一代的前卫艺术家突然崛起并威胁到他们的权威地位时，是几乎毫无准备的。

从 20 世纪 60—70 年代，更加激进的一代艺术家开始出现，他们在美学与政治范畴都主张坚持区域主义信仰的价值。他们对幻想中的远景和寓言式的人物没有耐心，并将它们认为是与艺术家所身处的真实文化和政治环境失去联系的超验主义形式载体。这代艺术家在几个相互重合却又各自独立的前卫艺术运动中揭示出上述弊端，从而谴责了印度后殖民时期第一代艺术家在图像创作实践中的自满和堕落。

这些传统范式的挑战者包括至少四个主要群体：与 K.C.S. 潘尼迦（K.C.S.-Paniker）一同聚集在柯拉曼达尔（Cholamandal）艺术家村的艺术家、抽象主义和新密教主义（neo-Tantricist），以反复无常的空想家和画家贾格迪什 · 斯瓦米纳坦（Jagdish Swaminathan）为核心的“1890 小组”；以巴罗达（Vadodara）萨亚吉劳王公大学（The Maharaja Sayajirao University）艺术系为中心的松散的画家与作家联盟，其中有不少人的作品都曾出现在 1981 年“人民的地方”（Place for People）这个展览中。

这些群体对其前辈艺术家展开了尖锐的批判，并声明要开创一种从不同的主观视角和历史逻辑出发的艺术。他们需要得到自印度独立以来 20 年间所产生的各种另类现代主义者的肯定。

K.C.S. 潘尼迦的艺术源于一种颂赞式的抒情诗体，但他却讽刺这种潜在的超验主义情绪借助涂鸦般的记号、模拟的仪式及类科学的种种注释来进入一种可擦写式的图像表面。潘尼迦这种对过往的审问意在为自己留出一片领地，从而使混杂的文化遗产能够在相互作用中孕育出新的果实，正如普拉巴卡尔 · 巴尔维（Prabhaker Barwe）在那之后对超现实主义的特别呼唤，将风景当作博物馆，以保存日渐消逝的种种观念。

瓦苏迪奥 · S · 盖同德（Vasudeo S. Gaitonde），娜斯琳 · 穆罕迈迪（Nasreen Mohammedi），拉克什曼 · 施莱什塔（Laxman Shreshtha），比伦 · 代（Biren De），古拉姆 · 拉苏尔（Ghu-lam Rosool），以及后革新时期（post-Progressive phase）的 S.H. 拉扎（S.H. Raza）等抽象主义及新密教主义画家，不谋而合地试图从诠释和意识形态的负担中解脱出来。他们在非正统密教文化的神圣图式中发现了脱离客观意义的自由书法形式、朴素纯粹的线条，和充满美感甚至狂想的色彩运用。近些年，在梅赫里 · 戈帕伊

[1] 译者注：1947 年 6 月，英国颁布《蒙巴顿法案》，实行印巴分治，同年 8 月 15 日成立印度自治领。1950 年 1 月 26 日印度宣布成立共和国，同时成为英联邦成员国。

[2] 贾格迪什·斯瓦米纳坦，“1890 小组”成立展画册中的文字（拉利特卡拉学院出版社 1963 年版）。（J. Swaminathan , essay in the catalogue of “Group 1890” inaugural exhibition , Lalit Kala Akademi, New Delhi, 1963.）

（Mehlli Gobhai）对普拉巴卡尔·考尔特（Prabhaker Kolte）的草书（volatile hieroglyphics）的紧紧追随下，这些问题得到了最理想的呈现。

贾格迪什·斯瓦米纳坦在 1963 年为“1890 小组”写的宣言中提道：

> 我们拒绝拉贾·拉维·瓦尔马（Raja Ravi Varma）式俗气的自然主义，以及孟加拉学派田园牧歌式的理想主义，并通过对现代欧洲关于古典的、微缩的和民间的一系列艺术运动衍生而来的种种概念的强迫接受而形成混杂的风格与手法，继而搭上以世界大同为名的抽象主义快车，并在面对充满活力的当下时，迫切地抓住时代脉搏以获得认可，在一种无意义之感中接受来自过往荣耀记忆的轮番拷问。[2]

对斯瓦米纳坦来讲，一种真正当代的印度艺术唯有打破了大都市中艺术学院和画廊的壁垒，并完全沉浸在民间和原始艺术的有效资源之中才能够得以发展。斯瓦米纳坦所创作的最历久弥新和令人难忘的文学形象之一，便是面朝太阳，象征着远古记忆神圣光环的首位艺术家及魔术师：他所塑造的这个原始而高尚的英雄形象正映证了上述观点，并能够非常明显地在其中看到巴尼特·纽曼和马克·罗斯科的微妙影响。

在斯瓦米纳坦所开创的破坏性切分风格和超现实主义无政府状态之后，在曼吉特·巴瓦（Manjit Bawa），杰拉姆·帕特尔（Jeram Patel），希默特·沙（Himmat Shah），拉克什玛·高德（Laxma Goud）和姆里纳莉妮·穆克吉（Mrinalini Mukherjee）的作品中因情欲能量的加入而得以完全。

我们在这里所要评论的第四组前卫艺术代表人物是常常被不准确地称为“巴罗达小组”（Baroda Group）的古拉姆·穆罕默德·谢赫（Gulam Mohammed Sheikh）（曾是“1890 小组”的一员）、K.G. 苏布拉曼扬（K.G.Subramanyan）、布本·喀卡尔（Bhupen Khakhar）、维万·孙达拉姆（Vivan Sundaram）、娜莉妮·玛拉尼（Nalini Malani）、杰拉姆·帕特尔（Gieve Patel）和苏提尔·帕特瓦尔丹（Sudhir Patwardhan）。这些持不同政见者拒绝将前辈们因过于敏感而导致的艺术上的失败归罪于其局限性和空洞的超验主义。

他们与本地符号系统和抽象理想主义的宏大叙事主动拉开距离，并将自身的欲望嵌入到最直接且势必混杂的社会现实之中；在大卫·霍克尼、朗·基塔依（Ron Kitaj）、劳申伯格和贾斯伯·琼斯等波普艺术和新达达主义鬼才们的符号之下，包括喀卡尔和孙达拉姆在内的其中一些当地异议者们坚持以自传体的形式从事绘画，以通过细微的虚构和巧妙的比喻来获得一种私人情感氛围。

这些艺术家在创作中通过强调与外部世界有着情感与意识关联的某些临时特定地点，从而将艺术的空间无限延展，既能够包含一个对话的维度，又能够保留孤独、恐惧、怀旧，以及亲密的微妙神韵，并能够觉察到相对于超人类（superhuman）的独特人类（unique human）的存在，作为走向现世的救赎，即世界范围的革命性变局的第一步。

正是在20世纪80年代从“巴罗达小组”中脱离出来的艺术家杰拉姆·帕特尔和苏提尔·帕特瓦尔丹的作品中，对人类困境的论断达到一种最高程度的深思熟虑。他们相信对人类及其全部脆弱、困惑及求生欲的描绘暗指了一种移情，以及在道德上、甚至政治上对所陈述的主题所负有的一种责任。无独有偶，去描绘一片特定的土地，在个人与历史的某段剧变时期，记录下这片土地及创作者自身的变化，也即是去靠近一片带有参与感和被爱注目的风景，而不是一种剥削性和征服式的野心。

这些艺术家们对三轮车夫、工人、列车员和海女等人物的描绘，在使他们作为无产者的可塑性成为不朽的同时，又没有浪漫化他们的悲剧处境，从而将艺术家们自身开放为一种社会和政治行动的可能性。与此同时，像比卡什·巴塔查尔吉（Bikash Bhattacharjee），乔根·乔杜里（Jogen Chowdhury），加内什·派恩（Ganesh Pyne），阿尔皮·辛格（Arpita Singh）及曼努·帕雷克（Manu Parekh）这样的画家们也由此抵达了一种象征性的风格，他们笔下的人物无不展现出一种超现实主义反讽的天赋，旺盛的情欲，又或是源于未知的焦虑不安。

在既是艺术家又从事教学的K.G.苏布拉曼扬[3]的影响下，“巴罗达小组”也十分尊重非正统创作方法和材料，尤其是那些“传统”手工艺者和市井小商贩们所采用的。与这种特殊的态度息息相关的是，斯瓦米纳坦对中产阶级品味给艺术家和手工艺者之间所造成的阶层分野的谴责。它继而影响到下一代艺术家，并在如今通过大都市艺术家所掌握的日益拓展的技艺范围而彰显出来。

符号混杂的拼图

于20世纪八九十年代出道的艺术家们没有经历过殖民主义，也没有表现出任何因成为艺术家而感到的自责，或是反复困扰他们前辈的文化身份焦虑。他们中的许多人都秉持一种后现代主义的倾向：这些画家、雕塑家和装置艺术家从一种关于世界及其文化遗产的文献中所获得的虚浮自信中回归现实，并毫不犹豫地对萨尔曼·拉什迪（Salman Rushdie）在其《想象的家园》一文中所勾勒的新国际主义表示了赞同：

> 艺术源于心灵的激情。想象力总是在自由的时候才能更好地发挥。西方作家总是可以在主题、情节设置和形式方面随心所欲；这个世纪的西方视觉艺术家兴高采烈地攫取着非洲、亚洲及菲律宾视觉文化的宝库。我坚信我们也必须赋予自己一种相对等的自由。[4]

正是这种国际主义思潮使得印度的新一代艺术家们在那个动荡的年代得以生存和发展，并充分挖掘“信息国家”的资源，从而颠覆随着全球市场订单潜入印度的文化帝国主义；它传授给他们某些所需的手艺和技巧，从而开辟出一条在赞助商对图像的消费主义影响之下仍保有文化创新可能性的道路。这就是在这个被两派权力斗争、局部战争及日渐毁坏的基础设施搅乱的民族国家中，将他们武装起来并在夹缝中求得生存空间的直觉。

与此同时，随着全球化发展的进程，这一代艺术家已不再必然生活在大都市。他们出现在孟买（Mumbai）、瓦多达

[3] 他在个人背景和情感上与泰戈尔文艺复兴时期传奇的圣迪尼克坦（Santiniketan）艺术学院有着强烈的关联。

[4] 萨尔曼·拉什迪：《想象的家园》，载《想象的家园：1981—1991散文与评论》，Granta/Viking Penguin出版社1991年版，第20页。（Salman Rushdie, "Imaginary Homelands", in *Imaginary Homelands : Essays and Criticism 1981-1991*, Granta/Viking Penguin, New York, 1991, p. 20.）

拉（Vadodara）、加尔各答（Calcutta）、钦奈（Chennai）、新德里（New Delhi）、勒克瑙（Lucknow）、维萨克哈帕特南（Visakhapatnam）等各个不同的中心及其周边。由于意识到这种不稳定且不断流变的民族认同，他们于是不计成本地进行着各种形式语言的实验。在各种俚语的运用中，明显地体现出多学科交叉的趋势；他们往往舍弃掉画框，而是以聚集和装置的方式来表达自我。

作为对其前辈趣味的抵制，这一代艺术家更偏爱即兴的冒险过程，并将其应用于平面设计、混合媒体和装置之中。这一选择并不无风险——如果说这种趣味仅仅源自某种内在的形式冒险，那么所谓即兴也不可避免地被扁平化为一份经过设计的高完成度图像，就像那些在纽约、威尼斯、巴黎和卡塞尔的展览画册中所遍布的不知名的术语所堆砌出来蛊惑人心的邮购概念（mail-order concept）。

这些年轻艺术家通过展览空间对历史进行反思，并采用了一系列蒙太奇技法来处理当代的经验。对于已习惯了过去那种相对明确的绘画方式的观众来讲，这些被阉割的空间观念和背景知识必然是怪诞的，这些大胆的尝试意味着一种尚未成形的美学，因而必须发明新的范式来对世界性的现实重新加以编辑。在这幅存在主义的拼图中，电视图像的元素与对贾汉吉里（Jehangiri）微型画的引用的重要性是不分上下的。

游戏的原则

如果说上一代艺术家还是在现代主义内部对悲剧经典或赞美诗的革命性元素进行探索，那么后现代主义者的敏感则在于对游戏性、形态流动性，以及语义的不稳定性的强调。他们允许原始材料间的相互碰撞，从而激发观众对艺术作品的沉浸式参与，而非被动消费。简而言之，这些印度当代艺术家们似乎忘却了人类意识形态的反射，而是欣然顺应了作为“游戏的人”（homo ludens）的本能。

因此，现在这些艺术作品就并非被视作待价而沽的人造物，而常常是介于画框和世界之间的一种不可预测的介入行为。它以这种方式与其所在的场域进行着对话，并对艺术和现实之间的种种关系进行阐释。相比将艺术视作一种娱乐方式或道德说教，艺术作为观念性实践的这种论断是许多年轻艺术家都更为推崇的。

与此同时，来自旧有学科的知识动力继续在演变中得以传播。为适应环境巨变所带来的迫切需要，古典主义绘画中的风景人物被加以修改，这在阿图尔·多帝亚（Atul Dodiya）和阿普尔瓦·德赛（Apurva Desai）等艺术家的作品中得到充分体现。在多帝亚从照相现实主义（photo-realism）到蒙太奇式叙事的实践历程中，构图的连贯性被故意却空洞的暗示搅得飘浮不定。而德塞则通过在城市边缘地带工业景观的照片上进行的绘画唤起了郊区居民内心的光。在苏提尔·帕特瓦尔丹和杰拉姆·帕特尔的作品对德塞（Apurva Desai）创作背景产生巨大影响的同时，布本·喀卡尔异想天开的创作方法在多帝亚绘画的发展中也起到了重要作用。

在当代的抽象主义中，我们能够持续地

看到拉扎、盖同德和娜斯琳·穆罕迈迪之间的共鸣。而维拉斯·欣德（Vilas Shinde）、苏尼尔·高德（Sunil Gawde）及维贾伊·欣德（Vijay Shinde）虽然方法各异，却以严格的平行主义几何原则和轮流制工作方法而团结在一起。强化了他们概念的一个设计元素是：主题被保留而非消散在他们的绘画中。相比之下，奇特罗瓦努·马宗达（Chittrovanu Mazumdar），阿楚坦·库大鲁尔（Achuthan Kuddallur），巴格万·恰万（Bhagwan Chavan）及尚坡维（Shambhavi）则代表了非具象表现主义艺术，强调了表现主义的处理手法、对书法的玩转和对主题的淡化。

故事讲述者的游戏

用故事将世界织就成一张复杂而精妙的网——故事讲述者的角色是对这篇简短的调研中众多艺术家产生吸引的力量。在阿密特·安巴拉尔（Amit Ambalal）和阿南达吉特·雷伊（Anandajit Ray）的作品中，我们常会与寓言、谚语和民间故事相遇，每每都被一种反讽的螺旋力冲击到失去重心。安巴拉尔可能会被视为布彭·哈卡和古拉姆·穆罕默德·谢赫式叙事绘画的拥护者；而雷伊的超现实主义则同时受到好莱坞动作片和古怪科幻小说的影响。

纵观各个流派，许多年轻艺术家身上都有着一种传承自其前辈的共性，即风格化且晦涩难懂的超现实主义。这使得他们往往通过简短机智的情节或是反英雄主义的人物来在画面上表达其旷世独立的心境。比如C.S.道格拉斯（C.S.Douglas）、苏伦德兰·奈尔（Surendran Nair）、拜朱·帕尔坦（Baiju Parthan）和吉蒂什·卡拉特（Jitish Kallat）便游走在古代知识的经验世界和某种当代焦虑之间。在描绘某些存在主义场景时，他们将壁画尺度的主题压缩至一个小小的画面，并以一种纹章式的设计将人物嵌入其中；从已失效的药片、遗落的剧本、神秘的符号，以及当代海报中汲取灵感；并不约而同地对绘画的仪式感加以关注。他们的作品中不断延续的主题常常是死后的仪式、意识边缘的空间、图腾的形态，以及异想天开的游戏等。

尽管各人自有其不同的诉求，但苏伦德兰·奈尔、阿南达吉特·雷伊、拜朱·帕尔坦、图尔沙·乔戈Tushar Joag）、考西克·穆克帕帝耶（Kausik Mukhopadhyay）和吉蒂什·卡拉特也有着某些共同的倾向性：他们的作品都好像是一种调挑，使得观众在发现意义的过程中与艺术家似乎有着同样全然的参与感。这些艺术作品用尽各种有趣的观念和形式技巧，以悖论和互动性来取悦观众，常常从流行文化、宇宙学、人物自传、萨满教仪式、日常生活中的人造物，以及魔术套路中获得叙事的逻辑。

在乔戈和穆克帕帝耶作品中的达达主义和反审美动机是最显而易见的：他们把艺术作品从底座上推倒，并将观众的注意力从作为结果的作品引至其诞生过程。帕尔坦和卡拉特也强调了制作的行为本身：他们将缝合线、划痕和印迹都暴露出来，从而同时将手工的粗糙感和温柔的抒情性都藏进作品之中。他们中的许多人都将对形式的建构当作是一种循环和变异的实验：帕尔坦使用的材料是亚克力、细线和玩具；乔戈则采用木头、黄铜和有机玻璃；穆克帕帝耶用玩具、木箱和电器来创作；而卡拉特则使用照相油墨、甘油和淀粉等材料。

这些艺术家一致将对游戏的复盘当作严肃的建构原则，这也是他们对平行现实开启创造的第一步，并因而创造了一个冲突与戏剧、仪式与马戏都可以同时发生的空间。在这里，他们对听到的神话提出质疑，又将当代的神话变为现实，尽管可能只是一些零碎而符号化的。

通过对杜尚、弗朗西斯·皮卡比亚（Francis Picabia）、施维特（Schwitters）、安迪·沃霍尔、贾斯珀·琼斯和劳申伯格等人物的甄选，这些艺术家们颂扬着某些离奇古怪的和个人的意义。他们质疑这种自我与世界之间的仪式性捆绑关系；在他们的作品中，欢乐的性幻想和恐惧的压抑形成对比。人的形象被反复审讯并肢解，进而转译为一种控制论的形式；其希望是有所保留的，而恐惧则四散开来。

充满悖论的新生态

对新的艺术主体来讲，归功于其前辈的主要是一种象征意义上的能量，一种用符号为艺术家赋能从而打破共时性和传统记忆之间关联的议程设置。

在这个审美协商的过程中，艺术家利用在正统僧侣和本土大众、经典文本和民间文学、禁欲和狂欢、苦楚和玩笑之间所组织的一系列有关某些相对性原则的对话活动，闭环式地连接起了印度文化中各个二元对立的层面。通过这种自由而颠覆性的相互辩证，这些艺术家们得以不断充电，从而使审美诉求与政治代理机构紧密联结，为劳动赋予欢乐，让嘉年华与机器联动。虽然工业文明的种种形式在其艺术品中所占的比重较大，但从古代庙宇建筑群中寻觅到的物象也旗鼓相当。

许多艺术家，尤其是雕塑家，已经占据了这种充满悖论的新生态：他们避开罗丹—摩尔（Moore）—阿尔普（Arp）—赫普沃斯（Barbara Hepworth）等学院派艺术家已经形成的稳定风格，以及后拉姆金克·拜吉（Ramkinker Baij）时期一直占据印度雕塑主流的激进创作方式，从而自成一体地重新发现陶土等本土材料的功用，同时也开始尝试玻璃纤维等当代的材料；在木偶和玩具制作等这些“手工艺”所带来的形式线索基础之上，对纪念碑雕塑进行改建。

这种形式上的创新也可被视作是 K.G. 苏布拉曼扬的遗风；在内容上，它体现为这些艺术家对寓言、幽默和辛辣反讽的玩转，以及对寻常巷陌不起眼的细节和神话中各种符号的改写和活化。

拉文德尔·G. 雷迪（Ravinder G. Reddy）伟大的陶土和玻璃纤维雕塑头像，涂有金箔和粉色颜料的仿神，因而故意将庙宇中标志性的高雅艺术与市井媚俗的巴洛克风格相提并论。艺术家 N·普什帕马拉（N. Pushpamala）通过一排燃烧着的书籍，即一件件由字母构成的武器，竭力反对当时正广受欢迎的极简主义和贫穷艺术，记录了一段充满暴力和压迫的历史。而苏德尔尚·谢蒂（Sudarshan Shetty）高度精神性的装置作品以整合的雕塑实体形态被呈现，但功能却像是童话中的一件大玩具。这些做法所导致的结果便是信息化与图像的民主化。

乌托邦的坚守

乌托邦的神话是当今印度众多年轻艺术家作品中反复出现的主题。这些想象中的别处，幻想和比喻中同一片风景的不同版本，包括阿贾伊·德赛（Ajay Desai）抽象拼贴画中的街景，以及阿基塔姆·瓦苏德万（Akkitham Vasudevan）作品中由于乡村社群和工业发展之间的力量对抗而形成的废墟景观，还有如 R. M. 帕拉尼亚潘（R. M. Palaniappan）作品中为外星探险者绘制的地形图：从 K.C.S. 潘尼迦那里获得灵感，以窃窃私语般的超验玄学拼凑出神秘科幻主题的一系列词汇。

而像芮卡·罗德维蒂亚（Rekha Rodwittiya）、贾雅什莉·查克拉瓦蒂（Jayashree Chakravarty）、贾雅·甘古利（Jaya Ganguly）、安珠·多帝亚（Anju Dodiya）这些艺术家，则通过自传的形式将审问的脉络延伸到女性自我领域，透过被私人欲望和公共角色的冲突所笼罩的镜面，向观众讲述着她们各自的视野。

罗德维蒂亚的项目重新激活了女性繁衍和再生能力的符号意义；而查克拉瓦蒂则喜欢那些飘浮的查加勒式（Chagallesque）恋人形象；甘古利的人形植物嵌合体揭露了女性性欲令人不悦的一面；而安珠·多帝亚在她的作品中展现了作为女性画家对性别角色的深深不安，并暗指弗里达·卡罗（Frida Kahlo）及阿姆丽塔·谢尔吉尔（Amrita Sher-Gil）。无论是通过幻觉、遐想，还是室内心理剧，这些画家都有意识地从事着自我戏剧化的行为，但这实际上已构成对父权规范的一种抵抗，尽管它们开辟的是一些前所未有的快感领域。

另一方面，社会主义经典主题也是另外一些雕塑家作品所持续关注的。他们在接受高雅现代主义雕塑观念与市场形式的联姻所带来的思想解放的同时，仍坚持将艺术视为一种革命行为，一种解脱的工具。

在这个标题之下还出现了像 N.N. 里姆宗（N.N. Rimzon）和亚历克斯·马修（Alex Mathew）这样的雕塑家，他们的图像生产实践均植根于一种广义的马克思主义视角：一种以神话为模板推动本土当代性建构的“进步”美学。在这一点上，他们显然受到来自森蒂尼盖登的艺术大师拉姆金克·拜吉作品的启发，并传承了对劳动的英雄主义和纯洁性的敬意，苦难和自制的符号意义，以及对实践和享乐之间的长期对立的认知。

在对这些混杂的符号进行罗列的过程中，我们可以觉察到印度艺术家在 21 世纪可能的发展方向。某些特征是显而易见的：印度年轻艺术家有意识地选择通过创造新的方言来对其艺术实践去古典化，通过这种折中的策略来投射其自我，对观众的注意力提出了一种长期的、甚至是蛮横的要求。然而，他们也不愿被称为是杜尚派，却宁可在艺术陈规和观看体验之间摇摆不定。虽然希望呈现的是对观众具有广泛视觉吸引力的图像，但他们也会运用隐藏起来并突然惊吓的方式来戏弄观众，与此同时，他们还期待着能够为其父辈的文化带来慰藉与震撼。

界面效应

BECOMING

界面效应 BECOMING
中国当代艺术现状与生态研究 2018

THE CURRENT SITUATION OF CHINESE CONTEMPORARY ART AND ECOLOGICAL RESEARCH 2018

主编：谭平
副主编：刘燕
展览主办：中国艺术研究院
展览承办：中国国家当代艺术研究中心、今日美术馆
项目主持：刘燕
展览评议人：刘礼宾、刘燕、盛葳、晏燕、周翊
项目工作组：刘燕、李怡、金钢、王常浩

图书在版编目（CIP）数据

界面效应Becoming：中国当代艺术现状与生态研究：2018 /
谭平主编. — 北京：文化艺术出版社，2021.4
ISBN 978-7-5039-6728-3
Ⅰ.①界… Ⅱ.①谭… Ⅲ.①抽象表现主义—研究—中国
Ⅳ.①J209.9

中国版本图书馆CIP数据核字（2019）第130538号

界面效应Becoming：中国当代艺术现状与生态研究 2018

主　　编　谭　平
副 主 编　刘　燕
责任编辑　叶茹飞　王奕丹
责任校对　董　斌
书籍设计　王天宁
出版发行　文化藝術出版社
地　　址　北京市东城区东四八条52号（100700）
网　　址　www.caaph.com
电子邮箱　s@caaph.com
电　　话（010）84057666（总编室）　84057667（办公室）
　　　　　84057696—84057699（发行部）
传　　真（010）84057660（总编室）　84057670（办公室）
　　　　　84057690（发行部）
经　　销　新华书店
印　　刷　北京雅昌艺术印刷有限公司
版　　次　2021年12月第1版
印　　次　2021年12月第1次印刷
开　　本　787毫米×1092毫米　1/8
印　　张　67.5
字　　数　450千字　约480幅图
书　　号　ISBN 978-7-5039-6728-3
定　　价　680.00 元